中華古籍保護計劃

ZHONG HUA GU JI BAO HU JI HUA CHENG GUO

·成果·

寧波市圖書館
古籍普查登記目録

全國古籍普查登記目録·浙江寧波

國家圖書館出版社
National Library of China Publishing House

圖書在版編目（CIP）數據

寧波市圖書館古籍普查登記目録/寧波市圖書館編. --北京:國家圖書館出版社,2017.12
（全國古籍普查登記目録）
ISBN 978－7－5013－6196－0

Ⅰ.①寧…　Ⅱ.①寧…　Ⅲ.①公共圖書館—古籍—圖書館目録—寧波　Ⅳ.①Z838

中國版本圖書館 CIP 數據核字（2017）第 195624 號

書　　名	寧波市圖書館古籍普查登記目録	
著　　者	寧波市圖書館　編	
責任編輯	景　晶	

出　　版　國家圖書館出版社（100034　北京市西城區文津街 7 號）
　　　　　　（原書目文獻出版社　北京圖書館出版社）
發　　行　010－66114536　66126153　66151313　66175620
　　　　　　66121706（傳真）　66126156（門市部）
E-mail　　nlcpress@ nlc. cn（郵購）
Website　 www. nlcpress. com→投稿中心
經　　銷　新華書店
印　　裝　河北三河弘翰印務有限公司
版　　次　2017 年 12 月第 1 版　2017 年 12 月第 1 次印刷

開　　本　787×1092（毫米）　1/16
印　　張　28.25
字　　數　400千字

書　　號　ISBN 978－7－5013－6196－0
定　　價　260.00 圓

《全國古籍普查登記目録》
工作委員會

主　任：周和平

副主任：張永新　詹福瑞　劉小琴　李致忠　張志清

委　員（按姓氏筆畫排序）：

《全國古籍普查登記目録》

序　言

　　全國古籍普查登記工作是"中華古籍保護計劃"的首要任務,是全面開展古籍搶救、保護和利用工作的基礎,也是有史以來第一次由政府組織、參加收藏單位最多的全國性古籍普查登記工作。

　　2007年國務院辦公廳發佈《關於進一步加強古籍保護工作的意見》(國辦發[2007]6號),明確了古籍保護工作的首要任務是對全國公共圖書館、博物館和教育、宗教、民族、文物等系統的古籍收藏和保護狀況進行全面普查,建立中華古籍聯合目録和古籍數字資源庫。2011年12月,文化部下發《文化部辦公廳關於加快推進全國古籍普查登記工作的通知》(文辦發[2011]518號),進一步落實了全國古籍普查登記工作。根據文化部2011年518號文件精神,國家古籍保護中心擬訂了《全國古籍普查登記工作方案》,進一步規範了古籍普查登記工作的範圍、内容、原則、步驟、辦法、成果和經費。目前進行的全國古籍普查登記工作的中心任務是通過每部古籍的身份證——"古籍普查登記編號"和相關信息,建立古籍總臺賬,全面瞭解全國古籍存藏情況,開展全國古籍保護的基礎性工作,加强各級政府對古籍的管理、保護和利用。

　　《全國古籍普查登記工作方案》規定了全國古籍普查登記工作的三個主要步驟:一、開展古籍普查登記工作;二、在古籍普查登記基礎上,編纂出版館藏古籍普查登記目録,形成《全國古籍普查登記目録》;三、在古籍普查登記工作基本完成的前提下,由省級古籍保護中心負責編纂出版本省古籍分類聯合目録《中華古籍總目》分省卷,由國家古籍保護中心負責編纂出版《中華古籍總目》統編卷。

　　在黨和政府領導下,在各地區、各有關部門和全社會共同努力下,古籍普查登記工作得以扎實推進。古籍普查已在除臺、港、澳之外的全國各省級行政區域開展,普查内容除漢文古籍外,還包括各少數民族文字古籍,特别是於2010年分别啓動了新疆古籍保護和西藏古籍保護專項,因地制宜,開展古籍普查登記工作;國家古籍保護中心研製的"全國古籍普查登記平臺"已覆蓋到全國各省級古籍保護中心,並進一步研發了"中華古籍索引庫",爲及時展現古籍普查成果提供有力支持;截至目前,已有11375部古籍進入《國家珍貴古籍名録》,浙江、江蘇、山東、河北等省公佈了省級《珍貴古籍名録》，古籍分級保護機制初步形成。

《全國古籍普查登記目録》是古籍普查工作的階段性成果，旨在摸清家底，揭示館藏，反映古籍的基本信息。原則上每申報單位獨立成册，館藏量少不能獨立成册者，則在本省範圍内幾個館目合併成册。無論獨立成册還是合併成册，均編製獨立的書名筆畫索引附於書後。著録的必填基本項目有：古籍普查登記編號、索書號、題名卷數、著者（含著作方式）、版本、册數及存缺卷數。其他擴展項目有：分類、批校題跋、版式、裝幀形式、叢書子目、書影、破損狀況等。有條件的收藏單位多著録的一些擴展項目，也反映在《全國古籍普查登記目録》上。目録編排按古籍普查登記編號排序，内在順序給予各古籍收藏單位較大自由度，可按分類排列古籍普查登記編號，也可按排架號、按同書名等排列古籍普查登記編號，以反映各館特色。

此次全國古籍普查登記工作，克服了古籍數量多、普查人員少、普查難度大等各種困難，也得到了全國古籍保護工作者的極大支持。在古籍普查登記過程中，國家古籍保護中心、各省古籍保護中心爲此舉辦了多期古籍普查、古籍鑒定、古籍普查目録審校等培訓班，全國共1600餘家單位參加了培訓，爲古籍普查登記工作培養了大量人才。同時在古籍普查登記工作中，也鍛煉了普查員的實踐能力，爲將來古籍保護事業發展奠定了良好的基礎。

《全國古籍普查登記目録》的出版，將摸清我國古籍家底，爲古籍保護和利用工作提供依據，也將是古籍保護長期工作的一個里程碑。

國家古籍保護中心
2013 年 10 月

《全國古籍普查登記目録》

編纂凡例

一、收録範圍爲我國境内各收藏機構或個人所藏,產生於 1912 年以前,具有文物價值、學術價值和藝術價值的文獻典籍,包括漢文古籍和少數民族文字古籍以及甲骨、簡帛、敦煌遺書、碑帖拓本、古地圖等文獻。其中,部分文獻的收録年限適當延伸。

二、以各收藏機構爲分册依據,篇幅較小者,適當合併出版。

三、一部古籍一條款目,複本亦單獨著録。

四、著録基本要求爲客觀登記、規範描述。

五、著録款目包括古籍普查登記編號、索書號、題名卷數、著者、版本、册數、存缺卷等。古籍普查登記編號的組成方式是:省級行政區劃代碼—單位代碼—古籍普查登記順序號。

六、以古籍普查登記編號順序排序。

七、編製各館藏目録書名筆畫索引附於書後,以便檢索。

《浙江省古籍普查登記目録》

工作委員會

主　任：金興盛

副主任：葉　菁

委　員：倪　巍　徐曉軍　賈曉東　雷祥雄　劉曉清

　　　　徐　潔　李儉英　孫雍容　張愛琴　張純芳

　　　　金琴龍　樓　婷　陳泉標　鍾世傑　應　雄

　　　　陸深海　呂振興　徐兼明

《浙江省古籍普查登記目錄》

編纂委員會

主　編：徐曉軍

副主編：童聖江　曹海花　褚樹青　莊立臻　徐益波

　　　　胡海榮　沈紅梅　劉　偉　王以儉　孫旭霞

　　　　占　劍　孫國茂　毛　旭　季彤曦

統校和編纂工作小組組長：曹海花（浙江圖書館）

統校和編纂工作小組成員：秦莘英（浙江圖書館）

　　　　　　　　　　　　呂　芳（浙江圖書館）

　　　　　　　　　　　　干亦鈴（寧波市圖書館）

　　　　　　　　　　　　劉　雲（寧波市天一閣博物館）

　　　　　　　　　　　　周慧惠（寧波市天一閣博物館）

　　　　　　　　　　　　馬曉紅（餘姚市文物保護管理所）

　　　　　　　　　　　　陳瑾淵（溫州市圖書館）

　　　　　　　　　　　　王　昉（溫州市圖書館）

　　　　　　　　　　　　沈秋燕（嘉興市圖書館）

　　　　　　　　　　　　丁嫻明（嘉興市圖書館）

　　　　　　　　　　　　唐　微（紹興圖書館）

　　　　　　　　　　　　丁　瑛（紹興圖書館）

　　　　　　　　　　　　毛　慧（衢州市博物館）

《浙江省古籍普查登記目録》

序　言

浙江文化底蘊深厚，書籍刻印歷史悠久，前賢留下的著述浩如烟海，藏書雅閣及私人藏書爲數衆多，古籍資源十分豐富，幾乎縣縣有古籍，是全國古籍藏量較多的省份之一，是中華文化中具有獨特地域特色的重要一脉。保護好這些珍貴的古籍，對促進文化傳承、弘揚民族精神、維護國家統一及社會穩定具有重要作用。同時，加强古籍保護工作，也是加快建設文化大省、文化强省，努力推動文化浙江建設和社會主義文化大發展大繁榮的必然要求。

（一）

爲搶救、保護我國的珍貴古籍，繼承和弘揚優秀傳統文化，國務院辦公廳印發了《關於進一步加强古籍保護工作的意見》（國辦發［2007］6 號），全國古籍普查登記工作是全國瞭解古籍存藏情况、建立古籍總臺賬、開展全國古籍保護的基礎性工作。爲認真貫徹落實"國辦發［2007］6 號"文件精神，切實加强全省古籍的搶救、保護，浙江省人民政府辦公廳印發《關於進一步加强古籍保護工作的意見》（浙政辦發［2009］54 號），提出 2009 年起要在全省範圍內開展古籍普查登記工作。2012 年，浙江省古籍保護工作聯席會議下發《關於印發〈浙江省"中華古籍保護計劃"實施方案〉的通知》（浙文社［2012］30 號），提出在"十二五"末基本完成全省古籍普查工作的目標。

試點先行、摸底調查、制定方案，建立制度、統籌指揮、上下齊心，引進人員、有效培訓、壯大隊伍，配置設備、補助經費、保障到位，編製手册、明確款目、統一規則，著録完整、審核到位、保證質量，設立項目、表揚先進、激發熱情，在省委省政府的高度重視及其各部門的大力支持下，在國家古籍保護中心的積極指導和省文化廳的正確領導下，通過以上種種措施，"秉持浙江精神，幹在實處、走在前列、勇立潮頭"，全省公共圖書館、文物、教育、檔案、衛生五大系統共計 95 家公藏單位通力合作，到 2017 年 4 月底基本完成了全省的古籍普查登記工作。

通過普查，摸清了全省古籍文化遺産家底，揭示了全省各地區文化脉絡，形成了統一的古籍信息資料庫，建立了一支遍佈全省的古籍保護隊伍，爲下一步有針對性地開展古籍保護工作奠定堅實的基礎。鑒於全省在古籍普查和其他古籍保護工作中的突出表現，2014 年，浙江圖書館、嘉興市圖書館、雲和縣圖書館獲得"全國古籍保護工作先進單位"稱號,浙江圖書館徐曉軍和曹海花、溫州市圖書館王妍、紹興圖書館唐微、平湖市圖書館馬慧、衢州市博物館程勤等6人獲得"全國古籍保護工作先進個人"稱號。

（二）

全國古籍普查登記範圍爲1912年以前產生的文獻典籍。由於近代以來浙江私人藏書相當發達,民國期間也刻印了大量典籍,民國文獻在各藏書單位(尤其是基層單位)所藏歷史文獻中占據了相當大的比重。這些文獻形成了浙江文獻典藏的重要特色,是浙江傳統文化的重要組成部分。爲更加全面地掌握本省歷史文獻文化遺産現狀,浙江省將民國時期傳統裝幀書籍也納入普查範圍。

按照《全國古籍普查登記手冊》要求,登記每部古籍的基本項目,必登項目有索書號、題名卷數、著者、版本、冊數、存缺卷數,選登項目有分類、批校題跋、版式、裝幀形式、叢書子目、書影、破損狀況等內容。浙江省的古籍普查工作一直高標準、嚴要求,自始至終堅持平臺項目全著錄,堅持文字信息和書影信息雙著錄,登記每部書的索書號、分類、題名卷數、著者、卷數統計、版本、版式、裝幀、裝具、序跋、刻工、批校題跋、鈐印、叢書子目、定級及書影、定損及書影等16大項74小項的信息。

普查統計顯示,截至2017年4月30日,全省95家單位共藏有中國傳統裝幀書籍337405部2506633冊,其中不分卷者計31737部96822冊,分卷者計305668部2409811冊11433371卷(實存8223803卷):古籍(含域外本)219862部1754943冊,不分卷者15777部54901冊,分卷者204085部1700042冊7934703卷;民國時期傳統裝幀書籍117543部751690冊,不分卷者15960部41921冊,分卷者101583部709769冊3498668卷。

從版本定級來看,全省四級文獻最多,部數、冊數數量占比分別爲84.75%、78.69%。三級次之,部數、冊數數量占比13.12%、15.96%。一級、二級文獻共計5689部111722冊,量雖不多,極爲珍貴,其破損程度較輕,基本都配置了裝具且裝具狀況良好,這是古籍分級保護體系的有力體現。

從文獻類型來看,古籍普查平臺采用六部分類,在傳統的經、史、子、集四部外加上類叢部、新學。從冊數來看,全省文獻類叢部數量最多,占比29.40%,這其中很大一部分原因在於民國時期刊印了不少大型叢書。史部、集部、子部、經部分居第二至五位,數量占比分別爲28.98%、18.00%、13.49%、9.24%。新學數量最少,還不到1%。

從版本類型來看,全省古籍版本類型豐富,數量最多的是刻本,部數占比51.01%、冊數占比55.03%。部數排在第二至四位的是鉛印本、石印本、抄本,分別占比17.71%、16.58%、5.19%。冊數排在第二至四位的是鉛印本、石印本、影印本,分別占比14.27%、12.40%、11.38%,這與將民國傳統裝幀書籍納入古籍普查範圍有極大關係。稿、抄本部數占比6.9%、冊數占比4.04%,總體占比不是很高,但在一、二级文献中稿、抄本的比率比較高，一级中部數占比 20.49%、册數占比 70.25%，二级中部數占比 13.16%、册數占比 6.57%。

從版本年代來看，全省藏書從南北朝以迄民國，並有部分日本、朝鮮、越南本。其中，元及元以前共計 244 部 3357 册。明、清、民國三代共計 2486788 册，數量占比 99.21%：明代占比 5.95%、清代占比 63.27%、民國占比 29.99%。日本、朝鮮、越南三國本共計 1877 部 14522 册，部數、册數占比分別爲 0.56%、0.58%。

從批校題跋來看，337405 部文獻中有姓名可考的批校題跋共計 15374 部，其中集部批校題跋最多，占全部批校題跋的 38.73%、占集部文獻的 6.16%。稿本的批校題跋在相對應的版本類型中比例最高，爲 16.18%。且稿本中有多人批校題跋的量最多，多者一部稿本中的批校題跋者達 25 人，如浙江圖書館藏沈蕉青稿本《燈青茶嫩草》三卷中有孫麟趾等 25 人的批校題跋。從各館藏書的批校題跋者來看，有鮮明的館域特色，從一個側面體現了各館的文獻來源。

從鈐印來看，337405 部文獻中有 51509 部有收藏鈐印，各級文獻鈐印比例隨級别的增高而加大，一至四級文獻的鈐印占比分別爲 50.67%、49.38%、26.00%、12.90%。收藏鈐印從一個方面體現了某書的遞藏源流，鈐印多於 1 方者有 24840 部，鈐印多者達 54 方，如寧波市天一閣博物館藏清初毛氏汲古閣影宋抄本《集韻》十卷上鈐毛晉、毛扆、段玉裁、朱鼎煦四人共計 54 方印。

在普查的過程中，我們還利用普查成果積極申報《國家珍貴古籍名録》、評選《浙江省珍貴古籍名録》，建立珍貴古籍分級保護體系。截至目前，全省共有 871 部珍貴古籍入選前五批《國家珍貴古籍名録》，有 609 部古籍入選前三批《浙江省珍貴古籍名録》。

（三）

普查登記著録工作結束後，省古籍保護中心於 2016 年 6 月成立由浙江圖書館、寧波市圖書館、寧波市天一閣博物館、餘姚市文物保護管理所、溫州市圖書館、嘉興市圖書館、紹興圖書館、衢州市博物館 8 家單位的 14 名普查業務骨幹組成的浙江省古籍普查登記目録統校和編纂工作小組，開始全省普查數據的統校和古籍普查登記目録的編纂工作。

浙江省的普查登記目録是將古籍和民國書籍分開的，全省統一規劃，分別出版《浙江省古籍普查登記目録》和《浙江省民國傳統裝幀書籍普查登記目録》。根據《全國古籍普查登記目録審校要求》《古籍普查登記表格整理規範》的要求，省古籍保護中心制定《浙江省古籍普查登記目録編纂工作方案》《浙江省古籍普查數據統校細則》，用於指導全省的數據統校和登記目録的編纂。統校和編纂工作程序如下：導出普查平臺上的數據，切分爲古籍、民國兩張表，按照設定的普查編號、索書號、分類、題名卷數、著者、版本、批校題跋、册數、存缺卷這幾項登記目録的出版款目對表格進行整理，整理後按照題名進行排列分給各統校員進行統校，統校結束後的數據按行政區域進行彙總交由分區負責人進行覆核，覆核結束後由省古籍保護中心一一寄給各館進行修改確認，經各館確認後由分區負責人進行最後審定。

在統校的過程中，爲了保證全省數據著録的一致，我們積極利用我國古籍整理研究的重大成果《中國古籍總目》（以下簡稱《總目》），每條書目一一對核《總目》，《總目》收者即標注《總目》頁碼，《總目》未收某版本者標注"無此版本"，《總目》未收者標注"無"，《總目》所收即浙江某館所藏者特殊標注，《總目》著録與普查信息有差異或一時無法判斷者標注"存疑"。拿浙江圖書館的近7萬條古籍數據來看，據不完全統計，除去複本，《總目》所收即浙江圖書館所藏者有1100多種，《總目》未收某一明確版本者有3200多種，《總目》未收者有8300多種。

全省95家單位中有93家單位有古籍數據，總條數計22萬條左右。根據分區域出版和達到一定條數可以單獨成書的原則，全省的古籍普查登記目録大致分爲以下19種：浙江圖書館；浙江大學圖書館；浙江省博物館等六家單位；杭州地區杭州圖書館等十家單位；寧波市圖書館；寧波市天一閣博物館；寧波地區餘姚市文物保護管理所等六家單位和舟山地區舟山市圖書館等兩家單位；溫州市圖書館；溫州地區溫州大學圖書館等九家單位；嘉興市圖書館；平湖市圖書館；嘉興地區海寧市圖書館等七家單位；紹興圖書館；紹興地區上虞市圖書館等九家單位；衢州地區衢州市博物館等三家單位和湖州地區湖州師範學院圖書館等七家單位；麗水地區麗水市圖書館等八家單位；臨海市圖書館；台州地區台州市黃巖區圖書館等七家單位；金華地區義烏市圖書館等十家單位。目前全省的古籍普查登記目録有多種已進入出版流程（各館數據以原普查編號從低到高的順序進行排列，由於著録時古籍和民國傳統裝幀書籍交替進行，而出版時是將二者分開的，所以會出現普查編號不連貫的現象，特此説明），民國傳統裝幀書籍的統校亦接近尾聲。古籍普查登記工作和普查登記目録的編纂，爲接下來《中華古籍總目·浙江卷》的編纂打下了良好的基礎。

浙江省古籍普查工作得到了各方的關心和支持。感謝各兄弟省份古籍同行的熱情幫助，感謝李致忠、張志清、吳格、陳先行、陳紅彦、陳荔京、羅琳、王清原、唱春蓮、李德生、石洪運、賈秀麗、范邦瑾等專家學者的悉心指導，藉力於此，普查工作纔得以順利完成。

條數多，分佈廣，又出於眾手，儘管工作中我們一直爭取做到最好，但無論是已經著録的平臺數據還是即將付梓的登記目録，都難免存在紕漏，希望業界同仁不吝賜教，俾臻完善。

浙江省古籍保護中心

2017年7月

《寧波市圖書館古籍普查登記目録》

編委會

《寧波市圖書館古籍普查登記目録》

前　言

寧波素有"書香之城"美譽,藏書文化底蘊深厚,歷史悠久。自宋以來涌現出了許多藏書樓,著名的有宋樓鑰的東樓、史守之的碧沚,明豐坊的萬卷樓、范欽的天一閣,清盧址的抱經樓和民國時期馮貞群的伏跗室等,他們保存了大量的中華文献,爲保護中華文化、傳承中華文明作出了不朽的貢献。作爲寧波市的公共圖書館,寧波市圖書館亦以保存鄉邦文獻、四部典藏爲己任,庋藏了相當數量的古籍,以供讀者閱覽和研究之用。

寧波市圖書館的現有古籍可溯源至 19 世紀末薛福成設立的崇實書院藏書。這些書籍後經吳引孫等人的發展補充,於 1913 年同寧波教育會藏書一起被移藏全公共藏書樓"薛樓"之中。1927 年寧波市市立圖書館成立時,時任館長張汝釗將"薛樓"舊藏依四部分類,整理開放藏書 1.5 萬餘冊。其後,歷經了與鄞縣縣立圖書館的合併補充、戰爭年代的散失、建國後文教局的劃撥、"文革"時的部分外遷、"文革"後的回歸,至 1989 年寧波市圖書館古籍閱覽室成立,館藏古籍纔得以穩定。雖然早在 20 世紀 30 年代,就曾有《鄞縣縣立圖書館書目》《浙江鄞縣縣立圖書館圖書目録》《浙江鄞縣縣立圖書館圖書目録補編第一集》等書的出版,但這些書都未對古籍進行單獨編目,1989 年古籍閱覽室成立時,也僅就其中大部分古籍進行了簡單編目,所以一直以來,館藏古籍並無一份完整、準確的書目。

2007 年開啓的"中華古籍保護計劃",給寧波市圖書館的古籍清點整理工作提供了契機,2009 年,寧波市圖書館啓動古籍普查工作,經過前期試點、人員隊伍建設和後期全面鋪開,至 2015 年 7 月,完成了所有古籍及民國傳統裝幀文獻的著録、核庫工作,在全國古籍普查平臺録入數據 7189 條,合計書籍 76440 冊,其中漢文古籍 5345 條,共計 60881 冊。

本目録即是將普查中登記録入的 5345 條漢文古籍書目數據彙編整理成冊,所收古籍多爲清乾隆以後的刊刻印本,其中不乏一些有價值的藏本,如已入選《浙江省珍貴古籍名録》的 11 部古籍,這些古籍或存世極少,或爲未刊的稿、抄本,有較高的文獻價值。如清抄本《[同治]象山縣志》,現存僅兩部,且本館藏本是該志現存的最早版本;再如稿本《結一廬書目》,相比葉德輝刊印的通行本和國內其他圖書館的藏本,此本版式、内容皆不同，有很大的研究價值。就文獻類型而言，本目錄包含有較多的地方文獻。不僅有不少寧波籍人士所撰寫、内容有關於寧波、刊刻於寧波的書籍，在一定程度上反映了寧波的歷史、文化概貌；也有一些寧波本地藏書家的舊藏，如馮雲濠、徐時棟、張美翊、張琴等人的藏書。這些書籍和書中鈐印、題跋等是研究寧波文化史的重要史料，也反映了寧波自古以來重視藏書的優良傳統。

總的來説，本目錄的編製是寧波市圖書館開展古籍保護、研究和利用的基礎。不僅摸清了本館古籍的存藏情況，也爲今後寧波市圖書館的古籍原生態保護和古籍數字化工作提供了切實的依據。我們也希望通過本目錄的出版，向社會展示寧波市圖書館的古籍保護成果，同時爲讀者提供便利的查詢工具，以利於今後更好地保存、傳播優秀的傳統文化。

在此，感謝浙江圖書館專家和兄弟館同仁在專業技術上的鼎力幫助，感謝各級領導在普查和編撰工作中的全力支持，尤其是要感謝參與過本館古籍普查的每一位成員，正是大家多年來的不懈努力，纔使得本書目得以如期出版。

最後還要説明的是，因編者能力有限以及古籍普查工作量較大，本目錄中難免有疏漏、謬誤之處，敬請專家和廣大讀者批評指正。

寧波市圖書館
2017 年 6 月

目　　録

330000－1703－0000001　S00001　史部/編年類/通代之屬

資治通鑑二百九十四卷　（宋）司馬光撰
（元）胡三省音注　（明）陳仁錫評　**通鑑釋文辯誤**十二卷　（元）胡三省撰　明天啟五年（1625）長洲陳仁錫刻本　八十二冊　缺十二卷（通鑑釋文辯誤一至十二）

330000－1703－0000002　G30002　子部/儒家類/儒家之屬

孔氏家語十卷　（三國魏）王肅注　清乾隆四十九年（1784）文盛堂刻本　二冊

330000－1703－0000003　S00002　史部/編年類/通代之屬

王鳳洲先生綱鑑正史全編二十四卷　（明）王世貞撰　（明）陳仁錫評　（明）張睿卿輯　明崇禎刻本　十三冊

330000－1703－0000004　S00003　史部/傳記類/總傳之屬/儒林

儒林宗派十六卷　（清）萬斯同撰　清王梓材醉經書屋抄本　屠用錫跋　五冊

330000－1703－0000005　S00004　史部/地理類/方志之屬/郡縣志

[同治]**象山縣志**二十四卷末一卷　（清）黃丙堃修　（清）馬嗣成等纂　清抄本　八冊

330000－1703－0000006　S00008　集部/小說類/長篇之屬

雪月梅傳十卷五十回　（清）陳朗撰　（清）董孟汾評釋　清乾隆四十年（1775）德華堂刻本　二十冊

330000－1703－0000007　S00009　類叢部/類書類/通類之屬

唐類函二百卷目錄二卷　（明）俞安期輯　明萬曆三十一年（1603）東吳俞安期刻本　四十冊

330000－1703－0000008　S00010　集部/總集類/選集之屬/通代

文苑英華選雋二十八卷　（明）傅振商輯　明崇禎六年（1633）刻本　二十四冊

330000－1703－0000009　S00011　集部/總集類/選集之屬/通代

文體明辯四十八卷　（明）徐師曾輯　（明）沈芬　（明）沈騏箋注　明崇禎十三年（1640）刻本　二十冊

330000－1703－0000011　G30003　子部/儒家類/儒家之屬

孔子家語四卷　（三國魏）王肅注　清聯墨堂刻本　二冊

330000－1703－0000014　G30006　子部/儒家類/儒家之屬

荀子二十卷首一卷　（唐）楊倞注　王先謙集解　清光緒十七年（1891）長沙思賢講舍刻本　八冊

330000－1703－0000016　G30010　子部/儒家類/儒學之屬/性理

近思錄集注十四卷考訂朱子世家一卷　（清）江永撰　**校勘記**一卷　（清）王炳撰　清同治八年（1869）江蘇書局刻本　四冊

330000－1703－0000017　G30014　子部/儒家類/儒學之屬/性理

朱子原訂近思錄集注十四卷考訂朱子世家一卷　（清）江永撰　清同治七年（1868）楚北崇文書局刻本　四冊　缺一卷（考訂朱子世家）

330000－1703－0000019　G30020　子部/儒家類/儒學之屬/蒙學

小學六卷　（清）高愈注　**文公朱夫子年譜**一卷　題（宋）李方子撰　清同治十一年（1872）浙江書局刻本　二冊　缺一卷（年譜）

330000－1703－0000020　G21935　史部/地理類/雜志之屬

日下舊聞四十二卷補遺四十二卷　（清）朱彝尊輯　（清）朱昆田補遺　清康熙二十七年（1688）刻本　三十二冊

330000－1703－0000021　G21936　史部/地理類/雜志之屬

日下尊聞錄五卷　（清）□□撰　清咸豐二年（1852）刻本　二冊

330000－1703－0000022　S00006　子部/儒家類/儒學之屬/性理

潘子求仁錄輯要十卷　（清）潘平格撰　清康熙五十六年（1717）四明毛文強、鄭性刻本　三冊

330000－1703－0000023　S00016　集部/別集類/清別集

古調堂初集十二卷　（清）馬之驌撰　清順治九年（1652）古調堂刻本　二冊

330000－1703－0000024　S00015　類叢部/叢書類/自著之屬

梓溪文鈔（舒文節公全集）二種　（明）舒芬撰　明萬曆四十八年（1620）舒璪刻本　十二冊

330000－1703－0000025　G30025　子部/儒家類/儒學之屬/經濟

大學衍義四十三卷　（宋）真德秀撰　清同治十一年（1872）浙江書局刻本　十冊

330000－1703－0000026　G30026　子部/儒家類/儒學之屬/經濟

大學衍義四十三卷　（宋）真德秀撰　清同治十一年（1872）浙江書局刻本　十冊

330000－1703－0000027　G50252　類叢部/叢書類/彙編之屬

當歸草堂叢書八種　（清）丁丙編　清同治二年至五年（1863－1866）錢塘丁氏刻本　二冊　存一種

330000－1703－0000028　G50251　類叢部/叢書類/彙編之屬

當歸草堂叢書八種　（清）丁丙編　清同治二年至五年（1863－1866）錢塘丁氏刻本　二冊　存一種

330000－1703－0000034　G30040　子部/儒家類/儒學之屬/俗訓

人譜正篇一卷續編二卷人譜類記增訂六卷　（明）劉宗周撰　清咸豐七年（1857）四明同善集補刻本　一冊

330000－1703－0000035　G30041　子部/儒家類/儒學之屬/俗訓

人譜正篇一卷續編二卷人譜類記增訂六卷　（明）劉宗周撰　清咸豐八年（1858）四明同善集刻本　一冊

330000－1703－0000036　G30042　子部/儒家類/儒學之屬/俗訓

人譜正篇一卷續編二卷人譜類記增訂六卷　（明）劉宗周撰　清光緒二十七年（1901）垂裕本堂刻本　二冊

330000－1703－0000037　G30123　子部/儒家類/儒學之屬/經濟

繹志十九卷　（清）胡承諾撰　清同治十一年（1872）浙江書局刻本　張美翊跋　八冊

330000－1703－0000038　G30050　子部/叢編

二十二子（二十二子彙函）　（清）浙江書局編　清光緒元年至三年（1875－1877）浙江書局刻本　四冊　存一種

330000－1703－0000039　G30055　子部/儒家類/儒學之屬/禮教/女範

女誡淺釋一卷附校勘記一卷　（漢）班昭撰　（清）勞紡釋　清光緒二十五年（1899）秀水陶葆廉守拙之居刻本　一冊

330000－1703－0000040　G30056　子部/儒家類/儒學之屬/性理

儒門法語一卷　（清）彭定求撰　（清）湯金釗輯　清同治十二年（1873）刻本　一冊

330000－1703－0000041　G30062　子部/儒家類/儒學之屬/禮教/家訓

楊椒山公家訓一卷　（明）楊繼盛撰　清同治六年（1867）刻本　一冊

330000－1703－0000042　G30064　子部/儒家類/儒學之屬/禮教/家訓

功過格輯要十六卷　（清）李士達輯　清光緒三年（1877）隨鶴居刻本　六冊

330000－1703－0000044　G30069　子部/儒家類/儒學之屬/蒙學

寄傲山房塾課新增幼學故事瓊林四卷首一卷　（清）程登吉撰　（清）鄒聖脈增補　清光緒

二十年(1894)四明茹古齋鉛印本　四冊

330000－1703－0000045　G30070　子部/儒
家類/儒學之屬/蒙學

寄傲山房塾課新增幼學故事瓊林四卷首一卷
　（清）程登吉撰　（清）鄒聖脈增補　清刻本
　一冊

330000－1703－0000046　G30075　子部/儒
家類/儒學之屬/勸學

聖學入門書三卷　（清）陳瑚撰　清同治十二
年(1873)刻本　一冊

330000－1703－0000047　G30019　子部/儒
家類/儒學之屬/蒙學

小學六卷　（宋）朱熹撰　（明）陳選集注
（清）高愈纂注　清乾隆十七年(1752)刻本
張美翊跋　二冊

330000－1703－0000018　C41648　集部/別
集類/宋別集

誠齋文節先生錦繡策二卷　（宋）楊萬里撰
清乾隆五十九年(1794)刻本　一冊

330000－1703－0000049　G30079　子部/儒
家類/儒學之屬/蒙學

育正堂重訂幼學須知句解四卷首一卷　（明）
錢元龍校梓　清同治二年(1863)蘇州掃葉山
房刻本　四冊

330000－1703－0000050　G30085　子部/儒
家類/儒學之屬/蒙學

初學文引一卷　（清）葉廉鍔選注　清同治十
二年(1873)慈南古草堂刻本　一冊

330000－1703－0000051　G30091　子部/儒
家類/儒學之屬/蒙學

幼學歌五卷續一卷　（清）王用臣編　清光緒
二十八年(1902)四明張氏石印本　一冊　存
二卷(一至二)

330000－1703－0000052　G30303　子部/兵
家類/兵法之屬

紀效新書十八卷首一卷　（明）戚繼光撰　清
道光二十一年(1841)虎林西泉氏刻本　六冊

330000－1703－0000053　G21579　史部/政
書類/軍政之屬/兵制

皇朝兵制考略六卷　（清）翁同爵撰　清光緒
元年(1875)武昌節署刻朱墨套印本　一冊

330000－1703－0000054　G30308　子部/兵
家類/兵法之屬

守城要覽節要四卷　（明）宋祖舜編　清咸豐
四年(1854)刻本　一冊

330000－1703－0000055　G30310　子部/兵
家類/兵法之屬

登壇必究四十卷　（明）王鳴鶴編輯　清刻本
　八十冊

330000－1703－0000056　G32858　新學/兵
制/槍炮

管礮法程四卷　（德國）瑞乃爾譯　清光緒二
十二年(1896)金陵練兵處刻本　一冊

330000－1703－0000057　G32859　新學/兵
制/海軍

外國師船圖表八卷雜說三卷圖一卷　（清）許
景澄等編　清光緒二十二年(1896)浙江官書
局石印本　四冊

330000－1703－0000060　G32876　子部/兵
家類/操練之屬

湖北武學十八種四十二卷　（德國）福克斯
（清）何福滿等選　清光緒二十六年(1900)武
備學堂石印本　一冊　存一種

330000－1703－0000061　S00013　集部/總
集類/彙編之屬

李杜全集　（明）許自昌編　明萬曆三十年
(1602)長洲許自昌刻清康熙印本　六冊　存
一種

330000－1703－0000062　S00014　集部/別
集類/宋別集

王荆文公詩五十卷補遺一卷　（宋）王安石撰
　（宋）李壁箋注　清乾隆五年至六年(1740－
1741)張宗松清綺齋刻本　八冊

330000－1703－0000063　S00012　集部/總
集類/選集之屬/通代

歷代名媛遺編詩集二十六卷首一卷文集四卷首一卷詞集二卷首一卷 （清）翁天麒輯 清光緒二年（1876）稿本 十七冊

330000－1703－0000064 G40277 集部/別集類/清別集
顧亭林先生詩箋注十七卷首一卷 （清）徐嘉撰 清光緒二十三年至二十七年（1897－1901）徐氏味靜齋刻本 六冊

330000－1703－0000065 G40709 集部/別集類/清別集
杲堂文鈔六卷詩鈔七卷 （清）李鄴嗣撰 清康熙刻本 六冊 存六卷（文鈔一至六）

330000－1703－0000066 G20647 集部/詞類/別集之屬
新樂府詞一卷 （清）萬斯同撰 清同治八年（1869）刻本 一冊

330000－1703－0000068 G40252 集部/別集類/清別集
錢牧齋全集一百六十三卷 （清）錢謙益撰 （清）錢曾箋註 清宣統二年（1910）邃漢齋鉛印本 四十冊

330000－1703－0000069 G40251 集部/別集類/清別集
錢牧齋文鈔不分卷 （清）錢謙益撰 清宣統元年（1909）國學扶輪社鉛印本 四冊

330000－1703－0000070 G40253 集部/別集類/清別集
初學集二十卷 （清）錢謙益撰 （清）錢曾箋注 牧翁先生年譜一卷 （清）葛萬里編 清宣統三年（1911）上海國學扶輪社石印本 十二冊

330000－1703－0000071 G40259 集部/別集類/清別集
吳詩集覽二十卷補註二十卷吳詩談藪二卷拾遺一卷 （清）吳偉業撰 （清）靳榮藩注並輯 清乾隆四十年（1775）凌雲亭刻四十六年（1781）重修本 張美翊跋 十六冊 存二十卷（吳詩集覽一至二十）

330000－1703－0000072 G40261 集部/別集類/清別集
黃梨洲先生南雷文約四卷 （清）黃宗羲撰 清乾隆鄭性刻本 錢罕題記 五冊

330000－1703－0000073 S00020 集部/別集類/清別集
午亭文編五十卷 （清）陳廷敬撰 （清）林佶輯錄 清康熙四十七年（1708）林佶刻乾隆四十三年（1778）印本 十六冊

330000－1703－0000074 S00018 集部/別集類/清別集
葦間詩集五卷 （清）姜宸英撰 清康熙五十二年（1713）唐執玉刻本 二冊

330000－1703－0000075 G10465 經部/四書類/總義之屬/傳說
學庸說文十二卷 （清）李凱撰 清嘉慶十五年（1810）寒香亭刻本 六冊

330000－1703－0000076 G10231 經部/儀禮類/傳說之屬
儀禮章句十七卷 （清）吳廷華撰 清乾隆二十二年（1757）杭城聚文堂刻本 六冊

330000－1703－0000077 G10246 經部/禮記類/傳說之屬
禮記省度四卷 （清）彭頤撰 清乾隆四十五年（1780）金閶書業堂刻朱墨套印本 四冊

330000－1703－0000078 G40280 集部/別集類/清別集
八行堂集約鈔二卷 （清）史大成撰 清光緒十二年（1886）史久垣刻本 二冊

330000－1703－0000079 G40286 集部/別集類/清別集
葦間詩集五卷 （清）姜宸英撰 清道光四年（1824）葉元墭睿吾樓刻本 四冊

330000－1703－0000080 S00024 子部/醫家類/診法之屬/脈經脈訣
醫燈續焰二十一卷 （宋）崔嘉彥撰 （明）李言聞刪補 （清）潘楫注 清順治九年（1652）陸地舟刻本 八冊

330000 – 1703 – 0000082　G10345　經部/春秋左傳類/傳說之屬

春秋大事表五十卷輿圖一卷附錄一卷　（清）顧棟高輯　清乾隆十三年至十四年（1748－1749）萬卷樓刻本　二十四冊

330000 – 1703 – 0000083　G10346　經部/春秋左傳類/傳說之屬

春秋大事表五十卷輿圖一卷附錄一卷　（清）顧棟高輯　清乾隆十三年至十四年（1748－1749）萬卷樓刻重修本　一冊　存二卷（一至二）

330000 – 1703 – 0000084　G10708　經部/小學類/文字之屬/說文

繫傳四十卷　（南唐）徐鍇撰　（南唐）朱翱反切　**附錄一卷**　（清）朱文藻編　清乾隆四十七年（1782）新安汪啓淑刻本　八冊

330000 – 1703 – 0000086　G21466　史部/政書類/儀制之屬/典禮

萬壽盛典初集一百二十卷　（清）王原祁等纂修　清康熙五十五年（1716）內府刻本　三十四冊　缺三卷（四十至四十二）

330000 – 1703 – 0000087　G11156　經部/叢編

萬充宗先生經學五書五種十九卷　（清）萬斯大撰　清乾隆二十四年至二十六年（1759－1761）辨志堂刻本　四冊

330000 – 1703 – 0000088　G21533　史部/政書類/公牘檔冊之屬

于清端公政書八卷外集一卷首編一卷　（清）于成龍撰　（清）蔡方炳輯　清康熙四十六年（1707）于準刻本　十冊

330000 – 1703 – 0000089　S00007　子部/醫家類/綜合之屬/通論

新刻聶久吾先生醫學彙函十三卷首一卷　（明）聶尚恆撰　明帶月樓刻本　十八冊

330000 – 1703 – 0000090　G30030　子部/儒家類/儒學之屬/性理

先聖大訓六卷　（宋）楊簡撰　明萬曆四十三年（1615）刻本　四冊　缺二卷（三、六）

330000 – 1703 – 0000092　G40661　集部/別集類/清別集

漱石山房詩鈔四卷賦四卷　（清）趙九杠撰　清道光二十四年（1844）刻本　四冊　存五卷（詩鈔一至二、賦鈔二至四）

330000 – 1703 – 0000094　G40435　集部/別集類/清別集

濱湖軒遺詩稿一卷　（清）徐時楷撰　清光緒七年（1881）煙嶼樓刻本　一冊

330000 – 1703 – 0000095　G40371　集部/別集類/清別集

秋槎政本一卷　（清）鄭兆龍撰　清道光十五年（1835）刻本　一冊

330000 – 1703 – 0000096　G40408　集部/別集類/清別集

青欞山房詩鈔十一卷附刻一卷　（清）馬士龍撰　清光緒元年（1875）刻本　四冊

330000 – 1703 – 0000097　G50606　類叢部/叢書類/家集之屬

黃氏家集初編六種　（清）黃家鼎輯　清光緒十七年（1891）四明黃氏補不足齋刻本　八冊　存三種

330000 – 1703 – 0000098　G10233　經部/儀禮類/傳說之屬

儀禮易讀十七卷　（清）馬駉撰　清嘉慶二年（1797）潯溪大西堂刻本　四冊

330000 – 1703 – 0000099　G40391　集部/別集類/清別集

鶴麓山房詩稿六卷　（清）葉煒撰　清嘉慶二十五年（1820）刻本　二冊

330000 – 1703 – 0000100　G40392　集部/別集類/清別集

鶴麓山房詩稿六卷　（清）葉煒撰　清嘉慶二十五年（1820）刻本　二冊

330000 – 1703 – 0000101　G50772　類叢部/叢書類/自著之屬

今白華堂集六種附一種　（清）童槐撰　清同治刻本　八冊　存五種

330000－1703－0000102　G40436　集部/別集類/清別集

運甓齋詩彙八卷續編六卷　（清）陳勱撰　清光緒刻本　二冊

330000－1703－0000104　G40407　集部/別集類/清別集

古干亭詩集六卷文集二卷嶺外雜言一卷　（清）黃桐孫撰　菁山詩鈔一卷　（清）黃式祐撰　清道光二十六年（1846）黃叔元今是樓刻本　四冊

330000－1703－0000106　G40616　集部/別集類/清別集

天愚山人詩集十二卷文集十六卷　（清）謝泰宗撰　附錄一卷　（清）吳偉業撰　清光緒六年（1880）謝駿德靈蕕館刻本　六冊　缺八卷（文集一至八）

330000－1703－0000108　G40404　集部/別集類/清別集

今白華堂詩錄八卷詩錄補八卷詩集首二卷　（清）童槐撰　清同治八年（1869）、光緒三年（1877）童華刻本　五冊

330000－1703－0000110　G40355　集部/別集類/清別集

習靜樓詩草四卷　（清）張鯤撰　清同治六年（1867）刻本　一冊

330000－1703－0000117　G40433　集部/別集類/清別集

敬遺軒詩文稿二卷　（清）盧椿撰　清光緒十年（1884）木活字印本　一冊

330000－1703－0000118　G40443　集部/別集類/清別集

留有餘齋遺稿一卷錄存五卷　（清）董學履撰　清光緒十二年（1886）四明董世滋木活字印本　二冊

330000－1703－0000121　G40547　集部/別集類/清別集

近水樓遺稿一卷　（清）忻恕撰　附詩一卷　（清）忻肇寅撰　清宣統二年（1910）忻錦崖木活字印本　一冊

330000－1703－0000122　G40545　集部/別集類/清別集

西征集四卷首一卷　（清）黃家鼎撰　清光緒八年（1882）補不足齋刻本　四冊

330000－1703－0000125　G40541　集部/別集類/清別集

補園賸藁二卷　（清）包履吉撰　清光緒三十一年（1905）讀我書廬刻本　馮昭適過錄張謇題詞　二冊

330000－1703－0000127　G40481　集部/別集類/清別集

問己齋詩集四卷　（清）張培基撰　清光緒二年（1876）刻本　四冊

330000－1703－0000137　G40438　集部/別集類/清別集

運甓齋詩彙八卷　（清）陳勱撰　清光緒十年（1884）刻本　一冊

330000－1703－0000138　G40439　集部/別集類/清別集

運甓齋詩彙八卷　（清）陳勱撰　清光緒十年（1884）刻本　一冊

330000－1703－0000139　G40468　集部/別集類/清別集

憧橋詩稿十卷　（清）徐時樑撰　清光緒十三年（1887）月湖徐氏刻本　二冊

330000－1703－0000140　G50833　類叢部/叢書類/自著之屬

煙嶼樓集四種　（清）徐時棟撰　清同治至光緒刻彙印本　十二冊　存二種

330000－1703－0000141　G40437　集部/別集類/清別集

運甓齋文彙六卷文彙續編六卷運甓齋贈言錄四卷　（清）陳勱撰　清光緒二十年（1894）刻本　三冊

330000－1703－0000142　G50831　類叢部/
叢書類/自著之屬

煙嶼樓集四種　（清）徐時棟撰　清同治至光
緒刻彙印本　四冊　存二種

330000－1703－0000144　G40495　集部/別
集類/清別集

聽月樓遺稿二卷　（清）嚴恆撰　清光緒二十
八年(1902)上海小長蘆館石印本　一冊

330000－1703－0000145　G40487　集部/別
集類/清別集

飲雪軒詩集四卷　（清）楊泰亨撰　清宣統二
年(1910)經畬家塾刻本　一冊

330000－1703－0000146　G50021　類叢部/
叢書類/自著之屬

正誼堂全集八種　（清）董沛撰　清同治至光
緒刻本　二十二冊

330000－1703－0000147　G50023　類叢部/
叢書類/自著之屬

正誼堂全集八種　（清）董沛撰　清同治至光
緒刻本　十冊　存二種

330000－1703－0000148　G40542　集部/別
集類/清別集

補園賸藁二卷　（清）包履吉撰　清光緒三十
一年(1905)讀我書廬刻本　一冊

330000－1703－0000156　G22092　史部/地
理類/方志之屬/郡縣志

[光緒]餘姚縣志二十七卷首一卷末一卷
（清）周炳麟修　（清）邵友濂　（清）孫德祖
纂　清光緒二十五年(1899)刻本　十六冊

330000－1703－0000157　G40514　集部/別
集類/清別集

幼竹先生遺集四卷　（清）盧傑撰　幼竹府君
行述一卷　（清）盧友焜　（清）盧友禧撰　清
光緒抄本(行述配清光緒刻本)　一冊

330000－1703－0000160　G50741　類叢部/
叢書類/自著之屬

曾惠敏公遺集四種　（清）曾紀澤撰　清光緒
十九年(1893)江南製造總局鉛印本　八冊

330000－1703－0000161　G50740　類叢部/
叢書類/自著之屬

曾惠敏公全集四種　（清）曾紀澤撰　清光緒
二十年(1894)上海石印本　四冊

330000－1703－0000162　G40513　集部/別
集類/清別集

吳摯甫文集四卷附鈔深州風土記四篇一卷
（清）吳汝綸撰　清宣統元年(1909)上海國學
扶輪社石印本　五冊

330000－1703－0000167　G22225　史部/地
理類/山川之屬/山志

重修南海普陀山志二十卷首一卷　（清）許琰
撰　清乾隆五年(1740)刻本　四冊

330000－1703－0000169　G40516　集部/別
集類/清別集

舊雨草堂時文不分卷　（清）陳康祺撰　清同
治九年(1870)刻本　二冊

330000－1703－0000170　G40299　集部/別
集類/清別集

午亭文編五十卷　（清）陳廷敬撰　（清）林佶
輯錄　清康熙四十七年(1708)林佶刻乾隆四
十三年(1778)印本　十六冊

330000－1703－0000171　G40364　集部/別
集類/清別集

樂善堂全集四十卷目錄四卷　（清）高宗弘曆
撰　清乾隆二年(1737)刻本　十二冊

330000－1703－0000172　G40584　集部/別
集類/清別集

崇百藥齋文集二十卷續集四卷三集十二卷
（清）陸繼輅撰　五真閣吟藁一卷　（清）陸錢
惠尊撰　清光緒四年(1878)陸祐勤等興國州
署刻本　十二冊

330000－1703－0000173　G40583　集部/別
集類/清別集

南村草堂文鈔二十卷詩鈔二十四卷　（清）鄧
顯鶴撰　清道光八年至咸豐元年(1828－
1851)刻本　張美翊批並跋　十二冊

330000－1703－0000184　G40681　集部/別

集類/清別集

城北草堂詩稿二卷 （清）徐甲榮撰　清光緒
二十四年(1898)刻本　一冊

330000－1703－0000186　G22189　史部/地
理類/山川之屬/水志

水經注四十卷補遺一卷附錄二卷 （北魏）酈
道元撰　（清）全祖望校　清光緒十四年
(1888)薛福成寧波崇實書院刻本　十二冊

330000－1703－0000189　G22079　史部/地
理類/方志之屬/郡縣志

[光緒]奉化縣志四十卷首一卷 （清）李前泮
修　張美翊等纂　清光緒三十四年(1908)刻
本　十二冊

330000－1703－0000191　G40496　集部/別
集類/清別集

聽月樓遺稿二卷 （清）嚴恆撰　清光緒二十
八年(1902)上海小長蘆館石印本　一冊

330000－1703－0000192　G40497　集部/別
集類/清別集

聽月樓遺稿二卷 （清）嚴恆撰　清光緒二十
八年(1902)上海小長蘆館石印本　一冊

330000－1703－0000193　G40498　集部/別
集類/清別集

聽月樓遺稿二卷 （清）嚴恆撰　清光緒二十
八年(1902)上海小長蘆館石印本　一冊

330000－1703－0000194　G40499　集部/別
集類/清別集

聽月樓遺稿二卷 （清）嚴恆撰　清光緒二十
八年(1902)上海小長蘆館石印本　一冊

330000－1703－0000197　G22077　史部/地
理類/方志之屬/郡縣志

[光緒]忠義鄉志二十卷首一卷 （清）吳文江
纂　清光緒二十七年(1901)刻本　六冊

330000－1703－0000198　G40451　集部/別
集類/清別集

曾文正公家書十卷 （清）曾國藩撰　**大事記
四卷** （清）李鴻章　（清）曾國荃審定
（清）王定安編　**家訓二卷** （清）曾國藩撰

榮哀錄一卷　清光緒十九年(1893)上海圖書
集成印書局鉛印本　八冊

330000－1703－0000201　G40749　集部/別
集類

容膝軒文稿八卷　王榮商撰　清光緒二十一
年至三十四年(1895－1908)刻本　二冊

330000－1703－0000202　G40750　集部/別
集類

容膝軒文稿七卷　王榮商撰　清光緒二十一
年(1895)刻本　一冊

330000－1703－0000203　G40748　集部/別
集類

容膝軒詩草四卷　王榮商撰　清宣統三年
(1911)鎮海王氏刻本　張美翊題記　一冊

330000－1703－0000204　G40494　集部/別
集類/清別集

飲雪軒詩集四卷 （清）楊泰亨撰　清宣統二
年(1910)經畬家塾刻本　一冊

330000－1703－0000205　G40493　集部/別
集類/清別集

飲雪軒詩集四卷 （清）楊泰亨撰　清宣統二
年(1910)經畬家塾刻本　一冊

330000－1703－0000206　G40492　集部/別
集類/清別集

飲雪軒詩集四卷 （清）楊泰亨撰　清宣統二
年(1910)經畬家塾刻本　一冊

330000－1703－0000207　G40491　集部/別
集類/清別集

飲雪軒詩集四卷 （清）楊泰亨撰　清宣統二
年(1910)經畬家塾刻本　一冊

330000－1703－0000208　G40490　集部/別
集類/清別集

飲雪軒詩集四卷 （清）楊泰亨撰　清宣統二
年(1910)經畬家塾刻本　一冊

330000－1703－0000209　G40489　集部/別
集類/清別集

飲雪軒詩集四卷 （清）楊泰亨撰　清宣統二

年(1910)經畬家塾刻本　一冊

330000－1703－0000210　G40488　集部/別集類/清別集
飲雪軒詩集四卷　(清)楊泰亨撰　清宣統二年(1910)經畬家塾刻本　一冊

330000－1703－0000212　G40529　集部/別集類/清別集
典三賸稿十二卷　(清)周寅清撰　清咸豐七年(1857)刻本　四冊

330000－1703－0000213　G22025　史部/地理類/方志之屬/郡縣志
[雍正]寧波府志三十六卷首一卷　(清)曹秉仁等修　(清)萬經等纂　清道光二十六年(1846)刻本　十六冊

330000－1703－0000214　G22065　史部/地理類/方志之屬/郡縣志
[雍正]慈谿縣志十六卷　(清)楊正筍修　(清)馮鴻模等纂　清雍正九年(1731)刻乾隆三年(1738)許炳增刻本　八冊

330000－1703－0000216　G22072　史部/地理類/方志之屬/郡縣志
[光緒]鎮海縣志四十卷　(清)于萬川修　(清)俞樾等纂　清光緒五年(1879)鯤池書院刻本　十六冊

330000－1703－0000217　G40469　集部/別集類/清別集
幢橋詩稿十卷　(清)徐時樑撰　清光緒十三年(1887)月湖徐氏刻本　二冊

330000－1703－0000218　G40470　集部/別集類/清別集
幢橋詩稿十卷　(清)徐時樑撰　清光緒十三年(1887)月湖徐氏刻本　二冊

330000－1703－0000219　G40666　集部/別集類/清別集
方百川先生遺文錄不分卷　(清)方舟撰　(清)方棨如撰集　(清)汪利賓訂　清琴嘯齋刻本　蔄石題記　張美翊跋　一冊

330000－1703－0000220　G41664　集部/總集類/課藝之屬
詳註張太史塾課□□卷　(清)張江撰　清光緒十八年(1892)韻松別墅刻本　四冊　存四卷(一至四)

330000－1703－0000221　G40663　集部/別集類/清別集
示樸齋制義不分卷　(清)錢振倫撰　清同治五年(1866)袁浦講舍刻本　四冊

330000－1703－0000222　G40664　集部/別集類/清別集
示樸齋駢體文六卷　(清)錢振倫撰　清同治六年(1867)袁浦崇實書院刻本　張美翊跋　一冊

330000－1703－0000223　G40662　集部/別集類/清別集
靜遠軒傳稿彙編不分卷　(清)邵基　(清)邵惔　(清)邵鐸撰　清乾隆四十七年(1782)刻本　五冊

330000－1703－0000237　G22074　史部/地理類/方志之屬/郡縣志
[乾隆]鎮海縣志八卷首一卷　(清)王夢弼　(清)邵向榮纂修　清乾隆十七年(1752)刻四十五年(1780)周樽增補印本　八冊

330000－1703－0000241　G30897　子部/醫家類/外科之屬/癰疽、疔瘡
新增疔瘡要訣不分卷　(清)應遵誨撰　清光緒元年(1875)寧波三元堂刻本　二冊

330000－1703－0000242　G50601　類叢部/叢書類/家集之屬
鈍翁全集一百二十五卷　(清)汪琬撰　(清)汪鳴珂重訂　清康熙二十三年至二十四年(1684－1685)刻乾隆三十六年(1771)汪宣綸重訂後印本　二十四冊

330000－1703－0000243　G11154　經部/叢編
萬充宗先生經學五書五種十九卷　(清)萬斯大撰　清嘉慶元年(1796)辨志堂刻道光十一

年(1831)同文堂補刻本　六冊

330000－1703－0000244　G50830　類叢部/
叢書類/自著之屬

煙嶼樓集四種　（清）徐時棟撰　清同治至光
緒刻彙印本　四冊　存二種

330000－1703－0000245　G50828　類叢部/
叢書類/自著之屬

煙嶼樓集四種　（清）徐時棟撰　清同治至光
緒刻彙印本　四冊　存二種

330000－1703－0000246　G50829　類叢部/
叢書類/自著之屬

煙嶼樓集四種　（清）徐時棟撰　清同治至光
緒刻彙印本　四冊　存二種

330000－1703－0000247　G50832　類叢部/
叢書類/自著之屬

煙嶼樓集四種　（清）徐時棟撰　清同治至光
緒刻彙印本　八冊　存一種

330000－1703－0000248　G50607　類叢部/
叢書類/家集之屬

黃氏家集初編六種　（清）黃家鼎輯　清光緒
十七年(1891)四明黃氏補不足齋刻本　一冊
存一種

330000－1703－0000250　G40668　集部/別
集類/清別集

韞山堂時文初集二卷二集四卷三集二卷
（清）管世銘撰　清光緒十九年(1893)寧郡汲
綆齋刻本　六冊

330000－1703－0000251　G40510　集部/別
集類/清別集

抱泉山館詩集十卷文集三卷首一卷　（清）王
蒔蕙撰　榮鞠詩鈔一卷　（清）王予齡撰　清
光緒二十七年(1901)寧波鈞和公司鉛印本
四冊

330000－1703－0000252　G50238　類叢部/
叢書類/彙編之屬

半厂叢書初編十種　（清）譚獻編　清同治至
光緒仁和譚氏刻本　八冊　存五種

330000－1703－0000253　G40645　集部/別
集類/清別集

松韻樓詩稿三卷附醉月詞一卷　（清）馮保清
撰　清光緒二十五年(1899)刻本　一冊

330000－1703－0000255　G40642　集部/別
集類/清別集

東汀小稿二卷　（清）葉愚撰　清刻本　一冊

330000－1703－0000258　G40655　集部/別
集類/清別集

前嶺游草一卷　（清）姚承憲撰　稿本　一冊

330000－1703－0000259　G40660　集部/別
集類/清別集

思綺堂文集十卷　（清）章藻功撰　清康熙六
十一年(1722)聚錦堂刻本　十冊

330000－1703－0000260　S00027　集部/別
集類/清別集

瓶醁樓詩草一卷　（清）吳文江撰　稿本
一冊

330000－1703－0000262　G40682　集部/別
集類/清別集

問字堂集六卷　（清）孫星衍撰　清光緒十年
(1884)四明是亦軒刻本　二冊

330000－1703－0000264　G40679　集部/別
集類/清別集

編苦吟一卷　（清）釋際叡撰　（清）徐嵩高選
清抄本　一冊

330000－1703－0000265　G40678　集部/別
集類/清別集

逸叟詩稿一卷　清抄本　一冊

330000－1703－0000266　G40677　集部/別
集類/清別集

梅槎居士雜著一卷　（清）徐澍撰　稿本
一冊

330000－1703－0000267　G50868　類叢部/
叢書類/自著之屬

有恆心齋集六種附一種　（清）程鴻詔撰　清
同治刻本　十冊　存四種

330000－1703－0000269　G50120　類叢部/
叢書類/彙編之屬

花雨樓叢鈔十一種續鈔十一種附一種　（清）
張壽榮編　清光緒八年至十四年（1882－
1888）蛟川張氏花雨樓刻本　十二冊　存
十種

330000－1703－0000270　G50124　類叢部/
叢書類/彙編之屬

花雨樓叢鈔十一種續鈔十一種附一種　（清）
張壽榮編　清光緒八年至十四年（1882－
1888）蛟川張氏花雨樓刻本　七冊　存一種

330000－1703－0000272　G50127　類叢部/
叢書類/彙編之屬

花雨樓叢鈔十一種續鈔十一種附一種　（清）
張壽榮編　清光緒八年至十四年（1882－
1888）蛟川張氏花雨樓刻本　四冊　存一種

330000－1703－0000277　G22066　史部/地
理類/方志之屬/郡縣志

[光緒]慈谿縣志五十六卷附編一卷　（清）楊
泰亨　（清）馮可鏞纂　（清）劉一桂校補　清
光緒二十五年（1899）德潤書院刻本　十九冊
　存四十五卷（一至二十二、三十五至五十
六,附編）

330000－1703－0000278　G22127　史部/地
理類/方志之屬/郡縣志

[光緒]分水縣志十卷首一卷末一卷　（清）陳
常鏵　（清）馮圻修　（清）臧承宣等纂　清光
緒三十二年（1906）刻民國三十年（1941）重印
本　六冊

330000－1703－0000279　G22097　史部/地
理類/方志之屬/郡縣志

[同治]嵊縣志二十六卷首一卷末一卷　（清）
嚴思忠　（清）陳仲麟修　（清）蔡以瑺等纂
清同治九年（1870）刻本　十二冊

330000－1703－0000280　G22019　史部/地
理類/方志之屬/郡縣志

[同治]孝豐縣志十卷首一卷　（清）劉濬修
（清）潘宅仁等纂　清光緒三年至五年（1877－
1879）刻本　十冊

330000－1703－0000281　G22018　史部/地
理類/方志之屬/郡縣志

[同治]安吉縣志十八卷首一卷　（清）汪榮
（清）劉蘭敏修　（清）張行孚　（清）丁寶書
纂　清同治十三年（1874）刻本　十六冊

330000－1703－0000282　G22119　史部/地
理類/方志之屬/郡縣志

[光緒]永嘉縣志三十八卷首一卷　（清）張寶
琳修　（清）王棻　（清）孫詒讓纂　清光緒八
年（1882）溫州維新書局刻民國二十四年
（1935）劉景晨補版印本　三十冊

330000－1703－0000283　G22009　史部/地
理類/方志之屬/郡縣志

[光緒]海鹽縣志二十二卷首一卷末一卷
（清）王彬修　（清）徐用儀纂　清光緒三年
（1877）蔚文書院刻本　十六冊

330000－1703　0000284　G40629　集部/別
集類/清別集

匏繫齋詩鈔四卷　（清）馮可鏞撰　清光緒二
十三年（1897）刻本　一冊　存二卷（一至二）

330000－1703－0000285　G40628　集部/別
集類/清別集

匏繫齋詩鈔四卷　（清）馮可鏞撰　清光緒二
十三年（1897）刻本　王和之跋　二冊

330000－1703－0000286　G40632　集部/別
集類/清別集

映紅樓詩稿四卷　（清）王定祥撰　清光緒二
十二年（1896）慈谿童廣年刻本　張美翊題記
　一冊

330000－1703－0000288　G22117　史部/地
理類/方志之屬/郡縣志

[乾隆]溫州府志三十卷首一卷　（清）李琬修
　（清）齊召南　（清）汪沆纂　清乾隆二十七
年（1762）刻同治四年（1865）修版民國四年
（1915）補刻本　二十冊

330000－1703－0000289　G21997　史部/地
理類/方志之屬/郡縣志

咸淳臨安志一百卷　（宋）潛說友纂　校栞咸

淳臨安志札記三卷 （清）黃士珣撰 清道光十年（1830）錢塘汪氏振綺堂刻本（卷九十、九十八至一百原缺） 二十四冊

330000－1703－0000290 G40604 集部/別集類/清別集
瞻袞堂文集十卷 （清）袁鈞撰 清光緒三十三年（1907）袁可烺、袁可貞刻本 張美翊題記 四冊

330000－1703－0000291 G40613 集部/別集類/清別集
鴻爪集二卷 （清）任荃撰 清道光二十五年（1845）粵東醉經樓刻本 一冊

330000－1703－0000292 G40596 集部/別集類/清別集
南谿偶刊三種 （清）鄭性撰 清乾隆七年（1742）刻本 二冊 存二種

330000－1703－0000293 G40867 集部/別集類
嚼梅吟二卷 （清）釋敬安撰 清光緒七年（1881）四明刻本 一冊

330000－1703－0000294 G40586 集部/別集類/清別集
二齋文集八卷 （清）胡亦堂撰 （清）裴璉等輯 清康熙十一年（1672）刻本 一冊

330000－1703－0000295 G40592 集部/別集類/清別集
甌遊草四卷 （清）葉錫鳳撰 清嘉慶九年（1804）葉氏磨兜堅齋刻本 一冊

330000－1703－0000296 G22086 史部/地理類/方志之屬/郡縣志
[乾隆]紹興府志八十卷首一卷 （清）李亨特修 （清）平恕 （清）徐嵩纂 清乾隆五十七年（1792）刻本 四十六冊

330000－1703－0000297 G40593 集部/別集類/清別集
白湖詩稿八卷 （清）葉燕撰 清嘉慶二十三年（1818）葉氏又次居刻本 二冊

330000－1703－0000300 G40594 集部/別集類/清別集
野雲居詩稿二卷文稿一卷附一卷 （清）鄭竺撰 （清）蔣學鏞選 清嘉慶刻本 一冊

330000－1703－0000307 G40769 集部/別集類
綴學堂初槁四卷 陳漢章撰 清光緒十九年（1893）象山陳氏刻本 陳慶麒跋 二冊

330000－1703－0000308 G21871 史部/地理類/總志之屬/斷代
元和郡縣圖志四十卷目錄二卷 （唐）李吉甫撰 闕卷逸文一卷 （清）孫星衍輯 元和郡縣補志九卷 （清）嚴觀輯 清光緒六年（1880）金陵書局刻本（卷十九至二十、二十三至二十四、三十五至三十六原缺） 十冊

330000－1703－0000309 G20065 史部/紀傳類/正史之屬
史記一百三十卷 （漢）司馬遷撰 （南朝宋）裴駰集解 （唐）司馬貞索隱 （唐）張守節正義 （明）陳繼儒點定 （明）黃嘉惠輯評 明黃嘉惠刻本 二十冊

330000－1703－0000310 G20066 史部/紀傳類/正史之屬
史記一百三十卷 （漢）司馬遷撰 （南朝宋）裴駰集解 （唐）司馬貞索隱 （唐）張守節正義 清同治九年（1870）崇文書局刻本 二十四冊

330000－1703－0000311 G20067 史部/紀傳類/正史之屬
史記一百三十卷 （漢）司馬遷撰 （南朝宋）裴駰集解 （唐）司馬貞索隱 （唐）張守節正義 清同治五年至九年（1866－1870）金陵書局刻本 二十冊

330000－1703－0000312 G40339 集部/別集類/清別集
句餘土音集三卷湖語附錄一卷 （清）全祖望撰 清抄本 一冊

330000－1703－0000313 G40349 集部/別

集類/清別集

梅崖居士文集三十卷首一卷外集八卷 （清）朱仕琇撰　清乾隆四十七年(1782)新城魯仕驥刻本　十冊

330000－1703－0000314　G40350　集部/別集類/清別集

玉芝堂文集六卷 （清）邵齊燾撰　清光緒八年(1882)寧波羣玉山房刻本　二冊

330000－1703－0000315　G40351　集部/別集類/清別集

玉芝堂文集六卷 （清）邵齊燾撰　清光緒八年(1882)寧波羣玉山房刻本　二冊

330000－1703－0000316　G40368　集部/別集類/清別集

餘冬詩鈔一卷 （清）鄭兆龍撰　清抄本　一冊

330000－1703－0000317　G40369　集部/別集類/清別集

僅存詩鈔三卷 （清）鄭兆龍撰　清龍山鄭氏譜局木活字印本　一冊

330000－1703－0000318　G40378　集部/別集類/清別集

有正味齋駢體文箋注十六卷補注一卷 （清）吳錫麒撰　（清）葉聯芬注　清道光二十年(1840)慈谿葉氏刻本　八冊　存十六卷(一至十六)

330000－1703－0000319　G40380　集部/別集類/清別集

有正味齋駢體文箋注十六卷補注一卷 （清）吳錫麒撰　（清）葉聯芬注　清道光二十年(1840)慈谿葉氏刻本　五冊　存十六卷(一至十六)

330000－1703－0000320　G40379　集部/別集類/清別集

有正味齋駢體文箋注十六卷補注一卷 （清）吳錫麒撰　（清）葉聯芬注　清道光二十年(1840)慈谿葉氏刻本　八冊　存十六卷(一至十六)

330000－1703－0000321　G21995　史部/地理類/方志之屬/郡縣志

[乾隆]杭州府志一百十卷首六卷 （清）鄭澐修　（清）邵晉涵等纂　清乾隆四十九年(1784)刻本　四十六冊　缺四卷(十一至十三、十八)

330000－1703－0000322　G21996　史部/地理類/方志之屬/郡縣志

[乾隆]杭州府志一百十卷首六卷 （清）鄭澐修　（清）邵晉涵等纂　清乾隆四十九年(1784)刻本　三十八冊　缺十八卷(首三至五,二十七至二十八、三十一至三十九、四十二至四十五)

330000－1703－0000323　G22012　史部/地理類/方志之屬/郡縣志

光緒桐鄉縣志二十四卷首四卷 （清）嚴辰纂　**楊園淵源錄四卷** （清）沈曰富輯　清光緒十二年(1887)蘇州陶漱藝齋刻本　二十四冊

330000－1703－0000324　G22028　史部/地理類/方志之屬/郡縣志

[同治]鄞縣志七十五卷 （清）戴枚修　（清）張恕　（清）董沛等纂　清光緒三年(1877)刻四年(1878)增刻本　三十四冊

330000－1703－0000325　G22105　史部/地理類/方志之屬/郡縣志

[康熙]臨海縣志十五卷首一卷 （清）洪若皋纂　清康熙二十二年(1683)刻同治至光緒重印本　八冊

330000－1703－0000326　G22029　史部/地理類/方志之屬/郡縣志

[同治]鄞縣志七十五卷 （清）戴枚修　（清）張恕　（清）董沛等纂　清光緒三年(1877)刻四年(1878)增刻本　三十二冊　存七十一卷(一、四至十一、十四至七十五)

330000－1703－0000327　G22030　史部/地理類/方志之屬/郡縣志

[同治]鄞縣志七十五卷 （清）戴枚修　（清）張恕　（清）董沛等纂　清光緒三年(1877)刻四年(1878)增刻本　十六冊　存三

十三卷(一至十三、二十至三十七、六十四至六十五)

330000－1703－0000328　G22031　史部/地理類/方志之屬/郡縣志
[同治]鄞縣志七十五卷　（清）戴枚修（清）張恕　（清）董沛等纂　清光緒三年(1877)刻四年(1878)增刻本　二十三冊　存五十卷(二十四至六十三、六十六至七十五)

330000－1703－0000329　G22113　史部/地理類/方志之屬/郡縣志
[同治]江山縣志十二卷首一卷末一卷　（清）王彬　（清）孫晉梓修　（清）朱寶慈等纂　清同治十二年(1873)文溪書院刻本　八冊

330000－1703－0000330　G22032　史部/地理類/方志之屬/郡縣志
[同治]鄞縣志七十五卷　（清）戴枚修（清）張恕　（清）董沛等纂　清光緒三年(1877)刻四年(1878)增刻本　十冊　存二十六卷(五十至七十五)

330000－1703－0000331　G40146　集部/別集類/宋別集
黃詩全集五十八卷　（宋）黃庭堅撰　清乾隆五十四年(1789)南康謝氏樹經堂刻本　張美翊題記　二十冊

330000－1703－0000332　G40163　集部/別集類/宋別集
呂東萊先生文集二十卷首一卷　（宋）呂祖謙撰　（清）王崇炳輯　清雍正元年(1723)金華陳思臚敬勝堂刻本　八冊

330000－1703－0000333　G40190　類叢部/叢書類/自著之屬
草廬吳文正公全書十三種　（元）吳澄撰　清乾隆初吳氏刻二十一年(1756)萬璜校刻道光補刻彙印本　二十冊　存二種

330000－1703－0000334　G10316　經部/春秋左傳類/傳說之屬
左傳事緯十二卷左傳字釋一卷　（清）馬驌撰　清乾隆四十九年(1784)仁和黃暹懷澄堂刻

本　十冊

330000－1703－0000335　S00021　類叢部/叢書類/郡邑之屬
鹽邑志林四十一種附一種　（明）樊維城彙編　明天啟刻清印本　二十冊　存三十七種

330000－1703－0000336　G10904　經部/小學類/訓詁之屬/爾雅
爾雅正義二十卷爾雅釋文三卷　（清）邵晉涵撰（唐）陸德明撰　清乾隆五十三年(1788)邵氏面水層軒刻本　八冊

330000－1703－0000337　G10905　經部/小學類/訓詁之屬/爾雅
爾雅正義二十卷爾雅釋文三卷　（清）邵晉涵撰（唐）陸德明撰　清刻本　八冊

330000－1703－0000338　G10906　經部/小學類/訓詁之屬/爾雅
爾雅正義二十卷爾雅釋文三卷　（清）邵晉涵撰（唐）陸德明撰　清刻本　八冊

330000－1703－0000339　S00022　子部/醫家類/類編之屬
古今醫統正脈全書四十四種　（明）王肯堂編　明萬曆二十九年(1601)新安吳勉學刻清步月樓重修本　清吳釗森跋　三十冊　存二十八種

330000－1703－0000340　G10001　經部/易類/傳說之屬
周易集解十七卷　（唐）李鼎祚撰　清同治十二年(1873)成都敦怡堂刻本　四冊

330000－1703－0000341　G10002　經部/易類/傳說之屬
楊氏誠齋先生易傳二十卷首一卷　（宋）楊萬里撰　清光緒二年(1876)澀塘振撕堂刻本　四冊

330000－1703－0000342　G10003　經部/易類/傳說之屬
周易孔義集說二十卷　（清）沈起元撰　清光緒八年(1882)江蘇書局刻本　八冊

330000 - 1703 - 0000343　G10007　經部/易類/傳說之屬

周易通義十六卷　（清）莊忠棫撰　清光緒六年(1880)儀徵劉壽曾冶城山館刻本　二冊

330000 - 1703 - 0000344　G11120　經部/易類

沈毅成先生易學四種　（清）沈善登撰　清光緒桐鄉沈氏豫恕堂刻本　八冊　存一種

330000 - 1703 - 0000345　G10011　經部/易類/傳說之屬

易經精華六卷首一卷末一卷　（清）薛嘉穎撰　清道光元年(1821)光龗堂刻本(卷首原缺)　四冊

330000 - 1703 - 0000346　G10012　經部/易類/傳說之屬

易經精華六卷首一卷末一卷　（清）薛嘉穎撰　清道光元年(1821)光龗堂刻本(卷首原缺)　四冊

330000 - 1703 - 0000347　G10013　經部/易類/傳說之屬

易經精華六卷首一卷末一卷　（清）薛嘉穎撰　清道光元年(1821)光龗堂刻本(卷首原缺)　二冊　存五卷(一至二、五至六,末)

330000 - 1703 - 0000355　G10028　經部/易類/傳說之屬

漢儒易義針度四卷　（清）朱昌壽撰　**附近科文式一卷**　（清）希鼓等撰　清道光二十三年(1843)武林調香室刻本　一冊

330000 - 1703 - 0000358　G22073　史部/地理類/方志之屬/郡縣志

[光緒]鎮海縣志四十卷　（清）于萬川修　（清）俞樾等纂　清光緒五年(1879)鯤池書院刻本　十六冊

330000 - 1703 - 0000359　G10031　經部/易類/傳說之屬

鄭氏爻辰補六卷圖一卷　（清）戴棠撰　清道光二十九年(1849)燕山書屋刻本　三冊

330000 - 1703 - 0000360　G10030　經部/易類/傳說之屬

鄭氏爻辰補六卷圖一卷　（清）戴棠撰　清道光二十九年(1849)燕山書屋刻本　三冊

330000 - 1703 - 0000361　G22068　史部/地理類/方志之屬/郡縣志

[光緒]慈谿縣志五十六卷附編一卷　（清）楊泰亨　（清）馮可鏞纂　（清）劉一桂校補　清光緒二十五年(1899)德潤書院刻本　一冊　缺五十五卷(二至五十六)

330000 - 1703 - 0000362　G22003　史部/地理類/方志之屬/郡縣志

[光緒]嘉興府志八十八卷首二卷　（清）許瑤光修　（清）吳仰賢等纂　清光緒三年至四年(1877 - 1878)嘉興鴛湖書院刻五年(1879)重印本　四十八冊

330000 - 1703 - 0000363　G22004　史部/地理類/方志之屬/郡縣志

[光緒]嘉興府志八十八卷首二卷　（清）許瑤光修　（清）吳仰賢等纂　清光緒三年至四年(1877 - 1878)嘉興鴛湖書院刻本　四十八冊

330000 - 1703 - 0000364　G22005　史部/地理類/方志之屬/郡縣志

[光緒]重修嘉善縣志三十六卷首一卷　（清）江峯青修　（清）顧福仁纂　清光緒二十年(1894)刻本　十六冊

330000 - 1703 - 0000365　G22008　史部/地理類/方志之屬/郡縣志

[光緒]平湖縣志二十五卷首一卷末一卷　（清）彭潤章等修　（清）葉廉鍔等纂　**平湖殉難錄一卷**　（清）彭潤章輯　清光緒十二年(1886)刻本　十三冊

330000 - 1703 - 0000366　G22010　史部/地理類/方志之屬/郡縣志

[光緒]海鹽縣志二十二卷首一卷末一卷　（清）王彬修　（清）徐用儀纂　清光緒三年(1877)蔚文書院刻本　十六冊

330000 - 1703 - 0000367　G22011　史部/地理類/方志之屬/郡縣志

[光緒]海鹽縣志二十二卷首一卷末一卷
（清）王彬修　（清）徐用儀纂　清光緒三年
(1877)蔚文書院刻本　十六冊

330000－1703－0000371　G22013　史部/地
理類/方志之屬/郡縣志

光緒桐鄉縣志二十四卷首四卷　（清）嚴辰纂
　楊園淵源録四卷　（清）沈曰富輯　清光緒
十三年(1887)蘇州陶漱藝齋刻本　二十四冊

330000－1703－0000372　G22015　史部/地
理類/方志之屬/郡縣志

[同治]湖州府志九十六卷首一卷　（清）宗源
瀚　（清）楊榮緒　（清）郭式昌修　（清）周
學濬　（清）陸心源　（清）汪曰楨纂　清同治
十一年至十三年(1872－1874)愛山書院刻光
緒九年(1883)印本　二十八冊

330000－1703－0000373　G22026　史部/地
理類/方志之屬/郡縣志

[雍正]寧波府志三十六卷首一卷　（清）曹秉
仁等修　（清）萬經等纂　清雍正十一年
(1733)刻乾隆六年(1741)補刻本　十冊　存
二十卷(十二至二十二、二十七至三十五)

330000－1703－0000374　G22027　史部/地
理類/方志之屬/郡縣志

[雍正]寧波府志三十六卷首一卷　（清）曹秉
仁等修　（清）萬經等纂　清道光二十六年
(1846)刻本　十六冊

330000－1703－0000376　G22083　史部/地
理類/方志之屬/郡縣志

[光緒]定海廳志三十卷首一卷　（清）史致馴
修　（清）陳儁　（清）黃以周纂　清光緒十年
至十一年(1884－1885)黃樹藩刻本　十冊

330000－1703－0000377　G22084　史部/地
理類/方志之屬/郡縣志

[光緒]定海廳志三十卷首一卷　（清）史致馴
修　（清）陳儁　（清）黃以周纂　清光緒十年
至十一年(1884－1885)黃樹藩刻本　十冊

330000－1703－0000379　G22087　史部/地
理類/方志之屬/郡縣志

[乾隆]紹興府志八十卷首一卷　（清）李亨特
修　（清）平恕　（清）徐嵩纂　清乾隆五十七
年(1792)刻本　十七冊　存二十七卷(五十
四至八十)

330000－1703－0000380　G22090　史部/地
理類/方志之屬/郡縣志

[光緒]上虞縣志四十八卷首一卷末一卷附錄
一卷　（清）唐煦春修　（清）朱士黻纂　清光
緒十七年(1891)刻本　二十冊

330000－1703－0000381　G22091　史部/地
理類/方志之屬/郡縣志

[光緒]上虞縣志四十八卷首一卷末一卷附錄
一卷　（清）唐煦春修　（清）朱士黻纂　清光
緒十七年(1891)刻本　二十冊

330000－1703－0000382　G22093　史部/地
理類/方志之屬/郡縣志

[光緒]餘姚縣志二十七卷首一卷末一卷
（清）周炳麟修　（清）邵友濂　（清）孫德祖
纂　清光緒二十五年(1899)刻本　十五冊
缺六卷(三至八)

330000－1703－0000383　G22094　史部/地
理類/方志之屬/郡縣志

[光緒]餘姚縣志二十七卷首一卷末一卷
（清）周炳麟修　（清）邵友濂　（清）孫德祖
纂　清光緒二十五年(1899)刻本　十五冊
缺一卷(首)

330000－1703－0000388　G22106　史部/地
理類/方志之屬/郡縣志

[康熙]金華府志三十卷　（清）張薳修
(清)沈麟趾等纂　清宣統元年(1909)嵩連石
印本　十二冊

330000－1703－0000389　G22107　史部/地
理類/方志之屬/郡縣志

[光緒]永康縣志十六卷首一卷　（清）李汝為
　（清）郭文魁修　（清）潘樹棠等纂　清光緒
十八年(1892)刻本　十二冊

330000－1703－0000390　G22108　史部/地
理類/方志之屬/郡縣志

[康熙]衢州府志四十卷首一卷 (清)楊廷望 (清)金玉衡纂修 清光緒八年(1882)劉國光刻本 十二冊

330000－1703－0000391 G22110 史部/地理類/方志之屬/郡縣志

[嘉慶]西安縣志四十八卷首一卷 (清)姚寶煃修 (清)范崇楷等纂 清嘉慶十六年(1811)刻本 十冊

330000－1703－0000392 G22111 史部/地理類/方志之屬/郡縣志

[康熙]龍游縣誌十二卷首一卷 (清)盧燦修 (清)余恂等纂 清光緒八年(1882)刻本 六冊

330000－1703－0000393 G22115 史部/地理類/方志之屬/郡縣志

[光緒]常山縣志六十八卷首一卷末一卷 (清)李瑞鍾修 (清)朱昌泰等纂 清光緒十二年(1886)刻本 十二冊

330000－1703－0000394 G22120 史部/地理類/方志之屬/郡縣志

[光緒]永嘉縣志三十八卷首一卷 (清)張寶琳修 (清)王棻 (清)孫詒讓纂 清光緒八年(1882)溫州維新書局刻本 十六冊

330000－1703－0000395 G22125 史部/地理類/方志之屬/郡縣志

[光緒]處州府志三十卷首一卷末一卷 (清)潘紹詒修 (清)周榮椿纂 清光緒三年(1877)刻本 二十八冊

330000－1703－0000396 G22126 史部/地理類/方志之屬/郡縣志

[光緒]處州府志三十卷首一卷末一卷 (清)潘紹詒修 (清)周榮椿纂 清光緒三年(1877)刻本 十八冊 存二十卷(十二至三十、末)

330000－1703－0000397 G22129 史部/地理類/方志之屬/郡縣志

[光緒]青田縣志十八卷首一卷 (清)雷銑修 (清)王棻纂 清光緒元年至二年(1875－1876)刻本 十四冊

330000－1703－0000398 G22130 史部/地理類/方志之屬/郡縣志

[光緒]青田縣志十八卷首一卷 (清)雷銑修 (清)王棻纂 清光緒元年至二年(1875－1876)刻本 十二冊 缺二卷(二、十二)

330000－1703－0000399 G22131 史部/地理類/方志之屬/郡縣志

[光緒]縉雲縣志十六卷首一卷末一卷 (清)何乃容 (清)葛華修 (清)潘樹棠纂 清光緒二年至七年(1876－1881)刻本 十冊

330000－1703－0000400 G22132 史部/地理類/方志之屬/郡縣志

[光緒]松陽縣志十二卷首一卷 (清)支恆椿修 (清)丁鳳章等纂 清光緒元年(1875)刻本 六冊

330000－1703－0000401 G22133 史部/地理類/方志之屬/郡縣志

[光緒]松陽縣志十二卷首一卷 (清)支恆椿修 (清)丁鳳章等纂 清光緒元年(1875)刻本 六冊

330000－1703－0000402 G22134 史部/地理類/方志之屬/郡縣志

[光緒]遂昌縣志十二卷首一卷外編四卷 (清)胡壽海 (清)史恩緯修 (清)褚成允纂 清光緒二十二年(1896)尊經閣刻本 十冊 缺一卷(外編四)

330000－1703－0000403 G22135 史部/地理類/方志之屬/郡縣志

[光緒]龍泉縣志十二卷首一卷 (清)顧國詔修 (清)張世墫纂 清光緒四年(1878)刻本 六冊

330000－1703－0000404 G22136 史部/地理類/方志之屬/郡縣志

[光緒]慶元縣志十二卷首一卷 (清)林步瀛 (清)史恩緯修 (清)史恩緒等纂 清光緒三年(1877)刻本 十冊

330000－1703－0000405 史部/地

理類/方志之屬/郡縣志

[同治]雲和縣志十六卷首一卷 (清)伍承吉修 (清)涂冠續修 (清)王士鈖纂 清咸豐七年至同治三年(1857－1864)刻本 六冊

330000－1703－0000406 G22138 史部/地理類/方志之屬/郡縣志

[同治]景寧縣志十四卷首一卷末一卷 (清)周杰修 (清)嚴用光等纂 清同治十一年至十二年(1872－1873)刻本 八冊

330000－1703－0000407 G22139 史部/地理類/方志之屬/郡縣志

[光緒]宣平縣志二十卷首一卷 (清)皮樹棠修 (清)祝鳳梧纂 清光緒四年(1878)刻本 八冊

330000－1703－0000408 G22140 史部/地理類/方志之屬/郡縣志

[光緒]宣平縣志二十卷首一卷 (清)皮樹棠修 (清)祝鳳梧纂 清光緒四年(1878)刻本 八冊

330000－1703－0000410 G22142 史部/地理類/方志之屬/郡縣志

[咸豐]南潯鎮志四十卷首一卷 (清)汪曰楨纂 清咸豐九年至同治二年(1859－1863)刻本 張美翊題記 一冊 缺三十七卷(四至四十)

330000－1703－0000417 G40449 集部/別集類/清別集

曾文正公家書十卷 (清)曾國藩撰 **大事記四卷** (清)李鴻章 (清)曾國荃審定 (清)王定安編 **家訓二卷** (清)曾國藩撰 **榮哀錄一卷** 清光緒十九年(1893)上海圖書集成印書局鉛印本 四冊 存七卷(家書一至四、九至十,哀榮錄)

330000－1703－0000418 G40450 集部/別集類/清別集

曾文正公家書十卷 (清)曾國藩撰 **大事記四卷** (清)李鴻章 (清)曾國荃審定 (清)王定安編 **家訓二卷** (清)曾國藩撰 **榮哀錄一卷** 清光緒十九年(1893)上海圖書

集成印書局鉛印本 四冊 存八卷(家書三至六、九至十,大事記一至二)

330000－1703－0000419 G22190 史部/地理類/山川之屬/水志

水經注四十卷補遺一卷附錄二卷 (北魏)酈道元撰 (清)全祖望校 清光緒十四年(1888)薛福成寧波崇實書院刻本 十二冊

330000－1703－0000420 G22191 史部/地理類/山川之屬/水志

水經注四十卷首一卷 (北魏)酈道元撰 王先謙校 **附錄二卷** (清)趙一清輯 清光緒二十年(1894)寶善書局石印本 二十冊

330000－1703－0000421 G22197 史部/地理類/山川之屬/水志

水道提綱二十八卷 (清)齊召南撰 清乾隆四十一年(1776)刻本 二冊 存七卷(十二至十八)

330000－1703－0000422 G22192 類叢部/叢書類/彙編之屬

水經山海經合刻二種 (清)黃晟編 清乾隆十八年(1753)黃晟槐蔭草堂刻本 十二冊 存一種

330000－1703－0000423 G22198 史部/地理類/山川之屬/水志

水道提綱二十八卷 (清)齊召南撰 清光緒七年(1881)上海文瑞樓鉛印本 八冊

330000－1703－0000424 G22196 史部/地理類/山川之屬/水志

水道提綱二十八卷 (清)齊召南撰 清乾隆四十一年(1776)刻本 八冊

330000－1703－0000425 G22199 史部/地理類/山川之屬/水志

水道提綱二十八卷 (清)齊召南撰 清光緒七年(1881)上海文瑞樓鉛印本 八冊

330000－1703－0000426 G22200 史部/地理類/山川之屬/水志

水道提綱二十八卷 (清)齊召南撰 清光緒二十三年(1897)上海古香閣書局石印本

四册

330000－1703－0000427　G10852　經部/小
學類/音韻之屬/古今韻說

音學五書　（清）顧炎武撰　清光緒十一年
(1885)四明觀稼樓刻本　十册

330000－1703－0000428　G10853　經部/小
學類/音韻之屬/古今韻說

音學五書　（清）顧炎武撰　清光緒十一年
(1885)四明觀稼樓刻本　二册　存二種

330000－1703－0000429　G10854　經部/小
學類/音韻之屬/古今韻說

音學五書　（清）顧炎武撰　清光緒十一年
(1885)四明觀稼樓刻本　六册　存三種

330000－1703－0000430　G10004　經部/易
類/傳說之屬

易漢學八卷　（清）惠棟撰　清刻本　二册

330000－1703－0000431　G10014　經部/易
類/傳說之屬

易經精華六卷首一卷末一卷　（清）薛嘉穎撰
清光緒二年(1876)寧郡簡香齋刻本(卷首
原缺)　二册　存四卷(一至四)

330000－1703－0000432　G10008　經部/易
類/傳說之屬

周易象義集成三卷　（清）陳洪冠纂輯　清咸
豐八年(1858)湖南羣玉書屋刻本　六册

330000－1703－0000433　G10009　經部/易
類/傳說之屬

易經精華六卷首一卷末一卷　（清）薛嘉穎撰
清同治四年(1865)刻本(卷首原缺)　三册

330000－1703－0000434　G50768　類叢部/
叢書類/自著之屬

話山草堂遺集十三卷　（清）沈道寬撰　清光
緒三年(1877)潤州權署刻本　八册

330000－1703－0000435　G40713　集部/別
集類/清別集

秋嘯堂詩稿二卷　（清）孫麟撰　清光緒五年
(1879)高鼎渤海寄巢刻本　一册

330000－1703－0000436　G40712　集部/別
集類/清別集

願學堂詩鈔二十八卷　（清）王宗燿撰　清咸
豐十年(1860)鄞縣王氏刻本　六册

330000－1703－0000437　G50608　類叢部/
叢書類/家集之屬

續溪胡氏叢書四種　（清）胡培系編　清同治
至光緒世澤樓刻本　六册

330000－1703－0000438　G50769　類叢部/
叢書類/自著之屬

話山草堂遺集十三卷　（清）沈道寬撰　清光
緒三年(1877)潤州權署刻本　四册　存六卷
(話山草堂詩鈔三至四、詞鈔、文鈔,六義郛
郭、八法筌蹄)

330000－1703－0000439　G41562　集部/總
集類/選集之屬/通代

經史百家雜鈔二十六卷首一卷　（清）曾國藩
輯　清光緒三十二年(1906)商務印書館鉛印
本　十二册

330000－1703－0000440　G11218　經部/
叢編

新鐫經苑　（清）錢儀吉輯　清道光至咸豐大
梁書院刻同治七年(1868)王儒行等印本　十
二册　存三種

330000－1703－0000441　G40409　集部/別
集類/清別集

養一齋文集二十卷　（清）李兆洛撰　清光緒
四年(1878)刻本　八册

330000－1703－0000442　G10111　經部/詩
類/傳說之屬

呂氏家塾讀詩記三十二卷　（宋）呂祖謙撰
清刻本　五册

330000－1703－0000443　G10549　經部/四
書類/總義之屬/傳說

**四書典林三十卷四書古人典林十二卷繪圖一
卷**　（清）江永輯　清道光五年(1825)暨陽聚
珍堂刻本　一册　存六卷(古人典林一至六)

330000－1703－0000444　G10112　經部/詩

類/傳說之屬

詩緝三十六卷 （宋）嚴粲撰 清嘉慶十五年
(1810)谿上聽彝堂刻本 十二冊

330000－1703－0000445 G10113 經部/詩
類/傳說之屬

詩緝三十六卷 （宋）嚴粲撰 清嘉慶十五年
(1810)谿上聽彝堂刻本 六冊

330000－1703－0000446 G10114 經部/詩
類/傳說之屬

詩緝三十六卷 （宋）嚴粲撰 清嘉慶十五年
(1810)谿上聽彝堂刻本 十二冊

330000－1703－0000447 G10548 經部/四
書類/總義之屬/傳說

四書典林三十卷四書古人典林十二卷 （清）
江永輯 清同治十二年(1873)古董一經室刻
本 二冊 存十二卷(古人典林一至十二)

330000－1703－0000448 G10550 經部/四
書類/總義之屬/傳說

四書典林三十卷四書古人典林十二卷 （清）
江永輯 清同治十二年(1873)古董一經室刻
本 一冊 存六卷(古人典林一至六)

330000－1703－0000449 G10019 經部/易
類/傳說之屬

易義萃精四卷 （清）久敬齋主人輯 清光緒
十四年(1888)上海大同書局石印本 四冊

330000－1703－0000450 G22153 史部/地
理類/方志之屬/郡縣志

[同治]宜昌府志十六卷首一卷 （清）聶光鑾
修 （清）王柏心 （清）雷春沼纂 清同治五
年(1866)刻本 十七冊

330000－1703－0000451 G10020 經部/易
類/傳說之屬

易義萃精四卷 （清）久敬齋主人輯 清光緒
十四年(1888)上海大同書局石印本 四冊

330000－1703－0000452 G22178 史部/地
理類/方志之屬/郡縣志

[道光]遵義府志四十八卷首一卷 （清）平翰
修 （清）鄭珍 （清）莫友之纂 清道光二十

一年(1841)刻本 二十冊

330000－1703－0000454 G11176 經部/
叢編

五經旁訓 （清）徐立綱撰 清寧郡簡香齋刻
本 三冊 存一種

330000－1703－0000455 G11178 經部/
叢編

五經旁訓 （清）徐立綱撰 清寧郡簡香齋刻
本 一冊 存一種

330000－1703－0000456 G11166 經部/
叢編

五經旁訓 （清）徐立綱撰 清寧郡簡香齋刻
本 八冊 存二種

330000－1703－0000457 G11165 經部/
叢編

五經旁訓 （清）徐立綱撰 清寧郡簡香齋刻
本 十二冊 存二種

330000－1703－0000459 G11182 經部/
叢編

五經旁訓增訂精義 （清）徐立綱旁訓 （清）
竺靜甫 （清）竺子壽增訂 （清）黃淦精義
清光緒十年(1884)四明竺氏毓秀草堂刻本
八冊

330000－1703－0000460 G20391 史部/雜
史類/斷代之屬

明季稗史彙編十六種 （清）留雲居士輯 清
光緒二十二年(1896)上海圖書集成印書局鉛
印本 六冊

330000－1703－0000461 G11168 經部/
叢編

五經旁訓 （清）徐立綱撰 清刻本 六冊
存一種

330000－1703－0000462 G11167 經部/
叢編

五經旁訓 （清）徐立綱撰 清刻本 六冊
存一種

330000－1703－0000463 G11172 經部/

叢編

五經旁訓 （清）徐立綱撰　清咸豐二年(1852)寧郡汲綆齋刻本　四冊　存一種

330000－1703－0000464　G11174　經部/叢編

五經旁訓 （清）徐立綱撰　清咸豐二年(1852)寧郡汲綆齋刻本　四冊　存一種

330000－1703－0000465　G11180　經部/叢編

五經旁訓辨體合訂 （清）徐立綱輯　清聚珍堂刻本　七冊　存一種

330000－1703－0000466　G11169　經部/叢編

五經旁訓 （清）徐立綱撰　清咸豐八年(1858)寧郡汲綆齋刻本　三冊　存一種

330000－1703－0000467　G11177　經部/叢編

五經旁訓 （清）徐立綱撰　清刻本　一冊　存一種

330000－1703－0000468　G11173　經部/叢編

五經旁訓 （清）徐立綱撰　清咸豐二年(1852)寧郡汲綆齋刻本　三冊　存一種

330000－1703－0000469　G11175　經部/叢編

五經旁訓 （清）徐立綱撰　清寧郡簡香齋刻本　二冊　存一種

330000－1703－0000470　G10128　經部/叢編

五經旁訓 （清）徐立綱撰　清姑蘇掃葉山房刻本　三冊　存一種

330000－1703－0000471　G11171　經部/叢編

五經旁訓 （清）徐立綱撰　清咸豐二年(1852)寧郡汲綆齋刻本　四冊　存一種

330000－1703－0000472　G10248　經部/禮記類/傳說之屬

禮記增訂旁訓六卷 （清）徐立綱撰　清光緒二十三年(1897)掃葉山房刻本　六冊

330000－1703－0000473　G30971　子部/醫家類/綜合之屬/通論

醫學金鍼八卷 （清）潘霨輯　清光緒四年(1878)潘氏敏德堂刻本　四冊

330000－1703－0000474　G33252　子部/醫家類/類編之屬

六醴齋醫書十種 （清）程永培編　清乾隆五十九年(1794)修敬堂刻本　二十冊

330000－1703－0000475　G10612　經部/群經總義類/傳說之屬

皇朝五經彙解二百七十卷 （清）朱鏡清輯　清光緒十四年(1888)上海鴻文書局石印本　三十二冊

330000－1703－0000476　G10611　經部/群經總義類/傳說之屬

皇朝五經彙解二百七十卷 （清）朱鏡清輯　清光緒十四年(1888)上海鴻文書局石印本　三十二冊

330000－1703－0000477　G10609　經部/群經總義類/傳說之屬

皇朝五經彙解二百七十卷 （清）朱鏡清輯　清光緒十四年(1888)上海鴻文書局石印本　三十一冊　缺八卷(二百四十二至二百四十九)

330000－1703－0000478　G10610　經部/群經總義類/傳說之屬

皇朝五經彙解二百七十卷 （清）朱鏡清輯　清光緒十四年(1888)上海鴻文書局石印本　三十二冊

330000－1703－0000479　G10613　經部/群經總義類/傳說之屬

皇朝五經彙解二百七十卷 （清）朱鏡清輯　清光緒十四年(1888)上海鴻文書局石印本　三十二冊

330000－1703－0000480　G10614　經部/群經總義類/傳說之屬

皇朝五經彙解二百七十卷　（清）朱鏡清輯
清光緒十九年(1893)同文書局石印本　三十
二冊

330000 - 1703 - 0000481　G10615　經部/群
經總義類/傳說之屬

皇朝五經彙解二百七十卷　（清）朱鏡清輯
清石印本　九冊　存七十六卷(九十三至一
百六十八)

330000 - 1703 - 0000482　G10616　經部/群
經總義類/傳說之屬

皇朝五經彙解二百七十卷　（清）朱鏡清輯
清石印本　一冊　存八卷(一百五十三至一
百六十)

330000 - 1703 - 0000483　G10015　經部/易
類/傳說之屬

周易精義一卷詩經精義一卷禮記注疏一卷周
易類纂一卷　清抄本　一冊

330000 - 1703 - 0000484　G10018　經部/易
類/傳說之屬

周易分類八卷　（清）馬達三輯　清同治三年
(1864)古香齋刻本　二冊

330000 - 1703 - 0000485　G10010　經部/易
類/傳說之屬

易經精華六卷首一卷末一卷　（清）薛嘉穎撰
清同治四年(1865)刻本(卷首原缺)　三冊

330000 - 1703 - 0000486　G10021　經部/易
類/傳說之屬

易經文捷訣三卷　清刻本　二冊

330000 - 1703 - 0000487　G10022　經部/易
類/傳說之屬

周易本義四卷附圖說一卷卦歌一卷筮儀一卷
（宋）朱熹撰　清刻本　二冊

330000 - 1703 - 0000488　G10027　經部/易
類/傳說之屬

易釋五卷易表一卷　易順豫撰　清光緒刻本
三冊　存三卷(二至三、易表)

330000 - 1703 - 0000489　G31837　子部/術

數類/占卜之屬

先天易數卦詩八卷　清刻本　二冊

330000 - 1703 - 0000491　G40500　集部/別
集類/清別集

借樹山房排律詩鈔二卷　（清）陳慶槐撰　排
律詩鈔附刻三卷　（清）陳福熙撰　清同治十
二年(1873)刻本　二冊

330000 - 1703 - 0000492　G10052　經部/書
類/傳說之屬

書集傳六卷　（宋）蔡沈撰　清光緒十五年
(1889)京都聚興堂刻本　四冊

330000 - 1703 - 0000493　G40634　集部/別
集類/清別集

通雅堂詩鈔十卷續集二卷　（清）施山撰　清
光緒元年(1875)荊州刻本　二冊

330000 - 1703 - 0000494　G11189　經部/
叢編

御案五經　（清）聖祖玄燁案　清嘉慶十六年
(1811)揚州十笏堂刻本　四冊　存一種

330000 - 1703 - 0000495　G50726　類叢部/
叢書類/自著之屬

板橋集五種　（清）鄭燮撰　清乾隆清暉書屋
刻本　四冊

330000 - 1703 - 0000496　G40635　集部/別
集類/清別集

通雅堂詩鈔十卷續集二卷　（清）施山撰　清
光緒元年(1875)刻本　二冊

330000 - 1703 - 0000497　G40486　集部/別
集類/清別集

湖唐林館駢體文二卷　（清）李慈銘撰　清光
緒十年(1884)刻本　二冊

330000 - 1703 - 0000498　G10053　經部/書
類/傳說之屬

尚書通考十卷　（清）黃鎮成編輯　清抄本
二冊

330000 - 1703 - 0000499　G10481　經部/書
類/傳說之屬

尚書後案三十卷　（清）王鳴盛撰　清光緒十三年(1887)大同書局石印本　二冊

330000－1703－0000500　G10054　經部/書類/傳說之屬

尚書古文疏證八卷　（清）閻若璩撰　朱子古文書疑一卷　（清）閻詠輯　清乾隆刻本(卷三原缺)　八冊

330000－1703－0000501　G22173　史部/地理類/方志之屬/郡縣志

[嘉慶]華陽縣志四十四卷首一卷　（清）吳鞏（清）董淳修　（清）潘時彤等纂　清嘉慶二十一年(1816)刻光緒十八年(1892)補刻二十七年(1901)重印本　十六冊

330000－1703－0000502　G10056　經部/書類/傳說之屬

書經精華六卷　（清）薛嘉穎撰　清嘉慶刻本　四冊

330000－1703－0000503　G10064　經部/書類/傳說之屬

尚書離句六卷　（清）錢在培輯解　清嘉慶八年(1803)刻本　四冊

330000－1703－0000504　G10057　經部/書類/傳說之屬

書經精華六卷　（清）薛嘉穎撰　清嘉慶刻本　四冊

330000－1703－0000505　G10058　經部/書類/傳說之屬

書經精華六卷　（清）薛嘉穎撰　清嘉慶刻本　三冊　缺一卷(三)

330000－1703－0000506　G10059　經部/書類/傳說之屬

書經精華六卷　（清）薛嘉穎撰　清嘉慶刻本　一冊　存二卷(五至六)

330000－1703－0000507　G10063　經部/書類/傳說之屬

尚書句解六卷　（清）錢在培輯解　清道光二十七年(1847)刻本　二冊

330000－1703－0000508　G10060　經部/書類/傳說之屬

書經精華六卷　（清）薛嘉穎撰　清道光七年(1827)刻本　四冊

330000－1703－0000509　G10061　經部/書類/傳說之屬

書經精華六卷　（清）薛嘉穎撰　清咸豐十一年(1861)緯文堂刻本　三冊

330000－1703－0000510　G10065　經部/書類/傳說之屬

尚書離句六卷　（清）錢在培輯解　清刻本　二冊

330000－1703－0000511　G10066　經部/書類/傳說之屬

尚書離句六卷　（清）錢在培輯解　清刻本　一冊

330000－1703－0000512　G10067　經部/書類/傳說之屬

尚書離句六卷　（清）錢在培輯解　清刻本　一冊

330000－1703－0000513　G22151　史部/地理類/方志之屬/郡縣志

[同治]廣豐縣志十卷首一卷　（清）雙全等修（清）顧蘭生等纂　清同治十三年(1874)刻本　十冊

330000－1703－0000514　G22149　史部/地理類/方志之屬/郡縣志

[道光]信豐縣志續編十六卷　（清）許爕修（清）謝肇漣　（清）張伊纂　清道光四年(1824)刻同治六年(1867)周之鏞補刻本　三冊

330000－1703－0000515　G22150　史部/地理類/方志之屬/郡縣志

[同治]信豐縣志續編八卷　（清）李大觀修（清）劉杰光等纂　清同治九年(1870)刻本　一冊

330000－1703－0000516　G20393　史部/雜史類/斷代之屬

明季稗史彙編十六種 （清）留雲居士輯 清光緒二十二年(1896)上海圖書集成印書局鉛印本 六冊

330000－1703－0000517 G20392 史部/雜史類/斷代之屬

明季稗史彙編十六種 （清）留雲居士輯 清光緒鉛印本 三冊 存六種

330000－1703－0000518 G11183 經部/叢編

五經四書 （清）□□輯 清恕堂刻本 十四冊 存二種

330000－1703－0000519 G10069 經部/書類/傳說之屬

書經不分卷 清三省堂警三氏抄本 一冊

330000－1703－0000520 G10068 經部/書類/傳說之屬

簡香日錄書經偶鈔不分卷 （清）鄭勳撰 清抄本 一冊

330000－1703－0000521 G10070 經部/書類/傳說之屬

書經旁訓合璧六卷首一卷末一卷 （清）李繩輯 清光緒六年(1880)六一山房刻本 三冊

330000－1703－0000522 G50834 類叢部/叢書類/自著之屬

煙嶼樓集四種 （清）徐時棟撰 清同治至光緒刻彙本 二冊 存一種

330000－1703－0000523 G50835 類叢部/叢書類/自著之屬

煙嶼樓集四種 （清）徐時棟撰 清同治至光緒刻彙印本 二冊 存一種

330000－1703－0000524 G50836 類叢部/叢書類/自著之屬

煙嶼樓集四種 （清）徐時棟撰 清同治至光緒刻彙印本 一冊 存一種

330000－1703－0000525 G10071 經部/書類/分篇之屬

禹貢會箋十二卷圖一卷山水总目一卷 （清）

徐文靖撰 （清）趙弁訂 清同治十三年(1874)慈溪何氏常惺惺齋刻本 四冊

330000－1703－0000526 G10072 經部/書類/分篇之屬

禹貢會箋十二卷圖一卷山水总目一卷 （清）徐文靖撰 （清）趙弁訂 清同治十三年(1874)慈溪何氏常惺惺齋刻本 四冊

330000－1703－0000527 G10073 經部/書類/分篇之屬

禹貢會箋十二卷圖一卷山水总目一卷 （清）徐文靖撰 （清）趙弁訂 清同治十三年(1874)慈溪何氏常惺惺齋刻本 四冊

330000－1703－0000528 G21946 史部/地理類/方志之屬/郡縣志

[道光]章邱縣志十六卷首一卷末一卷 （清）吳璋修 （清）曹棫堅纂 清道光十三年(1833)刻本 八冊

330000－1703－0000529 G21945 史部/地理類/方志之屬/郡縣志

[道光]長清縣志十六卷首四卷末二卷 （清）舒化民等修 （清）徐德城等纂 清道光十五年(1835)刻本 八冊

330000－1703－0000530 G10734 經部/小學類/文字之屬/說文

說文辨疑一卷附條記一卷 （清）顧廣圻撰 清光緒三年(1877)湖北崇文書局刻本 一冊

330000－1703－0000531 G10074 經部/書類/傳說之屬

書經體註大全合參六卷 （宋）蔡沈集傳 （清）錢希祥輯注 清嘉慶十年(1805)金閶書業堂刻本 四冊

330000－1703－0000532 G10529 經部/四書類/總義之屬/傳說

四書便蒙七卷 （宋）朱熹注 清寧波汲綆齋鉛印本 一冊 存一卷(孟子三)

330000－1703－0000533 G10530 經部/四書類/總義之屬/傳說

四書便蒙七卷 （宋）朱熹注 清寧波汲綆齋

鉛印本　一冊　存一卷(孟子三)

330000－1703－0000534　G10075　經部/書類/傳說之屬

書經體註大全合參六卷　（宋）蔡沈集傳（清）錢希祥輯注　清刻本　四冊

330000－1703－0000535　G10076　經部/書類/傳說之屬

尚書考異六卷　（明）梅鷟撰　清光緒十八年(1892)浙江書局刻本　四冊

330000－1703－0000536　G10102　經部/詩類/傳說之屬

詩經集傳二十卷　（宋）朱熹撰　清光緒十五年(1889)上海守經堂刻本　四冊

330000－1703－0000537　G10101　經部/詩類/正文之屬

~~詩經四卷~~　清古婆羅館抄本　二十三冊

330000－1703－0000538　G10103　經部/詩類/傳說之屬

毛詩草木鳥獸蟲魚疏二卷　（三國吳）陸璣撰（清）丁晏校正　清光緒十二年(1886)會稽陶閭刻寒梅館印本　二冊

330000－1703－0000539　G10105　經部/詩類/傳說之屬

詩經集傳八卷　（宋）朱熹撰　清光緒十七年(1891)掃葉山房刻本　四冊

330000－1703－0000540　G10106　經部/詩類/傳說之屬

詩經集傳八卷　（宋）朱熹撰　清同治十三年(1874)江西書局刻本　四冊

330000－1703－0000541　G10107　經部/詩類/傳說之屬

詩經集傳八卷　（宋）朱熹撰　清寧波汲綆齋刻本　四冊

330000－1703－0000542　G40569　集部/別集類

海藏樓詩不分卷　鄭孝胥撰　清光緒二十八年(1902)武昌刻本　一冊

330000－1703－0000543　G10109　經部/詩類/傳說之屬

初刻黃維章先生詩經嬝嬛體註八卷　（明）黃文煥輯著（清）范翔重訂　清乾隆四十五年(1780)鴛湖博古堂刻本　四冊

330000－1703－0000544　G40714　集部/別集類/清別集

盋山文錄八卷詩錄二卷　（清）顧雲撰　清光緒十五年(1889)南京刻本　四冊

330000－1703－0000545　G10104　經部/叢編

倣宋相臺五經九十七卷附考證　（清）□□輯　清乾隆四十八年(1783)武英殿刻本　二冊　存一種

330000－1703－0000547　G10108　經部/詩類/傳說之屬

詩緝集傳八卷　（宋）朱熹撰　清光緒善成堂刻本　四冊

330000－1703－0000548　G10115　經部/詩類/傳說之屬

嚴氏詩緝補義八卷　（清）劉燦編　清嘉慶十六年(1811)鎮海劉氏墨莊刻本　四冊

330000－1703－0000549　G10116　經部/詩類/傳說之屬

詩經世本古義二十八卷首一卷　（明）何楷撰　清謝氏文林堂刻本　十七冊　存十七卷(二至十、十七至二十四)

330000－1703－0000550　G10117　經部/詩類/文字音義之屬

毛詩古音攷四卷附讀詩拙言一卷　（明）陳第編輯　清光緒六年(1880)武昌張裕釗刻本　四冊

330000－1703－0000551　G10118　經部/詩類/傳說之屬

毛詩稽古編三十卷　（清）陳啟源撰　**附攷一卷**　（清）費雲倬撰　清光緒九年(1883)上海同文書局石印本　八冊

330000－1703－0000552　G10119　經部/詩

類/文字音義之屬

詩經叶音辨譌八卷首一卷　（清）劉維謙編次
（清）張卿雲　（清）張景星校　清乾隆三年
（1738）壽峯書屋刻本　一冊　缺六卷(三至八)

330000－1703－0000553　G11213　經部/詩
類/傳說之屬

陳氏毛詩五種　（清）陳奐撰　清光緒九年
（1883）徐氏刻本　十六冊

330000－1703－0000554　G10120　類叢部/
叢書類/自著之屬

汪雙池先生叢書二十種附浙刻雙池遺書十二
種　（清）汪紱撰　清道光至光緒刻光緒二十
三年（1897）長安趙舒翹等彙印本　十五冊
存一種

330000－1703－0000555　G10121　經部/詩
類/傳說之屬

御纂詩義折中二十卷　（清）高宗弘曆敕撰
（清）傅恆　（清）陳兆崙等纂　清乾隆刻本
錢保爽批　八冊

330000－1703－0000556　G40715　集部/別
集類/清別集

白梅小集一卷　（清）釋敬安撰　清光緒鉛印
本　一冊

330000－1703－0000557　G10122　經部/詩
類/傳說之屬

詩經精華十卷　（清）薛嘉穎輯　清道光五年
（1825）光韡堂刻本　六冊

330000－1703－0000558　G10125　經部/詩
類/傳說之屬

詩經精華十卷　（清）薛嘉穎輯　清同治元年
（1862）緯文堂刻本　四冊

330000－1703－0000559　G10123　經部/詩
類/傳說之屬

詩經精華十卷　（清）薛嘉穎輯　清道光五年
（1825）光韡堂刻本　四冊

330000－1703－0000560　G10124　經部/詩
類/傳說之屬

詩經精華十卷　（清）薛嘉穎輯　清道光七年

（1827）姑蘇步月樓刻本　六冊

330000－1703－0000561　G22145　史部/地
理類/方志之屬/郡縣志

[同治]南康府志二十四卷首一卷　（清）盛元
等纂修　清同治十一年（1872）刻本　十二冊

330000－1703－0000562　G10062　經部/書
類/傳說之屬

書經精華六卷　（清）薛嘉穎撰　清道光七年
（1827）桂林堂刻本　二冊　存三卷(一至三)

330000－1703－0000563　G22156　史部/地
理類/方志之屬/郡縣志

[嘉慶]長沙縣志二十八卷首一卷　（清）趙文
在原本　（清）陳光詔續修　（清）艾以清
（清）熊授南續纂　清嘉慶十五年（1810）刻二
十二年（1817）增刻本　十冊

330000－1703－0000564　G10126　經部/詩
類/傳說之屬

詩誦五卷　（清）陳僅撰　清光緒十一年
（1885）四明文則樓陳氏木活字印本　二冊

330000－1703－0000565　G11179　經部/
叢編

五經旁訓辨體合訂　（清）徐立綱輯　清刻本
四冊　存一種

330000－1703－0000566　G10127　經部/詩
類/傳說之屬

詩誦五卷　（清）陳僅撰　清光緒十一年
（1885）四明文則樓陳氏木活字印本　一冊
存三卷(一至三)

330000－1703－0000567　G11181　經部/
叢編

五經旁訓辨體合訂　（清）徐立綱輯　清循陔
堂刻本　四冊　存一種

330000－1703－0000568　G10130　經部/詩
類/傳說之屬

詩經審鵠要解六卷　（清）林錫齡輯　清乾隆
九年至十四年（1744－1749）刻本　四冊

330000－1703－0000569　G10131　經部/

叢編

五經體注大全五種三十二卷　（清）嚴氏家塾主人輯　清光緒五年(1879)慈水古草堂刻本　一冊　存一種

330000－1703－0000572　G10134　經部/詩類/專著之屬

毛詩品物圖攷七卷　（日本）岡元鳳纂輯（日本）橘國雄繪圖　清光緒十二年(1886)上海積山書局石印本　二冊

330000－1703－0000573　G10136　經部/詩類/三家詩之屬

三家詩補遺三卷　（清）阮元撰　清儀徵李氏崇惠堂刻本　一冊

330000－1703－0000574　G10110　經部/詩類/傳說之屬

初刻黃維章先生詩經嬝嬛體註八卷　（明）黃義燁輯著　（清）范翔重訂　清嘉慶二十四年(1819)蕭山裕文堂刻本　四冊

330000－1703－0000575　G10201　經部/周禮類/正文之屬

周官鈔不分卷　清抄本　一冊

330000－1703－0000576　G10202　經部/周禮類/傳說之屬

宋葉文康公禮經會元節本四卷　（宋）葉時撰（清）陸隴其點定　（清）許元淮刪節並評　清乾隆五十年(1785)桐柏山房刻本　四冊

330000－1703－0000577　G10205　經部/周禮類/傳說之屬

周禮註疏刪翼三十卷　（明）王志長撰　明崇禎天德堂刻本　十七冊　缺一卷(四)

330000－1703－0000578　G10203　經部/周禮類/傳說之屬

宋葉文康公禮經會元節本四卷　（宋）葉時撰（清）陸隴其點定　（清）許元淮刪節並評　清乾隆五十四年(1789)刻本　四冊

330000－1703－0000579　G10204　經部/周禮類/傳說之屬

宋葉文康公禮經會元節本四卷　（宋）葉時撰

（清）陸隴其點定　（清）許元淮刪節並評清刻本　一冊　存一卷(二)

330000－1703－0000580　G40434　集部/別集類/清別集

敬遺軒詩文稿二卷　（清）盧椿撰　清光緒十年(1884)木活字印本　一冊

330000－1703－0000581　G10137　經部/詩類/傳說之屬

詩經備解二卷　（清）周封魯輯　清刻本二冊

330000－1703－0000582　G10206　經部/周禮類/傳說之屬

周禮註疏刪翼三十卷　（明）王志長撰　明崇禎刻本　十二冊

330000－1703－0000584　G40554　集部/別集類/清別集

浣仙詩草一卷焚餘草存一卷　（清）范薇撰清光緒刻本　一冊

330000－1703－0000586　G10207　經部/周禮類/傳說之屬

周官精義十二卷　（清）連斗山輯　清嘉慶十年(1805)刻本　五冊

330000－1703－0000589　G10214　經部/周禮類/傳說之屬

周禮精華六卷　（清）陳龍標輯　清嘉慶十六年(1811)緯文堂刻本　六冊

330000－1703－0000590　G10215　經部/周禮類/傳說之屬

周禮精華六卷　（清）陳龍標輯　清嘉慶十六年(1811)緯文堂刻本　六冊

330000－1703－0000591　G10211　經部/周禮類/傳說之屬

周禮精華六卷　（清）陳龍標輯　清嘉慶十八年(1813)刻本　六冊

330000－1703－0000592　G10209　經部/周禮類/傳說之屬

周官精義不分卷　（清）□□撰　清抄本

一冊

330000 – 1703 – 0000593　G10212　經部/周禮類/傳說之屬

周禮精華六卷 （清）陳龍標輯　清嘉慶十八年(1813)刻本　六冊

330000 – 1703 – 0000594　G10213　經部/周禮類/傳說之屬

周禮精華六卷 （清）陳龍標輯　清嘉慶十三年(1808)刻本　六冊

330000 – 1703 – 0000595　G10210　經部/周禮類/傳說之屬

周禮精華六卷 （清）陳龍標輯　清刻本　五冊　存五卷(二至六)

330000 – 1703 – 0000596　G10208　經部/周禮類/傳說之屬

周官精義十二卷 （清）連斗山輯　清刻本五冊　缺三卷(一至三)

330000 – 1703 – 0000597　G10216　經部/周禮類/傳說之屬

周禮政要二卷 （清）孫詒讓撰　清光緒二十八年(1902)瑞安普通學堂刻本　二冊

330000 – 1703 – 0000598　G10217　經部/周禮類/傳說之屬

周禮政要二卷 （清）孫詒讓撰　清光緒二十八年(1902)瑞安普通學堂刻本　一冊　存一卷(下)

330000 – 1703 – 0000599　G10218　經部/周禮類/傳說之屬

周禮政要二卷 （清）孫詒讓撰　清光緒二十八年(1902)瑞安普通學堂刻本　二冊

330000 – 1703 – 0000600　G10219　經部/周禮類/傳說之屬

周禮政要二卷 （清）孫詒讓撰　清光緒二十八年(1902)瑞安普通學堂刻本　二冊

330000 – 1703 – 0000601　G10220　經部/周禮類/傳說之屬

周禮政要二卷 （清）孫詒讓撰　清光緒二十

八年(1902)瑞安普通學堂刻本　二冊

330000 – 1703 – 0000602　G10222　經部/周禮類/傳說之屬

周官經疏備要六卷首一卷 （清）顧大治編清嘉慶十年(1805)刻本　二冊

330000 – 1703 – 0000603　G10221　經部/周禮類/傳說之屬

周禮政要二卷 （清）孫詒讓撰　清光緒二十八年(1902)瑞安普通學堂刻本　一冊　存一卷(下)

330000 – 1703 – 0000604　G10228　經部/周禮類/傳說之屬

周禮旁訓經疏節要六卷 （清）孟一飛輯　清刻本　四冊

330000 – 1703 – 0000605　G10227　經部/周禮類/傳說之屬

舒恬軒周禮讀本六卷 （清）龐佑清訂　清道光二十八年(1848)刻同治八年(1869)修補刻本　二冊

330000 – 1703 – 0000606　G10223　經部/周禮類/傳說之屬

周禮節訓六卷 （清）黃叔琳輯　（清）姚培謙重訂　清道光三十年(1850)刻本　二冊

330000 – 1703 – 0000607　G10224　經部/周禮類/傳說之屬

周禮節訓六卷 （清）黃叔琳輯　（清）姚培謙重訂　清同治七年(1868)刻本　二冊

330000 – 1703 – 0000608　G10226　經部/周禮類/傳說之屬

周禮讀本六卷 （清）黃叔琳撰　清宣統元年(1909)上海會文學社石印本　二冊

330000 – 1703 – 0000609　G10225　經部/周禮類/傳說之屬

周禮節訓六卷 （清）黃叔琳輯　（清）姚培謙重訂　清刻本　一冊　存二卷(五至六)

330000 – 1703 – 0000610　G10229　經部/儀禮類/傳說之屬

儀禮鄭注句讀十七卷附監本正誤一卷石本誤字一卷 （清）張爾岐撰 清抄本 四冊

330000－1703－0000611 G10230 經部/三禮總義類/通禮雜禮之屬

儀禮經傳通解三十七卷 （宋）朱熹撰 儀禮經傳通解續二十九卷 （宋）黃榦 （宋）楊復撰 清康熙呂氏寶誥堂刻本 十六冊

330000－1703－0000612 G10232 經部/儀禮類/傳說之屬

儀禮正義四十卷 （清）胡培翬撰 （清）楊大堉補 清咸豐二年（1852）刻同治七年（1868）補刻本 十冊 存二十卷（二十一至四十）

330000－1703－0000613 G10237 經部/儀禮類/分篇之屬

喪服表一卷附殤服表一卷 （清）孔繼汾輯 清光緒元年（1875）永康胡氏退補齋刻本 一冊

330000－1703－0000614 G10255 經部/三禮總義類/名物制度之屬

歷代服制沿革圖不分卷 （清）□芝仙繪 清同治十一年（1872）覽古山莊稿本 一冊

330000－1703－0000615 G10236 經部/儀禮類/圖說之屬

儀禮圖六卷 （清）張惠言撰 清嘉慶十年（1805）揚州阮元刻本 二冊

330000－1703－0000616 G10235 經部/儀禮類/傳說之屬

儀禮經注一隅二卷 （清）朱駿聲撰 清道光二十九年（1849）朱氏家塾刻本 一冊

330000－1703－0000617 G10234 經部/儀禮類/傳說之屬

儀禮經注一隅二卷 （清）朱駿聲撰 清道光二十九年（1849）朱氏家塾刻本 一冊

330000－1703－0000618 G10238 經部/三禮總義類/通禮雜禮之屬

讀禮通考一百二十卷 （清）徐乾學撰 清康熙三十五年（1696）冠山堂刻本 三十冊

330000－1703－0000619 G10239 經部/三禮總義類/通禮雜禮之屬

讀禮通考一百二十卷 （清）徐乾學撰 清康熙三十五年（1696）冠山堂刻本 三十四冊

330000－1703－0000622 G10245 經部/禮記類/傳說之屬

續禮記集說一百卷 （清）杭世駿撰 清抄本 一冊 存一卷（八）

330000－1703－0000623 G10247 經部/禮記類/傳說之屬

漱芳軒合纂禮記體註四卷 （清）范翔撰 清康熙五十二年（1713）刻本 四冊

330000－1703－0000624 G10244 經部/禮記類/傳說之屬

禮記集說十卷 （元）陳澔撰 清刻本 十冊

330000－1703－0000625 G10243 經部/禮記類/傳說之屬

禮記集說十卷 （元）陳澔撰 清沙村草堂刻本 十冊

330000－1703－0000626 G10242 經部/禮記類/傳說之屬

禮記集說十卷 （元）陳澔撰 清刻本 十冊

330000－1703－0000628 G10249 經部/禮記類/傳說之屬

全本禮記體註十卷 （清）徐瑄撰 清光緒五年（1879）慈水古草堂刻本 八冊

330000－1703－0000630 G10252 經部/大戴禮記類/分篇之屬

夏小正存說二卷集說補一卷 （清）程鴻詔撰 清光緒七年（1881）刻本 一冊

330000－1703－0000631 G10254 經部/三禮總義類/通論之屬

禮書通故五十卷 （清）黃以周撰 清光緒十九年（1893）黃氏試館刻本 三十二冊

330000－1703－0000632 G10256 經部/三禮總義類/名物制度之屬

禘祫辨誤二卷 （清）程廷祚撰 清道光五年

（1825）東山草堂刻本　一冊

330000－1703－0000633　G10253　經部/三禮總義類/通論之屬

三禮通釋二百三十卷三禮圖五十卷首一卷目錄四卷　（清）林昌彝撰　清同治三年（1864）廣州刻本　四十八冊

330000－1703－0000634　G10257　經部/三禮總義類/通禮雜禮之屬

禮書綱目八十五卷首三卷　（清）江永編　清嘉慶十五年（1810）婺源俞氏刻本　二十四冊

330000－1703－0000635　G10258　經部/三禮總義類/通禮雜禮之屬

五禮通考二百六十二卷首四卷總目二卷　（清）秦蕙田撰　清光緒六年（1880）江蘇書局刻本　一百冊

330000－1703－0000636　G10260　經部/三禮總義類/通禮雜禮之屬

司馬氏書儀十卷　（宋）司馬光撰　清同治七年（1868）江蘇書局刻本　一冊

330000－1703－0000637　G10259　經部/三禮總義類/通禮雜禮之屬

五禮通考二百六十二卷首四卷總目二卷　（清）秦蕙田撰　清乾隆二十六年（1761）金匱秦蕙田味經窩刻本　一百二十冊

330000－1703－0000638　G10261　經部/三禮總義類/通禮雜禮之屬

文公家禮儀節八卷首一卷　（明）丘濬撰　清刻本　三冊

330000－1703－0000639　G10262　經部/三禮總義類/通禮雜禮之屬

文公家禮儀節八卷首一卷　（明）丘濬撰　**附四禮初稿四卷**　（明）宋纁輯　**四禮約言四卷**　（明）呂維祺撰　清刻本　六冊　缺二卷（文公家禮儀節二至三）

330000－1703－0000640　G10301　經部/春秋左傳類/傳說之屬

春秋左氏傳賈服註輯述二十卷　（清）李貽德撰　清同治五年（1866）餘姚朱蘭金陵書局刻本　八冊

330000－1703－0000641　G10313　經部/春秋左傳類/傳說之屬

春秋左氏傳旁訓三十卷　（清）席世安撰　清嘉慶元年（1796）席氏掃葉山房刻本　六冊

330000－1703－0000642　G10302　經部/春秋左傳類/傳說之屬

春秋左傳（狀元閣印左傳杜林）五十卷　（晉）杜預　（宋）林堯叟註釋　（唐）陸德明音義　（明）鍾惺　（明）孫鑛　（明）韓範評點　清末李光明家刻本　五冊　存九卷（一、四至五、十一至十二、二十三至二十四、三十三至三十四）

330000－1703－0000643　G10314　經部/春秋左傳類/傳說之屬

春秋左傳杜注三十卷首一卷　（清）姚培謙撰　清同治十三年（1874）湖南書局刻本　十冊

330000－1703－0000644　G10315　經部/叢編

重刊宋本十三經注疏四百十六卷附十三經注疏校勘記四百十六卷　（清）阮元撰　（清）盧宣旬摘錄　**校勘記識語四卷**　（清）汪文臺撰　清刻本　一冊　存一種

330000－1703－0000645　G10318　經部/春秋左傳類/傳說之屬

讀左補義五十卷首二卷　（清）姜炳璋輯　清乾隆三十七年至三十八年（1772－1773）尊行堂刻四十七年（1782）重校印本　十六冊

330000－1703－0000646　G10319　經部/春秋左傳類/傳說之屬

讀左補義五十卷首二卷　（清）姜炳璋輯　清乾隆三十八年（1773）三多堂刻本　十六冊

330000－1703－0000647　G10320　經部/春秋左傳類/傳說之屬

讀左補義五十卷首二卷　（清）姜炳璋輯　清乾隆三十八年（1773）三多堂刻本　十一冊

330000－1703－0000648　G10321　經部/春秋左傳類/傳說之屬

讀左補義五十卷首二卷 （清）姜炳璋輯 清乾隆三十八年（1773）刻本 十四冊 缺三卷（二至四）

330000－1703－0000649　G10317　經部/春秋左傳類/傳說之屬

左傳事緯十二卷左傳字釋一卷 （清）馬驌撰 清乾隆四十九年（1784）仁和黃暹懷澄堂刻本 四冊

330000－1703－0000650　G10322　經部/春秋左傳類/傳說之屬

讀左補義五十卷首二卷 （清）姜炳璋輯 清乾隆三十八年（1773）三多堂刻本 六冊 缺三十四卷（十七至五十）

330000－1703－0000651　G10323　經部/春秋左傳類/傳說之屬

讀左補義五十卷首二卷 （清）姜炳璋輯 清乾隆三十八年（1773）三多堂刻本 一冊 存四卷（三十二至三十五）

330000－1703－0000652　G10324　經部/春秋左傳類/傳說之屬

說左約箋二卷 （清）馮李驊撰 （清）夏大觀注 清經元堂刻本 二冊

330000－1703－0000653　G10326　經部/春秋左傳類/傳說之屬

春秋左傳分類賦四卷 （清）夏大觀撰 （清）夏大鼎箋注 清大文堂刻本 四冊

330000－1703－0000654　G10327　經部/春秋左傳類/傳說之屬

春秋左傳分類賦四卷 （清）夏大觀撰 （清）夏大鼎箋注 清果城盛海清樓刻本 二冊

330000－1703－0000655　G10329　經部/春秋左傳類/傳說之屬

左繡三十卷首一卷 （清）馮李驊 （清）陸浩評輯 春秋經傳集解三十卷 （晉）杜預原本 （唐）陸德明音釋 （宋）林堯叟附註 （清）馮李驊增訂 清乾隆三十六年（1771）華川書屋刻本 十二冊

330000－1703－0000656　G10330　經部/春

秋左傳類/傳說之屬

左繡三十卷首一卷 （清）馮李驊 （清）陸浩評輯 春秋經傳集解三十卷 （晉）杜預原本 （唐）陸德明音釋 （宋）林堯叟附註 （清）馮李驊增訂 清乾隆三十六年（1771）刻本 十二冊

330000－1703－0000657　G10325　經部/春秋左傳類/傳說之屬

說左約箋二卷 （清）馮李驊撰 （清）夏大觀注 清盛氏海清樓刻本 一冊

330000－1703－0000658　G10332　經部/春秋左傳類/傳說之屬

左繡三十卷首一卷 （清）馮李驊 （清）陸浩評輯 春秋經傳集解三十卷 （晉）杜預原本 （唐）陸德明音釋 （宋）林堯叟附註 （清）馮李驊增訂 清乾隆三十六年（1771）刻本 十二冊

330000－1703－0000659　G10334　經部/春秋左傳類/傳說之屬

左繡三十卷首一卷 （清）馮李驊 （清）陸浩評輯 春秋經傳集解三十卷 （晉）杜預原本 （唐）陸德明音釋 （宋）林堯叟附註 （清）馮李驊增訂 清刻本 一冊 存三卷（左繡首、一，春秋經傳集解一）

330000－1703－0000660　G10333　經部/春秋左傳類/傳說之屬

左繡三十卷首一卷 （清）馮李驊 （清）陸浩評輯 春秋經傳集解三十卷 （晉）杜預原本 （唐）陸德明音釋 （宋）林堯叟附註 （清）馮李驊增訂 清多文書屋刻本 十五冊 缺四卷（左繡二十八至二十九、春秋經傳集解二十八至二十九）

330000－1703－0000661　G10331　經部/春秋左傳類/傳說之屬

左繡三十卷首一卷 （清）馮李驊 （清）陸浩評輯 春秋經傳集解三十卷 （晉）杜預原本 （唐）陸德明音釋 （宋）林堯叟附註 （清）馮李驊增訂 清刻本 十二冊 存五十二卷（左繡二至十三、十七至三十，春秋經傳

集解二至十三、十七至三十）

330000－1703－0000662　G10328　經部/春秋左傳類/傳說之屬

左繡三十卷首一卷　（清）馮李驊　（清）陸浩評輯　**春秋經傳集解三十卷**　（晉）杜預原本　（唐）陸德明音釋　（宋）林堯叟附註　（清）馮李驊增訂　清上洋江左書林刻本　十四冊

330000－1703－0000663　G10337　經部/春秋左傳類/傳說之屬

左腴不分卷　清蔚棟氏抄本　一冊

330000－1703－0000664　G10335　經部/春秋左傳類/傳說之屬

左編不分卷　（清）曹堯勳編次　清步雲軒抄本　十冊

330000－1703－0000665　G10338　經部/春秋左傳類/傳說之屬

左氏節萃十卷　（清）凌璸玉撰　清乾隆刻本　九冊

330000－1703－0000670　G10343　經部/春秋左傳類/傳說之屬

左傳分國不分卷　清抄本　四冊

330000－1703－0000671　G10344　經部/春秋左傳類/傳說之屬

左傳分國約鈔不分卷　清光緒三十三年（1907）毅庵抄本　一冊

330000－1703－0000672　G10364　經部/春秋公羊傳類/傳說之屬

春秋公羊傳旁訓四卷　清掃葉山房刻本　二冊

330000－1703－0000673　G10366　子部/叢編

二十二子(二十二子彙函)　（清）浙江書局編　清光緒元年至三年（1875－1877）浙江書局刻本　二冊　存一種

330000－1703－0000674　G10368　經部/春秋穀梁傳類/傳說之屬

春秋穀梁傳旁訓四卷　清掃葉山房刻本　一冊　存二卷（三至四）

330000－1703－0000675　G10365　子部/叢編

二十二子(二十二子彙函)　（清）浙江書局編　清光緒元年至三年（1875－1877）浙江書局刻本　二冊　存一種

330000－1703－0000676　G10367　經部/春秋總義類/專著之屬

春秋繁露十七卷附錄一卷　（漢）董仲舒撰　（明）孫鑛評　清刻本　六冊

330000－1703－0000677　G10606　經部/群經總義類/傳說之屬

古經解鉤沉三十卷　（清）余蕭客撰　清乾隆六十年（1795）刻道光二十年（1840）京江魯氏重修本　八冊

330000－1703－0000678　G10607　經部/群經總義類/傳說之屬

羣經質二卷　（清）陳僅撰　清光緒十一年（1885）四明文則樓陳氏木活字印本　二冊

330000－1703－0000679　G11185　經部/叢編

五經四書讀本　（清）□□輯　清同治三年（1864）浙江撫署刻本　十三冊　存一種

330000－1703－0000680　G11184　經部/叢編

五經四書讀本　（清）□□輯　清同治三年（1864）浙江撫署刻本　十四冊　存一種

330000－1703－0000681　G10371　經部/春秋總義類/傳說之屬

春秋旁訓欽遵御案四傳合訂四卷　清聚珍堂刻本　二冊

330000－1703－0000683　G10372　經部/春秋總義類/傳說之屬

春秋題解類編四卷首一卷　（清）周宗坊編　清光緒二年（1876）亦處堂刻本　四冊

330000－1703－0000684　G10373　經部/春

秋總義類/傳說之屬

春秋題解類編四卷首一卷　（清）周宗坊編
清光緒二年（1876）亦處堂刻本　四冊

330000－1703－0000685　G50262　類叢部/
叢書類/彙編之屬

古文七種附一種　（清）儲欣選評　清乾隆受
祉堂刻本　八冊　存一種

330000－1703－0000686　G50263　類叢部/
叢書類/彙編之屬

古文七種附一種　（清）儲欣選評　清刻本
一冊　存一種

330000－1703－0000687　G50260　類叢部/
叢書類/彙編之屬

古文七種附一種　（清）儲欣選評　清乾隆受
祉堂刻本　二冊　存二種

330000－1703－0000688　G50261　類叢部/
叢書類/彙編之屬

古文七種附一種　（清）儲欣選評　清乾隆受
祉堂刻本　二冊　存二種

330000－1703－0000689　G10347　經部/春
秋左傳類/傳說之屬

評點春秋綱目左傳句解彙雋六卷　（清）韓菼
重訂　清刻本　一冊　存一卷（五）

330000－1703－0000690　G10348　經部/春
秋左傳類/傳說之屬

評點春秋綱目左傳句解彙雋六卷　（清）韓菼
重訂　清刻本　一冊　存一卷（五）

330000－1703－0000693　G10336　經部/春
秋左傳類/傳說之屬

左綸不分卷　清抄本　一冊

330000－1703－0000697　G10403　經部/孝
經類/傳說之屬

孝經一卷　（清）李光地注　**曾子大孝一卷**
（清）邵懿辰錄　清咸豐五年（1855）浦城與古
齋祝氏刻本　一冊

330000－1703－0000702　G10409　經部/孝
經類/傳說之屬

孝經旁訓一卷　（清）孫傳澂訂　清寧波汲綆
書局石印本　一冊

330000－1703－0000703　G10410　經部/孝
經類/傳說之屬

孝經旁訓一卷　（清）孫傳澂訂　清寧波汲綆
書局石印本　一冊

330000－1703－0000704　G10411　經部/孝
經類/傳說之屬

孝經旁訓一卷　（清）孫傳澂訂　清寧波汲綆
書局石印本　一冊

330000－1703－0000706　G10608　經部/群
經總義類/傳說之屬

經義述聞十五卷　（清）王引之撰　清刻本
二冊　存八卷（三至十）

330000－1703－0000707　G11121　經部/
叢編

省吾堂四種二十五卷　（清）蔣光弼輯　清常
熟蔣氏省吾堂刻本　四冊　存一種

330000－1703－0000708　G11122　經部/
叢編

省吾堂四種二十五卷　（清）蔣光弼輯　清常
熟蔣氏省吾堂刻本　二冊　存一種

330000－1703－0000709　G11160　經部/
叢編

五經合纂大成　（清）同文書局主人輯　清光
緒二十年（1894）文海雨記書局石印本　二十
八冊

330000－1703－0000710　G11161　經部/
叢編

五經合纂大成　（清）同文書局主人輯　清光
緒二十六年（1900）上海慎記書莊石印本　九
冊　存二十三卷（周易首、一；書經三至六；詩
經三至四；春秋八至十六；禮記首，一至三、七
至八）

330000－1703－0000711　G11159　經部/
叢編

五經合纂大成　（清）同文書局主人輯　清光
緒十一年（1885）上海同文書局石印本　十三

冊 存三種

330000－1703－0000712　G50174　類叢部/
叢書類/彙編之屬

經策通纂二種 （清）吳潁炎　（清）陳遹聲等
纂　清光緒十四年(1888)上海點石齋石印本
十二冊　存一種

330000－1703－0000713　G50175　類叢部/
叢書類/彙編之屬

經策通纂二種 （清）吳潁炎　（清）陳遹聲等
纂　清光緒十四年(1888)上海點石齋石印本
二十九冊　存一種

330000－1703－0000714　G50173　類叢部/
叢書類/彙編之屬

經策通纂二種 （清）吳潁炎　（清）陳遹聲等
纂　清光緒十四年(1888)上海點石齋石印本
三十二冊　存一種

330000－1703－0000715　G10605　經部/群
經總義類/傳說之屬

泉齋簡端錄十二卷 （明）邵寶撰　明華希閔
刻清印本　二冊

330000－1703－0000716　G50176　類叢部/
叢書類/彙編之屬

經策通纂二種 （清）吳潁炎　（清）陳遹聲等
纂　清光緒十四年(1888)上海點石齋石印本
八十冊

330000－1703－0000717　G11118　經部/
叢編

經解指要七種 （清）陶大眉纂　清嘉慶二十
五年(1820)陶氏聚秀堂刻本　六冊

330000－1703－0000718　G10617　經部/群
經總義類/傳說之屬

五經纂要□□卷 （清）蔡體元輯　清刻本
三冊　存四卷(四至七)

330000－1703－0000719　G50177　類叢部/
叢書類/彙編之屬

經策通纂二種 （清）吳潁炎　（清）陳遹聲等
纂　清光緒十四年(1888)上海點石齋石印本
二十八冊　缺三十六卷(經學輯要十九至

二十四、策學備纂三至三十二)

330000－1703－0000720　G10618　經部/群
經總義類/傳說之屬

五經題鑑十三卷 （清）仰齋主人等輯　清道
光二年(1822)刻本　十冊

330000－1703－0000721　G10623　經部/群
經總義類/傳說之屬

經解入門八卷 題（清）江藩撰　清光緒十四
年(1888)鴻寶齋石印本　江慎修題記　一冊

330000－1703－0000722　G10619　經部/群
經總義類/傳說之屬

經解鯖四卷 （清）王垕編輯　清道光二十一
年(1841)刻本　四冊

330000－1703－0000723　G10620　經部/群
經總義類/傳說之屬

雪樵經解三十三卷附錄三卷 （清）馮世瀛輯
清著易堂書局鉛印本　七冊　缺四卷(一
至四)

330000－1703－0000724　G10622　經部/群
經總義類/傳說之屬

有竹石齋經句說四卷 （清）吳英撰　清嘉慶
吳邑吳氏真意堂木活字印本　二冊

330000－1703－0000725　G31554　子部/雜
著類/雜考之屬

經義聯珠二十卷 （清）郭楷撰　清嘉慶十九
年(1814)刻本　九冊　缺二卷(十一至十二)

330000－1703－0000726　G11210　經部/
叢編

四經精華 （清）薛嘉穎輯　清同治五年
(1866)刻本　十冊　存三種

330000－1703－0000727　G32562　集部/總
集類/課藝之屬

縮本精選經藝淵海不分卷 （清）常安室主人
輯　清光緒十四年(1888)上海鴻寶齋石印本
十冊

330000－1703－0000728　G10625　經部/群
經總義類/文字音義之屬

經典釋文三十卷 （唐）陸德明撰 **經典釋文攷證三十卷** （清）盧文弨撰 清同治八年(1869)湖北崇文書局刻本 十二冊

330000－1703－0000730 G10621 經部/群經總義類/傳說之屬

經傳繹義五十卷 （清）陳煒撰 清嘉慶九年(1804)校字齋刻本 十二冊

330000－1703－0000731 G10634 經部/群經總義類/文字音義之屬

十三經集字摹本不分卷分畫便查一卷韻有經無各字摘錄一卷 （清）彭玉雯撰 清刻本 六冊

330000－1703－0000732 G10630 經部/群經總義類/文字音義之屬

十三經集字一卷 （清）李鴻藻輯 清光緒六年(1880)刻本 一冊

330000－1703－0000733 G10637 經部/群經總義類/文字音義之屬

十三經集字摹本不分卷分畫便查一卷韻有經無各字摘錄一卷 （清）彭玉雯撰 清刻本 八冊

330000－1703－0000734 G10624 經部/群經總義類/文字音義之屬

經典釋文三十卷 （唐）陸德明撰 **經典釋文攷證三十卷** （清）盧文弨撰 清同治八年(1869)湖北崇文書局刻本 十二冊

330000－1703－0000736 G10636 經部/群經總義類/文字音義之屬

十三經集字摹本不分卷分畫便查一卷韻有經無各字摘錄一卷 （清）彭玉雯撰 清刻本 九冊

330000－1703－0000737 G10635 經部/群經總義類/文字音義之屬

十三經集字摹本不分卷分畫便查一卷韻有經無各字摘錄一卷 （清）彭玉雯撰 清刻本 五冊

330000－1703－0000738 G10627 經部/群經總義類/文字音義之屬

十三經策案補遺十一卷 清光緒三年(1877)刻本 二冊 存七卷(羣經音辨一至七)

330000－1703－0000739 G10628 經部/群經總義類/文字音義之屬

十三經策案補遺十一卷 清光緒三年(1877)刻本 三冊 缺三卷(羣經音辨一至三)

330000－1703－0000740 G10631 經部/群經總義類/文字音義之屬

十三經集字一卷 （清）李鴻藻輯 清光緒六年(1880)刻本 一冊

330000－1703－0000741 G10626 經部/群經總義類/傳說之屬

十三經策案二十二卷 （清）王謨輯 清光緒十三年(1887)上海大同書局石印本 三冊 缺六卷(十七至二十二)

330000－1703－0000742 G10632 經部/群經總義類/文字音義之屬

十三經集字一卷 （清）李鴻藻輯 清陳文楨抄本 一冊

330000－1703－0000744 G10638 經部/群經總義類/授受源流之屬

傳經表一卷附通經表一卷 （清）畢沅撰 清光緒九年(1883)蛟川松筠書屋刻本 二冊

330000－1703－0000745 G10633 經部/群經總義類/文字音義之屬

十三經集字一卷 （清）李鴻藻輯 清刻本 一冊

330000－1703－0000752 G11214 經部/叢編

東山經解 （清）周封魯輯 清刻本 七冊 存四種

330000－1703－0000756 G10431 經部/四書類/大學之屬/傳說

大學或問一卷 （宋）朱熹撰 清光緒元年(1875)乾州王夢棠刻本 一冊

330000－1703－0000757 G10432 經部/四書類/大學之屬/傳說

大學古本說一卷 （清）李光地撰 清抄本
一冊

330000－1703－0000759 G10453 經部/四
書類/總義之屬/傳說

四書章句集註十九卷 （宋）朱熹撰 清同治
十三年（1874）刻本 一冊 存一卷（中庸）

330000－1703－0000760 G10460 經部/四
書類/總義之屬/傳說

四書章句集註十九卷 （宋）朱熹撰 清刻本
一冊 存一卷（中庸）

330000－1703－0000762 G10445 經部/四
書類/論語之屬/專著

鄉黨圖考十卷 （清）江永撰 清嘉慶二十四
年（1819）掃葉山房刻本 四冊

330000－1703－0000763 G10468 經部/四
書類/總義之屬/傳說

四書集註十九卷 （宋）朱熹撰 清刻本 一
冊 存七卷（孟子一至七）

330000－1703－0000764 G10446 經部/四
書類/論語之屬/專著

論語鄉黨篇訂疑四卷 （清）霍禮運撰 清咸
豐六年（1856）刻本 二冊

330000－1703－0000767 G10469 經部/四
書類/總義之屬/傳說

四書集註十九卷 （宋）朱熹撰 清刻本 六
冊 存六卷（孟子一至二、四至七）

330000－1703－0000768 G10454 經部/四
書類/總義之屬/傳說

四書章句集註十九卷 （宋）朱熹撰 清同治
十三年（1874）刻本 三冊 存七卷（孟子一
至七）

330000－1703－0000769 G10467 經部/四
書類/總義之屬/傳說

四書集註十九卷 （宋）朱熹撰 清刻本 三
冊 存七卷（孟子一至七）

330000－1703－0000770 G10455 經部/四
書類/總義之屬/傳說

四書章句集註十九卷 （宋）朱熹撰 清同治
十三年（1874）刻本 一冊 存二卷（孟子六
至七）

330000－1703－0000771 G10447 經部/四
書類/孟子之屬/傳說

蘇老泉批點孟子二卷 （宋）蘇洵批點 清刻
本 二冊

330000－1703－0000772 G10449 經部/四
書類/孟子之屬/傳說

增補蘇批孟子二卷孟子年譜一卷 （宋）蘇洵
撰 （清）趙大浣增補 清同治十三年（1874）
大文堂刻朱墨套印本 二冊

330000－1703－0000773 G10450 經部/四
書類/孟子之屬/傳說

增補蘇批孟子二卷孟子年譜一卷 （宋）蘇洵
撰 （清）趙大浣增補 清同治四年（1865）芸
居樓刻朱墨套印本 二冊

330000－1703－0000775 G10452 經部/四
書類/孟子之屬/傳說

孟子要略五卷 （宋）朱熹撰 （清）劉傳瑩輯
清道光二十九年（1849）漢陽劉氏刻本
一冊

330000－1703－0000776 G10473 經部/四
書類/總義之屬/傳說

四書大正文六卷 清尺木堂刻本 一冊

330000－1703－0000777 G10474 經部/四
書類/總義之屬/傳說

四書正文七卷 清光緒二十五年（1899）重慶
中西書屋刻本 五冊 缺一卷（論語一）

330000－1703－0000778 G10470 經部/四
書類/總義之屬/傳說

四書集註十九卷 （宋）朱熹撰 清臨桂謝氏
毓蘭書屋刻本 六冊

330000－1703－0000779 G10463 經部/四
書類/總義之屬/傳說

四書章句集註十九卷 （宋）朱熹撰 清道光
二十六年（1846）刻本 六冊

330000－1703－0000780　G10462　經部/四書類/總義之屬/傳說

四書章句集註十九卷　（宋）朱熹撰　清道光四年(1824)刻本　六冊

330000－1703－0000781　G10461　經部/四書類/總義之屬/傳說

四書章句集註十九卷　（宋）朱熹撰　清道光四年(1824)刻本　六冊

330000－1703－0000782　G10471　經部/四書類/總義之屬/傳說

四書集註十九卷　（宋）朱熹撰　清臨桂謝氏毓蘭書屋刻本　六冊

330000－1703－0000783　G10457　經部/四書類/總義之屬/傳說

四書章句集註十九卷　（宋）朱熹撰　清同治十三年(1874)刻本　五冊　缺二卷(孟子四至五)

330000－1703－0000784　G10472　經部/四書類/總義之屬/傳說

四書集註十九卷　（宋）朱熹撰　清光緒三十二年(1906)澹雅書局刻本　三冊　缺七卷(孟子一至七)

330000－1703－0000785　G10458　經部/四書類/總義之屬/傳說

四書章句集註十九卷　（宋）朱熹撰　清同治十三年(1874)刻本　六冊

330000－1703－0000786　G10456　經部/四書類/總義之屬/傳說

四書章句集註十九卷　（宋）朱熹撰　清同治十三年(1874)刻本　四冊　缺十卷(論語一至十)

330000－1703－0000787　G10459　經部/四書類/總義之屬/傳說

四書章句集註十九卷　（宋）朱熹撰　清同治十三年(1874)刻本　六冊

330000－1703－0000788　G10464　經部/四書類/總義之屬/傳說

四書章句集註十九卷　（宋）朱熹撰　清刻本

五冊　缺十卷(論語一至十)

330000－1703－0000789　G10475　經部/四書類/總義之屬/傳說

四書集註十九卷　（宋）朱熹撰　清同治十三年(1874)刻本　六冊

330000－1703－0000790　G10476　經部/四書類/總義之屬/傳說

新刻批點四書讀本十九卷　（宋）朱熹撰（清）高玲批點　清道光七年(1827)高玲愷元堂刻朱墨套印本　六冊

330000－1703－0000791　G10477　經部/四書類/總義之屬/傳說

新訂四書補註備旨十卷　（明）鄧林撰　（清）杜定基增訂　清宣統三年(1911)埽葉山房石印本　八冊

330000－1703－0000792　G10478　經部/四書類/總義之屬/傳說

新訂四書補註備旨十卷　（明）鄧林撰　（清）杜定基增訂　清同治十年(1871)刻本　六冊

330000－1703－0000793　G10479　經部/四書類/總義之屬/傳說

新訂四書補註備旨十卷　（明）鄧林撰　（清）杜定基增訂　清光緒三十年(1904)益元書局刻本　六冊

330000－1703－0000794　G10484　經部/四書類/總義之屬/傳說

日講四書解義二十六卷　（清）喇沙里　（清）陳廷敬等纂　（清）沈荃等撰　清即山樓刻本　十二冊

330000－1703－0000795　G10485　經部/四書類/總義之屬/傳說

日講四書解義二十六卷　（清）喇沙里　（清）陳廷敬等纂　（清）沈荃等撰　清刻本　十八冊

330000－1703－0000796　G10488　經部/四書類/總義之屬/傳說

四書經註集證十九卷　（清）吳昌宗撰　清嘉慶三年(1798)江都汪廷機刻本　十二冊

330000－1703－0000797　G10482　經部/四書類/總義之屬/傳說

四書味根錄三十七卷　（清）金澂撰　清石印本　五冊　存三十四卷(論語一至二十、孟子一至十四)

330000－1703－0000798　G10489　經部/四書類/總義之屬/傳說

四書經註集證十九卷　（清）吳昌宗撰　清嘉慶三年(1798)江都汪廷機刻本　十一冊

330000－1703－0000799　G10483　經部/四書類/總義之屬/傳說

四書味根錄三十七卷　（清）金澂撰　清刻本　三冊　存九卷(論語一至七、孟子三至四)

330000－1703－0000800　G10480　經部/四書類/總義之屬/傳說

四書味根錄三十七卷　（清）金澂撰　清刻本　二冊　存十一卷(論語十四至二十、孟子七至十)

330000－1703－0000801　G10490　經部/四書類/總義之屬/傳說

四書經註集證十九卷　（清）吳昌宗撰　清刻本　二冊　存三卷(論語一至三)

330000－1703－0000802　G10486　經部/四書類/總義之屬/傳說

四書反身錄八卷首一卷　（清）李顒撰　清道光十一年(1831)浙江書局刻本　四冊

330000－1703－0000803　G10491　經部/四書類/總義之屬/傳說

集虛齋四書口義十卷　（清）方棨如撰　（清）于光華編　清乾隆五十八年(1793)刻本　八冊

330000－1703－0000804　G10487　經部/四書類/總義之屬/傳說

四書翼註論文不分卷　（清）張甄陶撰　清刻本　五冊

330000－1703－0000805　G10495　經部/四書類/總義之屬/傳說

四書題鏡不分卷　（清）汪鯉翔撰　清刻本

十二冊

330000－1703－0000806　G10493　經部/四書類/總義之屬/傳說

四書折中日知錄十卷　（清）胡吉士參定　稿本　二冊

330000－1703－0000807　G10492　經部/四書類/總義之屬/傳說

集虛齋四書口義十卷　（清）方棨如撰　（清）于光華編　清刻本　八冊

330000－1703－0000808　G10494　經部/四書類/總義之屬/傳說

四書習解辨大學全篇四卷首一卷　（清）蕭蔚源撰　清嘉慶二十四年(1819)刻本　四冊

330000－1703－0000809　G10497　經部/四書類/總義之屬/傳說

漱芳軒合纂四書體註□□卷　（清）范翔条訂　清刻本　五冊　存十七卷(論語體註一至十、孟子體註一至七)

330000－1703－0000810　G10498　經部/四書類/總義之屬/傳說

酌雅齋四書體註合講十九卷　（清）翁復編　清刻本　六冊

330000－1703－0000811　G10496　經部/四書類/總義之屬/傳說

四書題鏡不分卷　（清）汪鯉翔撰　清乾隆九年(1744)刻本　十一冊

330000－1703－0000812　G10499　經部/四書類/總義之屬/傳說

酌雅齋四書體註合講十九卷　（清）翁復編　清刻本　六冊

330000－1703－0000813　G10500　經部/四書類/總義之屬/傳說

四書體註合講十九卷　（清）翁復編　清咸豐七年(1857)文光堂刻本　六冊

330000－1703－0000814　G10501　經部/四書類/總義之屬/傳說

四書合講十九卷　（清）翁復編　清光緒十四

年(1888)上海積山局石印本　六冊

330000－1703－0000815　G10502　經部/四書類/總義之屬/傳說

四書合講十九卷　（清）翁復編　清四明茹古書局鉛印本　六冊

330000－1703－0000816　G10503　經部/四書類/總義之屬/傳說

四書合纂大成不分卷　（清）沈祖燕輯　清光緒十四年(1888)上海鴻寶齋石印本　十二冊

330000－1703－0000817　G10504　經部/四書類/總義之屬/傳說

四書合纂大成不分卷　（清）沈祖燕輯　清光緒十四年(1888)上海鴻寶齋石印本　八冊

330000－1703－0000818　G10508　經部/四書類/總義之屬/傳說

四書朱子本義匯參三十六卷首四卷　（清）王步青輯　清光緒二十八年(1902)上海寶善齋書莊石印本　八冊

330000－1703－0000819　G10505　經部/四書類/總義之屬/傳說

四書會要錄三十卷　（清）黃瑞撰　清道光二十年(1840)漁古軒刻本　十八冊

330000－1703－0000820　G10506　經部/四書類/總義之屬/傳說

四書朱子本義匯參四十三卷首四卷　（清）王步青輯　清刻本　十五冊

330000－1703－0000821　G10507　經部/四書類/總義之屬/傳說

四書朱子本義匯參四十三卷首四卷　（清）王步青輯　清刻本　二十八冊

330000－1703－0000823　G10509　經部/四書類/總義之屬/傳說

四書朱子本義匯參四十三卷首四卷　（清）王步青輯　清刻本　三十一冊　缺一卷(孟子七)

330000－1703－0000824　G10516　經部/四書類/總義之屬/傳說

四書筆記二十四卷　清抄本　四冊　缺六卷(孟子一至六)

330000－1703－0000825　G32536　類叢部/類書類/專類之屬

四書典制類聯音註三十三卷　（清）閭其淵輯　清光緒二年(1876)鼇山草堂刻本　十冊

330000－1703－0000826　G10523　經部/四書類/總義之屬/傳說

四書圖考十三卷　（清）杜炳撰　清道光七年(1827)刻本　十二冊

330000－1703－0000827　G10518　經部/四書類/總義之屬/傳說

四書典故辨正二十卷附錄一卷　（清）周柄中撰　清刻本　六冊

330000－1703－0000828　G10519　經部/四書類/總義之屬/傳說

四書典故辨正二十卷附錄一卷　（清）周柄中撰　清刻本　二冊

330000－1703－0000829　G10524　經部/四書類/總義之屬/傳說

四書圖考十三卷　（清）杜炳撰　清石印本　二冊　缺六卷(一至二、七至十)

330000－1703－0000830　G10521　經部/四書類/總義之屬/傳說

四書釋地一卷續一卷又續二卷三續一卷附孟子生卒年月考一卷　（清）閻若璩撰　清刻本　三冊

330000－1703－0000831　G10522　經部/四書類/總義之屬/傳說

石鏡山房四書說統三十七卷　（明）張振淵輯　明天啓仁和張氏石鏡山房刻本　八冊　存二十卷(二至十三、二十至二十三、二十八至二十九、三十四至三十五)

330000－1703－0000832　G10510　經部/四書類/總義之屬/傳說

四書朱子本義匯參四十三卷首四卷　（清）王步青輯　清刻本　二十四冊

330000－1703－0000833　G10511　經部/四書類/總義之屬/傳說

四書朱子本義匯參四十三卷首四卷　（清）王步青輯　清刻本　八冊　存十五卷(孟子首、一至十四)

330000－1703－0000834　G10525　經部/四書類/總義之屬/傳說

增補四書精繡圖像人物備考十二卷　（明）薛應旂撰　（明）陳仁錫增定　清乾隆二十八年(1763)古吳聚秀堂刻本　四冊

330000－1703－0000835　G10512　經部/四書類/總義之屬/傳說

四書朱子本義匯參四十三卷首四卷　（清）王步青輯　清刻本　七冊　存十二卷(論語十三至十四、孟子五至十四)

330000－1703－0000836　G32563　經部/四書類/總義之屬/傳說

廣增四書典腋二十卷　（清）松軒主人撰　清道光十一年(1831)刻本　二冊

330000－1703－0000837　G10526　經部/四書類/總義之屬/文字音義

四書字義二卷附錄一卷　（宋）陳淳撰　清光緒十六年(1890)寧鄉道林黃氏刻本　二冊

330000－1703－0000838　G10527　經部/四書類/總義之屬/文字音義

四書字義二卷附錄一卷　（宋）陳淳撰　清光緒十六年(1890)寧鄉道林黃氏刻本　一冊　缺一卷(一)

330000－1703－0000839　G10844　經部/小學類/文字之屬/字書

類字畧五卷　（清）董承珉撰　清道光十六年(1836)刻本　四冊

330000－1703－0000840　G10528　經部/四書類/總義之屬/文字音義

四書虛字講義一卷　（清）丁守存撰　清同治至光緒永康胡氏退補齋刻本　一冊

330000－1703－0000841　G10531　經部/四書類/總義之屬/傳說

增補四書人物聚考二十二卷　（明）鍾惺增訂　（明）黃澍叅訂　清乾隆龍江書屋修文堂刻本　一冊　存一卷(四)

330000－1703－0000842　G10532　經部/四書類/總義之屬/傳說

四書經義策論啟蒙六卷　（清）溫振翔撰　清光緒二十八年(1902)上海點石齋石印本　六冊

330000－1703－0000843　G10513　經部/四書類/總義之屬/傳說

四書朱子本義匯參四十三卷首四卷　（清）王步青輯　清刻本　五冊　存九卷(論語三至六、九至十、十五至十六,孟子七)

330000－1703－0000844　G10514　經部/四書類/總義之屬/傳說

四書朱子本義匯參四十三卷首四卷　（清）王步青輯　清刻本　二十四冊

330000－1703－0000845　G10534　經部/四書類/總義之屬/傳說

四書人物類典串珠四十卷　（清）臧志仁輯　清刻本　十二冊

330000－1703－0000846　G10535　經部/四書類/總義之屬/傳說

四書人物類典串珠四十卷　（清）臧志仁輯　清刻本　十二冊

330000－1703－0000847　G32535　類叢部/類書類/專類之屬

四書典制類聯三十三卷　（清）閻其淵輯　清刻本　八冊　存三十二卷(一至二十四、二十六至三十三)

330000－1703－0000848　G10910　經部/小學類/訓詁之屬/爾雅

爾雅三卷　（晉）郭璞注　清嘉慶十一年(1806)吳門顧廣圻思適齋刻本　一冊

330000－1703－0000850　G10520　經部/四書類/總義之屬/傳說

四書典故辨正二十卷附錄一卷　（清）周柄中撰　清刻本　四冊

330000 – 1703 – 0000851　G10909　經部/小學類/訓詁之屬/爾雅

爾雅三卷 （晉）郭璞注　**音釋一卷**　**爾雅經注集證三卷** （清）龍啟瑞撰　清光緒七年(1881)臨桂龍氏北京刻本　二冊

330000 – 1703 – 0000852　G10537　經部/群經總義類/傳說之屬

四書五經義策論續編不分卷 （清）崇實齋輯　清光緒二十八年(1902)崇實齋鉛印本　二冊

330000 – 1703 – 0000853　G10902　經部/小學類/訓詁之屬/爾雅

爾雅註疏十一卷 （晉）郭璞注 （宋）邢昺疏　清光緒八年(1882)崇德書院刻本　四冊

330000 – 1703 – 0000854　G10903　經部/小學類/訓詁之屬/爾雅

爾雅補郭二卷 （清）翟灝撰　清光緒八年(1882)卷施誃刻本　一冊

330000 – 1703 – 0000855　G32564　經部/四書類/總義之屬/傳說

廣增四書典腋二十卷 （清）松軒主人撰　清道光二十五年(1845)刻本　六冊

330000 – 1703 – 0000856　G10917　經部/小學類/訓詁之屬/爾雅

爾雅直音二卷 （清）孫侶輯　清乾隆六十年(1795)刻本　二冊

330000 – 1703 – 0000857　G10908　經部/小學類/訓詁之屬/爾雅

爾雅郭注義疏三卷 （清）郝懿行撰　清光緒十四年(1888)上海鴻文書局石印本　四冊

330000 – 1703 – 0000858　G10916　經部/小學類/訓詁之屬/爾雅

爾雅直音二卷 （清）孫侶輯　清光緒六年(1880)常熟抱芳閣刻本　二冊

330000 – 1703 – 0000859　G10911　經部/小學類/訓詁之屬/爾雅

爾雅音圖三卷 （晉）郭璞注 （清）姚之麟摹圖　清石印本　二冊

330000 – 1703 – 0000860　G10739　經部/小學類/文字之屬/說文/專著

說文辨字正俗八卷 （清）李富孫撰　清嘉慶二十一年(1816)校經廎刻本　四冊

330000 – 1703 – 0000861　G10901　經部/小學類/訓詁之屬/爾雅

爾雅摘讀不分卷　清抄本　一冊

330000 – 1703 – 0000862　G10914　經部/小學類/訓詁之屬/爾雅

爾雅直音二卷 （清）孫侶輯　清刻本　一冊

330000 – 1703 – 0000863　G10915　經部/小學類/訓詁之屬/爾雅

爾雅直音二卷 （清）孫侶輯　清抄本　五冊

330000 – 1703 – 0000865　G10918　經部/小學類/訓詁之屬/爾雅

爾雅蒙求二卷 （清）李拔式撰　清嘉慶三年(1798)姑蘇七映堂刻本　二冊

330000 – 1703 – 0000866　G10702　經部/小學類/文字之屬/說文

說文解字十五卷標目一卷 （漢）許慎撰 （宋）徐鉉等校定　清光緒五年(1879)平江洪氏刻本　四冊

330000 – 1703 – 0000868　G10703　經部/小學類/文字之屬/說文

說文解字十五卷標目一卷 （漢）許慎撰 （宋）徐鉉等校定　清同治十三年(1874)東吳浦氏刻本　三冊

330000 – 1703 – 0000869　G10907　經部/小學類/訓詁之屬/爾雅

爾雅正義二十卷 （清）邵晉涵撰　**爾雅釋文三卷** （唐）陸德明撰　清乾隆五十三年(1788)邵氏面水層軒刻本　八冊

330000 – 1703 – 0000870　G10533　經部/四書類/總義之屬/傳說

增訂四書類典賦六十六卷 （清）甘紱撰　清乾隆五十七年(1792)刻本　十五冊　存六十三卷(一至十、十四至六十六)

330000－1703－0000871　G10706　經部/小學類/文字之屬/說文

說文解字十五卷標目一卷　（漢）許慎撰（宋）徐鉉等校定　清初海虞毛氏汲古閣刻本　六冊

330000－1703－0000872　G10705　經部/小學類/文字之屬/說文

說文解字十五卷標目一卷　（漢）許慎撰　**汲古閣說文解字校記一卷**　（清）張行孚撰　清光緒七年(1881)淮南書局刻本　六冊

330000－1703－0000873　G10731　經部/小學類/文字之屬/說文

說文管見三卷　（清）胡秉虔撰　清抄本　一冊

330000－1703－0000874　G10707　經部/小學類/文字之屬/說文

繫傳四十卷　（南唐）徐鍇撰（南唐）朱翱反切　**校勘記三卷**　（清）苗夔等撰　清光緒元年(1875)歸安姚氏刻本　八冊

330000－1703－0000875　G10710　經部/小學類/文字之屬/說文/傳說

說文答問疏證六卷　（清）錢大昕撰　（清）薛傳均疏證　清光緒八年(1882)紫薇山館刻本　二冊

330000－1703－0000876　G10711　經部/小學類/文字之屬/說文/傳說

說文答問疏證六卷　（清）錢大昕撰　（清）薛傳均疏證　清光緒八年(1882)紫薇山館刻本　二冊

330000－1703－0000878　G10712　經部/小學類/文字之屬/說文

說文解字注十五卷附六書音韻表五卷　（清）段玉裁撰　**說文部目分韻一卷**　（清）陳煥編　清乾隆至嘉慶段氏經韻樓刻同治六年至十一年(1867－1872)蘇州保息局補刻本　十六冊

330000－1703－0000879　G10714　經部/小學類/文字之屬/說文

說文解字注十五卷附六書音韻表五卷　（清）段玉裁撰　**說文部目分韻一卷**　（清）陳煥編　清乾隆至嘉慶段氏經韻樓刻同治六年至十一年(1867－1872)蘇州保息局補刻本　十六冊

330000－1703－0000880　G10713　經部/小學類/文字之屬/說文

說文解字注十五卷附六書音韻表五卷　（清）段玉裁撰　**說文部目分韻一卷**　（清）陳煥編　清乾隆至嘉慶段氏經韻樓刻同治六年至十一年(1867－1872)蘇州保息局補刻本　十六冊

330000－1703－0000881　G10718　經部/小學類/文字之屬/說文

說文解字注十五卷附六書音韻表五卷　（清）段玉裁撰　**說文通檢十四卷首一卷末說文部目分韻一卷**　（清）陳煥編　清光緒十四年(1888)上海蜚英館石印本　一冊　存十卷（一至十）

330000－1703－0000882　G10719　經部/小學類/文字之屬/說文/傳說

段氏說文注訂八卷　（清）鈕樹玉撰　清道光三年(1823)鈕氏非石居刻同治五年(1866)碧螺山館補刻本　四冊

330000－1703－0000883　G10716　經部/小學類/文字之屬/說文

說文解字注十五卷附六書音韻表五卷　（清）段玉裁撰　**說文部目分韻一卷**　（清）陳煥編　**汲古閣說文訂一卷**　（清）段玉裁撰　清同治十一年(1872)湖北崇文書局刻本　十八冊

330000－1703－0000884　G10720　經部/小學類/文字之屬/說文/傳說

段氏說文注訂八卷　（清）鈕樹玉撰　清同治十三年(1874)湖北崇文書局刻本　二冊

330000－1703－0000885　G10721　經部/小學類/文字之屬/說文

說文解字義證五十卷　（清）桂馥撰　清同治九年(1870)湖北崇文書局刻本　三十二冊

330000 – 1703 – 0000886　G10722　經部/小
學類/文字之屬/說文

說文解字義證五十卷　(清)桂馥撰　清同治
九年(1870)湖北崇文書局刻本　三十冊　缺
三卷(十九至二十一)

330000 – 1703 – 0000887　G10717　經部/小
學類/文字之屬/說文

說文解字注十五卷附六書音韻表五卷　(清)
段玉裁撰　**說文部目分韻一卷**　(清)陳煥編
　汲古閣說文訂一卷　(清)段玉裁撰　清同
治十一年(1872)湖北崇文書局刻本　五冊
存八卷(說文解字注一至二、六書音韻表一至
五、汲古閣說文訂)

330000 – 1703 – 0000888　G10912　經部/小
學類/訓詁之屬/爾雅

爾雅音圖三卷　(晉)郭璞注　(清)姚之麟摹
圖　清石印本　一冊　存一卷(下)

330000 – 1703 – 0000889　G10723　經部/小
學類/文字之屬/說文

說文解字義證五十卷　(清)桂馥撰　清同治
九年(1870)湖北崇文書局刻本　十七冊　存
二十五卷(一至八、二十一至三十二、三十九
至四十三)

330000 – 1703 – 0000890　G10724　經部/小
學類/文字之屬/說文

說文解字義證五十卷　(清)桂馥撰　清同治
九年(1870)湖北崇文書局刻本　二十三冊
存三十四卷(一至七、九至十、十四至二十八、
三十一至三十六、四十一、四十八至五十)

330000 – 1703 – 0000891　G10913　經部/小
學類/訓詁之屬/爾雅

爾雅音圖三卷　(晉)郭璞注　(清)姚之麟摹
圖　清石印本　一冊　存一卷(下)

330000 – 1703 – 0000892　G10725　經部/小
學類/文字之屬/說文

說文解字義證五十卷　(清)桂馥撰　清同治
九年(1870)湖北崇文書局刻本　三冊　存三
卷(九至十、十四)

330000 – 1703 – 0000893　G10726　經部/小
學類/文字之屬/說文

王氏說文三種一百三十卷　(清)王筠撰　清
道光至咸豐刻同治四年(1865)彙印本　十六
冊　存一種

330000 – 1703 – 0000894　G10727　經部/小
學類/文字之屬/說文/傳說

說文解字句讀三十卷　(清)王筠撰　清光緒
八年(1882)四川尊經書局刻本　張美翊題記
　十六冊

330000 – 1703 – 0000895　G10729　經部/小
學類/文字之屬/說文

王氏說文三種一百三十卷　(清)王筠撰　清
道光至咸豐刻同治四年(1865)彙印本　十四
冊　存一種

330000 – 1703 – 0000896　G10728　經部/小
學類/文字之屬/說文/傳說

說文解字句讀三十卷　(清)王筠撰　清光緒
八年(1882)四川尊經書局刻本　十六冊

330000 – 1703 – 0000897　G10738　經部/小
學類/文字之屬/說文

王氏說文三種一百三十卷　(清)王筠撰　清
道光至咸豐刻同治四年(1865)彙印本　十四
冊　存一種

330000 – 1703 – 0000898　G10735　經部/小
學類/文字之屬/說文

說文釋例二十卷　(清)王筠撰　清光緒九年
(1883)成都御風樓刻本　二十冊

330000 – 1703 – 0000899　G10736　經部/小
學類/文字之屬/說文

說文釋例二十卷　(清)王筠撰　清光緒十三
年(1887)上海積山書局石印本　六冊

330000 – 1703 – 0000900　G10730　經部/小
學類/文字之屬/說文

說文管見三卷　(清)胡秉虔撰　清光緒七年
(1881)鄞縣林植海望益山房書局刻本　一冊

330000 – 1703 – 0000901　G10715　經部/小
學類/文字之屬/說文

說文解字注十五卷附六書音韻表五卷 （清）段玉裁撰 **說文部目分韻一卷** （清）陳煥編 清乾隆至嘉慶段氏經韻樓刻同治六年至十一年（1867－1872）蘇州保息局補刻本 十六冊

330000－1703－0000902 G10732 經部/小學類/文字之屬/說文/傳說

說文解字斠詮十四卷 （清）錢坫撰 清光緒九年（1883）淮南書局刻本 六冊

330000－1703－0000903 G10733 經部/小學類/文字之屬/說文/傳說

說文解字斠詮十四卷 （清）錢坫撰 清光緒九年（1883）淮南書局刻本 張美翊跋 六冊

330000－1703－0000904 G10740 經部/小學類/文字之屬/說文/專著

說文辨字正俗八卷 （清）李富孫撰 清嘉慶二十一年（1816）校經廎刻本 四冊

330000－1703－0000905 G10741 經部/小學類/文字之屬/說文

說文外編十五卷補遺一卷 （清）雷浚撰 **說文辨疑一卷** （清）顧廣圻撰 **劉氏碎金一卷** （清）劉禧延撰 清光緒二年（1876）刻本 四冊 缺一卷（說文辨疑）

330000－1703－0000907 G10745 經部/小學類/文字之屬/說文

說文部首韻語不分卷 （清）黃壽鳳撰 （清）顧恩來書 清同治十一年（1872）賴氏湖州刻本 一冊

330000－1703－0000908 G10743 經部/小學類/文字之屬/說文/傳說

說文引經攷證七卷說文引經互異說一卷 （清）陳瑑撰 清同治十三年（1874）湖北崇文書局刻本 二冊

330000－1703－0000909 G10746 經部/小學類/文字之屬/說文

說文部首韻語不分卷 （清）黃壽鳳撰 （清）顧恩來書 清同治十一年（1872）賴氏湖州刻本 一冊

330000－1703－0000910 G10744 經部/小學類/文字之屬/說文/傳說

說文引經攷證七卷說文引經互異說一卷 （清）陳瑑撰 清同治十三年（1874）湖北崇文書局刻本 二冊

330000－1703－0000911 G10748 經部/小學類/文字之屬/說文

說文新附攷六卷續攷一卷 （清）鈕樹玉撰 清嘉慶六年（1801）非石居刻同治七年（1868）碧螺山館補刻本 二冊

330000－1703－0000912 G10747 經部/小學類/文字之屬/說文

說文提要一卷 （清）陳建侯撰 清同治十二年（1873）湖北崇文書局刻本 一冊

330000－1703－0000913 G10749 經部/小學類/文字之屬/說文

說文新附攷六卷續攷一卷 （清）鈕樹玉撰 清嘉慶六年（1801）非石居刻同治七年（1868）碧螺山館補刻本 二冊

330000－1703－0000914 G10750 經部/小學類/文字之屬/說文

說文新附攷六卷續攷一卷 （清）鈕樹玉撰 清同治十三年（1874）湖北崇文書局刻本 二冊

330000－1703－0000915 G11212 經部/小學類/文字之屬/說文

苗氏說文四種 （清）苗夔撰 清道光至咸豐壽陽祁氏漢專亭刻本 四冊 存三種

330000－1703－0000916 G10752 經部/小學類/文字之屬/說文

說文經典異字釋一卷 （清）高翔麟撰 清光緒九年（1883）萬卷樓刻本 一冊

330000－1703－0000918 G10751 經部/小學類/文字之屬/說文

說文新附攷六卷 （清）鄭珍撰 清光緒七年（1881）刻本 四冊

330000－1703－0000920 G10755 經部/小學類/文字之屬/說文

說文通檢十四卷首一卷末一卷 （清）黎永椿撰　清光緒二年(1876)崇文書局刻本　二冊

330000－1703－0000921　G10756　經部/小學類/文字之屬/說文

說文通檢十四卷首一卷末一卷 （清）黎永椿撰　清光緒二年(1876)崇文書局刻本　二冊

330000－1703－0000922　G10757　經部/小學類/文字之屬/說文

說文通檢十四卷首一卷末一卷 （清）黎永椿撰　清光緒二年(1876)崇文書局刻本　二冊

330000－1703－0000923　G10758　經部/小學類/文字之屬/說文/專著

說文檢字不分卷　清抄本　一冊

330000－1703－0000924　G10759　經部/小學類/文字之屬/說文/專著

說文部目不分卷　清抄本　一冊

330000－1703－0000925　G10856　經部/小學類/音韻之屬/韻書

詩韻珠璣五卷 （清）余照撰　清刻本　二冊

330000－1703－0000926　G10855　經部/小學類/音韻之屬/韻書

詩韻珠璣五卷 （清）余照撰　清刻本　五冊

330000－1703－0000927　G10737　經部/小學類/文字之屬/說文

說文釋例二十卷 （清）王筠撰　清宣統二年(1910)刻本　張美翊題記　八冊　存十六卷（一至八、十一至十八）

330000－1703－0000929　G10762　經部/小學類/文字之屬/說文/專著

許氏說文解字雙聲疊韻譜一卷 （清）鄧廷楨撰　清光緒九年(1883)上海同文書局石印本　一冊

330000－1703－0000930　G10765　經部/小學類/文字之屬/字書/訓蒙

文字蒙求四卷 （清）王筠撰　清光緒十三年(1887)梁谿浦氏刻本　高廷汲題記　二冊

330000－1703－0000931　G10764　經部/小學類/文字之屬/字書/訓蒙

文字蒙求四卷 （清）王筠撰　清刻本　一冊

330000－1703－0000932　G10763　經部/小學類/文字之屬/說文/傳說

說文廣義校訂三卷末一卷 （清）吳善述撰　清同治十三年(1874)刻本　二冊

330000－1703－0000933　G10865　經部/小學類/音韻之屬/韻書

詩韻集成十卷 （清）余照輯　清道光十七年(1837)刻本　二冊

330000－1703－0000937　G10770　經部/小學類/文字之屬/字書/字體

隸辨八卷 （清）顧藹吉撰　清光緒十三年(1887)上海蜚英館石印本　三冊　存三卷（一至二、六）

330000－1703－0000938　G10641　經部/小學類/訓詁之屬/字詁

經字異同四十八卷 （清）張維屏輯　清光緒五年(1879)清泉精舍刻本　六冊

330000－1703－0000939　G10760　經部/小學類/文字之屬/說文

說文通訓定聲十八卷分部柬韻一卷說雅一卷古今韻準一卷 （清）朱駿聲撰　行述一卷 （清）朱孔彰撰　清道光二十九年(1849)刻同治九年(1870)朱孔彰臨嘯閣補刻本　二十六冊　缺一卷（行述）

330000－1703－0000940　G10761　經部/小學類/文字之屬/說文

說文通訓定聲十八卷分部柬韻一卷說雅一卷古今韻準一卷 （清）朱駿聲撰　行述一卷 （清）朱孔彰撰　清光緒十三年(1887)上海積山書局石印本　七冊　缺二卷（四至五）

330000－1703－0000942　G10771　經部/小學類/文字之屬/字書/字體

隸篇十五卷續十五卷再續十五卷金石目一卷部目一卷字目一卷 （清）翟云升撰　清道光十七年至十八年(1837－1838)五經歲徧齋刻本　十冊

330000－1703－0000943　G10782　經部/小學類/文字之屬/說文/專著

六書約言二卷　（清）吳善述輯　清衢城張文錦齋刻本　一冊

330000－1703－0000944　G10772　經部/小學類/文字之屬/字書

字學舉隅不分卷　（清）黃本驥　（清）龍啓瑞撰　清同治十年(1871)刻本　一冊

330000－1703－0000945　G10786　經部/小學類/文字之屬/說文/專著

六書辨一卷　（清）徐紹楨撰　清光緒三十三年(1907)石印本　一冊

330000－1703－0000946　G10788　經部/小學類/文字之屬/字書/字體

六書辨異二卷補遺一卷　（清）湯容煟輯　清嘉慶二年(1797)四明滋德堂刻本　一冊

330000－1703－0000947　G10775　經部/小學類/文字之屬/字書

字學舉隅不分卷　（清）黃本驥　（清）龍啓瑞撰　清道光刻本　一冊

330000－1703－0000948　G10783　經部/小學類/文字之屬/字書/字典

字林考逸八卷附錄一卷　（清）任大椿學　**字林考逸補本一卷**　（清）陶方琦學　**補附錄一卷**　（清）諸可寶撰　清光緒十六年(1890)江蘇書局刻本　四冊

330000－1703－0000949　G10784　經部/小學類/文字之屬/字書/字典

大廣益會玉篇三十卷　（南朝梁）顧野王撰（唐）孫強增字　（宋）陳彭年等重修　**玉篇校刊札記一卷**　（清）鄧顯鶴撰　**廣韻五卷**（清）陳彭年等重修　**廣韻校刊札記一卷**（清）鄧顯鶴撰　清道光三十年(1850)新化鄧氏邵州東山精舍刻本　張美翊題記　八冊

330000－1703－0000950　G10776　經部/小學類/文字之屬/字書

字學舉隅不分卷　（清）黃本驥　（清）龍啓瑞撰　清石印本　一冊

330000－1703－0000951　G10779　經部/小學類/文字之屬/字書

字學舉隅不分卷　（清）黃本驥　（清）龍啓瑞撰　清同治十年(1871)刻本　一冊

330000－1703－0000952　G10780　經部/小學類/文字之屬/字書

字學舉隅不分卷　（清）黃本驥　（清）龍啓瑞撰　清同治十年(1871)刻本　一冊

330000－1703－0000953　G10789　經部/小學類/訓詁之屬/字詁

校增金壺字攷一卷附古體假借字一卷　（清）郝普霖增訂　清光緒九年(1883)懿文齋刻本　卓葆亭跋　二冊

330000－1703－0000954　G10785　經部/小學類/文字之屬/字書/字典

大廣益會玉篇三十卷　（南朝梁）顧野王撰（唐）孫強增字　（宋）陳彭年等重修　**玉篇校刊札記一卷**　（清）鄧顯鶴撰　**廣韻五卷**（清）陳彭年等重修　**廣韻校刊札記一卷**（清）鄧顯鶴撰　清道光三十年(1850)新化鄧氏邵州東山精舍刻本　四冊　存十五卷（一至十、廣韻一至五）

330000－1703－0000955　G10778　經部/小學類/文字之屬/字書

字學舉隅不分卷　（清）黃本驥　（清）龍啓瑞撰　清同治十年(1871)刻本　一冊

330000－1703－0000956　G10790　經部/小學類/訓詁之屬/字詁

增訂金壺字攷四卷附古體假借字一卷　（清）郝在田輯　清同治十二年(1873)刻本　一冊

330000－1703－0000957　G10781　經部/小學類/文字之屬/字書

字學舉隅續編不分卷　（清）王維珍輯　清光緒二年(1876)北京懿文齋刻本　一冊

330000－1703－0000959　G10792　子部/藝術類/書畫之屬/書法書品

隸法彙纂十卷　（清）項懷述編　清乾隆五十一年(1786)小酉山房刻本　四冊

330000 – 1703 – 0000960　G10793　子部/藝術類/書畫之屬/書法書品

隸法彙纂十卷　(清)項懷述編　清乾隆五十一年(1786)小酉山房刻本　二冊　存五卷(三至五、九至十)

330000 – 1703 – 0000961　G10794　子部/藝術類/書畫之屬/書法書品

隸法彙纂十卷　(清)項懷述編　清乾隆五十一年(1786)小酉山房刻本　二冊　存五卷(一至五)

330000 – 1703 – 0000962　G10777　經部/小學類/文字之屬/字書

字學舉隅不分卷　(清)黃本驥　(清)龍啓瑞撰　清光緒八年(1882)刻本　一冊

330000 – 1703 – 0000963　G10773　經部/小學類/文字之屬/字書

字學舉隅小分卷　(清)黃本驥　(清)龍啓瑞撰　清光緒八年(1882)刻本　一冊

330000 – 1703 – 0000964　G10791　經部/小學類/文字之屬/字書/字體

集篆四種　吳受福編　清光緒石印本　一冊

330000 – 1703 – 0000965　G11002　經部/小學類/文字之屬/字書/字體

藝文備覽十二集一百二十卷檢字一卷補詳字義十四卷　(清)沙木注　清嘉慶刻本　二冊　存七卷(寅一至七)

330000 – 1703 – 0000966　G50708　類叢部/叢書類/自著之屬

朱氏羣書六種　(清)朱駿聲撰　清光緒八年(1882)臨嘯閣刻本　五冊　存五種

330000 – 1703 – 0000967　G10774　經部/小學類/文字之屬/字書

字學舉隅不分卷　(清)黃本驥　(清)龍啓瑞撰　清刻本　一冊

330000 – 1703 – 0000968　G10799　經部/小學類/文字之屬/字書/字典

字彙十二卷首一卷末一卷　(明)梅膺祚撰　清維揚二西堂刻本　十四冊

330000 – 1703 – 0000969　G10798　經部/小學類/文字之屬/字書/字典

字彙四集　(清)陳淏子撰　清嘉慶十年(1805)刻本　四冊

330000 – 1703 – 0000970　G10800　經部/小學類/文字之屬/字書/字典

字彙十二卷首一卷末一卷　(明)梅膺祚撰　清寧城汲綆齋刻本　十三冊　存十三卷(首、一至十二)

330000 – 1703 – 0000971　G10801　經部/小學類/文字之屬/字書/字典

康熙字典十二集三十六卷總目一卷檢字一卷辨似一卷等韻一卷補遺一卷備考一卷　(清)張玉書等纂修　清道光七年(1827)刻本　四十冊

330000 – 1703 – 0000972　G10802　經部/小學類/文字之屬/字書/字典

康熙字典十二集三十六卷總目一卷檢字一卷辨似一卷等韻一卷補遺一卷備考一卷　(清)張玉書等纂修　清刻本　三十九冊　缺一卷(等韻)

330000 – 1703 – 0000973　G10803　經部/小學類/文字之屬/字書/字典

康熙字典十二集三十六卷總目一卷檢字一卷辨似一卷等韻一卷補遺一卷備考一卷　(清)張玉書等纂修　清刻本　四十冊

330000 – 1703 – 0000974　G10811　子部/藝術類/書畫之屬/法帖

草字彙十二卷　(清)石梁輯　清道光五年(1825)刻本　五冊　缺四卷(九至十二)

330000 – 1703 – 0000975　G10812　子部/藝術類/書畫之屬/法帖

草字彙十二卷　(清)石梁輯　清道光五年(1825)刻本　四冊　存八卷(一至八)

330000 – 1703 – 0000976　G10813　子部/藝術類/書畫之屬/法帖

草字彙十二卷　(清)石梁輯　清道光五年(1825)刻本　一冊　存二卷(五至六)

330000 - 1703 - 0000977　G10810　子部/藝術類/書畫之屬/法帖

草字彙十二卷　（清）石梁輯　清刻本　六冊

330000 - 1703 - 0000978　G10814　經部/小學類/文字之屬/字書/訓蒙

倉頡篇三卷　（清）孫星衍輯　**倉頡篇續本一卷**　（清）任大椿輯　**倉頡篇補本二卷**　（清）陶方琦輯　清光緒十六年(1890)江蘇書局刻本　二冊

330000 - 1703 - 0000980　G10816　經部/小學類/文字之屬/字書/訓蒙

四體千字文一卷　（清）張楷等書　清光緒二年(1876)浙寧簡香齋刻本　一冊

330000 - 1703 - 0000981　G10818　經部/小學類/文字之屬/說文/專著

六書通十卷首一卷附百體福壽全圖　（清）閔齊伋撰　（清）畢弘述篆訂　清光緒十九年(1893)上海校經山房石印本　二冊　存四卷（七至十）

330000 - 1703 - 0000982　G10817　經部/小學類/文字之屬/說文/專著

六書通十卷　（清）閔齊伋撰　（清）畢弘述篆訂　清光緒四年(1878)繡谷留耕堂刻本　五冊

330000 - 1703 - 0000983　G10804　經部/小學類/文字之屬/字書/字典

康熙字典十二集三十六卷總目一卷檢字一卷辨似一卷等韻一卷補遺一卷備考一卷　（清）張玉書等纂修　清道光七年(1827)刻本　四十冊

330000 - 1703 - 0000985　G10805　經部/小學類/文字之屬/字書/字典

康熙字典十二集三十六卷總目一卷檢字一卷辨似一卷等韻一卷補遺一卷備考一卷　（清）張玉書等纂修　清刻本　四十冊

330000 - 1703 - 0000986　G10808　經部/小學類/文字之屬/字書/字典

康熙字典十二集三十六卷總目一卷檢字一卷

330000 - 1703 - 0000987　G10807　經部/小學類/文字之屬/字書/字典

康熙字典十二集三十六卷總目一卷檢字一卷辨似一卷等韻一卷補遺一卷備考一卷　（清）張玉書等纂修　清刻本　一冊　存一卷（戌集中）

330000 - 1703 - 0000990　G50556　類叢部/叢書類/郡邑之屬

永嘉叢書十三種　（清）孫衣言編　清同治至光緒瑞安孫氏詒善祠塾刻本　十冊　存一種

330000 - 1703 - 0000991　G10806　經部/小學類/文字之屬/字書/字典

康熙字典十二集三十六卷總目一卷檢字一卷辨似一卷等韻一卷補遺一卷備考一卷　（清）張玉書等纂修　清刻本　三十冊　缺十二卷（子集上中下、丑集上中下、寅集上中、總目, 檢字, 辨似, 等韻）

330000 - 1703 - 0000992　G10850　經部/小學類/音韻之屬/韻書

古今韻會舉要三十卷　（元）黃公紹撰　（元）熊忠舉要　清光緒九年(1883)淮南書局刻本　十冊

330000 - 1703 - 0000993　G10851　經部/小學類/音韻之屬/韻書

音韻闡微十八卷韻譜一卷　（清）李光地等撰　清光緒七年(1881)淮南書局刻本　五冊

330000 - 1703 - 0000994　G10920　經部/小學類/訓詁之屬/群雅

廣雅疏證十卷　（清）王念孫撰　清光緒五年(1879)淮南書局刻本　八冊

330000 - 1703 - 0000995　G10921　經部/小學類/訓詁之屬/群雅

續廣雅三卷　（清）劉燦輯　（清）王堃訂　清道光二十五年(1845)鄞邑陸鑑刻本　一冊

330000 - 1703 - 0000996　G10922　經部/小

學類/訓詁之屬/群雅

埤雅二十卷 （宋）陸佃撰　清康熙刻本
二冊

330000－1703－0000997　G10919　經部/小
學類/訓詁之屬/群雅

廣雅疏證十卷 （清）王念孫撰　清光緒五年
(1879)淮南書局刻本　八冊

330000－1703－0000998　G50172　類叢部/
叢書類/彙編之屬

玲瓏山館叢書七十種 （清）□□編　清光緒
十五年(1889)萩林山房刻本　二十六冊　存
十六種

330000－1703－0000999　G10924　經部/小
學類/訓詁之屬/群雅

駢雅十六卷首一卷 （明）朱謀埠　（清）魏茂
林撰　清光緒七年(1881)成都瀹雅齋刻本
八冊

330000－1703－0001000　G10923　經部/小
學類/訓詁之屬/群雅

駢雅十六卷首一卷 （明）朱謀埠　（清）魏茂
林撰　清刻本　十二冊

330000－1703－0001001　G10926　經部/小
學類/訓詁之屬/群雅

駢雅十六卷首一卷 （明）朱謀埠　（清）魏茂
林撰　清光緒二十年(1894)上海萬選書局石
印本　四冊

330000－1703－0001002　G10927　經部/小
學類/訓詁之屬/群雅

駢雅十六卷首一卷 （明）朱謀埠　（清）魏茂
林撰　清光緒二十年(1894)上海萬選書局石
印本　四冊

330000－1703－0001003　G10925　經部/小
學類/訓詁之屬/群雅

駢雅十六卷首一卷 （明）朱謀埠　（清）魏茂
林撰　清光緒七年(1881)成都瀹雅齋刻本
八冊

330000－1703－0001004　G10928　經部/小
學類/訓詁之屬/群雅

駢雅十六卷首一卷 （明）朱謀埠　（清）魏茂
林撰　清道光刻本　一冊　存三卷(十四至
十六)

330000－1703－0001005　G10929　經部/小
學類/訓詁之屬/群雅

別雅五卷 （清）吳玉搢撰　清道光二十九年
(1849)小蓬萊山館刻本　五冊

330000－1703－0001006　G10930　經部/小
學類/訓詁之屬/群雅

別雅五卷 （清）吳玉搢撰　清道光二十九年
(1849)小蓬萊山館刻本　四冊　存四卷(二
至五)

330000－1703－0001007　G10931　經部/小
學類/訓詁之屬/群雅

拾雅二十卷 （清）夏味堂撰　（清）夏紀堂注
清嘉慶二十四年(1819)夏氏遂園刻本
十冊

330000－1703－0001008　G10932　經部/小
學類/訓詁之屬/方言

輶軒使者絕代語釋別國方言十三卷 （漢）楊
雄撰　（清）戴震疏證　清光緒八年(1882)汗
青簃刻本　三冊

330000－1703－0001009　G10933　經部/小
學類/訓詁之屬/方言

輶軒使者絕代語釋別國方言十三卷 （漢）楊
雄撰　（清）戴震疏證　清光緒八年(1882)汗
青簃刻本　四冊

330000－1703－0001010　G10934　經部/群
經總義類/文字音義之屬

經籍籑詁一百六卷補遺一百六卷首一卷
(清)阮元撰　清刻本　二十六冊　存一百二
卷(十七至二十二、四十四至五十三、五十六
至六十三、六十七、七十七至一百二，補遺十
七至二十二、四十四至五十三、五十六至六十
三、六十七、七十七至一百二)

330000－1703－0001012　G10935　經部/群
經總義類/文字音義之屬

經籍籑詁一百六卷補遺一百六卷首一卷

（清）阮元撰　清嘉慶十七年（1812）揚州阮元琅嬛仙館刻光緒六年（1880）淮南書局補刻本　四十八冊

330000－1703－0001014　G50722　類叢部/叢書類/自著之屬

古桐書屋六種　（清）劉熙載撰　清同治至光緒刻本　三冊　存二種

330000－1703－0001015　G50721　類叢部/叢書類/自著之屬

古桐書屋六種　（清）劉熙載撰　清同治至光緒刻本　十冊

330000－1703－0001016　G50723　類叢部/叢書類/自著之屬

古桐書屋六種　（清）劉熙載撰　清同治至光緒刻本　一冊　存一種

330000－1703－0001017　G50701　類叢部/叢書類/自著之屬

春在堂全書三十六種　（清）俞樾撰　清同治至光緒刻本　六十四冊　存十一種

330000－1703－0001019　G50702　類叢部/叢書類/自著之屬

春在堂全書三十六種　（清）俞樾撰　清同治至光緒刻本　二十九冊　存十種

330000－1703－0001021　G10822　經部/小學類/文字之屬/字書/訓蒙

澄衷蒙學堂字課圖說四卷檢字一卷類字一卷　（清）劉樹屏撰　（清）吳子城繪圖　清光緒二十七年（1901）澄衷蒙學堂印書處石印本　八冊

330000－1703－0001022　G10823　經部/小學類/文字之屬/字書/訓蒙

澄衷蒙學堂字課圖說四卷檢字一卷類字一卷　（清）劉樹屏撰　（清）吳子城繪圖　清光緒二十九年（1903）澄衷學堂印書處石印本　八冊

330000－1703－0001023　G10824　經部/小學類/文字之屬/字書/訓蒙

澄衷蒙學堂字課圖說四卷檢字一卷類字一卷

（清）劉樹屏撰　（清）吳子城繪圖　清光緒二十七年（1901）澄衷蒙學堂印書處石印本　八冊

330000－1703－0001024　G10825　經部/小學類/文字之屬/字書/訓蒙

澄衷蒙學堂字課圖說四卷檢字一卷類字一卷　（清）劉樹屏撰　（清）吳子城繪圖　清光緒石印本　五冊　存三卷（二至四）

330000－1703－0001025　G50703　類叢部/叢書類/自著之屬

德清俞蔭甫所著書　（清）俞樾撰　清同治十年（1871）刻本　三十八冊　存十七種

330000－1703－0001026　G32781　新學/學校

普通歌訣全書不分卷　（清）黃焱撰　（清）馮丙然注　清光緒二十八年（1902）鄞西敦本家塾刻本　四冊

330000－1703－0001027　G32565　子部/儒家類/儒學之屬/蒙學

龍文鞭影二卷　（明）蕭良有撰　（清）楊臣諍增訂　（清）陳士龍編次　**二集二卷**　（清）李暉吉　（清）徐瓚輯　清光緒十二年至十三年（1886－1887）江左書林刻本　四冊

330000－1703－0001028　G32569　子部/儒家類/儒學之屬/蒙學

龍文鞭影二卷　（明）蕭良有撰　（清）楊臣諍增訂　（清）來集之音註　清光緒四年（1878）存春廬刻本　四冊

330000－1703－0001029　G32567　子部/儒家類/儒學之屬/蒙學

龍文鞭影二卷　（明）蕭良有撰　（清）楊臣諍增訂　（清）陳士龍編次　**二集二卷**　（清）李暉吉　（清）徐瓚輯　清光緒三年（1877）掃葉山房刻本　四冊

330000－1703－0001030　G50704　類叢部/叢書類/自著之屬

德清俞蔭甫所著書　（清）俞樾撰　清同治十年（1871）刻本　三十六冊　存十九種

330000－1703－0001031　G10826　經部/小學類/文字之屬/字書/訓蒙

澄衷蒙學堂字課圖說四卷檢字一卷類字一卷　（清）劉樹屏撰　（清）吳子城繪圖　清光緒石印本　一冊　存一卷（二）

330000－1703－0001034　G10858　經部/小學類/音韻之屬/韻書

初學檢韻袖珍十二卷附檢字一卷佩文詩韻一卷　（清）姚文登輯　清嘉慶七年（1802）遜齋刻本　四冊

330000－1703－0001035　G32566　子部/儒家類/儒學之屬/蒙學

龍文鞭影二卷　（明）蕭良有撰　（清）楊臣諍增訂　（清）陳士龍編次　**二集二卷**　（清）李暉吉　（清）徐瓚輯　清刻本　四冊

330000－1703－0001036　G10859　經部/小學類/音韻之屬/韻書

初學檢韻袖珍十二卷附檢字一卷佩文詩韻一卷　（清）姚文登輯　清聚珍堂刻本　四冊

330000－1703－0001037　G10860　經部/小學類/音韻之屬/韻書

重韻校增訂初學檢韻十二卷佩文詩韻一卷　（清）姚文登輯　清光緒二十三年（1897）寧波清河氏球琳館鉛印本　二冊　缺七卷（四至十）

330000－1703－0001038　G11217　經部/小學類/文字之屬

小學鉤沈三十九種附六種合十九卷　（清）任大椿撰　（清）王念孫校　清光緒十年（1884）龍氏刻本　二冊

330000－1703－0001039　G10863　經部/小學類/音韻之屬/韻書

切音啓蒙一卷　（清）胡黌撰　清胡啟和抄本　一冊

330000－1703－0001040　G31917　子部/藝術類/書畫之屬/法帖

歷朝聖賢篆書百體千文一卷　（清）孫枝秀集篆　清光緒八年（1882）掃葉山房刻本　一冊

330000－1703－0001041　G10864　經部/小學類/音韻之屬/韻書

韻學驪珠二卷　（清）沈乘麐輯　清抄本　二冊

330000－1703－0001042　G32571　類叢部/類書類/專類之屬

詩韻類錦十二卷　（清）郭化霖編　清刻本　七冊　缺二卷（十一至十二）

330000－1703－0001043　G10787　經部/小學類/文字之屬/說文/專著

六書辨一卷　（清）徐紹楨撰　清光緒三十三年（1907）石印本　一冊

330000－1703－0001044　G32744　新學/學校

英字指南六卷　（清）楊勳輯譯　清光緒五年（1879）鉛印本　六冊

330000－1703－0001045　G10867　經部/小學類/音韻之屬/韻書

詩韻集成十卷　（清）余照輯　清刻本　一冊　存六卷（五至十）

330000－1703－0001046　G10866　經部/小學類/音韻之屬/韻書

詩韻集成十卷　（清）余照輯　清刻本　四冊

330000－1703－0001047　G10827　經部/小學類/文字之屬/字書/訓蒙

千字文釋義一卷　（清）汪嘯尹輯　（清）孫謙益注　清大文堂刻本　一冊

330000－1703－0001048　G10828　經部/小學類/文字之屬/字書/訓蒙

繪圖三千字文一卷　（清）補拙居士撰　（清）姜嶽注　清末石印本　一冊

330000－1703－0001049　G10829　經部/小學類/文字之屬/字書/通論

略識字一卷　清抄本　一冊

330000－1703－0001050　G10830　經部/小學類/文字之屬

字典考證不分卷　（清）王念孫　（清）王引之

撰　清石印本　一冊

330000 - 1703 - 0001051　G10831　經部/小學類/文字之屬/字書/字典

字林經策萃華八卷　（清）墨莊氏撰　清同治六年(1867)刻本　八冊

330000 - 1703 - 0001052　G10868　經部/小學類/音韻之屬/韻書

佩文廣韻匯編五卷　（清）李元祺輯　清同治十一年(1872)金陵書局刻本　二冊

330000 - 1703 - 0001053　G10832　經部/小學類

臨文便覽不分卷　（清）張仰山輯　清同治十三年(1874)刻本　一冊

330000 - 1703 - 0001054　G10833　經部/小學類/文字之屬/字書/訓蒙

養蒙針度五卷首一卷　（清）潘子聲撰　清刻本　一冊　存三卷(三至五)

330000 - 1703 - 0001055　G10869　經部/小學類/音韻之屬/韻書

虛字韻藪五卷　（清）潘維城輯　清道光二十八年(1848)襄陽縣署刻本　二冊

330000 - 1703 - 0001056　G10870　經部/小學類/音韻之屬/韻書

虛字韻藪五卷　（清）潘維城輯　清道光二十八年(1848)襄陽縣署刻本　二冊

330000 - 1703 - 0001057　G32570　類叢部/類書類/專類之屬

分類韻錦十二卷　（清）郭化霖編　清刻本　一冊　存一卷(十一)

330000 - 1703 - 0001058　G10871　經部/小學類/音韻之屬/韻書

韻辨附文五卷　（清）沈兆霖輯　清同治十二年(1873)東川書院刻本　五冊

330000 - 1703 - 0001059　G10872　經部/小學類/音韻之屬/古今韻說

古韻論三卷　（清）胡秉虔撰　清抄本　一冊　存一卷(一)

330000 - 1703 - 0001060　G10877　經部/小學類/音韻之屬/韻書

增註字類標韻六卷　（清）華綱撰　（清）范多玨重訂　清光緒二年(1876)鉛印本　一冊　存三卷(一至三)

330000 - 1703 - 0001061　G10873　經部/小學類/音韻之屬/韻書

韻彙五卷　（清）沈道寬編　清刻本　五冊

330000 - 1703 - 0001062　G10876　經部/小學類/音韻之屬/韻書

增註字類標韻六卷　（清）華綱撰　（清）范多玨重訂　清光緒三年(1877)浙寧簡香齋刻本　二冊

330000 - 1703 - 0001063　G10879　經部/小學類/音韻之屬/韻書

增註字類標韻六卷　（清）華綱撰　（清）范多玨重訂　清刻本　一冊

330000 - 1703 - 0001064　G10874　經部/小學類/音韻之屬/韻書

漁古軒詩韻五卷　（清）余照撰　（清）朱德蕃增訂　清刻本　四冊　存四卷(一至二、四至五)

330000 - 1703 - 0001065　G10878　經部/小學類/音韻之屬/韻書

增註字類標韻六卷　（清）華綱撰　（清）范多玨重訂　清刻本　一冊　存三卷(一至三)

330000 - 1703 - 0001066　G10640　經部/群經總義類/文字音義之屬

羣經字考四卷　（清）曾廷枚輯　清刻本　一冊　存二卷(三至四)

330000 - 1703 - 0001067　G10880　經部/小學類/音韻之屬/韻書

韻彙不分卷　（□）種花翁撰　清抄本　四冊

330000 - 1703 - 0001068　G10875　經部/小學類/音韻之屬/韻書

詩韻含英題解十卷　（清）甘蘭友輯　清刻本　四冊

330000－1703－0001069　G10834　經部/小學類/文字之屬/字書/通論

增訂臨文便覽不分卷　（清）怡雲仙館主人識　清光緒二年(1876)怡雲仙館刻本　四冊

330000－1703－0001071　G10882　經部/小學類/音韻之屬/韻書

韻法直圖一卷　（明）梅膺祚撰　**韻法橫圖一卷**　（明）李世澤撰　清刻本　一冊　存一卷（直圖）

330000－1703－0001073　G10881　經部/小學類/音韻之屬/韻書

音韻須知二卷　（清）李書雲撰　清康熙二十九年(1690)李氏孝經堂刻本　二冊

330000－1703－0001076　G10138　經部/詩類/傳說之屬

葩經韻編不分卷　（清）筆耕軒主人編　清光緒二年(1876)筆耕軒刻本　二冊

330000－1703－0001079　G11101　經部/叢編

倣宋相臺五經九十七卷附考證　（清）□□輯　清乾隆四十八年(1783)武英殿刻本　四十冊

330000－1703－0001080　G11102　經部/叢編

倣宋相臺五經九十七卷附考證　（清）□□輯　清同治三年(1864)南海鄺九我堂刻本　十二冊　存三種

330000－1703－0001081　G11186　經部/叢編

欽定篆文六經四書十種　（清）李光地等輯　清光緒九年(1883)上海同文書局石印本　十冊

330000－1703－0001084　G11127　經部/叢編

十三經古注二百九十卷　（明）葛鼒　（明）金蟠校　明崇禎十二年(1639)金蟠刻清同治八年(1869)浙江書局重修本　三十五冊　存七種

330000－1703－0001085　G11155　經部/叢編

萬充宗先生經學五書五種十九卷　（清）萬斯大撰　清乾隆二十四年至二十六年(1759－1761)辨志堂刻本　五冊

330000－1703－0001086　G11128　經部/叢編

十三經古注二百九十卷　（明）葛鼒　（明）金蟠校　明崇禎十二年(1639)金蟠刻清同治八年(1869)浙江書局重修本　三十八冊　存十二種

330000－1703－0001087　G10601　經部/群經總義類/傳說之屬

七經精義　（清）黃淦撰　清嘉慶十五年(1810)四友堂刻本　十四冊

330000－1703－0001088　G11208　經部/叢編

鄭氏佚書四種　（漢）鄭玄撰　（清）袁鈞輯　清光緒十年(1884)四明觀稼樓刻本　四冊

330000－1703－0001089　G11207　經部/叢編

鄭氏佚書二十三種　（漢）鄭玄撰　（清）袁鈞輯　清光緒十四年(1888)浙江書局刻本　十冊

330000－1703－0001090　G11206　經部/叢編

鄭氏佚書二十三種　（漢）鄭玄撰　（清）袁鈞輯　清光緒十四年(1888)浙江書局刻本　十冊

330000－1703－0001091　G10602　經部/群經總義類/傳說之屬

七經精義　（清）黃淦撰　清刻本　十四冊

330000－1703－0001092　G11116　經部/叢編

皇清經解續編二百九卷　王先謙輯　清光緒十五年(1889)上海蜚英館石印本　二十四冊

330000－1703－0001093　G32808　新學/史志/別國史

支那通史七卷　（日本）那珂通世編　清光緒二十五年(1899)上海東文學社石印本（卷五至七原缺）　五冊

330000－1703－0001094　G32809　新學/史志/別國史

支那通史七卷　（日本）那珂通世編　清光緒二十五年(1899)上海東文學社石印本（卷五至七原缺）　五冊

330000－1703－0001095　G20313　史部/紀事本末類/斷代之屬

聖武記十四卷　（清）魏源撰　清道光二十六年(1846)古微堂刻本　十二冊

330000－1703－0001096　G32810　史部/史抄類

續支那通史二卷　（日本）山峯畯藏撰　（清）中國漢陽青年編譯　清光緒石印本　六冊

330000－1703－0001097　G20314　史部/紀事本末類/斷代之屬

聖武記十四卷　（清）魏源撰　清道光二十六年(1846)古微堂刻本　十二冊

330000－1703－0001098　G32824　新學/史志/別國史

支那史要六卷　（日本）市村瓚次郎撰　（清）陳毅譯　清光緒二十八年(1902)上海廣智書局鉛印本　四冊

330000－1703－0001099　G20315　史部/紀事本末類/斷代之屬

聖武記十四卷　（清）魏源撰　清道光二十六年(1846)古微堂刻本　十冊　存十二卷(三至十四)

330000－1703－0001100　G32831　新學/史志/別國史

東洋史要二卷坿圖一卷　（日本）桑元隲藏撰　樊炳清譯　清光緒東文學社石印本　四冊　缺一卷(圖)

330000－1703－0001101　G32832　新學/史志/別國史

東洋史要二卷坿圖一卷　（日本）桑元隲藏撰

樊炳清譯　清光緒東文學社石印本　四冊　缺一卷(圖)

330000－1703－0001102　G20316　史部/紀事本末類/斷代之屬

聖武記十四卷　（清）魏源撰　清道光二十六年(1846)古微堂刻本　八冊

330000－1703－0001105　G20317　史部/紀事本末類/斷代之屬

聖武記十四卷　（清）魏源撰　清末和記書莊鉛印本　六冊

330000－1703－0001106　G32811　新學/史志/諸國史

萬國通鑑四卷　（美國）謝衛樓撰　（清）趙如光譯　清光緒八年(1882)刻本　六冊

330000－1703－0001107　G32812　新學/史志/諸國史

萬國史講義三卷　石光琦編　清鉛印本　三冊

330000－1703－0001108　G32813　新學/史志/諸國史

萬國史記二十卷　（日本）岡本監輔撰　清光緒二十三年(1897)上海六先書局鉛印本　八冊

330000－1703－0001109　G32814　新學/史志/諸國史

萬國史記二十卷　（日本）岡本監輔撰　清末石印本　四冊　存十四卷(七至二十)

330000－1703－0001110　G32815　新學/史志/諸國史

西洋史要四卷　（日本）小川銀次郎撰　（清）薩端等譯　清光緒二十七年(1901)上海金粟齋鉛印本　二冊

330000－1703－0001111　G32816　新學/史志/諸國史

西洋歷史四卷　（日本）木寺柳次郎編　（清）李國磐　（清）章師濂　（清）胡敘疇譯　清光緒二十八年(1902)鉛印本　二冊

330000－1703－0001112　G20318　史部/紀事本末類/斷代之屬

聖武記十四卷　（清）魏源撰　清光緒二十五年(1899)正記書局石印本　六冊

330000－1703－0001113　G20319　史部/紀事本末類/斷代之屬

聖武記十四卷　（清）魏源撰　清光緒二十五年(1899)正記書局石印本　六冊

330000－1703－0001114　G20320　史部/紀事本末類/斷代之屬

聖武記十四卷　（清）魏源撰　清光緒二十五年(1899)正記書局石印本　六冊

330000－1703－0001115　G32817　新學/史志/諸國史

泰西各國史畧四卷　清光緒二十三年(1897)石印本　二冊

330000－1703－0001116　G32818　新學/史志/諸國史

泰西各國史畧四卷　清光緒二十三年(1897)石印本　二冊

330000－1703－0001117　G32819　新學/史志/別國史

節本泰西新史揽要八卷　（英國）李提摩太譯　周慶雲節錄　清光緒二十七年(1901)周慶雲夢坡室刻本　二冊

330000－1703－0001118　G32820　新學/史志/別國史

節本泰西新史揽要八卷　（英國）李提摩太譯　周慶雲節錄　清光緒二十七年(1901)周慶雲夢坡室刻本　二冊

330000－1703－0001119　G32821　新學/史志/別國史

節本泰西新史揽要八卷　（英國）李提摩太譯　周慶雲節錄　清光緒二十七年(1901)周慶雲夢坡室刻本　二冊

330000－1703－0001120　G32822　新學/史志/別國史

節本泰西新史揽要八卷　（英國）李提摩太譯　周慶雲節錄　清光緒鉛印本　二冊

330000－1703－0001121　G32823　新學/史志/諸國史

泰西新史攬要二十四卷　（英國）馬懇西撰（英國）李提摩太釋　清光緒二十四年(1898)上海美華書館鉛印本　八冊

330000－1703－0001122　G32825　新學/史志/諸國史

萬國新史簡要三卷　（清）薛福成輯　清光緒二十三年(1897)石印本　三冊

330000－1703－0001123　G32826　新學/史志/諸國史

歐洲十九世紀史不分卷　（美國）軒利普格質頓撰　（清）麥鼎華譯　清光緒二十八年(1902)上海廣智書局鉛印本　一冊

330000－1703－0001124　G32827　新學/史志/別國史

英國文明史不分卷　（英國）勃克魯撰　（清）南洋公學譯　清光緒二十九年(1903)南洋公學譯書院鉛印本　五冊

330000－1703－0001125　G32828　新學/史志/別國史

重訂法國志略二十四卷　（清）王韜撰　清光緒十六年(1890)淞隱廬鉛印本　十冊

330000－1703－0001126　G32829　新學/史志/別國史

重訂法國志略二十四卷　（清）王韜撰　清光緒十六年(1890)淞隱廬鉛印本　十冊

330000－1703－0001127　G32830　新學/史志/別國史

重訂法國志略二十四卷　（清）王韜撰　清光緒十六年(1890)淞隱廬鉛印本　十冊

330000－1703－0001128　G20414　史部/政書類/邦交之屬

中西事務紀要二十四卷　（清）夏燮撰　清光緒二十三年(1897)上海書局石印本　六冊

330000－1703－0001129　G20413　史部/雜

史類/斷代之屬

中西紀事二十四卷 （清）夏燮撰 清光緒二十三年(1897)慎記書莊石印本 八冊

330000－1703－0001130 G32806 新學/史志/別國史

英興記二卷首一卷末一卷 （英國）鄧理槎（英國）慕理海撰 （美國）林樂知 （清）任廷旭譯 清光緒二十年(1894)上海圖書集成局鉛印本 二冊

330000－1703－0001132 G20427 史部/雜史類/通代之屬

世本四篇不分卷 （清）茆泮林輯 清抄本 一冊

330000－1703－0001133 G32804 新學/史志/戰記

普法戰紀二十卷 （清）張宗良口譯 （清）王韜撰輯 清光緒十二年(1886)弢園王氏木活字印本 十冊

330000－1703－0001134 G32805 新學/史志/戰記

普法戰紀二十卷 （清）張宗良口譯 （清）王韜撰輯 清光緒二十一年(1895)弢園王氏鉛印本 十冊

330000－1703－0001135 G21559 史部/政書類/邦計之屬/貿易

萬國通商史一卷 （英國）瑣米爾士撰 （日本）古城貞吉譯 清末南洋公學譯書院鉛印本 一冊

330000－1703－0001136 G21568 史部/政書類/邦交之屬

最近外交史一卷 （清）上海作新社編 清末抄本 一冊

330000－1703－0001137 G20389 史部/雜史類/通代之屬

路史四十五卷 （宋）羅泌撰 （宋）羅苹注 清同治五年(1866)五桂堂刻清光緒二年(1876)趙承恩紅杏山房補刻本 十六冊

330000－1703－0001138 G20356 史部/雜

史類/斷代之屬

國語二十一卷 （三國吳）韋昭注 **校刊明道本韋氏解國語札記一卷** （清）黃丕烈撰 **明道本考異四卷** （清）汪遠孫撰 清同治八年(1869)湖北崇文書局刻本 五冊

330000－1703－0001139 G20357 史部/雜史類/斷代之屬

國語二十一卷 （三國吳）韋昭注 **校刊明道本韋氏解國語札記一卷** （清）黃丕烈撰 **明道本考異四卷** （清）汪遠孫撰 清同治八年(1869)湖北崇文書局刻本 五冊

330000－1703－0001140 G20358 史部/雜史類/斷代之屬

國語二十一卷 （三國吳）韋昭注 **校刊明道本韋氏解國語札記一卷** （清）黃丕烈撰 **明道本考異四卷** （清）汪遠孫撰 清同治八年(1869)湖北崇文書局刻本 五冊

330000－1703－0001141 G20359 史部/雜史類/斷代之屬

國語二十一卷 （三國吳）韋昭注 **校刊明道本韋氏解國語札記一卷** （清）黃丕烈撰 **明道本考異四卷** （清）汪遠孫撰 清光緒二年(1876)成都尊經書院刻本 五冊

330000－1703－0001142 G20362 史部/雜史類/斷代之屬

國語二十一卷 （三國吳）韋昭注 **校刊明道本韋氏解國語札記一卷** （清）黃丕烈撰 **明道本考異四卷** （清）汪遠孫撰 清同治八年(1869)湖北崇文書局刻本 五冊

330000－1703－0001143 G20360 史部/雜史類/斷代之屬

國語二十一卷 （三國吳）韋昭注 **校刊明道本韋氏解國語札記一卷** （清）黃丕烈撰 **明道本考異四卷** （清）汪遠孫撰 清光緒三年(1877)永康胡氏退補齋刻本 四冊

330000－1703－0001144 G20361 史部/雜史類/斷代之屬

國語二十一卷 （三國吳）韋昭注 **校刊明道本韋氏解國語札記一卷** （清）黃丕烈撰 **明**

道本考異四卷　（清）汪遠孫撰　清光緒三年（1877）永康胡氏退補齋刻本　五冊

330000－1703－0001149　G20353　史部/雜史類/斷代之屬

重訂國語國策合註　清嘉慶十一年（1806）姑蘇書業堂刻本　十四冊

330000－1703－0001150　G20352　史部/雜史類/斷代之屬

重訂國語國策合註　清乾隆四十八年（1783）武林三餘堂刻本　十二冊

330000－1703－0001151　G20351　史部/雜史類/斷代之屬

重訂國語國策合註　清嘉慶十一年（1806）姑蘇書業堂刻本　十冊

330000－1703－0001152　G20355　史部/雜史類/斷代之屬

重訂國語國策合註　清乾隆四十八年（1783）武林三餘堂刻本　四冊　存二十一卷（國語一至二十一）

330000－1703－0001153　G20354　史部/雜史類/斷代之屬

重訂國語國策合註　清嘉慶十一年（1806）姑蘇書業堂刻本　八冊　存十卷（戰國策一至十）

330000－1703－0001154　G20369　史部/雜史類/斷代之屬

戰國策十卷　（宋）鮑彪校注　（元）吳師道補正　清刻本　六冊

330000－1703－0001155　G20368　史部/雜史類/斷代之屬

戰國策十卷　（宋）鮑彪校注　（元）吳師道補正　清刻本　八冊

330000－1703－0001156　G20378　史部/雜史類/斷代之屬

戰國策補註三十三卷　吳曾祺撰　清宣統元年（1909）上海商務印書館鉛印本　二冊

330000－1703－0001158　G20365　史部/雜

史類/斷代之屬

國語二十一卷　（三國吳）韋昭注　（宋）宋庠補音　清刻本　六冊

330000－1703－0001159　G20370　史部/雜史類/斷代之屬

戰國策三十三卷　（漢）高誘注　重刻剡川姚氏本戰國策札記三卷　（清）黃丕烈撰　清光緒二年（1876）成都尊經書院刻本　五冊

330000－1703－0001160　G20371　史部/雜史類/斷代之屬

戰國策三十三卷　（漢）高誘注　重刻剡川姚氏本戰國策札記三卷　（清）黃丕烈撰　清同治八年（1869）湖北崇文書局刻本　五冊

330000－1703－0001161　G20372　史部/雜史類/斷代之屬

戰國策三十三卷　（漢）高誘注　重刻剡川姚氏本戰國策札記三卷　（清）黃丕烈撰　清同治八年（1869）湖北崇文書局刻本　五冊

330000－1703－0001162　G20373　史部/雜史類/斷代之屬

戰國策三十三卷　（漢）高誘注　重刻剡川姚氏本戰國策札記三卷　（清）黃丕烈撰　清光緒三年（1877）永康胡氏退補齋刻本　五冊

330000－1703－0001163　G20374　史部/雜史類/斷代之屬

戰國策三十三卷　（漢）高誘注　重刻剡川姚氏本戰國策札記三卷　（清）黃丕烈撰　清同治八年（1869）湖北崇文書局刻本　五冊

330000－1703－0001166　G20405　史部/雜史類/斷代之屬

三河創業記五卷　范鑄撰　清光緒三十三年（1907）石印本　二冊

330000－1703－0001167　G22708　史部/叢編

襄陽四略　（清）吳慶燾撰　清光緒刻本　一冊　存一種

330000－1703－0001169　G20395　史部/雜史類/斷代之屬

明季北略二十四卷　（清）計六奇撰　清都城
琉璃廠半松居士刻本　十六冊

330000－1703－0001170　G20398　史部/雜
史類/斷代之屬

明季南略十八卷　（清）計六奇撰　清都城琉
璃廠半松居士刻本　十二冊

330000－1703－0001171　G20397　史部/雜
史類/斷代之屬

明季南略十八卷　（清）計六奇撰　清都城琉
璃廠半松居士刻本　十二冊

330000－1703－0001173　G20415　史部/雜
史類/斷代之屬

戰國策三十三卷　（漢）高誘注　重刻剡川姚
氏本戰國策札記三卷　（清）黃丕烈撰　清同
治八年（1869）湖北崇文書局刻本　一冊　存
三卷（札記一至三）

330000－1703－0001174　G32803　新學/史
志/別國史

東國寶鑒□□卷　清抄本　三冊　存三卷
（一、三、五）

330000－1703－0001177　G20407　史部/雜
史類/斷代之屬

所知錄六卷　（清）錢澄之撰　清抄本　四冊
存四卷（一至四）

330000－1703－0001178　G21602　史部/政
書類/通制之屬

熙朝紀政六卷　（清）王慶雲撰　清光緒二十
七年（1901）上海天章書局石印本　六冊

330000－1703－0001179　G20386　史部/雜
史類/斷代之屬

江上孤忠錄一卷　（清）趙曦明撰　清抄本
一冊

330000－1703－0001180　G22282　史部/地
理類/總志之屬

三省入藏程站記一卷　范鑄輯　清光緒三十
三年（1907）石印本　一冊

330000－1703－0001181　G21603　史部/政

書類/通制之屬

熙朝紀政六卷　（清）王慶雲撰　清光緒二十
七年（1901）上海天章書局石印本　二冊

330000－1703－0001182　G21604　史部/政
書類/通制之屬

熙朝紀政六卷　（清）王慶雲撰　清光緒二十
七年（1901）上海天章書局石印本　五冊　存
五卷（二至六）

330000－1703－0001183　G21565　史部/政
書類/邦交之屬

各國通商始末記二十卷　（清）王之春編　清
光緒二十一年（1895）寶善書局石印本　五冊
存十九卷（一至十九）

330000－1703－0001185　G22319　史部/雜
史類/外紀之屬

皇朝藩部要略十八卷世系表四卷　（清）祁韻
士撰　清光緒十年（1884）浙江書局刻本
八冊

330000－1703－0001186　G32295　子部/宗
教類/其他宗教之屬/基督教

教務紀略四卷首一卷末一卷　（清）李剛己輯
（清）魏家驊等修訂　清光緒刻本　一冊
存一卷（四）

330000－1703－0001187　G21605　史部/政
書類/通制之屬

熙朝政紀八卷　（清）王慶雲撰　清末鉛印本
三冊　缺二卷（一至二）

330000－1703－0001188　G21567　史部/政
書類/邦交之屬

增訂教案彙編六卷首一卷　（清）程宗裕撰
清光緒二十八年（1902）寔學書社鉛印本　二
冊　存三卷（首，一、六）

330000－1703－0001189　G21576　史部/政
書類/軍政之屬/邊政

海防史料不分卷　清抄本　一冊

330000－1703－0001190　G20396　史部/雜
史類/斷代之屬

明季北略二十四卷　（清）計六奇撰　清都城

琉璃廠半松居士刻本　十六冊

330000－1703－0001191　G31498　子部/雜
著類/雜說之屬

野獲編三十卷補遺四卷　（明）沈德符撰　清
道光七年(1827)錢塘姚祖恩扶荔山房刻本
十九冊　存三十三卷(二至三十、補遺一至
四)

330000－1703－0001192　G20412　史部/雜
史類/斷代之屬

夷氛聞記五卷　（清）梁廷枏撰　清刻本
五冊

330000－1703－0001193　G21566　史部/政
書類/邦交之屬

中俄交涉記四卷　（清）楊楷編　清光緒二十
二年(1896)積山書局石印本　三冊　存三卷
(一至三)

330000－1703－0001194　G20324　史部/紀
事本末類/斷代之屬

平定粵匪紀略十八卷附記四卷　（清）杜文瀾
撰　清光緒七年(1881)刻本　五冊　存十八
卷(一至九、十四至十八,附記一至四)

330000－1703－0001195　G20408　史部/雜
史類/斷代之屬

西巡大事本末記六卷　（清）花朝生撰　清光
緒二十七年(1901)上海書局石印本　二冊
存三卷(一至三)

330000－1703－0001197　G20401　史部/雜
史類/斷代之屬

逆黨禍蜀記一卷　（清）汪堃撰　清同治五年
(1866)不懼无悶齋刻本　一冊

330000－1703－0001199　G32748　新學/
報章

西國近事彙編三十六卷　（美國）金楷理口述
　（清）蔡錫齡筆述　清光緒二十三年(1897)
慎記書莊石印本　三冊　存六卷(甲戌一至
四、乙亥一至二)

330000－1703－0001200　G20425　史部/雜
史類/斷代之屬

李秀成供一卷　（太平天國）李秀成撰　清刻
本　一冊

330000－1703－0001201　G20417　史部/雜
史類/斷代之屬

李秀成供一卷　（太平天國）李秀成撰　清刻
本　一冊

330000－1703－0001202　G20418　史部/雜
史類/斷代之屬

李秀成供一卷　（太平天國）李秀成撰　清刻
本　一冊

330000－1703－0001203　G20419　史部/雜
史類/斷代之屬

李秀成供一卷　（太平天國）李秀成撰　清刻
本　一冊

330000－1703－0001204　G20420　史部/雜
史類/斷代之屬

李秀成供一卷　（太平天國）李秀成撰　清刻
本　一冊

330000－1703－0001205　G20421　史部/雜
史類/斷代之屬

李秀成供一卷　（太平天國）李秀成撰　清刻
本　一冊

330000－1703－0001206　G20422　史部/雜
史類/斷代之屬

李秀成供一卷　（太平天國）李秀成撰　清刻
本　一冊

330000－1703－0001207　G20423　史部/雜
史類/斷代之屬

李秀成供一卷　（太平天國）李秀成撰　清刻
本　一冊

330000－1703－0001208　G20424　史部/雜
史類/斷代之屬

李秀成供一卷　（太平天國）李秀成撰　清刻
本　一冊

330000－1703－0001211　G50266　類叢部/
叢書類/彙編之屬

古文七種附一種　（清）儲欣選評　清乾隆受

祉堂刻本　三冊　存一種

330000 – 1703 – 0001212　G50268　類叢部/
叢書類/彙編之屬

古文七種附一種　（清）儲欣選評　清乾隆受
祉堂刻本　二冊　存一種

330000 – 1703 – 0001213　G32746　新學/
報章

西國近事彙編□□卷　（美國）金楷理口譯
（清）姚棻　（清）蔡錫齡筆述　清同治至光緒
刻本暨鉛印本　十七冊　存十七卷（同治癸
酉一至四、同治甲戌一至四、光緒乙亥一至
四、光緒丙子一至四、光緒丁丑二）

330000 – 1703 – 0001214　G50267　類叢部/
叢書類/彙編之屬

古文七種附一種　（清）儲欣選評　清乾隆受
祉堂刻本　二冊　存一種

330000 – 1703 – 0001215　G32747　新學/
報章

西國近事彙編□□卷　（美國）金楷理口譯
（清）姚棻　（清）蔡錫齡筆述　清同治至光緒
上海機器製造局刻本暨鉛印本　十二冊　存
十二卷（同治癸酉一至四、同治甲戌一至四、
光緒丙子一至四）

330000 – 1703 – 0001216　G10374　經部/春
秋總義類/傳說之屬

麟經類訓不分卷　清抄本　二冊

330000 – 1703 – 0001217　G32785　新學/史
志/別國史

支那新史攬要六卷　（日本）增田貢撰　清光
緒二十七年（1901）上洋會文堂石印本　三冊
　缺一卷（六）

330000 – 1703 – 0001219　G22701　史部/
叢編

史學叢書四十三種　（清）□□輯　清光緒二
十八年（1902）上海文瀾書局石印本　二十冊
　存二十七種

330000 – 1703 – 0001220　G20388　史部/雜
史類/斷代之屬

經略洪承疇奏對筆記二卷　（清）洪承疇撰
清光緒十六年（1890）上海廣百宋齋鉛印本
一冊

330000 – 1703 – 0001221　G20387　史部/雜
史類/斷代之屬

經略洪承疇奏對筆記二卷　（清）洪承疇撰
清光緒十三年（1887）上海廣百宋齋鉛印本
一冊

330000 – 1703 – 0001222　G20385　史部/雜
史類/斷代之屬

嘉定屠城紀略一卷　（清）朱子素撰　**揚州十
日記一卷**　（清）王秀楚撰　**九江城守記一卷**
　（清）徐世溥撰　清末石印本　一冊

330000 – 1703 – 0001223　G21922　史部/地
理類/外紀之屬

日本國志四十卷首一卷　（清）黃遵憲輯　清
光緒二十四年（1898）上海圖書集成印書局鉛
印本　九冊　存三十八卷（三至四十）

330000 – 1703 – 0001224　G21921　史部/地
理類/外紀之屬

日本國志四十卷首一卷　（清）黃遵憲輯　清
光緒二十四年（1898）浙江書局刻本　十冊

330000 – 1703 – 0001225　G21925　史部/地
理類/外紀之屬

日本國志序一卷　（清）黃遵憲撰　清光緒二
十三年（1897）紹郡中西學堂刻本　一冊

330000 – 1703 – 0001226　G21924　史部/地
理類/外紀之屬

日本國志四十卷首一卷　（清）黃遵憲輯　清
光緒二十四年（1898）浙江書局刻本　三冊
存十一卷（三十至四十）

330000 – 1703 – 0001227　G21923　史部/地
理類/外紀之屬

日本國志四十卷首一卷　（清）黃遵憲輯　清
光緒二十四年（1898）上海圖書集成印書局鉛
印本　一冊　存三卷（三十八至四十）

330000 – 1703 – 0001228　G21926　史部/地
理類/外紀之屬

日本國志序一卷 （清）黃遵憲撰 清光緒二十三年(1897)紹郡中西學堂刻本 一冊

330000－1703－0001230 G32854 新學/地學/地志學

日本地理志一卷 （日本）中村五六撰 （日本）頓野廣太郎補 王國維譯 清光緒二十七年(1901)金粟齋鉛印本 一冊

330000－1703－0001231 G32855 新學/地學/地志學

日本地理志一卷 （日本）中村五六撰 （日本）頓野廣太郎補 王國維譯 清光緒二十七年(1901)金粟齋鉛印本 一冊

330000－1703－0001232 G50107 類叢部/叢書類/彙編之屬

十萬卷樓叢書五十一種 （清）陸心源編 清光緒歸安陸氏刻本 五十一冊 存二十七種

330000－1703－0001233 G21927 新學/史志/別國史

俄國新志八卷 （英國）陔勒低撰 （英國）傅蘭雅 （清）潘松譯 清光緒二十四年(1898)上海製造總局刻本 三冊

330000－1703－0001235 G21928 史部/地理類/外紀之屬

英法俄德四國志略不分卷 （清）沈敦和輯譯 清光緒二十三年(1897)上海祥記書局石印本 二冊

330000－1703－0001236 G50108 類叢部/叢書類/彙編之屬

十萬卷樓叢書五十一種 （清）陸心源編 清光緒歸安陸氏刻本 二十三冊 存十九種

330000－1703－0001237 G50109 類叢部/叢書類/彙編之屬

十萬卷樓叢書五十一種 （清）陸心源編 清光緒歸安陸氏刻本 三十五冊 存十一種

330000－1703－0001238 G32856 新學/史志/諸國史

天下五洲各大國志要一卷 （英國）李提摩太撰 （清）鑄鐵生述 清光緒二十三年(1897)

上海廣學會鉛印本 一冊

330000－1703－0001239 G21929 史部/地理類/外紀之屬

英法俄德四國志略不分卷 （清）沈敦和輯譯 清光緒二十二年(1896)上海圖書集成印書局鉛印本 一冊

330000－1703－0001240 G50110 類叢部/叢書類/彙編之屬

十萬卷樓叢書五十一種 （清）陸心源編 清光緒歸安陸氏刻本 二冊 存一種

330000－1703－0001241 G50111 類叢部/叢書類/彙編之屬

十萬卷樓叢書五十一種 （清）陸心源編 清光緒歸安陸氏刻本 二冊 存一種

330000－1703－0001242 G50865 類叢部/叢書類/彙編之屬

高安朱文端公校輯藏書(朱文端公藏書)十三種 （清）朱軾撰輯 清康熙至乾隆刻彙印本 八冊 存一種

330000－1703－0001243 G20830 類叢部/叢書類/彙編之屬

高安朱文端公校輯藏書(朱文端公藏書)十三種 （清）朱軾撰輯 清康熙至乾隆刻彙印本 四冊 存一種

330000－1703－0001244 G11163 經部/叢編

五經揭要 （清）許寶善編 清梁溪浦氏刻本 十冊 存四種

330000－1703－0001245 G11164 經部/叢編

五經揭要 （清）許寶善編 清惜陰軒刻本 一冊 存一種

330000－1703－0001246 G10025 經部/易類/傳說之屬

周易揭要三卷 （清）周蕙田撰 清刻本 二冊

330000－1703－0001247 G11162 經部/

叢編

五經揭要 （清）許寶善編　清刻本　九冊
存四種

330000－1703－0001248　G11200　經部/
叢編

御纂七經二百八十卷首十一卷序三卷 （清）
李光地等撰　清同治六年至九年（1867－
1870）浙江書局刻本　十二冊　存一種

330000－1703－0001249　G11201　經部/
叢編

御纂七經二百八十卷首十一卷序三卷 （清）
李光地等撰　清康熙至乾隆刻本　十二冊
存一種

330000－1703－0001250　G11192　經部/
叢編

御纂七經二百八十卷首十一卷序三卷 （清）
李光地等撰　清同治六年至九年（1867－
1870）浙江書局刻本　十七冊　存二種

330000－1703－0001251　G11194　經部/
叢編

御纂七經二百八十卷首十一卷序三卷 （清）
李光地等撰　清同治六年至九年（1867－
1870）浙江書局刻本　九十四冊　存二種

330000－1703－0001252　G11204　經部/
叢編

御纂七經二百八十卷首十一卷序三卷 （清）
李光地等撰　清康熙至乾隆刻本　三冊　存
一種

330000－1703－0001253　G11202　經部/
叢編

御纂七經二百八十卷首十一卷序三卷 （清）
李光地等撰　清康熙至乾隆刻本　四冊　存
一種

330000－1703－0001254　G11203　經部/
叢編

御纂七經二百八十卷首十一卷序三卷 （清）
李光地等撰　清康熙至乾隆內府刻本　二十
四冊　存一種

330000－1703－0001255　G11193　經部/
叢編

御纂七經二百八十卷首十一卷序三卷 （清）
李光地等撰　清康熙至乾隆刻本　三十冊
存二種

330000－1703－0001256　G11191　經部/
叢編

御纂七經二百八十卷首十一卷序三卷 （清）
李光地等撰　清光緒十四年（1888）上海鴻文
書局石印本　二十四冊

330000－1703－0001257　G11190　經部/
叢編

御纂七經二百八十卷首十一卷序三卷 （清）
李光地等撰　清光緒十七年（1891）上海鴻寶
齋石印本　二十四冊

330000－1703－0001258　G11199　經部/
叢編

御纂七經二百八十卷首十一卷序三卷 （清）
李光地等撰　清刻本　一冊　存一種

330000－1703－0001259　G11198　經部/
叢編

御纂七經二百八十卷首十一卷序三卷 （清）
李光地等撰　清刻本　十六冊　存一種

330000－1703－0001260　G11195　經部/
叢編

御纂七經二百八十卷首十一卷序三卷 （清）
李光地等撰　清光緒十四年（1888）江南書局
刻本　五十三冊　存三種

330000－1703－0001261　G11197　經部/
叢編

御纂七經二百八十卷首十一卷序三卷 （清）
李光地等撰　清康熙至乾隆刻本　九冊　存
一種

330000－1703－0001262　G50314　類叢部/
叢書類/彙編之屬

邵武徐氏叢書二十三種 （清）徐幹編　清光
緒邵武徐氏刻本　五冊　存三種

330000－1703－0001263　G11196　經部/

叢編

御纂七經二百八十卷首十一卷序三卷 （清）李光地等撰　清刻本　十六冊　存一種

330000－1703－0001264　G50315　類叢部/叢書類/彙編之屬

邵武徐氏叢書二十三種 （清）徐榦編　清光緒邵武徐氏刻本　二冊　存一種

330000－1703－0001265　G21930　史部/地理類/外紀之屬

英法義比志譯畧四卷 （清）薛福成輯　清石印本　一冊　存三卷(二至四)

330000－1703－0001267　G21909　史部/地理類/輿圖之屬/坤輿

海國圖志一百卷首一卷 （清）魏源撰　清光緒二十一年(1895)上海積山書局石印本　二冊　存六卷(首、一至五)

330000－1703－0001268　G32853　新學/地學/地志學

世界地理志不分卷 （日本）中村五六撰（日本）頓野廣太郎修訂　（日本）樋田保熙譯　清光緒二十八年(1902)金粟齋鉛印本　三冊

330000－1703－0001269　G21912　史部/地理類/外紀之屬

瀛環志略十卷 （清）徐繼畬撰　清同治十二年(1873)捵雲樓刻本　八冊

330000－1703－0001270　G21913　史部/地理類/外紀之屬

瀛環志略十卷 （清）徐繼畬撰　清同治十二年(1873)捵雲樓刻本　五冊　存九卷(一至二、四至十)

330000－1703－0001271　G21905　史部/地理類/輿圖之屬/坤輿

海國圖志一百卷首一卷 （清）魏源撰　**續集二十五卷首一卷** （英國）麥高爾撰　（美國）林樂知　（清）瞿昂來譯　清光緒二十八年(1902)文賢閣石印本　十六冊

330000－1703－0001272　G21911　史部/地

理類/外紀之屬

列國地說二卷 （美國）衛羅氏譯　（清）金向敷述　清光緒二十七年(1901)鉛印本　一冊　存一卷(二)

330000－1703－0001273　G21919　史部/地理類/外紀之屬

漢西域圖考七卷首一卷 （清）李光廷撰　清光緒十九年(1893)寶善書局石印本　七冊

330000－1703－0001274　G21906　史部/地理類/輿圖之屬/坤輿

海國圖志一百卷首一卷 （清）魏源撰　**續集二十五卷首一卷** （英國）麥高爾撰　（美國）林樂知　（清）瞿昂來譯　清光緒二十一年(1895)上海書局石印本　二冊　存十卷(首，一至三、二十四至二十九)

330000－1703－0001275　G32857　新學/游記

東南海島圖經十卷 （清）世增譯　張美翊述　清光緒二十六年(1900)上海石印本(卷七至十原缺)　三冊

330000－1703－0001276　G30521　子部/醫家類/方書之屬/歷代方書

雞峯普濟方三十卷 （宋）張銳撰　清道光八年(1828)長洲汪士鐘藝芸書舍刻本(卷二至三、六、八原缺)　五冊　存十六卷(十五至三十)

330000－1703－0001277　G21933　史部/地理類/外紀之屬

德意志國志略擬稿不分卷 （清）陳星庚撰　清光緒十七年(1891)稿本　陳善頤題記　一冊

330000－1703－0001278　G21932　史部/地理類/外紀之屬

海國公餘輯錄六卷雜著三卷 （清）張煜南輯　清光緒刻本　十冊

330000－1703－0001279　G31145　子部/醫家類/醫案之屬

問齋醫桉五卷 （清）蔣寶素撰　清道光三十

年(1850)鎮江蔣氏快志堂刻本　六冊

330000－1703－0001280　G21907　史部/地理類/輿圖之屬/坤輿

海國圖志一百卷首一卷　（清）魏源撰　清刻本　二冊　存五卷（三十七至四十一）

330000－1703－0001281　G21908　史部/地理類/輿圖之屬/坤輿

海國圖志一百卷首一卷　（清）魏源撰　清刻本　九冊　存四十一卷（十六至三十二、四十二至四十五、八十一至一百）

330000－1703－0001282　G40706　集部/別集類/清別集

藤香館啟蒙草一卷　（清）薛時雨撰　清同治七年(1868)梧竹山房刻本　一冊

330000－1703－0001283　G50786　類叢部/叢書類/自著之屬

抗希堂十六種　（清）方苞撰　清康熙至嘉慶桐城方氏抗希堂刻本　四冊　存一種

330000－1703－0001284　G31147　子部/醫家類/醫案之屬

吳門治驗錄四卷　（清）顧金壽撰　清光緒十二年(1886)揚州文富堂刻本　四冊

330000－1703－0001285　G50849　類叢部/叢書類/自著之屬

顨軒孔氏所著書七種　（清）孔廣森撰　清乾隆至嘉慶刻嘉慶二十二年(1817)曲阜孔氏儀鄭堂彙印本　四冊　存一種

330000－1703－0001286　G31144　子部/醫家類/醫案之屬

問齋醫按五卷　（清）蔣寶素撰　清道光三十年(1850)鎮江蔣氏快志堂刻本　六冊

330000－1703－0001287　G21910　史部/地理類/輿圖之屬/坤輿

海國圖志一百卷首一卷　（清）魏源撰　續集二十五卷首一卷　（英國）麥高爾撰　（美國）林樂知　（清）瞿昂來譯　清光緒二十一年(1895)上海書局石印本　二冊　存二十六卷（續集首、一至二十五）

330000－1703－0001288　G22215　史部/地理類/山川之屬/水志

湖山便覽十二卷　（清）翟灝等撰　清光緒元年(1875)杭州王維翰槐蔭堂刻本　六冊

330000－1703－0001289　G31146　子部/醫家類/醫案之屬

吳門治驗錄四卷　（清）顧金壽撰　清光緒十二年(1886)揚州文富堂刻本　二冊

330000－1703－0001290　G31148　子部/醫家類/醫案之屬

回春錄二卷　（清）王士雄撰　清道光二十三年(1843)刻本　一冊

330000－1703－0001291　G50106　類叢部/叢書類/彙編之屬

式訓堂叢書四十一種　（清）章壽康編　清光緒會稽章氏刻本　十二冊　存十二種

330000－1703－0001292　G41631　集部/總集類/課藝之屬

館律鴛鍼四卷　（清）蔣圻編次　清咸豐元年(1851)埽葉山房刻本　四冊

330000－1703－0001294　G22216　史部/地理類/山川之屬/水志

湖山便覽十二卷　（清）翟灝等撰　清光緒元年(1875)杭州王維翰槐蔭堂刻本　二冊　存四卷（三至六）

330000－1703－0001295　G21943　史部/地理類/方志之屬/郡縣志

[宣統]奉天備志五卷　吳廷燮等纂　清抄本　五冊

330000－1703－0001296　G22221　史部/地理類/山川之屬/水志

莫愁湖志六卷首一卷　（清）馬士圖撰　清光緒八年(1882)刻本　一冊　缺二卷（五至六）

330000－1703－0001297　G41635　集部/總集類/選集之屬/通代

憑山閣增輯留青新集三十卷　（清）陳枚選（清）陳德裕增輯　清道光十五年(1835)刻本　十六冊　存二十一卷（一、四、七至十二、十

六至二十一、二十四至三十）

330000－1703－0001298　G22219　史部/地
理類/方志之屬/郡縣志
[康熙]瀲水志林二十六卷　（清）張尚瑗纂修
　清同治木活字印本　八冊

330000－1703－0001299　G22220　史部/地
理類/山川之屬/水志
莫愁湖志六卷首一卷　（清）馬士圖撰　清光
緒八年(1882)刻本　一冊　缺二卷(五至六)

330000－1703－0001300　G50732　類叢部/
叢書類/自著之屬
洪北江全集二十一種　（清）洪亮吉撰　清光
緒九年(1883)紫藤花館刻本　五冊　存二種

330000－1703－0001301　G50733　類叢部/
叢書類/自著之屬
洪北江全集二十一種　（清）洪亮吉撰　清光
緒九年(1883)紫藤花館刻本　張美翊題記
六冊　存二種

330000－1703－0001302　G50734　類叢部/
叢書類/自著之屬
洪北江全集二十一種　（清）洪亮吉撰　清光
緒九年(1883)紫藤花館刻本　五冊　存二種

330000－1703－0001303　G50736　類叢部/
叢書類/自著之屬
洪北江全集二十一種　（清）洪亮吉撰　清光
緒九年(1883)紫藤花館刻本　四冊　存一種

330000－1703－0001304　G20837　史部/傳
記類/總傳之屬/郡邑
當湖外志八卷續八卷忠義紀畧一卷　（清）馬
承昭輯　清光緒元年(1875)刻本　一冊　存
五卷(續一至五)

330000－1703－0001305　G22217　史部/地
理類/山川之屬/水志
杜白二湖全書一卷　（清）王相能輯　清嘉慶
十年(1805)王相能刻本　一冊

330000－1703－0001307　G50730　類叢部/
叢書類/自著之屬

北江全集七種　（清）洪亮吉撰　清乾隆至嘉
慶刻彙印本　二十冊　存三種

330000－1703－0001309　G50731　類叢部/
叢書類/自著之屬
北江全集七種　（清）洪亮吉撰　清乾隆至嘉
慶刻彙印本　十八冊　存三種

330000－1703－0001312　G20735　史部/傳
記類/總傳之屬
冰玉恩榮錄一卷　（清）嚴辰輯　清光緒九年
(1883)刻本　一冊

330000－1703－0001313　G50671　類叢部/
叢書類/自著之屬
陸子全書十八種　（清）陸隴其撰　清光緒許
仁沐刻本　一冊　存一種

330000－1703－0001314　G50670　類叢部/
叢書類/自著之屬
陸子全書十八種　（清）陸隴其撰　清光緒許
仁沐刻本　四冊　存一種

330000－1703－0001315　G50669　類叢部/
叢書類/自著之屬
陸子全書十八種　（清）陸隴其撰　清光緒許
仁沐刻本　十四冊　存四種

330000－1703－0001316　G40734　集部/別
集類/清別集
增注知愧軒尺牘十六卷　（清）管斯駿撰
（清）姚印詮注　清末鉛印本　四冊

330000－1703－0001317　G41283　集部/總
集類/尺牘之屬
蘇東坡黃山谷尺牘合編　（清）黃始篆輯　清
光緒三十四年(1908)上海掃葉山房石印本
八冊

330000－1703－0001318　G50729　類叢部/
叢書類/自著之屬
北江全集七種　（清）洪亮吉撰　清乾隆至嘉
慶刻彙印本　二冊　存二種

330000－1703－0001319　G41285　集部/總
集類/尺牘之屬

蘇東坡尺牘八卷 （宋）蘇軾撰 黃山谷尺牘十卷 （宋）黃庭堅撰 清刻本 六冊 缺四卷（蘇東坡尺牘一至二、七至八）

330000－1703－0001320 G41284 集部/總集類/尺牘之屬

蘇東坡尺牘八卷 （宋）蘇軾撰 黃山谷尺牘十卷 （宋）黃庭堅撰 清宣統三年（1911）掃葉山房石印本 八冊

330000－1703－0001322 G22218 史部/地理類/山川之屬/水志

牟山湖志一卷 （清）劉福升撰 清光緒二十五年（1899）刻本 一冊

330000－1703－0001323 G50247 類叢部/叢書類/彙編之屬

長恩書室叢書十九種 （清）莊肇麟編 清咸豐四年（1854）新昌莊氏過客軒刻本 一冊 存二種

330000－1703－0001324 G30503 子部/醫家類/本草之屬

諸藥別名一卷附便藥性一卷 清抄本 陳頤壽跋 一冊

330000－1703－0001325 G30502 子部/醫家類/本草之屬

藥品類編一卷 清抄本 一冊

330000－1703－0001326 G30501 子部/醫家類/本草之屬/本草藥性

藥性論一卷 （清）黃承谷撰 清同治二年（1863）羊城學院前廣文堂刻本 一冊

330000－1703－0001327 G50696 類叢部/叢書類/自著之屬

焦氏遺書十種附一種 （清）焦循撰 清嘉慶至道光江都焦氏雕菰樓刻光緒二年（1876）衡陽魏氏補刻本 三十九冊 缺三卷（孟子正義二十八至三十）

330000－1703－0001328 G30500 子部/醫家類/本草之屬/食療本草

人葠譜四卷 （清）陸烜輯 清抄本 二冊

330000－1703－0001329 G50697 類叢部/叢書類/自著之屬

焦氏叢書九種附一種 （清）焦循撰 清嘉慶至道光江都焦氏雕菰樓刻本 十六冊 存六種附一種

330000－1703－0001330 G50536 類叢部/叢書類/郡邑之屬

紹興先正遺書十五種 （清）徐友蘭輯 清光緒十三年至十六年（1887－1890）會稽徐氏鑄學齋刻本 凌仁榆題記 三十二冊 存八種

330000－1703－0001331 G30515 子部/醫家類/方書之屬/單方驗方

類證普濟本事方十卷坊刻王氏本備錄一卷 （宋）許叔微撰 （清）葉桂釋義 清嘉慶十九年（1814）葉種刻姑蘇掃葉山房印本 四冊

330000－1703－0001332 G50695 類叢部/叢書類/自著之屬

焦氏遺書十種附一種 （清）焦循撰 清嘉慶至道光江都焦氏雕菰樓刻光緒二年（1876）衡陽魏氏補刻本 四十八冊

330000－1703－0001333 G50691 類叢部/叢書類/自著之屬

郝氏遺書三十三種 （清）郝懿行撰 清嘉慶至光緒刻彙印本 三冊 存二種

330000－1703－0001334 G50694 類叢部/叢書類/自著之屬

郝氏遺書三十三種 （清）郝懿行撰 清嘉慶至光緒刻彙印本 三冊 存一種

330000－1703－0001335 G50690 類叢部/叢書類/自著之屬

郝氏遺書三十三種 （清）郝懿行撰 清嘉慶至光緒刻彙印本 十一冊 存十一種

330000－1703－0001336 G21894 史部/地理類/總志之屬/斷代

輿地紀勝二百卷首一卷 （宋）王象之撰 清咸豐五年（1855）南海伍崇曜粵雅堂刻本（卷十三至十六、五十至五十四、一百三十三至一百四十四、一百六十八至一百七十三、一百九

十三至二百原缺） 二十二册

330000－1703－0001337 G22202 史部/地理類/山川之屬/水志

治河方畧十卷首一卷 （清）靳輔撰 清嘉慶四年(1799)靳文鈞安瀾堂刻本 八册

330000－1703－0001338 G21891 史部/地理類/總志之屬/斷代

皇朝輿地畧一卷 （清）六承如輯 皇朝輿地韻編一卷 （清）李兆洛撰 皇朝內府輿地圖縮摹本一卷 （清）六嚴繪 清道光二十一年(1841)辨志書塾刻本 二册

330000－1703－0001339 G21877 史部/地理類/總志之屬/斷代

乾隆府廳州縣圖志五十卷 （清）洪亮吉撰 清光緒二十三年(1897)新化三味書室刻本 二十四册

330000－1703－0001340 G21878 史部/地理類/總志之屬/斷代

乾隆府廳州縣圖志五十卷 （清）洪亮吉撰 清光緒二十三年(1897)新化三味書室刻本 三册 存八卷(三十九至四十六)

330000－1703－0001341 G21893 史部/地理類/總志之屬/斷代

輿地廣記三十八卷 （宋）歐陽忞撰 校勘札記二卷 （清）黃丕烈撰 清光緒六年(1880)金陵書局刻本 四册

330000－1703－0001342 G21892 史部/地理類/總志之屬/斷代

輿地廣記三十八卷 （宋）歐陽忞撰 校勘札記二卷 （清）黃丕烈撰 清光緒六年(1880)金陵書局刻本 四册

330000－1703－0001343 G50758 集部/別集類/清別集

大梅山館集五十五卷 （清）姚燮撰 清道光十三年至咸豐六年(1833－1856)大梅山館刻本 十一册 缺八卷(復莊駢儷文榷一至八)

330000－1703－0001344 G50756 集部/別集類/清別集

大梅山館集五十五卷 （清）姚燮撰 清道光十三年至咸豐六年(1833－1856)大梅山館刻本 八册 存一種

330000－1703－0001345 G21890 史部/地理類/總志之屬/通代

讀史方輿紀要序錄一卷 （清）顧祖禹撰 清光緒三十年(1904)上海書局石印本 一册

330000－1703－0001346 G50749 集部/別集類/清別集

大梅山館集五十五卷 （清）姚燮撰 清道光十三年至咸豐六年(1833－1856)大梅山館刻本 四册 存一種

330000－1703－0001347 G21889 史部/地理類/總志之屬/斷代

輿坌圖志不分卷 稿本 一册

330000－1703－0001348 G30414 子部/醫家類/醫經之屬/難經

靈樞經九卷 （清）張志聰撰 清光緒十六年(1890)浙江書局刻本 八册

330000－1703－0001349 G30499 子部/醫家類/本草之屬

本草綱目主治□□卷 清抄本 一册 存一卷(□□)

330000－1703－0001350 G30413 子部/醫家類/醫經之屬/內經

素問校勘記一卷補注皇帝內經素問校勘一卷 （清）馮一梅撰 稿本 一册

330000－1703－0001351 G50748 集部/別集類/清別集

大梅山館集五十五卷 （清）姚燮撰 清道光十三年至咸豐六年(1833－1856)大梅山館刻本 一册 存一種

330000－1703－0001352 G50751 集部/別集類/清別集

大梅山館集五十五卷 （清）姚燮撰 清道光十三年至咸豐六年(1833－1856)大梅山館刻本 胡際慶題記 一册 存一種

330000 – 1703 – 0001353　G21903　史部/地理類/外紀之屬

地理志略不分卷　(清)學部編書局編纂　清光緒三十四年(1908)武昌學部編譯書局刻本　二冊

330000 – 1703 – 0001354　G50752　集部/別集類/清別集

大梅山館集五十五卷　(清)姚燮撰　清道光十三年至咸豐六年(1833 – 1856)大梅山館刻本　四冊　存一種

330000 – 1703 – 0001355　G21902　史部/地理類

李氏五種　(清)李兆洛撰　清光緒二十四年(1898)上海掃葉山房石印本　錢罕題記　八冊

330000 – 1703 – 0001356　G50609　類叢部/叢書類/家集之屬

續溪胡氏叢書十種　(清)胡培系編　清同治十年至光緒二年(1871 – 1876)世澤樓刻本暨木活字印本　一冊　存一種

330000 – 1703 – 0001357　G50753　集部/別集類/清別集

大梅山館集五十五卷　(清)姚燮撰　清道光十三年至咸豐六年(1833 – 1856)大梅山館刻本　四冊　存一種

330000 – 1703 – 0001358　G21901　史部/地理類

李氏五種　(清)李兆洛撰　清光緒二十四年(1898)上海掃葉山房石印本　八冊

330000 – 1703 – 0001359　G50754　集部/別集類/清別集

大梅山館集五十五卷　(清)姚燮撰　清道光十三年至咸豐六年(1833 – 1856)大梅山館刻本　四冊　存一種

330000 – 1703 – 0001360　G30411　類叢部/叢書類/彙編之屬

宛鄰書屋叢書十三種　(清)張琦編　清道光十年至十二年(1830 – 1832)張氏宛鄰書屋刻

本　四冊　存一種

330000 – 1703 – 0001361　G50755　集部/別集類/清別集

大梅山館集五十五卷　(清)姚燮撰　清道光十三年至咸豐六年(1833 – 1856)大梅山館刻本　四冊　存一種

330000 – 1703 – 0001362　G50757　集部/別集類/清別集

大梅山館集五十五卷　(清)姚燮撰　清道光十三年至咸豐六年(1833 – 1856)大梅山館刻本　二冊　存一種

330000 – 1703 – 0001363　G30412　子部/醫家類/醫經之屬/内經

黃帝内經素問校義一卷　(清)胡澍撰　清光緒九年(1883)蛟川二仁堂刻本　一冊

330000 – 1703 – 0001364　G30409　子部/醫家類/醫經之屬/内經

黃帝内經素問九卷　(清)高世栻注　清三餘堂刻本　八冊

330000 – 1703 – 0001365　G50750　集部/別集類/清別集

大梅山館集五十五卷　(清)姚燮撰　清道光十三年至咸豐六年(1833 – 1856)大梅山館刻本　二冊　存一種

330000 – 1703 – 0001366　G30416　子部/醫家類/醫經之屬/内經

素問靈樞類纂約註三卷　(清)汪昂撰　清抄本　三冊

330000 – 1703 – 0001367　G30408　子部/醫家類/醫經之屬/内經

黃帝内經素問九卷　(清)高世栻注　清光緒十三年(1887)浙江書局刻本　八冊

330000 – 1703 – 0001368　G21899　史部/地理類

李氏五種　(清)李兆洛撰　清光緒上海蜚英館石印本　四冊　存二種

330000 – 1703 – 0001369　G30407　子部/醫

家類/醫經之屬/內經

黃帝內經素問九卷 （清）高世栻注 清光緒
十三年(1887)浙江書局刻本 八冊

330000－1703－0001370 G21898 史部/地
理類

李氏五種 （清）李兆洛撰 清同治九年至十
一年(1870－1872)合肥李鴻章刻本 七冊
存一種

330000－1703－0001371 G30410 子部/醫
家類/醫經之屬/內經

素問經註節解九卷 （清）姚止庵撰 清康熙
刻本 四冊 存四卷(一至四)

330000－1703－0001372 G21940 史部/地
理類/方志之屬/郡縣志

[乾隆]介休縣志十四卷 （清）王謀文纂修
清乾隆三十五年(1770)刻本 八冊

330000－1703－0001373 G21918 史部/地
理類/外紀之屬

萬國輿地韻編不分卷 （清）蛻學盦主人撰
清光緒二十九年(1903)崇實書局石印本
六冊

330000－1703－0001374 G21917 史部/地
理類/外紀之屬

續瀛環志略初編不分卷 （清）薛福成鑒定
(清)瞿昂來譯 清光緒二十八年(1902)無錫
傳經樓石印本 一冊 存四種

330000－1703－0001375 G21900 史部/地
理類/總志之屬/通代

歷代地理志韻編今釋二十卷 （清）李兆洛撰
清光緒上海蜚英館石印李氏五種本 錢罕
題記 三冊 存十八卷(一至十八)

330000－1703－0001376 G21916 史部/地
理類/外紀之屬

瀛環志略十卷 （清）徐繼畬撰 清光緒二十
年(1894)上海鴻寶齋石印本 張美翊題記
三冊 存七卷(一至七)

330000－1703－0001377 G21896 史部/地
理類/總志之屬/斷代

廣輿記二十四卷 （明）陸應陽輯 （清）蔡方
炳增輯 清大文堂刻本 十二冊

330000－1703－0001378 G21939 史部/地
理類/方志之屬/郡縣志

[同治]靈壽縣志十卷末一卷 （清）陸隴其修
（清）劉賡年續纂修 清同治十三年(1874)
刻本 六冊

330000－1703－0001379 G21897 史部/地
理類/總志之屬/斷代

廣輿記二十四卷 （明）陸應陽輯 （清）蔡方
炳增輯 清大文堂刻本 一冊 存二卷(八
至九)

330000－1703－0001380 G21915 史部/地
理類/外紀之屬

瀛環志略十卷 （清）徐繼畬撰 清光緒二十
一年(1895)上海寶文局石印本 四冊

330000－1703 0001381 G21914 史部/地
理類/外紀之屬

瀛環志略十卷 （清）徐繼畬撰 清光緒二十
四年(1898)上海美華局石印本 四冊

330000－1703－0001382 G21938 史部/地
理類/方志之屬/郡縣志

[嘉慶]灤州志八卷首一卷末一卷 （清）吳士
鴻修 （清）孫學恆纂 清嘉慶十五年(1810)
刻本 七冊 缺一卷(末)

330000－1703－0001383 G21895 史部/地
理類/總志之屬/斷代

輿地紀勝二百卷首一卷 （宋）王象之撰 清
咸豐五年(1855)南海伍崇曜粵雅堂刻本(卷
十三至十六、五十至五十四、一百三十三至一
百四十四、一百六十八至一百七十三、一百九
十三至二百原缺) 八冊 存七十七卷(二十
六至三十、四十五至四十九、六十三至六十
九、一百五至一百四十五、一百五十三至一百
五十八、一百八十七至一百九十九)

330000－1703－0001384 G21937 史部/地
理類/方志之屬/郡縣志

[乾隆]邯鄲縣志十二卷首一卷 （清）王炯纂

修　清乾隆二十一年（1756）刻本　五冊　缺
一卷（九）

330000－1703－0001385　G30406　子部/醫
家類/醫經之屬/内經

内經翼註十二卷圖翼一卷　（清）周長友撰
清道光六年（1826）種德堂刻本　十二冊

330000－1703－0001386　G21904　史部/地
理類/外紀之屬

職方外紀一卷　（意大利）艾儒畧撰　清抄本
一冊

330000－1703－0001387　G21813　史部/詔
令奏議類/奏議之屬

同治中興京外奏議約編八卷　（清）陳弢輯
清光緒元年（1875）篋劍囊琴之室刻本　八冊

330000－1703－0001388　G21812　史部/詔
令奏議類/奏議之屬

同治中興京外奏議約編八卷　（清）陳弢輯
清光緒元年（1875）篋劍囊琴之室刻本　八冊

330000－1703－0001389　G21804　史部/詔
令奏議類/奏議之屬

郭侍郎奏疏十二卷　（清）郭嵩燾撰　清光緒
十八年（1892）刻本　五冊　存五卷（六、八至
十一）

330000－1703－0001390　G21811　史部/詔
令奏議類/奏議之屬

彭剛直公奏稿八卷　（清）彭玉麟撰　（清）俞
樾輯　清末鉛印本　四冊

330000－1703－0001391　G21803　史部/詔
令奏議類/奏議之屬

聖朝名公奏議八卷　（清）陳弢輯　清光緒元
年（1875）石印本　六冊

330000－1703－0001393　G21809　史部/詔
令奏議類/奏議之屬

李肅毅伯奏議二十卷　（清）李鴻章撰　（清）
章洪鈞　（清）吳汝綸輯　清光緒二十五年
（1899）上海鴻文書局石印本　十六冊　缺四
卷（四、十八至二十）

330000－1703－0001394　G21810　史部/詔
令奏議類/奏議之屬

彭剛直公奏稿八卷　（清）彭玉麟撰　（清）俞
樾輯　清末鉛印本　四冊

330000－1703－0001395　G21805　史部/詔
令奏議類/奏議之屬

**左文襄公奏疏初編三十八卷續編七十六卷三
編六卷**　（清）左宗棠撰　清光緒十六年
（1890）上海圖書集成局鉛印本　二十冊

330000－1703－0001396　G21808　史部/詔
令奏議類/奏議之屬

李肅毅伯奏議二十卷　（清）李鴻章撰　（清）
章洪鈞　（清）吳汝綸編輯　清光緒二十五年
（1899）上海鴻文書局石印本　二十冊

330000－1703－0001397　G21951　史部/地
理類/雜志之屬

欽定滿洲源流考二十卷首一卷　（清）阿桂等
撰　清光緒十九年（1893）杭州便益書局石印
本　四冊

330000－1703－0001398　G21806　史部/詔
令奏議類/奏議之屬

**左文襄公奏疏初編三十八卷續編七十六卷三
編六卷**　（清）左宗棠撰　清光緒十六年
（1890）上海圖書集成局鉛印本　二十冊

330000－1703－0001399　G21807　史部/詔
令奏議類/奏議之屬

**左文襄公奏疏初編三十八卷續編七十六卷三
編六卷**　（清）左宗棠撰　清光緒二十八年
（1902）上海圖書集成局鉛印本　張美翊題記
二十冊

330000－1703－0001400　G21944　史部/地
理類/方志之屬/郡縣志

[康熙]寧海州志十卷　（清）楊引祚修
（清）王樞纂　清康熙十一年（1672）刻本　一
冊　存四卷（七至十）

330000－1703－0001402　G21814　史部/詔
令奏議類/奏議之屬

名臣奏對偶錄一卷　清抄本　一冊

330000－1703－0001403　G21948　史部/地理類/方志之屬/郡縣志

[嘉慶]長山縣志十六卷首一卷　(清)倪企望修　(清)鍾廷瑛　(清)徐果行纂　清嘉慶六年(1801)刻本　十册

330000－1703－0001404　G50813　類叢部/叢書類/自著之屬

庸庵全集十種　(清)薛福成撰　清光緒十年至二十四年(1884－1898)無錫薛氏刻本　二册　存一種

330000－1703－0001405　G21947　史部/地理類/方志之屬/郡縣志

[乾隆]淄川縣志八卷首一卷　(清)張鳴鐸修　(清)張廷寀等纂　清乾隆四十一年(1776)刻本　八册

330000－1703－0001406　G21942　史部/地理類/方志之屬/郡縣志

[乾隆]曲阜縣志一百卷　(清)潘相等纂修　清乾隆三十九年(1774)刻本　九册　存六十一卷(一至六十一)

330000－1703－0001407　G21941　史部/地理類/方志之屬/郡縣志

[道光]汾陽縣志十四卷首一卷　(清)周貽纓　(清)曹文錦修　(清)曹樹穀纂　清咸豐元年(1851)刻本　八册

330000－1703－0001408　G21952　史部/地理類/方志之屬/通志

[乾隆]盛京通志四十八卷首一卷　(清)宋筠等修　(清)魏樞等纂　清乾隆元年(1736)刻咸豐二年(1852)雷以諴校補印本　十七册　缺五卷(首,十三至十四、二十六至二十七)

330000－1703－0001409　G21950　史部/地理類/方志之屬/郡縣志

[乾隆]淮寧縣志十三卷首一卷　(清)吳溶　(清)馮奕宿修　(清)于大猷纂　清乾隆十九年(1754)刻本　一册　存二卷(一至二)

330000－1703－0001410　G21532　史部/職官類/官箴之屬

實政録七卷　(明)呂坤撰　清同治十一年(1872)浙江書局刻本　六册

330000－1703－0001411　G50816　類叢部/叢書類/自著之屬

庸庵全集十種　(清)薛福成撰　清光緒十年至二十四年(1884－1898)無錫薛氏刻本　二十二册　存八種

330000－1703－0001412　G21949　史部/地理類/方志之屬/郡縣志

[乾隆]彰德府志三十二卷首一卷　(清)盧崧修　(清)江大鍵　(清)程煥纂　清乾隆五十二年(1787)刻本　二十册

330000－1703－0001413　G40509　集部/别集類/清别集

庸盦海外文編四卷　(清)薛福成撰　清光緒二十二年(1896)石印本　二册

330000－1703－0001414　G31504　子部/小説家類/雜事之屬

庸盦筆記六卷　(清)薛福成撰　清光緒二十三年(1897)蕭山陳氏遺經樓刻本　六册

330000－1703－0001415　G50820　類叢部/叢書類/自著之屬

庸庵全集十種　(清)薛福成撰　清光緒十年至二十四年(1884－1898)無錫薛氏刻本　二册　存一種

330000－1703－0001416　G50818　類叢部/叢書類/自著之屬

庸庵全集十種　(清)薛福成撰　清光緒十年至二十四年(1884－1898)無錫薛氏刻本　張美翊題記　四册　存一種

330000－1703－0001417　G50819　類叢部/叢書類/自著之屬

庸庵全集十種　(清)薛福成撰　清光緒十年至二十四年(1884－1898)無錫薛氏刻本　四册　存一種

330000－1703－0001418　G50239　類叢部/叢書類/彙編之屬

半厂叢書初編十種　(清)譚獻編　清同治至

光緒仁和譚氏刻本　六冊　存二種

330000－1703－0001419　G50240　類叢部/叢書類/彙編之屬

半厂叢書初編十種　(清)譚獻編　清同治至光緒仁和譚氏刻本　張美翊題記　二冊　存一種

330000－1703－0001420　G50814　類叢部/叢書類/自著之屬

庸庵全集六種　(清)薛福成撰　清光緒二十三年(1897)上海醉六堂石印本　十二冊

330000－1703－0001421　G50817　類叢部/叢書類/自著之屬

庸庵全集十種　(清)薛福成撰　清光緒十年至二十四年(1884－1898)無錫薛氏刻本　二冊　存二種

330000－1703－0001422　G30419　子部/醫家類/類編之屬

壽芝醫畧三種　(清)王廷俊撰輯　清同治六年(1867)浙江翰墨齋刻本　三冊　存二種

330000－1703－0001424　G40508　集部/別集類/清別集

庸盦文別集六卷　(清)薛福成撰　(清)薛瑩中輯　清光緒二十九年(1903)石印本　五冊　存五卷(一、三至六)

330000－1703－0001425　G50815　類叢部/叢書類/自著之屬

庸庵全集六種　(清)薛福成撰　清光緒二十三年(1897)上海醉六堂石印本　三冊　存一種

330000－1703－0001426　G30448　子部/醫家類/類編之屬

圖註難經脈訣二種六卷　清光緒十七年(1891)金溪三讓堂刻本　四冊

330000－1703－0001427　G50790　類叢部/叢書類/自著之屬

林文忠公遺集四種　(清)林則徐撰　清光緒中三山林氏刻本　十冊　存一種

330000－1703－0001428　G30417　子部/醫家類/醫經之屬/内經

素問靈樞類纂約註三卷　(清)汪昂撰　清刻本　二冊　存二卷(二至三)

330000－1703－0001429　G30450　子部/醫家類/類編之屬

圖註難經脈訣二種六卷　清刻本　二冊　存一種

330000－1703－0001430　G30449　子部/醫家類/類編之屬

圖註難經脈訣二種六卷　清咸豐七年(1857)經綸堂刻本　四冊

330000－1703－0001431　G21960　史部/地理類/方志之屬/郡縣志

[康熙]松江府志五十四卷圖經一卷　(清)郭廷弼修　(清)周建鼎　(清)包爾賡纂　清康熙二年(1663)刻本　六冊　存十四卷(十至二十三)

330000－1703－0001432　G21531　史部/職官類/官箴之屬

牧令全書二十三卷　(清)丁日昌輯　清同治七年(1868)江蘇書局刻本　一冊　存一種

330000－1703－0001433　G30451　子部/醫家類/類編之屬

圖註難經脈訣二種六卷　清刻本　二冊　存一種

330000－1703－0001434　G21959　史部/地理類/方志之屬/郡縣志

[同治]蘇州府志一百五十卷首三卷　(清)李銘皖　(清)譚鈞培修　(清)馮桂芬纂　清光緒八年(1882)江蘇書局刻本　五冊　存七卷(首一至二,六十六至六十七、一百四十八至一百五十)

330000－1703－0001435　G21543　史部/職官類/官箴之屬

庸吏庸言一卷附庸吏餘談一卷　蜀僚問答二卷　(清)劉衡撰　清刻本　一冊　存一卷(一)

330000－1703－0001436　G21958　史部/地理類/方志之屬/郡縣志

[乾隆]環縣志十卷首一卷　（清）高觀鯉纂修　清乾隆十九年（1754）刻本　一冊　存五卷（六至十）

330000－1703－0001437　G21954　史部/地理類/方志之屬/郡縣志

[宣統]撫順縣志畧二十二卷　（清）趙宇航　（清）程廷恆修　（清）黎鏡蓉等纂　清宣統三年（1911）石印本　二冊

330000－1703－0001438　G21957　史部/地理類/方志之屬/郡縣志

[正德]武功縣志三卷首一卷　（明）康海纂　（清）孫景烈評註　清乾隆二十六年（1761）長白瑪星阿刻本　一冊

330000－1703－0001439　G50821　類叢部/叢書類/自著之屬

庸庵全集十種　（清）薛福成撰　清光緒十年至二十四年（1884－1898）無錫薛氏刻本　三冊　存一種

330000－1703－0001440　G21961　史部/地理類/方志之屬/郡縣志

[光緒]松江府續志四十卷首一卷圖一卷　（清）博潤修　（清）姚光發等纂　清光緒十年（1884）刻本　二十四冊

330000－1703－0001442　G21956　史部/地理類/方志之屬/郡縣志

[道光]留壩廳志十卷足徵錄四卷　（清）賀仲瑊修　（清）蔣湘南纂　清道光二十二年（1842）漢中友義齋刻本　四冊

330000－1703－0001443　G50823　類叢部/叢書類/自著之屬

庸庵全集十種　（清）薛福成撰　清光緒十年至二十四年（1884－1898）無錫薛氏刻本　四冊　存一種

330000－1703－0001444　G50822　類叢部/叢書類/自著之屬

庸庵全集十種　（清）薛福成撰　清光緒十年至二十四年（1884－1898）無錫薛氏刻本　二冊　存一種

330000－1703－0001445　G22711　史部/職官類/官箴之屬

牧令全書二十三卷　（清）丁日昌輯　清同治七年（1868）江蘇書局刻本　十二冊　存三種

330000－1703－0001446　G30418　子部/醫家類/醫經之屬/内經

類經三十二卷　（明）張介賓類注　類經圖翼十一卷附翼四卷　（明）張介賓撰　明天啓四年（1624）會稽張介賓刻本　十六冊　缺十三卷（類經一至二、二十二至二十六、二十九至三十，附翼一至四）

330000－1703－0001447　G30424　子部/醫家類/醫經之屬/内經

醫經原旨六卷　（清）薛雪撰　清乾隆十九年（1754）薛氏掃葉莊刻本　四冊

330000－1703－0001448　G30427　子部/醫家類/醫話醫論之屬

研經言四卷　（清）莫文泉撰　清光緒五年（1879）月河莫氏刻本　二冊

330000－1703－0001449　G30425　子部/醫家類/醫經之屬/内經

醫經原旨六卷　（清）薛雪撰　清乾隆十九年（1754）薛氏掃葉莊刻本　六冊

330000－1703－0001450　G30426　子部/醫家類/醫經之屬/内經

醫經原旨六卷　（清）薛雪撰　清寧郡簡香齋刻本　六冊

330000－1703－0001451　G30420　子部/醫家類/類編之屬

校正圖註難經脉訣　清石印本　二冊

330000－1703－0001453　G30421　子部/醫家類/醫經之屬/難經

越人難經真本說約四卷末一卷　（晉）王叔和原輯　（清）沈德祖条說　清乾隆四年（1739）亦政堂刻本　二冊

330000－1703－0001456　G30452　子部/醫家類/類編之屬

圖註脈訣難經二種附三種　清刻本　五冊

330000－1703－0001457　G50709　類叢部/叢書類/自著之屬

陳餘山所著書七種　（清）陳僅撰　清道光二十年至二十九年(1840－1849)刻彙印本　六冊　存六種

330000－1703－0001458　G30120　子部/儒家類/儒學之屬/禮教

五種遺規摘鈔　（清）陳弘謀輯並撰　（清）劉肇紳摘抄　清同治七年(1868)楚北崇文書局刻本　張美翊題記　五冊　存三種

330000－1703－0001459　G30126　子部/儒家類/儒學之屬/經濟

袁易齋先生圖民錄四卷　（清）袁守定撰　清同治十二年(1873)湘鄉楊昌濬刻本　二冊

330000－1703－0001460　G21540　史部/政書類/公牘檔冊之屬

金雞談薈十四卷首一卷　（清）歐陽利見輯　清光緒十五年(1889)四明節署鉛印本　八冊

330000－1703－0001461　G22277　史部/地理類/水利之屬

南河成案五十四卷首二卷續編一百六卷首一卷目錄二卷再續編三十八卷首一卷　清道光刻本　十二冊　存十二卷(續編十至十九、三十六至三十七)

330000－1703－0001462　G21963　史部/地理類/方志之屬/郡縣志

[光緒]重修奉賢縣志二十卷首一卷末一卷　（清）韓佩金修　（清）張文虎等纂　清光緒四年(1878)刻本　六冊

330000－1703－0001463　G21537　史部/詔令奏議類/奏議之屬

撫豫宣化錄四卷　（清）田文鏡撰　清道光十一年(1831)點易山房刻本　四冊　存三卷(一至三)

330000－1703－0001464　G21539　史部/職官類/官箴之屬

裕靖節公州縣當務二十四條不分卷　（清）裕謙撰　清同治六年(1867)蔣煥抄本　一冊

330000－1703－0001465　G21534　史部/政書類/公牘檔冊之屬

天台治畧十卷　（清）戴兆佳撰　清嘉慶九年(1804)陽羨潘春暉等木活字印本　六冊

330000－1703－0001466　G21538　史部/政書類/邦計之屬

治鄞政畧一卷靜庵詩畧一卷　（清）楊懿撰　清木活字印本　一冊

330000－1703－0001467　G21542　史部/政書類/邦交之屬

吳門從政錄一卷　陳光淞撰　清宣統三年(1911)江寧印刷廠鉛印本　一冊

330000－1703－0001468　G30117　子部/儒家類/儒學之屬/禮教

五種遺規　（清）陳弘謀輯並撰　清光緒二十年至二十六年(1894－1900)刻本　十二冊

330000－1703－0001469　G21541　史部/政書類/公牘檔冊之屬

撫吳公牘五十卷　（清）丁日昌撰　（清）沈葆楨評選　清光緒三年(1877)鉛印本　張美翊題記　五冊　存三十八卷(一至五、十八至五十)

330000－1703－0001470　G21962　史部/地理類/方志之屬/郡縣志

同治上海縣志三十二卷首一卷末一卷　（清）應寶時等修　（清）俞樾　（清）方宗誠纂　清同治十年(1871)吳門臬署刻本　十六冊

330000－1703－0001471　G21535　史部/職官類/官箴之屬

福惠全書三十二卷　（清）黃六鴻撰　清刻本　十二冊

330000－1703－0001472　G30118　子部/儒家類/儒學之屬/禮教

五種遺規　（清）陳弘謀輯並撰　清光緒十九年(1893)上海洋布公所振華堂刻本　十八冊

330000－1703－0001473　G30119　子部/儒家類/儒學之屬/禮教

五種遺規 （清）陳弘謀輯並撰　清光緒二十年至二十六年(1894－1900)刻本　七冊　存四種

330000－1703－0001474　G21429　史部/政書類

九通序九卷　清光緒二十八年(1902)景幡山房鉛印本　三冊

330000－1703－0001476　G21485　史部/政書類/邦計之屬

中國度支考一卷　（英國）哲美森編　清光緒二十三年(1897)上海廣學會鉛印本　一冊

330000－1703－0001477　G21487　史部/政書類/邦交之屬

金輅籌筆四卷附改定俄國約章疏一卷改訂陸路通商章程一卷和約　卷卡倫單一卷　清光緒十三年(1887)刻本　四冊　存四卷(金輅籌筆一至四)

330000－1703－0001478　G21964　史部/地理類/方志之屬/郡縣志

[光緒]重修華亭縣志二十四卷首一卷末一卷　（清）楊開第修　（清）姚光發等纂　清光緒五年(1879)刻本　十八冊

330000－1703－0001479　G21965　史部/地理類/方志之屬/郡縣志

[光緒]青浦縣志三十卷首二卷末一卷　（清）汪祖綏等修　（清）熊其英　（清）邱式金纂　清光緒五年(1879)尊經閣刻本　十二冊

330000－1703－0001480　G21430　史部/政書類/通制之屬

新刊校正策海十六卷　（宋）馬端臨撰　（明）王洪州續　清光緒五年(1879)刻本　八冊

330000－1703－0001481　G21431　史部/政書類/通制之屬

新刊校正策海十六卷　（宋）馬端臨撰　（明）王洪州續　清光緒五年(1879)刻本　六冊　存十卷(七至十六)

330000－1703－0001482　G21484　史部/政書類/邦計之屬

商辦全浙鐵路有限公司第三屆帳畧不分卷　（清）商辦全浙鐵路有限公司編　清宣統元年(1909)鉛印本　一冊

330000－1703－0001483　G21483　史部/政書類/邦計之屬

商辦全浙鐵路有限公司第三屆帳畧不分卷　（清）商辦全浙鐵路有限公司編　清宣統元年(1909)鉛印本　一冊

330000－1703－0001484　G32767　新學/工藝/工學/塘工河工路工

西比利亞鐵路考一卷　（美國）勒芬遍撰　（清）徐兆熊　（清）王建極　（清）朱煌譯　清光緒二十八年(1902)南洋公學鉛印本　一冊

330000－1703－0001485　G21489　史部/政書類/律令之屬/刑制

刑案匯覽六十卷首一卷末一卷拾遺備考一卷續增十六卷　（清）祝慶祺輯　新增刑案匯覽十六卷首一卷　（清）潘文舫輯　清光緒十五年(1889)上海鴻文書局石印本　十九冊　缺七卷(新增刑案匯覽一至七)

330000－1703－0001486　G32766　新學/工藝/工學/塘工河工路工

各國鐵路圖考四卷　（清）劉啟彤譯　清光緒二十四年(1898)上海書局石印本　七冊

330000－1703－0001487　G32836　史部/政書類/律令之屬/律例

憲法古義三卷　湯壽潛撰　清光緒三十一年(1905)鉛印本　一冊

330000－1703－0001488　G21556　史部/政書類/邦計之屬

鎮陽書院公欵收支章程一卷　（清）水嘉穀撰　清光緒十四年(1888)稿本　一冊

330000－1703－0001489　G32837　新學/交涉/公法

國際公法不分卷　（日本）平岡定太郎撰

（清）薛瑩中校　清光緒傳經樓刻本　一冊

330000－1703－0001490　G21554　史部/政
書類/邦計之屬/賦稅
增修籌餉事例條款不分卷籌餉事例一卷增修
現行常例一卷　清同治刻本　四冊

330000－1703－0001491　G21491　史部/政
書類/邦計之屬
財政叢書二十一種　（清）昌言報館輯　清光
緒二十九年（1903）上海會文學社石印本　十
二冊

330000－1703－0001492　G21967　史部/地
理類/方志之屬/郡縣志
光緒南滙縣志二十二卷首一卷末一卷　（清）
金福曾　（清）顧思賢修　（清）張文虎等纂
清光緒五年（1879）刻本　十二冊

330000－1703－0001493　G21966　史部/地
理類/方志之屬/郡縣志
光緒南滙縣志二十二卷首一卷末一卷　（清）
金福曾　（清）顧思賢修　（清）張文虎等纂
清光緒五年（1879）刻本　十二冊

330000－1703－0001494　G21968　史部/地
理類/方志之屬/郡縣志
光緒武進陽湖縣志三十卷首一卷　（清）王其
淦　吳康壽修　（清）湯成烈等纂　清光緒五
年（1879）刻三十二年（1906）重印本　十八冊
存二十九卷（首，一至二十三、二十六至三
十）

330000－1703－0001495　G21494　史部/政
書類/邦計之屬
奏定釐訂各種銀行則例摺一卷　清末鉛印本
一冊

330000－1703－0001496　G21969　史部/地
理類/方志之屬/郡縣志
[嘉慶]重修揚州府志七十二卷首一卷　（清）
阿克當阿修　（清）姚文田　（清）江藩等纂
清嘉慶十五年（1810）刻本　四十冊

330000－1703－0001497　G21492　史部/政
書類/邦交之屬

光緒朝與各國立約不分卷　（清）吳葆誠編
清宣統二年（1910）鉛印本　二冊

330000－1703－0001498　G21555　史部/政
書類/邦計之屬/賦稅
增修籌餉事例條款不分卷籌餉事例一卷增修
現行常例一卷　清同治刻本　四冊

330000－1703－0001499　G21493　史部/政
書類/公牘檔冊之屬
龍津學堂章程一卷　清末鉛印本　一冊

330000－1703－0001500　G30112　子部/儒
家類/儒學之屬/禮教
聖諭十六條附律易解一卷　（清）聖祖玄燁撰
（清）夏炘繹　清浙江書局刻本　一冊

330000－1703－0001501　G21495　史部/政
書類/儀制之屬/典禮
春秋丁戊祭規一卷　清抄本　一冊

330000－1703－0001502　G21971　史部/地
理類/方志之屬/郡縣志
[同治]續纂揚州府志二十四卷　（清）方濬頤
修　（清）晏端書　（清）錢振倫等纂　清同治
十三年（1874）刻本　八冊

330000－1703－0001503　G21972　史部/地
理類/方志之屬/郡縣志
[同治]續纂揚州府志二十四卷　（清）方濬頤
修　（清）晏端書　（清）錢振倫等纂　清同治
十三年（1874）刻本　八冊

330000－1703－0001505　G21970　史部/地
理類/方志之屬/郡縣志
[嘉慶]重修揚州府志七十二卷首一卷　（清）
阿克當阿修　（清）姚文田　（清）江藩等纂
清嘉慶十五年（1810）刻本　三十二冊

330000－1703－0001506　G21980　史部/地
理類/方志之屬/郡縣志
[光緒]泗虹合志十九卷　（清）方瑞蘭修
(清)江殿颺　（清）許湘甲纂　清光緒十四年
（1888）刻本　八冊

330000－1703－0001507　G21974　史部/地

理類/方志之屬/郡縣志

[嘉慶]溧陽縣志十六卷 （清）李景嶧
(清)陳鴻壽修 （清)史炳等纂 清嘉慶十八
年(1813)刻本 六冊

330000－1703－0001508 G21979 史部/地
理類/方志之屬/郡縣志

[乾隆]太湖縣志二十卷首一卷末一卷 （清）
吳易峯修 （清)徐日明纂 清乾隆二十六年
(1761)刻本 二冊 存八卷(首、一至七)

330000－1703－0001509 G21490 史部/政
書類/邦計之屬/貿易

光緒十九年通商各關華洋貿易總冊不分卷
(清)上海通商海關造冊處譯 清光緒二十年
(1894)鉛印本 一冊

330000－1703－0001510 G21975 史部/地
理類/方志之屬/郡縣志

[嘉慶]溧陽縣志十六卷 （清）李景嶧
(清)陳鴻壽修 （清)史炳等纂 清抄本 九
冊 缺一卷(十四)

330000－1703－0001511 G21977 史部/地
理類/方志之屬/通志

[道光]皖省志略四卷 （清)朱雲錦纂 清道
光元年(1821)金閶傳書齋毛上珍刻本 四冊

330000－1703－0001513 G21988 史部/地
理類/方志之屬/通志

浙志便覽七卷 （清)李應珏撰 清光緒十七
年(1891)杭城吏隱齋刻本 四冊

330000－1703－0001514 G21987 史部/地
理類

浙江通志水利海防十四卷 （清)李衛 （清)
沈翼機等纂修 清光緒五年(1879)墨潤堂刻
本 五冊 缺一卷(十四)

330000－1703－0001517 G21981 史部/地
理類/方志之屬/通志

[康熙]浙江通志五十卷首一卷 （清)王國安
等修 （清)黃宗羲等纂 清康熙二十三年
(1684)刻本 五冊 存九卷(一、十八至二十
五)

330000－1703－0001519 G30435 子部/醫
家類/醫理之屬/病源病機

重刊巢氏諸病源候總論五十卷 （隋)巢元方
撰 清光緒元年(1875)湖北崇文書局刻本
八冊

330000－1703－0001520 G30434 子部/醫
家類/外科之屬/通論

全體通考十八卷 （英國)德貞子固撰 清光
緒同文館鉛印本 十一冊 缺二卷(一至二)

330000－1703－0001521 G30436 子部/醫
家類/醫理之屬/病源病機

重刊巢氏諸病源候總論五十卷 （隋)巢元方
撰 清光緒元年(1875)湖北崇文書局刻民國
元年(1912)鄂官書處重印本 八冊

330000－1703－0001523 G30430 子部/醫
家類/醫理之屬/綜合

醫林改錯一卷 （清)王清任撰 清光緒二十
六年(1900)刻本 一冊

330000－1703－0001528 G30458 子部/醫
家類/診法之屬/脈經脈訣

四診抉微八卷附管窺附餘一卷 （清）林之翰
撰 清近文堂刻本 五冊

330000－1703－0001529 G30432 子部/醫
家類/類編之屬

博物知本三種 （清)尤乘編 清松蔭居抄本
二冊 存二種

330000－1703－0001531 G30457 子部/醫
家類/診法之屬/脈經脈訣

診脈法不分卷 （清)呂獻采輯 稿本 一冊

330000－1703－0001532 G40328 集部/別
集類/清別集

海峯先生文十卷詩六卷 （清)劉大櫆撰 清
末時還書屋木活字印本 八冊

330000－1703－0001533 G30438 子部/醫
家類/醫理之屬/病源病機

巢氏諸病源候總論五十卷 （隋)巢元方撰
清刻本 一冊 存六卷(二十七至三十二)

330000 – 1703 – 0001535　G30454　子部/醫
家類/診法之屬/脈經脈訣

辨脈法不分卷　（清）繆遵義纂述　清抄本
二冊

330000 – 1703 – 0001536　G31495　集部/別
集類/清別集

覺顛冥齋內言四卷　（清）唐才常撰　清光緒
二十四年(1898)長沙刻本　四冊

330000 – 1703 – 0001537　G30453　子部/醫
家類/診法之屬/脈經脈訣

脉訣彙辨十卷　（清）李延是撰　清康熙五年
(1666)李氏刻本　四冊

330000 – 1703 – 0001538　G40559　集部/別
集類/清別集

報暉堂集三十卷首一卷末一卷　（清）黃維申
撰　清光緒十八年(1892)刻本　六冊

330000 – 1703 – 0001539　G40330　集部/別
集類/清別集

海峰文集八卷詩集十一卷　（清）劉大櫆撰
清同治十三年(1874)劉繼邢邱刻本　七冊
缺六卷(詩集六至十一)

330000 – 1703 – 0001540　G40389　集部/別
集類/清別集

嶺南集八卷　（清）杭世駿撰　清光緒七年
(1881)學海堂刻本　二冊

330000 – 1703 – 0001541　G40326　集部/別
集類/清別集

石筍山房文集六卷詩集四卷　（清）胡天游撰
清嘉慶三年(1798)浦陽戴殿海刻本　四冊

330000 – 1703 – 0001542　G40327　集部/別
集類/清別集

嶺南集七卷　（清）程含章撰　清道光刻本
五冊

330000 – 1703 – 0001543　G40329　集部/別
集類/清別集

海峰先生文十卷詩六卷　（清）劉大櫆撰
（清）徐宗亮重編　清同治十三年(1874)刻本
六冊

330000 – 1703 – 0001544　G40710　集部/別
集類/清別集

道古堂文集四十八卷詩集二十六卷　（清）杭
世駿撰　清乾隆四十年至四十一年(1775 –
1776)刻本　五冊　存二十一卷(詩集一至二
十一)

330000 – 1703 – 0001545　G22109　史部/地
理類/方志之屬/郡縣志

[康熙]西安縣志十二卷首一卷　（清）陳鵬年
修　（清）徐之凱等纂　清康熙三十八年
(1699)刻本　一冊　存二卷(首、一)

330000 – 1703 – 0001546　G40560　集部/別
集類/清別集

小鉛山館課餘吟草不分卷　（清）劉淇撰　清
光緒石印本　一冊

330000 – 1703 – 0001547　G30469　子部/醫
家類/本草之屬/本草藥性

珍珠囊指掌補遺藥性賦四卷　（金）李杲輯
雷公炮製藥性解六卷　（明）李中梓輯　清光
緒五年(1879)上洋紫文閣刻本　四冊

330000 – 1703 – 0001548　G30468　子部/醫
家類/本草之屬/本草藥性

珍珠囊指掌補遺藥性賦四卷　（金）李杲輯
雷公炮製藥性解六卷　（明）李中梓輯　清羣
玉山房刻本　四冊

330000 – 1703 – 0001549　G30467　子部/醫
家類/類編之屬

明醫指掌藥性賦藥性解合刻　（明）王肯堂編
明天啓二年(1622)汪復初刻本　八冊　存
二種

330000 – 1703 – 0001550　G22006　史部/地
理類/方志之屬/郡縣志

[嘉慶]餘杭縣志四十卷　（清）張吉安修
（清）朱文藻纂　（清）崔應榴　（清）董作棟
續纂　清光緒六年(1880)王崧辰木活字印本
十二冊

330000 – 1703 – 0001551　G30460　子部/醫
家類/診法之屬/其他診法

診病奇侅二卷　（日本）丹波元堅撰　（日本）松井操譯　**五雲子腹診法一卷**　（日本）森養春院法印傳　（日本）雲統筆記　（日本）丹波元堅附載　（日本）松井操譯　清光緒十四年(1888)四明王仁乾日本鉛印本　二冊

330000－1703－0001553　G40331　集部/別集類/清別集

寶綸堂外集十二卷　（清）齊召南撰　（清）齊毓川輯　清宣統三年(1911)上海掃葉山房石印本　二冊

330000－1703－0001554　G22007　史部/地理類/方志之屬/郡縣志

[康熙]重修富陽縣志十卷　（清）錢晉錫纂修　清康熙二十二年(1683)刻本　七冊　缺三卷(一至三)

330000－1703－0001555　G40332　集部/別集類/清別集

桑榆集詩三卷文三卷　（清）白胤謙撰　清石印本　三冊

330000－1703－0001556　G30464　子部/醫家類/診法之屬/其他診法

醫學輯要四卷　（清）吳燡輯　清同治七年(1868)山陰陳氏刻本　一冊

330000－1703－0001558　G30447　子部/醫家類/診法之屬/脈經脈訣

三指禪三卷　（清）周學霆撰　清湖南書局刻本　三冊

330000－1703－0001559　G21999　史部/地理類/方志之屬/郡縣志

唐樓志二十卷　（清）王同輯　清光緒十五年至十六年(1889－1890)刻本　八冊

330000－1703－0001561　G30441　子部/醫家類/診法之屬/脈經脈訣

脉經十卷　（晉）王叔和撰　清光緒十九年(1893)宜都楊守敬景蘇園影宋刻本　二冊

330000－1703－0001562　G22001　史部/地理類/方志之屬/郡縣志

[康熙]海寧縣志十三卷圖一卷　（清）許三禮纂修　（清）黃承璉續纂修　清康熙二十二年(1683)刻本　二冊　存六卷(一至二、五至七,圖)

330000－1703－0001563　G30465　子部/醫家類/本草之屬/本草藥性

雷公炮製藥性解六卷　（明）李中梓撰　清刻本　二冊

330000－1703－0001564　G30440　子部/醫家類/診法之屬/脈經脈訣

脈經十卷　（晉）王叔和撰　清道光二十三年(1843)嘉定黃鋐西谿草廬刻本　六冊

330000－1703－0001565　G32838　新學/學校

潯溪公學章程不分卷　清末石印本　一冊

330000－1703－0001566　G30444　子部/醫家類/診法之屬/歷代脈學

黃宮繡脈埋永真不分卷　（清）黃宮繡撰　清抄本　二冊

330000－1703－0001568　G22000　史部/地理類/方志之屬/郡縣志

嘉靖海寧縣志九卷首一卷附錄一卷　（明）蔡完修　（明）董穀纂　清光緒二十四年(1898)許仁沐刻本　一冊　存五卷(六至九、附錄)

330000－1703－0001569　G22017　史部/地理類/方志之屬/郡縣志

[同治]長興縣志三十二卷　（清）趙定邦修　（清）周學濬　（清）丁寶書纂　清同治十三年至光緒元年(1874－1875)刻本　十六冊

330000－1703－0001571　G30446　子部/醫家類/類編之屬

脈學彙鈔不分卷　（宋）崔嘉顏撰　（明）李言聞刪補　清抄本　一冊

330000－1703－0001572　G21998　史部/地理類/方志之屬/郡縣志

[康熙]錢塘縣志三十六卷首一卷　（清）魏峴修　（清）裘璉等纂　清康熙刻乾隆印本　一冊　存二卷(三十二至三十三)

330000－1703－0001573　G50538　類叢部/
叢書類/郡邑之屬

台州叢書九種　（清）宋世犖輯　清嘉慶至道
光臨海宋氏刻本　十冊　存二種

330000－1703－0001574　G22024　史部/地
理類/方志之屬/郡縣志

府志提要二卷　清抄本　一冊　存一卷（上）

330000－1703－0001575　G22002　史部/地
理類/方志之屬/郡縣志

[康熙]海寧縣志十三卷圖一卷　（清）許三禮
纂修　（清）黃承璉續纂修　清康熙二十二年
（1683）刻本　一冊　存一卷（十一）

330000－1703－0001576　G21496　史部/政
書類

古今政治新編二十卷首一卷　（清）孔廣德編
　清光緒二十八年（1902）紹文書局石印本
一冊　存一卷（十五）

330000－1703－0001577　G30462　子部/醫
家類/診法之屬/脈經脈訣

家傳太素脉秘訣二卷　（明）張太素撰　（明）
劉伯詳注　清抄本　一冊

330000－1703－0001578　G50539　類叢部/
叢書類/郡邑之屬

台州叢書九種　（清）宋世犖輯　清嘉慶至道
光臨海宋氏刻本　四冊　存一種

330000－1703－0001580　G21815　史部/政
書類

奏定各省諮議局及議員選舉章程一卷　清光
緒三十四年（1908）中國圖書公司鉛印本
一冊

330000－1703－0001584　G22014　史部/地
理類/方志之屬/郡縣志

[宣統]續修楓涇小志十卷首一卷　（清）程兼
善纂　清宣統三年（1911）鉛印本　四冊

330000－1703－0001585　G21502　史部/政
書類/邦交之屬

各國立約始末記三十卷首二卷　（清）陸元鼎
編　清光緒三十二年（1906）鉛印本　二冊

存三卷（十五、二十七至二十八）

330000－1703－0001586　G50807　類叢部/
叢書類/自著之屬

戚鶴泉所著書十一種　（清）戚學標撰　清乾
隆至嘉慶刻本　十二冊　存二種

330000－1703－0001588　G21504　史部/政
書類/邦交之屬

**中外交涉類要表四卷光緒通商綜覈表十六卷
附中西紀年周始表一卷**　（清）錢學嘉撰　清
光緒十四年（1888）歸安錢氏刻本　二冊

330000－1703－0001590　G21500　史部/政
書類/邦交之屬

支那教案論不分卷　（英國）宓克撰　嚴復譯
　清光緒南洋公學譯書院鉛印本　一冊

330000－1703－0001592　G30461　子部/醫
家類/診法之屬/脈經脈訣

家傳太素脉秘訣二卷　（明）張太素撰　（明）
劉伯詳注　明周文煒刻清致和堂重修本
一冊

330000－1703－0001594　G21510　史部/政
書類/邦計之屬/賦稅

捐釐新章不分卷　（清）浙江通省鹽茶牙釐總
局編　清抄本　一冊

330000－1703－0001595　G22121　史部/地
理類/方志之屬/郡縣志

[雍正]泰順縣志十卷首一卷　（清）朱國源修
　（清）朱廷琦等纂　清雍正七年（1729）刻本
四冊

330000－1703－0001596　G22122　史部/地
理類/方志之屬/郡縣志

[光緒]玉環廳志十四卷首一卷　（清）杜冠英
　（清）胥壽榮修　（清）呂鴻燾纂　**續增二卷**
　（清）胡鍾駿纂　清光緒六年（1880）刻十四
年（1888）增刻本　八冊　缺一卷（續增二）

330000－1703－0001598　G50808　類叢部/
叢書類/自著之屬

戚鶴泉所著書十一種　（清）戚學標撰　清乾
隆至嘉慶刻本　二冊　存一種

330000－1703－0001599　G21511　史部/政書類/邦計之屬

浙江寧屬借款章程一卷　清光緒刻本　一冊

330000－1703－0001600　G21507　史部/政書類/通制之屬

政書輯要四卷　(清)中外日報館輯　清光緒鉛印本　一冊　存一卷(三)

330000－1703－0001601　G22124　史部/地理類/方志之屬/郡縣志

[雍正]處州府志二十卷　(清)曹掄彬修 (清)朱肇濟等纂　清雍正十一年(1733)刻本　十六冊

330000－1703－0001602　G22118　史部/地理類/方志之屬/郡縣志

[乾隆]溫州府志三十卷首一卷　(清)李琬修 (清)齊召南 (清)汪沆纂　清乾隆二十七年(1762)刻同治四年(1865)修版印本　二十冊

330000－1703－0001603　G21503　史部/政書類/邦交之屬

光緒丙午年交涉要覽上篇一卷中篇二卷下篇四卷　(清)北洋洋務局輯　清光緒三十四年(1908)北洋官報局鉛印本　一冊　存一卷(下篇四)

330000－1703－0001604　G22123　史部/地理類/方志之屬/郡縣志

[順治]新修淳安縣志六卷　(清)張一魁修 (清)謝鼎元等纂　清順治十五年(1658)刻本　二冊　存二卷(二、四)

330000－1703－0001605　G22112　史部/地理類/方志之屬/郡縣志

[乾隆]江山縣志十六卷首一卷末一卷　(清)宋成綏修 (清)陸飛纂　清乾隆四十一年(1776)刻本　八冊

330000－1703－0001606　G21499　史部/政書類

三通序一卷　(清)蔣德鈞輯　清光緒十九年(1893)雙門底文英閣刻本　二冊

330000－1703－0001607　G22157　史部/地理類/方志之屬/郡縣志

[光緒]善化縣志三十四卷首一卷　(清)吳兆熙 (清)冒沅修 (清)張先掄 (清)韓炳章纂　清光緒三年(1877)刻本　二十冊

330000－1703－0001608　G22160　史部/地理類/方志之屬/郡縣志

[同治]長樂縣志二十卷首一卷　(清)彭光藻 (清)王家駒修 (清)楊希閔 (清)黃見三等纂　清同治八年(1869)刻本　十冊

330000－1703－0001609　G21498　史部/政書類/邦計之屬

理財攷鏡十卷　孫德全撰　清宣統二年(1910)鉛印本　一冊　存一卷(六)

330000－1703－0001610　G40562　集部/別集類/清別集

漱芳館詩詞待刪本不分卷　(清)陳昌陛撰　稿本　一冊

330000－1703－0001611　G22163　史部/地理類/方志之屬/郡縣志

[光緒]續修浦城縣志四十二卷首一卷　(清)翁天祐 (清)呂渭英修 (清)翁昭泰纂　清光緒二十六年(1900)南浦書院刻本　二十冊

330000－1703－0001612　G21497　史部/政書類/邦計之屬

新策逢時不分卷　清刻本　一冊

330000－1703－0001614　G22148　史部/地理類/方志之屬/郡縣志

[乾隆]浮梁縣志十二卷首一卷　(清)程廷濟修 (清)凌汝錦纂　清乾隆四十八年(1783)刻本　四冊　存五卷(首,一至三、十一)

330000－1703－0001615　G21536　史部/職官類/官箴之屬

福惠全書三十二卷　(清)黃六鴻撰　清刻本　一冊　存二卷(三十一至三十二)

330000－1703－0001616　G22159　史部/地理類/方志之屬/郡縣志

[乾隆]直隸澧州志林二十六卷首一卷末一卷

附補編一卷　（清）何璘修　（清）黃宜中纂
清乾隆十五年（1750）刻本　一冊　存二卷
（二十一至二十二）

330000－1703－0001617　G22158　史部/地
理類/方志之屬/郡縣志
[同治]武陵縣志四十八卷　（清）恽世臨
（清）孫翹澤修　（清）陳啟邁纂　清同治二年
（1863）刻本　十二冊

330000－1703－0001618　G22161　史部/地
理類/方志之屬/郡縣志
[乾隆]馬巷廳志十八卷首一卷　（清）萬友正
纂修　馬巷廳志附錄三卷　（清）黃家鼎纂
清光緒九年（1883）丁惠深刻十九年（1893）黃
家鼎校補刻本　十冊

330000－1703－0001619　G21514　史部/政
書類/軍政之屬
寧波巡防局徵信錄不分卷　（清）寧波巡防局
撰　清光緒二十九年（1903）石印本　一冊

330000－1703－0001620　G22162　史部/地
理類/方志之屬/郡縣志
[乾隆]馬巷廳志十八卷首一卷　（清）萬友正
纂修　馬巷廳志附錄三卷　（清）黃家鼎纂
清光緒九年（1883）丁惠深刻十九年（1893）黃
家鼎校補刻本　二冊　存四卷（十六至十八、
附錄一）

330000－1703－0001621　G22147　史部/地
理類/方志之屬/郡縣志
[同治]上饒縣志二十六卷首一卷　（清）王恩
溥　（清）邢德裕修　（清）李樹藩等纂　清同
治十一年（1872）刻本　二十冊

330000－1703－0001622　G22168　史部/地
理類/方志之屬/郡縣志
[乾隆]潮州府志四十二卷首一卷　（清）周碩
勳纂修　清乾隆二十七年（1762）刻四十年
（1775）康基田增刻本　二十五冊

330000－1703－0001624　G22172　史部/地
理類/方志之屬/郡縣志
[乾隆]澳門記畧二卷首一卷末一卷　（清）印

光任　（清）張汝霖纂　清乾隆十六年（1751）
刻本　一冊　存二卷（二、末）

330000－1703－0001625　G22170　史部/地
理類/方志之屬/郡縣志
[乾隆]歸善縣志十八卷首一卷　（清）章壽彭
修　（清）陸飛纂　清乾隆四十八年（1783）刻
本　八冊

330000－1703－0001626　G22317　史部/地
理類/水利之屬
寧郡河工局徵信錄不分卷　（清）寧郡河工局
編　清光緒二十八年（1902）河工局鉛印本
一冊

330000－1703－0001627　G22333　史部/地
理類/專志之屬/書院
安定書院徵信錄不分卷　清刻本　一冊

330000－1703－0001628　G22171　史部/地
理類/方志之屬/郡縣志
[康熙]陽春縣志十八卷　（清）康善述修
（清）劉裔炫纂　清康熙二十六年（1687）刻本
二冊　存八卷（一至五、十六至十八）

330000－1703－0001629　G21515　史部/政
書類/公牘檔冊之屬
湖郡仁濟善堂鄉約總局條程不分卷　清光緒
刻本　一冊

330000－1703－0001630　G22146　史部/地
理類/方志之屬/郡縣志
[康熙]貴溪縣志八卷　（清）畢士俊修
（清）江熙龍等纂　清康熙刻本　一冊　存一
卷（一）

330000－1703－0001631　G22335　史部/地
理類/專志之屬/書院
潯溪書院徵信錄不分卷　清光緒刻本　一冊

330000－1703－0001632　G22334　史部/地
理類/專志之屬/書院
潯溪書院徵信錄不分卷　清光緒刻本　一冊

330000－1703－0001633　G22164　史部/地
理類/方志之屬/郡縣志

[乾隆]閩清縣志十卷 （清）姚循義纂修 清抄本 一冊 存二卷（七至八）

330000－1703－0001634 G21516 史部/地理類/專志之屬

大場鎮同仁留嬰堂徵信錄不分卷 清光緒刻本 一冊

330000－1703－0001635 G22165 史部/地理類/方志之屬/郡縣志

[康熙]鳳山縣志十卷 （清）李丕煜修 （清）陳文達 （清）李欽文纂 清康熙五十九年（1720）刻本 一冊 存八卷（一至五、八至十）

330000－1703－0001636 G22167 史部/地理類/方志之屬/郡縣志

[康熙]高州府志十卷 （清）蔣應泰纂修 （清）黃雲史重輯 清康熙十一年（1672）刻本 一冊 存四卷（七至十）

330000－1703－0001637 G30381 子部/農家農學類/獸醫之屬

圖像水黃牛經合併大全二卷附駝經一卷 （明）喻仁 （明）喻傑撰 清上海錦章圖書局石印本 一冊

330000－1703－0001638 G22166 史部/地理類/雜志之屬

廣東輿地圖說十四卷首一卷 （清）廖廷相 （清）楊士驤撰 清宣統元年（1909）廣東參謀處鉛印本 四冊

330000－1703－0001640 G30442 子部/醫家類/診法之屬/脈經脈訣

脈經十卷 （晉）王叔和撰 脈訣刊誤集解二卷 （元）戴起宗撰 附錄一卷 （明）汪機輯 清張氏勵志齋刻本 六冊

330000－1703－0001641 G30487 子部/醫家類/本草之屬/神農本草經

本草經疏輯要十卷 （清）吳世鎧撰 清嘉慶十四年（1809）書帶草堂刻本 九冊

330000－1703－0001642 G30488 子部/醫家類/本草之屬/神農本草經

本草經疏輯要十卷 （清）吳世鎧撰 清嘉慶十四年（1809）書帶草堂刻本 六冊

330000－1703－0001643 G30486 子部/醫家類/本草之屬/神農本草經

本草經解要四卷附餘一卷 （清）葉桂 （清）楊友敬撰 清乾隆四十六年（1781）衛生堂刻本 四冊

330000－1703－0001644 G30485 子部/醫家類/本草之屬/神農本草經

本草崇原集說三卷附本草經讀一卷 （清）張志聰撰 （清）高世栻訂 （清）仲學輅集說 清宣統二年（1910）錢塘仲氏刻本 四冊

330000－1703－0001645 G30439 子部/醫家類/診法之屬/脈經脈訣

丹溪朱氏脈因証治二卷 （元）朱震亨撰 （清）湯望久校輯 清乾隆頤生堂刻本 二冊

330000－1703－0001647 G30483 子部/醫家類/本草之屬/歷代綜合本草

增訂本草備要四卷 （清）汪昂撰 清光緒七年（1881）掃葉山房刻本 三冊 存三卷（一至二、四）

330000－1703－0001648 G30481 子部/醫家類/本草之屬

東皋握靈本草十卷附序例一卷補遺一卷 （清）王翃編輯 清康熙二十二年（1683）刻本 八冊

330000－1703－0001649 G30480 子部/醫家類/本草之屬/歷代綜合本草

本草述三十二卷首一卷 （清）劉若金撰 清嘉慶十五年（1810）武進薛氏還讀山房刻本 二十冊

330000－1703－0001650 G22175 史部/地理類/方志之屬/郡縣志

[光緒]越巂廳全志十二卷 （清）馬忠良修 （清）馬湘等纂 孫鏘等續修 清光緒三十二年（1906）鉛印本 六冊

330000－1703－0001651 G22169 史部/地理類/方志之屬/郡縣志

[乾隆]南雄府志十九卷　（清）梁弘勳等修
（清）胡定纂　清乾隆十八年(1753)刻本　五
冊　存十卷(五至十三、十九)

330000－1703－0001652　G30482　子部/醫
家類/本草之屬/歷代綜合本草
增訂本草備要四卷　（清）汪昂撰　清刻本
四冊

330000－1703－0001653　G30443　子部/醫
家類/類編之屬
周氏醫學叢書(周澂之評注醫書、周氏彙刻醫
學叢書)初集十二種二集十一種三集六種
（清）周學海編　清光緒至宣統池陽周氏刻宣
統三年(1911)福慧雙脩館彙印本　四十四冊

330000－1703－0001654　G30484　子部/醫
家類/本草之屬/歷代綜合本草
增訂本草備要四卷　（清）汪昂撰　清刻本
二冊　存二卷(一、四)

330000－1703－0001655　G31049　子部/醫
家類/類編之屬
張氏醫書七種　（清）張璐等撰　清乾隆至嘉
慶金閶書業堂刻本　八冊　存一種

330000－1703－0001657　G22183　史部/地
理類/方志之屬/郡縣志
[光緒]餘姚鄉土地理歷史合編一卷　（清）謝
葆濂編　清光緒三十二年(1906)誠意學堂石
印本　一冊

330000－1703－0001658　G22180　史部/地
理類/方志之屬/郡縣志
[淳熙]新安志十卷　（宋）羅願纂　清光緒十
四年(1888)黟邑李宗煝刻本　四冊

330000－1703－0001660　G22182　史部/地
理類/方志之屬/郡縣志
元和唯亭志摘覽不分卷　清抄本　一冊

330000－1703－0001662　G31048　子部/醫
家類/類編之屬
張氏醫書七種　（清）張璐等撰　清光緒二十
年(1894)上海圖書集成印書局鉛印本　十八
冊　存六種

330000－1703－0001663　G31703　子部/天
文曆算類/天文之屬
御製曆象考成後編十卷　（清）顧琮等輯　清
光緒二十二年(1896)上海書局石印本　十
二冊

330000－1703－0001664　G31702　子部/天
文曆算類/天文之屬
御製曆象考成上編十六卷下編十卷後編十卷
（清）允祿　（清）允祉纂修　清光緒二十四
年(1898)杭州德記書莊石印本　二十六冊
存二十六卷(上編一至十六、下編一至十)

330000－1703－0001665　G31704　子部/天
文曆算類/天文之屬
欽定儀象考成三十卷首二卷　（清）允祿等撰
清光緒二十四年(1898)慎記書莊刻本　十
二冊

330000－1703－0001666　G31701　子部/天
文曆算類/算書之屬
中西算學溯源五卷中西曆學溯源三卷　（清）
李藩撰　清光緒二十三年(1897)四明茹古齋
鉛印本　一冊

330000－1703－0001668　G22193　史部/地
理類/山川之屬/水志
水經注釋四十卷首一卷附錄二卷水經注箋刊
誤十二卷　（清）趙一清撰　清光緒六年
(1880)蛟川張氏花雨樓刻本　十九冊　缺八
卷(首、一至二,水經注箋刊誤八至十二)

330000－1703－0001670　G31047　子部/醫
家類/類編之屬
張氏醫書七種　（清）張璐等撰　清同德堂刻
本　四十冊　存六種

330000－1703－0001673　G40001　集部/楚
辭類
屈子正音三卷　（清）方績撰　清光緒六年
(1880)網舊聞齋刻本　一冊

330000－1703－0001674　G40002　集部/楚
辭類
屈子正音三卷　（清）方績撰　清光緒六年

(1880)網舊聞齋刻本　一冊

330000－1703－0001675　G31561　子部/小說家類/雜事之屬

閒處光陰二卷　（清）彭邦鼎撰　清光緒二十四年(1898)石印本　一冊　存一卷(一)

330000－1703－0001677　G30508　子部/醫家類/方書之屬/歷代方書

千金翼方三十卷　（唐）孫思邈撰　清光緒三十四年(1908)上海久敬齋書莊鉛印本　六冊

330000－1703－0001678　G30525　子部/醫家類/養生之屬

延壽丹方一卷　（明）董其昌輯　清光緒二年(1876)石倉山館刻本　一冊

330000－1703－0001679　G31627　子部/小說家類/異聞之屬

音釋坐花誌果八卷　（清）汪道鼎　（清）鷲峰樵者撰　清刻本　冊　存二卷(三至四)

330000－1703－0001680　G40696　集部/別集類/清別集

味閒堂賦鈔一卷續刻一卷　（清）陶然撰　清光緒三年(1877)刻本　二冊

330000－1703－0001681　G31625　子部/小說家類/異聞之屬

對山書屋墨餘錄十六卷　（清）毛祥麟撰　清同治九年(1870)湖州吳氏醉六堂刻本　八冊

330000－1703－0001682　G40006　集部/楚辭類

楚辭集註八卷辯證二卷後語六卷　（宋）朱熹撰　清宣統三年(1911)上海掃葉山房石印本　四冊

330000－1703－0001683　G40005　集部/楚辭類

楚辭集註八卷辯證二卷後語六卷　（宋）朱熹撰　清光緒八年(1882)江蘇書局刻本　四冊

330000－1703－0001686　G30509　子部/醫家類/方書之屬/歷代方書

千金翼方三十卷　（唐）孫思邈撰　清乾隆二

十八年(1763)金匱華希閔刻本　十冊

330000－1703－0001687　G31502　子部/小說家類/雜事之屬

庸盦筆記六卷　（清）薛福成撰　清光緒二十三年(1897)蕭山陳氏遺經樓刻本　二冊　存二卷(一、六)

330000－1703－0001690　G31624　子部/雜著類/雜纂之屬

兩般秋雨盦隨筆八卷　（清）梁紹壬撰　清宣統元年(1909)上海掃葉山房石印本　四冊

330000－1703－0001692　G30511　子部/醫家類/方書之屬/歷代方書

唐王燾先生外臺秘要方四十卷　（唐）王燾撰　清同治十三年(1874)廣東翰墨園刻本　二十六冊

330000－1703－0001694　G30544　子部/醫家類/方書之屬/單方驗方

種福堂公選良方四卷　（清）葉桂撰　清刻本　一冊　存二卷(三至四)

330000－1703－0001695　G30543　子部/醫家類/方書之屬/單方驗方

種福堂公選良方兼刻古吳名醫精論四卷　（清）葉桂撰　清刻本　二冊

330000－1703－0001696　G30533　子部/醫家類/方書之屬/歷代方書

醫方集解二十一卷　（清）汪昂撰　清光緒十三年(1887)掃葉山房刻本　六冊

330000－1703－0001697　G30534　子部/醫家類/方書之屬/歷代方書

醫方集解二十一卷　（清）汪昂撰　清光緒十三年(1887)掃葉山房刻本　四冊

330000－1703－0001698　G30536　子部/醫家類/方書之屬/歷代方書

醫方集解三卷　（清）汪昂撰　清刻本　三冊

330000－1703－0001699　G30535　子部/醫家類/方書之屬/歷代方書

醫方集解二十一卷　（清）汪昂撰　清光緒十

六年(1890)上洋江左書林刻本　六冊

330000－1703－0001700　G30542　子部/醫家類/方書之屬/單方驗方
增訂本草附方二卷　清刻本　六冊

330000－1703－0001701　G30531　子部/醫家類/方書之屬/單方驗方
醫方湯頭歌訣一卷經絡歌訣一卷　(清)汪昂撰　清掃葉山房刻本　一冊

330000－1703－0001702　G30528　子部/醫家類/方書之屬/單方驗方
醫方湯頭歌括一卷經絡歌訣一卷　(清)汪昂撰　清光緒二十二年(1896)刻本　一冊

330000－1703－0001703　G40004　集部/楚辭類
楚辭章句十七卷　(漢)王逸撰　清刻本　朱復戡題簽並記　二冊

330000－1703－0001704　G30529　子部/醫家類/方書之屬/單方驗方
醫方湯頭歌括一卷經絡歌訣一卷　(清)汪昂撰　清刻本　一冊

330000－1703－0001705　G40048　集部/別集類/漢魏六朝別集
庚子山集十六卷總釋一卷　(北周)庾信撰　(清)倪璠注　**年譜一卷**　(清)倪璠撰　清光緒二十年(1894)粵東儒雅堂刻本　十二冊

330000－1703－0001706　G40003　集部/楚辭類
楚辭章句十七卷　(漢)王逸撰　清嘉慶六年(1801)刻本　三冊

330000－1703－0001707　G40047　集部/別集類/漢魏六朝別集
庚子山集十六卷總釋一卷　(北周)庾信撰　(清)倪璠注　**年譜一卷**　(清)倪璠撰　清光緒二十年(1894)粵東儒雅堂刻本　十二冊

330000－1703－0001708　G40049　集部/別集類/漢魏六朝別集
庚子山集十六卷總釋一卷　(北周)庾信撰

(清)倪璠注　**年譜一卷**　(清)倪璠撰　清道光十九年(1839)大文堂刻本　十五冊

330000－1703－0001709　G40050　集部/別集類/漢魏六朝別集
庚子山全集十卷　(北周)庾信撰　(清)吳兆宜箋注　清康熙二十七年(1688)吳郡寶翰樓刻本　四冊

330000－1703－0001710　G50863　類叢部/叢書類/自著之屬
諸葛忠武侯全集(忠武侯諸葛孔明先生全集)五種　(三國蜀)諸葛亮撰　(清)張澍編　清刻本　十四冊

330000－1703－0001711　G40746　集部/別集類/漢魏六朝別集
陶詩偶錄不分卷　(晉)陶潛撰　清抄本　一冊

330000－1703－0001712　G40043　集部/別集類/漢魏六朝別集
陶淵明文集十卷　(晉)陶潛撰　清光緒五年(1879)番禺俞秀山刻本　三冊

330000－1703－0001714　G40044　集部/別集類/漢魏六朝別集
陶淵明文集十卷　(晉)陶潛撰　清光緒五年(1879)番禺俞秀山刻本　二冊

330000－1703－0001715　G40042　集部/別集類/漢魏六朝別集
陶淵明集十卷　(晉)陶潛撰　清光緒二年(1876)桐城徐椒岑刻本　二冊

330000－1703－0001716　G40062　集部/別集類/唐五代別集
杜詩鏡銓二十卷附錄一卷年譜一卷　(清)楊倫撰　清乾隆九柏山房刻本　七冊　存十二卷(九至十九、年譜)

330000－1703－0001717　G40061　集部/別集類/唐五代別集
杜工部五言詩選直解三卷七言詩選直解二卷　(唐)杜甫撰　(清)范廷謀註釋　**年譜一卷**　(清)范廷謀訂　清雍正范氏稼石堂刻本

三冊　缺二卷(七言詩選直解一至二)

330000－1703－0001718　G40067　集部/別
集類/唐五代別集

杜詩鈔一卷　清抄本　一冊

330000－1703－0001719　G30512　子部/醫
家類/方書之屬/歷代方書

唐王燾先生外臺秘要方四十卷　(唐)王燾撰
　清光緒二十四年(1898)上海圖書集成印書
局鉛印本　十六冊

330000－1703－0001720　G30522　子部/醫
家類/養生之屬

**四時養生常用要方二卷古今錄驗養生必用方
三卷**　(宋)初虞世撰　清抄本　一冊　缺一
卷(古今錄驗養生必用方一)

330000－1703－0001721　G30523　子部/醫
家類/方書之屬

鼎雕陳氏家傳如宜妙濟回生捷錄二卷　(元)
艾元英撰　(明)陳嘉猷增補　(明)陳濟川錄
　清抄本　二冊

330000－1703－0001722　G30530　子部/醫
家類/本草之屬/歷代綜合本草

**本草備要四卷附經絡歌訣一卷醫方湯頭括一
卷**　(清)汪昂撰　清刻本　一冊　缺四卷
(本草備要一至四)

330000－1703－0001723　G50557　類叢部/
叢書類/郡邑之屬

永嘉叢書十三種　(清)孫衣言編　清同治至
光緒瑞安孫氏詒善祠塾刻本　一冊　存一種

330000－1703－0001724　G40183　集部/別
集類/宋別集

深寧先生文鈔八卷　(宋)王應麟撰　**王深寧
先生年譜一卷**　(清)陳僅輯　(清)張恕編
　清道光九年(1829)葉氏紫藤花館刻本　四冊
　存四卷(文鈔三、五至七)

330000－1703－0001725　G40180　集部/別
集類/宋別集

**本堂先生文集九十六卷首一卷佚文一卷佚詩
一卷**　(宋)陳著撰　**附錄二卷校錄二卷**

(清)樊景瑞撰　清光緒十九年(1893)四明陳
氏刻本(卷九十五至九十六原缺)　十二冊
缺二卷(六十七、七十六)

330000－1703－0001726　G40072　集部/別
集類/唐五代別集

唐陸宣公集二十二卷　(唐)陸贄撰　清同治
五年(1866)楊氏問竹軒家塾刻本　八冊

330000－1703－0001727　G40073　集部/別
集類/唐五代別集

唐陸宣公集二十二卷　(唐)陸贄撰　清光緒
二十年(1894)上海鴻寶齋石印本　六冊

330000－1703－0001728　G40174　集部/別
集類/宋別集

劍南詩鈔六卷　(宋)陸游撰　(清)楊大鶴選
　清康熙二十四年(1685)毗陵楊氏刻本
六冊

330000－1703－0001729　G21820　史部/詔
令奏議類/奏議之屬

唐陸宣公奏議讀本四卷首一卷　(唐)陸贄撰
　(清)汪銘謙輯　(清)馬傳庚評點　清道光
九年(1829)貽安堂刻本　四冊

330000－1703－0001730　G21821　史部/詔
令奏議類/奏議之屬

唐陸宣公奏議讀本四卷首一卷　(唐)陸贄撰
　(清)汪銘謙輯　(清)馬傳庚評點　清光緒
二十六年(1900)會稽馬家鼎石印本　二冊

330000－1703－0001731　G21822　史部/詔
令奏議類/奏議之屬

唐陸宣公奏議讀本四卷首一卷　(唐)陸贄撰
　(清)汪銘謙輯　(清)馬傳庚評點　清光緒
二十六年(1900)會稽馬家鼎石印本　二冊

330000－1703－0001732　G40075　集部/別
集類/唐五代別集

昌黎先生集四十卷外集十卷遺文一卷　(唐)
韓愈撰　(宋)廖瑩中校正　**朱子校昌黎先生
集傳一卷**　(宋)朱熹撰　**韓集點勘四卷**
(清)陳景雲撰　清宣統三年(1911)石印本
十冊

330000－1703－0001733　G40076　集部/別集類/唐五代別集

昌黎先生集四十卷外集十卷遺文一卷　（唐）韓愈撰　（宋）廖瑩中校正　**朱子校昌黎先生集傳一卷**　（宋）朱熹撰　**韓集點勘四卷**（清）陳景雲撰　清宣統三年（1911）石印本　十冊

330000－1703－0001734　G40074　集部/別集類/唐五代別集

昌黎先生集四十卷外集十卷遺文一卷　（唐）韓愈撰　（宋）廖瑩中校正　**朱子校昌黎先生集傳一卷**　（宋）朱熹撰　**韓集點勘四卷**（清）陳景雲撰　清宣統三年（1911）石印本　十冊

330000－1703－0001735　G40175　集部/別集類/宋別集

水心文鈔十卷　（宋）葉適撰　（清）方梄如選　清乾隆五十四年（1789）葉良球刻本　六冊

330000－1703－0001736　G40070　集部/別集類/唐五代別集

唐陸宣公集二十四卷　（唐）陸贄撰　（清）耆英增輯　清道光二十七年（1847）李延福等刻本　八冊

330000－1703－0001738　G40111　集部/別集類/宋別集

林和靖詩集四卷拾遺一卷　（宋）林逋撰　清宣統二年（1910）上海文瑞樓石印本　二冊

330000－1703－0001739　G40106　集部/別集類/唐五代別集

溫飛卿詩集七卷別集一卷集外詩一卷附錄諸家詩評一卷　（唐）溫庭筠撰　（明）曾益注（清）顧予咸補注　（清）顧嗣立續注　清宣統二年（1910）掃葉山房石印本　一冊　缺一卷（諸家詩評）

330000－1703－0001741　G40105　集部/別集類/唐五代別集

溫飛卿詩集七卷別集一卷集外詩一卷附錄諸家詩評一卷　（唐）溫庭筠撰　（明）曾益注（清）顧予咸補注　（清）顧嗣立續注　清翻刻

康熙長洲顧氏秀野草堂刻本　清徐時棟題記　一冊　存三卷（詩集一至三）

330000－1703－0001744　G40116　集部/別集類/宋別集

歐陽文忠公全集一百五十三卷首一卷附錄五卷　（宋）歐陽修撰　清嘉慶二十四年（1819）歐陽衡刻本　十二冊　存八十六卷（首、一至八十五）

330000－1703－0001746　G40113　集部/別集類/宋別集

元豐類稾五十卷　（宋）曾鞏撰　清光緒十六年（1890）慈利漁浦書院刻本　張美翊跋八冊

330000－1703－0001747　G40119　集部/別集類/宋別集

歐陽文忠公全集一百五十三卷首一卷附錄五卷　（宋）歐陽修撰　清光緒十九年（1893）澹雅書局刻本　二十八冊　存一百三十四卷（首，一至二十五、三十九至一百四十六）

330000－1703－0001748　G22155　史部/地理類/方志之屬/郡縣志

[康熙]岳州府志二十八卷　（清）李遇時修（清）楊柱朝纂　清康熙二十四年（1685）刻本　四冊　存十六卷（五至十四、二十三至二十八）

330000－1703－0001749　G22154　史部/地理類/方志之屬/郡縣志

[康熙]漢陽府志十六卷首一卷　（清）陳國儒修　（清）李寧仲纂　清康熙八年（1669）刻本　二冊　存二卷（二、八）

330000－1703－0001750　G22241　史部/地理類/山川之屬/山志

明州阿育王山志十卷　（明）郭子章撰　**明州阿育王山續志六卷**　（清）釋畹荃撰　明萬曆刻清乾隆續刻本　六冊

330000－1703－0001751　G22231　史部/地理類/山川之屬/山志

天台山全志十八卷　（清）張聯元輯　清康熙

五十六年(1717)刻本　八冊

330000－1703－0001752　G22235　史部/地理類/山川之屬/山志

廣雁蕩山誌二十八卷首一卷末一卷　（清）曾唯輯　清乾隆刻同治補刻本　十冊

330000－1703－0001753　G22269　史部/地理類/專志之屬/寺觀

武林靈隱寺誌八卷　（清）孫治纂　（清）徐增重編　清康熙十一年(1672)靈隱寺刻本　四冊

330000－1703－0001754　G22233　史部/地理類/山川之屬/山志

嵩嶽志二卷嵩嶽文志八卷　（明）陸東撰並輯　明刻本　六冊　缺一卷(嵩嶽志二)

330000－1703－0001755　G31474　子部/雜著類/雜說之屬

池北偶談二十六卷　（清）王士禎撰　清康熙三十九年(1700)臨汀郡署刻本　五冊

330000－1703－0001756　G31642　子部/小說家類/雜事之屬

稗販八卷　（清）曹斯棟輯　清乾隆五十九年(1794)曹氏飯顆山房刻本　三冊　存六卷(一至六)

330000－1703－0001757　G50805　類叢部/叢書類/自著之屬

甌北全集八種　（清）趙翼撰　清乾隆至嘉慶湛貽堂刻本　十冊　存一種

330000－1703－0001758　G22249　史部/地理類/專志之屬/古跡

臥龍崗志二卷　（清）羅景輯　清康熙五十一年(1712)襄平羅氏刻本　二冊

330000－1703－0001759　G31430　子部/雜著類/雜考之屬

日知錄三十二卷日知錄之餘四卷　（清）顧炎武撰　清乾隆六十年(1795)刻本　錢罕題簽　二十二冊　缺四卷(日知錄之餘一至四)

330000－1703－0001760　G32415　類叢部/

類書類/專類之屬

新增說文韻府羣玉二十卷　（元）陰時夫輯（元）陰中夫注　清乾隆二十三年(1758)菁華堂刻本　二十冊

330000－1703－0001761　G40287　集部/別集類/清別集

曝書亭集八十卷附錄一卷　（清）朱彝尊撰**笛漁小稾十卷**　（清）朱昆田撰　清康熙五十三年(1714)朱稻孫刻乾隆重修本　十四冊　存八十一卷(曝書亭集一至八十、附錄)

330000－1703－0001762　G31510　子部/雜著類/雜說之屬

容齋隨筆十六卷續筆十六卷三筆十六卷四筆十六卷五筆十卷　（宋）洪邁撰　清乾隆五十九年(1794)掃葉山房刻本　十六冊

330000－1703－0001763　G22212　史部/地理類/山川之屬/水志

西湖志四十八卷　（清）李衛　（清）程元章修（清）傅王露撰　清雍正十三年(1735)兩浙鹽驛道庫刻本　十三冊　缺十卷(三至五、三十三至三十九)

330000－1703－0001764　G40254　集部/別集類/清別集

吳詩集覽二十卷補註二十卷吳詩談藪二卷拾遺一卷　（清）吳偉業撰　（清）靳榮藩注並輯　清乾隆末刻本　十六冊

330000－1703－0001765　G22104　史部/地理類/方志之屬/郡縣志

[康熙]寧海縣志十二卷首一卷　（清）崔秉鏡修　（清）華大琰纂　清康熙十七年(1678)刻本　一冊　存二卷(十一至十二)

330000－1703－0001766　G40240　集部/別集類/明別集

念菴羅先生文集二十四卷　（明）羅洪先撰　清雍正元年(1723)刻本　十二冊

330000－1703－0001767　G40217　集部/別集類/明別集

唐荊川先生文集十八卷　（明）唐順之撰

（清）唐執玉勘校　清康熙五十一年(1712)武進唐執玉刻本　六冊　存十二卷(一、五至七、十一至十八)

330000－1703－0001768　G40139　集部/別集類/宋別集

蘇東坡詩集注三十二卷失編一卷　（宋）蘇軾撰　（宋）呂祖謙編　（宋）王十朋集注　**年譜一卷**　（宋）王宗稷編　清康熙三十七年(1698)新安朱從延文蔚堂刻本　八冊　缺十四卷(二十至三十二、失編)

330000－1703－0001769　G22211　史部/地理類/山川之屬/水志

西湖志四十八卷　（清）李衛　（清）程元章修　（清）傅王露撰　清雍正十三年(1735)兩浙鹽驛道庫刻乾隆印本　一冊　存二卷(二十二至二十三)

330000－1703－0001770　G32457　類叢部/類書類/通類之屬

省軒考古類編十二卷　（清）柴紹炳撰　（清）姚廷謙評　清刻本　十二冊

330000－1703－0001771　G30130　子部/儒家類/儒學之屬/禮教/家訓

治家暑八卷　（清）胡煒輯　清乾隆二十六年(1761)青陽彝敘堂刻嘉慶印本　二冊

330000－1703－0001772　G50737　類叢部/叢書類/自著之屬

北溪先生全集八種　（宋）陳淳撰　清乾隆四十八年(1783)陳文芳刻本　八冊

330000－1703－0001773　G22195　史部/地理類/山川之屬/水志

水經注圖一卷坿錄一卷　（清）汪士鐸撰　清末石印本　二冊

330000－1703－0001774　G41166　集部/總集類/氏族之屬

三蘇全集四種　（清）弓翊清等編　清道光十二年(1832)眉州三蘇祠刻本　四冊　存一種

330000－1703－0001775　G40322　集部/別集類/清別集

林蕙堂全集二十六卷　（清）吳綺撰　清乾隆三十九年至四十一年(1774 – 1776)衷白堂刻本　十五冊　存十三卷(續刻二至六、亭皋詩鈔一至四、藝香詞鈔一至四)

330000－1703－0001776　G40171　集部/別集類/宋別集

楊文節公文集四十二卷首一卷末一卷詩集四十二卷誠齋文節先生錦繡策二卷　（宋）楊萬里撰　清乾隆五十九年至六十年(1794 – 1795)帶經軒刻本　四十八冊　存八十六卷(文集首、一至四十二、末,詩集一至四十二)

330000－1703－0001777　G40218　集部/別集類/明別集

重刊荊川先生文集十七卷外集三卷附錄一卷　（明）唐順之撰　明萬曆元年(1573)純白齋刻本　一冊　存三卷(文集八至十)

330000－1703－0001778　G21955　史部/地理類/方志之屬/通志

[雍正]陝西通志一百卷首一卷　（清）劉於義等修　（清）沈青崖纂　清雍正十三年(1735)刻本　一百冊

330000－1703－0001779　G50783　類叢部/叢書類/自著之屬

抗希堂十六種　（清）方苞撰　清康熙至嘉慶桐城方氏抗希堂刻本　十冊　存七種

330000－1703－0001780　G40198　集部/別集類/明別集

青邱高季迪先生詩集十八卷首一卷遺詩一卷扣舷集一卷鳧藻集五卷附錄一卷　（明）高啟撰　（清）金檀輯注　清雍正金氏文瑞樓刻乾隆印本　六冊　存十九卷(首、詩集一至十八)

330000－1703－0001782　G21976　史部/地理類/方志之屬/通志

[光緒]重修安徽通志三百五十卷補遺十卷　（清）吳坤修等修　（清）何紹基等纂　清光緒四年(1878)刻七年(1881)馮焌校補本　一百二十冊

330000－1703－0001783　G40211　集部/別集類/明別集

高季迪先生大全集十八卷　（明）高啟撰　清康熙許氏竹素園刻本　二冊

330000－1703－0001784　G50784　類叢部/叢書類/自著之屬

抗希堂十六種　（清）方苞撰　清康熙至嘉慶桐城方氏抗希堂刻本　十五冊　存五種

330000－1703－0001785　G11105　經部/叢編

古經解彙函十六種附小學彙函十四種　（清）鍾謙鈞等輯　清同治十二年(1873)粵東書局刻本　二冊　存小學彙函二種

330000－1703－0001786　G40324　集部/別集類/清別集

戲五齋詩鈔一卷　（清）孫玉相撰　清康熙五十二年(1713)稿本　一冊

330000－1703－0001787　G11103　經部/叢編

古經解彙函十六種附小學彙函十四種　（清）鍾謙鈞等輯　清同治十二年(1873)粵東書局刻本　六十四冊　缺三卷(急就篇二至四)

330000－1703－0001788　G30490　子部/醫家類/本草之屬/神農本草經

本草三家合註六卷　（清）郭汝聰撰　**神農本草經百種錄一卷**　（清）徐大椿撰　清宣統元年(1909)刻本　六冊

330000－1703－0001789　G30489　子部/醫家類/本草之屬/神農本草經

本草三家合註六卷　（清）郭汝聰撰　**神農本草經百種錄一卷**　（清）徐大椿撰　清光緒二十九年(1903)同文書屋刻本　六冊

330000－1703－0001790　G11106　經部/叢編

古經解彙函十六種附小學彙函十四種　（清）鍾謙鈞等輯　清同治十二年(1873)粵東書局刻本　一冊　存小學彙函一種

330000－1703－0001791　G30491　子部/醫家類/本草之屬/歷代綜合本草

本草從新十八卷　（清）吳儀洛輯　清光緒七年(1881)恆德堂刻本　六冊

330000－1703－0001792　G11104　經部/叢編

古經解彙函十六種附小學彙函十四種　（清）鍾謙鈞等輯　清同治十二年(1873)粵東書局刻本　二冊　存小學彙函一種

330000－1703－0001794　G50020　類叢部/叢書類/彙編之屬

正誼堂全書六十三種續刻五種　（清）張伯行編　（清）楊浚重編　清同治五年(1866)福州正誼書院刻同治八年至光緒十三年(1869－1887)續刻本　一百五十二冊　存六十六種

330000－1703－0001795　G30493　子部/醫家類/本草之屬/歷代綜合本草

本草從新十八卷　（清）吳儀洛輯　清光緒七年(1881)恆德堂刻本　八冊

330000－1703－0001796　G30496　子部/醫家類/類編之屬

吳氏醫學述　（清）吳儀洛輯　清浙寧三元堂刻本　六冊　存一種

330000－1703－0001797　G40209　集部/別集類/明別集

王文成公全集十六卷　（明）王守仁撰　清道光六年(1826)湖南湘潭王文德刻本　十六冊

330000－1703－0001798　G30494　子部/醫家類/本草之屬/歷代綜合本草

本草從新十八卷　（清）吳儀洛輯　清光緒七年(1881)恆德堂刻本　六冊

330000－1703－0001799　G40207　集部/別集類/明別集

王文成公全書三十八卷　（明）王守仁撰　清光緒浙江書局刻本　六冊　存十二卷(十九、二十一至三十一)

330000－1703－0001800　G30495　子部/醫家類/類編之屬

吳氏醫學述　（清）吳儀洛輯　清嘉慶十一年

(1806)刻本　六冊　存一種

330000－1703－0001801　G30497　子部/醫家類/本草之屬/歷代綜合本草

本草從新十八卷　（清）吳儀洛輯　清刻本
五冊　缺一卷（一）

330000－1703－0001802　G40208　集部/別集類/明別集

王文成公全書三十八卷　（明）王守仁撰　清光緒浙江書局刻本　張美翊題記　二十二冊　缺二卷（三十七至三十八）

330000－1703－0001803　G10369　經部/春秋總義類

春秋三書三十一卷　（明）張溥撰　明末刻本
七冊

330000－1703－0001804　G30498　子部/醫家類/本草之屬/歷代綜合本草

本草從新十八卷　（清）吳儀洛輯　清光緒十二年（1886）刻本　六冊

330000－1703－0001805　G41548　集部/總集類/彙編之屬

文瑞樓彙刻書三種　（清）金檀編　清康熙至雍正刻本　十冊　存二十七卷（首、青邱高季迪先生詩集一至十八、遺詩、扣弦集、鳧藻集一至五、附錄）

330000－1703－0001806　G21467　史部/政書類/儀制之屬/典禮

南巡盛典一百二十卷　（清）高晉等纂修　清乾隆三十六年（1771）武英殿刻本　三十四冊　存九十卷（一至五十、五十四至八十六、八十九至九十一、九十六、一百六至一百八）

330000－1703－0001807　G50866　子部/儒家類/儒學之屬

陽明先生集要十五卷附年譜一卷　（明）王守仁撰　（明）施邦曜編　清乾隆五十二年（1787）濟美堂刻本　十冊

330000－1703－0001808　G20064　史部/雜史類

宋遼金元別史五種　（清）席世臣輯　清乾隆

至嘉慶南沙席氏掃葉山房刻本　十冊　存一種

330000－1703－0001809　G20047　史部/紀傳類/正史之屬

二十一史二千五百六十七卷　明萬曆二十三年至三十四年（1595－1606）北京國子監刻本（卷二十四至三十補配清道光二十年王芸麗抄本、卷四十九下補配清抄本）　四十五冊　存一種

330000－1703－0001810　G20227　史部/編年類/通代之屬

綱鑑正史約三十六卷　（明）顧錫疇撰　（清）陳弘謀增訂　**甲子紀元一卷**　（清）陳弘謀撰　清同治八年（1869）浙江書局刻本　二十冊

330000－1703－0001811　G22143　史部/地理類/方志之屬/通志

[雍正]江西通志一百六十二卷首三卷　（清）謝旻等修　（清）陶成　（清）惲鶴生纂　清雍正十年（1732）刻本　六十冊

330000－1703－0001812　G31606　子部/小說家類/雜事之屬

世說新語補二十卷附釋名一卷　（南朝宋）劉義慶撰　（南朝梁）劉孝標注　（明）何良俊增補　（明）王世貞刪定　（明）王世懋批釋（明）張文柱校注　清刻本　張美翊題記十冊

330000－1703－0001813　G40101　集部/別集類/唐五代別集

李義山詩集十六卷　（唐）李商隱撰　（清）姚培謙箋　清乾隆五年（1740）姚氏松桂讀書堂刻本　二冊　存八卷（九至十六）

330000－1703－0001814　G20249　史部/編年類/通代之屬

宋元通鑑一百五十七卷　（明）薛應旂撰（明）陳仁錫評　明天啟六年（1626）長洲陳仁錫刻本　二十六冊　缺十二卷（四十三至四十八、一百十三至一百十八）

330000－1703－0001815　G21819　史部/詔

令奏議類/奏議之屬

孝肅奏議十卷 （宋）包拯撰　清同治二年(1863)合肥李瀚章刻本　四冊

330000－1703－0001816　G40099　集部/別集類/唐五代別集

李義山詩集三卷 （唐）李商隱撰　（清）朱鶴齡箋注　（清）沈厚塽輯評　**李義山詩譜一卷附錄諸家詩評一卷** 清同治九年(1870)廣州倅署刻三色套印本　四冊

330000－1703－0001817　S00026　集部/小說類/長篇之屬

新刻批評繡像後西遊記四十回 （清）天花才子評點　清乾隆四十八年(1783)金閶書業堂刻本　十冊

330000－1703－0001818　G40097　集部/別集類/唐五代別集

李義山文集十卷 （唐）李商隱撰　（清）徐樹穀箋　（清）徐炯注　清康熙四十七年(1708)崑山徐氏花谿草堂刻本　二冊

330000－1703－0001819　G10899　經部/小學類/音韻之屬/古今韻說

屈宋古音義三卷 （明）陳第撰　清光緒六年(1880)武昌張裕釗刻本　二冊

330000－1703－0001820　G40008　集部/楚辭類

楚辭集註八卷辯證二卷後語六卷 （宋）朱熹撰　清宣統三年(1911)上海掃葉山房石印本　一冊　缺八卷(集註一至八)

330000－1703－0001821　G31613　子部/小說家類/異聞之屬

山海經廣注十八卷讀山海經語一卷雜述一卷圖五卷 （清）吳任臣撰　清乾隆五十一年(1786)金閶書業堂刻本　六冊

330000－1703－0001822　G40009　集部/楚辭類

楚辭燈四卷楚懷襄二王在位事蹟考一卷 （清）林雲銘撰　**屈原列傳一卷** （漢）司馬遷撰　清刻本　二冊

330000－1703－0001823　G50785　類叢部/叢書類/自著之屬

抗希堂十六種 （清）方苞撰　清康熙至嘉慶桐城方氏抗希堂刻本　一冊　存一種

330000－1703－0001824　G22185　史部/地理類/方志之屬/通志

[雍正]廣東通志六十四卷 （清）郝玉麟修　（清）魯曾煜等纂　清雍正九年(1731)刻本　四十二冊　缺三卷(三十一至三十三)

330000－1703－0001825　G40096　集部/別集類/唐五代別集

李義山文集十卷 （唐）李商隱撰　（清）徐樹穀箋　（清）徐炯注　清康熙四十七年(1708)崑山徐氏花谿草堂刻本　八冊

330000－1703－0001826　G33254　類叢部/叢書類/彙編之屬

文林綺繡十種九十六卷 （清）鴻寶齋書局輯　清光緒二十二年(1896)鴻寶齋書局石印本　十一冊

330000－1703－0001827　G31607　子部/小說家類/雜事之屬

世說新語補二十卷附釋名一卷 （南朝宋）劉義慶撰　（南朝梁）劉孝標注　（明）何良俊增補　（明）王世貞刪定　（明）王世懋批釋　（明）張文柱校注　清乾隆二十七年(1762)黃汝琳茂清書屋刻本　十冊

330000－1703－0001828　G40098　集部/別集類/唐五代別集

李義山詩集三卷 （唐）李商隱撰　（清）朱鶴齡箋注　（清）沈厚塽輯評　**李義山詩譜一卷附錄諸家詩評一卷** 清同治九年(1870)廣州倅署刻三色套印本　四冊

330000－1703－0001829　G41128　集部/總集類/彙編之屬

六朝四家全集 （清）胡鳳丹輯　清同治九年(1870)永康胡氏退補齋刻本　一冊　存一種

330000－1703－0001832　G40118　集部/別集類/宋別集

歐陽文忠公全集一百五十三卷附錄五卷
（宋）歐陽修撰　年譜一卷　（宋）胡柯編　清
乾隆五十七年(1792)惇敍堂刻本　二十四冊

330000－1703－0001833　G41129　集部/總
集類/彙編之屬

六朝四家全集　（清）胡鳳丹輯　清同治九年
(1870)永康胡氏退補齋刻本　二冊　存二種

330000－1703－0001834　G40241　集部/別
集類/明別集

鈐山堂集四十卷　（明）嚴嵩撰　清乾隆二十
三年(1758)二西堂刻本　十冊

330000－1703－0001835　G40226　集部/別
集類/明別集

清江楊忠節公遺集八卷　（明）楊廷麟撰　清
光緒五年至六年(1879－1880)蕭江書院刻本
　六冊

330000－1703－0001836　G40046　集部/別
集類/漢魏六朝別集

徐孝穆全集六卷　（陳）徐陵撰　（清）吳兆宜
箋注　備考一卷　（清）徐文炳撰　清光緒二
年(1876)廣東翰墨園刻本　三冊

330000－1703－0001837　S00023　類叢部/
叢書類/彙編之屬

說郛一百二十弖一千二百八十種　（明）陶宗
儀編　明末刻清順治三年(1646)兩浙督學周
南李際期宛委山堂印本　一百二十冊　存一
千一百四十八種

330000－1703－0001838　G40041　集部/別
集類/漢魏六朝別集

曹集銓評十卷　（三國魏）曹植撰　（清）丁晏
詮評　曹集逸文一卷　（清）丁晏輯　清同治
十一年(1872)金陵書局刻本　一冊　缺六卷
(曹集銓評一至六)

330000－1703－0001839　G40219　集部/別
集類/明別集

新刻張太岳先生詩文集四十七卷　（明）張居
正撰　清刻本　十六冊

330000－1703－0001840　G41656　集部/別

集類/明別集

歸震川先生尺牘二卷　（明）歸有光撰　清宣
統元年(1909)中國書畫會石印本　二冊

330000－1703－0001842　G40215　集部/別
集類/明別集

震川先生集三十卷別集十卷附錄一卷補編一
卷　（明）歸有光撰　（清）歸莊校勘　（清）
錢謙益選定　（清）歸玠編輯　清光緒元年
(1875)常熟歸氏刻本　十二冊

330000－1703－0001843　G40227　集部/別
集類/明別集

清江楊忠節公遺集八卷　（明）楊廷麟撰　清
光緒五年至六年(1879－1880)蕭江書院刻本
　六冊

330000－1703－0001844　G40228　集部/別
集類/明別集

史忠正公集四卷　（明）史可法撰　首一卷末
一卷　（清）史山清輯　清抄本　一冊　缺二
卷(四、末)

330000－1703－0001845　G40221　集部/別
集類/明別集

讀書後八卷　（明）王世貞撰　清光緒味菜廬
木活字印本　二冊　存二卷(一至二)

330000－1703－0001846　G40229　集部/別
集類/明別集

史忠正公集四卷　（明）史可法撰　首一卷末
一卷　（清）史山清輯　清刻本　二冊

330000－1703－0001847　G40220　集部/別
集類/明別集

青湖先生文集十四卷首一卷末一卷　（明）汪
應軫撰　清同治十三年(1874)汪璟廣州刻本
　四冊

330000－1703－0001848　G41354　集部/總
集類/彙編之屬

四忠遺集　（清）羅文謙編　清光緒二十三年
(1897)湘南書局刻本　二十一冊　存三種

330000－1703－0001849　G40214　集部/別
集類/明別集

震川先生集三十卷別集十卷附錄一卷補編一卷 （明）歸有光撰 （清）歸莊校勘 （清）錢謙益選定 （清）歸玠編輯 清光緒六年(1880)常熟歸氏刻本 十六冊

330000－1703－0001850 G40213 集部/別集類/明別集

震川先生集三十卷別集十卷附錄一卷補編一卷 （明）歸有光撰 （清）歸莊校勘 （清）錢謙益選定 （清）歸玠編輯 清光緒六年(1880)常熟歸氏刻本 十六冊

330000－1703－0001851 G40222 集部/別集類/明別集

金忠節公文集八卷 （明）金聲撰 清道光七年(1827)嘉魚縣忠肅堂刻本 八冊

330000－1703－0001853 G40212 集部/別集類/明別集

滄溟先生集三十卷附錄一卷 （明）李攀龍撰 清道光二十七年(1847)濟南李氏刻景福堂印本 八冊

330000－1703－0001854 G40247 集部/別集類/清別集

嶧桐文集十卷詩集十卷 （清）劉城撰 清光緒十九年(1893)養雲山莊刻本 八冊

330000－1703－0001855 G40206 集部/別集類/明別集

白沙子全集六卷首一卷 （明）陳獻章撰 (清)何九疇重編 清康熙四十九年(1710)何九疇、顧嗣協刻本 四冊 存三卷(一至二、五)

330000－1703－0001857 G40223 集部/別集類/明別集

金正希先生全稿不分卷 （明）金聲撰 （清）呂留良評點 清初呂氏天蓋樓刻本 張美翊題記 二冊

330000－1703－0001858 G40239 集部/別集類/明別集

天益山堂遺集十卷續刻一卷 （明）馮元仲撰 清乾隆八年(1743)刻本 二冊

330000－1703－0001859 G40236 集部/別集類/明別集

陳臥子先生安雅堂稿十五卷 （明）陳子龍撰 清宣統元年(1909)上海時中書局鉛印本 張美翊題記 四冊 存九卷(一至二、六至七、十一至十五)

330000－1703－0001860 G50233 類叢部/叢書類/彙編之屬

龍潭室叢書 龍潭室主編 清光緒至宣統鉛印本 四冊 存一種

330000－1703－0001862 G40237 集部/別集類/明別集

陶元暉中丞遺集二卷首一卷 （明）陶朗先撰 清光緒二十四年(1898)蘭州書局鉛印本 一冊

330000－1703－0001864 G40234 集部/別集類/明別集

汲占堂集二十八卷 （明）何白撰 清魯竹軒刻本 十二冊

330000－1703－0001865 G40230 集部/別集類/明別集

劉子全書遺編二十四卷首一卷 （明）劉宗周撰 （清）沈復桀編 清道光三十年(1850)刻光緒十八年(1892)重修本 十冊 缺五卷(首、一至四)

330000－1703－0001867 G40248 集部/別集類/清別集

續騷堂集一卷 （清）萬泰撰 清光緒十年(1884)趙氏瀚香居刻本 一冊

330000－1703－0001868 G40233 集部/別集類/明別集

嶠雅二卷 （明）鄺露撰 清光緒影印本 一冊 存一卷(二)

330000－1703－0001870 G40249 集部/別集類/清別集

續騷堂集一卷 （清）萬泰撰 清光緒十年(1884)趙氏瀚香居刻本 一冊

330000－1703－0001871 G40305 集部/別

集類/清別集

亭林詩集五卷文集六卷 （清）顧炎武撰 清刻本 二冊 存五卷（詩集一至二、文集四至六）

330000－1703－0001872 G40307 集部/別集類/清別集

亭林文集六卷餘集一卷 （清）顧炎武撰 清光緒三十二年（1906）俞鍾穎山隱居刻本 四冊

330000－1703－0001874 G40210 集部/別集類/明別集

陽明詩錄一卷 （明）王陽明撰 清光緒三十四年（1908）毅庵抄本 一冊

330000－1703－0001875 G40279 集部/別集類/清別集

顧亭林先生詩箋注十七卷首一卷 （清）徐嘉撰 清光緒二十三年至二十七年（1897－1901）徐氏味靜齋刻本 六冊

330000－1703－0001876 G40235 集部/別集類/明別集

奇零草不分卷 （明）張煌言撰 清抄本 一冊

330000－1703－0001877 G40250 集部/別集類/清別集

牧齋初學集詩註二十卷有學集詩註十四卷 （清）錢謙益撰 （清）錢曾箋註 清康熙刻玉詔堂印本 十二冊 存十三卷（有學集詩註一至三、五至十四）

330000－1703－0001878 G40278 集部/別集類/清別集

顧亭林先生詩箋注十七卷首一卷 （清）徐嘉撰 清光緒二十三年至二十七年（1897－1901）徐氏味靜齋刻本 二冊 存六卷（三至五、十二至十四）

330000－1703－0001879 G40231 集部/別集類/明別集

劉子全書四十卷首一卷 （明）劉宗周撰 （清）董瑒編 清道光四年至十五年（1824－

1835）蕭山王宗炎等刻本 二十四冊

330000－1703－0001880 G20648 集部/詞類/別集之屬

新樂府詞一卷 （清）萬斯同撰 清同治八年（1869）刻本 一冊

330000－1703－0001881 G20646 史部/史評類/詠史之屬

四明萬季野先生新樂府詞二卷 （清）萬斯同撰 清刻本 一冊 存一卷（二）

330000－1703－0001882 G40258 集部/別集類/清別集

吳詩集覽二十卷補註二十卷吳詩談藪二卷拾遺一卷 （清）吳偉業撰 （清）靳榮藩注並輯 清乾隆四十年（1775）凌雲亭刻四十六年（1781）重修本 四冊 存三卷（吳詩集覽八、十四、十八）

330000－1703－0001883 G40296 集部/別集類/清別集

春酒堂文存不分卷 （清）周容撰 清抄本 三冊

330000－1703－0001884 G40268 集部/別集類/清別集

壯悔堂文集十卷遺稿一卷四憶堂詩集六卷遺稿一卷 （清）侯方域撰 （清）賈開宗等評點 清宣統元年（1909）上海掃葉山房石印本 六冊

330000－1703－0001885 G40272 集部/別集類/清別集

施愚山先生詩選一卷 （清）施閏章撰 清抄本 一冊

330000－1703－0001886 G40269 集部/別集類/清別集

壯悔堂文集十卷遺稿一卷四憶堂詩集六卷遺稿一卷 （清）侯方域撰 （清）賈開宗等評點 清宣統二年（1910）上海掃葉山房石印本 六冊

330000－1703－0001887 G40255 集部/別集類/清別集

吳詩集覽二十卷補註二十卷吳詩談藪二卷拾
遺一卷　（清）吳偉業撰　（清）靳榮藩注並輯
　清乾隆四十年（1775）凌雲亭刻道光七年
（1827）印本　十六冊　缺八卷（補註一至八）

330000－1703－0001888　G50825　類叢部/
叢書類/自著之屬

施愚山先生全集五種附一種　（清）施閏章撰
　清康熙至乾隆刻彙印本　六冊　存一種

330000－1703－0001889　G40266　集部/別
集類/清別集

壯悔堂文集十卷遺稿一卷四憶堂詩集六卷遺
稿一卷　（清）侯方域撰　（清）賈開宗等評點
　清同治十二年（1873）刻本　七冊

330000－1703－0001890　G50664　類叢部/
叢書類/自著之屬

西堂全集四種附一種　（清）尤侗撰　清刻本
　一冊　存一種

330000－1703－0001891　G40267　集部/別
集類/清別集

壯悔堂文集十卷遺稿一卷四憶堂詩集六卷遺
稿一卷　（清）侯方域撰　（清）賈開宗等評點
　清末上海掃葉山房石印本　六冊

330000－1703－0001893　G40245　集部/別
集類/清別集

笠翁偶集六卷　（清）李漁撰　清康熙十年
（1671）芥子園刻本　六冊

330000－1703－0001895　G40257　集部/別
集類/清別集

吳詩集覽二十卷補註二十卷吳詩談藪二卷拾
遺一卷　（清）吳偉業撰　（清）靳榮藩注並輯
　清刻本　張美翊題記　一冊　存四卷（吳
詩集覽十九至二十、補註十九至二十）

330000－1703－0001896　G30516　子部/醫
家類/方書之屬/單方驗方

類證普濟本事方十卷坊刻王氏本備錄一卷
（宋）許叔微撰　（清）葉桂釋義　清嘉慶十九
年（1814）葉種刻姑蘇掃葉山房印本　六冊

330000－1703－0001897　G30520　子部/醫

家類/方書之屬/單方驗方

類證普濟本事方續集十卷補遺十卷　（宋）許
叔微撰　清□潤之抄本　二冊

330000－1703－0001898　G30519　子部/醫
家類/方書之屬/單方驗方

類證普濟本事方續集十卷補遺十卷　（宋）許
叔微撰　清樹滋堂抄本　二冊

330000－1703－0001899　G40256　集部/別
集類/清別集

吳詩集覽二十卷補註二十卷吳詩談藪二卷拾
遺一卷　（清）吳偉業撰　（清）靳榮藩注並輯
　清乾隆四十年（1775）凌雲亭刻四十六年
（1781）重修本　二十冊

330000－1703－0001900　G30518　子部/醫
家類/方書之屬/單方驗方

類症普濟本事方十卷　（宋）許叔微撰　清乾
隆四十二年（1777）雲間王陳梁刻本　三冊

330000－1703－0001901　G30517　子部/醫
家類/方書之屬/單方驗方

類證普濟本事方十卷坊刻王氏本備錄一卷
（宋）許叔微撰　（清）葉桂釋義　清嘉慶十九
年（1814）葉種刻姑蘇掃葉山房印本　六冊

330000－1703－0001902　G40262　集部/別
集類/清別集

黃梨洲先生南雷文約四卷　（清）黃宗羲撰
清乾隆鄭性刻本　四冊

330000－1703－0001903　G40271　集部/別
集類/清別集

青箱堂文集十二卷遺稿續刻一卷年譜一卷
（清）王崇簡撰　清康熙刻本　六冊

330000－1703－0001904　G40263　集部/別
集類/清別集

黃梨洲先生南雷文約四卷　（清）黃宗羲撰
清乾隆鄭性刻本　四冊

330000－1703－0001905　G40264　集部/別
集類/清別集

黃梨洲先生南雷文約四卷　（清）黃宗羲撰
清乾隆鄭性刻本　五冊

330000－1703－0001906　G40265　集部/別集類/清別集

黃梨洲先生南雷文約四卷　（清）黃宗羲撰
清乾隆鄭性刻本　張美翊跋　二冊　存二卷
（一、四）

330000－1703－0001907　G40260　集部/別集類/清別集

南雷詩曆五卷　（清）黃宗羲撰　（清）全祖望
輯　清鄭大節刻本　一冊

330000－1703－0001908　G40270　集部/別集類/清別集

壯悔堂文集十卷遺稿一卷四憶堂詩集六卷遺稿一卷　（清）侯方域撰　（清）賈開宗等評點
清同治十二年（1873）刻本　二冊　存七卷
（四憶堂詩集一至六、四憶堂詩集遺稿）

330000－1703－0001909　G50659　類叢部/叢書類/自著之屬

梨洲遺著彙刊二十七種首一卷　（清）黃宗羲
撰　薛鳳昌編次　清宣統二年（1910）上海時
中書局鉛印本　一冊　存一種

330000－1703－0001910　G50086　類叢部/叢書類/彙編之屬

春暉堂叢書十二種　（清）徐渭仁編　清道光
至咸豐上海徐渭仁刻同治九年至十年（1870－
1871）徐允臨補刻彙印本　七冊　存七種

330000－1703－0001911　G50658　類叢部/叢書類/自著之屬

梨洲遺著彙刊二十七種首一卷　（清）黃宗羲
撰　薛鳳昌編次　清宣統二年（1910）上海時
中書局鉛印本　八冊　存二十種首一卷

330000－1703－0001912　G40304　集部/別集類/清別集

帶經堂集九十二卷　（清）王士禛撰　（清）程
哲校編　清康熙五十一年（1712）程哲七略書
堂刻乾隆十二年（1747）黃晟重修本　不死先
生題記　二冊　存八卷（二十三至三十）

330000－1703－0001913　G40309　集部/別集類/清別集

善卷堂四六十卷　（清）陸繁弨撰　（清）吳自
高注　清乾隆三十五年（1770）陳明善亦園刻
本　六冊

330000－1703－0001914　G50088　類叢部/叢書類/彙編之屬

文選樓叢書三十三種　（清）阮亨編　清嘉慶
至道光阮元刻道光二十二年（1842）阮亨彙印
本　二十五冊　存七種

330000－1703－0001915　G20782　史部/傳記類/總傳之屬/儒林

明儒學案六十二卷師說一卷附案一卷　（清）
黃宗羲撰　清康熙三十年（1691）萬言、三十
二年（1693）賈樸、雍正十三年至乾隆四年
（1735－1739）慈溪鄭性二老閣刻光緒八年
（1882）馮全垓修補本　十八冊　缺六卷（十
二至十七）

330000－1703－0001916　G50656　類叢部/叢書類/自著之屬

黃梨洲遺書十種　（清）黃宗羲撰　清光緒三
十一年（1905）杭州翠學社石印本　十二冊

330000－1703－0001918　G30110　子部/儒家類/儒學之屬/經濟

明夷待訪錄一卷　（清）黃宗羲撰　清光緒二
十三年（1897）上海鴻文局石印本　一冊

330000－1703－0001919　G40303　集部/別集類/清別集

王氏漁洋詩鈔十二卷　（清）王士禛撰　（清）
邵長蘅選　清宣統二年（1910）上海時中書局
影印本　八冊

330000－1703－0001920　G30111　子部/儒家類/儒學之屬/經濟

明夷待訪錄一卷　（清）黃宗羲撰　清抄本
一冊

330000－1703－0001921　G40302　集部/別集類/清別集

漁洋山人精華錄箋注十二卷補一卷附年譜一卷　（清）王士禛撰　（清）金榮箋注　（清）
徐淮纂輯　清康熙五十一年（1712）鳳翔堂刻

本　八冊

330000－1703－0001922　G20785　史部/傳記類/總傳之屬/儒林

明儒學案十六卷　(清)黃宗羲撰　清光緒二十八年(1902)上海文瀾書局石印本　八冊

330000－1703－0001924　G40300　集部/別集類/清別集

漁洋山人精華錄箋注十二卷補一卷附年譜一卷　(清)王士禎撰　(清)金榮箋注　(清)徐准纂輯　清刻本　五冊　缺一卷(漁洋山人精華錄箋注一)

330000－1703－0001928　G50085　類叢部/叢書類/彙編之屬

春暉堂叢書十二種　(清)徐渭仁編　清道光至咸豐上海徐渭仁刻同治九年至十年(1870－1871)徐允臨補刻彙印本　七冊　存八種

330000－1703－0001929　G40310　集部/別集類/清別集

橫山詩文鈔二十四卷　(清)裘璉撰　清康熙裘氏絳雲居刻雍正增刻本　四冊　存十卷(橫山初集一至十)

330000－1703－0001930　G20780　史部/傳記類/總傳之屬/儒林

明儒學案六十二卷師說一卷附案一卷　(清)黃宗羲撰　清康熙三十年(1691)萬言、三十二年(1693)賈樸、雍正十三年至乾隆四年(1735－1739)慈溪鄭性二老閣刻光緒八年(1882)馮全垓修補本　二十冊

330000－1703－0001931　G50084　類叢部/叢書類/彙編之屬

春暉堂叢書十二種　(清)徐渭仁編　清道光至咸豐上海徐渭仁刻同治九年至十年(1870－1871)徐允臨補刻彙印本　張美翊題記　十冊　存十種

330000－1703－0001932　G40288　集部/別集類/清別集

曝書亭集八十卷附錄一卷　(清)朱彝尊撰　**笛漁小稾十卷**　(清)朱昆田撰　清康熙五十

三年(1714)朱稻孫刻雍正印本　二十冊

330000－1703－0001933　G40308　集部/別集類/清別集

善卷堂四六十卷　(清)陸繁弨撰　(清)吳自高注　清光緒元年(1875)刻本　五冊

330000－1703－0001934　G50661　類叢部/叢書類/自著之屬

西堂全集四種附一種　(清)尤侗撰　清康熙刻本　二十四冊　存四種

330000－1703－0001935　G40290　集部/別集類/清別集

曝書亭集八十卷附錄一卷　(清)朱彝尊撰　**笛漁小稾十卷**　(清)朱昆田撰　清康熙五十三年(1714)朱稻孫刻雍正印本　二十冊

330000－1703－0001936　G20781　史部/傳記類/總傳之屬/儒林

明儒學案六十二卷師說一卷附案一卷　(清)黃宗羲撰　清康熙三十年(1691)萬言、三十二年(1693)賈樸、雍正十三年至乾隆四年(1735－1739)慈溪鄭性二老閣刻光緒八年(1882)馮全垓修補本　三冊　存十一卷(一至十、師說)

330000－1703－0001937　G40295　集部/別集類/清別集

三魚堂文集十二卷外集六卷文集附錄一卷全集附錄一卷　(清)陸隴其撰　清嘉慶至道光老掃葉山房刻本　八冊

330000－1703－0001938　G40297　集部/別集類/清別集

邵子湘全集三十卷　(清)邵長蘅撰　清康熙三十二年至三十八年(1693－1699)青門艸堂刻本　十二冊

330000－1703－0001939　G50662　類叢部/叢書類/自著之屬

西堂全集四種附一種　(清)尤侗撰　清刻本　十七冊　存三種

330000－1703－0001940　G50663　類叢部/叢書類/自著之屬

西堂全集四種附一種 （清）尤侗撰 清刻本
一冊 存一種

330000－1703－0001941 G40298 集部/別集類/清別集
午亭文編五十卷 （清）陳廷敬撰 （清）林佶輯錄 清康熙四十七年（1708）林佶刻乾隆四十三年（1778）印本 一冊 存四卷（十四至十七）

330000－1703－0001942 G30524 子部/醫家類/綜合之屬/通論
醫宗摘要四卷 （明）薛己撰 清乾隆三十三年（1768）白鍾麟刻本 四冊

330000－1703－0001943 G40055 集部/別集類/唐五代別集
李太白文集三十六卷 （唐）李白撰 （清）王琦輯注 清光緒三十四年（1908）上海掃葉山房石印本 二十冊

330000－1703－0001944 G22144 史部/地理類/方志之屬/郡縣志
[同治]廣信府志十二卷首一卷 （清）蔣繼洙修 （清）李樹藩等纂 清同治十二年（1873）刻本 三十冊

330000－1703－0001945 G22152 史部/地理類/方志之屬/郡縣志
[光緒]黃州府志四十卷首一卷 （清）英啟修 （清）鄧琛等纂 清光緒十年（1884）刻本 二十二冊 存二十一卷（三、六、十三至十五、十八至二十七、三十至三十一、三十五至三十八）

330000－1703－0001947 G30526 子部/醫家類/綜合之屬/通論
醫法新編一卷 （清）梅山騎鹿道人輯 清抄本 一冊

330000－1703－0001948 G40056 集部/別集類/唐五代別集
讀杜心解六卷首二卷 （清）浦起龍撰 清刻本 八冊

330000－1703－0001949 G30532 子部/醫

家類/方書之屬/歷代方書
醫方集解二十三卷 （清）汪昂撰 清光緒十七年（1891）上海校經山房刻本 六冊

330000－1703－0001951 G40059 集部/別集類/唐五代別集
杜詩詳註二十五卷 （唐）杜甫撰 （清）仇兆鰲輯注 首一卷附編二卷 （清）仇兆鰲輯 清康熙刻本 十四冊

330000－1703－0001952 G40058 集部/別集類/唐五代別集
杜詩詳註二十五卷 （唐）杜甫撰 （清）仇兆鰲輯注 首一卷附編二卷 （清）仇兆鰲輯 清康熙刻本 二十冊

330000－1703－0001953 G30538 子部/醫家類/方書之屬/單方驗方
絳雪園古方選註不分卷得宜本草一卷 （清）王子接輯 清埽葉山房刻本 四冊

330000－1703－0001954 G30537 子部/醫家類/方書之屬/單方驗方
絳雪園古方選註不分卷得宜本草一卷 （清）王子接輯 清埽葉山房刻本 二冊

330000－1703－0001955 G30539 子部/醫家類/方書之屬/單方驗方
絳雪園古方選註不分卷得宜本草一卷 （清）王子接輯 清刻本 二冊

330000－1703－0001956 G22188 史部/地理類/方志之屬/通志
[乾隆]貴州通志四十六卷首一卷 （清）鄂爾泰等修 （清）靖道謨等纂 清乾隆六年（1741）刻嘉慶補刻本 二十四冊

330000－1703－0001957 G11109 經部/叢編
皇清經解一千四百八卷首一卷 （清）阮元輯 清道光九年（1829）廣東學海堂刻咸豐十一年（1861）補刻本 三百六十冊

330000－1703－0001958 G30541 子部/醫家類/方書之屬/單方驗方
絳雪園古方選註不分卷得宜本草一卷 （清）

王子接輯　清刻本　一冊

330000 – 1703 – 0001959　G22184　史部/地理類/方志之屬/通志

[道光]重纂福建通志二百七十八卷首六卷補採福建全省列女附志一卷　（清）孫爾準等修　（清）陳壽祺纂　（清）程祖洛等續修　（清）魏敬中續纂　清同治七年至十年(1868 – 1871)正誼書院刻本　一百八十冊

330000 – 1703 – 0001960　G30540　子部/醫家類/方書之屬/單方驗方

絳雪園古方選註不分卷得宜本草一卷　（清）王子接輯　清刻本　一冊

330000 – 1703 – 0001961　G40057　集部/別集類/唐五代別集

杜詩詳註二十五卷　（唐）杜甫撰　（清）仇兆鼇輯注　首一卷附編二卷　（清）仇兆鼇輯　清康熙刻本　二十八冊

330000 – 1703 – 0001965　G40060　集部/別集類/唐五代別集

杜詩詳註二十五卷　（唐）杜甫撰　（清）仇兆鼇輯注　首一卷附編二卷　（清）仇兆鼇輯　清康熙刻本　一冊　存一卷(二十五)

330000 – 1703 – 0001967　G40051　集部/別集類/唐五代別集

王子安集註二十卷首一卷末一卷　（唐）王勃撰　（清）蔣清翊注　清光緒九年(1883)吳縣蔣氏雙唐碑館刻十年(1884)補刻本　六冊

330000 – 1703 – 0001968　G40066　集部/別集類/唐五代別集

杜詩鏡銓二十卷　（清）楊倫撰　讀書堂杜工部文集註解二卷　（清）張溍撰　清同治十一年(1872)望三益齋刻本　九冊　缺四卷(五至八)

330000 – 1703 – 0001969　G40080　集部/別集類/唐五代別集

河東先生文集六卷　（唐）柳宗元撰　清宣統二年(1910)上海會文堂石印本　六冊

330000 – 1703 – 0001970　G40063　集部/別集類/唐五代別集

杜詩鏡銓二十卷附諸家論杜一卷　（清）楊倫撰　讀書堂杜工部文集註解二卷　（清）張溍撰　清光緒十八年(1892)上海著易堂鉛印本　張美翊題記　六冊

330000 – 1703 – 0001971　G40052　集部/別集類/唐五代別集

王子安集註二十卷首一卷末一卷　（唐）王勃撰　（清）蔣清翊注　清光緒九年(1883)吳縣蔣氏雙唐碑館刻本　張美翊題記　五冊　缺五卷(十七至二十、末)

330000 – 1703 – 0001972　G40054　集部/別集類/唐五代別集

御題杜甫詩選不分卷　（唐）杜甫撰　清抄本　一冊

330000 – 1703 – 0001973　G40064　集部/別集類/唐五代別集

杜詩鏡銓二十卷附錄一卷年譜一卷　（清）楊倫撰　清乾隆九柏山房刻本　十二冊

330000 – 1703 – 0001974　G20266　史部/編年類/斷代之屬

東華錄一百九十五卷(天命朝至雍正朝)東華續錄四百三十卷(乾隆朝至同治朝)　王先謙潘頤福編　清光緒十三年(1887)廣百宋齋鉛印本　四十八冊　缺三百六十五卷(順治朝八至十七、二十六至三十六,康熙朝四十五至五十四,雍正朝四至十四、十七至二十二,乾隆朝五十五至六十、九十至一百十六,嘉慶朝十至五十,道光朝十八至六十,咸豐朝一至一百,同治朝一至一百)

330000 – 1703 – 0001977　G40086　集部/別集類/唐五代別集

韓集點勘四卷　（清）陳景雲撰　清同治九年(1870)江蘇書局刻本　一冊

330000 – 1703 – 0001978　G40087　集部/別集類/唐五代別集

韓集點勘四卷　（清）陳景雲撰　清同治九年(1870)江蘇書局刻本　一冊

330000－1703－0001979　G40069　集部/別集類/唐五代別集

唐陸宣公集二十四卷　（唐）陸贄撰　（清）耆英增輯　清道光二十七年（1847）李延福等刻本　十一冊　缺一卷（二十三）

330000－1703－0001980　G40089　集部/別集類/唐五代別集

白香山詩長慶集二十卷後集十七卷別集一卷補遺二卷　（唐）白居易撰　（清）汪立名編訂　**白香山年譜一卷**　（清）汪立名撰　**白香山年譜舊本一卷**　（宋）陳振孫撰　清宣統三年（1911）石印本　十二冊

330000－1703－0001981　G40090　集部/別集類/唐五代別集

白香山詩長慶集二十卷後集十七卷別集一卷補遺二卷　（唐）白居易撰　（清）汪立名編訂　**白香山年譜一卷**　（清）汪立名撰　**白香山年譜舊本一卷**　（宋）陳振孫撰　清宣統三年（1911）石印本　六冊　存十八卷（長慶集一至十六、年譜、年譜舊本）

330000－1703－0001982　G40071　集部/別集類/唐五代別集

唐陸宣公集二十二卷　（唐）陸贄撰　清雍正刻本　四冊

330000－1703－0001983　G20272　史部/編年類/斷代之屬

東華續錄一百卷（同治朝）　王先謙編　清光緒二十四年（1898）文瀾書局石印本　二十四冊

330000－1703－0001984　G40079　集部/別集類/唐五代別集

新刊五百家註音辯昌黎先生文集四十卷　（唐）韓愈撰　（宋）魏仲舉輯注　清乾隆四十九年（1784）刻本　九冊　存二十一卷（三至十、十四至十七、三十二至四十）

330000－1703－0001985　G40078　集部/別集類/唐五代別集

昌黎先生集四十卷　（唐）韓愈撰　（宋）廖瑩中校正　清光緒十五年（1889）刻本　八冊

330000－1703－0001986　G40094　集部/別集類/唐五代別集

白香山詩長慶集二十卷後集十七卷別集一卷補遺二卷　（唐）白居易撰　（清）汪立名編訂　**白香山年譜一卷**　（清）汪立名撰　**白香山年譜舊本一卷**　（宋）陳振孫撰　清康熙四十一年至四十二年（1702－1703）汪立名一隅草堂刻本　十冊

330000－1703－0001987　G40088　集部/別集類/唐五代別集

柳文四十三卷別集二卷外集二卷附錄一卷　（唐）柳宗元撰　清同治六年（1867）廷桂刻七年（1868）補刻本　十二冊

330000－1703－0001988　G40077　集部/別集類/唐五代別集

昌黎先生集四十卷外集十卷遺文一卷　（唐）韓愈撰　（宋）廖瑩中校正　**朱子校昌黎先生集傳一卷**　（宋）朱熹撰　清同治八年（1869）江蘇書局刻本　十冊

330000－1703－0001989　G40084　集部/別集類/唐五代別集

韓昌黎詩不分卷　（唐）韓愈撰　清抄本　一冊

330000－1703－0001990　G20269　史部/編年類/斷代之屬

東華續錄二百三十卷（乾隆朝至道光朝）　王先謙編　清末上海圖書集成印書局鉛印本　三十三冊　缺十一卷（乾隆朝二十九至三十二、四十三至四十九）

330000－1703－0001991　G20273　史部/編年類/斷代之屬

東華續錄一百卷（同治朝）　王先謙編　清光緒二十四年（1898）文瀾書局石印本　二十二冊　缺十一卷（七十六至八十一、八十七至九十一）

330000－1703－0001992　G11115　經部/叢編

皇清經解一千四百卷首一卷　（清）阮元輯　清道光九年（1829）廣東學海堂刻本　三百二

十二冊　存一百四十九種

330000 – 1703 – 0001993　G40115　集部/別集類/宋別集

歐陽文忠公全集一百五十三卷首一卷附錄五卷　(宋)歐陽修撰　清嘉慶二十四年(1819)歐陽衡刻本　二十四冊

330000 – 1703 – 0001994　G20270　史部/編年類/斷代之屬

東華續錄一百卷(咸豐朝)　王先謙編　清末石印本　三冊　存九卷(二十至二十二、九十三至九十八)

330000 – 1703 – 0001995　G40103　集部/別集類/唐五代別集

玉谿生詩詳註三卷首一卷樊南文集詳註八卷首一卷　(唐)李商隱撰　(清)馮浩編訂　清乾隆四十五年(1780)德聚堂刻嘉慶元年(1796)增刻同治七年(1868)馮寶圻補刻本　八冊

330000 – 1703 – 0001996　G20271　史部/編年類/斷代之屬

東華續錄一百卷(咸豐朝)　潘頤福編　清末鉛印本　三冊　存十五卷(十八至二十、三十七至四十二、五十四至五十九)

330000 – 1703 – 0001997　G40117　集部/別集類/宋別集

歐陽文忠公全集一百五十三卷首一卷附錄五卷　(宋)歐陽修撰　清嘉慶二十四年(1819)歐陽衡刻本　三十二冊

330000 – 1703 – 0001998　G40093　集部/別集類/唐五代別集

白香山詩長慶集二十卷後集十七卷別集一卷補遺二卷　(唐)白居易撰　(清)汪立名編訂　白香山年譜一卷　(清)汪立名撰　白香山年譜舊本一卷　(宋)陳振孫撰　清康熙四十一年至四十二年(1702 – 1703)汪立名一隅草堂刻本　六冊

330000 – 1703 – 0001999　G40092　集部/別集類/唐五代別集

白香山詩長慶集二十卷後集十七卷別集一卷補遺二卷　(唐)白居易撰　(清)汪立名編訂　白香山年譜一卷　(清)汪立名撰　白香山年譜舊本一卷　(宋)陳振孫撰　清康熙四十一年至四十二年(1702 – 1703)汪立名一隅草堂刻本　十冊

330000 – 1703 – 0002000　G40091　集部/別集類/唐五代別集

白香山詩長慶集二十卷後集十七卷別集一卷補遺二卷　(唐)白居易撰　(清)汪立名編訂　白香山年譜一卷　(清)汪立名撰　白香山年譜舊本一卷　(宋)陳振孫撰　清康熙四十一年至四十二年(1702 – 1703)汪立名一隅草堂刻本　十一冊

330000 – 1703 – 0002001　G11110　經部/叢編

皇清經解一千四百八卷首一卷　(清)阮元輯　清道光九年(1829)廣東學海堂刻咸豐十一年(1861)補刻本　三百冊

330000 – 1703 – 0002002　G40095　集部/別集類/唐五代別集

白香山詩長慶集二十卷後集十七卷別集一卷補遺二卷　(唐)白居易撰　(清)汪立名編訂　白香山年譜一卷　(清)汪立名撰　白香山年譜舊本一卷　(宋)陳振孫撰　清康熙四十一年至四十二年(1702 – 1703)汪立名一隅草堂刻本　十二冊

330000 – 1703 – 0002003　G41133　集部/總集類/彙編之屬

唐宋八大家文鈔一百六十六卷　(明)茅坤編　清刻本　八冊　存一種

330000 – 1703 – 0002004　G41132　集部/總集類/彙編之屬

唐宋八大家文鈔一百六十六卷　(明)茅坤編　明崇禎刻本　三冊　存一種

330000 – 1703 – 0002005　G40121　集部/別集類/宋別集

王臨川文集四卷　(宋)王安石撰　清宣統二年(1910)上海會文堂書局石印本　四冊

330000－1703－0002006　G40122　集部/別集類/宋別集

王荊文公詩五十卷補遺一卷　（宋）王安石撰（宋）李壁箋注　清乾隆五年至六年（1740－1741）張宗松清綺齋刻本　八冊

330000－1703－0002007　G40125　集部/別集類/宋別集

王臨川全集一百卷目錄二卷　（宋）王安石撰　清光緒九年（1883）聽香館刻本　張美翊題記　十二冊

330000－1703－0002009　G22186　史部/地理類/方志之屬/通志

[嘉慶]四川通志二百四卷首二十二卷　（清）常明等修　（清）楊芳燦等纂　清嘉慶二十一年（1816）刻本　一百六十冊

330000－1703－0002010　G20090　史部/叢編

常熟丁氏叢書二種　丁國鈞撰　清光緒木活字印本　丁辰題記　二冊　存一種

330000－1703－0002012　G50333　類叢部/叢書類/彙編之屬

受經堂叢書□□種　張選青輯　清漢州張氏刻本　一冊　存一種

330000－1703－0002013　G20268　史部/編年類/斷代之屬

十朝東華錄五百二十五卷同治朝東華續錄一百卷　王先謙　潘頤福編　清光緒二十五年（1899）石印本　六十四冊　存五百二十五卷（天命一至四、天聰一至十一、崇德一至八、順治一至三十六、康熙一至一百十、雍正一至二十六、乾隆一至一百二十、嘉慶一至五十、道光一至六十、咸豐一至一百）

330000－1703－0002014　G22601　史部/目錄類/通論之屬/考訂

古今偽書考一卷　（清）姚際恆撰　清光緒十八年（1892）浙江書局刻本　一冊

330000－1703－0002015　G22602　史部/目錄類/通論之屬/考訂

古今偽書考一卷　（清）姚際恆撰　清末木活字印本　一冊

330000－1703－0002018　G20267　史部/編年類/斷代之屬

東華錄四十五卷（天命朝至雍正朝）東華續錄七十五卷（乾隆朝至道光朝）　王先謙編　清末石印本　六十冊

330000－1703－0002019　G22606　史部/目錄類/總錄之屬/官修

浙江藏書樓甲編書目五卷補遺一卷乙編書目一卷補遺一卷日文書目一卷　楊復編　清光緒三十三年（1907）杭州華豐書局鉛印本　三冊

330000－1703－0002020　G22607　史部/目錄類/總錄之屬/官修

浙江藏書樓甲編書目五卷補遺一卷乙編書目一卷補遺一卷日文書目一卷　楊復編　清光緒三十三年（1907）杭州華豐書局鉛印本　一冊　存三卷（乙編書目、乙編補遺、日文書目）

330000－1703－0002027　G22612　史部/目錄類/總錄之屬/私撰

天一閣書目四卷　（清）阮元　（清）范邦甸等編　附碑目一卷續增一卷　（清）錢大昕編（清）范懋敏續編　清嘉慶十三年（1808）揚州阮元文選樓刻本　四冊　存三卷（二、四，碑目）

330000－1703－0002040　G22242　史部/地理類/山川之屬/山志

方廣巖志四卷　（明）謝肇淛纂　清光緒十一年（1885）刻本　一冊

330000－1703－0002043　G50253　類叢部/叢書類/彙編之屬

讀畫齋叢書四十六種　（清）顧修編　清嘉慶四年至十六年（1799－1811）桐川顧氏刻本　八冊　存二種

330000－1703－0002048　G22256　史部/地理類/專志之屬/寺觀

天童寺志十卷首一卷　（清）德介　（清）聞性

道撰　清康熙刻嘉慶增補本　四冊

330000－1703－0002049　G22244　史部/地
理類/山川之屬/山志

招隱山志十二卷首一卷　繆潛撰　清宣統三
年(1911)刻本　四冊

330000－1703－0002052　G22257　史部/地
理類/專志之屬/寺觀

天童寺志十卷首一卷　(清)德介　(清)聞性
道撰　清康熙刻嘉慶增補本　四冊

330000－1703－0002054　G22246　史部/地
理類/山川之屬/山志

武夷山志十九卷　(明)衷仲孺撰　明崇禎十
六年(1643)刻本　二冊　存九卷(二至七、十
二至十四)

330000－1703－0002055　G22258　史部/地
理類/專志之屬/寺觀

大童寺志十卷首一卷　(清)德介　(清)聞性
道撰　清康熙刻嘉慶增補本　四冊

330000－1703－0002058　G22259　史部/地
理類/專志之屬/寺觀

天童寺志十卷首一卷　(清)德介　(清)聞性
道撰　清康熙刻嘉慶增補本　四冊

330000－1703－0002060　G22260　史部/地
理類/專志之屬/寺觀

天童寺志十卷首一卷　(清)德介　(清)聞性
道撰　清康熙刻嘉慶增補本　二冊　存六卷
(首,一至二、八至十)

330000－1703－0002062　G22626　史部/目
錄類

讀有用書社藏書目錄不分卷　清刻本　一冊

330000－1703－0002063　G22240　史部/地
理類/山川之屬/山志

明州阿育王山志十卷　(明)郭子章撰　**明州
阿育王山續志六卷**　(清)釋畹荃撰　明萬曆
刻清乾隆續刻本　六冊

330000－1703－0002065　G22627　史部/目
錄類/總錄之屬/彙刻

彙刻書目二十卷　(清)顧修輯　(清)朱學勤
補　清光緒十二年至十五年(1886－1889)上
海福瀛書局刻本　張美翊題記　二十冊

330000－1703－0002068　G22631　史部/目
錄類/總錄之屬/彙刻

續彙刻書目十二卷　(清)傅雲龍編　**補遺一
卷**　(清)胡俊章補　清光緒二年至四年
(1876－1878)昧腴藝圃刻本　十二冊　存九
卷(五至十二、補遺)

330000－1703－0002069　G22275　史部/地
理類/防務之屬/海防

江蘇沿海圖說一卷海島表一卷　(清)朱正元
撰　清光緒二十五年(1899)鉛印本　一冊

330000－1703－0002070　G22628　史部/目
錄類/總錄之屬/彙刻

彙刻書目二十卷　(清)顧修輯　(清)朱學勤
補　清光緒十二年至十五年(1886－1889)上
海福瀛書局刻本　張美翊題記　十六冊　缺
四卷(十六至十九)

330000－1703－0002072　G22276　史部/地
理類/雜志之屬

福建沿海圖說一卷海島表一卷　(清)朱正元
撰　清光緒二十八年(1902)鉛印本　一冊

330000－1703－0002073　G22278　史部/地
理類/雜志之屬

定海廳洋面島嶼表一卷附定海全境輿圖一卷
　(清)錢增勳撰　清光緒三十三年(1907)鉛
印本　一冊　存一卷(定海廳洋面島嶼表)

330000－1703－0002075　G22630　史部/目
錄類/總錄之屬/彙刻

彙刻書目初編十卷　(清)顧修輯　清刻本
七冊　缺三卷(一、九至十)

330000－1703－0002076　G22272　史部/地
理類/山川之屬/山志

西天目祖山志八卷首一卷末一卷補遺一卷
(明)釋廣賓撰　(清)釋際界增訂　清光緒二
年(1876)刻本　四冊

330000－1703－0002078　G22629　史部/目

錄類/總錄之屬/彙刻

彙刻書目初編十卷 （清）顧修輯　清抄本
十冊

330000－1703－0002079　G21577　史部/政
書類/軍政之屬/邊政

邊事彙鈔十二卷 （清）朱克敬輯　清光緒六
年(1880)長沙刻本　六冊

330000－1703－0002080　G22279　史部/地
理類/山川之屬/水志

**中國江海險要圖誌二十二卷首一卷補編五卷
附圖五卷** （英國)海軍海圖官局編　陳壽彭
譯　清光緒二十七年(1901)經世文社石印本
十五冊

330000－1703－0002081　G22274　史部/地
理類/專志之屬/書院

平林義學誌二卷續補一卷 （清）趙畩等撰
清嘉慶十八年(1813)刻本　二冊

330000－1703－0002082　G22280　史部/地
理類/山川之屬/水志

**中國江海險要圖誌二十二卷首一卷補編五卷
附圖五卷** （英國)海軍海圖官局編　陳壽彭
譯　清光緒二十七年(1901)經世文社石印本
十二冊　缺五卷(十九至二十二、圖五)

330000－1703－0002083　G22287　史部/地
理類/外紀之屬

歐游雜錄二卷 （清)徐建寅撰　清光緒刻本
二冊

330000－1703－0002084　G22286　史部/地
理類/雜志之屬

宸垣識畧十六卷 （清)吳長元撰　清刻本
七冊　存十四卷(三至十六)

330000－1703－0002086　G21578　史部/地
理類/防務之屬/海防

洋防說略二卷 （清)徐家幹撰　清光緒十三
年(1887)刻本　一冊　存一卷(一)

330000－1703－0002088　G50279　類叢部/
叢書類/彙編之屬

湖海樓叢書十二種 （清)陳春編　清嘉慶蕭

山陳氏刻二十四年(1819)彙印本　一冊　存
一種

330000－1703－0002089　G22281　史部/地
理類/方志之屬/郡縣志

[乾隆]欽定皇輿西域圖志四十八卷首四卷
（清)傅恆等修　（清)褚廷璋等纂　（清)英
廉等增纂　清光緒十九年(1893)杭州便益書
局石印本　九冊　缺十卷(一至五、四十四至
四十八)

330000－1703－0002090　G50280　類叢部/
叢書類/彙編之屬

湖海樓叢書十二種 （清)陳春編　清嘉慶蕭
山陳氏刻二十四年(1819)彙印本　一冊　存
一種

330000－1703－0002091　G22288　史部/地
理類/遊記之屬/紀行

隨軺游紀初集四卷 吳宗濂譯纂　清光緒時
務報館石印本　一冊

330000－1703－0002094　G22283　史部/地
理類/專志之屬/祠墓

兩浙防護陵寢祠墓錄不分卷 （清)阮元輯
清光緒十五年(1889)浙江書局刻本　一冊

330000－1703－0002095　G22703　史部/
叢編

蓬萊軒輿地學叢書十一種 丁謙撰　清光緒
石印本　四冊

330000－1703－0002096　G22284　史部/地
理類/專志之屬/書院

鄮山書院核實錄不分卷 （清)許玉書輯　清
光緒十六年(1890)刻本　一冊

330000－1703－0002097　G32749　史部/地
理類/外紀之屬

泰西各國采風記五卷時務論一卷 宋育仁撰
清光緒二十二年(1896)袖海山房石印本
四冊

330000－1703－0002098　G22295　史部/地
理類/總志之屬/斷代

漢書地理志校注二卷識語一卷 （清)王紹蘭

撰　清光緒二十二年(1896)蕭山陳氏遺經樓刻本　二冊

330000－1703－0002099　G22292　史部/地理類/總志之屬

地學歌略一卷　葉瀚　葉瀾撰　清光緒二十四年(1898)刻本　一冊

330000－1703－0002100　G22704　史部/叢編

蓬萊軒輿地學叢書十一種　丁謙撰　清光緒石印本　四冊

330000－1703－0002101　G22705　史部/叢編

蓬萊軒輿地學叢書十一種　丁謙撰　清光緒石印本　四冊

330000－1703－0002102　G22706　史部/叢編

蓬萊軒輿地學叢書十一種　丁謙撰　清光緒石印本　四冊

330000－1703－0002103　G22297　史部/地理類/總志之屬/斷代

皇朝一統直省府廳州縣全圖不分卷　清刻本　四冊

330000－1703－0002104　G22298　史部/地理類/雜志之屬

四明談助四十六卷首一卷　(清)徐兆昺撰清道光八年(1828)木活字印本　十冊　缺二十三卷(首、一至二十二)

330000－1703－0002105　G50857　類叢部/叢書類/自著之屬

月河草堂叢書三種　蔣清瑞編　清宣統至民國歸安蔣氏月河草堂刻本　一冊　存一種

330000－1703－0002106　G22299　史部/地理類/輿圖之屬/全國

輿地圖攷不分卷　吳芝瞳等撰　清抄本一冊

330000－1703－0002109　G22300　史部/地理類/遊記之屬/紀勝

四明七觀賦一卷　(宋)王應麟撰　(明)張迪註　清刻本　一冊

330000－1703－0002110　G22296　史部/地理類

鄮鄭學廬地理叢刊　(清)施世杰輯　清光緒二十三年(1897)會稽施氏鄮鄭學廬刻本　一冊　存一種

330000－1703－0002113　G22289　新學/地學/地理學

地理表解三卷　(清)陳宗俲撰　清末毅盒抄本　一冊

330000－1703－0002114　G22290　史部/地理類

西北地理五種　清光緒二十三年(1897)會稽施世杰鄮鄭學廬石印本　二冊　存三種

330000－1703－0002115　G22291　史部/地理類/雜志之屬

都門紀略四卷　(清)楊靜亭編　清同治三年(1864)伴花齋刻本　四冊

330000－1703－0002116　G20854　史部/傳記類/別傳之屬

子劉子[宗周]行狀二卷　(清)黃宗羲撰　清道光六年(1826)慈谿葉氏刻本　一冊

330000－1703－0002119　G22301　史部/地理類/總志之屬

七觀不分卷　(宋)王應麟撰　(清)徐亮注清嘉慶二十三年(1818)抄本　一冊

330000－1703－0002120　G22293　史部/地理類/雜志之屬

啓東錄六卷　(清)林壽圖撰　清光緒五年(1879)閩縣林壽圖歐齋刻本　二冊

330000－1703－0002123　G22294　史部/地理類/雜志之屬

啓東錄六卷　(清)林壽圖撰　清光緒五年(1879)閩縣林壽圖歐齋刻本　二冊

330000－1703－0002127　G22302　史部/地理類/輿圖之屬/坤輿

地理署說不分卷 （美國）戴集撰　清光緒二十五年(1899)鉛印本　一冊

330000－1703－0002129　G22303　史部/地理類/總志之屬/通代

歷代地理沿革圖一卷 （清）六嚴繪　（清）馬徵麟增輯　清同治十年(1871)金陵刻本　一冊

330000－1703－0002137　G22304　史部/地理類/總志之屬/通代

歷代地理沿革圖一卷 （清）六嚴繪　（清）馬徵麟增輯　清同治十年(1871)金陵刻本　一冊

330000－1703－0002139　G32712　新學/雜著/叢編

西學啓蒙十六種 （英國）赫德編　（英國）艾約瑟譯　清光緒二十四年(1898)上海盈記書莊石印本　十五冊　存十五種

330000－1703－0002140　G20091　史部/叢編

大興徐氏三種 （清）徐松撰　清光緒十九年(1893)寶善書局石印本　八冊

330000－1703－0002141　G22306　史部/地理類/總志之屬/斷代

皇朝直省府廳州縣歌括一卷 （清）蔣升撰　清光緒二十四年(1898)上海慈母堂印書局鉛印本　一冊

330000－1703－0002142　G22307　史部/地理類/總志之屬/斷代

皇朝直省府廳州縣歌括一卷 （清）蔣升撰　清光緒二十四年(1898)上海慈母堂印書局鉛印本　一冊

330000－1703－0002144　G22309　史部/地理類/雜志之屬

吉林輿地圖說一卷 （清）秦世銓輯　清光緒二十四年(1898)石印本　一冊

330000－1703－0002145　G20858　史部/傳記類/別傳之屬/年譜

孔孟編年 （清）狄子奇輯　清光緒十三年

(1887)浙江書局刻本　二冊　存二種

330000－1703－0002147　G20859　史部/傳記類/別傳之屬

先聖生卒年月日考二卷 （清）孔廣牧撰　清光緒十九年(1893)浙江書局刻本　一冊

330000－1703－0002153　G22247　史部/地理類/山川之屬/山志

武夷山志二十八卷首一卷續二卷 （清）倪煒撰　清康熙四十九年(1710)帶經堂刻本　二冊　存六卷(十九至二十、二十五至二十八)

330000－1703－0002154　G20869　史部/傳記類/別傳之屬/年譜

裴光祿年譜四卷 （清）裴士騏等輯　（清）徐嘉編　清光緒二十五年(1899)刻本　二冊

330000－1703－0002156　G20867　史部/傳記類/別傳之屬/年譜

弇山畢公[沅]年譜一卷 （清）史善長編　清同治十一年(1872)畢長慶等刻本　一冊

330000－1703－0002157　G11113　經部/叢編

皇清經解一千四百八卷首一卷 （清）阮元輯　清道光九年(1829)廣東學海堂刻咸豐十一年(1861)補刻本　二百五十六冊　存一百五十五種

330000－1703－0002158　G20856　史部/傳記類/別傳之屬/事狀

李文忠公[鴻章]事略(中國四十年來大事記)四卷首一卷 梁啓超撰　清末石印本　何其樞題記　一冊

330000－1703－0002159　G20868　史部/傳記類/別傳之屬/年譜

思補老人[潘世恩]自訂年譜一卷 （清）潘世恩撰　清同治二年(1863)吳縣潘氏刻本　一冊

330000－1703－0002162　G20876　史部/傳記類/別傳之屬

花甲閒談十六卷 （清）張維屏輯　清道光十九年(1839)富文齋刻本　四冊

330000 - 1703 - 0002164　G20734　史部/傳記類/總傳之屬

顯忠錄七卷　（清）戴嘉珍輯　清同治五年（1866）固本堂木活字印本　一冊

330000 - 1703 - 0002170　G50604　類叢部/叢書類/家集之屬

洪氏晦木齋叢書二十一種　（清）洪汝奎編　清同治八年至宣統元年（1869 - 1909）刻本　趙時櫚題記　四冊　存一種

330000 - 1703 - 0002171　G40131　集部/別集類/宋別集

施註蘇詩四十二卷目錄二卷　（宋）蘇軾撰　（宋）施元之　（宋）顧禧注　（清）顧嗣立　（清）邵長蘅　（清）宋至刪補　**蘇詩續補遺二卷**　（清）馮景補註　**王註正譌一卷**　（清）邵長蘅撰　**東坡先生年譜一卷**　（宋）王宗稷編　清康熙三十八年（1699）商丘宋犖刻本　十六冊

330000 - 1703 - 0002175　G11114　經部/叢編

皇清經解一千四百八卷首一卷　（清）阮元輯　清道光九年（1829）廣東學海堂刻咸豐十一年（1861）補刻本　一冊　存三卷（四至六）

330000 - 1703 - 0002185　G20861　史部/傳記類/別傳之屬/年譜

朱子[熹]年譜四卷考異四卷　（清）王懋竑撰　**朱子論學切要語二卷**　（清）王懋竑輯　清乾隆十七年（1752）寶應王氏白田草堂刻本　四冊

330000 - 1703 - 0002194　G20862　史部/傳記類/別傳之屬/年譜

朱子[熹]年譜四卷考異四卷　（清）王懋竑撰　**朱子論學切要語二卷**　（清）王懋竑輯　清乾隆十七年（1752）寶應王氏白田草堂刻清末浙江書局補刻本　張美翊題記　三冊　缺二卷（朱子論學切要語一至二）

330000 - 1703 - 0002197　G20863　史部/傳記類/別傳之屬/年譜

延平四先生年譜四卷　（清）毛念恃編　清乾

隆十年（1745）張坦刻本　一冊　存一卷（宋儒龜山楊先生年譜）

330000 - 1703 - 0002199　S00025　史部/目錄類/總錄之屬/私撰

結一廬書目四卷　（清）朱學勤撰　稿本　一冊

330000 - 1703 - 0002200　G20865　史部/傳記類/別傳之屬/年譜

文恭公[沈一貫]年譜一卷　清抄本　一冊

330000 - 1703 - 0002201　G20866　史部/傳記類/別傳之屬/年譜

張忠烈公[煌言]年譜一卷　（清）趙之謙編　清光緒二十二年（1896）慈谿童賡年刻本　一冊

330000 - 1703 - 0002202　G20864　史部/傳記類/別傳之屬/年譜

工深寧先生[應麟]年譜一卷　（清）陳僅撰　（清）張恕編　清葉熊刻本　一冊

330000 - 1703 - 0002204　G21095　史部/傳記類/別傳之屬

忠貞錄[顧長庚]一卷　（清）顧雲輯　清光緒二十二年（1896）刻本　一冊

330000 - 1703 - 0002207　G20860　史部/傳記類/別傳之屬/年譜

東坡先生[蘇軾]年譜一卷　（宋）王宗稷編　（清）邵長蘅重訂　清刻本　一冊

330000 - 1703 - 0002208　G20878　史部/傳記類/別傳之屬/年譜

孤忠錄二卷　（清）袁祖志輯　清光緒十二年（1886）上海文瑞樓刻本　二冊

330000 - 1703 - 0002209　G22634　史部/目錄類/總錄之屬/私撰

書目答問五卷別錄一卷國朝著述諸家姓名略一卷　（清）張之洞撰　清光緒四年（1878）上海淞隱閣鉛印本　四冊

330000 - 1703 - 0002218　G22639　史部/目錄類/專錄之屬

小學考五十卷 (清)謝啟昆撰 清光緒十四年(1888)浙江書局刻本 十二册

330000－1703－0002227 G22223 史部/地理類/水利之屬
畿輔河道水利叢書 (清)吳邦慶輯 清道光四年(1824)益津吳氏刻本 八册 存七種

330000－1703－0002228 G22226 史部/地理類/水利之屬
豫南水利巵言一卷 徐壽茲撰 清光緒二十七年(1901)大梁刻本 一册

330000－1703－0002234 G20892 史部/傳記類/别傳之屬/事狀
鄞縣范君叔文[世璋]追悼集一卷 清光緒三十三年(1907)鉛印本 一册

330000－1703－0002236 G20736 史部/傳記類/總傳之屬/姓名
八旗滿洲氏族通譜八十卷目錄二卷 (清)呂熾等纂 清乾隆九年(1744)武英殿刻本 五册 存二十五卷(三十九至四十九、六十七至八十)

330000－1703－0002238 G22228 史部/地理類/山川之屬/山志
泰山志二十卷 (清)金棨撰 清嘉慶刻本 九册 存六卷(一至四、十九至二十)

330000－1703－0002240 G21982 史部/地理類/方志之屬/通志
[雍正]敕修浙江通志二百八十卷首三卷 (清)李衛 (清)嵇曾筠等修 (清)沈翼機 (清)傅王露等纂 清乾隆元年(1736)刻本 一百二十册

330000－1703－0002242 G21983 史部/地理類/方志之屬/通志
[雍正]敕修浙江通志二百八十卷首三卷 (清)李衛 (清)嵇曾筠等修 (清)沈翼機 (清)傅王露等纂 清乾隆刻本 二十八册 存七十九卷(首一至三,一至三、七至二十七、三十一至三十六、四十一至五十六、六十七至七十八、八十二至八十七、一百六十至一百六十二、一百九十三至一百九十五、二百七至二百十二)

330000－1703－0002244 G22224 史部/地理類/山川之屬/山志
重修南海普陀山志二十卷首一卷 (清)秦耀曾輯 清道光十二年(1832)刻本 四册

330000－1703－0002246 G22229 史部/地理類/山川之屬/山志
泰山小史一卷 (明)蕭協中撰 清乾隆五十四年(1789)刻本 一册

330000－1703－0002247 G22230 史部/地理類/山川之屬/山志
泰山道里記一卷 (清)聶鈫撰 清道光六年(1826)刻光緒四年(1878)增刻本 一册

330000－1703－0002248 G21984 史部/地理類/方志之屬/通志
[雍正]敕修浙江通志二百八十卷首三卷 (清)李衛 (清)嵇曾筠等修 (清)沈翼機 (清)傅王露等纂 清光緒二十五年(1899)浙江書局刻本 九十一册 缺六十三卷(二百十七至二百六十八、二百七十至二百八十)

330000－1703－0002249 G22502 史部/金石類/石之屬/文字
隸釋二十七卷 (宋)洪适撰 清乾隆四十二年至四十三年(1777－1778)汪日秀樓松書屋刻本 十六册

330000－1703－0002251 G20754 史部/傳記類/總傳之屬/斷代
周列士傳一卷 (清)顧壽楨撰 清同治五年(1866)見素抱樸齋刻本 一册

330000－1703－0002253 G40133 集部/别集類/宋别集
蘇文忠詩合註五十卷首一卷目錄一卷 (宋)蘇軾撰 (清)馮應榴輯 清乾隆五十八年(1793)桐鄉馮氏踵息齋刻同治九年(1870)補修本 張美翊題記 二十册

330000－1703－0002255 G22208 史部/地理類/山川之屬/山志

京口三山志 （清）□□輯 清同治至光緒刻本 十冊 存二種

330000－1703－0002256 G21989 史部/地理類/雜志之屬

浙江全省輿圖並水陸道里記不分卷 （清）宗源瀚等纂 清光緒二十年(1894)石印本 五冊

330000－1703－0002257 G22207 史部/地理類/山川之屬/山志

京口三山志 （清）□□輯 清同治至光緒刻本 十冊 存二種

330000－1703－0002258 G22206 史部/地理類/山川之屬/山志

京口三山志 （清）□□輯 清同治至光緒刻本 八冊 存一種

330000－1703－0002259 G22213 史部/地理類/山川之屬/水志

西湖志纂十五卷首一卷末一卷 （清）沈德潛（清）傅王露等撰 清刻本 五冊 存十一卷(五至十五)

330000－1703－0002260 G11111 經部/叢編

皇清經解一千四百八卷首一卷 （清）阮元輯 清道光九年(1829)廣東學海堂刻咸豐十一年(1861)補刻本 十六冊 存十九種

330000－1703－0002263 G22238 史部/地理類/山川之屬/山志

明州阿育王山志十卷 （明）郭子章撰 **明州阿育王山續志六卷** （清）釋畹荃撰 明萬曆刻清乾隆續刻本 六冊

330000－1703－0002264 G21091 史部/傳記類/日記之屬

求闕齋日記類鈔十卷 （清）曾國藩撰 （清）王啟原編 清光緒十年(1884)上海海昌莊刻本 四冊

330000－1703－0002265 G22203 史部/地理類/水利之屬

浙西水利備考不分卷 （清）王鳳生撰 清光

緒四年(1878)浙江書局刻本 四冊

330000－1703－0002266 G11108 經部/叢編

皇清經解一千四百八卷 （清）阮元輯 清光緒十八年(1892)上海古香閣石印本 六十四冊 缺三十七種(禮學卮言六,春秋公羊校勘記一至十一、釋文校勘記,春秋穀梁傳校勘記一至十二、釋文校勘記,論語校勘記一至十、釋文校勘記)

330000－1703－0002267 G22239 史部/地理類/山川之屬/山志

明州阿育王山志十卷 （明）郭子章撰 **明州阿育王山續志六卷** （清）釋畹荃撰 明萬曆刻清乾隆續刻本 六冊

330000－1703－0002268 G31556 子部/雜著類/雜說之屬

籌河論一卷 清光緒鉛印本 一冊

330000－1703－0002269 G11107 經部/叢編

皇清經解一百九十卷首一卷正訛記一卷 （清）阮元輯 清光緒十七年(1891)上洋鴻寶齋石印本 十冊 缺五卷(三十三、三十八、一百二十七、一百七十四,正訛記)

330000－1703－0002270 G22204 史部/地理類/水利之屬

疏浚郡河清冊一卷 （清）張繹等編 清咸豐六年(1856)木活字印本 一冊

330000－1703－0002271 G11117 經部/叢編

皇清經解續編二百九卷 王先謙輯 清光緒十五年(1889)上海蜚英館石印本 三十一冊

330000－1703－0002272 G11112 經部/叢編

皇清經解一千四百八卷首一卷 （清）阮元輯 清道光九年(1829)廣東學海堂刻咸豐十一年(1861)補刻本 二百九十三冊 存一百五十八種

330000－1703－0002273 G22637 史部/目

錄類/專錄之屬

經義考三百卷 （清）朱彝尊撰　**經義考總目
二卷** （清）盧見曾編　清康熙秀水朱氏曝書
亭刻乾隆十九年至二十年(1754－1755)德州
盧見曾刻乾隆四十二年(1777)汪汝瑮重印
本(卷二八六、二九九至三百原缺)　四十冊

330000－1703－0002274　G22638　史部/目
錄類/專錄之屬

經義考三百卷 （清）朱彝尊撰　**經義考總目
二卷** （清）盧見曾編　清康熙秀水朱氏曝書
亭刻乾隆十九年至二十年(1754－1755)德州
盧見曾續刻乾隆四十二年(1777)汪汝瑮重印
本(卷二八六、二九九至三百原缺)　五十七
冊　缺十四卷(十九至二十二、一百十八至一
百二十二、一百四十八至一百五十二)

330000－1703－0002275　G22640　史部/目
錄類/總錄之屬/官修

欽定四庫全書總目二百卷首四卷 （清）紀昀
等撰　清宣統二年(1910)存古齋石印本　三
十二冊

330000－1703－0002276　G21990　史部/地
理類/雜志之屬

浙江全省輿圖並水陸道里記不分卷 （清）宗
源瀚等纂　清光緒二十年(1894)石印本　二
十冊

330000－1703－0002277　G21991　史部/地
理類/雜志之屬

浙江全省輿圖並水陸道里記不分卷 （清）宗
源瀚等纂　清光緒二十年(1894)石印本　二
十冊

330000－1703－0002278　G22232　史部/地
理類/山川之屬/山志

天台山全志十八卷 （清）張聯元輯　清康熙
五十六年(1717)刻本　五冊　存九卷(四至
六、十三至十八)

330000－1703－0002279　G21992　史部/地
理類/雜志之屬

浙江全省輿圖並水陸道里記不分卷 （清）宗
源瀚等纂　清光緒二十年(1894)石印本　十

五冊

330000－1703－0002280　G22210　史部/地
理類/山川之屬/水志

西湖志四十八卷 （清）李衛　（清）程元章修
　（清）傅王露撰　清光緒四年(1878)浙江書
局刻本　十九冊　缺二卷(三至四)

330000－1703－0002282　G21994　史部/地
理類/雜志之屬

浙江全省輿圖並水陸道里記不分卷 （清）宗
源瀚等纂　清光緒二十年(1894)石印本
五冊

330000－1703－0002283　G22205　史部/地
理類

大嵩水利案讞記一卷 （清）汪臣純節錄　清
抄本　一冊

330000－1703－0002284　G22209　史部/地
理類/山川之屬/水志

西湖志四十八卷 （清）李衛　（清）程元章修
　（清）傅王露撰　清光緒四年(1878)浙江書
局刻本　二十冊

330000－1703－0002285　G22071　史部/地
理類/方志之屬/郡縣志

[光緒]新修慈谿縣志五十六卷附編一卷
（清）楊泰亨　（清）馮可鏞纂　清光緒稿本
四冊　存四卷(四十八至五十一)

330000－1703－0002286　G22069　史部/地
理類/方志之屬/郡縣志

[光緒]慈谿縣志五十六卷附編一卷 （清）楊
泰亨　（清）馮可鏞纂　（清）劉一桂校補　清
光緒二十五年(1899)德潤書院刻本　十二冊
　缺一卷(十九)

330000－1703－0002296　G20763　史部/傳
記類/總傳之屬/斷代

國朝先正事略六十卷 （清）李元度撰　清光
緒九年(1883)蛟川方氏刻本　二十四冊

330000－1703－0002298　G20764　史部/傳
記類/總傳之屬/斷代

國朝先正事略六十卷 （清）李元度撰　清刻

本　二十四冊

330000－1703－0002299　G22641　史部/目
録類/總録之屬/官修

欽定四庫全書總目二百卷首一卷　（清）紀昀
等撰　清同治七年(1868)廣東書局刻本　一
百三冊　缺二十九卷（一至二、五至六、二十
七至二十八、五十五至五十六、八十三至八十
四、一百五十二至一百六十九、一百八十六）

330000－1703－0002300　G20757　史部/傳
記類/總傳之屬/仕宦

歷代名臣言行錄二十四卷　（清）朱桓輯　清
同治四年(1865)刻本　三十二冊

330000－1703－0002301　G22311　史部/地
理類/雜志之屬

新地理學綱要三卷　（清）許頌平編纂　清光
緒三十二年(1906)上海廣益書局鉛印本
冊

330000－1703－0002302　G20756　史部/傳
記類/總傳之屬/仕宦

歷代名臣言行錄二十四卷　（清）朱桓輯　清
嘉慶二年(1797)刻本　二十七冊　缺三卷
（十一至十二、十四）

330000－1703－0002304　G20765　史部/傳
記類/總傳之屬/斷代

國朝先正事略六十卷　（清）李元度撰　清刻
本　三冊　存六卷（四至五、十四至十五、二
十七至二十八）

330000－1703－0002306　G20768　史部/傳
記類/總傳之屬/斷代

國朝先正事略六十卷首一卷　（清）李元度撰
清光緒十五年(1889)上海廣百宋齋鉛印本
十冊

330000－1703－0002307　G20759　史部/傳
記類/總傳之屬/仕宦

歷代名臣言行錄二十四卷　（清）朱桓輯　清
光緒鉛印本　十一冊　存二十二卷（三至二
十四）

330000－1703－0002308　G20769　史部/傳

記類/總傳之屬/斷代

國朝先正事略六十卷首一卷　（清）李元度撰
清光緒十二年(1886)鉛印本　十冊

330000－1703－0002310　G22642　史部/目
録類/總録之屬/官修

欽定四庫全書總目二百卷首一卷　（清）紀昀
等撰　清同治七年(1868)廣東書局刻本　三
十冊　存四十一卷（一百三十九至一百七十
九）

330000－1703－0002311　G20770　史部/傳
記類/總傳之屬/斷代

國朝先正事略六十卷首一卷　（清）李元度撰
清光緒十二年(1886)鉛印本　十冊

330000－1703－0002312　G20760　史部/傳
記類/總傳之屬/仕宦

歷代名臣言行錄二十四卷　（清）朱桓輯　清
光緒鉛印本　六冊　存十二卷（五至十六）

330000－1703－0002313　G20761　史部/傳
記類/總傳之屬/仕宦

歷代名臣言行錄續集四十卷首一卷　（清）張
兆蓉輯　清末石印本　八冊　存二十三卷
（六至八、二十一至四十）

330000－1703－0002314　G22194　史部/地
理類/山川之屬/水志

水經注釋四十卷首一卷附録二卷水經注箋刊
誤十二卷　（清）趙一清撰　清光緒六年
(1880)蛟川張氏花雨樓刻本　十九冊　缺四
卷（十六至十九）

330000－1703－0002315　G20766　史部/傳
記類/總傳之屬/斷代

國朝先正事略六十卷　（清）李元度撰　清同
治五年至八年(1866－1869)循陔草堂刻本
張美翊題記　二十三冊　缺三卷（二十七至
二十九）

330000－1703－0002316　G20758　史部/傳
記類/總傳之屬/仕宦

歷代名臣言行錄二十四卷　（清）朱桓輯　清
嘉慶二年(1797)刻本　三十二冊

330000 - 1703 - 0002317　G20767　史部/傳記類/總傳之屬/斷代

國朝先正事略六十卷　(清)李元度撰　清光緒二十五年(1899)上海圖書集成印書局鉛印本　八冊

330000 - 1703 - 0002318　G22201　史部/地理類/水利之屬

行水金鑑一百七十五卷首一卷　(清)傅澤洪撰　清雍正三年(1725)淮揚官舍刻本　三十六冊

330000 - 1703 - 0002319　G22088　史部/地理類/方志之屬/郡縣志

[康熙]會稽縣志二十八卷首一卷　(清)王元臣修　(清)董欽德　(清)金炯纂　清抄本八冊

330000 - 1703 - 0002320　G22095　史部/地理類/方志之屬/郡縣志

[嘉定]剡錄十卷　(宋)史安之修　(宋)高似孫纂　清同治九年(1870)刻本　二冊

330000 - 1703 - 0002321　G22645　史部/目錄類/總錄之屬/官修

欽定四庫全書總目二百卷首一卷簡明目錄二十卷　(清)紀昀等撰　清光緒二十年(1894)上海點石齋石印本　二十四冊

330000 - 1703 - 0002322　G22646　史部/目錄類/總錄之屬/官修

欽定四庫全書總目二百卷首一卷簡明目錄二十卷　(清)紀昀等撰　清光緒二十年(1894)上海點石齋石印本　四冊　存二十卷(欽定四庫全書簡明目錄一至二十)

330000 - 1703 - 0002323　G22096　史部/地理類/方志之屬/郡縣志

[嘉定]剡錄十卷　(宋)史安之修　(宋)高似孫纂　清同治九年(1870)刻本　二冊

330000 - 1703 - 0002324　G22644　史部/目錄類/總錄之屬/官修

欽定四庫全書總目二百卷首一卷　(清)紀昀等撰　**四庫未收書目提要五卷**　(清)阮元撰

清光緒十四年(1888)上海漱六山莊石印本十九冊　缺十一卷(十八至二十八)

330000 - 1703 - 0002325　G21879　史部/地理類/總志之屬/通代

天下郡國利病書一百二十卷　(清)顧炎武撰　清道光成都龍萬育敷文閣刻光緒五年(1879)桐華書屋薛氏家塾重修本　五十五冊

330000 - 1703 - 0002326　G22114　史部/地理類/方志之屬/郡縣志

[光緒]嚴州府志三十八卷首一卷　(清)吳士進原本　(清)吳世榮續修　(清)鄒伯森(清)馬斯臧等續纂　清光緒八年至九年(1882－1883)刻十六年(1890)鶴山增刻二十三年(1897)賀良樾再增刻本　二十六冊　缺二卷(十七至十八)

330000 - 1703 - 0002327　G21872　史部/地理類/總志之屬/斷代

太平寰宇記二百卷目錄二卷　(宋)樂史撰　清光緒八年(1882)金陵書局刻本(卷四、一百十三至一百十九原缺)　三十六冊

330000 - 1703 - 0002328　G22643　史部/目錄類/總錄之屬/官修

欽定四庫全書總目二百卷首一卷　(清)紀昀等撰　清同治七年(1868)廣東書局刻本　九十七冊　缺二十卷(一至三、七、十至十五、九十一、一百八十一至一百八十六、一百八十九至一百九十、一百九十八)

330000 - 1703 - 0002329　G21934　史部/地理類/雜志之屬

欽定日下舊聞考一百六十卷譯語總目一卷(清)于敏中　(清)竇光鼐等纂修　清乾隆武英殿刻本　二十一冊　存六十九卷(九至十二、二十二至二十四、二十八至三十、三十四至三十六、四十四至五十、五十四至五十八、六十五至七十五、七十九至八十四、八十七至八十八、九十六至九十九、一百九至一百十三、一百二十八至一百三十九、一百五十四至一百五十七)

330000 - 1703 - 0002330　G20383　史部/雜

史類/通代之屬

華陽國志十二卷 （晉）常璩撰　**補三州郡縣目錄一卷**　（清）廖寅撰　清光緒四年（1878）二酉山房刻本　張美翊題記　六冊

330000－1703－0002331　G21880　史部/地理類/總志之屬/通代

天下郡國利病書一百二十卷　（清）顧炎武撰　清光緒二十七年（1901）上海圖書集成印書局鉛印本　二十八冊

330000－1703－0002332　G21873　史部/地理類/總志之屬/斷代

[元豐]九域志十卷　（宋）王存等纂修　清光緒八年（1882）金陵書局刻本　四冊

330000－1703－0002333　G22020　史部/地理類/方志之屬/郡縣志

宋元四明六志　（清）徐時棟輯　清咸豐四年（1854）甬上徐氏煙嶼樓刻本（[大德]昌國州圖志首一卷末一卷、[延祐]四明志卷九至十一原缺）　一冊　存一種

330000－1703－0002334　G22021　史部/地理類/方志之屬/郡縣志

宋元四明六志　（清）徐時棟輯　清咸豐四年（1854）甬上徐氏煙嶼樓刻光緒五年（1879）印本（[大德]昌國州圖志首一卷末一卷、[延祐]四明志卷九至十一原缺）　四十冊

330000－1703－0002335　G21881　史部/地理類/總志之屬/通代

讀史方輿紀要一百三十卷方輿全圖總說五卷　（清）顧祖禹撰　清光緒二十七年（1901）上海圖書集成局鉛印本　三十二冊

330000－1703－0002336　G21874　史部/地理類/總志之屬/斷代

大清一統志四百二十四卷　（清）和珅等纂修　清光緒二十八年（1902）上海寶善齋石印本　六十冊

330000－1703－0002338　G21875　史部/地理類/總志之屬/斷代

大清一統志四百二十四卷　（清）和珅等纂修

清光緒二十三年（1897）杭州竹簡齋石印本　六十冊

330000－1703－0002339　G22656　史部/目錄類/書志之屬/提要

日本書目志十五卷　康有為輯　清光緒上海大同譯書局石印本　三冊　缺六卷（一至二、九至十、十四至十五）

330000－1703－0002341　G21876　史部/地理類/總志之屬/斷代

大清一統志□□卷　清刻本　二十冊　存八十九卷（八十五至一百七十三）

330000－1703－0002342　G31723　子部/天文曆算類/算書之屬

古今算學叢書編目一卷　（清）劉鐸編　清光緒二十二年（1896）石印本　一冊

330000－1703－0002343　G22661　史部/目錄類/總錄之屬/私撰

式古堂目錄十七卷　（清）尤瑩編　清光緒十九年（1893）石印本　一冊

330000－1703－0002344　G22660　史部/目錄類/總錄之屬/私撰

式古堂目錄十七卷　（清）尤瑩編　清光緒十九年（1893）石印本　二冊

330000－1703－0002345　G21886　史部/地理類/總志之屬/通代

讀史方輿紀要一百三十卷輿圖要覽四卷　（清）顧祖禹撰　清嘉慶十六年（1811）龍萬育敷文閣刻光緒五年（1879）蜀南桐華書屋家塾補修本　六十五冊

330000－1703－0002346　G22657　史部/目錄類/書志之屬/提要

東西學書錄二卷附一卷　徐維則輯　清光緒二十五年（1899）石印本　三冊

330000－1703－0002347　G22658　史部/目錄類/書志之屬/提要

東西學書錄二卷附一卷　徐維則輯　清光緒二十五年（1899）石印本　三冊

330000－1703－0002348　G22659　史部/目錄類/書志之屬/提要

東西學書錄二卷附一卷　徐維則輯　清光緒二十五年(1899)石印本　三冊

330000－1703－0002349　G22022　史部/地理類/方志之屬/郡縣志

宋元四明六志　(清)徐時棟輯　清咸豐四年(1854)甬上徐氏煙嶼樓刻光緒五年(1879)印本([大德]昌國州圖志首一卷末一卷、[延祐]四明志卷九至十一原缺)　四十冊

330000－1703－0002350　G50795　類叢部/叢書類/自著之屬

魯氏遺著四種附二種　(清)魯一同撰　清咸豐山陽魯氏刻本　八冊　存四種

330000－1703－0002351　G22501　史部/金石類/總志之屬

金石索十二卷首一卷　(清)馮雲鵬　(清)馮雲鵷輯　清光緒三十二年(1906)上海文新局石印本　二十四冊

330000－1703－0002353　G50797　類叢部/叢書類/自著之屬

魯氏遺著四種附二種　(清)魯一同撰　清咸豐山陽魯氏刻本　三冊　存一種

330000－1703－0002354　G50689　類叢部/叢書類/自著之屬

蘇齋叢書十八種　(清)翁方綱撰　清乾隆至嘉慶刻彙印本　六冊　存一種

330000－1703－0002355　G50794　類叢部/叢書類/自著之屬

魯氏遺著四種附二種　(清)魯一同撰　清咸豐山陽魯氏刻本　五冊　存三種

330000－1703－0002357　G22503　史部/金石類/總志之屬

金石萃編一百六十卷　(清)王昶撰　清嘉慶十年(1805)青浦王氏經訓堂刻同治十年(1871)嘉善錢寶傳補刻本　四十四冊　缺四十二卷(五十一至五十三、七十至七十二、一百七至一百十六、一百十九至一百二十九、一百三十二至一百四十六)

330000－1703－0002358　G50796　類叢部/叢書類/自著之屬

魯氏遺著四種附二種　(清)魯一同撰　清咸豐山陽魯氏刻本　九冊　存五種

330000－1703－0002359　G22651　史部/目錄類/總錄之屬/私撰

宋元舊本書經眼錄三卷附錄二卷　(清)莫友芝撰　清光緒十年(1884)上海還讀樓刻本　四冊

330000－1703－0002360　G22505　史部/金石類/總志之屬

金石萃編一百六十卷　(清)王昶撰　**金石續編二十一卷首一卷**　(清)陸耀遹撰　清光緒十九年(1893)上海寶善書局石印本　二十四冊

330000－1703－0002363　G22504　史部/金石類/總志之屬

金石萃編一百六十卷　(清)王昶撰　清嘉慶十年(1805)青浦王氏經訓堂刻同治十年(1871)嘉善錢寶傳補刻本　五十四冊　存一百三十二卷(二十九至一百六十)

330000－1703－0002365　G22510　史部/金石類/石之屬/義例

碑版文廣例十卷　(清)王芑孫撰　清道光二十一年(1841)長洲王氏刻本　四冊

330000－1703－0002366　G22511　史部/金石類/石之屬/義例

碑版文廣例十卷　(清)王芑孫撰　清道光二十一年(1841)長洲王氏刻本　四冊

330000－1703－0002369　G21882　史部/地理類/總志之屬/通代

讀史方輿紀要一百三十卷方輿全圖總說五卷　(清)顧祖禹撰　清光緒二十七年(1901)上海圖書集成局鉛印本　三十二冊

330000－1703－0002370　G22655　史部/目錄類/書志之屬/提要

日本書目志十五卷　康有為輯　清光緒上海

大同譯書局石印本　八冊

330000－1703－0002371　G22506　史部/金石類/總志之屬

二銘艸堂金石聚十六卷首一卷　（清）張德容輯　清同治十一年(1872)衢州張氏二銘草堂刻本　十六冊

330000－1703－0002372　G22652　史部/目錄類/總錄之屬

經籍訪古志六卷補遺一卷　（日本）澁江全善（日本）森立之撰　清光緒十一年(1885)六合徐承祖日本鉛印本　八冊

330000－1703－0002373　G22507　史部/金石類/總志之屬

二銘艸堂金石聚十六卷首一卷　（清）張德容輯　清同治十一年(1872)衢州張氏二銘草堂刻本　十六冊

330000－1703－0002374　G21884　史部/地理類/總志之屬/通代

讀史方輿紀要一百三十卷輿圖要覽四卷(清)顧祖禹撰　清光緒二十五年(1899)慎記書莊石印本　三十二冊

330000－1703－0002375　G21885　史部/地理類/總志之屬/通代

讀史方輿紀要一百三十卷輿圖要覽四卷(清)顧祖禹撰　清光緒二十五年(1899)慎記書莊石印本　三十二冊

330000－1703－0002376　G22647　史部/目錄類/總錄之屬/官修

欽定四庫全書簡明目錄二十卷　（清）紀昀等撰　清乾隆刻本　八冊

330000－1703－0002377　G22516　史部/金石類/郡邑之屬/文字

兩浙金石志十八卷補遺一卷　（清）阮元撰清光緒十六年(1890)浙江書局刻本　十二冊

330000－1703－0002378　G22650　史部/目錄類/總錄之屬/官修

欽定四庫全書簡明目錄二十卷首一卷　（清）紀昀等撰　清同治廣州經韻樓刻本　十二冊

330000－1703－0002380　G21887　史部/地理類/總志之屬/通代

讀史方輿紀要一百三十卷　（清）顧祖禹撰清刻本　四十冊　存七十三卷(一至五十一、七十至九十一)

330000－1703－0002382　G22513　史部/金石類/石之屬/通考

語石十卷　葉昌熾撰　清宣統元年(1909)刻本　二冊　存四卷(一至四)

330000－1703－0002383　G22649　史部/目錄類/總錄之屬/官修

欽定四庫全書簡明目錄二十卷　（清）紀昀等撰　清刻本　十二冊

330000－1703－0002384　G50095　類叢部/叢書類/彙編之屬

三長物齋叢書二十五種　（清）黃本驥編　清道光湘陰蔣璙刻光緒四年(1878)古香書閣印本　三十五冊　存十五種

330000－1703－0002385　G22512　史部/金石類/石之屬/文字

石鼓文釋存一卷補注一卷　（清）張燕昌撰清光緒二十八年(1902)貴池劉世珩刻本　一冊

330000－1703－0002386　G22648　史部/目錄類/總錄之屬/官修

欽定四庫全書簡明目錄二十卷　（清）紀昀等撰　清乾隆刻本　十二冊

330000－1703－0002388　G20829　史部/傳記類/總傳之屬/郡邑

兩浙名賢錄六十二卷　（明）徐象梅撰　清光緒二十六年(1900)浙江書局刻本　六十二冊

330000－1703－0002392　G22523　史部/金石類

行素草堂金石叢書(孫溪朱氏金石叢書)(清)朱記榮輯　清光緒吳縣朱氏刻十四年(1888)彙印本　二十六冊　存九種

330000－1703－0002393　G21883　史部/地理類/總志之屬/通代

讀史方輿紀要一百三十卷方輿全圖總說四卷
（清）顧祖禹撰　清光緒二十九年（1903）上
海益吾齋石印本　二十三冊　缺六卷（十至
十五）

330000－1703－0002394　G50136　類叢部/
叢書類/彙編之屬
槐盧叢書四十六種　（清）朱記榮編　清光緒
三年至十五年（1877－1889）吳縣朱氏槐盧家
塾刻本　二冊　存一種

330000－1703－0002395　G22517　史部/金
石類/郡邑之屬
栝蒼金石志十二卷續志四卷　（清）李遇孫輯
（清）鄒柏森校補　清同治十三年（1874）浙
江處州府署刻本　六冊

330000－1703－0002396　G50688　類叢部/
叢書類/自著之屬
蘇齋叢書十八種　（清）翁方綱撰　清乾隆至
嘉慶刻彙印本　十冊　存一種

330000－1703－0002397　G22524　史部/金
石類
金石全例　（清）朱記榮輯　清光緒刻十八年
（1892）吳縣朱氏彙印本　四冊　存一種

330000－1703－0002398　G21888　史部/地
理類/總志之屬/通代
讀史方輿紀要歷代州域形勢十卷　（清）顧祖
禹撰　清嘉慶十年（1805）友蘭堂刻道光三十
年（1850）續刻光緒十五年（1889）長沙傳忠書
局印本　十冊

330000－1703－0002399　G32071　子部/藝
術類/書畫之屬/書法書品
淳化閣帖釋文十卷　清刻本　一冊

330000－1703－0002400　G50853　史部/金
石類/總志之屬
學古齋金石叢書四集　（清）葛元煦輯　清光
緒崇川葛氏學古齋刻本　十六冊　存六種

330000－1703－0002401　G22518　史部/金
石類/郡邑之屬
濟寧金石志八卷　（清）徐宗幹　（清）馮雲鵷

輯　清道光二十五年（1845）閩中刻本　八冊

330000－1703－0002402　G22536　史部/政
書類/邦計之屬
銀洋精論三卷　（清）梁思澤撰　清光緒七年
（1881）四明是亦軒刻本　二冊

330000－1703－0002404　G22519　史部/金
石類/陶之屬/文字
秦漢瓦當文字二卷續一卷　（清）程敦撰　清
光緒據乾隆五十二年（1787）橫渠書院刻五十
九年（1794）續刻本影印本　一冊　存一卷
（續）

330000－1703－0002406　G22520　史部/金
石類/陶之屬
浙江磚錄四卷　（清）馮登府撰　清道光十六
年（1836）鄞縣鄭淳刻本　二冊

330000－1703－0002407　G22537　史部/金
石類/石之屬/字書
明拓曹全碑不分卷　清末影印本　一冊

330000－1703－0002408　G22538　史部/地
理類/水利之屬
重脩潘劉隄碑不分卷　（清）趙畇撰　清刻本
一冊

330000－1703－0002409　G22529　史部/金
石類/金之屬/文字
積古齋鐘鼎彝器款識十卷　（清）阮元　（清）
朱為弼撰　清光緒五年（1879）武昌刻本
六冊

330000－1703－0002410　G22531　史部/金
石類/金之屬/文字
歷代鐘鼎彝器款識法帖二十卷　（宋）薛尚功
撰　清嘉慶二年（1797）儀徵阮元小琅環僊館
刻本　四冊

330000－1703－0002412　G20602　史部/史
評類/史論之屬
史通通釋二十卷附錄一卷　（清）浦起龍撰
清光緒二十五年（1899）上海寶文書局石印本
八冊

330000 - 1703 - 0002413　　G22532　　史部/金石類/金之屬/文字

歷代鐘鼎彝器款識法帖二十卷　（宋）薛尚功撰　清光緒八年(1882)上海點石齋影印本　三冊　存十五卷(一至五、十一至二十)

330000 - 1703 - 0002414　　G22533　　史部/金石類/金之屬/文字

歷代鐘鼎彝器款識法帖二十卷　（宋）薛尚功撰　清光緒八年(1882)上海點石齋影印本　一冊　存五卷(十一至十五)

330000 - 1703 - 0002415　　G20601　　史部/史評類/史論之屬

史通通釋二十卷附錄一卷　（清）浦起龍撰　清光緒二十五年(1899)上海通時書局石印本　八冊

330000 - 1703 - 0002416　　G22522　　史部/金石類/總志之屬/題跋

懷疑金石跋文小識不分卷　（清）吳騫撰　清抄本　一冊

330000 - 1703 - 0002417　　G20603　　史部/史評類/史論之屬

史通通釋二十卷附錄一卷　（清）浦起龍撰　清乾隆十七年(1752)梁溪浦氏求放心齋刻本　八冊

330000 - 1703 - 0002418　　G22669　　史部/目錄類/總錄之屬/私撰

書籍重檢癸卯本一卷　（清）張世訓撰　稿本　一冊

330000 - 1703 - 0002419　　G22530　　史部/金石類/金之屬/文字

積古齋鐘鼎彝器款識十卷　（清）阮元　（清）朱為弼撰　清刻本　四冊

330000 - 1703 - 0002420　　G22527　　史部/金石類/金之屬/文字

積古齋鐘鼎彝器款識十卷　（清）阮元　（清）朱為弼撰　清刻本　二冊　存五卷(三至五、九至十)

330000 - 1703 - 0002421　　G22528　　史部/金石類/金之屬/文字

積古齋鐘鼎彝器款識十卷　（清）阮元　（清）朱為弼撰　清刻本　一冊　存二卷(二至三)

330000 - 1703 - 0002423　　G22534　　史部/金石類/金之屬/文字

歷代鐘鼎彝器款識法帖二十卷　（宋）薛尚功撰　清嘉慶二年(1797)儀徵阮元小琅嬛僊館刻本　二冊　存七卷(十三至十四、十六至二十)

330000 - 1703 - 0002424　　G20604　　史部/史評類/史論之屬

史通削繁四卷　（清）紀昀撰　清道光十三年(1833)涿州盧坤兩廣節署刻朱墨套印本　四冊

330000 - 1703 - 0002425　　G32797　　新學/學校

暫定各學堂應用書目一卷　（清）京師大學堂編　清光緒二十九年(1903)浙江官書局刻本　一冊

330000 - 1703 - 0002426　　G20605　　史部/史評類/史論之屬

史通削繁四卷　（清）紀昀撰　清道光十三年(1833)涿州盧坤兩廣節署刻朱墨套印本　四冊

330000 - 1703 - 0002427　　G22663　　史部/目錄類/總錄之屬/官修

廣雅書局書目一卷　清宣統元年(1909)廣雅書局刻本　一冊

330000 - 1703 - 0002428　　G20606　　史部/史評類/史論之屬

史通削繁四卷　（清）紀昀撰　清光緒元年(1875)湖北崇文書局刻本　四冊

330000 - 1703 - 0002429　　G20609　　史部/史評類/史論之屬

唐宋名賢歷代確論一百卷　清光緒二十八年(1902)石印本　八冊

330000 - 1703 - 0002430　　G20607　　史部/史評類/史學之屬

文史通義八卷校讐通義三卷 （清）章學誠撰
清光緒二十四年(1898)長沙經文書局刻本
十冊

330000－1703－0002432　G22535　史部/金
石類/金之屬/文字
歷代鐘鼎彝器款識法帖二十卷 （宋）薛尚功
輯 歷代鐘鼎彝器款識法帖札記一卷　劉世
珩撰　清光緒二十九年(1903)貴池劉氏玉海
堂武昌刻三十三年(1907)增刻本　四冊

330000－1703－0002433　G20608　史部/史
評類/史學之屬
文史通義八卷校讐通義三卷 （清）章學誠撰
清光緒二十四年(1898)長沙經文書局刻本
八冊

330000－1703－0002435　G20610　史部/史
評類/史論之屬
歷代史論十二卷宋史論三卷元史論一卷
（明）張溥撰　左傳史論二卷 （清）高士奇撰
　明史論四卷 （清）谷應泰撰　清光緒文餘
堂刻本　八冊

330000－1703－0002436　G50859　類叢部/
叢書類/自著之屬
章氏遺書二種 （清）章學誠撰　清道光十二
年至十三年(1832－1833)章華紱刻浙江書局
補刻本　五冊

330000－1703－0002437　G20626　史部/史
評類/史論之屬
讀史論畧二卷 （清）杜詔撰　清光緒二十八
年(1902)大學堂刻本　二冊

330000－1703－0002438　G20625　史部/史
評類/史論之屬
讀史論畧一卷 （清）杜詔撰　清光緒元年
(1875)刻本　一冊

330000－1703－0002439　G20611　史部/史
評類/史論之屬
歷代史論十二卷宋史論三卷元史論一卷
（明）張溥撰　左傳史論二卷 （清）高士奇撰
　明史論四卷 （清）谷應泰撰　清光緒五年

(1879)西江裴氏刻本　八冊

330000－1703－0002441　G20623　史部/史
評類/史論之屬
讀史論畧二卷 （清）杜詔撰　清嘉慶十三年
(1808)王溶刻本　二冊

330000－1703－0002442　G20612　史部/史
評類/史論之屬
歷代史論十二卷宋史論三卷元史論一卷
（明）張溥撰　左傳史論二卷 （清）高士奇撰
　明史論四卷 （清）谷應泰撰　清光緒五年
(1879)西江裴氏刻本　十冊

330000－1703－0002443　G20624　史部/史
評類/史論之屬
讀史論畧二卷 （清）杜詔撰　清刻本　二冊

330000－1703－0002444　G20619　史部/史
評類/史論之屬
讀通鑑論十六卷附宋論十五卷 （清）王夫之
撰　清光緒三十年(1904)上海商務印書館鉛
印本　十冊

330000－1703－0002445　G31509　子部/雜
著類/雜說之屬
初學讀書要略四種　葉瀚撰　清光緒二十三
年(1897)仁和葉氏刻本　一冊

330000－1703－0002446　G20613　史部/史
評類/史論之屬
歷代史論十二卷宋史論三卷元史論一卷
（明）張溥撰　左傳史論二卷 （清）高士奇撰
　明史論四卷 （清）谷應泰撰　清光緒五年
(1879)西江裴氏刻本　九冊　缺三卷(歷代
史論八至十)

330000－1703－0002447　G20620　史部/史
評類/史論之屬
讀通鑑論十六卷附宋論十五卷 （清）王夫之
撰　清光緒三十年(1904)上海商務印書館鉛
印本　十冊

330000－1703－0002450　G50667　類叢部/
叢書類/自著之屬
船山遺書五十八種 （清）王夫之撰　清簡青

齋書局石印本　五冊　存一種

330000－1703－0002451　G10358　經部/春秋左傳類/傳說之屬
增批輯註東萊博議四卷　(宋)呂祖謙撰　(清)劉鍾英輯注　清光緒三十一年(1905)上海寶善齋書莊鉛印本　四冊

330000－1703－0002452　G20614　史部/史評類/史論之屬
歷代史論十二卷宋史論三卷元史論一卷　(明)張溥撰　**左傳史論二卷**　(清)高士奇撰　**明史論四卷**　(清)谷應泰撰　清光緒五年(1879)西江裴氏刻本　十冊

330000－1703－0002454　G20615　史部/史評類/史論之屬
歷代史論十二卷宋史論三卷元史論一卷　(明)張溥撰　**左傳史論二卷**　(清)高士奇撰　**明史論四卷**　(清)谷應泰撰　清末鉛印本　一冊　存四卷(明史論三至四、左傳史論一至二)

330000－1703－0002455　G20622　史部/史評類/史論之屬
評選船山史論二卷　(清)王夫之撰　林紓評選　清宣統三年(1911)上海商務印書館鉛印本　二冊

330000－1703－0002456　G20630　史部/史評類/史論之屬
史論正鵠初集四卷二集四卷三集八卷　(清)王樹敏評點　清光緒二十七年(1901)上海久敬齋石印本　二冊　存二卷(初集四、二集一)

330000－1703－0002457　G20616　史部/史評類/史論之屬
歷代史論一編四卷　(明)張溥撰　清光緒九年(1883)海上刻本　二冊

330000－1703－0002458　G10355　經部/春秋左傳類/傳說之屬
東萊博議四卷　(宋)呂祖謙撰　清光緒二十五年(1899)刻本　四冊

330000－1703－0002459　G20631　史部/史評類/史論之屬
史畧歌論十二卷首一卷　(清)裘曰和輯　清道光二十一年(1841)聰訓堂木活字印本　張美翊題記　六冊

330000－1703－0002460　G20617　史部/史評類/史論之屬
二十四史論海三十二卷近科鄉會史事論海四卷　(清)知新子編　清光緒三十年(1904)美華鎰記石印本　二十冊　缺三卷(十、二十六至二十七)

330000－1703－0002461　G20629　史部/史評類/史論之屬
史論正鵠初集四卷二集四卷三集八卷　(清)王樹敏評點　清光緒二十七年(1901)上海久敬齋石印本　八冊　存八卷(初集一至四、二集一至四)

330000－1703－0002462　G10356　經部/春秋左傳類/傳說之屬
東萊博議四卷　(宋)呂祖謙撰　清光緒二十四年(1898)石印本　二冊

330000－1703－0002463　G10359　經部/春秋左傳類/傳說之屬
續春秋左氏傳博議二卷　(清)王夫之撰　清光緒二十四年(1898)上海文瑞樓石印本　二冊　存一卷(一)

330000－1703－0002464　G10360　經部/春秋左傳類/傳說之屬
續春秋左氏傳博議二卷　(清)王夫之撰　清光緒二十四年(1898)上海文瑞樓石印本　二冊　存一卷(一)

330000－1703－0002465　G20628　史部/史評類/史論之屬
史論彙選甲編八卷　(清)呂景瑞編　清光緒二十七年(1901)掃葉山房石印本　四冊

330000－1703－0002466　G10357　經部/春秋左傳類/傳說之屬
東萊博議四卷首一卷　(宋)呂祖謙撰　清光

緒十八年（1892）上海古香閣石印本　四冊

330000－1703－0002467　G22671　史部/目錄類/總錄之屬/史志

八史經籍志十種三十卷　（日本）□□輯　清光緒八年至九年（1882－1883）鎮海張壽榮刻本　九冊　存六種

330000－1703－0002468　G10351　經部/春秋左傳類/傳說之屬

東萊先生左氏博議二十五卷　（宋）呂祖謙撰　**虛字註釋備考六卷**　（清）張文炳點定　清道光十九年（1839）錢唐瞿氏清吟閣刻本　四冊

330000－1703－0002469　G20634　史部/史評類/考訂之屬

十七史商榷一百卷　（清）王鳴盛撰　清光緒二十六年（1900）點石齋石印本　四冊

330000－1703－0002470　G20635　史部/史評類/考訂之屬

十七史商榷一百卷　（清）王鳴盛撰　清光緒二十九年（1903）點石齋石印本　四冊

330000－1703－0002471　G10352　經部/春秋左傳類/傳說之屬

東萊先生左氏博議二十五卷　（宋）呂祖謙撰　**虛字註釋備考六卷**　（清）張文炳點定　清道光十九年（1839）錢唐瞿氏清吟閣刻本　四冊

330000－1703－0002472　G20636　史部/史評類/考訂之屬

十七史商榷一百卷　（清）王鳴盛撰　清光緒二十九年（1903）點石齋石印本　四冊

330000－1703－0002474　G10353　經部/春秋左傳類/傳說之屬

東萊先生左氏博議二十五卷　（宋）呂祖謙撰　**虛字註釋備考六卷**　（清）張文炳點定　清道光十九年（1839）錢唐瞿氏清吟閣刻本　六冊

330000－1703－0002476　G10354　經部/春秋左傳類/傳說之屬

東萊先生左氏博議二十五卷　（宋）呂祖謙撰　**虛字註釋備考六卷**　（清）張文炳點定　清道光十九年（1839）錢唐瞿氏清吟閣刻本　四冊

330000－1703－0002478　G20274　史部/編年類/通代之屬

資治通鑑二百九十四卷目錄三十卷　（宋）司馬光撰　（元）胡三省音注　**續資治通鑑二百二十卷**　（清）畢沅撰　清光緒十四年（1888）上海蜚英館石印本　二冊　存十四卷（目錄一至十四）

330000－1703－0002479　G20633　史部/史評類/考訂之屬

十七史商榷一百卷　（清）王鳴盛撰　清光緒六年（1880）太原王氏刻本　二十四冊

330000－1703－0002480　G20720　史部/傳記類/總傳之屬/斷代

碑傳集一百六十卷首二卷末二卷　（清）錢儀吉輯　清光緒十九年（1893）江蘇書局刻本　五十九冊　缺二卷（首一至二）

330000－1703－0002481　G20637　史部/史評類/考訂之屬

十七史商榷一百卷　（清）王鳴盛撰　清光緒石印本　一冊　存三十二卷（六十九至一百）

330000－1703－0002483　G20382　史部/雜史類/斷代之屬

國朝事略八卷　（清）金陵江楚編譯官書局輯　清光緒三十二年（1906）金陵江楚編譯官書局石印本　二冊

330000－1703－0002484　G20642　史部/史評類/史論之屬

史翼三十六卷　王紹翰編輯　清光緒二十九年（1903）支那新書局石印本　八冊

330000－1703－0002486　G20771　史部/傳記類/總傳之屬

中興將帥別傳三十卷　朱孔彰撰　清光緒二十五年（1899）掃葉山房石印本　五冊　存二十七卷（一至二十一、二十五至三十）

330000 – 1703 – 0002488　G20772　史部/傳
記類/總傳之屬

中興將帥別傳三十卷　朱孔彰撰　清光緒二
十三年(1897)江寧刻本　七冊　存二十六卷
(一至二十六)

330000 – 1703 – 0002491　G20773　史部/傳
記類/總傳之屬/斷代

國朝先正事略八卷　(清)李元度撰　**續編四
卷**　(清)朱孔彰撰　清光緒二十六年(1900)
石印本　四冊　存四卷(續編一至四)

330000 – 1703 – 0002492　G20774　史部/傳
記類/總傳之屬/斷代

國朝先正事略八卷　(清)李元度撰　**續編四
卷**　(清)朱孔彰撰　清光緒二十六年(1900)
石印本　四冊　存四卷(續編一至四)

330000 – 1703 – 0002493　G32572　子部/
叢編

論海一百七十二卷　蔡和鏘輯　清光緒二十
八年(1902)石印本　四十八冊

330000 – 1703 – 0002494　G20775　史部/傳
記類/總傳之屬/仕宦

中興名臣事略八卷　朱孔彰撰　清光緒二十
四年(1898)上海書局石印本　四冊

330000 – 1703 – 0002495　G20638　史部/史
評類/考訂之屬

廿二史劄記三十六卷首一卷補遺一卷　(清)
趙翼撰　清光緒二十五年(1899)上海千頃堂
石印本　六冊

330000 – 1703 – 0002496　G20639　史部/史
評類/考訂之屬

廿二史劄記三十六卷首一卷補遺一卷　(清)
趙翼撰　清光緒二十五年(1899)上海千頃堂
石印本　六冊

330000 – 1703 – 0002497　G20531　史部/史
抄類

史記菁華錄六卷　(清)姚祖恩輯　清光緒十
三年(1887)上海蜚英館石印本　六冊

330000 – 1703 – 0002498　G20640　史部/史

評類/考訂之屬

廿二史劄記三十六卷補遺一卷　(清)趙翼撰
清光緒二十六年(1900)上海書局石印本
六冊　存三十二卷(一至三十二)

330000 – 1703 – 0002500　G20641　史部/史
評類/考訂之屬

廿二史考異二十三卷　(清)錢大昕撰　清上
海鴻寶齋石印本　六冊

330000 – 1703 – 0002501　G20532　史部/史
抄類

史記菁華錄六卷　(清)姚祖恩輯　清光緒十
八年(1892)上海書局石印本　六冊

330000 – 1703 – 0002502　G20643　史部/史
評類/史論之屬

讀史大畧六十卷首一卷　(清)沙張白撰　**小
沙子史畧一卷**　(清)沙晉撰　清咸豐七年
(1857)刻本　十二冊

330000 – 1703 – 0002504　G32573　子部/
叢編

論海一百七十二卷　蔡和鏘輯　清光緒二十
八年(1902)石印本　四十冊

330000 – 1703 – 0002505　G20536　史部/史
抄類

史記菁華錄六卷　(清)姚祖恩輯　清道光四
年(1824)吳興姚氏扶荔山房刻朱墨套印本
六冊

330000 – 1703 – 0002506　G20538　史部/史
抄類

史記提要二卷　清抄本　一冊　存一卷(二)

330000 – 1703 – 0002507　G20535　史部/史
抄類

史記菁華錄六卷　(清)姚祖恩輯　清刻朱墨
套印本　六冊

330000 – 1703 – 0002510　G20834　史部/傳
記類/總傳之屬/通代

增廣古今人物論三十六卷續編十二卷　(明)
鄭賢　(清)願學齋同人輯　清光緒二十八年
(1902)墨耕山房石印本　十二冊

330000 – 1703 – 0002511　G20644　史部/史
評類/考訂之屬

廿二史策案十二卷首一卷　（清）王鎏輯　清
光緒二年(1876)刻本　四冊　存十卷(首,一
至六、十至十二)

330000 – 1703 – 0002512　G20543　史部/史
抄類

北史識小錄□□卷　清抄本　一冊　存八卷
(一至八)

330000 – 1703 – 0002514　G20833　集部/總
集類/選集之屬/通代

古今人物論三十六卷　（明）鄭賢輯　清末石
印本　七冊　缺四卷(二十二至二十五)

330000 – 1703 – 0002515　G20534　史部/史
抄類

史記菁華錄六卷　（清）姚祖恩輯　清光緒二
十二年(1896)新化三昧堂刻本　六冊

330000 – 1703 – 0002516　G20645　史部/史
評類/考訂之屬

史記管窺不分卷　（清）王定甫撰　清抄本
一冊

330000 – 1703 – 0002517　G20719　史部/傳
記類/總傳之屬/斷代

**國朝耆獻類徵初編四百八十四卷首二百四卷
述意一卷總目二十卷通檢十卷滿漢同姓名錄
一卷國朝賢媛類徵初編十二卷**　（清）李桓輯
　清光緒十年至十六年(1884 – 1890)湘陰李
氏刻十七年(1891)增刻本(首二十九至三十、
一百一十三至一百一十七、一百二十至一百
二十一、一百二十三、一百三十至一百三十二
原缺)　二百九十冊　缺二十卷(國朝耆獻類
徵初編四百七十七至四百八十四、國朝賢媛
類徵初編一至十二)

330000 – 1703 – 0002518　G20542　史部/史
抄類

南史識小錄十四卷北史識小錄十四卷　（清）
沈名蓀　（清）朱昆田輯　（清）張應昌補正
清同治十年(1871)武林吳氏清來堂刻本　十
二冊

330000 – 1703 – 0002519　G20544　史部/史
抄類

南北史捃華八卷　（清）周嘉猷輯　清光緒二
年(1876)永康胡氏退補齋刻本　四冊

330000 – 1703 – 0002520　G20565　史部/史
評類/考訂之屬

二十四史策案十二卷　（清）王鎏輯　清光緒
十三年(1887)上海積山書局石印本　二冊

330000 – 1703 – 0002521　G20563　史部/史
抄類

史鑑節要便讀六卷　（清）鮑東里撰　清同治
十三年(1874)江蘇書局刻本　二冊

330000 – 1703 – 0002522　G20545　史部/史
抄類

南北史捃華八卷　（清）周嘉猷輯　清刻本
二冊　存四卷(三至四、七至八)

330000 – 1703 – 0002525　G20560　史部/史
抄類

二十四史文鈔一百九卷　（清）納蘭常安選評
　清光緒二十九年(1903)文來書局石印本
十六冊

330000 – 1703 – 0002527　G20501　史部/史
表類/通代之屬

歷代史表五十九卷首一卷末一卷　（清）萬斯
同撰　清光緒十九年(1893)上海古香閣石印
本　八冊

330000 – 1703 – 0002529　G21617　史部/編
年類/斷代之屬

紀元編三卷末一卷　（清）李兆洛撰　（清）六
承如輯　清道光十一年(1831)武進李兆洛董
學齋刻本　三冊

330000 – 1703 – 0002530　G20508　史部/史
表類/通代之屬

歷代帝王年表一卷紀元同異攷略一卷　（清）
黃大華撰　清光緒二十六年(1900)夢紅豆村
刻本　一冊

330000 – 1703 – 0002531　G21616　史部/職
官類/官制之屬

歷代職官表六卷 （清）黃本驥纂 清光緒八
年(1882)王氏校刻本 三冊

330000 – 1703 – 0002532 G20502 史部/史
表類/通代之屬

歷代史表五十九卷首一卷末一卷 （清）萬斯
同撰 清光緒十九年(1893)上海古香閣石印
本 二冊 存十三卷(五至十二、三十六至四
十)

330000 – 1703 – 0002533 G21614 史部/職
官類/官制之屬

歷代職官表六卷 （清）黃本驥纂 清光緒八
年(1882)王氏校刻本 三冊

330000 – 1703 – 0002534 G20503 史部/史
表類/通代之屬

二十四史三表三種二十卷 （清）段長基撰
（清）段揖書編注 清嘉慶二十二年(1817)小
酉山房刻本 八冊 存一種

330000 – 1703 – 0002535 G21615 史部/職
官類/官制之屬

歷代職官表六卷 （清）黃本驥纂 清光緒八
年(1882)王氏校刻本 三冊

330000 – 1703 – 0002536 G20832 史部/傳
記類/總傳之屬/通代

歷代帝王紀要十二卷首一卷 （清）王大輝輯
清光緒七年(1881)蛟川周氏詒書堂刻本
二冊

330000 – 1703 – 0002537 G21564 史部/政
書類/邦計之屬/貿易

光緒通商列表一卷 （清）楊楷輯 清光緒十
二年(1886)刻本 一冊

330000 – 1703 – 0002538 G20275 史部/史
表類/通代之屬

歷代甲子紀元表一卷 （清）董醇撰 清光緒
十年(1884)歸安錢氏刻本 一冊

330000 – 1703 – 0002540 G22313 史部/史
表類/通代之屬

四裔編年表四卷 （清）李鳳苞輯 清光緒江
南製造總局刻本 四冊

330000 – 1703 – 0002543 G20504 史部/史
表類/通代之屬

歷代治權分合系統表一卷 （清）吳寶忠編
清光緒三十四年(1908)上海商務印書館石印
本 一冊

330000 – 1703 – 0002544 G20505 史部/史
表類/通代之屬

歷代治權分合系統表一卷 （清）吳寶忠編
清光緒三十四年(1908)上海商務印書館石印
本 一冊

330000 – 1703 – 0002545 G21518 史部/政
書類

九通 （清）□□輯 清光緒二十八年(1902)
上海鴻寶書局石印本 四十冊 存一種

330000 – 1703 – 0002546 G20506 史部/史
表類/通代之屬

歷代治權分合系統表一卷 （清）吳寶忠編
清光緒三十四年(1908)上海商務印書館石印
本 一冊

330000 – 1703 – 0002547 G20507 史部/史
表類/通代之屬

歷代治權分合系統表一卷 （清）吳寶忠編
清光緒三十四年(1908)上海商務印書館石印
本 一冊

330000 – 1703 – 0002548 G50264 類叢部/
叢書類/彙編之屬

古文七種附一種 （清）儲欣選評 清乾隆受
祉堂刻本 三冊 存一種

330000 – 1703 – 0002549 G32751 新學/
學校

京師大學堂講義初編七種二編七種 （清）京
師大學堂輯 清末鉛印本 八冊

330000 – 1703 – 0002550 G50265 類叢部/
叢書類/彙編之屬

古文七種附一種 （清）儲欣選評 清乾隆受
祉堂刻本 四冊 存一種

330000 – 1703 – 0002551 G20561 史部/史
抄類

史略八十七卷 （清）朱塑輯 清光緒十九年
（1893）上海宏文閣鉛印本 六冊

330000－1703－0002552 G32845 子部/雜
著類/雜說之屬

讀書樂□□卷 （清）上海三等學堂編輯 清
光緒二十五年（1899）刻本 一冊 存一卷
（一）

330000－1703－0002553 G41540 集部/總
集類/彙編之屬

中學國文讀本十卷 林紓評選 清宣統三年
（1911）上海商務印書館鉛印本 一冊 存一
卷（四）

330000－1703－0002554 G20562 史部/史
抄類

史略八十七卷 （清）朱塑輯 清光緒十九年
（1893）上海宏文閣鉛印本 六冊

330000－1703－0002555 G32844 史部/政
書類/公牘檔冊之屬

長興縣學文牘不分卷 （清）孫德祖輯 清光
緒十六年（1890）山陰許純模刻本 一冊

330000－1703－0002556 G21519 史部/政
書類/公牘檔冊之屬

浙江諮議局議決案不分卷 （清）浙江諮議局
編 清宣統鉛印本 一冊

330000－1703－0002557 G32843 新學/
學校

漢文教授法不分卷 戴懋哉編 清光緒三十
年（1904）石印本 一冊

330000－1703－0002558 G21520 史部/政
書類

海運策一卷海運要畧一卷 （明）施永圖撰
清抄本 一冊

330000－1703－0002559 G30102 子部/儒
家類/儒學之屬/蒙學

啟蒙鑑略註解一卷 （清）王仕雲編 清光緒
五年（1879）浙寧簡香齋刻本 一冊

330000－1703－0002561 G21522 史部/政

書類/邦計之屬/貿易

商部奏定新章五種 （清）商部編 清光緒二
十九年（1903）北京琉璃廠第一書局鉛印本
一冊

330000－1703－0002563 G32752 新學/政
治法律/律例

日本法規解字不分卷 錢恂 董鴻禕撰 清
宣統二年（1910）上海商務印書館鉛印本
一冊

330000－1703－0002567 G21525 史部/政
書類/律令之屬/律例

府廳州縣地方自治章程并選舉章程不分卷
（清）浙江地方自治籌辦處編 清宣統元年
（1909）浙江地方自治籌辦處鉛印本 一冊

330000－1703－0002568 G20509 類叢部/
叢書類/彙編之屬

文選樓叢書三十三種 （清）阮亨編 清嘉慶
至道光阮元刻道光二十二年（1842）阮亨彙印
本 三冊 存一種

330000－1703－0002569 G50766 類叢部/
叢書類/自著之屬

杭大宗七種叢書 （清）杭世駿撰 清乾隆杭
賓仁羊城刻本 一冊 存一種

330000－1703－0002572 G32839 新學/政
治法律

城鎮鄉自治章程表不分卷 沈爾昌編纂 清
宣統元年（1909）石印本 一冊

330000－1703－0002573 G21613 史部/職
官類/官制之屬/通志

欽定歷代職官表七十二卷首一卷 （清）紀昀
（清）陸錫熊 （清）孫士毅總纂 清乾隆武
英殿刻本 三十六冊

330000－1703－0002574 G20323 史部/紀
事本末類/斷代之屬

欽定剿平粵匪方略四百二十卷首一卷 （清）
奕訢等撰 清同治十一年（1872）活字印本
四百二十二冊

330000－1703－0002575 G32754 新學/

學校

博物示教一卷 杜就田編譯 清宣統三年（1911）商務印書館鉛印本 一冊

330000－1703－0002576 G21528 史部/政書類/通制之屬

城鎮鄉自治章程并選舉章程不分卷 清光緒三十四年（1908）鉛印本 一冊

330000－1703－0002577 G22336 史部/地理類/專志之屬/書院

浙江求是書院章程一卷 （清）浙江求是書院編 清光緒石印本 一冊

330000－1703－0002578 G32840 新學/地學/地理學

四版改良中等本國地理教科書四卷 張相文撰 清光緒三十一年（1905）鉛印本 三冊 缺一卷（三）

330000 1703－0002579 G21530 新學/學校

修學篇不分卷 （日本）飯泉規矩三撰 蔣震方譯 清光緒二十九年（1903）上海廣智書局鉛印本 一冊

330000－1703－0002583 G32842 新學/學校

詳註高等小學國文讀本不分卷 毛思誠編輯 清宣統三年（1911）鉛印本 二冊

330000－1703－0002584 G31499 子部/雜著類/雜說之屬

經世學引初編一卷 （清）陳聯元輯 清光緒二十四年（1898）經世文社刻本 一冊

330000－1703－0002585 G22314 史部/地理類/總志之屬

京師譯學館輿地學講義不分卷 韓樸存編 清光緒三十一年至三十三年（1905－1907）京師譯學館鉛印本 一冊

330000－1703－0002586 G20564 史部/史抄類

漢書蒙拾三卷後漢書蒙拾二卷 （清）杭世駿撰 清光緒十年（1884）上海同文書局石印本

二冊

330000－1703－0002587 G22525 史部/金石類/總志之屬/題跋

竹垞題跋十四卷 （清）朱彝尊撰 （清）范穎湄輯 清抄本 二冊 存六卷（九至十四）

330000－1703－0002588 G20305 史部/紀事本末類

歷朝紀事本末九種 （清）陳如升 （清）朱記榮輯 （清）慎記主人增輯 清光緒二十五年（1899）上海慎記書莊石印本 五十五冊 缺八卷（明史紀事本末七十三至八十）

330000－1703－0002589 G20410 史部/雜史類/斷代之屬

湘軍志十六卷 王闓運撰 清刻本 四冊

330000－1703－0002590 G20539 史部/史抄類

漢書纂不分卷 （明）凌稚隆輯 明末刻本 二冊

330000－1703－0002591 G20217 史部/編年類/通代之屬

御批歷代通鑑輯覽一百二十卷 （清）傅恆等撰 清光緒二十五年（1899）上海順成書局石印本 二十八冊

330000－1703－0002592 G20627 史部/史評類/史論之屬

評史管窺四卷 （清）王步蟾撰 清光緒刻本 三冊 存三卷（一至二、四）

330000－1703－0002593 G20222 史部/編年類/通代之屬

歷代通鑑輯覽一百二十卷 （清）傅恆等撰 清光緒三十年（1904）上海錦章書局石印本 二十八冊

330000－1703－0002595 G20219 史部/編年類/通代之屬

御批歷代通鑑輯覽一百二十卷 （清）傅恆等撰 清光緒二十七年（1901）經香閣石印本 十六冊

330000－1703－0002596　G20321　史部/紀事本末類/斷代之屬

惜分錄□□卷　清抄本　一冊　存三卷(明紀宦官之亂紀事本末、明紀賦役、明紀河患)

330000－1703－0002597　G20379　史部/雜史類/外紀之屬

東方兵事紀略六卷　(清)姚錫光撰　清光緒二十三年(1897)武昌刻本(卷六原缺)　一冊　存一卷(一)

330000－1703－0002598　G20547　史部/史抄類

宋史纂要十七卷遼史纂要一卷金史纂要二卷　(明)王思義纂　明末清初刻本　十冊

330000－1703－0002600　G20223　史部/編年類/通代之屬

重訂王鳳洲先生綱鑑會纂四十六卷續宋元紀二十三卷　(明)王世貞撰　(明)陳仁錫訂　清光緒十八年(1892)上海點石齋石印本　十四冊

330000－1703－0002601　G20220　史部/編年類/通代之屬

御批歷代通鑑輯覽一百二十卷　(清)傅恆等撰　清末鉛印本　四十冊

330000－1703－0002602　G20212　史部/編年類/通代之屬

御批歷代通鑑輯覽一百二十卷　(清)傅恆等撰　清末上海廣益書局石印本　八冊　存二十七卷(六十五至九十一)

330000－1703－0002603　G20213　史部/編年類/通代之屬

御批歷代通鑑輯覽一百二十卷　(清)傅恆等撰　清末鉛印本　十九冊　存五十六卷(四至十一、二十五至三十五、五十一至五十九、六十三至六十九、七十三至八十四、八十八至九十三、九十七至九十九)

330000－1703－0002604　G20225　史部/編年類/通代之屬

綱鑑會纂三十九卷首一卷　(明)王世貞編

御撰資治通鑑綱目三編六卷　(清)張廷玉等編　清光緒二十五年(1899)上海美華書館石印本　十二冊

330000－1703－0002605　G20211　史部/編年類/通代之屬

御批歷代通鑑輯覽一百二十卷　(清)傅恆等撰　清同治十年(1871)浙江書局刻朱墨套印本　四十八冊

330000－1703－0002606　G20214　史部/編年類/通代之屬

御批歷代通鑑輯覽一百二十卷　(清)傅恆等撰　清末石印本　五冊　存二十五卷(五十六至六十五、八十一至九十五)

330000－1703－0002607　G20221　史部/編年類/通代之屬

御批歷代通鑑輯覽一百二十卷　(清)傅恆等撰　清末石印本　十五冊　存一百十二卷(九至一百二十)

330000－1703－0002608　G20218　史部/編年類/通代之屬

御批歷代通鑑輯覽一百二十卷　(清)傅恆等撰　清末鉛印本　二十四冊

330000－1703－0002609　G20215　史部/編年類/通代之屬

御批歷代通鑑輯覽一百二十卷　(清)傅恆等撰　清同治十年(1871)浙江書局刻朱墨套印本　二十四冊　存六十四卷(一至六十四)

330000－1703－0002610　G20201　史部/編年類/通代之屬

通鑑前編十八卷舉要二卷　(宋)金履祥撰　首一卷　(明)陳檉撰　明末刻本　十四冊

330000－1703－0002611　G20226　史部/編年類/通代之屬

王鳳洲先生綱鑑正史全編二十四卷　(明)王世貞撰　(明)陳仁錫評　(明)張睿卿輯　明崇禎刻本　七冊　存十四卷(一至十四)

330000－1703－0002612　G20216　史部/編年類/通代之屬

御批歷代通鑑輯覽一百二十卷　（清）傅恆等撰　清光緒二十五年（1899）上海順成書局石印本　二十八冊

330000 - 1703 - 0002613　G30099　子部/儒家類/儒學之屬/蒙學

蒙學課本二卷　清光緒二十七年（1901）南洋公學鉛印本　一冊

330000 - 1703 - 0002614　G20224　史部/編年類/通代之屬

重訂王鳳洲先生綱鑑會纂四十六卷續宋元紀二十三卷　（明）王世貞撰　（明）陳仁錫訂　御撰資治通鑑綱目三編六卷　（清）張廷玉等奉敕撰　清末石印本　五冊　存四十三卷（綱鑑會纂一至三十九、三編一至四）

330000 - 1703 - 0002616　G21574　史部/政書類/儀制之屬/專志/科舉校規

新庠須知簿不分卷　清光緒十三年（1887）憩亭氏抄本　一冊

330000 - 1703 - 0002617　G20228　史部/編年類/通代之屬

綱鑑正史約三十六卷　（明）顧錫疇撰　（清）陳弘謀增訂　甲子紀元一卷　（清）陳弘謀撰　清同治八年（1869）浙江書局刻本　三冊　存七卷（十一至十二、十六至二十）

330000 - 1703 - 0002618　G21572　史部/政書類/儀制之屬/專志/科舉校規

三場程式一卷　（清）蔣益澧撰　清光緒元年（1875）刻本　一冊

330000 - 1703 - 0002619　G32852　新學/學校

教育雜俎一卷　（清）寧波府教育會編譯　清光緒三十三年（1907）寧波教育會鉛印本　一冊

330000 - 1703 - 0002620　G21571　史部/政書類/儀制之屬/專志/科舉校規

浙江學政吳大宗師給各屬應試生童諭一卷　（清）吳鍾駿撰　清光緒十七年（1891）慈谿楊氏經畲塾刻本　一冊

330000 - 1703 - 0002621　G32851　新學/史志

最新中國歷史教科書四卷　姚祖義編　清光緒三十一年（1905）上海商務印書館鉛印本　一冊　存二卷（一至二）

330000 - 1703 - 0002623　G20322　史部/紀事本末類/斷代之屬

欽定剿平捻匪方略三百二十卷　（清）奕訢等撰　清同治十一年（1872）活字印本　三百二十一冊

330000 - 1703 - 0002624　G20567　史部/史抄類

綱鑑擇語十卷　（清）司徒修輯　清道光三十年（1850）安康來鹿堂刻本　六冊

330000 - 1703 - 0002625　G32850　新學/史志

最新中國歷史教科書四卷　姚祖義編　清光緒三十四年（1908）上海商務印書館鉛印本　一冊　存一卷（四）

330000 - 1703 - 0002627　G32756　新學/學校

日本小學教育制度一卷　（清）戢翼翬撰　清光緒二十七年（1901）鉛印本　一冊

330000 - 1703 - 0002628　G32849　新學/史志

高等小學中國歷史教科書五卷　陳懋治編輯　清末鉛印本　一冊　存三卷（一至三）

330000 - 1703 - 0002631　G21573　史部/政書類/儀制之屬/專志/科舉校規

科名金鍼不分卷　（清）毛昶熙輯　清光緒元年（1875）刻本　一冊

330000 - 1703 - 0002632　G20235　史部/編年類/通代之屬

尺木堂綱鑑易知錄九十二卷　（清）吳乘權等輯　清康熙五十年（1711）刻本　五十二冊

330000 - 1703 - 0002633　G20230　史部/編年類/通代之屬

尺木堂綱鑑易知錄九十二卷　（清）吳乘權等

輯　御撰資治通鑑綱目三編二十卷　（清）張廷玉等撰　清刻本　五十六冊

330000－1703－0002634　G20208　史部/編年類/通代之屬

御批資治通鑑綱目全書一百九卷　御撰資治通鑑綱目三編六卷　（清）張廷玉等編纂　清光緒二十八年（1902）、二十五年（1899）上海久敬齋石印本　二十六冊

330000－1703－0002635　G20231　史部/編年類/通代之屬

尺木堂綱鑑易知錄九十二卷　（清）吳乘權等輯　御撰資治通鑑綱目三編二十卷　（清）張廷玉等撰　清刻本　四十八冊　存一百十一卷（綱鑑易知錄一至五十三、五十五至九十二,御撰資治通鑑綱目三編一至二十）

330000－1703－0002636　G20242　史部/編年類/通代之屬

資治通鑑二百九十四卷目錄三十卷　（宋）司馬光撰　（元）胡三省音注　（明）陳仁錫評　資治通鑑釋例圖譜一卷　（明）陳仁錫評閱　資治通鑑問疑一卷　（宋）劉義仲纂集　通鑑釋文辯誤十二卷　（元）胡三省撰　明長洲陳仁錫刻本（卷一百九十六、一百九十七至一百九十八、二百十一至二百十二配抄本）　九十三冊　缺二十卷（資治通鑑一至十二、目錄十四至二十一）

330000－1703－0002637　G20233　史部/編年類/通代之屬

尺木堂綱鑑易知錄九十二卷　（清）吳乘權等輯　御撰資治通鑑綱目三編二十卷　（清）張廷玉等撰　清刻本　四十八冊

330000－1703－0002638　G20202　史部/編年類/通代之屬

資治通鑑綱目五十九卷　（宋）朱熹撰　（明）陳仁錫評　續編一卷　（明）陳桱撰　（明）陳仁錫評　前編二十五卷　（明）南軒撰　（明）陳仁錫評　續資治通鑑綱目二十七卷　（明）商輅等撰　（明）陳仁錫評　清嘉慶九年（1804）姑蘇聚文堂刻本　張美翊跋　一百三

冊　缺一卷（續編）

330000－1703－0002639　G20234　史部/編年類/通代之屬

尺木堂綱鑑易知錄九十二卷　（清）吳乘權等輯　御撰資治通鑑綱目三編二十卷　（清）張廷玉等撰　清刻本　四十八冊

330000－1703－0002640　G20232　史部/編年類/通代之屬

尺木堂綱鑑易知錄九十二卷明鑑易知錄十五卷　（清）吳乘權等輯　清緯文堂刻本　四十八冊

330000－1703－0002641　G22324　新學/學校

最新地理教科書四卷　謝洪賚編纂　清光緒三十二年（1906）上海商務印書館鉛印本　一冊　存一卷（一）

330000－1703－0002642　G22315　新學/學校

初等小學浙江省地理教科書二卷　（清）啟文社總編譯部編　清光緒三十二年（1906）上海啟文社石印本　一冊

330000－1703－0002644　G50341　史部/編年類/通代之屬

校刊資治通鑑全書　（清）胡元常輯　清光緒十四年至十七年（1888－1891）長沙楊氏刻本　一百二十冊

330000－1703－0002645　G20204　史部/編年類/通代之屬

資治通鑑綱目五十九卷　（宋）朱熹撰　（明）陳仁錫評　續編一卷　（明）陳桱撰　（明）陳仁錫評　前編二十五卷　（明）南軒撰　（明）陳仁錫評　續資治通鑑綱目二十七卷　（明）商輅等撰　（明）陳仁錫評　清嘉慶八年（1803）敬書堂刻本（續資治通鑑綱目卷十一至十三配清刻本）　一百二十冊

330000－1703－0002646　G20244　史部/編年類/通代之屬

續資治通鑑二百二十卷　（清）畢沅撰　清光

緒三十一年（1905）新化三昧書局刻本　八十册

330000 - 1703 - 0002648　G20250　史部/編年類/通代之屬

資治通鑑後編一百八十四卷　（清）徐乾學撰　清乾隆抄本　三册　存三卷（八十三至八十五）

330000 - 1703 - 0002649　G20243　史部/編年類/通代之屬

資治通鑑二百九十四卷　（宋）司馬光撰（元）胡三省音注　明崇禎刻清印本　八十八册　存二百二十三卷（一至一百五十四、一百七十七至一百七十八、一百九十八至二百一、二百十五至二百二十一、二百二十六至二百二十八、二百四十二至二百九十四）

330000 - 1703 - 0002650　G20210　史部/編年類/通代之屬

朱子資治通鑑綱目一百二十二卷　（清）王應鱗註義　清刻本　三册　存三卷（五、四十六、五十七）

330000 - 1703 - 0002651　G10305　經部/春秋左傳類/傳說之屬

春秋左傳（春秋左傳杜林合註）五十卷　（晉）杜預　（宋）林堯叟註釋　（唐）陸德明音義　（明）鍾惺　（明）孫鑛　（明）韓範評點　清咸豐元年（1851）寧郡汲綆齋刻本　十二册

330000 - 1703 - 0002652　G20229　史部/編年類/通代之屬

寶經堂綱鑑易知錄九十二卷　（清）吳乘權（清）周之炯　（清）周之燦輯　**御撰資治通鑑綱目三編二十卷**　（清）張廷玉等撰　清刻本　四十三册　缺十四卷（綱鑑易知錄四十四至四十五、七十六至七十七,御撰資治通鑑綱目三編一至三、十至十六）

330000 - 1703 - 0002653　G10304　經部/春秋左傳類/傳說之屬

春秋左傳（左傳杜林）五十卷　（晉）杜預（宋）林堯叟註釋　（唐）陸德明音義　（明）鍾惺　（明）孫鑛　（明）韓範評點　清光緒二

十六年（1900）舊學山房刻本　十二册

330000 - 1703 - 0002654　G20206　史部/編年類/通代之屬

資治通鑑綱目五十九卷　（宋）朱熹撰　（明）陳仁錫評　**續編一卷**　（明）陳樫撰　（明）陳仁錫評　**前編二十五卷**　（明）南軒撰　（明）陳仁錫評　**續資治通鑑綱目二十七卷**　（明）商輅等撰　（明）陳仁錫評　清刻本　五十二册　存六十一卷（資治通鑑綱目一至三、五、九、十五至十七、二十、二十三、二十五、二十八至三十四、三十六至三十七、四十三、四十八、五十至五十九,續編,前編六至二十,續資治通鑑綱目三至十一、十三至十六）

330000 - 1703 - 0002655　G10303　經部/春秋左傳類/傳說之屬

春秋左傳（校經山房左傳杜林合註）五十卷　（晉）杜預　（宋）林堯叟註釋　（唐）陸德明音義　（明）鍾惺　（明）孫鑛　（明）韓範評點　清光緒三十一年（1905）上海校經山房石印本　十二册

330000 - 1703 - 0002656　G21425　史部/政書類/通制之屬

文獻通考詳節二十四卷　（元）馬端臨撰（清）嚴虞惇輯　清光緒十五年（1889）上海珍藝書局鉛印本　六册

330000 - 1703 - 0002657　G20203　史部/編年類/通代之屬

資治通鑑綱目五十九卷　（宋）朱熹撰　（明）陳仁錫評　**續編一卷**　（明）陳樫撰　（明）陳仁錫評　**前編二十五卷**　（明）南軒撰　（明）陳仁錫評　**續資治通鑑綱目二十七卷**　（明）商輅等撰　（明）陳仁錫評　清嘉慶八年（1803）敬書堂刻本　四十六册　存三十七卷（資治通鑑綱目一至十四、二十三至二十四、二十六至二十九、三十三、三十五、三十八至三十九、四十至四十九、五十七、五十九,續資治通鑑綱目九）

330000 - 1703 - 0002658　G20239　史部/編年類/通代之屬

131

袁王綱鑑合編三十九卷首一卷 （明）袁黃輯 （明）王世貞編　**御撰明紀綱目二十卷** （清）張廷玉等輯　清光緒三十年（1904）上海商務印書局鉛印本　十六冊

330000－1703－0002659　G10309　經部/春秋左傳類/傳說之屬

春秋左傳五十卷 （晉）杜預 （宋）林堯叟註釋 （唐）陸德明音義 （明）鍾惺 （明）孫鑛 （明）韓範評點　清光緒二十三年（1897）上海文瑞樓刻本　十五冊　存四十七卷（一至四十一、四十五至五十）

330000－1703－0002660　G10306　經部/春秋左傳類/傳說之屬

春秋左傳（春秋左傳杜林合註）五十卷 （晉）杜預 （宋）林堯叟註釋 （唐）陸德明音義 （明）鍾惺 （明）孫鑛 （明）韓範評點　清道光七年（1827）蕭山裕文堂刻本　十四冊

330000－1703－0002661　G20205　史部/編年類/通代之屬

資治通鑑綱目五十九卷 （宋）朱熹撰 （明）陳仁錫評　**續編一卷** （明）陳桱撰 （明）陳仁錫評　**前編二十五卷** （明）南軒撰 （明）陳仁錫評　**續資治通鑑綱目二十七卷** （明）商輅等撰 （明）陳仁錫評　清嘉慶八年（1803）敬書堂刻本　六冊　存十八卷（前編八至二十五）

330000－1703－0002662　G10307　經部/春秋左傳類/傳說之屬

春秋左傳五十卷 （晉）杜預 （宋）林堯叟註釋 （唐）陸德明音義 （明）鍾惺 （明）孫鑛 （明）韓範評點　清善成堂刻本　十三冊　存四十二卷（三至三十八、四十五至五十）

330000－1703－0002663　G20207　史部/編年類/通代之屬

資治通鑑綱目五十九卷 （宋）朱熹撰 （明）陳仁錫評　**續編一卷** （明）陳桱撰 （明）陳仁錫評　**前編二十五卷** （明）南軒撰 （明）陳仁錫評　**續資治通鑑綱目二十七卷** （明）商輅等撰 （明）陳仁錫評　清嘉慶八年

（1803）敬書堂刻本　十一冊　存十一卷（續資治通鑑綱目一、四、八、十五至十九、二十三、二十六至二十七）

330000－1703－0002664　G20240　史部/編年類/通代之屬

司馬溫公稽古錄二十卷 （宋）司馬光撰　清同治十一年（1872）湖北崇文書局刻本　四冊

330000－1703－0002665　G20252　史部/編年類/斷代之屬

續資治通鑑長編五百二十卷目錄二卷 （宋）李燾撰　清光緒七年（1881）浙江書局刻本　一百二十冊

330000－1703－0002666　G10311　經部/春秋左傳類/傳說之屬

春秋左傳（春秋左傳杜林合註）五十卷 （晉）杜預 （宋）林堯叟註釋 （唐）陸德明音義　清刻本　十六冊

330000－1703－0002667　G20241　史部/編年類/通代之屬

資治通鑑二百九十四卷 （宋）司馬光撰 （元）胡三省音注　**通鑑釋文辯誤十二卷** （元）胡三省撰　清同治十年（1871）湖北崇文書局刻民國元年（1912）重印本　一百四冊

330000－1703－0002668　G20253　史部/編年類/斷代之屬

續資治通鑑長編五百二十卷目錄二卷 （宋）李燾撰　清嘉慶二十四年（1819）海虞張氏愛日精廬木活字印本　一百冊

330000－1703－0002669　G10312　經部/春秋左傳類/傳說之屬

春秋左傳五十卷 （晉）杜預 （宋）林堯叟註釋 （唐）陸德明音義　清刻本　十四冊

330000－1703－0002670　G20251　史部/編年類/斷代之屬

西漢年紀三十卷 （宋）王益之撰　清嘉慶四年（1799）南沙席氏掃葉山房刻本　六冊

330000－1703－0002671　G20248　史部/編年類/通代之屬

宋元資治通鑑六十四卷 （明）王宗沐撰 明末刻本 二十六冊

330000－1703－0002672 G50781 類叢部/叢書類/自著之屬

儆居遺書十一種 （清）黃式三撰 清同治至光緒刻本 四冊 存一種

330000－1703－0002673 G50782 類叢部/叢書類/自著之屬

儆居遺書十一種 （清）黃式三撰 清同治至光緒刻本 四冊 存一種

330000－1703－0002674 G50778 集部/別集類/清別集

儆居集二十二卷 （清）黃式三撰 清光緒十四年（1888）刻儆居遺書本 張美翊題記 一冊 存三卷（經說一至三）

330000－1703－0002675 G10310 經部/春秋左傳類/傳說之屬

春秋左傳五十卷 （晉）杜預 （宋）林堯叟註釋 （唐）陸德明音義 （明）鍾惺 （明）孫鑛 （明）韓範評點 清刻本 四冊 存十六卷（九至十二、二十六至三十七）

330000－1703－0002676 G20259 史部/編年類/斷代之屬

明通鑑九十卷前編四卷附編六卷首一卷 （清）夏燮撰 清光緒二十九年（1903）上海掃葉山房石印本 十六冊

330000－1703－0002677 G10308 經部/春秋左傳類/傳說之屬

春秋左傳五十卷 （晉）杜預 （宋）林堯叟註釋 （唐）陸德明音義 （明）鍾惺 （明）孫鑛 （明）韓範評點 清刻本 十一冊 存四十八卷（三至五十）

330000－1703－0002678 G50777 類叢部/叢書類/自著之屬

儆居遺書十一種 （清）黃式三撰 清同治至光緒刻本 四冊 存一種

330000－1703－0002679 G20260 史部/編年類/斷代之屬

明紀全載十六卷 清刻本 一冊 存三卷（一至三）

330000－1703－0002680 G20254 史部/編年類/斷代之屬

續資治通鑑長編五百二十卷目錄二卷 （宋）李燾撰 清光緒七年（1881）浙江書局刻本 七十八冊 存三百五十卷（一至一百十四、一百十九至一百四十八、一百五十二至一百六十六、一百七十五至一百七十七、一百九十二至一百九十九、二百五至二百八、二百六十至三百三十八、三百八十至四百六十九、五百八至五百十二，目錄一至二）

330000－1703－0002682 G10361 經部/春秋左傳類/傳說之屬

欽定春秋左傳讀本三十卷 （清）英和等撰 清同治八年（1869）江蘇書局刻本 十冊

330000－1703－0002683 G20255 史部/編年類/斷代之屬

續資治通鑑長編拾補六十卷 （清）秦緗業等輯注 清光緒九年（1883）浙江書局刻本 十六冊

330000－1703－0002684 G20303 史部/紀事本末類/通代之屬

繹史一百六十卷附世系圖一卷年表一卷 （清）馬驌撰 清光緒二十三年（1897）武林尚友齋石印本 二十四冊

330000－1703－0002685 G10362 經部/春秋左傳類/傳說之屬

春秋經傳集解三十卷 （晉）杜預撰 （唐）陸德明音義 春秋名號歸一圖二卷 （五代）馮繼先撰 清同治十三年（1874）江西書局刻本 十六冊

330000－1703－0002686 G20256 史部/編年類/斷代之屬

續資治通鑑長編拾補六十卷 （清）秦緗業等輯注 清光緒九年（1883）浙江書局刻本 十六冊

330000－1703－0002687 G20302 史部/紀

事本末類/通代之屬

繹史一百六十卷附世系圖一卷年表一卷
（清）馬驌撰　清光緒十五年(1889)金匱浦氏刻本　四十八冊

330000－1703－0002689　G10363　經部/春秋左傳類/傳說之屬

春秋經傳集解三十卷　（晉）杜預撰　（唐）陸德明音義　清刻本　七冊　存十四卷（十七至三十）

330000－1703－0002690　G20301　史部/紀事本末類/通代之屬

繹史一百六十卷附世系圖一卷年表一卷
（清）馬驌撰　清光緒十五年(1889)金匱浦氏刻本　三十一冊　缺一卷（二十三）

330000－1703－0002691　G20264　史部/編年類/斷代之屬

東華錄三十二卷(天命朝至雍正朝)　（清）蔣良騏撰　清刻本　十二冊

330000－1703－0002692　G20257　史部/編年類/斷代之屬

御撰資治通鑑綱目三編四卷　（清）張廷玉等撰　清光緒十三年(1887)上海點石齋石印本　二冊

330000－1703－0002693　G20265　史部/編年類/斷代之屬

東華錄三十二卷(天命朝至雍正朝)　（清）蔣良騏撰　清京都琉璃廠刻本　七冊　存二十三卷（一至八、十五至二十六、三十至三十二）

330000－1703－0002694　G20237　史部/編年類/通代之屬

尺木堂綱鑑易知錄九十二卷　（清）吳乘權等輯　**御撰資治通鑑綱目三編二十卷**　（清）張廷玉等撰　清刻本　八冊　存二十卷（御撰資治通鑑綱目三編一至二十）

330000－1703－0002696　G20312　史部/紀事本末類/斷代之屬

明朝紀事本末八十卷　（清）谷應泰撰　清同治七年(1868)朝宗書室木活字印本　張美翊

題記　二十冊　存六十卷（一至二十一、四十二至八十）

330000－1703－0002697　G20258　史部/編年類/斷代之屬

御撰資治通鑑綱目三編二十卷　（清）張廷玉等編　清刻本　四冊

330000－1703－0002698　G20304　史部/紀事本末類

歷朝紀事本末九種　（清）陳如升　（清）朱記榮輯　（清）慎記主人增輯　清光緒石印本　一冊　存一種

330000－1703－0002699　G20311　史部/紀事本末類/斷代之屬

遼史紀事本末四十卷首一卷金史紀事本末五十二卷首一卷　（清）李有棠撰　清光緒十九年(1893)同文書局石印本　八冊　缺二十卷（金史紀事本末七至二十六）

330000－1703－0002700　G20308　史部/紀事本末類

紀事本末彙刻八種　（清）廣雅書局輯　清光緒廣雅書局刻本　四十八冊　存一種

330000－1703－0002701　G21600　史部/政書類/律令之屬/刑制

名法指掌新纂四卷　（清）黃魯溪輯　清刻本　一冊　存一卷（四）

330000－1703－0002702　G21593　史部/政書類/律令之屬/律例

核訂現行刑律不分卷　沈家本編　清鉛印本　一冊

330000－1703－0002703　G21589　史部/政書類/律令之屬/律例

大清律例增修統纂集成四十卷督捕則例附纂二卷　（清）姚潤輯　（清）陶駿　（清）陶念霖增輯　清光緒三十三年(1907)上海文淵山房鉛印本　二十三冊　缺二卷（九至十）

330000－1703－0002704　G20309　史部/紀事本末類

紀事本末彙刻八種　（清）廣雅書局輯　清光

緒廣雅書局刻本　四十九冊　存一種

330000 – 1703 – 0002705　G20310　史部/紀
事本末類/斷代之屬
左傳紀事本末不分卷　（清）高士奇撰　清抄
本　四冊

330000 – 1703 – 0002706　G21594　史部/政
書類/律令之屬/律例
大清光緒新法令十三卷附錄一卷　商務印書
館編譯所編纂　清宣統元年（1909）商務印書
館鉛印本　二十冊

330000 – 1703 – 0002707　G21595　史部/政
書類/律令之屬/刑制
大清新法令不分卷　商務印書館輯　清宣統
元年（1909）商務印書館鉛印本　六冊　存第
四類外交二至第六類、第七類教育三、第八類

330000 – 1703 – 0002708　G22325　新學/
學校
最新地理教科書四卷　謝洪賚編纂　清光緒
三十二年（1906）上海商務印書館鉛印本　一
冊　存一卷（四）

330000 – 1703 – 0002709　G21585　史部/政
書類/律令之屬/刑制
大清宣統新法令不分卷　商務印書館輯　清
宣統元年至三年（1909 – 1911）上海商務印書
館鉛印本　二十七冊　存二十七冊（一至二
十六、三十三）

330000 – 1703 – 0002710　G21560　史部/政
書類/邦交之屬
各國約章纂要六卷首一卷附錄一卷　勞乃宣
等輯　清光緒十八年（1892）上海圖書集成印
書局鉛印本　四冊

330000 – 1703 – 0002711　G20307　史部/紀
事本末類
紀事本末彙刻八種　（清）廣雅書局輯　清光
緒廣雅書局刻本　五十七冊　存六種

330000 – 1703 – 0002712　G21561　史部/政
書類/邦交之屬
各國約章纂要六卷首一卷附錄一卷　勞乃宣

等輯　清光緒十八年（1892）上海圖書集成印
書局鉛印本　亞濟觀款　四冊

330000 – 1703 – 0002713　G21562　史部/政
書類/邦交之屬
各國約章纂要六卷首一卷附錄一卷　勞乃宣
等輯　清光緒十八年（1892）上海圖書集成印
書局鉛印本　四冊

330000 – 1703 – 0002714　G32796　新學/政
治法律/律例
日本法規大全二十五卷首一卷　（清）劉崇傑
等譯　**日本法規解字一卷**　錢恂　董鴻祎編
　清光緒三十三年（1907）上海商務印書館鉛
印本　八十一冊

330000 – 1703 – 0002715　G21590　史部/政
書類/律令之屬/律例
**大清律例增修統纂集成四十卷督捕則例附纂
二卷**　（清）姚潤輯　（清）陶駿　（清）陶念
霖增輯　清道光十七年（1837）刻本　二十
四冊

330000 – 1703 – 0002716　G21557　史部/政
書類/邦計之屬/貿易
通商約章類纂三十五卷首一卷　（清）張開運
等編　清光緒十二年（1886）天津官書局刻本
　二十冊

330000 – 1703 – 0002717　G21587　史部/政
書類/律令之屬/律例
**大清律例統纂集成四十卷附洗冤錄檢屍圖格
一卷督捕則例附纂二卷**　（清）沈之奇註
（清）姚潤纂輯　（清）胡煦　（清）陳俊生增
輯　清道光九年（1829）刻本　二十四冊

330000 – 1703 – 0002718　G20306　史部/紀
事本末類
紀事本末彙刻八種　（清）廣雅書局輯　清光
緒廣雅書局刻本　三十二冊　存二種

330000 – 1703 – 0002719　G21558　史部/政
書類/邦計之屬/貿易
通商約章類纂三十五卷首一卷　（清）張開運
等編　清光緒十二年（1886）天津官書局刻本

二十冊

330000－1703－0002720　G50027　類叢部/
叢書類/自著之屬

正誼堂全集八種　（清）董沛撰　清同治至光
緒刻本　二冊　存一種

330000－1703－0002721　G50030　類叢部/
叢書類/自著之屬

正誼堂全集八種　（清）董沛撰　清同治至光
緒刻本　二冊　存一種

330000－1703－0002722　G21586　史部/政
書類/律令之屬/律例

**大清律例增修統纂集成四十卷督捕則例附纂
二卷**　（清）姚潤輯　（清）陶駿　（清）陶念
霖增輯　清刻本　二十三冊　缺一卷（大清
律例增修統纂集成一）

330000－1703－0002723　G50022　類叢部/
叢書類/自著之屬

正誼堂全集八種　（清）董沛撰　清同治至光
緒刻本　二冊　存二種

330000－1703－0002724　G32795　新學/政
治法律/律例

日本法規大全二十五卷首一卷　（清）劉崇傑
等譯　**日本法規解字一卷**　錢恂　董鴻祎編
　清光緒三十三年（1907）上海商務印書館鉛
印本　八十一冊

330000－1703－0002725　G50026　類叢部/
叢書類/自著之屬

正誼堂全集八種　（清）董沛撰　清同治至光
緒刻本　六冊　存一種

330000－1703－0002726　G21588　史部/政
書類/律令之屬/律例

**大清律例增修統纂集成四十卷督捕則例附纂
二卷**　（清）姚潤輯　（清）陶駿　（清）陶念
霖增輯　清刻本　二冊　存四卷（九至十、十
八至十九）

330000－1703－0002727　G21592　史部/政
書類/律令之屬/律例

刑部奏定通行新章程五卷（道光十八年至光

緒二十一年）　（清）王汝礪編　清光緒二十
二年（1896）刻本　五冊

330000－1703－0002728　G50024　類叢部/
叢書類/自著之屬

正誼堂全集八種　（清）董沛撰　清同治至光
緒刻本　二冊　存一種

330000－1703－0002729　G50025　類叢部/
叢書類/自著之屬

正誼堂全集八種　（清）董沛撰　清同治至光
緒刻本　四冊　存一種

330000－1703－0002731　G32792　新學/交
涉/公法

萬國公法四卷　（美國）惠頓撰　（美國）丁韙
良譯　清四明茹古書局鉛印本　三冊　存三
卷（一至二、四）

330000－1703－0002732　G32794　新學/交
涉/公法

各國交涉公法論初集四卷二集四卷三集八卷
　（英國）費利摩羅巴德撰　（英國）傅蘭雅口
譯　（清）俞世爵筆述　清光緒二十二年
（1896）小倉山房石印本　四冊　缺八卷（三
集一至八）

330000－1703－0002733　G21584　史部/政
書類/律令之屬/律例

**大清律集解附例三十卷圖一卷服制一卷律例
總類六卷**　（清）朱軾　（清）常鼐等纂修　清
抄本　三十二冊　缺二卷（律例總類五至六）

330000－1703－0002734　G21816　史部/政
書類

奏定學堂章程不分卷　（清）張百熙　（清）榮
慶　（清）張之洞撰　清末石印本　八冊

330000－1703－0002735　G21591　史部/政
書類/律令之屬/律例

大清律例彙輯便覽四十卷附督捕則例二卷
清刻本　八冊　存十六卷（二十五至四十）

330000－1703－0002736　G21817　史部/政
書類

奏定學堂章程不分卷　（清）張百熙　（清）榮

慶　（清）張之洞撰　清末石印本　八冊

330000－1703－0002737　G32793　新學/交
涉/公法

公法便覽四卷總論一卷續一卷　（美國）丁韙
良譯　清光緒鉛印本　六冊

330000－1703－0002739　G32791　新學/政
治法律/律例

法律學綱領一卷　（日本）戶水寬人撰　清光
緒二十八年(1902)無錫薛瑩中傳經樓刻本
一冊

330000－1703－0002740　G21583　史部/政
書類/律令之屬/律例

讀法圖存四卷　（清）邵繩清編　清光緒七年
(1881)刻本　四冊

330000－1703－0002742　G21411　史部/政
書類

九通　（清）□□輯　清光緒八年至二十二年
(1882－1896)浙江書局刻本　九百九十冊
缺十五卷(通志四十九至六十二、一百四十
三)

330000－1703－0002744　G32789　新學/政
治法律/律例

法律學研究術一卷　（日本）安西與四郎講述
（日本）山田義莊筆記　清光緒二十八年
(1902)無錫薛瑩中傳經樓刻本　一冊

330000－1703－0002745　G32790　新學/政
治法律/律例

歐美各國憲法不分卷　（日本）日本眾議院譯
清光緒二十八年(1902)無錫薛瑩中傳經樓
刻本　一冊

330000－1703－0002747　G21597　史部/政
書類/律令之屬/判牘

道光咸豐年間各省命案判例匯總□□卷　清
抄本　四冊　存四卷(九至十二)

330000－1703－0002748　G32788　新學/政
治法律

政學叢書　清光緒上海商務印書館鉛印本
一冊　存一種

330000－1703－0002750　G21601　史部/傳
記類/科舉錄之屬/諸貢錄

明貢舉考畧二卷　（清）黃崇蘭輯　清刻本
一冊

330000－1703－0002751　G20809　史部/傳
記類/總傳之屬/通代

人壽金鑑二十二卷　（清）程得齡輯　清光緒
元年(1875)湖北崇文書局刻本　張美翊題記
六冊

330000－1703－0002752　G21096　史部/政
書類/儀制之屬/專志/科舉校規

國朝貢舉考畧三卷　（清）黃崇蘭撰　清刻本
一冊

330000－1703－0002753　G21097　史部/傳
記類/科舉錄之屬/總錄

國朝兩浙科名錄不分卷　（清）黃安綬輯　清
咸豐七年(1857)京師刻本　二冊

330000－1703－0002754　G20810　史部/傳
記類/總傳之屬/姓名

史姓韻編六十四卷　（清）汪輝祖撰　清光緒
十年(1884)慈谿馮氏耕餘樓鉛印本　十六冊

330000－1703－0002755　G20817　史部/傳
記類/總傳之屬/通代

尚友錄二十二卷補遺一卷　（明）廖用賢輯
（清）張伯琮補輯　清光緒九年(1883)福瀛書
局鉛印本　十二冊

330000－1703－0002756　G20818　史部/傳
記類/總傳之屬/通代

尚友錄二十二卷補遺一卷　（明）廖用賢輯
（清）張伯琮補輯　清光緒十六年(1890)上海
掃葉山房銅版印本　六冊

330000－1703－0002757　G20811　史部/傳
記類/總傳之屬/姓名

史姓韻編六十四卷　（清）汪輝祖撰　清光緒
上海中西書局石印本　四冊

330000－1703－0002758　G20819　史部/傳
記類/總傳之屬/通代

尚友錄二十二卷補遺一卷　（明）廖用賢輯

（清）張伯琮補輯　清光緒十六年(1890)上海掃葉山房銅版印本　五冊　缺四卷(八至十一)

330000－1703－0002759　G20815　史部/傳記類/總傳之屬/通代

尚友錄二十二卷補遺一卷　（明）廖用賢輯（清）張伯琮補輯　清光緒十六年(1890)上海掃葉山房銅版印本　三冊　存十二卷(四至十一、十六至十九)

330000－1703－0002760　G20821　史部/傳記類/總傳之屬/通代

校正尚友錄二十二卷　（明）廖用賢編纂（清）張伯琮補輯　清末石印本　六冊

330000－1703－0002761　G20812　史部/傳記類/總傳之屬/姓名

史姓韻編六十四卷　（清）汪輝祖撰　清光緒上海中西書局石印本　四冊

330000－1703－0002762　G20822　史部/傳記類/總傳之屬/通代

校正尚友錄二十二卷　（明）廖用賢編纂（清）張伯琮補輯　清光緒十八年(1892)上海書局石印本　五冊　存十八卷(一至十一、十六至二十二)

330000－1703－0002763　G20816　史部/傳記類/總傳之屬/通代

尚友錄二十二卷補遺一卷　（明）廖用賢輯（清）張伯琮補輯　清浙蘭林天祿齋刻本　十二冊

330000－1703－0002764　G20823　史部/傳記類/總傳之屬/通代

校正尚友錄二十二卷　（明）廖用賢編纂（清）張伯琮補輯　清末石印本　三冊　缺五卷(一至五)

330000－1703－0002765　G20824　史部/傳記類/總傳之屬/通代

校正尚友錄二十二卷　（明）廖用賢編纂（清）張伯琮補輯　清光緒十三年(1887)上海鴻文書局石印本　六冊

330000－1703－0002766　G21113　史部/傳記類/科舉錄之屬/歷科鄉試錄

光緒十七年辛卯正科浙江鄉試題名錄一卷　清光緒刻本　一冊

330000－1703－0002767　G20813　史部/傳記類/總傳之屬/通代

尚友錄二十二卷補遺一卷　（明）廖用賢輯（清）張伯琮補輯　清浙蘭林天祿齋刻本　十六冊

330000－1703－0002768　G20828　史部/傳記類/總傳之屬/通代

校正尚友錄續集二十二卷　（清）張亮基輯　清光緒二十四年(1898)上海鴻寶齋石印本　六冊

330000－1703－0002769　G20814　史部/傳記類/總傳之屬/通代

尚友錄二十二卷補遺一卷　（明）廖用賢輯（清）張伯琮補輯　清浙蘭林天祿齋刻本　十五冊　存十六卷(一至十六)

330000－1703－0002770　G21114　史部/傳記類/科舉錄之屬/歷科鄉試錄

光緒十七年辛卯科浙江鄉試題名全錄一卷　清光緒抄本　一冊

330000－1703－0002771　G21115　史部/傳記類/科舉錄之屬/歷科鄉試錄

光緒十九年癸巳恩科浙江鄉試題名錄一卷　清光緒刻本　一冊

330000－1703－0002772　G21116　史部/傳記類/科舉錄之屬/歷科鄉試錄

光緒二十年舉行甲午正科浙江鄉試題名錄一卷　清光緒刻本　一冊

330000－1703－0002773　G21099　史部/傳記類/科舉錄之屬/歷科鄉試錄

同治十二年癸酉科浙江鄉試同年齒錄不分卷　清同治刻本　二冊

330000－1703－0002774　G20895　史部/傳記類

辨志史學名次不分卷　清抄本　一冊

330000 - 1703 - 0002775　G20825　史部/傳記類/總傳之屬/通代

校正尚友錄二十二卷　（明）廖用賢編纂（清）張伯琮補輯　校正尚友錄續集二十二卷　（清）張亮基編纂　清光緒二十九年（1903）上海藻文書局石印本　八冊

330000 - 1703 - 0002776　G21101　史部/傳記類/科舉錄之屬/歷科鄉試錄

同治十二年癸酉科十八省鄉試同年錄不分卷　清同治刻本　一冊

330000 - 1703 - 0002777　G21102　史部/傳記類/科舉錄之屬/歷科鄉試錄

同治十二年舉行癸酉正科浙江鄉試題名錄一卷　清同治刻本　一冊

330000 - 1703 - 0002778　G20826　史部/傳記類/總傳之屬/通代

校正尚友錄二十二卷　（明）廖用賢編纂（清）張伯琮補輯　校正尚友錄續集二十二卷　（清）張亮基編纂　校正尚友錄三集十卷（清）張兆蓉編纂　清光緒二十九年（1903）經藝齋石印本　九冊　缺五卷（續集十八至二十二）

330000 - 1703 - 0002779　G21563　史部/政書類/邦交之屬

中英通商條約一卷　清光緒二十八年（1902）石印本　一冊

330000 - 1703 - 0002780　G21111　史部/傳記類/科舉錄之屬/歷科鄉試錄

光緒十一年乙酉正科浙江鄉試題名錄一卷清光緒刻本　一冊

330000 - 1703 - 0002781　G20820　史部/傳記類/總傳之屬/通代

尚友錄二十二卷補遺一卷　（明）廖用賢輯（清）張伯琮補輯　續集二十二卷　（清）退思主人輯　清光緒十四年（1888）上海點石齋石印本　八冊

330000 - 1703 - 0002782　G21109　史部/傳記類/科舉錄之屬/諸貢錄

光緒十一年乙酉科十八省拔貢同年全錄一卷　清光緒禮部刻本　二冊

330000 - 1703 - 0002783　G21412　史部/政書類

九通　（清）□□輯　清光緒八年至二十二年（1882 - 1896）浙江書局刻本　九百六十冊缺九十卷（通志一百三、一百五至一百六，附考證一、三；欽定續通志九十三至一百九；文獻通考二百七十九至三百四十三，附考證一至三）

330000 - 1703 - 0002784　G20827　史部/傳記類/總傳之屬/通代

校正尚友錄二十二卷　（明）廖用賢編纂（清）張伯琮補輯　清末石印本　一冊　存四卷（五至八）

330000 - 1703 - 0002785　G21422　史部/政書類

九通　（清）□□輯　清光緒八年至二十二年（1882 - 1896）浙江書局刻本　二百三十九冊存三種

330000 - 1703 - 0002786　G21108　史部/傳記類/科舉錄之屬/諸貢錄

光緒十一年乙酉科十八省優貢同年全錄一卷　清光緒十二年（1886）刻本　一冊

330000 - 1703 - 0002787　G21110　史部/傳記類/科舉錄之屬/歷科鄉試錄

光緒捌年舉行壬午正科浙江鄉試題名錄一卷　清光緒刻本　一冊

330000 - 1703 - 0002788　G21105　史部/傳記類/科舉錄之屬/歷科鄉試錄

光緒十一年乙酉科浙江鄉試同年齒錄一卷清光緒刻本　二冊

330000 - 1703 - 0002789　G21104　史部/傳記類/科舉錄之屬/歷科鄉試錄

光緒十一年乙酉科浙江鄉試同年齒錄一卷清光緒刻本　二冊

330000 - 1703 - 0002790　G21107　史部/傳記類/科舉錄之屬/歷科鄉試錄

光緒十一年乙酉科十八省鄉試正副榜同年全錄一卷　清光緒十一年(1885)刻本　一冊

330000 – 1703 – 0002791　G21106　史部/傳記類/科舉錄之屬/歷科鄉試錄

光緒十一年乙酉科十八省鄉試正副榜同年全錄一卷　清光緒十一年(1885)刻本　二冊

330000 – 1703 – 0002792　G21435　史部/政書類/通制之屬

三通考輯要　湯壽潛輯　清光緒二十五年(1899)上海圖書集成局鉛印本　三十冊

330000 – 1703 – 0002793　G21415　史部/政書類

九通　(清)□□輯　清光緒八年至二十二年(1882 – 1896)浙江書局刻本　三百十一冊存二種

330000 – 1703 – 0002794　G21437　史部/政書類/通制之屬

三通考輯要　湯壽潛輯　清光緒二十五年(1899)上海圖書集成局鉛印本　四十冊　存二種

330000 – 1703 – 0002795　G21432　史部/政書類/通制之屬

三通考輯要　湯壽潛輯　清光緒二十五年(1899)上海圖書集成印書局鉛印本　二十八冊　缺三卷(欽定續文獻通考一、皇朝文獻通考輯要二十五至二十六)

330000 – 1703 – 0002796　G21433　史部/政書類/通制之屬

三通考輯要　湯壽潛輯　清光緒二十五年(1899)上海圖書集成局鉛印本　二十八冊缺四卷(文獻通考輯要十三至十六)

330000 – 1703 – 0002797　G21436　史部/政書類/通制之屬

三通考輯要　湯壽潛輯　清光緒二十五年(1899)上海圖書集成局鉛印本　三十冊

330000 – 1703 – 0002798　G21416　史部/政書類

九通　(清)□□輯　清刻本　四百三十六冊

存六種

330000 – 1703 – 0002799　G21434　史部/政書類/通制之屬

三通考輯要　湯壽潛輯　清光緒二十五年(1899)上海圖書集成局鉛印本　三十冊

330000 – 1703 – 0002800　G21405　史部/政書類

三通　清同治廣東學海堂刻本　二十冊　存一種

330000 – 1703 – 0002801　G21418　史部/政書類

九通　(清)□□輯　清光緒八年至二十二年(1882 – 1896)浙江書局刻本　四十冊　存一種

330000 – 1703 – 0002802　G21428　史部/政書類/通制之屬

文獻通考三百四十八卷　(元)馬端臨撰　明末刻本　一冊　存二卷(三十五至三十六)

330000 – 1703 – 0002803　G21438　史部/政書類/通制之屬

三通集要策母三卷　(清)桂香齋主人輯　清同治九年(1870)刻本　二冊

330000 – 1703 – 0002804　G21406　史部/政書類

三通　清同治廣東學海堂刻本　二冊　存一種

330000 – 1703 – 0002805　G21403　史部/政書類

三通　清咸豐九年(1859)崇仁謝氏刻本　四十冊　存一種

330000 – 1703 – 0002806　G21404　史部/政書類

三通　清乾隆十二年(1747)武英殿刻本　六冊　存一種

330000 – 1703 – 0002807　G21439　史部/政書類/通制之屬

三通集要策母三卷　(清)桂香齋主人輯　清

同治九年(1870)刻本　二冊

330000－1703－0002808　G21440　史部/政
書類/通制之屬

三通集要策母三卷　（清）桂香齋主人輯　清
道光二十四年(1844)刻本　一冊

330000－1703－0002809　G21409　史部/政
書類/通制之屬

欽定三通考證七卷　清光緒二十年(1894)浙
江書局刻本　三冊　存四卷(欽定通志考證
一、三,欽定通考考證一至二)

330000－1703－0002810　G21423　史部/政
書類/通制之屬

文獻通考二十四卷首一卷　（元）馬端臨撰
清光緒二十年(1894)上海點石齋石印本　二
十冊

330000－1703－0002811　G21424　史部/政
書類/通制之屬

文獻通考二十四卷首一卷　（元）馬端臨撰
清光緒二十年(1894)上海點石齋石印本　七
冊　存五卷(十八至二十二)

330000－1703－0002812　G21407　史部/政
書類

三通　清咸豐九年(1859)崇仁謝氏刻本　四
十冊　存一種

330000－1703－0002813　G21402　史部/政
書類

三通　清咸豐九年(1859)崇仁謝氏刻本　三
百十九冊　缺六卷(通典五十九至六十四)

330000－1703－0002814　G21408　史部/政
書類

三通　清乾隆十二年(1747)武英殿刻本　三
十一冊　存一種

330000－1703－0002815　G21410　史部/政
書類

九通　（清）□□輯　清光緒八年至二十二年
(1882－1896)浙江書局刻本　八百冊　存
八種

330000－1703－0002816　G21401　史部/政
書類

三通　清乾隆十二年至十四年(1747－1749)
武英殿刻本　二百三十九冊　缺四卷(文獻
通考二百五十九至二百六十二)

330000－1703－0002817　G21441　史部/政
書類/通制之屬

二十四史九通政典類要合編三百二十卷
（清）黃書霖輯　清光緒二十八年(1902)約雅
堂石印本　六十冊

330000－1703－0002818　G22323　史部/地
理類/雜志之屬

湖墅小志四卷　（清）高鵬年輯　清光緒二十
二年(1896)石印本　二冊

330000－1703－0002819　G21452　史部/職
官類/官制之屬/專志

皇朝詞林典故六十四卷　（清）朱珪等撰　清
光緒十三年(1887)刻本　二冊　存二卷(六
十三至六十四)

330000－1703－0002820　G21451　史部/政
書類/儀制之屬/專志/謚法

皇朝謚法考五卷續編一卷　（清）鮑康輯　清
光緒三年(1877)永康胡氏退補齋刻本　二冊

330000－1703－0002821　G21426　史部/政
書類/通制之屬

文獻通考詳節二十四卷　（元）馬端臨撰
（清）嚴虞惇輯　清乾隆二十九年(1764)嚴有
禧繩武堂刻本　八冊

330000－1703－0002822　G21427　史部/政
書類/通制之屬

文獻通考正續合纂四十四卷　（清）郎星等輯
清心遠堂刻本　一冊　存三卷(二十至二
十二)

330000－1703－0002823　G21450　史部/政
書類/儀制之屬/專志/謚法

皇朝謚法考五卷續編一卷　（清）鮑康輯　清
光緒三年(1877)永康胡氏退補齋刻本　二冊

330000－1703－0002824　G21413　史部/政

書類

九通 （清）□□輯　清光緒二十八年（1902）
上海鴻寶書局石印本　八十四冊　存三種

330000－1703－0002825　G21453　史部/政
書類/通制之屬

廣治平畧三十六卷　（清）蔡方炳撰　清同治
九年（1870）漁古山房刻本　五冊　存十四卷
（一至十四）

330000－1703－0002826　G21417　史部/政
書類

九通　（清）□□輯　清光緒八年至二十二年
（1882－1896）浙江書局刻本　二百冊　存
一種

330000－1703－0002827　G21454　史部/政
書類/通制之屬

廣治平畧三十六卷　（清）蔡方炳撰　清同治
九年（1870）漁古山房刻本　八冊

330000－1703－0002828　G21455　史部/政
書類/通制之屬

廣治平畧三十六卷　（清）蔡方炳撰　清小琅
嬛館刻本　八冊

330000－1703－0002830　G21420　史部/政
書類

九通　（清）□□輯　清光緒二十八年（1902）
上海鴻寶書局石印本　三十二冊　存二種

330000－1703－0002831　G21456　史部/政
書類/通制之屬

廣治平畧三十六卷　（清）蔡方炳撰　清刻本
六冊　存二十六卷（六至十七、二十三至三
十六）

330000－1703－0002832　G21419　史部/政
書類

九通　（清）□□輯　清光緒二十七年（1901）
上海圖書集成局鉛印本　二十八冊　存二種

330000－1703－0002833　G21459　史部/政
書類/通制之屬

廣治平略正集三十六卷續集八卷　（清）蔡方
炳撰　清光緒十六年（1890）上海廣百宋齋鉛

印本　六冊

330000－1703－0002834　G21414　史部/政
書類

九通　（清）□□輯　清光緒二十八年（1902）
上海鴻寶書局石印本　六十冊　存三種

330000－1703－0002835　G21457　史部/政
書類/通制之屬

廣治平略三十六卷　（清）蔡方炳撰　清刻本
二冊　存九卷（十四至十八、二十八至三十
一）

330000－1703－0002836　G21421　史部/政
書類

九通　（清）□□輯　清光緒二十八年（1902）
上海鴻寶書局石印本　一冊　存一種

330000－1703－0002837　G21458　史部/政
書類/通制之屬

廣治平畧三十六卷　（清）蔡方炳撰　清刻本
一冊　存三卷（二十一至二十三）

330000－1703－0002838　G21478　史部/政
書類/邦計之屬/戶政

光緒會計錄三卷　（清）李希聖纂　清光緒上
海時務報館石印本　二冊

330000－1703－0002839　G21477　史部/政
書類/儀制之屬/典禮

文廟祀典考五十卷首一卷　（清）龐鍾璐輯
清光緒四年（1878）刻本　八冊

330000－1703－0002840　G21460　史部/政
書類/邦計之屬/荒政

欽定康濟錄四卷　（清）陸曾禹撰　（清）倪國
璉釐正　清同治八年（1869）楚北崇文書局刻
本　四冊

330000－1703－0002841　G21476　史部/政
書類/儀制之屬/典禮

文廟祀典考五十卷首一卷　（清）龐鍾璐輯
清光緒四年（1878）刻本　十二冊

330000－1703－0002842　G21475　史部/政
書類/通制之屬

吾學錄初編二十四卷　（清）吳榮光撰　清光緒二十年(1894)寶善書局石印本　四冊

330000－1703－0002843　G21461　史部/政書類/邦計之屬/荒政

欽定康濟錄四卷　（清）陸曾禹撰　（清）倪國璉釐正　清同治八年(1869)楚北崇文書局刻本　四冊

330000－1703－0002844　G21470　史部/政書類/通制之屬

吾學錄初編二十四卷　（清）吳榮光撰　清同治九年(1870)江蘇書局刻本　六冊

330000－1703－0002846　G21462　史部/政書類/邦計之屬/荒政

欽定康濟錄四卷　（清）陸曾禹撰　（清）倪國璉釐正　清同治三年(1864)浙江撫署刻本　三冊

330000－1703－0002847　G20835　史部/傳記類/總傳之屬/仕宦

兩浙令長攷三卷　（清）董沛撰　清光緒七年(1881)刻本　一冊

330000－1703－0002848　G20384　史部/雜史類/斷代之屬

皇朝掌故彙編內編六十卷首一卷外編四十卷首一卷　張壽鏞等輯　清光緒二十八年(1902)求實書社鉛印本　六十冊

330000－1703－0002849　G21480　史部/政書類/軍政之屬/邊政

朔方備乘六十八卷首十二卷　（清）何秋濤撰　清光緒石印本　八冊

330000－1703－0002850　G21471　史部/政書類/通制之屬

吾學錄初編二十四卷　（清）吳榮光撰　清光緒七年(1881)三原李氏桐蔭軒刻本　六冊

330000－1703－0002851　G21481　史部/政書類/軍政之屬/邊政

朔方備乘六十八卷首十二卷　（清）何秋濤撰　清光緒石印本　七冊　缺十二卷(首一至十二)

330000－1703－0002852　G21472　史部/政書類/通制之屬

吾學錄初編二十四卷　（清）吳榮光撰　清道光十五年(1835)陟慕居刻本　八冊

330000－1703－0002853　G21482　史部/政書類/軍政之屬/邊政

朔方備乘六十八卷首十二卷　（清）何秋濤撰　清光緒石印本　七冊　缺十二卷(首一至十二)

330000－1703－0002854　G21473　史部/政書類/通制之屬

吾學錄初編二十四卷　（清）吳榮光撰　清道光十五年(1835)陟慕居刻本　八冊

330000－1703－0002855　G21474　史部/政書類/通制之屬

吾學錄初編二十四卷　（清）吳榮光撰　清刻本　八冊

330000－1703－0002856　G21802　史部/詔令奏議類/詔令之屬

硃批諭旨不分卷　（清）鄂爾泰等輯　清光緒十三年(1887)上海點石齋石印本　六十冊

330000－1703－0002857　G20836　史部/傳記類/總傳之屬/仕宦

兩浙令長攷三卷　（清）董沛撰　清光緒七年(1881)刻本　一冊

330000－1703－0002858　G50028　類叢部/叢書類/自著之屬

正誼堂全集八種　（清）董沛撰　清同治至光緒刻本　一冊　存一種

330000－1703－0002860　G50029　類叢部/叢書類/自著之屬

正誼堂全集八種　（清）董沛撰　清同治至光緒刻本　一冊　存一種

330000－1703－0002861　G32835　新學/政治法律/制度

列國政要一百三十二卷首一卷譯名對照表一卷　（清）戴鴻慈　（清）端方撰　清光緒三十三年(1907)上海商務印書館石印本　三十

二冊

330000－1703－0002862　G31852　子部/藝
術類/書畫之屬/總論

佩文齋書畫譜一百卷　（清）孫岳頒等輯　清
康熙內府刻乾隆宋銑靜永堂印本　二十冊
存五十卷（一至二十五、七十六至一百）

330000－1703－0002863　G31854　子部/藝
術類/書畫之屬/總論

清河書畫舫十二卷　（明）張丑輯　清乾隆二
十八年（1763）仁和吳長元池北草堂刻本　二
冊　存二卷（二、八）

330000－1703－0002864　G31853　子部/藝
術類/書畫之屬/總論

清河書畫舫十二卷　（明）張丑輯　清乾隆二
十八年（1763）仁和吳長元池北草堂刻本　一
冊　存一卷（十一）

330000－1703－0002865　G21468　史部/政
書類/儀制之屬/專志/科舉校規

欽定學政全書八十六卷首一卷　（清）童璜等
撰　清刻本　二十四冊

330000－1703－0002867　G31869　子部/藝
術類/書畫之屬/畫譜

點石齋叢畫十卷　（清）尊聞閣主人輯　清光
緒十一年（1885）上海點石齋石印本　八冊

330000－1703－0002868　G21469　史部/政
書類/儀制之屬/專志/科舉校規

欽定學政全書八十六卷首一卷　（清）童璜等
撰　清刻本　六冊　存三十四卷（首、一至三
十三）

330000－1703－0002869　G31867　子部/藝
術類/書畫之屬/畫譜

墨蘭譜不分卷　（清）陳逵繪　清嘉慶三年
（1798）刻本　一冊

330000－1703－0002870　G32052　子部/藝
術類/遊藝之屬/棋弈

橘中秘四卷　（明）朱晉楨撰　清末上海江左
書林石印本　四冊

330000－1703－0002871　G31856　子部/藝
術類/書畫之屬/總論

辛丑銷夏記五卷　（清）吳榮光撰　清光緒三
十一年（1905）長沙葉德輝郎園刻本　五冊

330000－1703－0002873　G31855　子部/藝
術類/書畫之屬

庚子銷夏記八卷閩者軒帖考一卷　（清）孫承
澤撰　清抄本　二冊

330000－1703－0002877　G40134　集部/別
集類/宋別集

蘇文忠詩合註五十卷首一卷目錄一卷　（宋）
蘇軾撰　（清）馮應榴輯　清乾隆六十年
（1795）桐鄉馮氏踵息齋刻本　三十二冊

330000－1703－0002878　G40135　集部/別
集類/宋別集

蘇文忠詩合註五十卷首一卷目錄一卷　（宋）
蘇軾撰　（清）馮應榴輯　清乾隆六十年
（1795）桐鄉馮氏踵息齋刻本　十八冊　缺一
卷（首）

330000－1703－0002880　G40124　集部/別
集類/宋別集

王臨川全集一百卷目錄二卷　（宋）王安石撰
清光緒九年（1883）聽香館刻本　十冊　存
六十七卷（一至八、三十四至七十四、八十三
至一百）

330000－1703－0002881　G40137　集部/別
集類/宋別集

蘇文忠公詩集擇粹十八卷　（宋）蘇軾撰
（清）紀昀評　（清）趙古農擇粹　清嘉慶二十
二年（1817）抱影吟軒刻本　張美翊題記
八冊

330000－1703－0002882　G40136　集部/別
集類/宋別集

蘇文忠公詩集五十卷目錄二卷　（宋）蘇軾撰
（清）紀昀評點　清同治八年（1869）韞玉山
房粵東省城刻翰墨園朱墨套印本　十二冊

330000－1703－0002885　G40128　集部/別
集類/宋別集

東坡集□□卷 （宋）蘇軾撰 清刻本 十一
冊 存二十六卷（五十九至八十四）

330000－1703－0002887 G40130 集部/別
集類/宋別集

東坡全集一百十五卷目錄七卷 （宋）蘇軾撰
東坡先生墓誌銘一卷 （宋）蘇轍撰 東坡
先生年譜一卷 （宋）王宗稷編 明刻本 二
十冊 存六十一卷（五十五至一百十五）

330000－1703－0002888 G31866 子部/藝
術類/書畫之屬/畫譜

冶梅桑譜不分卷 （清）王寅繪 清光緒十八
年（1892）上海石印本 四冊

330000－1703－0002889 G40126 集部/別
集類/宋別集

新刻臨川王介甫先生詩文集一百卷目錄二卷
（宋）王安石撰 清抄本 一冊 存四卷
（三至六）

330000－1703－0002890 G31860 子部/藝
術類/書畫之屬/畫譜

芥子園畫傳初集六卷二集九卷三集四卷續集
二卷 （清）王槩 （清）王蓍 （清）王臬輯
清光緒十三年至十四年（1887－1888）鴻文
書局石印本 十冊

330000－1703－0002891 G40140 集部/別
集類/宋別集

蘇文忠公詩編註集成四十六卷集成總案四十
五卷諸家雜綴酌存一卷蘇海識餘四卷賤詩圖
一卷 （清）蘇軾撰 （清）王文誥輯注 清光
緒十四年（1888）浙江書局刻本 十二冊 缺
五十四卷（一至九、集成總案一至四十五）

330000－1703－0002892 G40132 集部/別
集類/宋別集

施註蘇詩四十二卷目錄二卷 （宋）蘇軾撰
（宋）施元之 （宋）顧禧注 （清）顧嗣立
（清）邵長蘅 （清）宋至刪補 蘇詩續補遺二
卷 （清）馮景補註 王註正譌一卷 （清）邵
長蘅撰 東坡先生年譜一卷 （宋）王宗稷編
清康熙三十八年（1699）商丘宋犖刻金閶步
月樓印本 十八冊 缺十卷（三十五、三十七

至四十二,續補遺補註一至二,年譜）

330000－1703－0002893 G40141 集部/別
集類/宋別集

蘇文忠公詩編註集成四十六卷集成總案四十
五卷諸家雜綴酌存一卷蘇海識餘四卷賤詩圖
一卷 （清）蘇軾撰 （清）王文誥輯注 清光
緒十四年（1888）浙江書局刻本 三冊 存八
卷（三十九至四十六）

330000－1703－0002894 G31861 子部/藝
術類/書畫之屬/畫譜

芥子園畫傳初集六卷二集九卷三集六卷
（清）王槩 （清）王蓍 （清）王臬輯 清末
石印本 二冊 存五卷（初集五至六、二集七
至九）

330000－1703－0002895 G31862 子部/藝
術類/書畫之屬/畫譜

芥子園畫傳初集六卷二集九卷三集六卷
（清）王槩 （清）王蓍 （清）土臬輯 清末
石印本 五冊 存九卷（二集一至九）

330000－1703－0002896 G41167 集部/總
集類/氏族之屬

三蘇全集四種 （清）弓翊清等編 清道光七
年至十二年（1827－1832）眉州三蘇祠刻本
十六冊 存一種

330000－1703－0002897 G31863 子部/藝
術類/書畫之屬/畫譜

芥子園畫傳初集六卷二集九卷三集六卷
（清）王槩 （清）王蓍 （清）王臬輯 清末
石印本 一冊 存二卷（三集三至四）

330000－1703－0002898 G41168 集部/總
集類/氏族之屬

三蘇全集四種 （清）弓翊清等編 清道光七
年至十二年（1827－1832）眉州三蘇祠刻本
二十二冊 存二種

330000－1703－0002899 G21801 史部/詔
令奏議類/詔令之屬

十朝聖訓九百二十二卷 清刻本 二百八冊
缺一百五十一卷（大清世宗憲皇帝聖訓一

至十六,大清高宗純皇帝聖訓八十四至一百一、一百九十九至二百二十四,大清仁宗睿皇帝聖訓六十六至八十七,大清文宗顯皇帝聖訓八十四至一百十,大清穆宗毅皇帝聖訓六十至八十一、一百二至一百二十一)

330000－1703－0002900　G31868　子部/藝術類/書畫之屬/畫譜

紅樓夢圖詠不分卷　(清)改琦繪　清光緒五年(1879)淮浦居士刻本　四冊

330000－1703－0002901　G32053　子部/藝術類/遊藝之屬/棋弈

橘中秘四卷　(明)朱晉楨撰　清末上海江左書林刻本　一冊　存二卷(三至四)

330000－1703－0002902　G40147　集部/別集類/宋別集

黃詩全集五十八卷　(宋)黃庭堅撰　清乾隆五十四年(1789)南康謝氏樹經堂刻本　十一冊　存三十一卷(內集注六至八、十二至二十,外集注一至四、七至十四,年譜八至十四)

330000－1703－0002903　G32050　子部/藝術類/遊藝之屬/棋弈

官子譜不分卷　清末石印本　一冊

330000－1703－0002905　G32051　子部/藝術類/遊藝之屬/棋弈

官子譜不分卷　清刻本　一冊

330000－1703－0002908　G32061　子部/藝術類/篆刻之屬/印譜

詩品印譜四卷　翁壽虞篆　清宣統元年(1909)鈐印本　四冊

330000－1703－0002909　G40145　集部/別集類/宋別集

黃詩全集五十八卷　(宋)黃庭堅撰　清乾隆五十四年(1789)南康謝氏樹經堂刻本　十九冊

330000－1703－0002910　G32062　子部/藝術類/篆刻之屬/印譜

詩品印譜四卷　翁壽虞篆　清宣統元年(1909)鈐印本　三冊　存三卷(一至三)

330000－1703－0002911　G31873　子部/藝術類/書畫之屬/書法書品

重校分部書法正傳一卷　(清)蔣和編　清光緒元年(1875)刻本　一冊

330000－1703－0002915　G41649　集部/總集類/題詠之屬

八甎吟館刻燭集二卷　(清)阮元輯　清嘉慶阮元八甎吟館刻本　二冊

330000－1703－0002916　G40142　集部/別集類/宋別集

欒城集五十卷後集二十四卷三集十卷應詔集十二卷　(宋)蘇轍撰　明清夢軒刻本　二冊　存七卷(後集六至十二)

330000－1703－0002917　G21100　史部/傳記類/科舉錄之屬/歷科鄉試錄

同治十二年癸酉科浙江鄉試同年齒錄不分卷　清同治刻本　二冊

330000－1703－0002919　G21098　史部/傳記類/科舉錄之屬/歷科鄉試錄

咸豐九年己未恩科浙江鄉試同年齒錄不分卷　清刻本　一冊

330000－1703－0002921　G32056　子部/藝術類/篆刻之屬/印譜

印學辨體不分卷　(清)汪一鏊篆　清嘉慶十三年(1808)刻鈐印本　一冊

330000－1703－0002923　G31883　子部/藝術類/遊藝之屬/聯語

十三經集句類聯二十八卷　(清)汝南輯　清光緒二十一年(1895)上海鴻寶齋石印本　四冊

330000－1703－0002925　G32057　子部/藝術類/篆刻之屬/印譜

六息齋印艸不分卷　(清)汪一鏊篆　清嘉慶十一年(1806)鈐印刻本　一冊

330000－1703－0002934　G21103　史部/傳記類/科舉錄之屬/歷科鄉試錄

咸豐八年戊午科浙江鄉試題名錄一卷咸豐九年己未恩科浙江鄉試題名錄一卷　清咸豐刻

本　一冊

330000－1703－0002948　G31888　子部/藝術類/書畫之屬/法帖

快雪堂法書不分卷　（晉）王羲之等書　清末影印本　一冊

330000－1703－0002954　G31889　子部/藝術類/書畫之屬/法帖

名人尺牘墨寶三集十八卷　文明書局輯　清宣統二年至民國四年（1910－1915）上海文明書局影印本　六冊　存六卷（第二集七至十二）

330000－1703－0002955　G31882　子部/藝術類/遊藝之屬/聯語

西湖楹聯四卷　清光緒十五年（1889）暨陽周慶祺知正軒刻本　三冊　缺一卷（三）

330000－1703－0002957　G20841　史部/傳記類/總傳之屬/技藝

古今楹聯彙刻小傳十二卷首集一卷外集一卷　吳隱輯　清光緒三十二年（1906）西泠印社刻本　二冊

330000－1703－0002958　G10795　子部/藝術類/書畫之屬/書法書品

隸法彙纂十卷　（清）項懷述編　清乾隆五十一年（1786）小酉山房刻本　一冊　存二卷（九至十）

330000－1703－0002961　G31893　子部/藝術類/書畫之屬/法帖

三希堂續刻法帖四卷　（唐）褚遂良等書（清）蔣溥等輯　清宣統元年（1909）上海蜚英書館影印本　一冊　存一卷（一）

330000－1703－0002963　G31895　子部/藝術類/書畫之屬/法帖

渤海藏真帖八卷　（明）陳甫伸編　（明）吳章鏞摹勒　清宣統元年（1909）影印本　八冊

330000－1703－0002964　G31896　子部/藝術類/書畫之屬/法帖

渤海藏真帖八卷　（明）陳甫伸編　（明）吳章鏞摹勒　清宣統元年（1909）影印本　六冊

缺二卷（六至七）

330000－1703－0002973　G31912　子部/藝術類/書畫之屬/法帖

黃道周真跡書孝經一卷　（明）黃道周書　清光緒十六年（1890）石印本　一冊

330000－1703－0002979　G30379　子部/農家農學類/園藝之屬/總志

佩文齋廣羣芳譜一百卷目錄二卷　（清）汪灝等撰　清刻本　三十五冊　存九十九卷（一至四十七、五十一至一百，目錄上下）

330000－1703－0002983　G22542　子部/藝術類/書畫之屬/法帖

明拓漢隸四種不分卷　（清）翁方綱編　清光緒三十四年（1908）有正書局石印本　一冊

330000－1703－0002984　G30380　子部/農家農學類/園藝之屬/總志

佩文齋廣羣芳譜一百卷目錄二卷　（清）汪灝等撰　清刻本　四十冊　存八十三卷（一至六、九至三十六、五十四至一百，目錄上下）

330000－1703－0002985　G31915　子部/藝術類/遊藝之屬/棋弈

弈濳齋集譜初編十五種二編三種三編五種　鄧元鏸輯　清光緒弈濳齋刻本　一冊　存一種

330000－1703－0002990　G22545　史部/金石類/石之屬/文字

明拓史晨饗孔廟碑不分卷　清末有正書局影印本　一冊

330000－1703－0002992　G30378　子部/農家農學類/園藝之屬/花卉

蘭蕙同心錄一卷滋蘭樹蕙山房同心錄二卷種蘭蕙四季口訣一卷附蕭山沈沛霖先生分載蕙蕊頭形八法一卷蘭蕙圖說一卷　（清）許霌穌撰　清抄本　一冊

330000－1703－0002998　G22571　史部/金石類/總志之屬/圖像

三古圖三種　（清）黃晟輯　明萬曆二十八年至三十年（1600－1602）吳萬化刻清乾隆十七

年(1752)天都黃氏亦政堂重印本　八冊　存
二種

330000－1703－0003002　G22572　史部/金
石類/總志之屬/圖像
三古圖三種　（清）黃晟輯　明萬曆二十八年
至三十年（1600－1602）吳萬化刻清乾隆十七
年（1752）天都黃氏亦政堂重印本　一冊　存
一種

330000－1703－0003008　G22557　史部/金
石類/石之屬
魏孝昌石窟碑不分卷　（北魏）袁翻文　（北
魏）王實書　（北魏）袁翻撰　清光緒三十一
年（1905）有正書局影印本　一冊

330000－1703－0003013　G32101　子部/工
藝類/文房四寶之屬/叢錄
文房肆攷圖說八卷　（清）唐秉鈞撰　（清）康
愷繪　清乾隆嘉定唐秉鈞竹暎山莊刻本
六冊

330000－1703－0003018　G22573　史部/金
石類/金之屬
西清古鑑四十卷錢錄十六卷　（清）梁詩正
（清）蔣溥等纂修　清石印本　四冊　存七卷
（西清古鑑一至四、十九至二十、二十六）

330000－1703－0003057　G21059　子部/藝
術類/書畫之屬/法帖
宋拓大唐王居士磚塔銘不分卷　（唐）上官靈
芝製文　（唐）敬客書　清彪蒙書室影印本
一冊

330000－1703－0003093　G31959　子部/藝
術類/書畫之屬/法帖
唐國子祭酒曲阜孔沖遠碑一卷　清末有正書
局影印本　一冊

330000－1703－0003114　G31989　子部/藝
術類/書畫之屬/法帖
明拓柳公權玄秘塔一卷　（唐）柳公權書　清
末有正書局影印本　一冊

330000－1703－0003120　G31990　子部/藝
術類/書畫之屬/書法書品

精拓柳公權玄秘塔一卷　（唐）裴休撰　（唐）
柳公權書並篆額　清末上海彪蒙書室影印本
一冊

330000－1703－0003121　G32059　子部/藝
術類/篆刻之屬/印譜
聚石齋印譜不分卷　清光緒九年（1883）鈐印
本　四冊

330000－1703－0003122　G10838　經部/小
學類/文字之屬/字書/字體
玉堂楷則一卷　（清）□□輯　清同治十三年
（1874）鄞西陳氏刻本　一冊

330000－1703－0003136　G10839　經部/小
學類/文字之屬/字書/字體
玉堂楷則一卷　（清）□□輯　清同治十三年
（1874）鄞西陳氏刻本　卓葆亭跋　一冊

330000－1703－0003138　G32029　子部/藝
術類/書畫之屬/法帖
曾文正公竹遊記不分卷　（清）曾國藩書　清
宣統石印本　一冊

330000－1703－0003154　G32022　子部/藝
術類/書畫之屬/法帖
張廉卿墨跡不分卷　（清）張裕釗書　清末有
正書局影印本　一冊

330000－1703－0003156　G32023　子部/藝
術類/書畫之屬/書法書品
金冬心先生自書詩稿墨迹一卷　（清）金農撰
並書　清末有正書局影印本　一冊

330000－1703－0003165　G40578　集部/別
集類
八指頭陀詩集十卷補遺一卷述一卷詞一卷雜
文一卷　（清）釋敬安撰　清光緒二十四年
（1898）陳三立、葉德輝刻遞刻本　一冊　存
六卷（詩集一至六）

330000－1703－0003174　G40455　集部/別
集類/清別集
陽湖史氏家藏左文襄公手札不分卷　（清）左
宗棠撰　清光緒三十三年（1907）石印本
二冊

330000－1703－0003175　G40149　集部/別集類/宋別集

淮海集十七卷後集二卷詞一卷補遺一卷續補遺一卷 （宋）秦觀撰　**淮海文集攷證一卷**（清）王敬之　（清）茆泮林　（清）金長福撰　**重編淮海先生年譜節要一卷** （清）秦瀛編（清）王敬之節要　清道光十七年(1837)王敬之等刻二十一年(1841)增刻本　六冊

330000－1703－0003181　G30128　子部/儒家類/儒學之屬/禮教/家訓

治家格言一卷 （清）朱用純撰　汪洵錄　清光緒三十四年(1908)鴻寶齋石印本　一冊

330000－1703－0003182　G40157　集部/別集類/宋別集

岳忠武王文集八卷首一卷末一卷 （宋）岳飛撰　（清）黃邦寧輯　清光緒十三年(1887)粵東潤身社刻本　四冊

330000－1703－0003183　G40148　集部/別集類/宋別集

宋黃文節公全集正集三十二卷首四卷外集二十四卷別集十九卷續集十卷詞一卷 （宋）黃庭堅撰　**黃青社先生伐檀集二卷** （宋）黃庶撰　清光緒二十年(1894)義寧州署刻本　張美翊題記　二十五冊　缺八卷(正集十八至十九、二十四至二十六、三十至三十二)

330000－1703－0003188　G40155　集部/別集類/宋別集

龍雲先生文集三十二卷附錄一卷 （宋）劉弇撰　清乾隆十三年(1748)安福劉氏龍雲讀書室刻本　四冊　存二十卷(一至十四、二十一至二十六)

330000－1703－0003190　G40153　集部/別集類/宋別集

梁谿先生文集一百八十卷附錄一卷年譜一卷行狀三卷 （宋）李綱撰　清道光十四年(1834)刻本　四十八冊

330000－1703－0003192　G40154　集部/別集類/宋別集

梁谿先生文集一百八十卷附錄一卷年譜一卷

行狀三卷 （宋）李綱撰　清抄本　七冊　存二十一卷(一百十九至一百二十六、一百三十至一百三十九、一百七十八至一百八十)

330000－1703－0003193　G40150　集部/別集類/宋別集

秦少遊詩不分卷 （宋）秦觀撰　清抄本一冊

330000－1703－0003194　G32060　子部/藝術類/篆刻之屬/印譜

讀畫軒印存四卷 （清）王俊藏　（清）朱容編（清）朱俶釋　清光緒七年(1881)如皋王俊刻鈐印本　二冊

330000－1703－0003195　G40161　集部/別集類/宋別集

晦庵先生朱文公文集一百卷續集五卷別集七卷目錄二卷 （宋）朱熹撰　（清）臧眉錫等訂　清康熙二十七年(1688)蔡方炳刻本　十五冊　缺六十二卷(文集五十一至一百、續集一至五、別集一至七)

330000－1703－0003196　G40159　集部/別集類/宋別集

朱子文集大全類編一百十一卷首一卷 （宋）朱熹撰　（清）朱玉訂補　清道光二十五年(1845)考亭書院刻本　四十八冊

330000－1703－0003197　G40168　集部/別集類/宋別集

陸象山先生文集三十六卷附校勘畧一卷(宋)陸九淵撰　**象山先生年譜一卷** （宋）李子願編　**少湖徐先生學則辯一卷** （明）徐階撰　**陸梭山公家制一卷** （宋）陸九韶撰　清同治十年(1871)大儒家廟刻光緒七年(1881)義里素位堂增刻本　十二冊

330000－1703－0003198　G40160　集部/別集類/宋別集

晦庵先生朱文公文集一百卷續集五卷別集七卷目錄二卷 （宋）朱熹撰　（清）臧眉錫等訂　清康熙二十七年(1688)蔡方炳刻本　四十四冊　缺十二卷(續集一至五、別集一至七)

330000 – 1703 – 0003199　G40167　集部/別集類/宋別集

陸象山先生文集三十六卷　(宋)陸九淵撰

附錄少湖徐先生學則辯一卷　(明)徐階撰　清道光三年(1823)金谿陸邦瑞槐堂書齋刻本　十六冊

330000 – 1703 – 0003200　G40170　集部/別集類/宋別集

舒文靖公類藁四卷首一卷附錄三卷　(宋)舒璘撰　(清)徐時棟輯　清同治十一年(1872)刻本　二冊

330000 – 1703 – 0003201　G50668　類叢部/叢書類/自著之屬

陸放翁全集六種　(宋)陸游撰　明末海虞毛氏汲古閣刻清毛扆增刻張氏詩禮堂印本　四十八冊

330000 – 1703 – 0003202　G40162　集部/別集類/宋別集

朱子集一百四卷目錄二卷　(宋)朱熹撰　清咸豐十年至同治元年(1860 – 1862)浙江紫霞洲祠堂刻本　四十冊

330000 – 1703 – 0003203　G40172　集部/別集類/宋別集

楊文節公文集四十二卷首一卷末一卷詩集四十二卷誠齋文節先生錦繡策二卷　(宋)楊萬里撰　清乾隆五十九年至六十年(1794 – 1795)帶經軒刻本　二十四冊　存八十二卷(文集四至四十二、末,詩集一至四十二)

330000 – 1703 – 0003204　G40176　集部/別集類/宋別集

龍川文集三十卷補遺一卷　(宋)陳亮撰　**附錄二卷**　(清)應寶時補編　**札記一卷**　(明)宋廷輔撰　清同治八年(1869)永康應寶時刻本　張美翊題記　十冊

330000 – 1703 – 0003205　G40177　集部/別集類/宋別集

龍川文集三十卷　(宋)陳亮撰　**辨譌考異二卷**　(清)胡鳳丹撰　**附錄二卷**　清光緒元年(1875)湖北崇文書局刻民國元年(1912)鄂官

書處重印本　十冊

330000 – 1703 – 0003207　G40169　集部/別集類/宋別集

慈湖先生遺書抄六卷　(宋)楊簡撰　(明)楊世思輯　明萬曆潘汝禎刻本　一冊

330000 – 1703 – 0003208　G40179　集部/別集類/宋別集

宋丞相文山先生全集二十卷　(宋)文天祥撰　清康熙焉文堂刻本　十二冊

330000 – 1703 – 0003209　G40185　集部/別集類/宋別集

心史二卷　(宋)鄭思肖撰　清光緒二十年(1894)種竹書屋刻本　劉崇照題記　四冊

330000 – 1703 – 0003210　G40191　集部/別集類/元別集

清容居士集五十卷　(元)袁桷撰　清抄本　一冊　存五卷(三十一至三十五)

330000 – 1703 – 0003211　G40184　集部/別集類/宋別集

心史二卷　(宋)鄭思肖撰　清光緒二十年(1894)種竹書屋刻本　四冊

330000 – 1703 – 0003212　G40187　集部/別集類/元別集

剡源佚文二卷佚詩六卷　(元)戴表元撰　孫鏘編　清光緒二十一年(1895)奉化孫鏘刻本　一冊

330000 – 1703 – 0003213　G40110　集部/別集類/金別集

遺山先生詩集二十卷　(金)元好問撰　清刻本　八冊

330000 – 1703 – 0003214　G40192　集部/別集類/元別集

陳定宇先生文集十六卷別集一卷　(元)陳櫟撰　**定宇先生年表一卷**　(清)陳嘉基編　清康熙三十三年(1694)休寧陳嘉基刻本　六冊

330000 – 1703 – 0003215　G40193　集部/別集類/元別集

詠物詩百首不分卷　（元）謝宗可撰　清抄本
　一冊

330000－1703－0003216　G40199　集部/別
集類/明別集

夢墨稿十卷補遺一卷　（明）時銘撰　**首一卷**
（清）裘慶杓　（清）錢輔仁校　清光緒十八
年(1892)錢輔仁尚友書屋刻本　一冊

330000－1703－0003217　G50081　類叢部/
叢書類/彙編之屬

宜稼堂叢書七種　（清）郁松年編　清道光二
十年至二十二年(1840－1842)上海郁氏刻本
十四冊　存二種

330000－1703－0003218　G40232　集部/別
集類/明別集

楊忠愍公全集四卷　（明）楊繼盛撰　清光緒
二年(1876)甬上王世泲刻本　二冊

330000－1703－0003219　G40188　集部/別
集類/元別集

松鄉先生文集十卷　（元）任士林撰　清光緒
十六年(1890)刻本　二冊

330000－1703－0003220　G40194　集部/別
集類/元別集

九靈山房集三十卷首一卷末一卷　（元）戴良
撰　（元）戴禮類編　（元）戴侗編　清乾隆三
十六年(1771)戴殿江刻本　四冊　存十七卷
(首,一至三、十五至二十七)

330000－1703－0003221　G40205　集部/別
集類/明別集

春草齋文集選六卷詩集選一卷附錄一卷
（明）烏斯道撰　（清）熊伯龍選　（清）黃敬
修評　附名公贊春草集歌詠一卷　清康熙慈
谿烏震刻本　張美翊批　二冊

330000－1703－0003222　G40195　集部/別
集類/明別集

重刊宋文憲公集三十卷首一卷新刊宋文憲公
詩集二卷浦江詩錄一卷潛溪燕書一卷　（明）
宋濂撰　清康熙四十九年(1710)刻本　十七
冊　缺二卷(浦江詩錄、潛溪燕書)

330000－1703－0003223　G40189　集部/別
集類/元別集

草廬吳文正公集四十九卷外集三卷首一卷
（元）吳澄撰　清乾隆刻草廬吳文正公全書本
張美翊題記　十冊　存二十二卷(首、一至
二十一)

330000－1703－0003224　G40201　集部/別
集類/明別集

方正學先生遜志齋集二十四卷拾補一卷外紀
一卷　（明）方孝孺撰　（明）張紹謙纂　方正
學先生年譜一卷附辨正紀畧一卷　（明）盧演
（明）翁明英編　遜志齋集校勘記一卷
（清）盛朝彥錄　清同治十一年至十二年
(1872－1873)吳縣孫熹刻本　十六冊

330000－1703－0003225　G40200　集部/別
集類/明別集

方正學先生遜志齋集二十四卷　（明）方孝孺
撰　清同治八年(1869)松江方永祥刻本　十
二冊

330000－1703－0003226　G40196　集部/別
集類/明別集

宋文憲公全集八十卷潛溪錄七卷　（明）宋濂
撰　孫鏘輯　年譜三卷　（清）朱興悌　（清）
戴殿江纂　孫鏘增輯　清宣統二年至民國五
年(1910－1916)孫氏成都刻本　一冊　存三
卷(年譜一至三)

330000－1703－0003228　G20036　史部/紀
傳類/正史之屬

二十四史附考證　清光緒二十年(1894)上海
同文書局影印本　一百冊　存四種

330000－1703－0003229　G40166　集部/別
集類/宋別集

宋王忠文公文集五十卷目錄四卷　（宋）王十
朋撰　梅溪王忠文公年譜一卷　（清）徐炯文
編　清光緒二年(1876)溫州梅溪書院刻本
十六冊

330000－1703－0003232　G40202　集部/別
集類/明別集

方正學先生遜志齋集二十四卷拾補一卷外紀

一卷　（明）方孝孺撰　（明）張紹謙纂　**方正學先生年譜一卷附辨正紀畧一卷**　（明）盧演（明）翁明英編　**遜志齋集校勘記一卷**（清）盛朝彥錄　清同治十一年至十二年（1872－1873）吳縣孫熹刻本　十五冊　存二十七卷（一至二十四、拾補、外紀、校勘記）

330000－1703－0003235　G20040　史部/紀傳類/正史之屬

二十四史附考證　清光緒十四年（1888）上海圖書集成印書局鉛印本　八冊　存一種

330000－1703－0003236　G20042　史部/紀傳類/正史之屬

二十四史附考證　清光緒十四年（1888）上海圖書集成印書局鉛印本　十六冊　存一種

330000－1703－0003238　G20041　史部/紀傳類/正史之屬

二十四史附考證　清光緒上海圖書集成印書局鉛印本　二冊　存一種

330000－1703－0003241　G40158　類叢部/叢書類/自著之屬

廬陵周益國文忠公集十三種　（宋）周必大撰　清抄本　六冊　存一種

330000－1703－0003243　G20045　史部/紀傳類/正史之屬

欽定二十四史　清光緒二十八年（1902）上海文瀾書局石印本　一百二十冊　存二十三種

330000－1703－0003244　G40165　集部/別集類/宋別集

宋王忠文公文集五十卷目錄四卷　（宋）王十朋撰　**梅溪王忠文公年譜一卷**　（清）徐炯文編　清光緒二年（1876）溫州梅溪書院刻本十六冊

330000－1703－0003245　G40186　集部/別集類/元別集

剡源文鈔四卷佚文一卷　（元）戴表元撰（清）黃宗羲選定　（清）何焯評點　清刻本二冊

330000－1703－0003246　G20060　史部/紀傳類/正史之屬

四史四百十五卷　清光緒二十六年（1900）煥文書局石印本　四冊　存一種

330000－1703－0003247　G40178　集部/別集類/宋別集

江湖長翁文集四十卷　（宋）陳造撰　明萬曆四十六年（1618）仁和李之藻刻本　九冊　存三十六卷（五至四十）

330000－1703－0003248　G20061　史部/紀傳類/正史之屬

四史四百十五卷　清光緒十四年（1888）上海蜚英館石印本　十六冊　存一種

330000－1703－0003249　G20063　史部/紀傳類/正史之屬

四史四百十五卷　清光緒十四年（1888）上海蜚英館石印本　十一冊　存一種

330000－1703－0003250　G20032　史部/紀傳類/正史之屬

二十四史附考證　清光緒十四年（1888）上海圖書集成印書局鉛印本　三十五冊　存三種

330000－1703－0003251　G20030　史部/紀傳類/正史之屬

二十四史附考證　清光緒十四年（1888）上海圖書集成印書局鉛印本　何其樞題記　三十六冊　存二種

330000－1703－0003252　G20033　史部/紀傳類/正史之屬

二十四史附考證　清光緒十四年（1888）上海圖書集成印書局鉛印本　四十二冊　存三種

330000－1703－0003253　G20034　史部/紀傳類/正史之屬

二十四史附考證　清光緒十四年（1888）上海圖書集成印書局鉛印本　四十四冊　存三種

330000－1703－0003254　G20062　史部/紀傳類/正史之屬

四史四百十五卷　清光緒十年（1884）上海同文書局石印本　十八冊　存一種

330000 – 1703 – 0003255　G20046　史部/紀傳類/正史之屬

欽定二十四史　清光緒二十八年(1902)上海文瀾書局石印本　九十六冊　存二十種

330000 – 1703 – 0003256　G20035　史部/紀傳類/正史之屬

二十四史附考證　清光緒二十八年(1902)武林竹簡齋石印本　五十六冊　存十種

330000 – 1703 – 0003258　G20026　史部/紀傳類/正史之屬

二十四史　清同治至光緒五省官書局據汲古閣本等合刻光緒五年(1879)湖北書局彙印本　八冊　存一種

330000 – 1703 – 0003259　G20024　史部/紀傳類/正史之屬

二十四史　清同治至光緒五省官書局據汲古閣本等合刻光緒五年(1879)湖北書局彙印本　八十冊　存一種

330000 – 1703 – 0003260　G20028　史部/紀傳類/正史之屬

二十四史附考證　清光緒十八年(1892)武林竹簡齋石印本　一百八十九冊　存二十三種

330000 – 1703 – 0003261　G20016　史部/紀傳類/正史之屬

二十四史　清同治至光緒五省官書局據汲古閣本等合刻光緒五年(1879)湖北書局彙印本　二冊　存一種

330000 – 1703 – 0003262　G20015　史部/紀傳類/正史之屬

二十四史　清同治至光緒五省官書局據汲古閣本等合刻光緒五年(1879)湖北書局彙印本　十六冊　存一種

330000 – 1703 – 0003263　G20037　史部/紀傳類/正史之屬

二十四史附考證　清乾隆四年(1739)武英殿刻本　八十三冊　存五種

330000 – 1703 – 0003264　G20056　史部/紀傳類/正史之屬

十七史一千五百七十四卷　(明)毛晉編　明崇禎元年至十七年(1628 – 1644)毛氏汲古閣刻清順治五年至十三年(1648 – 1656)重修本　八冊　存一種

330000 – 1703 – 0003265　G20044　史部/紀傳類/正史之屬

二十四史附考證　清光緒十八年(1892)武林竹簡齋石印本　一百九十六冊　缺七十二卷(史記四十三至六十、後漢書八十四至九十六、唐書一百七十二至一百九十一、遼史三十一至三十六、金史二十至三十四)

330000 – 1703 – 0003266　G20004　史部/紀傳類/正史之屬

二十四史　清同治至光緒五省官書局據汲古閣本等合刻光緒五年(1879)湖北書局彙印本　二十四冊　存二種

330000 – 1703 – 0003267　G20022　史部/紀傳類/正史之屬

二十四史　清同治至光緒五省官書局據汲古閣本等合刻光緒五年(1879)湖北書局彙印本　二冊　存一種

330000 – 1703 – 0003268　G20005　史部/紀傳類/正史之屬

二十四史　清同治至光緒五省官書局據汲古閣本等合刻光緒五年(1879)湖北書局彙印本　十九冊　存二種

330000 – 1703 – 0003269　G20048　史部/紀傳類/正史之屬

二十一史二千五百六十七卷　明刻明清遞修本　一冊　存一種

330000 – 1703 – 0003270　G20074　史部/紀傳類/正史之屬

前漢書一百卷　(漢)班固撰　(唐)顏師古注　後漢書九十卷志三十卷　(南朝宋)范曄撰　(唐)李賢注　清同治十二年(1873)嶺東使署刻本　三十二冊

330000 – 1703 – 0003271　G20002　史部/紀傳類/正史之屬

二十四史　清同治至光緒五省官書局據汲古閣本等合刻光緒五年（1879）湖北書局彙印本　二十四冊　存二種

330000 – 1703 – 0003272　G20008　史部/紀傳類/正史之屬

二十四史　清同治至光緒五省官書局據汲古閣本等合刻光緒五年（1879）湖北書局彙印本　八十九冊　存十二種

330000 – 1703 – 0003273　G20014　史部/紀傳類/正史之屬

二十四史　清同治至光緒五省官書局據汲古閣本等合刻光緒五年（1879）湖北書局彙印本　三冊　存一種

330000 – 1703 – 0003274　G20013　史部/紀傳類/正史之屬

二十四史　清同治至光緒五省官書局據汲古閣本等合刻光緒五年（1879）湖北書局彙印本　六冊　存一種

330000 – 1703 – 0003275　G20006　史部/紀傳類/正史之屬

二十四史　清同治至光緒五省官書局據汲古閣本等合刻光緒五年（1879）湖北書局彙印本　六十八冊　存六種

330000 – 1703 – 0003276　G20021　史部/紀傳類/正史之屬

二十四史　清同治至光緒五省官書局據汲古閣本等合刻光緒五年（1879）湖北書局彙印本　三十四冊　存一種

330000 – 1703 – 0003277　G20007　史部/紀傳類/正史之屬

二十四史　清同治至光緒五省官書局據汲古閣本等合刻光緒五年（1879）湖北書局彙印本　五十二冊　存三種

330000 – 1703 – 0003278　G20003　史部/紀傳類/正史之屬

二十四史　清同治至光緒五省官書局據汲古閣本等合刻光緒五年（1879）湖北書局彙印本　二十二冊　存二種

330000 – 1703 – 0003279　G20020　史部/紀傳類/正史之屬

二十四史　清同治至光緒五省官書局據汲古閣本等合刻光緒五年（1879）湖北書局彙印本　三十八冊　存一種

330000 – 1703 – 0003280　G20017　史部/紀傳類/正史之屬

二十四史　清同治至光緒五省官書局據汲古閣本等合刻光緒五年（1879）湖北書局彙印本　四十八冊　存一種

330000 – 1703 – 0003281　G20027　史部/紀傳類/正史之屬

二十四史　清同治至光緒五省官書局據汲古閣本等合刻光緒五年（1879）湖北書局彙印本　八冊　存一種

330000 – 1703 – 0003282　G20076　史部/紀傳類/正史之屬

漢書補注一百卷首一卷　王先謙撰　清光緒二十六年（1900）長沙王氏虛受堂刻本　十二冊　存五十六卷（四十五至一百）

330000 – 1703 – 0003283　G20011　史部/紀傳類/正史之屬

二十四史　清同治至光緒五省官書局據汲古閣本等合刻光緒五年（1879）湖北書局彙印本　四冊　存一種

330000 – 1703 – 0003284　G20001　史部/紀傳類/正史之屬

二十四史　清同治至光緒五省官書局據汲古閣本等合刻光緒五年（1879）湖北書局彙印本　二十九冊　存二種

330000 – 1703 – 0003285　G20055　史部/紀傳類/正史之屬

十七史一千五百七十四卷　（明）毛晉編　明崇禎元年至十七年（1628 – 1644）毛氏汲古閣刻清順治五年至十三年（1648 – 1656）重修本　三十九冊　存一種

330000 – 1703 – 0003286　G20053　史部/紀傳類/正史之屬

十七史一千五百七十四卷 （明）毛晉編 明崇禎元年至十七年（1628－1644）毛氏汲古閣刻清順治五年至十三年（1648－1656）重修本　八冊　存一種

330000－1703－0003287　G20049　史部/紀傳類/正史之屬

十七史一千五百七十四卷 （明）毛晉編 清刻本　二十五冊　存二種

330000－1703－0003288　G20068　史部/紀傳類/正史之屬

史記一百三十卷 （漢）司馬遷撰 （南朝宋）裴駰集解 （唐）司馬貞索隱 （唐）張守節正義 清同治九年（1870）崇文書局刻本　二十一冊　存一百十四卷（三至三十、三十九至一百二十、一百二十七至一百三十）

330000－1703－0003289　G20057　史部/紀傳類/正史之屬

十七史一千五百七十四卷 （明）毛晉編 明崇禎元年至十七年（1628－1644）毛氏汲古閣刻清順治五年至十三年（1648－1656）重修本　四冊　存一種

330000－1703－0003290　G20019　史部/紀傳類/正史之屬

二十四史 清同治至光緒五省官書局據汲古閣本等合刻光緒五年（1879）湖北書局彙印本　四十冊　存一種

330000－1703－0003291　G20050　史部/紀傳類/正史之屬

十七史一千五百七十四卷 （明）毛晉編 清刻本　四十八冊　存二種

330000－1703－0003292　G20058　史部/紀傳類/正史之屬

十七史一千五百七十四卷 （明）毛晉編 清古吳書業趙氏刻本　六冊　存一種

330000－1703－0003293　G20081　史部/紀傳類/正史之屬

南史八十卷 （唐）李延壽撰 （明）張溥閱 明張溥刻本　一冊　存七卷（六十三至六十

九）

330000－1703－0003294　G20054　史部/紀傳類/正史之屬

十七史一千五百七十四卷 （明）毛晉編 明崇禎元年至十七年（1628－1644）毛氏汲古閣刻清順治五年至十三年（1648－1656）重修本　八冊　存一種

330000－1703－0003295　G20052　史部/紀傳類/正史之屬

十七史一千五百七十四卷 （明）毛晉編 明崇禎元年至十七年（1628－1644）毛氏汲古閣刻清順治五年至十三年（1648－1656）重修本　二十冊　存一種

330000－1703－0003296　G20023　史部/紀傳類/正史之屬

二十四史 清同治至光緒五省官書局據汲古閣本等合刻光緒五年（1879）湖北書局彙印本　八十冊　存一種

330000－1703－0003297　G40273　集部/別集類/清別集

陳檢討集二十卷 （清）陳維崧撰 （清）程師恭注 清刻本　六冊

330000－1703－0003299　G20018　史部/紀傳類/正史之屬

二十四史 清同治至光緒五省官書局據汲古閣本等合刻光緒五年（1879）湖北書局彙印本　三十冊　存一種

330000－1703－0003300　G20051　史部/紀傳類/正史之屬

十七史一千五百七十四卷 （明）毛晉編 明崇禎元年至十七年（1628－1644）毛氏汲古閣刻清順治五年至十三年（1648－1656）重修本　四十四冊　存二種

330000－1703－0003301　G40274　集部/別集類/清別集

陳檢討集二十卷 （清）陳維崧撰 （清）程師恭注 清道光二年（1822）金閶步月樓刻本　五冊　存十七卷（一至十七）

330000 – 1703 – 0003302　G20012　史部/紀傳類/正史之屬

二十四史　清同治至光緒五省官書局據汲古閣本等合刻光緒五年（1879）湖北書局彙印本　八冊　存一種

330000 – 1703 – 0003303　G40276　集部/別集類/清別集

陳檢討四六二十卷　（清）陳維崧撰　（清）程師恭注　清末上海文瑞樓石印本　八冊

330000 – 1703 – 0003304　G20025　史部/紀傳類/正史之屬

二十四史　清同治至光緒五省官書局據汲古閣本等合刻光緒五年（1879）湖北書局彙印本　十六冊　存一種

330000 – 1703 – 0003305　G40275　集部/別集類/清別集

陳檢討集二十卷　（清）陳維崧撰　（清）程師恭注　清道光二年（1822）金閶步月樓刻本　五冊

330000 – 1703 – 0003306　G20010　史部/紀傳類/正史之屬

二十四史　清刻本　二冊　存一種

330000 – 1703 – 0003307　G20086　史部/紀傳類/正史之屬

明史稿三百十卷目錄三卷　（清）王鴻緒撰　清雍正敬慎堂刻本　五十六冊

330000 – 1703 – 0003308　G40325　集部/別集類/清別集

培遠堂偶存稿文檄四十八卷　（清）陳弘謀撰　清光緒二十二年（1896）鄂藩署鉛印本　二十四冊

330000 – 1703 – 0003309　G40323　集部/別集類/清別集

香樹齋詩續集三十六卷　（清）錢陳羣撰　清乾隆十九年（1754）刻本　四冊　存十二卷（一至十二）

330000 – 1703 – 0003310　G40340　集部/別集類/清別集

小倉山房往還書札全集十八卷　（清）袁枚撰　清光緒十三年（1887）鉛印本　二冊

330000 – 1703 – 0003311　G20085　史部/紀傳類/正史之屬

明史稿三百十卷目錄三卷　（清）王鴻緒撰　清雍正敬慎堂刻本　二十七冊　存七十八卷（志三、十至十一、十五至二十三，列傳十五、三十至三十四、七十三至八十三、一百五至一百十一、一百十三至一百二十七、一百五十七至一百六十四、一百七十六至一百八十二、一百八十六至一百八十八、一百九十四至一百九十六、二百至二百五）

330000 – 1703 – 0003312　G40313　集部/別集類/清別集

望溪先生文集十八卷集外文十卷集外文補遺二卷　（清）方苞撰　**年譜一卷年譜附錄一卷**　（清）蘇惇元輯　清咸豐元年（1851）戴鈞衡刻二年（1852）增刻本　十六冊

330000 – 1703 – 0003313　G50684　類叢部/叢書類/自著之屬

隨園三十種　（清）袁枚撰　清乾隆至嘉慶刻本　十冊　存一種

330000 – 1703 – 0003314　G50083　類叢部/叢書類/彙編之屬

宜稼堂叢書七種　（清）郁松年編　清道光二十年至二十二年（1840 – 1842）上海郁氏刻本　一冊　存一種

330000 – 1703 – 0003315　G20089　史部/紀傳類/正史之屬

明史稿三百十卷目錄三卷　（清）王鴻緒撰　清雍正敬慎堂刻本　六冊　存十六卷（志二十一，列傳七十四、一百五至一百十一、一百二十一至一百二十四、一百七十七至一百七十九）

330000 – 1703 – 0003316　G50082　類叢部/叢書類/彙編之屬

宜稼堂叢書七種　（清）郁松年編　清道光二十年至二十二年（1840 – 1842）上海郁氏刻本　八冊　存一種

330000－1703－0003317　G20087　史部/紀傳類/正史之屬

明史稿三百十卷目錄三卷　（清）王鴻緒撰　清雍正敬慎堂刻本　二冊　存九卷（列傳九十七至一百五）

330000－1703－0003318　G40318　集部/別集類/清別集

樊榭山房集十卷續集十卷文集八卷　（清）厲鶚撰　清光緒七年（1881）嶺南述軒刻本　八冊

330000－1703－0003319　G20088　史部/紀傳類/正史之屬

明史稿三百十卷目錄三卷　（清）王鴻緒撰　清雍正敬慎堂刻本　一冊　存四卷（列傳一百三十五至一百三十八）

330000－1703－0003321　G20082　史部/紀傳類/正史之屬

唐書釋音二卷　（宋）董衝撰　清同治十二年（1873）浙江書局刻本　一冊

330000－1703－0003322　G40314　集部/別集類/清別集

望溪先生文集十八卷集外文十卷集外文補遺二卷　（清）方苞撰　**年譜一卷年譜附錄一卷**　（清）蘇惇元輯　清咸豐元年（1851）戴鈞衡刻二年（1852）增刻本　十六冊

330000－1703－0003323　G40342　集部/別集類/清別集

袁文箋正十六卷補注一卷　（清）袁枚撰（清）石韞玉箋　清道光七年（1827）松壽山房刻本　六冊

330000－1703－0003324　G40315　集部/別集類/清別集

望溪先生文集十八卷集外文十卷集外文補遺二卷　（清）方苞撰　**年譜一卷年譜附錄一卷**　（清）蘇惇元輯　清咸豐元年（1851）戴鈞衡刻二年（1852）增刻本　十四冊

330000－1703－0003325　G40321　集部/別集類/清別集

樊榭山房集十卷續集十卷　（清）厲鶚撰　清乾隆武林刻本　六冊

330000－1703－0003326　G40316　集部/別集類/清別集

望溪先生文集十八卷集外文十卷集外文補遺二卷　（清）方苞撰　**年譜一卷年譜附錄一卷**　（清）蘇惇元輯　清咸豐元年（1851）戴鈞衡刻二年（1852）增刻本　十二冊

330000－1703－0003327　G40343　集部/別集類/清別集

袁文箋正十六卷補注一卷　（清）袁枚撰（清）石韞玉箋　**增訂袁文箋正四卷**　（清）魏大緒撰　清光緒十四年（1888）上海蜚英館石印本　三冊

330000－1703－0003328　G40320　集部/別集類/清別集

樊榭山房集十卷續集十卷文集八卷　（清）厲鶚撰　清乾隆武林刻本　八冊

330000－1703－0003330　G40345　集部/別集類/清別集

袁文箋正十六卷補注一卷　（清）袁枚撰（清）石韞玉箋　清同治六年（1867）刻本　六冊

330000－1703－0003331　G40317　集部/別集類/清別集

望溪先生文集十八卷集外文十卷集外文補遺二卷　（清）方苞撰　**年譜一卷年譜附錄一卷**　（清）蘇惇元輯　清咸豐元年（1851）戴鈞衡刻二年（1852）增刻本　十四冊

330000－1703－0003332　G40344　集部/別集類/清別集

袁文箋正十六卷補注一卷　（清）袁枚撰（清）石韞玉箋　**增訂袁文箋正四卷**　（清）魏大緒撰　清光緒十四年（1888）上海蜚英館石印本　三冊

330000－1703－0003333　G40312　集部/別集類/清別集

方望溪文鈔六卷首一卷　（清）方苞撰　清宣

統二年(1910)上海國學扶輪社鉛印本　　五冊

330000－1703－0003334　G40319　集部/別
集類/清別集

樊榭山房集十卷續集十卷文集八卷　(清)厲
鶚撰　清光緒七年(1881)嶺南述軒刻本　四
冊　缺八卷(文集一至八)

330000－1703－0003335　G40346　集部/別
集類/清別集

袁文箋正十六卷補注一卷　(清)袁枚撰
(清)石韞玉箋　清道光二十三年(1843)松壽
山房刻本　七冊　存十四卷(袁文箋正一至
十四)

330000－1703－0003336　G40338　集部/別
集類/清別集

鮚埼亭詩集十卷　(清)全祖望撰　清道光十
四年(1834)鄭爾齡箋經閣刻本　二冊　存五
卷(一至五)

330000－1703－0003337　G40347　集部/別
集類/清別集

隨園文集二卷　(清)袁枚撰　清宣統二年
(1910)上海國學扶輪社石印本　二冊

330000－1703－0003339　G40370　集部/別
集類/清別集

葆淳閣集二十四卷附易說二卷　(清)王杰撰
　王文端公年譜一卷　(清)阮元編　清嘉慶
刻本　十二冊

330000－1703－0003340　G40387　集部/別
集類/清別集

陶文毅公全集六十四卷首一卷末一卷　(清)
陶澍撰　清道光二十年(1840)淮北士民刻本
　二十五冊

330000－1703－0003341　G50685　類叢部/
叢書類/自著之屬

隨園三十種　(清)袁枚撰　清乾隆至嘉慶刻
本　一冊　存一種

330000－1703－0003342　G40352　集部/別
集類/清別集

吟梅仙館絕句詩一卷　(清)方韻儔撰　清光

緒四年(1878)刻本　一冊

330000－1703－0003343　G40353　集部/別
集類/清別集

徐烈婦詩鈔二卷附報素聞書并回文一卷
(清)吳宗愛撰　(清)楊晉藩　(清)許楣評
　同心梔子圖續編一卷　(清)應瑩撰　清光
緒三十三年(1907)義烏黃卿夔成都刻本
一冊

330000－1703－0003344　G40388　集部/別
集類/清別集

陶文毅公全集六十四卷首一卷末一卷　(清)
陶澍撰　清道光二十年(1840)淮北士民刻本
　錢□□題記　二十四冊

330000－1703－0003345　G40356　集部/別
集類/清別集

尹文端公詩集十卷　(清)尹繼善撰　清乾隆
至嘉慶刻本　四冊

330000－1703－0003346　G40357　集部/別
集類/清別集

紀文達公遺集三十二卷　(清)紀昀撰　(清)
紀樹馨編　清嘉慶十七年(1812)紀樹馥刻本
　十六冊

330000－1703－0003347　G40373　集部/別
集類/清別集

**有正味齋駢體文二十四卷續集八卷詩集十六
卷續集八卷詞集八卷續集二卷外集五卷續集
二卷**　(清)吳錫麒撰　清嘉慶十三年(1808)
刻本　十六冊

330000－1703－0003348　G40383　類叢部/
叢書類/自著之屬

确山所著書□□種　(清)宋世犖撰　清嘉慶
二十五年(1820)刻光緒補刻　一冊　存
一種

330000－1703－0003349　G40359　集部/別
集類/清別集

切問齋集十二卷首一卷　(清)陸燿撰　清光
緒十八年(1892)江蘇書局刻本　四冊

330000－1703－0003350　G40385　集部/別

集類/清別集

煙霞萬古樓文集六卷 （清）王曇撰　清道光
二十年(1840)刻本　二冊

330000－1703－0003351　G40361　集部/別
集類/清別集

蔣娥埜詩稿不分卷 （清）蔣蓼厓撰　清抄本
四冊

330000－1703－0003352　G50254　類叢部/
叢書類/彙編之屬

風雨樓叢書二十三種 鄧實編　清宣統順德
鄧氏鉛印本　張美翊題簽並記　一冊　存
一種

330000－1703－0003353　G50862　類叢部/
叢書類/自著之屬

中復堂全集九種附一種 （清）姚瑩撰　清同
治六年(1867)姚濬昌安福縣署刻本　二十
三冊

330000－1703－0003354　G40362　集部/別
集類/清別集

甌北詠物詩鈔二卷 （清）趙翼撰　（清）水燿
錄　清刻本　一冊　存一卷(一)

330000－1703－0003355　G40374　集部/別
集類/清別集

**有正味齋駢體文二十四卷續集八卷詩集十六
卷續集八卷詞集八卷續集二卷外集五卷續集
二卷** （清）吳錫麒撰　清嘉慶十三年(1808)
刻本　二十冊

330000－1703－0003357　G40375　集部/別
集類/清別集

**有正味齋駢體文二十四卷續集八卷詩集十六
卷續集八卷詞集八卷續集二卷外集五卷續集
二卷** （清）吳錫麒撰　清嘉慶十三年(1808)
刻本　十六冊

330000－1703－0003358　G40390　集部/別
集類/清別集

吳學士文集四卷詩集五卷 （清）吳蕭撰
（清）薛春藜輯　（清）薛時雨　（清）譚廷獻
編訂　清光緒八年(1882)番禺梁肇煌江寧藩
署刻本　六冊

330000－1703－0003360　G40393　集部/別
集類/清別集

大雲山房文稿初集四卷二集四卷言事二卷
（清）惲敬撰　清同治二年(1863)惲世臨刻本
八冊

330000－1703－0003361　G40376　集部/別
集類/清別集

**有正味齋駢體文二十四卷續集八卷詩集十六
卷續集八卷詞集八卷續集二卷外集五卷續集
二卷** （清）吳錫麒撰　清嘉慶十三年(1808)
刻本　十五冊　存五十三卷(駢體文二十一
至二十四、續集一至八,詩集一至十六、續集
一至八、詞集一至八、續集一至二,外集一至
五、續集一至二)

330000－1703－0003362　G40367　集部/別
集類/清別集

南園詩义存不分卷 （清）錢澧撰　清光緒七
年(1881)錢塘山西襄陵刻本　四冊

330000－1703－0003363　G40394　集部/別
集類/清別集

大雲山房文稿初集四卷二集四卷 （清）惲敬
撰　清光緒十四年(1888)官書處刻本　八冊

330000－1703－0003364　G40395　集部/別
集類/清別集

大雲山房文稿初集四卷二集四卷 （清）惲敬
撰　清嘉慶刻本　四冊　存四卷(初集一至
四)

330000－1703－0003365　G40377　集部/別
集類/清別集

有正味齋集十六卷 （清）吳錫麒撰　清刻本
二冊　存八卷(一至八)

330000－1703－0003366　G40396　集部/別
集類/清別集

惲子居文鈔四卷 （清）惲敬撰　清宣統二年
(1910)國學扶輪社石印本　四冊

330000－1703－0003367　G40397　集部/別
集類/清別集

茗柯文初編一卷二編二卷三編一卷四編一卷
（清）張惠言撰　清光緒七年(1881)刻本
二冊

330000 – 1703 – 0003368　G40398　集部/別
集類/清別集

茗柯文初編一卷二編二卷三編一卷四編一卷
（清）張惠言撰　清光緒七年(1881)刻本
二冊

330000 – 1703 – 0003369　G40399　集部/別
集類/清別集

茗柯文初編一卷二編二卷三編一卷四編一卷
（清）張惠言撰　清光緒七年(1881)刻本
張美翊題記　二冊

330000 – 1703 – 0003370　G50092　類叢部/
叢書類/彙編之屬

文選樓叢書三十三種　（清）阮亨編　清嘉慶
至道光阮元刻道光二十二年(1842)阮亨彙印
本　十六冊　存一種

330000 – 1703 – 0003371　G40381　集部/別
集類/清別集

有正味齋駢體文二十四卷　（清）吳錫麟撰
清嘉慶十三年(1808)刻本　四冊

330000 – 1703 – 0003372　G50091　類叢部/
叢書類/彙編之屬

文選樓叢書三十三種　（清）阮亨編　清嘉慶
至道光阮元刻道光二十二年(1842)阮亨彙印
本　二十四冊　存一種

330000 – 1703 – 0003373　G50090　類叢部/
叢書類/彙編之屬

文選樓叢書三十三種　（清）阮亨編　清嘉慶
至道光阮元刻道光二十二年(1842)阮亨彙印
本　二十四冊　存一種

330000 – 1703 – 0003374　G50093　類叢部/
叢書類/彙編之屬

文選樓叢書三十三種　（清）阮亨編　清嘉慶
至道光阮元刻道光二十二年(1842)阮亨彙印
本　二十四冊　存一種

330000 – 1703 – 0003375　G50094　類叢部/

叢書類/彙編之屬

文選樓叢書三十三種　（清）阮亨編　清嘉慶
至道光儀徵阮氏刻本　一冊　存一種

330000 – 1703 – 0003376　G40382　集部/別
集類/清別集

裘文達公文集六卷　（清）裘曰修撰　清刻本
三冊　存四卷(二至五)

330000 – 1703 – 0003377　G50089　類叢部/
叢書類/彙編之屬

文選樓叢書三十三種　（清）阮亨編　清嘉慶
至道光阮元刻道光二十二年(1842)阮亨彙印
本　張美翊題記　十二冊　存一種

330000 – 1703 – 0003378　G40416　集部/別
集類/清別集

御覽集六卷　（清）沈初撰　清乾隆刻本
二冊

330000 – 1703 – 0003379　G40403　集部/別
集類/清別集

今白華堂詩錄八卷詩錄補八卷詩集首二卷
（清）童槐撰　清同治八年(1869)、光緒三年
(1877)童華刻本　五冊

330000 – 1703 – 0003380　G40440　集部/別
集類/清別集

通甫類稿四卷　（清）魯一同撰　清光緒三年
(1877)酉腴仙館鉛印本　二冊

330000 – 1703 – 0003381　G50760　類叢部/
叢書類/家集之屬

董氏遺書四種　（清）董若洄編　清咸豐至同
治刻彙印本　五冊　存二種

330000 – 1703 – 0003382　G40426　集部/別
集類/清別集

古微堂文集十卷　（清）魏源撰　（清）黃象離
輯　清宣統元年(1909)上海國學扶輪社鉛印
本　六冊

330000 – 1703 – 0003383　G40425　集部/別
集類/清別集

古微堂內集三卷外集七卷　（清）魏源撰　清
光緒四年(1878)揚州淮南書局刻本　二冊

存六卷（内集一至三、外集三至五）

330000 – 1703 – 0003384　G40424　集部/别
集類/清别集

古微堂内集三卷外集七卷　（清）魏源撰　清
光緒四年（1878）揚州淮南書局刻本　四冊

330000 – 1703 – 0003385　G40711　集部/别
集類/清别集

御製全韻詩五卷　（清）高宗弘曆撰　清乾隆
彭元瑞寫刻本　五冊

330000 – 1703 – 0003386　G50773　類叢部/
叢書類/自著之屬

今白華堂集六種附一種　（清）童槐撰　清同
治刻本　一冊　存一種

330000 – 1703 – 0003387　G50774　類叢部/
叢書類/自著之屬

今白華堂集六種附一種　（清）童槐撰　清同
治刻本　三冊　存一種

330000 – 1703 – 0003388　G40363　集部/别
集類/清别集

**御製詩初集四十四卷目錄四卷二集九十卷目
錄十卷**　（清）高宗弘曆撰　清乾隆内府刻本
　六十冊

330000 – 1703 – 0003389　G40417　集部/别
集類/清别集

**定盦文集三卷續集四卷文集補六卷文集補編
四卷**　（清）龔自珍撰　清光緒二十三年
（1897）萬本書堂刻本　六冊

330000 – 1703 – 0003390　G40422　集部/别
集類/清别集

**定盦文集三卷續集四卷補編四卷文集補一卷
餘集一卷**　（清）龔自珍撰　清光緒二十八年
（1902）浙省交彙書局鉛印本　三冊　缺二卷
（定盦續集三至四）

330000 – 1703 – 0003391　G40400　集部/别
集類/清别集

小謨觴館文集四卷　（清）彭兆蓀撰　清光緒
六年（1880）存存軒刻本　二冊

330000 – 1703 – 0003392　G40401　集部/别
集類/清别集

小謨觴館文集四卷　（清）彭兆蓀撰　清光緒
六年（1880）存存軒刻本　二冊

330000 – 1703 – 0003393　G40418　集部/别
集類/清别集

定盦文集三卷續集四卷文集補六卷　（清）龔
自珍撰　清同治七年（1868）刻本　四冊

330000 – 1703 – 0003394　G40402　集部/别
集類/清别集

小謨觴館文續集二卷　（清）彭兆蓀撰　清光
緒九年（1883）刻本　二冊

330000 – 1703 – 0003395　G40405　集部/别
集類/清别集

空石齋文集不分卷詩賸不分卷　（清）汪國撰
　清道光二年（1822）刻本　五冊

330000 – 1703 – 0003396　G50838　類叢部/
叢書類/自著之屬

惜抱軒全集十種　（清）姚鼐撰　清同治五年
（1866）李瀚章省心閣刻本　十六冊

330000 – 1703 – 0003397　G40419　集部/别
集類/清别集

定盦文集三卷續集四卷文集補六卷　（清）龔
自珍撰　清同治七年（1868）刻本　六冊

330000 – 1703 – 0003398　G40420　集部/别
集類/清别集

定盦文集三卷續集四卷文集補六卷　（清）龔
自珍撰　清同治七年（1868）刻本　六冊

330000 – 1703 – 0003399　G40421　集部/别
集類/清别集

**定盦文集三卷續集四卷補編四卷文集補一卷
餘集一卷**　（清）龔自珍撰　清光緒二十八年
（1902）浙省交彙書局鉛印本　三冊　缺三卷
（文集一至三）

330000 – 1703 – 0003400　G40423　集部/别
集類/清别集

**躬恥齋文鈔二十卷文後編六卷詩鈔十四卷首
一卷詩後編七卷**　（清）宗稷辰撰　清咸豐元

年(1851)、九年(1859)越峴山館刻本　七冊　存十四卷(詩鈔首、一至十四)

330000－1703－0003401　G40410　集部/別集類/清別集

養一齋文集二十卷　(清)李兆洛撰　清光緒四年(1878)刻本　三冊　存八卷(一至三、十三至十七)

330000－1703－0003402　G40429　集部/別集類/清別集

雲膚山房詩稿六卷首一卷　(清)黎光地撰　清同治刻本　二冊

330000－1703－0003403　G50840　類叢部/叢書類/自著之屬

惜抱軒全集十種　(清)姚鼐撰　清嘉慶至道光刻本　二冊　存一種

330000－1703－0003404　G40427　集部/別集類/清別集

畊石山農集二卷　(清)朱兆封撰　清乾隆稿本　一冊

330000－1703－0003405　G40411　集部/別集類/清別集

養一齋集二十六卷首一卷劄記九卷詞三卷詩話十卷李杜詩話三卷四書文不分卷試帖一卷　(清)潘德輿撰　清道光至同治刻本　十四冊　存三十六卷(首,一至四、八至二十六;劄記一至九;詞一至三)

330000－1703－0003406　G50839　類叢部/叢書類/自著之屬

惜抱軒全集十種　(清)姚鼐撰　清嘉慶至道光刻本　七冊　存二種

330000－1703－0003407　G40431　集部/別集類/清別集

契蓮先生駢體文二卷　(清)宋體淳撰　清同治十三年(1874)柏翠軒刻本　二冊

330000－1703－0003408　G40428　集部/別集類/清別集

秋渚吟草一卷　(清)潘德坤撰　清抄本　一冊

330000－1703－0003409　G50837　類叢部/叢書類/自著之屬

惜抱軒全集十種　(清)姚鼐撰　清嘉慶至道光刻本　七冊　缺十二卷(文集一至十二)

330000－1703－0003410　G40432　集部/別集類/清別集

瓊樓吟稿一卷後錄一卷　(清)陶善撰　清抄本　一冊

330000－1703－0003412　G40446　集部/別集類/清別集

曾文正公行軍手函一卷　(清)曾國藩撰　清光緒二十六年(1900)上海富文書局石印本　一冊

330000－1703－0003413　G40413　集部/別集類/清別集

柏梘山房文集十六卷文續集一卷詩集十卷詩續集二卷駢體文二卷　(清)梅曾亮撰　清宣統三年(1911)上海國學扶輪社石印本　八冊

330000－1703－0003414　G40414　集部/別集類/清別集

柏梘山房文集十六卷文續集一卷詩集十卷詩續集二卷駢體文二卷　(清)梅曾亮撰　清咸豐六年(1856)楊以增、楊紹穀等慎修書屋刻同治三年(1864)補刻本　六冊　存十九卷(文集一至十六、文續集、駢體文一至二)

330000－1703－0003415　G40430　集部/別集類/清別集

小芋香館遺集十二卷　(清)李杭撰　清光緒元年(1875)刻本　四冊

330000－1703－0003416　G40415　集部/別集類/清別集

南蘭文集六卷　(清)張恕撰　清光緒五年(1879)刻本　二冊

330000－1703－0003417　G40441　集部/別集類/清別集

顯志堂稿十二卷夢柰詩稿一卷　(清)馮桂芬撰　清光緒二年(1876)吳縣馮氏校邠盧刻本　八冊

330000－1703－0003418　G40337　集部/別集類/清別集

全謝山先生鮚埼亭集文外五十二卷鮚埼亭集不分卷　（清）全祖望撰　清抄本　十冊　存四十七卷（文外一至三十八、四十一至四十四、四十七至五十一）

330000－1703－0003420　G40442　集部/別集類/清別集

顯志堂稿十二卷　（清）馮桂芬撰　清光緒二年(1876)吳縣馮氏校邠廬刻本　二冊　缺二卷(二、八)

330000－1703－0003421　G50788　類叢部/叢書類/自著之屬

李文忠公全集六種　（清）李鴻章撰　（清）吳汝綸編錄　清光緒三十一年(1905)金陵刻三十四年(1908)印本　一百冊

330000　1703－0003422　G40458　集部/別集類/清別集

胡文忠公遺集十卷首一卷　（清）胡林翼撰（清）閻敬銘　（清）屬雲官　（清）盛康輯清同治七年(1868)醉六堂刻本　六冊

330000－1703－0003423　G50717　類叢部/叢書類/自著之屬

曾文正公全集十六種　（清）曾國藩撰　清光緒十四年(1888)上海鴻文書局鉛印本　二十四冊　存十三種

330000－1703－0003425　G40459　集部/別集類/清別集

胡文忠公遺集十卷首一卷　（清）胡林翼撰（清）閻敬銘　（清）屬雲官　（清）盛康輯清同治七年(1868)醉六堂刻本　八冊

330000－1703－0003426　G40460　集部/別集類/清別集

胡文忠公遺集十卷首一卷　（清）胡林翼撰（清）閻敬銘　（清）屬雲官　（清）盛康輯清同治七年(1868)醉六堂刻本　八冊

330000－1703－0003427　G40444　集部/別集類/清別集

借舫居詩鈔僅存一卷文鈔僅存一卷詞鈔僅存一卷　（清）任安上撰　**借舫居同社僅存一卷**（清）任元濬輯　清光緒十五年(1889)澹和堂刻本　二冊

330000－1703－0003428　G40461　集部/別集類/清別集

胡文忠公遺集十卷首一卷　（清）胡林翼撰（清）閻敬銘　（清）屬雲官　（清）盛康輯清同治三年(1864)武昌節署刻本　八冊

330000－1703－0003429　G40467　集部/別集類/清別集

胡文忠公遺集八十六卷首一卷　（清）胡林翼撰　（清）鄭敦謹　（清）曾國荃輯　（清）胡鳳丹重編　清光緒十四年(1888)上海著易堂鉛印本　八冊

330000－1703－0003431　G50728　類叢部/叢書類/自著之屬

寶韋齋類稿八種　（清）李桓撰　清光緒六年(1880)武林趙寶墨齋刻本　二冊　存一種

330000－1703－0003432　G40466　集部/別集類/清別集

胡文忠公遺集八十六卷首一卷　（清）胡林翼撰　（清）鄭敦謹　（清）曾國荃輯　（清）胡鳳丹重編　清光緒十四年(1888)上海著易堂鉛印本　八冊

330000－1703－0003433　G40478　集部/別集類/清別集

徐石渠文鈔四卷　（清）徐校撰　清道光十二年(1832)刻本　二冊

330000－1703－0003434　G40477　集部/別集類/清別集

遲鴻軒詩存一卷文存一卷　（清）楊峴撰　清光緒二年(1876)吳門刻本　一冊

330000－1703－0003435　G40333　集部/別集類/清別集

鮚埼亭集三十八卷全謝山先生經史問答十卷　（清）全祖望撰　**全氏世譜一卷年譜一卷**（清）董秉純撰　清嘉慶九年(1804)餘姚史夢

蛟借樹山房刻本　十二冊

330000－1703－0003436　G50716　類叢部/
叢書類/自著之屬

曾文正公全集十六種　(清)曾國藩撰　清同
治至光緒傳忠書局刻本　一百二十八冊　存
十三種

330000－1703－0003437　G21818　史部/詔
令奏議類/奏議之屬

曾文正公奏議十卷首一卷末一卷補編四卷
(清)曾國藩撰　(清)薛福成編　清光緒二十
二年(1896)上海圖書集成印書局鉛印本
四冊

330000－1703－0003438　G40335　集部/別
集類/清別集

**鮚埼亭集三十八卷全謝山先生經史問答十卷
外編五十卷**　(清)全祖望撰　**全氏世譜一卷
年譜一卷**　(清)董秉純撰　清嘉慶九年
(1804)餘姚史夢蛟借樹山房刻本　二十八冊

330000－1703－0003439　G40463　集部/別
集類/清別集

胡文忠公遺集八十六卷首一卷　(清)胡林翼
撰　(清)鄭敦謹　(清)曾國荃輯　(清)胡
鳳丹重編　清光緒元年(1875)湖北崇文書局
刻本　三十二冊

330000－1703－0003440　G21089　史部/傳
記類/日記之屬

精印曾文正公日記手蹟樣本一卷　中國圖書
公司輯　清宣統元年(1909)中國圖書公司石
印本　一冊

330000－1703－0003442　G40464　集部/別
集類/清別集

胡文忠公遺集八十六卷首一卷　(清)胡林翼
撰　(清)鄭敦謹　(清)曾國荃輯　(清)胡
鳳丹重編　清光緒元年(1875)湖北崇文書局
刻本　三十二冊

330000－1703－0003443　G50230　類叢部/
叢書類/彙編之屬

滂喜齋叢書五十種　(清)潘祖蔭編　清同治

至光緒吳縣潘氏京師刻本　一冊　存一種

330000－1703－0003445　G40465　集部/別
集類/清別集

胡文忠公遺集八十六卷首一卷　(清)胡林翼
撰　(清)鄭敦謹　(清)曾國荃輯　(清)胡
鳳丹重編　清光緒元年(1875)湖北崇文書局
刻本　十三冊　存二十八卷(五十九至八十
六)

330000－1703－0003446　G50231　類叢部/
叢書類/彙編之屬

滂喜齋叢書五十種　(清)潘祖蔭編　清同治
至光緒吳縣潘氏京師刻本　一冊　存一種

330000－1703－0003448　G40471　集部/別
集類/清別集

亦汾詩鈔一卷擷香樓詩存二卷　(清)范邦楨
撰　清光緒十一年(1885)刻本　一冊

330000－1703－0003449　G40462　集部/別
集類/清別集

胡文忠公遺集八十六卷首一卷　(清)胡林翼
撰　(清)鄭敦謹　(清)曾國荃輯　(清)胡
鳳丹重編　清刻本　二十四冊

330000－1703－0003450　G40447　集部/別
集類/清別集

曾文正公文鈔四卷附刻一卷　(清)曾國藩撰
清同治十一年(1872)蘇郡刻本　四冊

330000－1703－0003451　G40473　集部/別
集類/清別集

心白日齋集六卷　(清)尹耕雲撰　清光緒十
年(1884)刻本　四冊

330000－1703－0003452　G40448　集部/別
集類/清別集

曾太傅詩錄一卷　(清)曾國藩撰　(清)毅庵
錄　清光緒三十三年(1907)抄本　一冊

330000－1703－0003454　G40474　集部/別
集類/清別集

抱山草堂遺稿二卷　(清)楊寶彝撰　清光緒
二年(1876)楊峴吳門刻本　一冊

330000－1703－0003455　G40454　集部/別集類/清別集

江忠烈公遺集一卷　（清）江忠源撰　清咸豐六年(1856)邵陽陳氏橫舍刻本　一冊

330000－1703－0003456　G21088　史部/傳記類/日記之屬

曾文正公手書日記不分卷(清道光二十一年正月初一日至同治十一年二月初三日)
（清）曾國藩撰　清宣統元年(1909)上海中國圖書公司石印本　三冊

330000－1703－0003457　G40475　集部/別集類/清別集

養知書屋文集二十八卷詩集十五卷郭侍郎奏疏十二卷　（清）郭嵩燾撰　王先謙編　清光緒十八年(1892)刻本　十六冊　存四十三卷(文集一至二十八、詩集一至十五)

330000　1703－0003458　G41563　集部/總集類/選集之屬/通代

經史百家雜鈔二十六卷首一卷　（清）曾國藩輯　清光緒三十二年(1906)上海商務印書館鉛印本　一冊　存三卷(首、一至二)

330000－1703－0003459　G40456　集部/別集類/清別集

恪靖侯盾鼻餘瀋一卷附聯語一卷　（清）左宗棠撰　清光緒七年(1881)刻本　一冊

330000－1703－0003460　G40457　集部/別集類/清別集

恪靖侯盾鼻餘瀋一卷附聯語一卷　（清）左宗棠撰　清光緒八年(1882)刻本　一冊

330000－1703－0003462　G50710　類叢部/叢書類/自著之屬

左文襄公全集七種附二種　（清）左宗棠撰　清光緒刻本　一百二十四冊　存八種

330000－1703－0003464　G40476　集部/別集類/清別集

養知書屋文集二十八卷詩集十五卷郭侍郎奏疏十二卷　（清）郭嵩燾撰　王先謙編　清光緒十八年(1892)刻本　四冊　存十五卷(詩集一至十五)

330000－1703－0003465　G40452　集部/別集類/清別集

曾文正公家書十卷　（清）曾國藩撰　**大事記四卷**　（清）李鴻章　（清）曾國荃審定　（清）王定安編　**家訓二卷**　（清）曾國藩撰　**榮哀錄一卷**　清光緒十九年(1893)上海圖書集成印書局鉛印本　二冊　存四卷(大事記三至四、家訓一至二)

330000－1703－0003467　G50869　類叢部/叢書類/自著之屬

有恆心齋集六種附一種　（清）程鴻詔撰　清同治刻本　二冊　存一種

330000－1703－0003468　G40502　集部/別集類/清別集

蟫廬詩鈔十卷　（清）王蔭槐撰　清光緒七年(1881)眙盱王氏紫藤花館刻本　二冊

330000－1703－0003470　G50714　類叢部/叢書類/自著之屬

曾文正公全集十六種　（清）曾國藩撰　清同治至光緒傳忠書局刻本　二冊　存二種

330000－1703－0003471　G40501　集部/別集類/清別集

涼州剩草一卷　（清）蔡廷衡撰　**瑤華仙館試帖詩選一卷**　（清）蔡振武撰　清光緒五年(1879)天風環珮山房刻本　一冊

330000－1703－0003472　G40518　集部/別集類/清別集

吉光片羽集一卷　（清）趙景賢撰　**附溫次言詩一卷**　（清）溫汝超撰　清同治三年(1864)古菫梓香齋刻本　一冊

330000－1703－0003474　G50715　類叢部/叢書類/自著之屬

曾文正公全集十六種　（清）曾國藩撰　清光緒二十九年(1903)鴻寶書局石印本　四冊　存三種

330000－1703－0003475　G40483　集部/別集類/清別集

惜苍軒詩草不分卷　（清）藝槑山人撰　清抄本　一冊

330000－1703－0003476　G40505　集部/別集類/清別集

依雲樓詩鈔二卷　（清）譚為麟撰　清刻本一冊　存一卷（一）

330000－1703－0003478　G40506　集部/別集類/清別集

夢花草堂詩稿十二卷　（清）韓鳳翔撰　清道光二十四年（1844）刻本　二冊　存四卷（九至十二）

330000－1703－0003479　G40507　集部/別集類/清別集

虞東文告一卷附陳氏先型錄二卷　（清）陳康祺撰　清光緒五年（1879）昭文縣署刻本　一冊　存一卷（文告）

330000－1703－0003480　G50720　類叢部/叢書類/自著之屬

曾文正公全集十六種　（清）曾國藩撰　清同治至光緒傳忠書局刻本　葛昜題記　三冊存一種

330000－1703－0003481　G40519　集部/別集類/清別集

三十六瓲唅館文鈔一卷　（清）許應鑅撰　清末刻本　一冊

330000－1703－0003482　G22320　史部/地理類/遊記之屬/紀行

出使日記續刻十卷　（清）薛福成撰　清末石印本　九冊　缺一卷（一）

330000－1703－0003483　G40533　集部/別集類/清別集

補拙山房文稿不分卷　（清）張定鋆撰　清同治刻本　二冊

330000－1703－0003484　G21065　史部/傳記類/別傳之屬/事狀

曾文正公[國藩]大事記四卷　（清）王定安撰　清刻本　二冊

330000－1703－0003485　G40520　集部/別集類/清別集

棄睡吟不分卷　清抄本　二冊

330000－1703－0003486　G50719　類叢部/叢書類/自著之屬

曾文正公全集十六種　（清）曾國藩撰　清同治至光緒傳忠書局刻本　二十四冊　存一種

330000－1703－0003487　G40543　集部/別集類/清別集

涌翠山房文集四卷詩集四卷　（清）高延第撰　清光緒十四年（1888）山陽高氏刻本　二冊存二卷（詩集一至二）

330000－1703－0003488　G40751　集部/別集類

容膝軒文稿七卷　王榮商撰　清光緒二十一年（1895）刻本　一冊

330000－1703－0003489　G40511　集部/別集類/清別集

抱泉山館詩集十卷文集三卷首一卷　（清）王蒔蕙撰　榮鞠詩鈔一卷　（清）王予齡撰　清光緒二十七年（1901）寧波鈞和公司鉛印本四冊

330000－1703－0003490　G50713　類叢部/叢書類/自著之屬

曾文正公全集十六種　（清）曾國藩撰　清光緒十四年（1888）上海鴻文書局鉛印本　十六冊　存六種

330000－1703－0003491　G40526　集部/別集類/清別集

移芝室古文一卷瑞芝室家傳一卷亂定草一卷紫霞山館詩鈔一卷移芝室時文一卷　（清）楊彝珍撰　清末刻本　二冊

330000－1703－0003492　G40512　集部/別集類/清別集

抱泉山館詩集十卷文集三卷首一卷　（清）王蒔蕙撰　榮鞠詩鈔一卷　（清）王予齡撰　清光緒二十七年（1901）寧波鈞和公司鉛印本四冊

330000 – 1703 – 0003493　G50739　類叢部/
叢書類/自著之屬

曾惠敏公全集四種　(清)曾紀澤撰　清光緒
二十年(1894)上海石印本　四冊

330000 – 1703 – 0003494　G40515　集部/別
集類/清別集

舊雨草堂文集不分卷　(清)陳康祺撰　清抄
本　一冊

330000 – 1703 – 0003495　G40482　集部/別
集類/清別集

金峨山館文集不分卷　(清)郭傳璞撰　清光
緒刻本　二冊

330000 – 1703 – 0003496　G50718　類叢部/
叢書類/自著之屬

曾文正公全集十六種　(清)曾國藩撰　清同
治至光緒傳忠書局刻本　六十三冊　存十種

330000　1703　0003497　G40527　集部/別
集類/清別集

清嘯樓詩鈔一卷　(清)嚴謹撰　清同治六年
(1867)刻光緒十年(1884)增刻本　一冊

330000 – 1703 – 0003498　G50297　類叢部/
叢書類/彙編之屬

留垞叢刻八種　楊鍾義編　清光緒十六年至
宣統二年(1890－1910)刻本　一冊　存一種

330000 – 1703 – 0003500　G40530　集部/別
集類/清別集

滄粟庵詩鈔二卷　(清)葉圭書撰　清刻本
一冊

330000 – 1703 – 0003501　G40334　集部/別
集類/清別集

鮚埼亭集外編五十卷　(清)全祖望撰　(清)
董秉純編　(清)蔣學鏞審訂　(清)汪繼培重
編　清嘉慶九年(1804)餘姚史夢蛟借樹山房
刻本　十二冊

330000 – 1703 – 0003502　G40531　集部/別
集類/清別集

沾沾集一卷　(清)嚴辰撰　清光緒八年
(1882)刻本　一冊

330000 – 1703 – 0003504　G40532　集部/別
集類/清別集

**寒松晚翠堂初集一卷詩三卷外集一卷制藝一
卷**　(清)張元度撰　清光緒十七年(1891)陽
湖刻本　三冊

330000 – 1703 – 0003508　G30028　子部/儒
家類/儒學之屬

婺學治事文編五卷　(清)繼良輯　清光緒二
十七年(1901)石印本　四冊

330000 – 1703 – 0003509　G30029　子部/儒
家類/儒學之屬

婺學治事文編五卷　(清)繼良輯　清光緒二
十七年(1901)石印本　四冊

330000 – 1703 – 0003512　G20096　史部/紀
傳類/別史之屬

尚史七十二卷　(清)李鍇撰　清嘉慶十九年
(1814)晚香艸堂刻本　十一冊　存三十卷
(列傳二十一至三十八、表一至四、志　至八)

330000 – 1703 – 0003514　G20093　史部/紀
傳類/別史之屬

弘簡錄二百五十四卷　(明)邵經邦撰　清康
熙刻雍正乾隆遞修本　六十六冊

330000 – 1703 – 0003515　G31551　子部/雜
著類

詩稿不分卷　清末抄本　二冊

330000 – 1703 – 0003518　G40546　集部/別
集類/清別集

盧璘侯遺稿不分卷　(清)盧友焜撰　清抄本
一冊

330000 – 1703 – 0003521　G40551　集部/別
集類/清別集

古近體詩藁不分卷　稿本　馮貞羣題記
二冊

330000 – 1703 – 0003522　G20406　史部/雜
史類/斷代之屬

十國春秋一百十四卷　(清)吳任臣撰　**拾遺
一卷備考一卷拾遺備考補一卷**　(清)周昂輯
清乾隆五十八年(1793)昭文周氏刻嘉慶四

年(1799)補刻本　十六冊

330000－1703－0003525　G40550　集部/別集類/清別集

玉井花館詩稿不分卷　（清）周崋撰　清抄本　一冊

330000－1703－0003527　G40567　集部/別集類/清別集

瓢盦集十八卷首一卷　曾廉撰　清宣統三年(1911)曾氏會輔堂刻本　六冊

330000－1703－0003530　G20092　史部/雜史類/斷代之屬

十六國春秋一百卷　（北魏）崔鴻撰　清光緒十二年(1886)湖北官書處刻民國元年(1912)鄂官書處重印本　十二冊

330000－1703－0003542　G40571　集部/別集類

飲冰室文集十六卷補遺二卷　梁啓超撰　清光緒二十九年(1903)上海廣智書局鉛印本　九冊　存九卷(一至九)

330000－1703－0003568　G40384　類叢部/叢書類/自著之屬

确山所著書□□種　（清）宋世犖撰　清嘉慶二十五年(1820)刻光緒補刻本　一冊　存一種

330000－1703－0003570　G40570　集部/別集類/清別集

硯舫文鈔一卷　孫鏘撰　清光緒三十二年(1906)刻本　一冊

330000－1703－0003574　G41652　類叢部/叢書類/自著之屬

後樂堂集八種　（清）陳玉澍撰　清光緒二十五年(1899)鹽城陳氏鉛印本　一冊　存一種

330000－1703－0003584　G41658　集部/總集類/彙編之屬

戴段合刻二種　（清）張壽榮輯　清光緒十年(1884)鎮海張氏秋樹根齋刻本　五冊　存一種

330000－1703－0003585　G40406　集部/別集類/清別集

空石齋文集二卷　（清）汪國撰　清嘉慶十二年(1807)吉安刻本　二冊

330000－1703－0003586　G40595　集部/別集類/清別集

石軒詩鈔二卷　（清）黃定衡撰　清嘉慶十年(1805)刻本　一冊

330000－1703－0003589　G41526　集部/總集類/郡邑之屬

西泠五布衣遺箸　（清）丁丙輯　清同治至光緒錢塘丁氏當歸草堂刻本　二冊　存二種

330000－1703－0003592　G40587　集部/別集類/清別集

小琅玕山館詩鈔十卷詩餘一卷　（清）嚴廷珏撰　清同治十二年(1873)申江榷署刻本　二冊

330000－1703－0003600　G40598　集部/別集類/清別集

竹灣遺稿八卷首一卷　（清）孫事倫撰　清光緒二十二年(1896)木活字印本　張美翊題記　六冊

330000－1703－0003601　G40585　集部/別集類/清別集

栖雲閣詩十六卷拾遺三卷　（清）高珩撰　**留畊堂遺詩四卷**　（清）高瑋撰　清乾隆刻本　五冊

330000－1703－0003603　G40599　集部/別集類/清別集

紀曉嵐詩註釋四卷　（清）紀昀撰　（清）郭斌評註　清嘉慶二年(1797)刻朱墨套印本　二冊

330000－1703－0003604　G50810　類叢部/叢書類/自著之屬

清吟堂全集十四種　（清）高士奇撰　清康熙刻彙印本　味餘題記　三冊　存四種

330000－1703－0003605　G40601　集部/別集類/清別集

天岳山館文鈔四十卷 （清）李元度撰 清光
緒六年(1880)爽溪精舍刻本 二十冊

330000－1703－0003607 G40602 集部/別
集類/清別集

綠雪堂遺集二十卷補編一卷 （清）王衍梅撰
清道光十九年(1839)汪雲任刻二十九年
(1849)增刻本 九冊 缺二卷(一至二)

330000－1703－0003608 G11216 經部/
叢編

味經齋遺書十二種 （清）莊存與撰 清光緒
八年至十二年(1882－1886)陽湖莊氏刻本
張美翊題記 十冊 存八種

330000－1703－0003609 G40588 集部/別
集類/清別集

證山堂集八卷 （清）周斯盛撰 清康熙刻本
二冊

330000－1703－0003610 G40591 集部/別
集類/清別集

穫經堂初稿八卷 （清）汪浤撰 清乾隆六十
年(1795)刻本 二冊

330000－1703－0003611 G40611 集部/別
集類/清別集

綠梅影樓詩存一卷詞存一卷 （清）顧翎撰
清光緒十四年(1888)刻本 一冊

330000－1703－0003612 G40612 集部/別
集類/清別集

竹石居文草四卷詞草一卷詞草川雲集一卷
（清）童華撰 清光緒刻本 三冊

330000－1703－0003613 G40603 集部/別
集類/清別集

儀顧堂集二十卷 （清）陸心源撰 清光緒二
十四年(1898)刻本 三冊 存十卷(一至十)

330000－1703－0003614 G40882 集部/別
集類

湘綺樓全集三十卷 王闓運撰 清宣統二年
(1910)上海國學扶輪社石印本 十二冊

330000－1703－0003615 G40575 集部/別

集類

八指頭陀詩集十卷補遺一卷述一卷詞一卷雜
文一卷 （清）釋敬安撰 清光緒二十四年
(1898)陳三立、葉德輝刻遞刻本 二冊

330000－1703－0003616 G40589 集部/別
集類/清別集

賜書堂詩鈔八卷 （清）周長發撰 清乾隆刻
本 三冊 存六卷(三至八)

330000－1703－0003617 G41659 集部/別
集類/清別集

鶴巢詩存一卷 （清）顧淳慶撰 行述一卷
介卿遺艸一卷 （清）顧家樹撰 清光緒十二
年(1886)顧家相刻本 一冊

330000－1703－0003618 G40576 集部/別
集類

八指頭陀詩集十卷補遺一卷述一卷詞一卷雜
文一卷 （清）釋敬安撰 清光緒二十四年
(1898)陳三立、葉德輝刻遞刻本 二冊

330000－1703－0003622 G40577 集部/別
集類

八指頭陀詩集十卷補遺一卷述一卷詞一卷雜
文一卷 （清）釋敬安撰 清光緒二十四年
(1898)陳三立、葉德輝刻遞刻本 二冊

330000－1703－0003626 G40579 集部/別
集類

八指頭陀詩集十卷補遺一卷述一卷詞一卷雜
文一卷 （清）釋敬安撰 清光緒二十四年
(1898)陳三立、葉德輝刻遞刻本 一冊 存
五卷(詩集一至五)

330000－1703－0003627 G40633 集部/別
集類/清別集

映紅樓詩稿四卷 （清）王定祥撰 清光緒二
十二年(1896)慈谿童廣年刻本 一冊

330000－1703－0003628 G40883 集部/別
集類

湘綺樓全集三十卷 王闓運撰 清光緒三十
三年(1907)墨莊劉氏長沙刻本 十二冊

330000－1703－0003629 G40609 集部/別

集類

招隱山房詩鈔八卷末一卷 戴啟文撰 清宣
統元年(1909)鉛印本 二冊

330000－1703－0003630 G40627 集部/別
集類/清別集

燕游集一卷 (清)朱國華撰 清光緒二十八
年(1902)天台齊品亨堂木活字印本 一冊

330000－1703－0003631 G40610 集部/別
集類/清別集

孟晉齋文集五卷 (清)顧壽楨撰 **孟晉齋年
譜一卷** (清)顧家相撰 清同治五年(1866)
見素抱樸齋刻本 三冊

330000－1703－0003632 G40614 集部/別
集類

鎮亭山房詩集十八卷文集十二卷 陸廷黻撰
清光緒刻本 六冊 存十二卷(文集一至
十二)

330000－1703－0003633 G40636 集部/別
集類/清別集

梅村詩集箋注十八卷 (清)吳偉業撰 (清)
吳翌鳳箋注 清嘉慶十九年(1814)嚴榮滄浪
吟榭刻本 一冊 存一卷(十八)

330000－1703－0003634 G50812 類叢部/
叢書類/自著之屬

求益齋全集五種 (清)強汝詢撰 清光緒二
十四年(1898)江蘇書局刻本 三冊 存一種

330000－1703－0003635 G40615 集部/別
集類/清別集

黃鵠山人詩初鈔十八卷 (清)林壽圖撰 清
光緒二十八年(1902)刻本(卷八、十一原缺)
六冊

330000－1703－0003637 G50334 類叢部/
叢書類/彙編之屬

崧岱山館叢鈔 清宣統鉛印本 六冊 存
一種

330000－1703－0003641 G40605 集部/別
集類/清別集

甘泉鄉人稿二十四卷 (清)錢泰吉撰 清刻

本 三冊 缺九卷(一至九)

330000－1703－0003642 G40885 集部/別
集類

慎宜軒詩八卷 姚永概撰 清宣統二年
(1910)安徽官紙印刷局鉛印本 一冊

330000－1703－0003643 G40646 集部/別
集類/清別集

香蔭樓草一卷 (清)錢孚威撰 (清)錢振倫
輯 清光緒十二年(1886)刻本 一冊

330000－1703－0003647 G40653 集部/別
集類/清別集

青萍軒文錄二卷詩錄一卷 (清)薛福保撰
清光緒八年(1882)江蘇刻本 二冊

330000－1703－0003651 G40647 集部/別
集類/清別集

可自怡齋試帖詩注釋二卷 (清)顧文彬撰
清同治十三年(1874)刻本 二冊

330000－1703－0003654 G40648 集部/別
集類/清別集

可自怡齋試帖詩注釋二卷 (清)顧文彬撰
清同治十三年(1874)刻本 二冊

330000－1703－0003656 G40649 集部/別
集類/清別集

可自怡齋試帖詩注釋二卷 (清)顧文彬撰
清同治十三年(1874)刻本 二冊

330000－1703－0003658 G41605 集部/總
集類/彙編之屬

後七家詩選七卷 (清)薛春黎輯 清光緒二
年(1876)京師琉璃廠刻本 六冊

330000－1703－0003664 G50850 集部/別
集類

萬物炊累室類稿四種十八卷 沈同芳撰 清
宣統三年(1911)上海中國圖書公司鉛印本
一冊 存一種

330000－1703－0003665 G40650 集部/別
集類/清別集

葭洲書屋遺稿一卷 (清)劉安瀾撰 劉錦藻

编　清光緒二十六年（1900）劉錦藻刻朱印本
　　張美翊題記　一冊

330000－1703－0003668　G40651　集部/別
集類/清別集

葭洲書屋遺稿一卷　（清）劉安瀾撰　劉錦藻
編　清光緒二十六年（1900）劉錦藻刻朱印本
　　一冊

330000－1703－0003669　G40644　集部/別
集類/清別集

浮玉山房時文鈔一卷　（清）丁紹周撰　清同
治九年（1870）刻本　一冊

330000－1703－0003670　G40892　集部/別
集類

一山文存十二卷　章梫撰　清宣統鉛印本
一冊　存一卷（駢體一）

330000－1703－0003672　G40643　集部/別
集類/清別集

玉通詩選二卷拾遺一卷　（清）劉心珬撰
（清）史久鑫錄　**蘋香遺詩一卷**　（清）劉岳壽
撰　清光緒二十七年（1901）史久鑫木活字印
本　一冊

330000－1703－0003675　G40641　集部/別
集類/清別集

風月廬唫艸不分卷　清抄本　一冊

330000－1703－0003678　G40675　集部/別
集類/清別集

玉笥山房要集四卷附文一卷　（清）顧廷綸撰
　　清光緒十二年（1886）顧家相刻本　一冊

330000－1703－0003679　G40891　集部/別
集類

補松廬詩錄六卷　吳慶坻撰　清宣統三年
（1911）湖南學務公所鉛印本　二冊

330000－1703－0003680　G40659　集部/別
集類/清別集

思綺堂文集十卷　（清）章藻功撰　清刻本
九冊　缺一卷（一）

330000－1703－0003682　G40617　類叢部/

叢書類/自著之屬

石遺室叢書十九種　陳衍撰　清光緒至民國
刻本　三冊　存二種

330000－1703－0003686　G40676　集部/別
集類/清別集

退思粗訂稿二卷　（清）朱文翰撰　清嘉慶刻
本　簡石題記　一冊

330000－1703－0003687　G40621　集部/別
集類/清別集

譎麈堂遺集四卷　（清）戴望撰　清宣統三年
（1911）歸安陸氏刻本　二冊

330000－1703－0003691　G50867　類叢部/
叢書類/自著之屬

養晦堂集五種　（清）劉蓉撰　清光緒三年
（1877）、十一年（1885）思賢講舍刻本　六冊
　　存二種

330000－1703－0003692　G40658　集部/別
集類/清別集

蓮漪文鈔八卷　（清）汪曰楨輯　清咸豐九年
至同治二年（1859－1863）刻本　一冊　存四
卷（五至八）

330000－1703－0003693　G40674　集部/別
集類/清別集

恥躬堂文鈔十卷詩鈔十六卷　（清）彭士望撰
　　清道光四年（1824）、咸豐二年（1852）彭玉
雯刻本　八冊

330000－1703－0003695　G40665　集部/別
集類/清別集

吉光片羽一卷　清抄本　一冊

330000－1703－0003696　G40624　集部/別
集類/清別集

求自得之室文鈔十二卷附尚絅廬詩存二卷
（清）吳嘉賓撰　清同治五年（1866）吳嘉善廣
州刻本　六冊

330000－1703－0003697　G40625　集部/別
集類/清別集

息養廬文集十一卷　（清）徐錦華撰　清光緒
二十五年（1899）徐士琛寶善堂刻本　三冊

存八卷（一至八）

330000－1703－0003698　G50771　類叢部/叢書類/自著之屬

簡莊集　（清）陳鱣撰　清嘉慶十年（1805）士鄉堂刻本　二冊　存一種

330000－1703－0003699　G40667　集部/別集類/清別集

韞山堂時文初集二卷二集四卷三集二卷（清）管世銘撰　清光緒十九年（1893）寧郡汲綆齋刻本　六冊

330000－1703－0003700　G40669　集部/別集類/清別集

韞山堂文集八卷　（清）管世銘撰　清光緒十九年（1893）大鄡山館童氏刻本　四冊

330000－1703－0003701　G40590　集部/別集類/清別集

二希堂文集十一卷首一卷　（清）蔡世遠撰　清雍正十年（1732）刻乾隆重修本　六冊

330000－1703－0003702　G40673　集部/別集類/清別集

西陂類稿五十卷　（清）宋犖撰　清康熙毛扆、宋懷金、高岑刻本　九冊　存三十一卷（一至四、九至二十、二十五至三十四、三十七至四十一）

330000－1703－0003703　G40672　集部/別集類/清別集

鑑止水齋集二十卷　（清）許宗彥撰　清咸豐八年（1858）德清許延緞刻本　六冊

330000－1703－0003704　G50602　類叢部/叢書類/家集之屬

觀古閣叢刻十五種　（清）鮑康編　清嘉慶十一年至光緒二十一年（1806－1895）歙縣鮑氏刻本　二冊　存一種

330000－1703－0003705　G40472　集部/別集類/清別集

亦汾詩鈔一卷擷香樓詩存二卷　（清）范邦楨撰　清光緒十一年（1885）刻本　一冊

330000－1703－0003707　G40671　集部/別集類/清別集

陳文恭公手札節要三卷　（清）陳弘謀撰　清光緒十三年（1887）東莞鄧氏江西糧署刻本　一冊

330000－1703－0003710　G40716　集部/別集類/清別集

瘦癡蛻二卷　（清）王國撰　清抄本　一冊　存一卷（一）

330000－1703－0003712　G40687　集部/別集類/清別集

商於唫稿二卷附刻文五首一卷　（清）陳祁撰　附刻同人詩一卷　（清）張彭齡等撰　清嘉慶五年（1800）刻本　一冊

330000－1703－0003713　G40680　集部/別集類/清別集

蘭韞詩草四卷　（清）徐裕馨撰　清乾隆五十六年（1791）刻本　二冊

330000－1703－0003717　G32545　類叢部/類書類/通類之屬

增廣留青新集二十四卷　（清）伊□□重編（清）沈鼎銘　（清）馮善長校讎　清光緒二十五年（1899）石印本　八冊

330000－1703－0003720　G32546　類叢部/類書類/通類之屬

增廣留青新集二十四卷　（清）伊□□重編（清）沈鼎銘　（清）馮善長校讎　清光緒二十五年（1899）石印本　十二冊

330000－1703－0003721　G31552　子部/雜著類

存春廬襪鈔不分卷　（清）陳文卿撰　稿本　一冊

330000－1703－0003723　G21612　史部/職官類/官箴之屬

夢痕錄節鈔一卷　（清）汪輝祖撰　（清）何士祁輯　清刻本　一冊

330000－1703－0003727　G20079　史部/紀傳類/正史之屬

漢書疏證三十六卷後漢書疏證三十卷 （清）沈欽韓撰　清光緒二十六年(1900)浙江官書局刻本　二十四冊　存三十六卷(漢書疏證一至三十六)

330000－1703－0003728　G40688　集部/別集類/清別集

春萍詩鈔十二卷 （清）戴純撰　**停雲集一卷** （清）戴澤撰　清咸豐七年(1857)蘭臺書屋刻本　五冊

330000－1703－0003733　G40689　集部/別集類/清別集

漱石山房詩鈔四卷 （清）趙九杠撰　清刻本　一冊　存二卷(三至四)

330000－1703－0003734　G20083　史部/紀傳類/正史之屬

元史譯文證補三十卷 （清）洪鈞撰　清光緒二十三年(1897)元和陸氏刻本(卷七至八、十三、十六至十七、十九至二十一、二十五、二十八原缺)　四冊

330000－1703－0003735　G40695　集部/別集類/清別集

退遂齋詩鈔□□卷續集□□卷 （清）倪鴻撰　清光緒刻本　一冊　存二卷(詩鈔三至四)

330000－1703－0003736　G20084　史部/紀傳類/正史之屬

元史譯文證補三十卷 （清）洪鈞撰　清末石印本(卷七至八、十三、十六至十七、十九至二十一、二十五、二十八原缺)　四冊

330000－1703－0003737　G40697　集部/別集類/清別集

日新樓時文不分卷 （清）華定祁撰　（清）鄧維霖等編　清同治三年(1864)刻本　四冊

330000－1703－0003739　G20075　史部/紀傳類/正史之屬

漢書補注七卷 王榮商撰　清光緒十七年(1891)刻本　二冊

330000－1703－0003740　G40691　集部/別集類/清別集

養雲山館試帖四卷 （清）許球撰　清同治四年(1865)刻本　四冊

330000－1703－0003741　G40693　集部/別集類/清別集

管注秋水軒尺牘四卷續刻一卷 （清）許思湄撰　（清）婁世瑞注釋　（清）管斯駿補注　清光緒十四年(1888)上海簡玉山房刻朱墨套印本　五冊

330000－1703－0003742　G40683　集部/別集類/清別集

問字堂集六卷 （清）孫星衍撰　清光緒十年(1884)四明是亦軒刻本　二冊

330000－1703－0003743　G40684　集部/別集類/清別集

小匏庵詩存六卷末一卷 （清）吳仰賢撰　清光緒四年(1878)刻本　三冊

330000－1703－0003744　G40692　集部/別集類/清別集

養雲山館試帖二卷 （清）許球撰　清刻本　二冊

330000－1703－0003748　G40685　集部/別集類/清別集

思不辱齋文集四卷詩集四卷外集三卷廬颺集四卷 （清）萬承風撰　清嘉慶二十一年(1816)分寧萬承風古瓦山房刻本　十二冊

330000－1703－0003750　G20072　史部/紀傳類/正史之屬

校刊史記集解索隱正義札記五卷 （清）張文虎撰　清同治十一年(1872)金陵書局刻本　二冊

330000－1703－0003751　G40698　集部/別集類/清別集

覆醬集一卷 （清）顏允玨撰　（清）魯思亭選　**覆瓿集一卷** （清）顏允玨撰　清抄本　一冊

330000－1703－0003752　G40606　集部/別集類/清別集

甘泉鄉人稿二十四卷 （清）錢泰吉撰　清同

治七年(1868)、十一年(1872)刻本　二冊
存二卷(七至八)

330000－1703－0003753　G20073　史部/紀
傳類/正史之屬

校刊史記集解索隱正義札記五卷　(清)張文
虎撰　清同治十一年(1872)金陵書局刻本
二冊

330000－1703－0003754　G40372　集部/別
集類/清別集

鄭二泉時文不分卷　(清)鄭兆龍撰　清刻本
一冊

330000－1703－0003755　G40694　集部/別
集類/清別集

悅雲齋萬一詩存註釋四卷　(清)何渠撰
(清)來慶長評　(清)李心存注　清刻本
四冊

330000－1703－0003756　G20095　史部/紀
傳類/別史之屬

南天痕二十六卷附錄一卷　(清)凌雪撰　清
宣統二年(1910)復古社鉛印本　六冊

330000－1703－0003757　G40699　集部/別
集類/清別集

鄭芝青手錄本不分卷　清鄭芝青抄本　四冊

330000－1703－0003758　G20059　史部/紀
傳類/正史之屬

四史四百十五卷　清光緒金陵書局江南書局
刻本　二冊　存一種

330000－1703－0003759　G40700　集部/別
集類/清別集

穆堂別稿五十卷　(清)李紱撰　清乾隆十二
年(1747)奉國堂刻本　一冊　存六卷(三十
八至四十三)

330000－1703－0003761　G40701　集部/別
集類/清別集

小蓬壺仙館賦鈔一卷　(清)姚濟雯撰　清同
治十一年(1872)姚文柟刻本　一冊

330000－1703－0003762　G50824　類叢部/

叢書類/自著之屬

笙雅堂全集四種　(清)張九鐔撰　清嘉慶十
六年(1811)張世浣等刻本　一冊　存二種

330000－1703－0003764　G40935　集部/別
集類

可園詩鈔外四卷　三多撰　清光緒刻本　一
冊　存一卷(四)

330000－1703－0003765　G41337　集部/總
集類/選集之屬/通代

咏物詩選註釋八卷　(清)俞琰輯　(清)易開
縉　(清)孫浴鳴注　清刻本　一冊　存一卷
(四)

330000－1703－0003766　G40936　集部/別
集類

可園詩鈔外四卷　三多撰　清光緒刻本　一
冊　存一卷(四)

330000－1703－0003768　G20080　史部/紀
傳類/正史之屬

三國志補注八卷　(清)杭世駿撰　清抄本
八冊

330000－1703－0003769　G40707　集部/別
集類/清別集

綠夫容閣詩集四卷　(清)汪存撰　清光緒五
年(1879)刻本　二冊

330000－1703－0003770　G40704　集部/別
集類/清別集

巢枝草二卷　(清)王渥撰　清刻本　一冊

330000－1703－0003771　G20094　史部/紀
傳類/別史之屬

續弘簡錄元史類編四十二卷　(清)邵遠平撰
清康熙三十八年(1699)邵遠平刻本　十
四冊

330000－1703－0003772　G20078　史部/紀
傳類/正史之屬

兩漢刊誤補遺十卷附錄一卷　(宋)吳仁傑撰
清光緒十八年(1892)寄傲軒刻本　二冊

330000－1703－0003773　G20209　史部/編

年類/通代之屬

御批資治通鑑綱目全書一百九卷　清刻本
九冊　存一種

330000－1703－0003774　G20246　史部/編
年類

資治通鑑彙刻八種　清同治至光緒江蘇書局
刻本　一百五十冊　存三種

330000－1703－0003775　G20245　史部/編
年類/通代之屬

續資治通鑑二百二十卷　（清）畢沅撰　清乾
隆鎮洋畢氏刻嘉慶六年（1801）桐鄉馮氏德裕
堂續刻本　五十八冊　存二百一卷（一至六
十一、七十二至一百二、一百九至一百七十
四、一百七十八至二百二十）

330000－1703－0003776　G40708　集部/別
集類/清別集

章實齋先生遺書六卷附錄一卷　（清）章學誠
撰　清宣統二年（1910）霍邱王潛剛鉛印本
四冊

330000－1703－0003778　G40358　集部/別
集類/清別集

紀文達公文集十六卷首一卷詩集十六卷
（清）紀昀撰　（清）紀樹馨編　清道光三十年
（1850）小嫏嬛山館刻本　一冊　存一卷（文
集十六）

330000－1703－0003779　G41665　集部/總
集類/課藝之屬

泮林擷秀初編不分卷　（清）戴惇禧輯　清刻
本　一冊

330000－1703－0003780　G20247　史部/編
年類

資治通鑑彙刻八種　清同治至光緒江蘇書局
刻本　三十六冊　存一種

330000－1703－0003781　G50657　類叢部/
叢書類/自著之屬

梨洲遺著彙刊二十七種首一卷　（清）黃宗羲
撰　薛鳳昌編次　清宣統二年（1910）上海時
中書局鉛印本　一冊　存七種

330000－1703－0003782　G40702　集部/別
集類/清別集

滄齋課餘攷□□卷　（清）張興鏞撰　清抄本
　一冊　存一卷（五）

330000－1703－0003784　G20777　史部/傳
記類/總傳之屬/儒林

宋元學案一百卷首一卷考畧一卷　（清）黃宗
羲撰　（清）全祖望修定　（清）王梓材
（清）馮雲濠校並考　清光緒五年（1879）長沙
寄廬刻本　四十冊

330000－1703－0003785　G20748　史部/傳
記類/總傳之屬/斷代

皇朝尚友錄八卷　（清）李佩芳　（清）孫鼎輯
　清光緒二十八年（1902）上海書局石印本
八冊

330000－1703－0003786　G20779　史部/傳
記類/總傳之屬/儒林

宋元學案一百卷首一卷考畧一卷　（清）黃宗
羲撰　（清）全祖望修定　（清）王梓材
（清）馮雲濠校並考　清光緒五年（1879）長沙
寄廬刻本　十三冊　存四十七卷（首、一、十、
四十八、五十五至八十二、八十七至一百,考
畧）

330000－1703－0003787　G20749　史部/傳
記類/總傳之屬/斷代

國朝尚友錄八卷　（清）李佩芳　（清）孫鼎輯
　清光緒二十八年（1902）上海南洋七日報館
石印本　四冊

330000－1703－0003788　G20787　史部/傳
記類/總傳之屬/儒林

國史儒林傳二卷　（清）阮元撰　清刻本
一冊

330000－1703－0003789　G20750　史部/傳
記類/總傳之屬

東西洋尚友錄四卷　江義修編纂　清末石印
本　三冊　缺一卷（一）

330000－1703－0003790　G20411　史部/雜
史類/斷代之屬

元朝祕史十五卷　（清）李文田注　清末石印本　四冊

330000－1703－0003791　G20788　史部/紀傳類/別史之屬

國史儒林傳二卷文苑傳二卷循吏傳一卷賢良傳二卷　（清）阮元撰　清刻本　四冊　存四卷(儒林傳一至二、文苑傳一至二)

330000－1703－0003792　G20409　史部/雜史類/斷代之屬

湘軍記二十卷　（清）王定安撰　清光緒十五年(1889)江南書局刻本　二冊　存四卷(一至二、四至五)

330000－1703－0003793　G40705　集部/別集類/清別集

曲園課孫草一卷　（清）俞樾撰　清光緒八年(1882)金陵刻本　一冊

330000－1703－0003797　G21445　史部/政書類/通制之屬

西漢會要七十卷　（宋）徐天麟撰　清光緒十年(1884)江蘇書局刻本　十冊

330000－1703－0003799　G20778　史部/傳記類/總傳之屬/儒林

宋元學案一百卷首一卷考畧一卷　（清）黃宗羲撰　（清）全祖望修定　（清）王梓材（清）馮雲濠校並考　清光緒五年(1879)長沙寄廬刻本　四十八冊

330000－1703－0003800　G20786　史部/傳記類/總傳之屬/儒林

聖門志考畧二卷　（清）沈德涓撰　清康熙二十二年(1683)刻本　二冊

330000－1703－0003801　G21446　史部/政書類/通制之屬

東漢會要四十卷　（宋）徐天麟撰　清光緒五年(1879)嶺南學海堂刻本　八冊

330000－1703－0003802　G50845　類叢部/叢書類/彙編之屬

張氏適園叢書　張鈞衡編　清宣統三年(1911)上海國學扶輪社鉛印本　二冊　存

一種

330000－1703－0003803　G21447　史部/政書類/通制之屬

東漢會要四十卷　（宋）徐天麟撰　清光緒十年(1884)江蘇書局刻本　八冊

330000－1703－0003804　G21608　史部/政書類/儀制之屬/典禮

文廟通考六卷首一卷　（清）牛樹梅撰　清同治十一年(1872)浙江書局刻本　二冊

330000－1703－0003805　G20776　史部/傳記類/總傳之屬/儒林

儒林宗派十六卷　（清）萬斯同撰　清宣統三年(1911)浙江圖書館刻本　二冊

330000－1703－0003806　G21609　史部/政書類/儀制之屬/典禮

文廟通考六卷首一卷　（清）牛樹梅撰　清同治十一年(1872)浙江書局刻本　二冊

330000－1703－0003807　G50844　類叢部/叢書類/彙編之屬

張氏適園叢書　張鈞衡編　清宣統三年(1911)上海國學扶輪社鉛印本　一冊　存一種

330000－1703－0003809　G21610　史部/政書類/儀制之屬/典禮

文廟彙考十卷　（清）蔣乙經　（清）龔繩正撰　清道光七年(1827)刻本　四冊

330000－1703－0003810　G50843　類叢部/叢書類/彙編之屬

張氏適園叢書　張鈞衡編　清宣統三年(1911)上海國學扶輪社鉛印本　一冊　存二種

330000－1703－0003811　G21448　史部/政書類/通制之屬

唐會要一百卷　（宋）王溥撰　清光緒十年(1884)江蘇書局刻本　二十四冊

330000－1703－0003812　G21611　史部/政書類/儀制之屬/典禮

文廟彙考十卷 （清）蔣乙經 （清）龔繩正撰
清道光七年(1827)刻本 四冊

330000－1703－0003814 G31775 子部/天
文曆算類/算書之屬

測海山房中西算學叢刻初編 （清）測海山房
主人輯 清光緒二十二年(1896)上海璣衡堂
石印本 六冊 存二種

330000－1703－0003815 G21449 史部/政
書類/通制之屬

五代會要三十卷 （宋）王溥撰 清光緒十二
年(1886)江蘇書局刻本 六冊

330000－1703－0003816 G20793 史部/傳
記類/總傳之屬/列女

越女表微錄五卷 （清）汪輝祖撰 清光緒十
八年(1892)杭州浙江學院刻本 一冊

330000－1703－0003817 G20794 史部/傳
記類/總傳之屬/列女

越女表微錄五卷 （清）汪輝祖撰 清光緒十
八年(1892)杭州浙江學院刻本 一冊

330000－1703－0003819 G31776 子部/天
文曆算類/算書之屬

測海山房中西算學叢刻初編 （清）測海山房
主人輯 清光緒二十二年(1896)上海璣衡堂
石印本 七冊 存三種

330000－1703－0003820 G20842 史部/傳
記類/別傳之屬/事狀

鄂國金佗稡編二十八卷續編三十卷 （宋）岳
珂編 清光緒九年(1883)浙江書局刻本 十
二冊

330000－1703－0003821 G20789 史部/傳
記類/總傳之屬/列女

列女傳二卷 （漢）劉向撰 （明）汪道昆輯
（明）仇英繪圖 清光緒十二年(1886)上海同
文書局石印本 二冊

330000－1703－0003822 G20797 史部/傳
記類/總傳之屬/郡邑

四明人鑑不分卷 （清）劉慈孚輯 （清）虞琴
繪圖 清光緒十二年(1886)石印本 四冊

330000－1703－0003823 G20843 史部/傳
記類/別傳之屬/事狀

鄂國金佗稡編二十八卷續編三十卷 （宋）岳
珂編 清光緒九年(1883)浙江書局刻本 十
一冊 缺四卷(五至八)

330000－1703－0003824 G20798 史部/傳
記類/總傳之屬/郡邑

四明人鑑不分卷 （清）劉慈孚輯 （清）虞琴
繪圖 清光緒十二年(1886)石印本 四冊

330000－1703－0003825 G21479 史部/政
書類/通制之屬

國朝典彙二百卷 （明）徐學聚撰 明刻本
十八冊 存一百十一卷(二至一百十二)

330000－1703－0003827 G20799 史部/傳
記類/總傳之屬/郡邑

四明人鑑不分卷 （清）劉慈孚輯 （清）虞琴
繪圖 清光緒十二年(1886)石印本 四冊

330000－1703－0003828 G21444 史部/政
書類/通制之屬

欽定大清會典事例九百二十卷目錄八卷
（清）托津等撰 清刻本 四十四冊 存一百
三卷(二十二至二十六、三十至三十四、六十
九至八十、二百十二至二百十七、二百十九、
二百二十五至二百三十二、二百九十七至三
百四、三百七至三百九、三百五十至三百五十
七、三百六十至三百六十八、三百七十二、三
百九十七至四百、四百四至四百六、四百十至
四百十六、四百二十七至四百二十八、四百三
十至四百三十五、四百三十八至四百四十、四
百四十八至四百五十、四百八十六至四百八
十八、六百五十七至六百六十、六百六十三至
六百六十四)

330000－1703－0003829 G20800 史部/傳
記類/總傳之屬/郡邑

四明人鑑不分卷 （清）劉慈孚輯 （清）虞琴
繪圖 清光緒十二年(1886)石印本 四冊

330000－1703－0003830 G20801 史部/傳
記類/總傳之屬/郡邑

四明人鑑不分卷 （清）劉慈孚輯 （清）虞琴

繪圖　清光緒十二年(1886)石印本　四冊

330000－1703－0003831　G20795　史部/傳記類/總傳之屬/忠孝

正氣集十卷　（清）王式輯　清宣統三年(1911)不讀非道書齋鉛印本　二冊

330000－1703－0003832　G50692　類叢部/叢書類/自著之屬

郝氏遺書三十三種　（清）郝懿行撰　清嘉慶至光緒刻彙印本　四冊　存一種

330000－1703－0003833　G50693　類叢部/叢書類/自著之屬

郝氏遺書三十三種　（清）郝懿行撰　清嘉慶至光緒刻彙印本　張美翊題記　三冊　存一種

330000－1703－0003834　G20796　史部/傳記類/總傳之屬/忠孝

忠義紀聞錄三十卷　（清）陳繼聰撰　清光緒八年(1882)刻本　藺石題記　八冊

330000－1703－0003835　G21442　史部/政書類/通制之屬

欽定大清會典一百卷　（清）允祹等總裁（清）文保　（清）顧汝修等纂修　清刻本　二十四冊

330000－1703－0003836　G20805　史部/傳記類/總傳之屬/仕宦

貳臣傳十二卷逆臣傳四卷　（清）國史館撰　清都城琉璃廠半松居士刻本　八冊

330000－1703－0003837　G21443　史部/政書類/通制之屬

欽定大清會典一百卷　（清）允祹等總裁（清）文保　（清）顧汝修等纂修　清刻本　二十四冊

330000－1703－0003838　G20791　史部/傳記類/總傳之屬/列女

列女傳八卷　（漢）劉向撰　（清）梁端校注　清末石印本　二冊　存四卷(三至六)

330000－1703－0003839　G20792　史部/傳

記類/總傳之屬/列女

杭女表徵錄十六卷首一卷　（清）孫樹禮輯　清光緒三十二年(1906)刻本　八冊

330000－1703－0003840　G21854　史部/時令類

月令粹編二十四卷圖說一卷　（清）秦嘉謨撰　清光緒九年(1883)皖省聚文書坊木活字印本　八冊

330000－1703－0003841　G10006　經部/易類

周易函書四種　（清）胡煦撰　清乾隆至嘉慶胡季堂刻本　十冊　存一種

330000－1703－0003842　G20807　史部/傳記類/總傳之屬/仕宦

國史貳臣傳十二卷　清抄本　一冊　存一卷(一)

330000－1703－0003843　G21117　史部/傳記類/科舉錄之屬/歷科登科錄

國朝歷科題名碑錄初集不分卷附明洪武至崇禎各科題名錄不分卷　（清）李周望等輯　清康熙五十九年(1720)刻雍正乾隆嘉慶道光同治遞增刻本　十二冊

330000－1703－0003844　G11134　經部/叢編

十三經注疏附考證　（清）□□輯　清乾隆四年(1739)武英殿刻本　七十九冊　存十種

330000－1703－0003845　G11205　經部/叢編

御纂七經二百八十卷首十一卷序三卷　（清）李光地等撰　清康熙至乾隆刻本　二百三十九冊　存五種

330000－1703－0003849　G20802　史部/傳記類/總傳之屬/郡邑

四明人鑑不分卷　（清）劉慈孚輯　（清）虞琴繪圖　清光緒十二年(1886)石印本　四冊

330000－1703－0003853　G11135　經部/叢編

十三經註疏三百三十三卷　（明）□□輯　明

崇禎元年至十二年(1628－1639)毛氏汲古閣刻本　七十六册　存九種

330000－1703－0003854　G20806　史部/傳記類/總傳之屬/仕宦

貳臣傳十二卷逆臣傳四卷　（清）國史館撰　清刻本　八册

330000－1703－0003855　G20804　史部/傳記類/總傳之屬/仕宦

貳臣傳十二卷　（清）國史館撰　清刻本　五册　存十卷(三至十二)

330000－1703－0003856　G11133　經部/叢編

十三經注疏附考證　（清）□□輯　清同治十年(1871)廣東書局刻本　六十八册　存十一種

330000－1703－0003857　G11130　經部/叢編

十三經註疏三百三十三卷　（明）□□輯　明崇禎元年至十二年(1628－1639)毛氏汲古閣刻本　五十二册　存十二種

330000－1703－0003859　G21852　史部/時令類

月令粹編二十四卷圖說一卷　（清）秦嘉謨撰　清嘉慶十七年(1812)江都秦嘉謨琳琅仙館刻本　四册　存十二卷(一至三、六至八、二十至二十四,圖說)

330000－1703－0003860　G21853　史部/時令類

月令粹編二十四卷圖說一卷　（清）秦嘉謨撰　清嘉慶十七年(1812)江都秦嘉謨琳琅仙館刻本　八册

330000－1703－0003861　G21851　史部/時令類

月令粹編二十四卷圖說一卷　（清）秦嘉謨撰　清刻本　六册

330000－1703－0003862　G11132　經部/叢編

十三經注疏附考證　（清）□□輯　清同治十

年(1871)廣東書局刻本　八十三册　缺一百八卷(尚書注疏一、十七至十九,毛詩注疏一至二,周禮注疏一至三十九,儀禮注疏六至七、十六至十七,禮記注疏十一至六十三,春秋左傳注疏四十至四十二,春秋穀梁傳注疏十五至十七)

330000－1703－0003863　G11138　經部/叢編

十三經註疏三百三十三卷　（明）□□輯　明崇禎元年至十二年(1628－1639)毛氏汲古閣刻本　七册　存一種

330000－1703－0003865　G11131　經部/叢編

十三經注疏附考證　（清）□□輯　清同治十年(1871)廣東書局刻本　一百二十册

330000－1703－0003866　G20803　史部/傳記類/總傳之屬/郡邑

浙江忠義錄十卷表八卷又一卷續編二卷續表九卷　（清）浙江采訪忠義總局編　清同治六年(1867)浙江采訪忠義總局刻光緒元年(1875)續刻本　二十四册　存八卷(表一至八)

330000－1703－0003867　G11139　經部/叢編

十三經註疏三百三十三卷　（明）□□輯　明崇禎元年至十二年(1628－1639)毛氏汲古閣刻本　八册　存一種

330000－1703－0003868　G11141　經部/叢編

十三經註疏三百三十三卷　（明）□□輯　清嘉慶三年(1798)金閶書業堂刻本　一册　存一種

330000－1703－0003869　G11142　經部/叢編

十三經註疏三百三十三卷　（明）□□輯　清嘉慶十八年(1813)繡谷四友堂刻本　一百六十册

330000－1703－0003870　G11147　經部/

叢編

重刊宋本十三經注疏四百十六卷附十三經注疏校勘記四百十六卷 （清）阮元撰 （清）盧宣旬摘錄 清嘉慶二十年（1815）南昌府學刻道光六年（1826）盱江朱華臨重校印本 五十五冊 存六種

330000－1703－0003871 G10005 經部/易類

周易函書四種 （清）胡煦撰 清乾隆至嘉慶胡季堂刻本 十四冊 存一種

330000－1703－0003873 G11137 經部/叢編

十三經註疏三百三十三卷 （明）□□輯 清嘉慶三年（1798）金閶書業堂刻本 五十三冊 存五種

330000－1703－0003874 G11149 經部/叢編

重刊宋本十三經注疏四百十六卷附十三經注疏校勘記四百十六卷 （清）阮元撰 （清）盧宣旬摘錄 清光緒十八年（1892）湖南寶慶務本書局刻本 一百十九冊 缺六卷（附釋音春秋左傳注疏四十六至四十八、附校勘記四十六至四十八）

330000－1703－0003875 G11148 經部/叢編

重刊宋本十三經注疏四百十六卷附十三經注疏校勘記四百十六卷 （清）阮元撰 （清）盧宣旬摘錄 清嘉慶二十年（1815）南昌府學刻道光六年（1826）盱江朱華臨重校印本 八十九冊 存十一種

330000－1703－0003876 G11136 經部/叢編

十三經註疏三百三十三卷 （明）□□輯 明崇禎元年至十二年（1628－1639）毛氏汲古閣刻本 九冊 存三種

330000－1703－0003877 G11140 經部/叢編

十三經註疏三百三十三卷 （明）□□輯 明崇禎元年至十二年（1628－1639）毛氏汲古閣

刻本 四冊 存一種

330000－1703－0003878 G11144 經部/叢編

重刊宋本十三經注疏四百十六卷附十三經注疏校勘記四百十六卷 （清）阮元撰 （清）盧宣旬摘錄 校勘記識語四卷 （清）汪文臺撰 清光緒十三年（1887）上海脈望仙館石印本 三十一冊 缺十八卷（孟子校勘記一至十四、十三經注疏校勘記識語一至四）

330000－1703－0003879 G11146 經部/叢編

重刊宋本十三經注疏四百十六卷附十三經注疏校勘記四百十六卷 （清）阮元撰 （清）盧宣旬摘錄 校勘記識語四卷 （清）汪文臺撰 清光緒十三年（1887）上海脈望仙館石印本 二十四冊 存十二種

330000－1703－0003880 G11145 經部/叢編

重刊宋本十三經注疏四百十六卷附十三經注疏校勘記四百十六卷 （清）阮元撰 （清）盧宣旬摘錄 校勘記識語四卷 （清）汪文臺撰 清光緒十三年（1887）上海脈望仙館石印本 二十四冊 存七種

330000－1703－0003881 G31709 子部/天文曆算類/天文之屬

天文問答一卷天文名目華法英德文合表一卷 （清）佘賓王輯 清光緒二十九年（1903）上海慈母堂印書館鉛印本 一冊

330000－1703－0003882 G11143 經部/叢編

重刊宋本十三經注疏四百十六卷附十三經注疏校勘記四百十六卷 （清）阮元撰 （清）盧宣旬摘錄 校勘記識語四卷 （清）汪文臺撰 清光緒十三年（1887）上海脈望仙館石印本 一冊 存一種

330000－1703－0003883 G32895 新學/天學

談天十八卷首一卷附表一卷 （英國）侯失勒撰 （英國）偉烈亞力口譯 （清）李善蘭筆述

清光緒江南製造總局刻本　四冊

330000－1703－0003884　G31708　子部/天文曆算類/天文之屬

考驗氣候日記表不分卷　清抄本　四冊

330000－1703－0003885　G31710　子部/天文曆算類/天文之屬

管窺輯要不分卷　清抄本　一冊

330000－1703－0003886　G11125　經部/叢編

十三經讀本一百五十二卷　（清）□□編　清光緒三年(1877)永康胡氏退補齋刻本　五冊　存二種

330000－1703－0003887　G32897　新學/天學

天文揭要二卷　（美國）赫士口譯　（清）周文源筆述　清光緒二十四年(1898)上海美華書館鉛印本　二冊

330000－1703－0003888　G21118　史部/傳記類/科舉錄之屬/歷科鄉試錄

同治六年丁卯科並補行三年甲子科浙江鄉試硃卷不分卷　（清）朱彭年等撰　清刻本　十六冊

330000－1703－0003889　G21123　史部/傳記類/科舉錄之屬/歷科鄉試錄

光緒十一年乙酉科浙江鄉試硃卷一卷　（清）鮑德麟等撰　清光緒刻本　十六冊

330000－1703－0003890　G33249　子部/叢編

高厚蒙求九種　（清）徐朝俊撰　清嘉慶雲間徐氏刻本　四冊　存八種

330000－1703－0003891　G21120　史部/傳記類/科舉錄之屬/歷科鄉試錄

同治十二年癸酉科浙江鄉試硃卷不分卷　（清）胡宋旦等撰　清刻本　十六冊

330000－1703－0003892　G21134　史部/傳記類/科舉錄之屬/歷科鄉試錄

光緒十四年戊子科浙江鄉試硃卷一卷　（清）

俞慶恆等撰　清光緒刻本　五冊

330000－1703－0003893　G31706　子部/天文曆算類

兼濟堂纂刻梅勿庵先生曆算全書二十八種　（清）梅文鼎撰　（清）魏荔彤輯　（清）楊作枚訂補　清雍正元年(1723)栢鄉魏荔彤刻乾隆十四年(1749)梅汝培、咸豐九年(1859)梅體萱、光緒十一年(1885)敦懷書屋遞修本　二十八冊

330000－1703－0003894　G21136　史部/傳記類/科舉錄之屬/歷科鄉試錄

光緒十九年癸巳恩科浙江鄉試硃卷不分卷　（清）金祖培等撰　清光緒刻本　六冊　存六冊(一至二、四、十一、十四、十六)

330000－1703－0003895　G31712　子部/天文曆算類/天文之屬

天文歌略一卷　（清）葉瀾撰　**地學歌略一卷**　（清）葉瀚　（清）葉瀾撰　清刻本　二冊

330000－1703－0003896　G21144　史部/傳記類/科舉錄之屬/歷科鄉試錄

光緒十九年癸巳恩科浙江鄉試硃卷一卷　（清）孫振麒等撰　清光緒刻本　一冊

330000－1703－0003897　G21122　史部/傳記類/科舉錄之屬/歷科鄉試錄

光緒五年己卯科浙江鄉試硃卷一卷　（清）袁從周等撰　清光緒刻本　一冊

330000－1703－0003898　G31713　子部/天文曆算類/算書之屬

九章算術細草圖說九卷海島算經細草圖說一卷　（三國魏）劉徽注　（唐）李淳風等注釋　（清）李潢細草　（清）沈欽裴補草　清光緒二十二年(1896)上海文淵山房石印本　四冊

330000－1703－0003899　G31714　子部/天文曆算類/算書之屬

九章算術細草圖說九卷海島算經細草圖說一卷　（三國魏）劉徽注　（唐）李淳風等注釋　（清）李潢細草　（清）沈欽裴補草　清光緒二十二年(1896)上海文淵山房石印本　四冊

330000 – 1703 – 0003900　G32882　新學/算
學/代數

代數備旨不分卷總答一卷　（美國）狄考文選
譯　（清）鄒立文　（清）生福維筆述　清光緒
二十三年（1897）上海美華書館鉛印本　二冊

330000 – 1703 – 0003901　G21132　史部/傳
記類/科舉錄之屬/歷科鄉試錄

光緒十一年乙酉科浙江鄉試硃卷一卷　（清）
曾桂芳等撰　清光緒刻本　一冊

330000 – 1703 – 0003902　G31731　子部/天
文曆算類/算書之屬

中西算學提要一卷　（清）李藩撰　清光緒二
十九年（1903）石印本　一冊

330000 – 1703 – 0003903　G31716　子部/天
文曆算類/算書之屬

算經十書十種附刻一種　（清）孔繼涵輯　清
光緒十六年（1890）上海刻本　八冊

330000 – 1703 – 0003904　G21133　史部/傳
記類/科舉錄之屬/歷科鄉試錄

光緒十一年乙酉科浙江鄉試硃卷一卷　（清）
曾桂芳等撰　清光緒刻本　一冊

330000 – 1703 – 0003905　G32883　新學/算
學/代數

代數備旨不分卷總答一卷　（美國）狄考文選
譯　（清）鄒立文　（清）生福維筆述　清光緒
二十三年（1897）上海美華書館鉛印本　一冊

330000 – 1703 – 0003906　G31730　子部/天
文曆算類/算書之屬

算學一隅二卷　（清）吳誠撰　清光緒二十四
年（1898）寧波儲材學堂刻本　一冊

330000 – 1703 – 0003907　G32884　新學/算
學/形學

形學備旨十卷開端一卷　（美國）狄考文選譯
（清）鄒立文筆述　清光緒二十三年（1897）
上海美華書館鉛印本　二冊

330000 – 1703 – 0003908　G31729　子部/天
文曆算類/算書之屬

筆算便覽五卷　（清）紀大奎撰　（清）紀大畢

等輯　清嘉慶十九年（1814）寧郡群玉山房刻
本　一冊

330000 – 1703 – 0003909　G31715　子部/天
文曆算類/算書之屬

算經十書十種附刻一種　（清）孔繼涵輯　清
光緒二十二年（1896）上海鴻寶齋石印本
八冊

330000 – 1703 – 0003910　G32885　新學/算
學/三角八綫

八線備旨四卷八線學總習問一卷　（美國）羅
密士撰　（美國）潘慎文選譯　清光緒二十四
年（1898）上海美華書館鉛印本　二冊

330000 – 1703 – 0003911　G32886　新學/算
學/曲綫

圓錐曲線一卷　（美國）求德生譯　（清）劉維
師筆述　清光緒二十四年（1898）上海美華書
館鉛印本　一冊

330000 – 1703 – 0003912　G31724　子部/天
文曆算類/算書之屬

御製數理精蘊上編五卷下編四十卷表八卷
（清）聖祖玄燁撰　（清）何國宗　（清）梅瑴
成編　清光緒八年（1882）江寧藩署刻本　十
冊　存十四卷（上編一至五、下編一至九）

330000 – 1703 – 0003914　G32887　新學/算
學/數學

對數表一卷　（美國）路密司編　（美國）赫士
口譯　（清）朱葆琛筆述　清光緒二十四年
（1898）上海美華書館鉛印本　一冊

330000 – 1703 – 0003915　G32888　新學/算
學/數學

對數表一卷　（美國）路密司編　（美國）赫士
口譯　（清）朱葆琛筆述　清光緒二十四年
（1898）上海美華書館鉛印本　一冊

330000 – 1703 – 0003916　G50292　類叢部/
叢書類/彙編之屬

經訓堂叢書二十一種　（清）畢沅編　清乾隆
至嘉慶鎮洋畢氏刻本　四冊　存七種

330000 – 1703 – 0003917　G31738　新學/算

學/代數

代數備旨題問細草(代數備旨題問演式)六卷
（清）袁綱維學 （清）馮淇源編閱 清光緒
二十五年(1899)鄞南馮氏近知書屋石印本
四冊

330000－1703－0003918 G31739 新學/算
學/代數

代數備旨題問細草(代數備旨題問演式)六卷
（清）袁綱維學 （清）馮淇源編閱 清光緒
二十五年(1899)鄞南馮氏近知書屋石印本
四冊

330000－1703－0003919 G31732 子部/天
文曆算類/算書之屬

算學十書 （清）賈步緯輯 清同治至光緒江
南機器製造總局刻本暨鉛印本 一冊 存
一種

330000－1703－0003920 G31740 子部/天
文曆算類/算書之屬

形學備旨習題詳草八卷 （清）徐樹勳選輯
清光緒三十一年(1905)石印本 四冊

330000－1703－0003921 G31741 子部/天
文曆算類/算書之屬

中西算學叢鈔六種十二卷 （清）江衡編 清
光緒二十三年(1897)復古書齋石印本 一冊
存二卷(中西通術一至二)

330000－1703－0003922 G31733 子部/天
文曆算類/算書之屬

算法大成上編十卷首一卷 （清）陳杰撰 清
光緒二十四年(1898)浙江官書局刻本 十冊

330000－1703－0003923 G31744 新學/算
學/代數

代數通藝錄十六卷 （清）方愷撰 清光緒二
十二年(1896)時務報館石印本 屠隱題記
四冊

330000－1703－0003924 G32892 新學/算
學/代數

代數題問不分卷代數法不分卷 清蔡和鏞抄
本 七冊

330000－1703－0003925 G21121 史部/傳
記類/科舉錄之屬/歷科鄉試錄

同治十二年癸酉科浙江鄉試硃卷不分卷
（清）胡宋旦等撰 清刻本 十六冊

330000－1703－0003926 G11124 經 部/
叢編

十三經讀本一百五十二卷 （清）□□編 清
同治十一年(1872)山東書局刻民國十四年
(1925)張宗昌印本 六冊 存一種

330000－1703－0003927 G31743 子部/天
文曆算類/算書之屬

中西算學叢書初編二十二種 （清）求敏齋主
人輯 清光緒二十二年(1896)上海鴻寶齋石
印本 四十冊

330000－1703－0003929 G11123 經 部/
叢編

十三經讀本一百五十二卷 （清）□□編 清
同治金陵書局刻本 四冊 存一種

330000－1703－0003930 G11153 經 部/
叢編

通志堂經解一百三十九種 （清）納蘭成德輯
清同治十二年(1873)粵東書局刻本 凌仁
榆題記 四百七十九冊 缺四卷(春秋通說
四,儀禮圖一至二、旁通圖)

330000－1703－0003931 G31746 子部/天
文曆算類/算書之屬

行素軒學算全書十六種 （清）華蘅芳撰 清
光緒袖海山房石印本 十二冊

330000－1703－0003932 G32722 新學/算
學/代數

代數學初步詳草不分卷 （清）陶贊撰 清光
緒三十二年(1906)上海科學編譯書局石印本
一冊

330000－1703－0003933 G31742 子部/天
文曆算類/算書之屬

中西算學叢鈔六種十二卷 （清）江衡編 清
光緒二十三年(1897)復古書齋石印本 五冊
存三種

183

330000－1703－0003934　G32723　新學/算學/代數

丁氏代數學初步不分卷　丁福保撰　清光緒三十二年(1906)上海科學書局石印本　二冊

330000－1703－0003935　G31755　子部/天文曆算類/算書之屬

則古昔齋算學十三種二十四卷　(清)李善蘭編　清光緒二十二年(1896)上海積山書局石印本　二冊

330000－1703－0003936　G31753　子部/天文曆算類/算書之屬

算學課藝四卷　(清)席淦　(清)貴榮編　清光緒二十二年(1896)上海著易堂石印本　四冊

330000－1703－0003937　G32894　新學/算學/代數

代數術補式二十六卷首一卷　(英國)華里司輯　(英國)傅蘭雅口譯　(清)華蘅芳筆述(清)解崇輝補式　清光緒二十六年(1900)上海順成書局石印本　七冊　存二十二卷(首,一至十一、十七至二十六)

330000－1703－0003938　G31726　子部/天文曆算類/算書之屬

四元玉鑑細草三卷四象細草假令之圖一卷附補增一卷　(清)羅士琳撰　**四元釋例一卷**(清)易之瀚撰　清光緒二十二年(1896)鴻寶齋書局石印本　六冊

330000－1703－0003939　G31725　子部/天文曆算類/算書之屬

四元玉鑑細草三卷四象細草假令之圖一卷附補增一卷　(清)羅士琳撰　**四元釋例一卷**(清)易之瀚撰　清光緒二十二年(1896)鴻寶齋書局石印本　六冊

330000－1703－0003940　G31754　子部/天文曆算類/算書之屬

幾何原本十五卷　(意大利)利瑪竇　(英國)偉烈亞力口譯　(明)徐光啟　(清)李善蘭筆受　清光緒二十二年(1896)上海積山書局石印本　四冊

330000－1703－0003941　G31757　子部/天文曆算類/算書之屬

萍課演算不分卷　毛宗藩撰　清光緒二十七年(1901)石印本　一冊

330000－1703－0003943　G31758　子部/天文曆算類/算書之屬

萍課演算不分卷　毛宗藩撰　清光緒二十七年(1901)石印本　一冊

330000－1703－0003944　G31759　子部/天文曆算類/算書之屬

萍課演算不分卷　毛宗藩撰　清光緒二十七年(1901)石印本　一冊

330000－1703－0003945　G31762　子部/天文曆算類/算書之屬

萍課演算不分卷　毛宗藩撰　清光緒二十七年(1901)石印本　一冊

330000－1703－0003946　G31760　子部/天文曆算類/算書之屬

萍課演算不分卷　毛宗藩撰　清光緒二十七年(1901)石印本　一冊

330000－1703－0003947　G31761　子部/天文曆算類/算書之屬

萍課演算不分卷　毛宗藩撰　清光緒二十七年(1901)石印本　一冊

330000－1703－0003948　G31763　子部/天文曆算類/算書之屬

萍課演算不分卷　毛宗藩撰　清光緒二十七年(1901)石印本　一冊

330000－1703－0003949　G31764　子部/天文曆算類/算書之屬

萍課演算不分卷　毛宗藩撰　清光緒二十七年(1901)石印本　一冊

330000－1703－0003950　G31765　子部/天文曆算類/算書之屬

萍課演算不分卷　毛宗藩撰　清光緒二十七年(1901)石印本　一冊

330000－1703－0003951　G31766　子部/天

文曆算類/算書之屬

萍課演算不分卷 毛宗藩撰 清光緒二十七年(1901)石印本 一冊

330000－1703－0003952 G31767 子部/天文曆算類/算書之屬

萍課演算不分卷 毛宗藩撰 清光緒二十七年(1901)石印本 一冊

330000－1703－0003953 G31768 子部/天文曆算類/算書之屬

萍課演算不分卷 毛宗藩撰 清光緒二十七年(1901)石印本 一冊

330000－1703－0003954 G31751 子部/天文曆算類/算書之屬

中西算學大成一百卷 (清)陳維祺等撰 清光緒十五年(1889)上海書局石印本 二十三冊 缺四卷(三十五至三十八)

330000－1703－0003955 G32879 新學/聲學/聲學

聲學揭要不分卷 (美國)赫士口譯 (清)朱葆琛筆述 清光緒二十四年(1898)上海美華書館鉛印本 一冊

330000－1703－0003956 G32881 新學/氣學/水學

水學圖說二卷 (英國)傅蘭雅譯 清光緒十六年(1890)上海益智書會刻本 一冊

330000－1703－0003957 G32880 新學/氣學/熱學

熱學圖說二卷 (英國)傅蘭雅譯 清光緒十六年(1890)上海益智書會刻本 一冊

330000－1703－0003958 G31750 子部/天文曆算類/算書之屬

中西算學大成一百卷 (清)陳維祺等撰 清光緒二十三年(1897)上海書局石印本 二十四冊

330000－1703－0003959 G31752 子部/天文曆算類/算書之屬

中西算學大成一百卷 (清)陳維祺等撰 清光緒十五年(1889)上海同文書局石印本 十

二冊 缺四十一卷(六至二十四、三十一至五十二)

330000－1703－0003960 G31749 子部/天文曆算類/算書之屬

翠薇山房數學十四種 (清)張作楠撰 清光緒二十三年(1897)上海鴻寶齋石印本 八冊

330000－1703－0003961 G31772 子部/天文曆算類/算書之屬

算學答問一卷 (清)龔銘鳳述 清光緒二十四年(1898)上海書局石印本 一冊

330000－1703－0003962 G50791 類叢部/叢書類/自著之屬

留書種閣集九種 (清)黃炳垕撰 清同治六年至光緒二十年(1867－1894)餘姚黃氏留書種閣刻本 一冊 存一種

330000－1703－0003963 G50792 類叢部/叢書類/自著之屬

留書種閣集九種 (清)黃炳垕撰 清同治八年至光緒二十年(1867－1894)餘姚黃氏留書種閣刻本 一冊 存一種

330000－1703－0003964 G31747 子部/天文曆算類/算書之屬

白芙堂算學叢書 (清)丁取忠輯 清光緒二十三年(1897)上海文瀾書局石印本 八冊

330000－1703－0003965 G33248 子部/叢編

清渠叢書九種 (清)馮澂撰 清光緒二十三年(1897)上海著易堂石印本 三冊 缺二卷(代數啟蒙一至二)

330000－1703－0003966 G41646 集部/總集類/課藝之屬

格致課藝彙編十三卷 (清)王韜編 清光緒二十三年(1897)上海書局石印本 六冊

330000－1703－0003967 G31756 子部/天文曆算類/算書之屬

梅氏叢書輯要三十種六十二卷首一卷 (清)梅文鼎撰 (清)梅瑴成重編 清光緒十四年(1888)上海龍文書局石印本 六冊

330000 – 1703 – 0003968　G31748　子部/天文曆算類/算書之屬

白芙堂算學叢書　（清）丁取忠輯　清光緒二十三年（1897）上海文瀾書局石印本　八冊

330000 – 1703 – 0003969　G31801　子部/術數類/占卜之屬

河洛理數七卷　（宋）陳摶撰　清文奎堂刻本　八冊

330000 – 1703 – 0003971　G32877　新學/學校

初等小學算術課本不分卷　（清）沈羽編輯　清宣統二年（1910）中國圖書公司石印本　一冊

330000 – 1703 – 0003972　G31770　子部/天文曆算類/曆法之屬

七政臺曆全書不分卷　（清）楊天爵考訂　清光緒三十年（1904）刻宣統至民國增刻本　一冊

330000 – 1703 – 0003973　G31802　子部/術數類/占卜之屬

河洛理數六卷　（宋）陳摶撰　清三讓堂刻本　一冊　存一卷（一）

330000 – 1703 – 0003975　G31804　子部/術數類/相宅相墓之屬

撼龍經批注校補不分卷疑龍經批注校補三卷　（唐）楊益撰　（清）高其倬批點　（清）寇宗集注　（清）榮錫勳校補　清光緒十八年（1892）湖南共賞書局刻本　六冊

330000 – 1703 – 0003976　G31805　子部/術數類/相宅相墓之屬

山洋指迷原本四卷　（明）周景一撰　（清）俞歸璞（清）吳卿瞻增注　清光緒九年（1883）寧波汲綆齋刻本　四冊

330000 – 1703 – 0003977　G31806　子部/術數類/相宅相墓之屬

山洋指迷原本四卷　（明）周景一撰　（清）俞歸璞（清）吳卿瞻增注　清光緒九年（1883）刻本　四冊

330000 – 1703 – 0003978　G31179　子部/醫家類/類編之屬

貽善堂四種須知　（清）朱本中撰　清刻本　四冊

330000 – 1703 – 0003979　G31769　子部/天文曆算類/算書之屬

中西算學九種二卷　（清）賀尹東輯　清光緒二十八年（1902）上洋新學書局石印本　二冊

330000 – 1703 – 0003981　G31807　子部/術數類/相宅相墓之屬

山洋指迷原本四卷　（明）周景一撰　（清）俞歸璞（清）吳卿瞻增注　清李訥軒抄本　二冊

330000 – 1703 – 0003982　G31810　子部/術數類/相宅相墓之屬

立宅賦一卷　（清）陸樂山撰　清光緒十五年（1889）刻本　一冊

330000 – 1703 – 0003983　G21855　史部/時令類

節序日考四卷　（清）徐卓撰　清嘉慶二十三年（1818）海棠書巢刻本　一冊　存二卷（三至四）

330000 – 1703 – 0003984　G31809　子部/術數類/相宅相墓之屬

周澹園平洋法不分卷　（清）周澹園撰　清抄本　一冊

330000 – 1703 – 0003985　G11152　經部/叢編

通志堂經解一百四十種　（清）納蘭成德輯　清康熙十九年（1680）納蘭成德刻本　二冊　存一種

330000 – 1703 – 0003986　G31814　子部/術數類/相宅相墓之屬

珠神經二卷　清抄本　一冊　存一卷（二）

330000 – 1703 – 0003987　G31808　子部/術數類/相宅相墓之屬

山洋指迷原本四卷　（明）周景一撰　（清）俞歸璞（清）吳卿瞻增注　清刻本　一冊　存

一卷(一)

330000－1703－0003988　G31811　子部/術數類/相宅相墓之屬

相宅新書二卷　(清)欽天監述　清抄本　一冊

330000－1703－0003989　G31531　新學/商務

印雪齋官商便覽八百四十種不分卷　(清)補留生編譯　清光緒三十二年(1906)石印本　一冊

330000－1703－0003990　G32728　新學/格致總

格致須知二十八種　(英國)傅蘭雅編　清光緒八年至二十四年(1882－1898)刻本　六冊　存六種

330000－1703－0003991　G11150　經部/叢編

通志堂經解一百三十九種　(清)納蘭成德輯　清同治十二年(1873)粵東書局刻本　五冊　存六種

330000－1703－0003993　G31718　子部/天文曆算類/曆法之屬

御定萬年書不分卷　(清)欽天監編　清道光刻本　一冊

330000－1703－0003996　G31812　子部/術數類/相宅相墓之屬

地理索隱□□卷　(明)無着禪師撰　(明)俞英茱續　清抄本　一冊　存一卷(五)

330000－1703－0003997　G31719　子部/天文曆算類/曆法之屬

御定萬年書不分卷　(清)欽天監編　清宣統刻本　一冊

330000－1703－0004000　G32889　新學/算學/代數

代數術二十五卷首一卷　(英國)華里司輯　(英國)傅蘭雅口譯　(清)華蘅芳筆述　清光緒二十三年(1897)積山書局石印本　六冊

330000－1703－0004001　G31821　子部/術數類/陰陽五行之屬

參星秘要諏吉便覽不分卷　(清)俞榮寬輯　清光緒十三年(1887)集古山房刻朱墨套印本　二冊

330000－1703－0004002　G31820　子部/術數類/陰陽五行之屬

董公選要覽一卷附錄一卷　(明)董潛撰　清光緒二十四年(1898)浙江官書局刻本　一冊

330000－1703－0004003　G32890　新學/算學/代數

代數難題解法十六卷　(英國)倫德輯　(英國)傅蘭雅口譯　(清)華蘅芳筆述　清光緒二十三年(1897)積山書局石印本　六冊

330000－1703－0004005　G32891　新學/算學/代數

代數難題解法十六卷　(英國)倫德輯　(英國)傅蘭雅口譯　(清)華蘅芳筆述　清光緒二十三年(1897)積山書局石印本　六冊

330000－1703－0004006　G31717　子部/天文曆算類/曆法之屬

欽定萬年書一卷新鐫增補時憲臺曆袖裏璇璣星命須知一卷　清末上海文宜書局石印本　一冊

330000－1703－0004007　G32893　新學/算學

初學勾股不分卷講藝十七卷　清蔡和鏘抄本　三冊

330000－1703－0004008　G31734　子部/天文曆算類/算書之屬

增補百雞術衍十六卷　(清)陳賢佑撰　清光緒二十五年(1899)己百齋刻朱印本　六冊

330000－1703－0004009　G31823　子部/術數類/命書相書之屬

神將星煞便查不分卷　清谿北閒漁抄本　一冊

330000－1703－0004010　G31735　子部/天文曆算類/算書之屬

增補百雞術衍十六卷　（清）陳賢佑撰　清光緒二十五年(1899)已百齋刻本　六冊

330000－1703－0004011　G31736　子部/天文曆算類/算書之屬

增補百雞術衍十六卷　（清）陳賢佑撰　清光緒二十五年(1899)已百齋刻本　六冊

330000－1703－0004013　G31737　子部/天文曆算類/算書之屬

增補百雞術衍十六卷　（清）陳賢佑撰　清光緒二十五年(1899)已百齋刻本　六冊

330000－1703－0004014　G31819　子部/術數類/命書相書之屬

演禽數二卷補遺一卷　清抄本　四冊

330000－1703－0004015　G30254　子部/雜著類/雜說之屬

墨子經說解二卷　（清）張惠言撰　清宣統元年(1909)國學保存會據手稿本影印本　一冊

330000－1703－0004016　G31818　子部/術數類/命書相書之屬

造命宗鏡集十卷　（明）吳國仕纂輯　（清）胡德輝較訂　清抄本　三冊　存五卷(一至五)

330000－1703－0004017　G30255　子部/雜著類/雜說之屬

墨子經說解二卷　（清）張惠言撰　清宣統元年(1909)國學保存會據手稿本影印本　一冊

330000－1703－0004018　G31822　子部/術數類/命書相書之屬

趨吉便覽不分卷　清抄本　三冊

330000－1703－0004021　G30252　子部/雜著類/雜說之屬

墨子閒詁十五卷目錄一卷附錄一卷後語二卷　（清）孫詒讓撰　清末掃葉山房石印本　八冊

330000－1703－0004022　G31817　子部/術數類/占卜之屬

卜筮正宗十四卷　（清）王維德撰　清刻本　四冊

330000－1703－0004023　G30253　子部/雜著類/雜說之屬

墨子閒詁十五卷目錄一卷附錄一卷後語二卷　（清）孫詒讓撰　清光緒三十三年(1907)瑞安孫氏刻本　四冊　存十卷(一至十)

330000－1703－0004024　G31833　類叢部/叢書類/自著之屬

清隱山房叢書七種　（清）華陽逸叟撰　清光緒九年(1883)刻本　五冊　存五種

330000－1703－0004025　G30124　子部/雜著類/雜說之屬

庸書內篇二卷外篇二卷　（清）陳熾撰　清光緒二十四年(1898)慎記書莊石印本　八冊

330000－1703－0004027　G31816　子部/術數類/占卜之屬

卜筮正宗十四卷　（清）王維德撰　清刻本　一冊

330000－1703－0004028　G31421　子部/雜著類/雜考之屬

白虎通四卷　（漢）班固撰　白虎通義考一卷　（清）莊述祖撰　白虎通闕文一卷　（清）莊述祖輯　（清）盧文弨訂　白虎通校勘補遺一卷　（清）盧文弨撰　清嘉慶七年(1802)抱經堂刻本　四冊

330000－1703－0004029　G31834　經部/易類/易占之屬

易林集聯不分卷　（清）□□撰　清抄本　一冊

330000－1703－0004030　G31471　子部/雜著類/雜考之屬

白虎通疏證十二卷　（清）陳立撰　清光緒元年(1875)淮南書局刻本　四冊

330000－1703－0004031　G31835　子部/術數類/相宅相墓之屬

黃石公走馬搖鞭賦不分卷　清抄本　一冊

330000－1703－0004032　G21547　史部/政書類

校邠廬抗議二卷　（清）馮桂芬撰　清光緒二

十四年(1898)上海書局鉛印本　二冊

330000－1703－0004033　G31836　子部/術數類/相宅相墓之屬

新刻訂正原板劉氏家藏二十四山造葬全書不分卷　(清)劉春沂撰　清抄本　二冊

330000－1703－0004034　G21548　史部/政書類

校邠廬抗議二卷　(清)馮桂芬撰　清光緒二十四年(1898)上海書局鉛印本　二冊

330000－1703－0004035　G50278　類叢部/叢書類/彙編之屬

湖海樓叢書十二種　(清)陳春編　清嘉慶蕭山陳氏刻二十四年(1819)彙印本　六冊　存一種

330000－1703－0004036　G21549　史部/政書類

校邠廬抗議二卷　(清)馮桂芬撰　清光緒二十四年(1898)上海書局鉛印本　一冊

330000－1703－0004037　G31422　子部/雜著類/雜考之屬

困學紀聞翁注編目二十六卷首一卷　(清)翁元圻撰　(清)秋樹根齋主人編　清光緒八年(1882)秋樹根齋刻本　四冊

330000－1703－0004038　G21550　史部/政書類

校邠廬抗議二卷　(清)馮桂芬撰　清光緒二十四年(1898)上海書局鉛印本　二冊

330000－1703－0004039　G30095　子部/儒家類/儒學之屬/性理

榕村語錄續集二十卷附河洛奏對一卷　(清)李光地撰　清末石印本　一冊　存一卷(河洛奏對)

330000－1703－0004040　G50775　類叢部/叢書類/自著之屬

今白華堂集六種附一種　(清)童槐撰　清同治刻本　一冊　存一種

330000－1703－0004041　G21551　史部/政書類

校邠廬抗議二卷　(清)馮桂芬撰　清光緒十一年(1885)弢園老民木活字印本　二冊

330000－1703－0004042　G21553　史部/政書類

自強學齋治平十議　(清)自強學齋主人輯　清光緒十九年至二十三年(1893－1897)文瑞樓石印本　張琴題記　二冊　存一種

330000－1703－0004043　G30109　子部/儒家類/儒學之屬/勸學

勸學篇二卷　(清)張之洞撰　清刻本　一冊

330000－1703－0004044　G30108　子部/儒家類/儒學之屬/勸學

勸學篇二卷　(清)張之洞撰　清光緒二十四年(1898)浙江刻本　一冊

330000－1703－0004045　G30107　子部/儒家類/儒學之屬/勸學

勸學篇二卷　(清)張之洞撰　清光緒二十四年(1898)浙江刻本　一冊

330000－1703－0004047　G21552　史部/政書類

自強學齋治平十議　(清)自強學齋主人輯　清光緒十九年至二十三年(1893－1897)文瑞樓石印本　六冊　存五種

330000－1703－0004048　G30106　子部/儒家類/儒學之屬/勸學

勸學篇二卷　(清)張之洞撰　清末上海鴻文書局石印本　一冊

330000－1703－0004049　G30105　子部/儒家類/儒學之屬/勸學

勸學篇二卷　(清)張之洞撰　清末上海扶輪書局鉛印本　二冊

330000－1703－0004050　G30104　子部/儒家類/儒學之屬/勸學

勸學篇二卷　(清)張之洞撰　清末鉛印本　二冊

330000－1703－0004051　G30103　子部/儒

家類/儒學之屬/勸學

勸學篇二卷 （清）張之洞撰　清末鉛印本
二冊

330000－1703－0004052　G31511　子部/雜
著類/雜說之屬

**容齋隨筆十六卷續筆十六卷三筆十六卷四筆
十六卷五筆十卷** （宋）洪邁撰　清光緒二十
一年(1895)上海飛鴻閣石印本　六冊

330000－1703－0004053　G30125　子部/儒
家類/儒學之屬/勸學

軒軒語六卷 （清）張之洞撰　清光緒四年
(1878)葛元煦刻本　二冊

330000－1703－0004054　G21196　史部/傳
記類/科舉錄之屬/歷科鄉試錄

**同治四年乙丑補行咸豐十一年辛酉科並同治
元年壬戌恩科浙江鄉試硃卷一卷** （清）屠繼
美撰　清刻本　一冊

330000－1703－0004055　G21197　史部/傳
記類/科舉錄之屬/歷科鄉試錄

**同治四年乙丑補行咸豐十一年辛酉科並同治
元年壬戌恩科浙江鄉試硃卷一卷** （清）屠繼
美撰　清刻本　一冊

330000－1703－0004056　G21198　史部/傳
記類/科舉錄之屬/歷科鄉試錄

**同治四年乙丑補行咸豐十一年辛酉科並同治
元年壬戌恩科浙江鄉試硃卷一卷** （清）屠繼
美撰　清刻本　一冊

330000－1703－0004057　G31431　子部/雜
著類/雜考之屬

日知錄三十二卷日知錄之餘四卷 （清）顧炎
武撰　清乾隆六十年(1795)刻本　四冊　存
六卷(日知錄六至七、十二、二十六, 日知錄之
餘三至四)

330000－1703－0004058　G21199　史部/傳
記類/科舉錄之屬/歷科鄉試錄

**同治四年乙丑補行咸豐十一年辛酉科並同治
元年壬戌恩科浙江鄉試硃卷一卷** （清）屠繼
美撰　清刻本　一冊

330000－1703－0004059　G21200　史部/傳
記類/科舉錄之屬/歷科鄉試錄

**同治四年乙丑補行咸豐十一年辛酉科並同治
元年壬戌恩科浙江鄉試硃卷一卷** （清）屠繼
美撰　清刻本　一冊

330000－1703－0004060　G31446　子部/雜
著類/雜考之屬

十駕齋養新錄二十卷餘錄三卷 （清）錢大昕
撰　清光緒二年(1876)浙江書局刻本　八冊

330000－1703－0004061　G21201　史部/傳
記類/科舉錄之屬/歷科鄉試錄

**同治四年乙丑補行咸豐十一年辛酉科並同治
元年壬戌恩科浙江鄉試硃卷一卷** （清）屠繼
美撰　清刻本　一冊

330000－1703－0004062　G21202　史部/傳
記類/科舉錄之屬/歷科鄉試錄

**同治四年乙丑補行咸豐十一年辛酉科並同治
元年壬戌恩科浙江鄉試硃卷一卷** （清）屠繼
美撰　清刻本　一冊

330000－1703－0004063　G21203　史部/傳
記類/科舉錄之屬/歷科鄉試錄

**同治四年乙丑補行咸豐十一年辛酉科並同治
元年壬戌恩科浙江鄉試硃卷一卷** （清）屠繼
美撰　清刻本　一冊

330000－1703－0004064　G21204　史部/傳
記類/科舉錄之屬/歷科鄉試錄

**同治四年乙丑補行咸豐十一年辛酉科並同治
元年壬戌恩科浙江鄉試硃卷一卷** （清）屠繼
美撰　清刻本　一冊

330000－1703－0004065　G31447　子部/雜
著類/雜考之屬

十駕齋養新錄二十卷餘錄三卷 （清）錢大昕
撰　清光緒二年(1876)浙江書局刻本　八冊

330000－1703－0004066　G31448　類叢部/
類書類/自著之屬

潛研堂全書十六種 （清）錢大昕撰　清乾隆
至嘉慶刻本　八冊　存一種

330000－1703－0004067　G21168　史部/傳

記類/科舉錄之屬/歷科登科錄

光緒十六年庚寅恩科會試硃卷一卷 劉崇照
撰 清光緒刻本 一冊

330000－1703－0004068 G21169 史部/傳
記類/科舉錄之屬/歷科登科錄

光緒十六年庚寅恩科會試硃卷一卷 劉崇照
撰 清光緒刻本 一冊

330000－1703－0004069 G21170 史部/傳
記類/科舉錄之屬/歷科登科錄

光緒十六年庚寅恩科會試硃卷一卷 劉崇照
撰 清光緒刻本 一冊

330000－1703－0004070 G21171 史部/傳
記類/科舉錄之屬/歷科登科錄

光緒十六年庚寅恩科會試硃卷一卷 劉崇照
撰 清光緒刻本 一冊

330000－1703－0004071 G31449 子部/雜
著類/雜考之屬

讀書脞錄七卷 （清）孫志祖撰 清光緒十三
年(1887)醉六堂刻本 四冊

330000－1703－0004072 G21172 史部/傳
記類/科舉錄之屬/歷科登科錄

光緒十六年庚寅恩科會試硃卷一卷 劉崇照
撰 清光緒刻本 一冊

330000－1703－0004073 G21173 史部/傳
記類/科舉錄之屬/歷科登科錄

光緒十六年庚寅恩科會試硃卷一卷 劉崇照
撰 清光緒刻本 一冊

330000－1703－0004074 G21174 史部/傳
記類/科舉錄之屬/歷科登科錄

光緒十六年庚寅恩科會試硃卷一卷 劉崇照
撰 清光緒刻本 一冊

330000－1703－0004075 G31450 子部/雜
著類/雜考之屬

札樸十卷 （清）桂馥撰 清嘉慶十八年
(1813)山陰李宏信小李山房刻本 六冊

330000－1703－0004076 G21175 史部/傳
記類/科舉錄之屬/歷科登科錄

光緒十六年庚寅恩科會試硃卷一卷 劉崇照
撰 清光緒刻本 一冊

330000－1703－0004077 G21176 史部/傳
記類/科舉錄之屬/歷科登科錄

光緒十六年庚寅恩科會試硃卷一卷 劉崇照
撰 清光緒刻本 一冊

330000－1703－0004078 G31432 子部/雜
著類/雜考之屬

日知錄三十二卷 （清）顧炎武撰 清康熙三
十四年(1695)潘末遂初堂刻本 十冊

330000－1703－0004079 G31433 子部/雜
著類/雜考之屬

日知錄三十二卷 （清）顧炎武撰 清乾隆刻
本 一冊 存三卷(二十二至二十四)

330000－1703－0004081 G31465 子部/雜
著類/雜考之屬

羣書疑辨十二卷 （清）萬斯同撰 清嘉慶二
十一年(1816)供石亭刻本 一冊 存三卷
(一至三)

330000－1703－0004082 G31434 子部/雜
著類/雜考之屬

**日知錄集釋三十二卷首一卷刊誤二卷續刊誤
二卷** （清）黃汝成撰 清光緒二十一年
(1895)上海點石齋石印本 六冊

330000－1703－0004083 G31424 子部/雜
著類/雜考之屬

翁注困學紀聞二十卷首一卷 （宋）王應麟撰
（清）翁元圻輯 清光緒十五年(1889)上海
點石齋石印本 二冊 缺十六卷(五至二十)

330000－1703－0004085 G31425 子部/雜
著類/雜考之屬

校訂困學紀聞集證二十卷 （宋）王應麟撰
（清）閻若璩等箋 （清）萬希槐集證 清咸豐
二年(1852)金閶小酉山房刻本 十二冊

330000－1703－0004086 G40742 集部/別
集類/清別集

**述學內篇三卷補遺一卷外篇一卷別錄一卷附
錄一卷校勘記一卷** （清）汪中撰 （清）汪喜

孫編　清同治八年（1869）揚州書局刻本　張琴題記　四冊

330000－1703－0004087　G31460　子部/雜著類/雜考之屬

潛研堂答問十二卷　（清）錢大昕撰　清光緒七年（1881）謨觴室刻本　四冊

330000－1703－0004088　G31435　子部/雜著類/雜考之屬

日知錄集釋三十二卷首一卷刊誤二卷續刊誤二卷　（清）黃汝成撰　清光緒十三年（1887）同文書局石印本　四冊

330000－1703－0004089　G31436　子部/雜著類/雜考之屬

日知錄集釋三十二卷首一卷刊誤二卷續刊誤二卷　（清）黃汝成撰　清光緒十二年（1886）上海點石齋石印本　四冊

330000－1703－0004091　G31426　子部/雜著類/雜考之屬

校訂困學紀聞集證二十卷　（宋）王應麟撰（清）閻若璩等箋　（清）萬希槐集證　清咸豐二年（1852）金閶小酉山房刻本　八冊

330000－1703－0004092　G40743　集部/別集類/清別集

述學內篇三卷補遺一卷外篇一卷別錄一卷附錄一卷校勘記一卷　（清）汪中撰　（清）汪喜孫編　清同治八年（1869）揚州書局刻本　二冊

330000－1703－0004093　G40744　集部/別集類/清別集

述學內篇三卷補遺一卷外篇一卷別錄一卷附錄一卷校勘記一卷　（清）汪中撰　（清）汪喜孫編　清同治八年（1869）揚州書局刻本　二冊

330000－1703－0004096　G31437　子部/雜著類/雜考之屬

日知錄集釋三十二卷刊誤二卷續刊誤二卷（清）黃汝成撰　清光緒三年（1877）刻本　十五冊　缺二卷（日知錄集釋一至二）

330000－1703－0004097　G21248　史部/傳記類/科舉錄之屬/歷科鄉試錄

光緒二十年甲午科浙江鄉試硃卷一卷　（清）陳達鵬撰　清刻本　一冊

330000－1703－0004098　G21249　史部/傳記類/科舉錄之屬/歷科鄉試錄

光緒二十年甲午科浙江鄉試硃卷一卷　（清）陳達鵬撰　清刻本　一冊

330000－1703－0004099　G21124　史部/傳記類/科舉錄之屬/歷科鄉試錄

光緒十一年乙酉科浙江鄉試硃卷一卷　（清）張世訓撰　清光緒刻本　一冊

330000－1703－0004100　G31438　子部/雜著類/雜考之屬

日知錄集釋三十二卷刊誤二卷續刊誤二卷（清）黃汝成撰　清刻本　十六冊

330000－1703－0004101　G21125　史部/傳記類/科舉錄之屬/歷科鄉試錄

光緒十一年乙酉科浙江鄉試硃卷一卷　（清）張世訓撰　清光緒刻本　一冊

330000－1703－0004102　G21126　史部/傳記類/科舉錄之屬/歷科鄉試錄

光緒十一年乙酉科浙江鄉試硃卷一卷　（清）張世訓撰　清光緒刻本　一冊

330000－1703－0004103　G21127　史部/傳記類/科舉錄之屬/歷科鄉試錄

光緒十一年乙酉科浙江鄉試硃卷一卷　（清）張世訓撰　清光緒刻本　一冊

330000－1703－0004104　G21128　史部/傳記類/科舉錄之屬/歷科鄉試錄

光緒十一年乙酉科浙江鄉試硃卷一卷　（清）張世訓撰　清光緒刻本　一冊

330000－1703－0004105　G21129　史部/傳記類/科舉錄之屬/歷科鄉試錄

光緒十一年乙酉科浙江鄉試硃卷一卷　（清）張世訓撰　清光緒刻本　一冊

330000－1703－0004106　G21130　史部/傳

記類/科舉錄之屬/歷科鄉試錄

光緒十一年乙酉科浙江鄉試硃卷一卷 （清）
張世訓撰　清光緒刻本　一冊

330000－1703－0004108　G21131　史部/傳
記類/科舉錄之屬/歷科鄉試錄

光緒十一年乙酉科浙江鄉試硃卷一卷 （清）
張世訓撰　清光緒刻本　一冊

330000－1703－0004109　G31439　子部/雜
著類/雜考之屬

日知錄集釋三十二卷刊誤二卷續刊誤二卷
（清）黃汝成撰　清同治八年(1869)廣州述古
堂刻本　十六冊

330000－1703－0004110　G31440　子部/雜
著類/雜考之屬

日知錄集釋三十二卷刊誤二卷續刊誤二卷
（清）黃汝成撰　清同治八年(1869)廣州述古
堂刻本　十六冊

330000－1703－0004111　G31427　子部/雜
著類/雜考之屬

困學紀聞注二十卷 （清）翁元圻撰　清咸豐
元年(1851)小嫏嬛山館刻本　十六冊

330000－1703－0004112　G31428　子部/雜
著類/雜考之屬

困學紀聞二十卷 （宋）王應麟撰　（清）閻若
璩箋　（清）何焯評　清乾隆桐鄉汪垕桐華書
塾刻本　六冊

330000－1703－0004113　G30121　子部/儒
家類/儒學之屬/勸學

先正遺規四卷 （清）汪正輯　清光緒十九年
(1893)浙江書局刻本　二冊

330000－1703－0004114　G30096　子部/儒
家類/儒學之屬/禮教/家訓

誡子書一卷 （清）聶繼模撰　清光緒二十三
年(1897)趙舒翹刻本　與330000－1703－
0004113合冊

330000－1703－0004116　G31441　子部/雜
著類/雜考之屬

湛園札記四卷 （清）姜宸英撰　清嘉慶葉元

墀鶴麓山房刻本　二冊

330000－1703－0004117　G50761　類叢部/
叢書類/自著之屬

二思堂叢書六種五十一卷 （清）梁章鉅撰
清光緒元年(1875)福州梁氏刻本　八冊　存
二種

330000－1703－0004118　G31429　子部/雜
著類/雜考之屬

校訂困學紀聞三箋二十卷 （宋）王應麟撰
（清）閻若璩等箋　（清）屠繼序校補　清嘉慶
十二年(1807)刻本　四冊

330000－1703－0004119　G31442　子部/雜
著類/雜考之屬

湛園札記四卷 （清）姜宸英撰　清光緒四年
(1878)張麟洲見山樓刻七年(1881)王定祥續
刻本　一冊　存二卷(三至四)

330000－1703－0004120　G31534　子部/雜
著類/雜纂之屬

任兆麟述記三卷 （清）任兆麟撰　清光緒二
十一年(1895)上海煥文書局石印本　二冊

330000－1703－0004122　G31443　子部/雜
著類/雜考之屬

義門讀書記五十八卷 （清）何焯撰　（清）蔣
維鈞輯　清乾隆三十四年(1769)刻本　十
二冊

330000－1703－0004123　G31444　子部/雜
著類/雜考之屬

義門讀書記五十八卷 （清）何焯撰　（清）蔣
維鈞輯　清乾隆三十四年(1769)刻本　九冊
　缺十五卷(史記二、前漢書一至六、後漢書
一至五、三國志一至三)

330000－1703－0004124　G31445　子部/雜
著類/雜考之屬

潛邱劄記六卷 （清）閻若璩撰　**左汾近稾一
卷** （清）閻詠撰　清光緒十四年(1888)上海
同文書局石印本　四冊

330000－1703－0004125　G50800　類叢部/
叢書類/自著之屬

耐安類稿五種 （清）陳偉撰 清光緒二十二年（1896）梅叔瀚等刻本 六冊

330000－1703－0004126 G31537 子部/雜著類/雜說之屬

媿生叢錄二卷 李詳撰 清宣統元年（1909）江寧刻本 一冊

330000－1703－0004127 G40336 集部/別集類/清別集

鮚埼亭集三十八卷全謝山先生經史問答十卷 （清）全祖望撰 全氏世譜一卷年譜一卷 （清）董秉純撰 清嘉慶九年（1804）餘姚史夢蛟借樹山房刻本 二冊 存十卷（經史問答一至十）

330000－1703－0004128 G21145 史部/傳記類/科舉錄之屬/歷科鄉試錄

光緒十九年癸巳恩科浙江鄉試副貢硃卷一卷 （清）李翊勳撰 清寧西鉏經齋刻本 一冊

330000－1703－0004129 G31528 子部/雜著類/雜纂之屬

讀書樂趣八卷 （清）伍涵芬撰 清嘉慶五年（1800）刻本 四冊

330000－1703－0004130 G41754 集部/詩文評類/詩評之屬

說詩樂趣類編二十卷 （清）伍涵芬輯 清嘉慶六年（1801）刻本 四冊 存十三卷（一至十三）

330000－1703－0004131 G31475 子部/雜著類/雜說之屬

池北偶談二十六卷 （清）王士禎撰 清光緒二十二年（1896）上海慎記書莊石印本 六冊

330000－1703－0004132 G21146 史部/傳記類/科舉錄之屬/歷科鄉試錄

光緒十九年癸巳恩科浙江鄉試副貢硃卷一卷 （清）李翊勳撰 清寧西鉏經齋刻本 一冊

330000－1703－0004133 G21147 史部/傳記類/科舉錄之屬/歷科鄉試錄

光緒十九年癸巳恩科浙江鄉試副貢硃卷一卷 （清）李翊勳撰 清寧西鉏經齋刻本 一冊

330000－1703－0004134 G21241 史部/傳記類/科舉錄之屬/歷科鄉試錄

光緒二十年甲午科浙江鄉試硃卷一卷 （清）李翊勳撰 清刻本 一冊

330000－1703－0004136 G31549 子部/雜著類

自得語二十四卷 （明）朱懷吳輯 （明）朱宗吳刪 明末刻本 十二冊

330000－1703－0004137 G21242 史部/傳記類/科舉錄之屬/歷科鄉試錄

光緒二十年甲午科浙江鄉試硃卷一卷 （清）李翊勳撰 清刻本 一冊

330000－1703－0004138 G21243 史部/傳記類/科舉錄之屬/歷科鄉試錄

光緒二十年甲午科浙江鄉試硃卷一卷 （清）李翊勳撰 清刻本 一冊

330000－1703－0004139 G21244 史部/傳記類/科舉錄之屬/歷科鄉試錄

光緒二十年甲午科浙江鄉試硃卷一卷 （清）李翊勳撰 清刻本 一冊

330000－1703－0004140 G21245 史部/傳記類/科舉錄之屬/歷科鄉試錄

光緒二十年甲午科浙江鄉試硃卷一卷 （清）李翊勳撰 清刻本 一冊

330000－1703－0004141 G21246 史部/傳記類/科舉錄之屬/歷科鄉試錄

光緒二十年甲午科浙江鄉試硃卷一卷 （清）李翊勳撰 清刻本 一冊

330000－1703－0004142 G32066 子部/藝術類/書畫之屬/總論

畫禪室隨筆四卷 （明）董其昌撰 清康熙大魁堂刻本 二冊

330000－1703－0004143 G31466 子部/雜著類/雜考之屬

東塾讀書記二十五卷 （清）陳澧撰 清光緒二十七年（1901）湖南官書局刻本（卷十三至十四、十七至二十、二十二至二十五原缺）四冊

330000－1703－0004145　G31467　子部/雜著類/雜考之屬

東塾讀書記十五卷 （清）陳澧撰　清末石印本　一冊　存三卷（九至十一）

330000－1703－0004149　G31472　子部/雜著類/雜說之屬

夢溪筆談二十六卷首一卷末一卷補筆談三卷續筆談一卷 （宋）沈括撰　**校字記一卷**（清）陶福祥訂　清光緒三十二年(1906)番禺陶氏愛廬刻本　四冊

330000－1703－0004151　G50105　類叢部/叢書類/彙編之屬

功順堂叢書十八種 （清）潘祖蔭編　清光緒吳縣潘氏刻本　二冊　存一種

330000－1703－0004152　G50104　類叢部/叢書類/彙編之屬

功順堂叢書十八種 （清）潘祖蔭編　清光緒吳縣潘氏刻本　十二冊　存八種

330000－1703－0004153　G31479　子部/雜著類/雜說之屬

隨園隨筆十二卷 （清）袁枚撰　清嘉慶十九年(1814)金閶留畊堂刻本　二冊　存三卷（一至二、七）

330000－1703－0004154　G31451　子部/雜著類/雜考之屬

癸巳類稿十五卷 （清）俞正燮撰　清道光十三年(1833)王藻求日益齋刻本　八冊

330000－1703－0004155　G50680　類叢部/叢書類/自著之屬

王漁洋遺書三十八種 （清）王士禛撰　清刻本　八冊　存一種

330000－1703－0004156　G30115　子部/雜著類/雜說之屬

危言四卷 湯震撰　清光緒二十四年(1898)上海書局鉛印本　二冊

330000－1703－0004157　G31452　子部/雜著類/雜考之屬

癸巳類稿十五卷 （清）俞正燮撰　清道光十三年(1833)王藻求日益齋刻本　三冊　存八卷（四至六、十一至十五）

330000－1703－0004158　G30116　子部/雜著類/雜說之屬

危言四卷 湯震撰　清光緒二十一年(1895)石印本　二冊

330000－1703－0004159　G31453　子部/雜著類/雜考之屬

癸巳存稿十五卷 （清）俞正燮撰　清光緒十年(1884)李宗煁武林刻本　八冊

330000－1703－0004160　G31454　子部/雜著類/雜考之屬

合肥學舍札記十二卷 （清）陸繼輅撰　清光緒四年(1878)興國州署刻本　四冊

330000－1703－0004161　G31455　子部/雜著類/雜考之屬

無邪堂答問五卷 （清）朱一新撰　清光緒二十二年(1896)上海鴻寶齋石印本　張美翊題記　五冊

330000－1703－0004162　G32776　新學/理學/理學

天演論二卷 （英國）赫胥黎撰　嚴復譯　清光緒二十七年(1901)富文書局石印本　一冊

330000－1703－0004163　G31482　子部/雜著類/雜說之屬

增訂盛世危言正續九卷 鄭觀應撰　清末上海六先書局鉛印本　六冊

330000－1703－0004164　G32777　新學/理學/理學

天演論二卷 （英國）赫胥黎撰　嚴復譯　清末鉛印本　一冊

330000－1703－0004165　G31457　子部/雜著類/雜考之屬

眼學偶得一卷 羅振玉撰　清光緒刻本　一冊

330000－1703－0004166　G31458　子部/雜著類/雜考之屬

讀書雜志八十二卷餘編二卷　（清）王念孫撰
清同治九年（1870）金陵書局刻本　二十
四冊

330000－1703－0004168　G31459　子部/雜
著類/雜考之屬

讀書雜志八十二卷餘編二卷　（清）王念孫撰
清同治九年（1870）金陵書局刻本　二十
四冊

330000－1703－0004169　G41650　集部/總
集類/郡邑之屬

嶺南即事雜誤十卷　（清）何惠羣等撰　清末
香港英華書莊石印本　四冊

330000－1703－0004170　G31401　子部/術
數類/命書相書之屬

新鐫鬼谷子先生四字經前定數不分卷　（戰
國）王詡撰　清金閶書業堂刻本　一冊

330000－1703－0004171　G31483　子部/雜
著類/雜說之屬

盛世危言□□卷續編三卷　鄭觀應輯撰　清
光緒二十二年（1896）上海書局石印本　六冊
存六卷（盛世危言二至四、續編一至三）

330000－1703－0004173　G32779　新學/雜
著/叢編

經世齋時務叢書六種　（清）□□撰　清光緒
上海賜書堂石印本　四冊　存二種

330000－1703－0004175　G30094　子部/儒
家類/儒學之屬

國學講義二卷　（清）王蘭生撰　清乾隆八年
（1743）劉氏傳經堂刻本　二冊

330000－1703－0004177　G33255　子部/
叢編

經史百家序錄六種　邵章輯　清光緒二十八
年（1902）會文學社石印本　十五冊

330000－1703－0004178　G31481　子部/雜
著類/雜說之屬

求己錄三卷　陶葆廉編　清光緒二十七年
（1901）志強書舍石印本　三冊

330000－1703－0004179　G33256　子部/
叢編

經史百家序錄六種　邵章輯　清光緒二十八
年（1902）會文學社石印本　十五冊

330000－1703－0004180　G33257　子部/
叢編

經史百家序錄六種　邵章輯　清光緒二十八
年（1902）會文學社石印本　八冊　存四種

330000－1703－0004181　G31514　子部/雜
著類/雜纂之屬

經餘必讀八卷二編八卷　（清）雷琳　（清）錢
樹棠　（清）錢樹立輯　經餘必讀三編四卷
（清）趙在翰輯　清光緒二年（1876）汲綆齋刻
本　六冊　缺八卷（七至八、二編一至六）

330000－1703－0004182　G50852　類叢部/
叢書類/自著之屬

湘綺樓全書　王闓運撰　清光緒至宣統刻本
一冊　存一種

330000－1703－0004183　G31550　類叢部/
叢書類/彙編之屬

宏達堂叢書　清光緒四年（1878）四川宏達堂
刻本　二冊　存一種

330000－1703－0004185　G31522　子部/雜
著類/雜纂之屬

寄園寄所寄十二卷　（清）趙吉士輯　清刻本
一冊　存一卷（六）

330000－1703－0004189　G31536　子部/雜
著類/雜纂之屬

任兆麟述記三卷　（清）任兆麟撰　清光緒二
十一年（1895）上海煥文書局石印本　一冊
存二卷（一至二）

330000－1703－0004190　G32778　新學/格
致總

西學考畧二卷　（美國）丁韙良撰　（清）貴榮
（清）時雨化譯　清光緒鉛印本　三冊

330000－1703－0004192　G32543　類叢部/
類書類/通類之屬

策學新纂八卷　（清）方懋朝編　清嘉慶二十

一年(1816)刻本　四冊

330000－1703－0004193　G31565　子部/雜
著類/雜說之屬

酬世寶笈二卷增注七字蒙求一卷　清刻本
一冊　缺一卷(酬世寶笈上)

330000－1703－0004196　G31548　子部/雜
著類/雜編之屬

酬酢文鈔不分卷　清抄本　一冊

330000－1703－0004197　G50673　類叢部/
叢書類/自著之屬

王漁洋遺書三十八種　(清)王士禎撰　清刻
本　五十一冊　存三十六種

330000－1703－0004201　G32780　新學/雜
著/叢編

經世齋時務叢書六種　(清)□□撰　清光緒
上海賜書堂石印本　四冊　存二種

330000－1703－0004202　G31515　子部/雜
著類/雜纂之屬

經餘必讀續編八卷　(清)雷琳　(清)錢樹棠
(清)錢樹立輯　清刻本　四冊

330000－1703－0004203　G31516　子部/雜
著類/雜纂之屬

經餘必讀二卷續編二卷三集二卷　(清)雷琳
(清)錢樹棠　(清)錢樹立輯　清光緒十八
年(1892)上海五彩書局石印本　二冊

330000－1703－0004204　G32537　類叢部/
類書類/通類之屬

四六類摘不分卷　清抄本　四冊

330000－1703－0004205　G31517　子部/雜
著類/雜纂之屬

格言聯璧二卷　(清)金纓輯　清石印本　張
琴題簽　一冊

330000－1703－0004206　G31512　子部/雜
著類/雜纂之屬

經餘必讀八卷　(清)雷琳　(清)錢樹棠
(清)錢樹立輯　清嘉慶十年(1805)刻本
四冊

330000－1703－0004207　G31518　子部/雜
著類/雜纂之屬

格言聯璧二卷　(清)金纓輯　清石印本
一冊

330000－1703－0004208　G31519　子部/雜
著類/雜纂之屬

格言聯璧一卷附一卷　(清)金纓輯　清同治
七年(1868)三益齋刻本　一冊

330000－1703－0004209　G31513　子部/雜
著類/雜纂之屬

經餘必讀續編八卷續經餘必讀二卷　(清)錢
樹棠　(清)雷琳　(清)錢樹立輯　清嘉慶十
三年(1808)遜志堂刻本　四冊

330000－1703－0004210　G31520　子部/雜
著類/雜纂之屬

格言聯璧一卷附一卷　(清)金纓輯　清咸豐
元年(1851)山陰金瑞五堂刻本　一冊

330000－1703－0004211　G32541　類叢部/
類書類/通類之屬

策學纂要正續編十六卷　(清)戴朋　(清)黃
卷輯　清同治六年(1867)刻本　四冊

330000－1703－0004212　G50674　類叢部/
叢書類/自著之屬

王漁洋遺書三十八種　(清)王士禎撰　清刻
本　八冊　存二種

330000－1703－0004213　G32574　子部/雜
著類/雜纂之屬

古諷籀齋目耕胜錄三十二卷　(清)鄭霞逸輯
清光緒元年(1875)青雲書屋刻本　十二冊

330000－1703－0004214　G50676　類叢部/
叢書類/自著之屬

王漁洋遺書三十八種　(清)王士禎撰　清刻
本　一冊　存一種

330000－1703－0004215　G32542　類叢部/
類書類/通類之屬

策學纂要正續編十六卷　(清)戴朋　(清)黃
卷輯　清末刻本　二冊　存九卷(五至七、十
一至十六)

330000 - 1703 - 0004216　G31521　子部/雜
著類/雜纂之屬

格言聯璧一卷附一卷 （清）金纓輯　清光緒
二十七年（1901）刻本　一冊

330000 - 1703 - 0004217　G50677　類叢部/
叢書類/自著之屬

王漁洋遺書三十八種 （清）王士禛撰　清刻
本　一冊　存一種

330000 - 1703 - 0004218　G31533　子部/雜
著類/雜纂之屬

惺惺篇節錄不分卷 （清）史杰編　清咸豐十
年（1860）刻本　一冊

330000 - 1703 - 0004219　G32540　類叢部/
類書類/通類之屬

蠧存二卷 （清）方旭撰　清光緒二十四年
（1898）刻本　一冊

330000 - 1703 - 0004220　G50678　類叢部/
叢書類/自著之屬

王漁洋遺書三十八種 （清）王士禛撰　清刻
本　一冊　存一種

330000 - 1703 - 0004221　G31563　子部/雜
著類

鈔本雜錄不分卷 清抄本　一冊

330000 - 1703 - 0004222　G30133　子部/儒
家類/儒學之屬/性理

周子通書私鈔本三卷 （宋）周敦頤撰　（清）
陳受頤輯　清光緒陳受頤抄本　一冊

330000 - 1703 - 0004224　G50675　類叢部/
叢書類/自著之屬

王漁洋遺書三十八種 （清）王士禛撰　清刻
本　一冊　存一種

330000 - 1703 - 0004225　G50679　類叢部/
叢書類/自著之屬

王漁洋遺書三十八種 （清）王士禛撰　清刻
本　一冊　存一種

330000 - 1703 - 0004226　G31640　子部/雜
著類/雜纂之屬

勸戒四錄六卷 （清）梁恭辰撰　清刻本　一
冊　存三卷（一至三）

330000 - 1703 - 0004227　G50345　類叢部/
叢書類/彙編之屬

新陽趙氏叢刊十四種 （清）趙元益輯　清光
緒十一年至二十八年（1885 - 1902）新陽趙氏
刻本　一冊　存一種

330000 - 1703 - 0004228　S00017　集部/別
集類/清別集

**漁洋山人精華錄箋注十二卷補一卷附年譜一
卷** （清）王士禛撰　（清）金榮箋注　（清）
徐淮纂輯　清康熙五十一年（1712）鳳翙堂刻
乾隆二年（1737）印本　十四冊

330000 - 1703 - 0004230　G41436　集部/總
集類/彙編之屬

十種唐詩選 （清）王士禛纂　清康熙三十一
年（1692）刻本　一冊　存二種

330000 - 1703 - 0004231　G31602　子部/小
說家類/雜事之屬

世說新語六卷 （南朝宋）劉義慶撰　（南朝
梁）劉孝標注　清光緒二十二年（1896）上海
埽葉山房石印本　四冊

330000 - 1703 - 0004233　G31604　子部/小
說家類/雜事之屬

世說新語三卷 （南朝宋）劉義慶撰　（南朝
梁）劉孝標注　清道光八年（1828）浦江周心
如紛欣閣刻本　張美翊題記　六冊

330000 - 1703 - 0004234　G31572　子部/雜
著類

舉業要言不分卷 （清）陳其榮輯　稿本
一冊

330000 - 1703 - 0004235　G31601　子部/小
說家類/異聞之屬

西京雜記二卷 （漢）劉歆撰　清光緒八年
（1882）刻本　一冊

330000 - 1703 - 0004236　G41651　集部/別
集類/清別集

本朝文讀本不分卷 （清）袁枚撰　清末刻本

一冊

330000－1703－0004237　G41642　類叢部/
類書類/專類之屬

應酬帖式□□卷　清刻本　一冊　存二卷
（一至二）

330000－1703－0004238　G31569　子部/雜
著類

哀紅雜著不分卷　（清）翁天麒撰　稿本
一冊

330000－1703－0004239　G31571　史部/政
書類/儀制之屬/專志/科舉校規

校士隅說不分卷　清刻本　一冊

330000－1703－0004241　G31573　子部/雜
著類/雜說之屬

開卷一得不分卷　清毅庵抄本　一冊

330000－1703－0004242　G40937　集部/別
集類

甘茶室藏筆記不分卷　何其樞撰　稿本
一冊

330000－1703－0004244　G50071　類叢部/
叢書類/彙編之屬

龍威秘書一百六十九種　（清）馬俊良編　清
乾隆五十九年至嘉慶元年（1794－1796）浙江
石門馬氏大酉山房刻本　一冊　存二種

330000－1703－0004246　G31612　子部/小
說家類/異聞之屬

山海經十八卷　（晉）郭璞傳　清光緒十六年
（1890）學庫山房刻本　二冊

330000－1703－0004248　G50204　類叢部/
叢書類/彙編之屬

**崇文書局彙刻書（三十三種叢書、湖北書局所
刻書）三十三種**　（清）崇文書局編　清光緒
元年至三年（1875－1877）湖北崇文書局刻本
六冊　存五種

330000－1703－0004249　G20404　史部/雜
史類/斷代之屬

養吉齋叢錄二十六卷餘錄十卷　（清）吳振棫

撰　清光緒二十二年（1896）刻本　張美翊題
記　七冊　存三十卷（一至十一、十八至二十
六,餘錄一至十）

330000－1703－0004251　G31507　子部/雜
著類/雜說之屬

郎潛紀聞初筆七卷二筆八卷三筆六卷　（清）
陳康祺撰　清宣統二年（1910）上海掃葉山房
石印本　十冊

330000－1703－0004252　G50205　類叢部/
叢書類/彙編之屬

**崇文書局彙刻書（三十三種叢書、湖北書局所
刻書）三十三種**　（清）崇文書局編　清光緒
元年至三年（1875－1877）湖北崇文書局刻本
萠石題記　五冊　存四種

330000－1703－0004253　G41574　集部/總
集類/課藝之屬

**小題正鵠初集不分卷二集不分卷三集不分卷
四集不分卷**　（清）李元度輯　清光緒七年
（1881）四明簡香齋刻本　八冊

330000－1703－0004255　G31616　子部/雜
著類/雜纂之屬

勸戒近錄六卷續錄六卷三錄六卷四錄六卷
（清）梁恭辰撰　清同治五年（1866）刻本
八冊

330000－1703－0004256　G50210　類叢部/
叢書類/彙編之屬

**崇文書局彙刻書（三十三種叢書、湖北書局所
刻書）三十三種**　（清）崇文書局編　清光緒
元年至三年（1875－1877）湖北崇文書局刻民
國元年（1912）鄂官書處重印本　二冊　存
一種

330000－1703－0004257　G50358　類叢部/
叢書類/自著之屬

舊雨艸堂叢書□□種　（清）陳康祺撰　清光
緒刻本　十二冊　存三種

330000－1703－0004259　G50359　類叢部/
叢書類/自著之屬

舊雨艸堂叢書□□種　（清）陳康祺撰　清光

緒刻本　六冊　存一種

330000－1703－0004261　G50248　子部/雜
著類/雜纂之屬

陳刻二種　（清）陳世修輯　清光緒元年至二
年（1875－1876）陳氏庸閒齋刻本　四冊

330000－1703－0004264　G31615　子部/小
說家類/異聞之屬

續夷堅志四卷　（金）元好問撰　清刻本
一冊

330000－1703－0004265　G50209　類叢部/
叢書類/彙編之屬

崇文書局彙刻書（三十三種叢書、湖北書局所
刻書）三十三種　（清）崇文書局編　清光緒
元年至三年（1875－1877）湖北崇文書局刻民
國元年（1912）鄂官書處重印本　一冊　存
一種

330000－1703－0004266　G50206　類叢部/
叢書類/彙編之屬

崇文書局彙刻書（三十三種叢書、湖北書局所
刻書）三十三種　（清）崇文書局編　清光緒
元年至三年（1875－1877）湖北崇文書局刻本
三冊　存三種

330000－1703－0004268　G50211　類叢部/
叢書類/彙編之屬

崇文書局彙刻書（三十三種叢書、湖北書局所
刻書）三十三種　（清）崇文書局編　清光緒
元年至三年（1875－1877）湖北崇文書局刻本
一冊　存一種

330000－1703－0004269　G50212　類叢部/
叢書類/彙編之屬

崇文書局彙刻書（三十三種叢書、湖北書局所
刻書）三十三種　（清）崇文書局編　清光緒
元年至三年（1875－1877）湖北崇文書局刻本
一冊　存一種

330000－1703－0004270　G50207　類叢部/
叢書類/彙編之屬

崇文書局彙刻書（三十三種叢書、湖北書局所
刻書）三十三種　（清）崇文書局編　清光緒

元年至三年（1875－1877）湖北崇文書局刻民
國元年（1912）鄂官書處重印本　四冊　存
二種

330000－1703－0004271　G31608　子部/小
說家類/異聞之屬

山海經箋疏十八卷圖讚一卷訂譌一卷敘錄一
卷　（清）郝懿行撰　清光緒十八年（1892）上
海五彩公司石印本　六冊

330000－1703－0004272　G31617　子部/雜
著類/雜纂之屬

勸戒近錄六卷續錄六卷三錄六卷四錄六卷五
錄六卷六錄六卷七錄六卷八錄六卷九錄六卷
（清）梁恭辰撰　清光緒十四年（1888）許問
山館刻本　張美翊題記　二十冊

330000－1703－0004273　G31610　子部/小
說家類/異聞之屬

山海經箋疏十八卷圖讚一卷訂譌一卷敘錄一
卷　（清）郝懿行撰　清光緒十七年（1891）上
海五彩公司石印本　四冊　缺十三卷（六至
十八）

330000－1703－0004275　G50208　類叢部/
叢書類/彙編之屬

崇文書局彙刻書（三十三種叢書、湖北書局所
刻書）三十三種　（清）崇文書局編　清光緒
元年至三年（1875－1877）湖北崇文書局刻本
二十二冊　存十種

330000－1703－0004276　G31629　子部/小
說家類/諧謔之屬

新訂解人頤廣集八卷　（清）胡澹菴輯　（清）
錢德蒼重訂　清經國堂刻本　四冊

330000－1703－0004277　G31609　子部/小
說家類/異聞之屬

山海經箋疏十八卷圖讚一卷訂譌一卷敘錄一
卷　（清）郝懿行撰　清光緒二十年（1894）上
海書局石印本　六冊

330000－1703－0004278　G50547　類叢部/
叢書類/郡邑之屬

江陰叢書三十二種　金武祥編　清光緒至宣

統江陰金氏粟香室嶺南刻本　三冊　存一種

330000－1703－0004279　G50548　類叢部/叢書類/郡邑之屬

江陰叢書三十二種　金武祥編　清光緒至宣統江陰金氏粟香室嶺南刻本　二冊　存一種

330000－1703－0004280　G42119　子部/小說家類/異聞之屬

燕山外史二卷　（清）陳球撰　清刻本　一冊　存一卷（一）

330000－1703－0004282　G31630　子部/小說家類/雜事之屬

豔史叢鈔十二種　（清）王韜編　清光緒四年（1878）弢園鉛印本　二冊　存四種

330000－1703－0004284　G31621　子部/小說家類/雜事之屬

合訂板橋雜記初集三卷續集三卷雪鴻小記一卷　（清）余懷撰　清嘉慶二十五年（1820）刻本　一冊　存三卷（初集一至三）

330000－1703－0004288　G50296　類叢部/叢書類/彙編之屬

琳琅祕室叢書三十種　（清）胡珽編　清刻木活字印本　張美翊　澗石題記　一冊　存一種

330000－1703－0004289　G32049　子部/藝術類/書畫之屬/畫譜

任渭長四種　（清）任熊繪　清咸豐蕭山王氏養龢堂刻光緒三年（1877）張牧九補刻重訂本　二冊　存一種

330000－1703－0004290　G31614　子部/小說家類/異聞之屬

太平廣記五百卷目錄十卷　（宋）李昉等輯　清刻本　十一冊　存一百二十七卷（七十六至八十八、二百三十至二百四十、二百九十四至三百八、三百二十四至三百三十三、三百六十八至三百七十七、四百五至四百十七、四百三十三至四百七十六、四百九十至五百）

330000－1703－0004291　G31622　子部/雜著類/雜纂之屬

兩般秋雨盦隨筆八卷　（清）梁紹壬撰　清刻本　八冊

330000－1703－0004293　G31623　子部/雜著類/雜纂之屬

兩般秋雨盦隨筆八卷　（清）梁紹壬撰　清文德堂刻本　八冊

330000－1703－0004296　G31631　子部/小說家類/雜事之屬

騙術奇談四卷　（清）雷君曜編　清宣統元年（1909）上海掃葉山房石印本　四冊

330000－1703－0004297　G42052　集部/小說類/長篇之屬

新刻劍嘯閣批評東漢演義傳十卷　（明）謝詔撰　清刻本　一冊　存二卷（六至七）

330000－1703－0004298　G42116　集部/小說類/長篇之屬

增像續小五義六卷一百二十四回　（清）石玉崑撰　清光緒三十二年（1906）上海書局石印本　五冊　缺一卷（三）

330000－1703－0004299　G42110　集部/小說類/短篇之屬

西湖佳話古今遺蹟十六卷　（清）墨浪子撰　清同治四年（1865）刻本　六冊

330000－1703－0004302　G31632　子部/小說家類/異聞之屬

情史類畧二十四卷　（明）馮夢龍輯　清刻本　十二冊

330000－1703－0004304　G42051　類叢部/叢書類/彙編之屬

說部叢書□□種　清光緒二十九年（1903）上海商務印書館鉛印本　一冊　存一種

330000－1703－0004305　G42060　集部/小說類/長篇之屬

東周列國全志二十三卷一百八回　（清）蔡奡評點　清刻本　二十四冊

330000－1703－0004306　G42059　集部/小說類/長篇之屬

東周列國全志二十三卷一百八回　（清）蔡奡
評點　清咸豐二年(1852)刻本　二十四冊

330000－1703－0004307　G50683　類叢部/
叢書類/自著之屬

隨園三十八種　（清）袁枚撰　清光緒十八年
(1892)勤裕堂鉛印本　四冊　存一種

330000－1703－0004308　G31636　子部/小
說家類/異聞之屬

試場異聞錄五種　（清）呂相燮輯　清同治九
年(1870)味經堂刻本　八冊　缺五卷(國朝
科場異聞錄一至五)

330000－1703－0004309　G50234　類叢部/
叢書類/彙編之屬

稗海四十八種續集二十二種　（明）商濬編
明萬曆商氏半埜堂刻清康熙至乾隆修補重訂
本　張美翊題記　八十冊

330000－1703－0004310　G31637　子部/小
說家類/異聞之屬

續新齋諧十卷　（清）袁枚撰　清刻本　一冊
存三卷(五至七)

330000－1703－0004312　G50236　類叢部/
叢書類/彙編之屬

稗海四十八種續集二十二種　（明）商濬編
明萬曆商氏半埜堂刻清康熙振鷺堂重編補刻
本　十五冊　存十八種

330000－1703－0004314　G42061　集部/小
說類/長篇之屬

東周列國全志二十三卷一百八回　（清）蔡奡
評點　清刻本　十九冊　存十九卷(二至三、
五至六、八至九、十一至二十三)

330000－1703－0004315　G42067　集部/小
說類/長篇之屬

新刊繡像全圖永慶昇平後傳二十五卷一百回
（清）貪夢道人撰　清光緒二十年(1894)上
海鴻文書局石印本　三冊　存二十卷(一至
二十)

330000－1703－0004317　G42066　集部/小
說類/長篇之屬

紅樓夢一百二十回　（清）曹霑　（清）高鶚撰
（清）王希廉評　清刻本　十三冊　存七十
回(十四至十九、五十七至一百二十)

330000－1703－0004318　G42068　集部/小
說類/長篇之屬

精訂綱鑑廿四史通俗衍義二十六卷四十四回
首一卷　（清）呂撫撰　清光緒十七年(1891)
上海廣百宋齋鉛印本　六冊

330000－1703－0004319　G42069　集部/小
說類/長篇之屬

精訂綱鑑廿四史通俗衍義六卷四十四回首一
卷　（清）呂撫撰　清光緒二十一年(1895)珍
藝書局鉛印本　二冊

330000－1703－0004320　G42064　集部/小
說類/長篇之屬

紅樓夢一百二十回　（清）曹霑　（清）高鶚撰
清三讓堂刻本　十六冊

330000－1703－0004321　G42065　集部/小
說類/長篇之屬

增評補像全圖金玉緣一百二十回首一卷
（清）曹霑　（清）高鶚撰　（清）王希廉
（清）張新之　（清）姚燮評　清光緒三十四年
(1908)求不負齋石印本　十六冊

330000－1703－0004322　G42073　集部/小
說類/長篇之屬

繪圖施公案全集四十六卷五百三十八回　清
宣統三年(1911)章福記書局石印本　四冊
存四卷(六集一至二、七集一至二)

330000－1703－0004326　G42063　集部/小
說類/長篇之屬

紅樓夢一百二十回　（清）曹霑　（清）高鶚撰
清刻本　二十三冊　存一百十五回(一至
一百十、一百十六至一百二十)

330000－1703－0004327　G42062　集部/小
說類/長篇之屬

增訂精忠演義說本全傳二十卷八十回　（清）
錢彩編次　（清）金豐增訂　清刻本　二十冊

330000－1703－0004332　G42075　集部/小

說類/長篇之屬

繪圖平山冷燕四才子書四卷二十回　（清）荻
岸散人編次　清光緒石印本　一冊

330000－1703－0004333　G42076　集部/小
說類/長篇之屬

繪圖平山冷燕四才子書四卷二十回　（清）荻
岸散人編次　清光緒石印本　一冊　存一卷
（二）

330000－1703－0004337　G41573　集部/總
集類/課藝之屬

小題正鵠初集不分卷二集不分卷三集不分卷
四集不分卷　（清）李元度輯　清光緒六年
（1880）浙紹墨潤堂刻本　七冊

330000－1703－0004339　G42118　集部/小
說類/長篇之屬

官場現形記五編六十卷　（清）李伯元撰　清
光緒上海世界繁華報館鉛印本　一冊　存六
卷（二十五至三十）

330000－1703－0004340　G42079　集部/小
說類/長篇之屬

繪圖鏡花緣一百回　（清）李汝珍撰　清光緒
十六年（1890）上海石印本　六冊

330000－1703－0004344　G42085　集部/小
說類/長篇之屬

繡像後西遊記六卷四十回　（清）天花才子評
點　清光緒上海章福記書局石印本　二冊

330000－1703－0004347　G42086　集部/小
說類/長篇之屬

增像全圖加批西遊記八卷一百回　（明）吳承
恩撰　（清）陳士斌詮解　清宣統元年（1909）
上海錦章書局石印本　六冊　缺二卷（七至
八）

330000－1703－0004351　G50336　類叢部/
叢書類/彙編之屬

唐代叢書一百六十四種　（清）王文誥編　清
刻本　三十一冊　存一百五十九種

330000－1703－0004352　G42082　集部/小
說類/長篇之屬

繪圖繪芳錄八卷八十回　（清）西泠野樵撰
清光緒三十四年（1908）上海書局鉛印本
八冊

330000－1703－0004353　G42088　集部/小
說類/長篇之屬

七真祖師列仙傳二卷　清光緒刻本　二冊

330000－1703－0004354　G42055　集部/小
說類/長篇之屬

第一才子書六十卷一百二十回　（明）羅本撰
　（清）毛宗崗評　清咸豐三年（1853）善成堂
刻朱墨套印本　二十冊

330000－1703－0004355　G42089　集部/小
說類/長篇之屬

新刻天花藏批評玉嬌梨四卷二十回　（明）荑
荻散人編次　清末錦章圖書局石印本　四冊

330000－1703－0004356　G42056　集部/小
說類/長篇之屬

第一才子書繡像三國志演義六十卷一百二十
回　（明）羅本撰　（清）毛宗崗評　清光緒三
十年（1904）上海商務印書館鉛印本　三冊
存十四卷（一至十四）

330000－1703－0004357　G32482　類叢部/
類書類/通類之屬

欽定古今圖書集成一萬卷目錄三十二卷
（清）蔣廷錫　（清）陳夢雷等輯　清光緒十年
（1884）上海圖書集成書局鉛印本　一千四百
九十八冊　存九千二百一卷（古今圖書集成
目錄二十二至二十七,乾象典一至二十七,二
十九至一百,歲功典一至一百十六,曆法典四
十一至七十八、九十至九十三、一百十至一百
十四、一百二十五至一百二十七,庶徵典一百
三十九至一百八十八,坤輿典一至一百四十,
職方典一至八十二、一百六十三至一百六十
九、一百九十二至二百四十七、三百三十二至
三百七十七、三百八十六至三百九十一、四百
六至四百二十六、四百四十二至六百六十三、
六百七十二至八百八、八百二十六至八百三
十二、八百四十至八百六十六、八百九十六至
一千二百二十一、一千二百二十七至一千五

百四十四,山川典一至八十三、八十七至一百五、一百二十二至一百七十、一百七十七至一百八十二、二百三十七至二百五十、二百六十三至二百九十六、三百十一至三百十五,邊裔典一至一百四十,皇極典一至三百,宮闈典一至一百四十,官常典一至八百,家範典一至一百十六,交誼典一至一百二十,氏族典一至一百八十八、二百二十三至四百九十九、五百九十一至六百四十,人事典一至一百五,閨媛典一至三百五十三,藝術典一至六百八、六百二十至八百二十四,神異典一至三百二十,禽蟲典一至一百九十二,草木典一至三百二十,經籍典一至五百,學行典一至十二、十八至三百,文學典一至二百六十,字學典一至一百三十、一百三十七至一百六十,選舉典一至一百三十六,銓衡典一至一百二十,食貨典一至三百六十,禮儀典一至三百四十八,樂律典一至一百三十六,戎政典一至三百,祥刑典一至一百八十,考工典一至二百五十二)

330000 – 1703 – 0004358　G42058　集部/小說類/長篇之屬

四大奇書第一種六十卷首一卷一百二十回
(明)羅本撰　(清)毛宗崗評　清刻本　十冊　存三十一卷(一至二十八、三十五至三十七)

330000 – 1703 – 0004359　G42090　集部/小說類/長篇之屬

水石緣四卷三十回　(清)李春榮撰　清光緒石印本　四冊

330000 – 1703 – 0004360　G42091　集部/小說類/短篇之屬

繪圖續今古奇觀六卷三十回　(清)即空觀主人撰　清光緒三十四年(1908)上海書局石印本　六冊

330000 – 1703 – 0004361　G31103　子部/醫家類/綜合之屬/通論

欽定古今圖書集成醫部全錄五百二十卷
(清)蔣廷錫　(清)陳夢雷等輯　清光緒二十二年至二十三年(1896–1897)石印本　五十九冊　缺六卷(一百十六至一百二十一)

330000 – 1703 – 0004363　G42092　集部/小說類/短篇之屬

繪圖三續今古奇觀六卷二十回　清末石印本　六冊

330000 – 1703 – 0004364　G42101　集部/小說類/長篇之屬

繡像全圖小五義六卷一百二十四回　(清)石玉崑撰　清光緒三十年(1904)上海漢讀樓石印本　五冊　缺一卷(六)

330000 – 1703 – 0004365　G42057　集部/小說類/長篇之屬

四大奇書第一種六十卷首一卷一百二十回
(明)羅本撰　(清)毛宗崗評　清刻本　十三冊　存三十一卷(一至三、七至九、十五至十七、二十四至三十三、三十九至四十一、四十九至五十五、五十九至六十)

330000 – 1703 – 0004367　G42102　集部/小說類/長篇之屬

繡像全圖小五義六卷一百二十四回　(清)石玉崑撰　清光緒簡青齋書局石印本　一冊　存一卷(三)

330000 – 1703 – 0004374　G42120　子部/小說家類/異聞之屬

燕山外史註釋八卷　(清)陳球撰　(清)傅聲谷注　清末上海廣益書局石印本　一冊

330000 – 1703 – 0004379　G42095　集部/小說類/長篇之屬

繪圖第八才子書白圭志四卷首一卷十六回
(清)崔象川撰　清末石印本　四冊

330000 – 1703 – 0004380　G42107　集部/小說類/長篇之屬

綠野仙踪八十回　(清)李百川撰　清刻本十一冊　存五十六回(一至三十二、三十八至四十一、四十八至六十二、六十八至七十二)

330000 – 1703 – 0004382　G42114　集部/小說類/長篇之屬

未來戰國志一卷十九回　(日本)東洋奇人撰　(清)南支那老驥氏輯譯　清光緒二十九年

（1903）上海廣智書局鉛印本 一冊

330000－1703－0004383 G50237 類叢部/
叢書類/彙編之屬

稗海四十八種續集二十二種 （明）商濬編
明萬曆商氏半埜堂刻清康熙至乾隆修補重訂
本 二冊 存一種

330000－1703－0004386 G50235 類叢部/
叢書類/彙編之屬

稗海四十八種續集二十二種 （明）商濬編
明萬曆商氏半埜堂刻清康熙至乾隆修補重訂
本 四十二冊 存三十六種

330000－1703－0004389 G32704 新學/雜
著/叢編

西學大成五十六種 （清）王西清 （清）盧梯
青編 清光緒十四年（1888）上海大同書局石
印本 張美翊題記 十二冊

330000－1703－0004391 G42108 集部/小
說類/長篇之屬

**繡像海上繁華夢新書初集六卷三十回二集六
卷三十回後集八卷四十回** 孫家振撰 清光
緒三十一年至三十二年（1905－1906）上海笑
林報館鉛印本 四冊 存四卷（初集二,二集
二、四至五）

330000－1703－0004392 G32705 新學/雜
著/叢編

西學大成五十六種 （清）王西清 （清）盧梯
青編 清光緒二十一年（1895）上海醉六堂書
坊石印本 十二冊

330000－1703－0004393 G32716 新學/政
治法律/政治

政治策論八卷 （清）鮑用是輯 清光緒二十
七年（1901）浙寧奎元堂石印本 六冊

330000－1703－0004394 G32717 新學/政
治法律/政治

政治策論八卷 （清）鮑用是輯 清光緒二十
七年（1901）浙寧奎元堂石印本 三冊 存三
卷（六至八）

330000－1703－0004395 G32718 新學/政

治法律

各國政治藝學簡要錄二卷 （清）杭州圖書公
司主人輯 清末杭州編譯局鉛印本 二冊

330000－1703－0004398 G32701 新學/雜
著/叢編

富強叢書正集七十七種續集一百二十一種
（清）袁俊德編 清光緒石印本 五冊 存
四種

330000－1703－0004399 G32721 新學/理
學/理學

論理學綱要一卷附錄一卷 （日本）十時彌撰
田吳炤譯 清光緒三十二年（1906）上海商
務印書館鉛印本 一冊

330000－1703－0004400 G32703 新學/雜
著/叢編

西學自強叢書七十五種 （清）張之洞編 清
光緒二十四年（1898）上海測海山房石印本
五冊 存三種

330000－1703－0004401 G21546 史部/政
書類

分類時務通纂三百卷 （清）陳昌紳輯 清光
緒二十八年（1902）上海文瀾書局石印本 四
十八冊

330000－1703－0004402 G32725 新學/化
學/化學

化學歌括一卷 虞和欽識 清末上海理文軒
書會鉛印本 一冊

330000－1703－0004403 G21545 史部/地
理類/外紀之屬

萬國分類時務大成四十卷首一卷 （清）錢豐
選輯 清光緒二十三年（1897）申江袖海山房
石印本 二十八冊

330000－1703－0004404 G50767 類叢部/
叢書類/自著之屬

侯官嚴氏譯書□□卷 嚴復譯 清末石印本
六冊 存六卷（三至八）

330000－1703－0004405 G21544 新學/格
致總

時務通考三十一卷首一卷　（清）王奇英等編
　清光緒二十三年（1897）點石齋石印本　二
　十三冊　缺一卷（三十一）

330000 - 1703 - 0004406　G32706　新學/議
論/論政

新學彙編四卷　（美國）林樂知撰　（清）蔡爾
康輯　清光緒二十四年（1898）上海廣學會鉛
印本　四冊

330000 - 1703 - 0004407　G32707　新學/議
論/論政

新學彙編四卷　（美國）林樂知撰　（清）蔡爾
康輯　清光緒二十四年（1898）上海廣學會鉛
印本　四冊

330000 - 1703 - 0004408　G32708　新學/議
論/通論

西學探源四卷　（日本）岡本監輔輯　清光緒
二十七年（1901）上海商務印書館鉛印本
二冊

330000 - 1703 - 0004409　G32724　新學/商
務/商學

原富八卷　（英國）斯密亞丹撰　嚴復譯　清
光緒二十八年（1902）上海南洋公學譯書院鉛
印本　八冊

330000 - 1703 - 0004410　G32709　新學/
報章

壬寅新民叢報全編二十五卷　梁啟超編　清
光緒二十九年（1903）石印本　十一冊　存十
九卷（六至二十四）

330000 - 1703 - 0004411　G32702　新學/雜
著/叢編

富強叢書正集七十七種續集一百二十一種
（清）袁俊德編　清光緒二十三年（1897）小倉
山房石印本　一冊　存一種

330000 - 1703 - 0004412　G32733　新學/理
學/理學

心理學不分卷　（清）商務印書館編譯所編譯
　清光緒三十二年（1906）商務印書館鉛印本
　一冊

330000 - 1703 - 0004415　G32734　新學/重
學/重學

重學二十卷圓錐曲線說三卷　（英國）艾約瑟
口譯　清光緒二十二年（1896）上海積山書局
石印本　二冊

330000 - 1703 - 0004416　G32714　新學/議
論/通論

經濟實學考八卷　（清）江標撰　清光緒上海
博濟書局石印本　十冊　存七卷（一、三至
八）

330000 - 1703 - 0004417　G32731　新學/議
論/通論

增廣時務新策彙編四卷　（清）月琴室主人編
　清光緒十四年（1888）上海大同書局石印本
　二冊

330000 - 1703 - 0004418　G32711　新學/雜
著/叢編

西學啟蒙十六種　（英國）赫德編　（英國）艾
約瑟譯　清光緒二十二年（1896）上海著易堂
書局石印本　十四冊　存十四種

330000 - 1703 - 0004419　G32735　新學/政
治法律/政治

佐治芻言不分卷　（英國）傅蘭雅口譯　應祖
錫述　清光緒江南製造局鉛印本　二冊

330000 - 1703 - 0004420　G32229　子部/宗
教類/佛教之屬

大方廣圓覺修多羅了義經二卷　（唐）釋佛陀
多羅譯　清光緒元年（1875）杭城慧空經房刻
本　一冊

330000 - 1703 - 0004421　G32736　新學/雜
著/叢編

西學輯存六種　（清）王韜編　清光緒十六年
（1890）淞隱廬鉛印本　一冊　存三種

330000 - 1703 - 0004423　G32729　新學/議
論/通論

中西時務類攷九卷首一卷　（清）資敬書屋輯
　清光緒二十四年（1898）蜚英石印本　六冊

330000 - 1703 - 0004424　G32713　新學/雜

著/叢編

西學啓蒙十六種 （英國）赫德編 （英國）艾約瑟譯 清光緒二十四年(1898)上海圖書集成印書局鉛印本 十五冊 存十五種

330000－1703－0004425 G32737 新學/格致總

中外時務策論八卷 清光緒二十四年(1898)上海書局石印本 一冊 存三卷(一至三)

330000－1703－0004426 G32727 新學/議論/通論

中外時務經濟統宗十八卷 清光緒二十五年(1899)上海圖書集成印書局鉛印本 二冊 存二卷(九至十)

330000－1703－0004427 G32738 新學/議論/通論

洋務新議一卷 （清）薛福成撰 清光緒二十三年(1897)上海萬選樓石印本 一冊

330000－1703－0004428 G32739 新學/幼學

文學興國策二卷 （美國）林樂知譯 清光緒二十二年(1896)圖書集成局鉛印本 二冊

330000－1703－0004429 G32726 史部/政書類/邦交之屬

洋務時事彙編八卷 （清）葛子源撰 清光緒二十四年(1898)上海書局石印本 十二冊

330000－1703－0004430 G32740 新學/動植物學/動物學

動物學要不分卷 （比利時）赫爾瞻 （清）朱飛輯 清光緒二十九年(1903)上海土山灣慈母堂印書局鉛印本 一冊

330000－1703－0004436 G32401 類叢部/類書類/通類之屬

藝文類聚一百卷 （唐）歐陽詢輯 明萬曆十五年(1587)秣陵王元貞刻本 十五冊 存六十二卷(三至十一、二十四至三十九、五十三至六十二、七十至九十六)

330000－1703－0004437 G20838 史部/傳記類/總傳之屬/姓名

元和姓纂十卷 （唐）林寶撰 （清）孫星衍 （清）洪瑩補 清光緒六年(1880)金陵書局刻本 四冊

330000－1703－0004438 G21240 史部/傳記類/科舉錄之屬/歷科鄉試錄

光緒二十年甲午科浙江鄉試硃卷一卷 （清）李翊勳撰 清刻本 一冊

330000－1703－0004439 G21164 史部/傳記類/科舉錄之屬/歷科鄉試錄

光緒二十八年壬寅科浙江鄉試卷一卷 羅繼傳撰 清光緒刻本 一冊

330000－1703－0004440 G20839 史部/傳記類/總傳之屬/姓名

元和姓纂十卷 （唐）林寶撰 （清）孫星衍 （清）洪瑩補 清光緒六年(1880)金陵書局刻本 三冊 存七卷(一至七)

330000－1703－0004441 G32405 類叢部/類書類/通類之屬

玉海二百四卷附刻十三種 （宋）王應麟撰 **校補玉海瑣記二卷王深寧先生年譜一卷** （清）張大昌撰 清光緒九年至十六年(1883－1890)浙江書局刻本 七十四冊 存一百六十一卷(玉海一至十三、二十六至六十三、一百三至一百十八、一百三十六至二百,踐阼篇集解、急就篇一至四、周書王會補注、漢制攷一至四、小學紺珠一至十、玉海六經天文編二、周易鄭康成注、通鑑答問一至五、校補玉海瑣記一至二)

330000－1703－0004442 G20402 新學/議論/通論

時事新編初集六卷 （清）陳耀卿輯 清光緒鉛印本 一冊 存一卷(三)

330000－1703－0004443 G32403 類叢部/類書類/通類之屬

重訂事類賦三十卷 （宋）吳淑撰並注 清刻本 六冊

330000－1703－0004445 G32412 類叢部/類書類/通類之屬

小學紺珠十卷 （宋）王應麟輯 清乾隆二十

五年(1760)鳳翅書堂刻本　六冊

330000 – 1703 – 0004446　G32428　類叢部/
類書類/專類之屬

子史精華一百六十卷　(清)吳士玉　(清)吳
襄等輯　清光緒十二年(1886)上海同文書局
石印本　八冊

330000 – 1703 – 0004447　G32427　類叢部/
類書類/專類之屬

子史精華一百六十卷　(清)吳士玉　(清)吳
襄等輯　清光緒二十二年(1896)上海滙海書
局石印本　八冊

330000 – 1703 – 0004448　G50269　類叢部/
叢書類/彙編之屬

古香齋袖珍十種　清刻本　二十四冊　存
一種

330000 – 1703 – 0004449　G30114　類叢部/
類書類/專類之屬

王先生十七史蒙求十六卷　(宋)王令撰　**李
氏蒙求補注六卷**　(唐)李瀚撰　(清)金三俊
補注　清道光二十八年(1848)大文堂刻本
六冊

330000 – 1703 – 0004450　G32432　類叢部/
類書類/專類之屬

子史精華一百六十卷　(清)吳士玉　(清)吳
襄等輯　清光緒十三年(1887)上海積山書局
石印本　八冊

330000 – 1703 – 0004452　G32426　類叢部/
類書類/專類之屬

子史精華一百六十卷　(清)吳士玉　(清)吳
襄等輯　清光緒十三年(1887)上海積山書局
石印本　十冊

330000 – 1703 – 0004453　G32413　類叢部/
類書類/專類之屬

新增說文韻府羣玉二十卷　(元)陰時夫輯
(元)陰中夫注　清富春堂刻本　二十冊

330000 – 1703 – 0004454　G32404　類叢部/
類書類/通類之屬

太平御覽一千卷目錄十五卷　(宋)李昉等輯

清嘉慶十二年至十七年(1807－1812)歙縣
鮑崇城刻二十三年(1818)印本　張美翊題記
一百冊

330000 – 1703 – 0004455　G32414　類叢部/
類書類/專類之屬

新增說文韻府羣玉二十卷　(元)陰時夫輯
(元)陰中夫注　清萃華堂刻本　十一冊

330000 – 1703 – 0004456　G32429　類叢部/
類書類/專類之屬

子史精華一百六十卷　(清)吳士玉　(清)吳
襄等輯　清刻本　四十八冊

330000 – 1703 – 0004457　G32416　類叢部/
類書類/專類之屬

新增說文韻府羣玉二十卷　(元)陰時夫輯
(元)陰中夫注　清刻本　一冊　存一卷(十
九)

330000 – 1703 – 0004458　G32406　類叢部/
類書類/通類之屬

**玉海二百卷附刻辭學指南四卷詩考一卷詩地
理考六卷漢藝文志考證十卷通鑑地理通釋十
四卷漢制考四卷踐阼篇一卷周易鄭康成注一
卷姓氏急就篇二卷急就篇補注四卷周書王會
補注一卷小學紺珠十卷六經天文編二卷通鑑
荅問五卷**　(宋)王應麟撰　元至元六年
(1340)慶元路儒學刻明清遞修本　七十二冊
　存一百九十二卷(玉海一至一百三十六、一
百七十八至二百四,詩考,詩地理考一,漢藝
文志考證五至十,通鑑地理通釋一至四,漢制
考一至四,踐阼篇集解,姓氏急就篇一,急就
篇補注一至四,周書王會補注,小學紺珠一、
六至十)

330000 – 1703 – 0004459　G32417　類叢部/
類書類/專類之屬

廣博物志五十卷　(明)董斯張　(明)楊鶴輯
　清光緒五年(1879)學海堂刻本　二十四冊

330000 – 1703 – 0004460　G21137　史部/傳
記類/科舉錄之屬/歷科鄉試錄

光緒十九年癸巳恩科浙江鄉試硃卷一卷
(清)陳宜坊撰　清光緒刻本　一冊

330000－1703－0004461　G21186　史部/傳記類/科舉錄之屬/歷科鄉試錄

光緒二十八年壬寅補行二十六年庚子二十七年辛丑恩正併科浙江鄉試卷一卷　鄭滋蕃撰　清光緒刻本　一冊

330000－1703－0004462　G21194　史部/傳記類/科舉錄之屬/歷科鄉試錄

光緒二十九年癸卯恩科浙江鄉闈試卷一卷　(清)徐韜撰　清光緒刻本　一冊

330000－1703－0004463　G32430　類叢部/類書類/專類之屬

子史精華一百六十卷　(清)吳士玉　(清)吳襄等輯　清刻本　四十八冊

330000－1703－0004465　G21195　史部/傳記類/科舉錄之屬/歷科鄉試錄

光緒八年壬午科浙江鄉試硃卷一卷　(清)馮保清撰　清光緒刻本　一冊

330000－1703－0004466　G32202　子部/宗教類/佛教之屬/經

金剛般若波羅蜜經一卷　(後秦)釋鳩摩羅什譯　清刻本　一冊

330000－1703－0004467　G21135　史部/傳記類/科舉錄之屬/歷科鄉試錄

光緒十四年戊子科浙江鄉試硃卷一卷　劉崇照撰　清光緒刻本　一冊

330000－1703－0004468　G21237　史部/傳記類/科舉錄之屬/歷科鄉試錄

光緒二十九年癸卯恩科順天鄉試闈卷一卷　張壽鏞撰　清光緒刻本　一冊

330000－1703－0004474　G10840　經部/小學類/文字之屬/字書/訓蒙

唐氏蒙求三卷　(清)唐仲冕撰　(清)許桂林注　清同治五年(1866)善化楊岳斌問竹軒家塾刻本　三冊

330000－1703－0004476　G32407　類叢部/類書類/通類之屬

玉海二百四卷附刻十三種　(宋)王應麟撰　**校補玉海瑣記二卷王深寧先生年譜一卷**　(清)張大昌撰　清光緒九年至十六年(1883－1890)浙江書局刻本　二十冊　存六十三卷(詩攷、詩地理攷一至六、漢藝文志攷證一至十、踐阼篇集解、通鑑地理通釋一至十四、急就篇一至四、周書王會補注、漢制攷一至四、小學紺珠一至十、姓氏急就篇一至二、玉海六經天文編一至二、周易鄭康成注、通鑑答問一至五、校補玉海瑣記一至二)

330000－1703－0004477　G30092　子部/儒家類/儒學之屬/蒙學

幼學求源三十三卷　(清)程登吉撰　(清)鄒聖脈　(清)董成注　清刻本　四冊　存十六卷(四至十七、三十二至三十三)

330000－1703－0004478　G32458　類叢部/類書類/通類之屬

類林新咏三十六卷　(清)姚之駰撰　清文暎書屋刻本　二十四冊

330000－1703－0004480　G30049　子部/儒家類/儒學之屬/禮教

聖諭廣訓直解一卷　(清)世宗胤禛撰　(清)□□直解　清刻本　一冊

330000－1703－0004482　G32460　類叢部/類書類/專類之屬

韻府約編二十四卷　(清)鄧愷輯　清咸豐元年(1851)刻本　二十四冊

330000－1703－0004483　G32408　類叢部/類書類/通類之屬

玉海二百四卷附刻十三種　(宋)王應麟撰　**校補玉海瑣記二卷王深寧先生年譜一卷**　(清)張大昌撰　清光緒九年至十六年(1883－1890)浙江書局刻本　五冊　存八卷(玉海九十至九十四、周書王會補注、玉海六經天文編二、周易鄭康成注)

330000－1703－0004484　G32459　類叢部/類書類/通類之屬

新編古今事文類聚前集六十卷後集五十卷續集二十八卷別集三十二卷　(宋)祝穆編　**新編古今事文類聚新集三十六卷外集十五卷**　(元)富大用編　明嘉靖四十年(1561)書林楊

歸仁刻本　四冊　存二十六卷（新集十一至
三十六）

330000－1703－0004485　G32409　類叢部/
類書類/通類之屬

玉海二百四卷附刻十三種　（宋）王應麟撰
校補玉海瑣記二卷王深寧先生年譜一卷
(清)張大昌撰　清光緒九年至十六年（1883－
1890)浙江書局刻本　二十冊　存六十三卷
(詩攷、詩地理攷一至六、漢藝文志攷證一至
十、通鑑地理通釋一至十四、踐阼篇集解、急就
篇一至四、周書王會補注、漢制攷一至四、小學
紺珠一至十、姓氏急就篇一至二、玉海六經天文
編一至二、周易鄭康成注、通鑑答問一至五、校
補玉海瑣記一至二）

330000－1703－0004486　G32209　子部/宗
教類/佛教之屬/經疏

一切經音義二十五卷　（唐）釋玄應撰　**補訂
新譯大方廣佛華嚴經音義二卷**　（唐）釋慧苑
撰　**華嚴經音義敘錄一卷**　（清）臧庸輯　**刻
華嚴經音義校勘記一卷**　（清）曹籀撰　清同
治八年（1869）仁和曹籀刻武林張氏寶晉齋印
本　四冊

330000－1703－0004487　G32210　子部/宗
教類/佛教之屬/經疏

一切經音義二十五卷　（唐）釋玄應撰　**補訂
新譯大方廣佛華嚴經音義二卷**　（唐）釋慧苑
撰　**華嚴經音義敘錄一卷**　（清）臧庸輯　**刻
華嚴經音義校勘記一卷**　（清）曹籀撰　清同
治八年（1869）仁和曹籀刻武林張氏寶晉齋印
本　四冊

330000－1703－0004488　G32410　類叢部/
類書類/通類之屬

玉海二百四卷附刻十三種　（宋）王應麟撰
校補玉海瑣記二卷王深寧先生年譜一卷
(清)張大昌撰　清光緒九年至十六年（1883－
1890)浙江書局刻本　二冊　存十卷（漢藝文
志攷證一至十）

330000－1703－0004489　G32211　子部/宗
教類/佛教之屬/經疏

一切經音義二十五卷　（唐）釋玄應撰　**補訂
新譯大方廣佛華嚴經音義二卷**　（唐）釋慧苑
撰　**華嚴經音義敘錄一卷**　（清）臧庸輯　**刻
華嚴經音義校勘記一卷**　（清）曹籀撰　清同
治八年（1869）仁和曹籀刻本　三冊　缺七卷
(十四至二十）

330000－1703－0004490　G32465　類叢部/
類書類/通類之屬

角山樓增補類腋六十七卷　（清）姚培謙輯
(清)趙克宜增輯　清光緒十二年（1886）上海
同文書局石印本　張美翊題記　六冊

330000－1703－0004491　G32411　類叢部/
類書類/通類之屬

玉海二百四卷附刻十三種　（宋）王應麟撰
清光緒十年（1884）成都志古堂刻本　十八冊
　存四十二卷（通鑑地理通釋一至十四、踐阼
篇集解、急就篇一至四、周書王會、漢制攷一
至四、小學紺珠一至十、六經天文編一至二、
周易鄭康成注、通鑑答問一至五）

330000－1703－0004492　G32212　子部/宗
教類/佛教之屬/總錄

翻譯名義集二十卷　（宋）釋法雲編　清光緒
四年（1878）金陵刻經處刻本　六冊

330000－1703－0004496　G21165　史部/傳
記類/科舉錄之屬/歷科鄉試錄

**光緒二十八年壬寅補行二十六年庚子二十七
年辛丑恩正併科浙江鄉試卷一卷**　（清）王振
麟撰　清光緒刻本　一冊

330000－1703－0004497　G32464　類叢部/
類書類/通類之屬

角山樓增補類腋六十七卷　（清）姚培謙輯
(清)趙克宜增輯　清咸豐七年（1857）趙克宜
角山樓刻十年（1860）重修本　十八冊

330000－1703－0004498　G32463　類叢部/
類書類/通類之屬

角山樓增補類腋六十七卷　（清）姚培謙輯
(清)趙克宜增輯　清咸豐七年（1857）趙克宜
角山樓刻十年（1860）重修本　十五冊　存五
十八卷（天部四至八、地部七至二十四、人部

一至十五、物部一至二十）

330000－1703－0004499　G21166　史部/傳記類/科舉録之屬/歷科鄉試録

光緒二十八年壬寅補行二十六年庚子二十七年辛丑恩正併科浙江鄉試卷一卷　（清）王振麟撰　清光緒刻本　一冊

330000－1703－0004500　G21167　史部/傳記類/科舉録之屬/歷科鄉試録

光緒二十八年壬寅補行二十六年庚子二十七年辛丑恩正併科浙江鄉試卷一卷　（清）王振麟撰　清光緒刻本　一冊

330000－1703－0004506　G32215　子部/宗教類/佛教之屬

釋氏十三經註疏　□□輯　清同治至光緒三十四年（1908）金陵刻經處刻本　四冊　存二種

330000－1703－0004510　G32216　子部/宗教類/佛教之屬/諸宗

靈峰藕益大師選定淨土十要十卷　（清）釋智旭輯　（清）釋成時評點節略　清光緒二十年（1894）揚州廣陵藏經禪院刻本　四冊

330000－1703－0004511　G21178　史部/傳記類/科舉録之屬/歷科鄉試録

光緒二十九年癸卯恩科浙江鄉試卷一卷　潘光組撰　清光緒刻本　一冊

330000－1703－0004512　G21179　史部/傳記類/科舉録之屬/歷科登科録

同治十三年甲戌科會試硃卷一卷　（清）屠仁守撰　清刻本　一冊

330000－1703－0004513　G32218　子部/宗教類/佛教之屬/諸宗

龍舒淨土文十卷　（宋）王日休撰　**首一卷**（明）釋袾宏等撰　**末一卷**　（宋）劉章等撰　清光緒二十六年（1900）浙寧江東崇壽經房刻本　一冊

330000－1703－0004514　G21180　史部/傳記類/科舉録之屬/歷科鄉試録

光緒十五年己丑恩科浙江鄉試硃卷一卷

（清）王振鈺撰　清刻本　一冊

330000－1703－0004516　G32219　子部/宗教類/佛教之屬/諸宗

龍舒淨土文十卷　（宋）王日休撰　**首一卷**（明）釋袾宏等撰　**末一卷**　（宋）劉章等撰　清光緒二十六年（1900）浙寧江東崇壽經房刻本　一冊

330000－1703－0004517　G20549　史部/史抄類

廿一史約編八卷首一卷　（清）鄭元慶撰　清光緒六年（1880）得月樓刻本　八冊

330000－1703－0004518　G10885　經部/小學類/音韻之屬/韻書

佩文詩韻釋要五卷　（清）周兆基撰　（清）朱蘭重輯　清同治三年（1864）刻本　一冊

330000－1703－0004521　G10884　經部/小學類/音韻之屬/韻書

佩文詩韻釋要五卷　（清）周兆基撰　（清）朱蘭重輯　清李光明莊刻本　錢罕題簽　一冊

330000－1703－0004522　G20548　史部/史抄類

廿一史約編八卷首一卷　（清）鄭元慶撰　清刻本　七冊　存八卷（首,金、石、竹、匏、土、革、木）

330000－1703－0004523　G20717　史部/傳記類/總傳之屬

海國名人類韻編二十四卷首二卷　（清）阮丙炎等輯　清光緒二十九年（1903）文來書局石印本　七冊　存二十四卷（首一至二、三至二十四）

330000－1703－0004525　G20550　史部/史抄類

廿一史約編八卷首一卷　（清）鄭元慶撰　清光緒六年（1880）得月樓刻本　八冊

330000－1703－0004527　G20558　史部/史抄類

廿一史約編八卷首一卷　（清）鄭元慶撰　清光緒六年（1880）得月樓刻本　八冊

330000－1703－0004528　G32431　類叢部/
類書類/專類之屬

子史精華一百六十卷　（清）吳士玉　（清）吳
襄等輯　清乾隆五十五年(1790)張松孫刻本
三十二冊

330000－1703－0004529　G32217　子部/宗
教類/佛教之屬/諸宗

靈峰蕅益大師選定淨土十要十卷　（清）釋智
旭輯　（清）釋成時評點節略　清刻本　一冊
存一種

330000－1703－0004530　G20554　史部/史
抄類

廿一史約編八卷首一卷　（清）鄭元慶撰　清
康熙上洋江左書林刻本　八冊

330000－1703－0004531　G20551　史部/史
抄類

廿一史約編八卷首一卷　（清）鄭元慶撰　清
魚計亭刻本　八冊

330000－1703－0004532　G32224　子部/宗
教類/佛教之屬/經

**大佛頂如來密因修證了義諸菩薩萬行首楞嚴
經十卷**　（唐）釋般刺密帝譯　（唐）釋彌伽釋
迦譯語　（唐）房融筆受　（明）王應乾參標
清咸豐十一年(1861)刻本　三冊

330000－1703－0004533　G10883　類叢部/
類書類/通類之屬

千金裘初集二十七卷二集二十六卷　（清）蔣
義彬　（清）徐元麟輯　清咸豐十年(1860)刻
本　八冊

330000－1703－0004535　G32461　類叢部/
類書類/專類之屬

韻府約編二十四卷　（清）鄧愷輯　清刻本
五冊　存五卷(一、三、十、十七、二十三)

330000－1703－0004536　G20552　史部/史
抄類

廿一史約編八卷首一卷　（清）鄭元慶撰　清
刻本　八冊

330000－1703－0004537　類叢部/

類書類/通類之屬

類腋五十五卷　（清）姚培謙　（清）張卿雲輯
　類腋補遺一卷　（清）張隆孫輯　清乾隆刻
本　十四冊

330000－1703－0004539　G10541　經部/四
書類/總義之屬/傳說

四書典林三十卷　（清）江永輯　清刻本　一
冊　存五卷(四至八)

330000－1703－0004541　G20553　史部/史
抄類

廿一史約編八卷首一卷　（清）鄭元慶撰　清
康熙三十六年(1697)鄭元慶刻本　七冊　存
八卷(首,金、石、絲、竹、匏、土、革)

330000－1703－0004542　G10547　經部/四
書類/總義之屬/傳說

四書典林三十卷四書古人典林十二卷　（清）
江永輯　清同治十二年(1873)古董一經室刻
本　五冊　存二十七卷(四至三十)

330000－1703－0004543　G10542　經部/四
書類/總義之屬/傳說

四書典林三十卷　（清）江永輯　清刻本　一
冊　存四卷(一至四)

330000－1703－0004544　G32228　子部/宗
教類/佛教之屬

大方廣圓覺修多羅了義經二卷　（唐）釋佛陀
多羅譯　清光緒元年(1875)杭城慧空經房刻
本　一冊

330000－1703－0004546　G32230　子部/宗
教類/佛教之屬/經疏

大方廣圓覺修多羅了義經直解二卷　（唐）釋
佛陀多羅譯　（明）釋德清解　清光緒十年
(1884)杭城昭慶寺刻本　二冊

330000－1703－0004547　G32231　子部/宗
教類/佛教之屬/經疏

大方廣圓覺修多羅了義經直解二卷　（唐）釋
佛陀多羅譯　（明）釋德清解　清光緒十年
(1884)杭城昭慶寺刻本　二冊

330000－1703－0004548　G32232　子部/宗

教類/佛教之屬/經

維摩詰所說經三卷 （後秦）釋鳩摩羅什譯
清同治九年(1870)杭州昭慶寺慧空經房刻本
一冊

330000－1703－0004549　G10546　經部/四
書類/總義之屬/傳說

四書典林三十卷四書古人典林十二卷 （清）
江永輯　清同治十二年(1873)古堇一經室刻
本　八冊

330000－1703－0004550　G20555　史部/史
抄類

廿一史約編八卷首一卷 （清）鄭元慶撰　清
聚瀛堂刻本　八冊

330000－1703－0004551　G10545　經部/四
書類/總義之屬/傳說

四書典林三十卷四書古人典林十二卷 （清）
江永輯　清同治十二年(1873)古堇一經室刻
本　八冊

330000－1703－0004553　G10543　經部/四
書類/總義之屬/傳說

四書典林三十卷四書古人典林十二卷 （清）
江永輯　清同治十二年(1873)古堇一經室刻
本　四冊

330000－1703－0004555　G20556　史部/史
抄類

廿一史約編八卷首一卷 （清）鄭元慶撰　清
漁古山房刻本　八冊

330000－1703－0004556　G10539　經部/四
書類/總義之屬/傳說

四書典林三十卷 （清）江永輯　清同治四年
(1865)刻本　十二冊　存二十九卷(一至九、
十一至三十)

330000－1703－0004557　G32236　子部/宗
教類/佛教之屬/經

妙法蓮華經七卷 （後秦）釋鳩摩羅什譯　清
刻本　三冊

330000－1703－0004558　G20557　史部/史
抄類

廿一史約編八卷首一卷 （清）鄭元慶撰　清
刻本　三冊　存三卷(石、絲、土)

330000－1703－0004559　G10538　經部/四
書類/總義之屬/傳說

四書典林三十卷 （清）江永輯　清刻本　十
二冊

330000－1703－0004560　G32237　子部/宗
教類/佛教之屬/經

妙法蓮華經七卷 （後秦）釋鳩摩羅什譯　清
光緒二十五年(1899)蘇城瑪瑙經房刻本
四冊

330000－1703－0004562　G10544　經部/四
書類/總義之屬/傳說

四書典林三十卷四書古人典林十二卷 （清）
江永輯　清同治十二年(1873)古堇一經室刻
本　三冊　存三十卷(一至三十)

330000－1703－0004566　G32484　類叢部/
類書類/通類之屬

欽定古今圖書集成一萬卷目錄三十二卷
(清)蔣廷錫　(清)陳夢雷等輯　清光緒十年
(1884)上海圖書集成書局鉛印本　二十四冊
存一百五十三卷(宮闈典六至一百四十、藝
術典六百三十四至六百五十一)

330000－1703－0004567　G32483　類叢部/
類書類/通類之屬

欽定古今圖書集成一萬卷目錄三十二卷
(清)蔣廷錫　(清)陳夢雷等輯　清光緒十年
(1884)上海圖書集成書局鉛印本　一千三百
八十一冊　缺一千五百二卷(職方典一至一
百五十三、六百六十四至八百五十二、一千三
百七十至一千五百四十四,宮闈典一至一百
四十,閨媛典一至二十二,藝術典六十六至一
百二十五、一百四十一至一百五十八、一百七
十七至二百三十八、二百七十五至三百五十
五、四百七至五百四十八、六百三十四至六百
五十一、六百八十七至八百二十四,文學典一
至二百六十,字學典八十一至九十二,目錄一
至三十二)

330000－1703－0004569　G32240　子部/宗

教類/佛教之屬/總錄

三國佛教畧史三卷 （日本）島地墨雷 （日本）生田得能撰 （清）釋聽雲 （清）釋海秋譯 清宣統三年(1911)京師龍泉孤兒院石印本 一冊

330000－1703－0004572 G10886 經部/小學類/音韻之屬/韻書

詩韻全璧五卷 （清）湯祥瑟輯 **虛字韻藪一卷** （清）潘維城輯 **初學檢韻袖珍一卷** （清）姚文登撰 清光緒十八年(1892)上海鴻寶齋石印本 六冊

330000－1703－0004574 G32243 子部/宗教類/佛教之屬

崇佛紀略七卷 （清）釋遙庵撰 清光緒二十三年(1897)鉛印本 二冊

330000－1703－0004575 G30077 子部/儒家類/儒學之屬/經濟

變法平議一卷 張謇撰 清光緒中外日報館鉛印本 一冊

330000－1703－0004576 G10540 經部/四書類/總義之屬/傳說

四書典林三十卷 （清）江永輯 清刻本 九冊 存二十五卷(六至三十)

330000－1703－0004577 G30078 子部/儒家類/儒學之屬/經濟

變法平議一卷 張謇撰 清光緒中外日報館鉛印本 一冊

330000－1703－0004581 G30074 子部/儒家類/儒學之屬/性理

榕村語錄續集二十卷 （清）李光地撰 清光緒石印本 十冊

330000－1703－0004582 G41647 集部/總集類/課藝之屬

兩論聯章採風集不分卷 （清）靜香館主人輯 清同治十二年(1873)刻本 三冊

330000－1703－0004584 G22271 史部/地理類/專志之屬/寺觀

阿育王舍利瑞應集一卷 （清）釋妙然輯 舍

利塔號畧註一卷 （清）釋元賢撰 清刻本 一冊

330000－1703－0004586 G10889 經部/小學類/音韻之屬/韻書

玫正增廣詩韻合璧五卷檢韻便覽一卷 （清）湯祥瑟輯 清光緒十四年(1888)四明茹古書局鉛印本 一冊 存一卷(三)

330000－1703－0004589 G10888 經部/小學類/音韻之屬/韻書

玫正增廣詩韻合璧五卷檢韻便覽一卷 （清）湯祥瑟輯 清光緒十四年(1888)四明茹古書局鉛印本 六冊

330000－1703－0004592 G21598 史部/政書類/律令之屬/判牘

樊山判牘四卷 樊增祥撰 清宣統法政學社石印本 四冊

330000－1703－0004593 G32246 子部/宗教類/佛教之屬/諸宗

徑中徑又徑四卷 （清）張師誠輯 清同治九年(1870)刻本 二冊

330000－1703－0004594 G21599 史部/政書類/律令之屬/判牘

樊山判牘續編四卷 樊增祥撰 清宣統三年(1911)大同書局石印本 四冊

330000－1703－0004595 G32247 子部/宗教類/佛教之屬/諸宗

徑中徑又徑徵義三卷首一卷 （清）張師誠輯 （清）徐槐廷注 清光緒二十五年(1899)陸智性刻本 一冊

330000－1703－0004596 G30072 子部/儒家類/儒學之屬/蒙學

寄傲山房塾課新增幼學故事瓊林四卷首一卷 （清）程登吉撰 （清）鄒聖脈增補 清刻本 一冊 存一卷(四)

330000－1703－0004597 G21596 史部/政書類/律令之屬/律例

讀律一得歌四卷 （清）宗繼增編 清光緒十六年(1890)江蘇書局刻本 一冊 存二卷

(一至二)

330000 - 1703 - 0004598　G30043　子部/儒
家類/儒學之屬/性理

呂子節錄四卷　(明)呂坤撰　(清)陳宏謀評
輯　清抄本　二冊

330000 - 1703 - 0004599　G10898　經部/小
學類/音韻之屬/韻書

詩韻合璧五卷　(清)湯祥瑟輯　清末石印本
一冊　存一卷(三)

330000 - 1703 - 0004600　G32248　子部/宗
教類/佛教之屬

頓悟入道要門論二卷　(唐)釋慧海撰　清刻
本　一冊

330000 - 1703 - 0004601　G32249　子部/宗
教類/佛教之屬

佛教初學課本一卷計一卷　(清)楊文會撰
清光緒三十二年(1906)金陵刻經處刻本
一冊

330000 - 1703 - 0004602　G10897　經部/小
學類/音韻之屬/韻書

詩韻合璧五卷　(清)湯祥瑟輯　清刻本　一
冊　存二卷(一至二)

330000 - 1703 - 0004603　G32251　子部/宗
教類/佛教之屬

釋教三字經一卷　(明)釋廣真撰　(清)釋敏
修注　清同治十一年(1872)慧空經房刻本
一冊

330000 - 1703 - 0004604　G10895　經部/小
學類/音韻之屬/韻書

詩韻合璧五卷　(清)湯祥瑟輯　**虛字韻藪一
卷**　(清)潘維城輯　清繡谷裕蔭山房刻本
五冊

330000 - 1703 - 0004605　G32252　子部/宗
教類/佛教之屬

參學知津二卷首一卷　(清)釋顯承撰　**地輿
名目一卷**　(清)釋儀潤撰　清道光八年
(1828)刻本　二冊

330000 - 1703 - 0004606　G10896　經部/小
學類/音韻之屬/韻書

詩韻合璧五卷　(清)湯祥瑟輯　**虛字韻藪一
卷**　(清)潘維城輯　清末鉛印本　五冊

330000 - 1703 - 0004607　G30302　子部/兵
家類

寧致堂武經體註大全會解　(清)夏振翼
(清)湯綱輯　清康熙四十四年(1705)三畏堂
光啟堂刻本　二冊　存四種

330000 - 1703 - 0004608　G30031　子部/儒
家類/儒學之屬/性理

慈溪黃氏日抄分類九十七卷古今紀要十九卷
(宋)黃震撰　清乾隆三十二年(1767)新安
汪佩鍔珠樹堂刻本(卷八十一、八十九、九十
二原缺)　二十七冊　缺八卷(八至九、十二
至十四,古今紀要十四至十六)

330000 - 1703 - 0004609　G10894　經部/小
學類/音韻之屬/韻書

詩韻合璧五卷　(清)湯祥瑟輯　**虛字韻藪一
卷**　(清)潘維城輯　清刻本　一冊　存三卷
(三至五)

330000 - 1703 - 0004610　G32253　子部/宗
教類/佛教之屬/諸宗

法界聖凡水陸普度大齋勝會儀軌會本六卷
(南朝梁)釋寶誌等撰　(宋)釋志磐重訂
(明)釋袾宏補儀　(清)釋儀潤彙刊　清同治
八年(1869)杭州昭慶寺刻本　三冊

330000 - 1703 - 0004611　G30032　子部/儒
家類/儒學之屬/性理

慈溪黃氏日抄分類九十七卷古今紀要十九卷
(宋)黃震撰　清乾隆三十二年(1767)新安
汪佩鍔珠樹堂刻本(卷八十一、八十九、九十
二原缺)　三冊　存十卷(六十至六十七、古
今紀要十四至十五)

330000 - 1703 - 0004612　G30304　子部/兵
家類/兵法之屬

紀效新書十八卷首一卷　(明)戚繼光撰　清
邵綬名刻本　四冊

330000－1703－0004613　G30033　子部/儒家類/儒學之屬/性理

慈溪黃氏日抄分類九十七卷古今紀要十九卷
（宋）黃震撰　清乾隆三十二年（1767）新安汪佩鍔珠樹堂刻本（卷八十一、八十九、九十二原缺）　一冊　存一卷（六十一）

330000－1703－0004614　G30305　子部/兵家類/操練之屬

練兵實紀九卷雜集六卷　（明）戚繼光撰　清光緒二十一年（1895）上海醉經廔石印本　四冊

330000－1703－0004615　G32254　子部/宗教類/佛教之屬/總錄

雲棲法彙二十八種七十四卷　（明）釋袾宏撰　（明）王宇春等輯　清嘉慶十九年（1814）刻本　四冊　存一種

330000－1703－0004616　G32256　子部/宗教類/佛教之屬/論

雲棲淨土彙語十四卷　（明）釋袾宏撰　清昭慶慧空經房刻本　一冊　存二卷（十三至十四）

330000－1703－0004617　G32255　子部/宗教類/佛教之屬

憨山大師夢遊摘要二卷附東遊集法語三則一卷　（明）釋德清撰　（明）釋福善錄　清光緒二十五年（1899）釋楚禪、釋醒徹刻本　一冊

330000－1703－0004618　G30034　子部/儒家類/儒學之屬/經濟

大學衍義補一百六十卷首一卷　（明）丘濬撰　（明）陳仁錫評閱　明崇禎陳仁錫刻本　十六冊　存八十七卷（十一至十九、三十一至三十六、四十四至四十八、六十二至一百十七、一百二十四至一百二十九、一百四十五至一百四十九）

330000－1703－0004619　G30306　子部/兵家類/兵法之屬

洴澼百金方十四卷首一卷　（清）袁宮桂撰　清刻本　九冊　存十三卷（二至十四）

330000－1703－0004620　G30046　子部/儒家類/儒學之屬/禮教/鑑戒

聖祖仁皇帝庭訓格言一卷　（清）世宗胤禛述　清同治十年（1871）潘霨福州刻本　一冊

330000－1703－0004621　G30044　子部/儒家類/儒學之屬/禮教

聖諭廣訓一卷　（清）世宗胤禛撰　清刻本　一冊

330000－1703－0004622　G30045　子部/儒家類/儒學之屬/禮教

聖諭廣訓一卷　（清）世宗胤禛撰　清末周熙刻本　一冊

330000－1703－0004623　G30307　史部/政書類/軍政之屬

鄉守輯要合鈔十卷　（清）許乃釗編　清刻本　一冊　存五卷（六至十）

330000－1703－0004624　G20009　史部/紀傳類/正史之屬

二十四史　清同治至光緒五省官書局據汲古閣本等合刻光緒五年（1879）湖北書局彙印本　三百七十七冊　存十四種

330000－1703－0004625　G30309　子部/兵家類/兵法之屬

重訂批點類輯練兵諸書十八卷　（明）戚繼光撰　（明）董承詔輯　（明）陳士縉批點　**傳畧一卷**　（明）董承詔等撰　明天啓二年（1622）董承詔刻本　三冊　存五卷（三、七至八、十二至十三）

330000－1703－0004627　G50811　類叢部/叢書類/自著之屬

清隱山房叢書續編六種　（清）沈汝瀚撰　清光緒十年（1884）刻本　一冊　存一種

330000－1703－0004629　G30054　子部/儒家類/儒學之屬/禮教/女範

女四書四卷　（清）王相箋註　清光緒二年（1876）上洋寶順堂刻本　二冊

330000－1703－0004634　G30311　子部/兵家類/兵法之屬

登壇必究四十卷 （明）王鳴鶴編輯 明萬曆刻本 六冊 存十二卷（十六至二十七）

330000－1703－0004636 G30204 子部/道家類

莊子雪三卷 （清）陸樹芝輯撰 清嘉慶四年（1799）文選樓刻本 三冊

330000－1703－0004638 G32264 子部/宗教類/佛教之屬/經疏

大方廣佛華嚴經著述集要 （清）楊文會輯 清同治八年至民國六年（1869－1917）如皋刻經處、雞園刻經處、長沙刻經處、金陵刻經處等刻本 一冊 存一種

330000－1703－0004642 G30312 子部/兵家類/兵法之屬

登壇必究四十卷 （明）王鳴鶴編輯 明萬曆刻本 十一冊 存十八卷（八、十二至十三、十六至十八、二十一至二十四、二十九至三十六）

330000－1703－0004644 G30209 子部/宗教類/道教之屬

悟真篇集註三卷首一卷末一卷 （清）仇兆鰲撰 清同治十二年（1873）刻本 二冊 缺一卷（二）

330000－1703－0004645 G30205 子部/道家類

莊子因六卷 （清）林雲銘撰 清光緒六年（1880）白雲精舍刻本 四冊

330000－1703－0004646 G30052 子部/儒家類/儒學之屬/經濟

名儒論三卷 清刻本 一冊

330000－1703－0004647 G30203 子部/道家類

三子合刊 （明）閔齊伋輯 明西吳閔齊伋刻朱墨套印本 一冊 存一種

330000－1703－0004648 G30206 子部/道家類

莊子南華真經十卷 （晉）郭象注 明刻本 四冊

330000－1703－0004649 G30051 子部/儒家類/儒學之屬/性理

持志塾言二卷 （清）劉熙載撰 清光緒二十二年（1896）刻本 一冊

330000－1703－0004650 G30313 子部/兵家類/兵法之屬

登壇必究四十卷 （明）王鳴鶴編輯 明萬曆刻本 十八冊 存十七卷（十六、二十、二十五至三十九）

330000－1703－0004652 G50724 類叢部/叢書類/自著之屬

古桐書屋六種 （清）劉熙載撰 清同治至光緒刻本 一冊 存一種

330000－1703－0004653 G30047 子部/儒家類/儒學之屬/性理

淵鑒齋御纂朱子全書六十六卷 （宋）朱熹撰 （清）李光地等輯 清刻本 三十二冊

330000－1703－0004654 G30214 子部/宗教類/道教之屬/戒律

太上感應篇圖說八卷首一卷 （清）許纘曾撰並繪 清道光五年（1825）刻本 二冊

330000－1703－0004655 G30213 子部/宗教類/道教之屬/戒律

太上感應篇圖說八卷首一卷 （清）許纘曾撰並繪 清道光五年（1825）刻本 二冊

330000－1703－0004658 G30048 子部/儒家類/儒學之屬/性理

淵鑒齋御纂朱子全書六十六卷 （宋）朱熹撰 （清）李光地等輯 清刻本 四十冊

330000－1703－0004659 G40109 集部/別集類/唐五代別集

御選妙覺普度和聖寒山大士詩一卷 （唐）釋寒山子撰 御選圓覺慈度合聖拾得大士詩一卷 （唐）釋拾得撰 豐干詩附一卷 （唐）釋豐干撰 清刻本 一冊

330000－1703－0004660 G30215 子部/宗教類/道教之屬/戒律

太上感應篇圖說八卷首一卷 （清）許纘曾撰

並繪　清道光五年(1825)刻本　一冊　存四卷(五至八)

330000－1703－0004661　G32269　子部/宗教類/佛教之屬

佛祖心燈一卷五家宗派一卷　清刻本　一冊

330000－1703－0004662　G30211　子部/宗教類/道教之屬

太上寶筏圖說八卷　(清)黃正元纂　清光緒十八年(1892)上海鴻文書局石印本　八冊

330000－1703－0004665　G32468　類叢部/類書類/通類之屬

小嬛嬛山館彙刊類書十二種　(清)小嬛嬛山館編　清同治六年(1867)緯文堂刻本　七冊　缺一卷(史腴一)

330000－1703－0004667　G30212　子部/宗教類/道教之屬/戒律

感應篇圖說八卷　(清)黃正元纂　(清)毛金蘭補　清光緒十五年(1889)上海施善昌仁濟堂刻本　八冊

330000－1703－0004668　G32472　類叢部/類書類/通類之屬

小嬛嬛山館彙刊類書十二種　(清)小嬛嬛山館編　清同治六年(1867)緯文堂刻本　一冊　存一種

330000－1703－0004670　G32471　類叢部/類書類/通類之屬

小嬛嬛山館彙刊類書十二種　(清)小嬛嬛山館編　清同治六年(1867)緯文堂刻本　一冊　存一種

330000－1703－0004671　G32469　類叢部/類書類/通類之屬

小嬛嬛山館彙刊類書十二種　(清)小嬛嬛山館編　清連元閣刻本　五冊　存四種

330000－1703－0004672　G31470　子部/雜著類/雜考之屬

寄龕襍箸四種　(清)孫德祖撰　清光緒刻本　一冊　存一種

330000－1703－0004674　G32470　類叢部/類書類/通類之屬

小嬛嬛山館彙刊類書十二種　(清)小嬛嬛山館編　清咸豐元年(1851)刻本　六冊　存十種

330000－1703－0004675　G41938　集部/曲類/寶卷之屬

呂祖師降諭遵信玉歷鈔傳閻王經不分卷　清光緒二十二年(1896)刻本　一冊

330000－1703－0004677　G30373　子部/農家農學類/蠶桑之屬

桑蠶提要二卷　(清)方大湜撰　清光緒十五年(1889)廣濟縣刻本　一冊　存一卷(一)

330000－1703－0004678　G32250　子部/宗教類/佛教之屬

佛教初學課本一卷註一卷　(清)楊文會撰　清光緒三十二年(1906)金陵刻經處刻本　一冊

330000－1703－0004680　G30372　子部/農家農學類/蠶桑之屬

蠶桑輯要三卷　(清)沈秉成撰　清抄本　一冊

330000－1703－0004681　G30067　子部/儒家類/儒學之屬

張百川先生訓子三十篇不分卷　(清)張江撰　清同治十三年(1874)刻本　一冊

330000－1703－0004684　G32466　類叢部/類書類/專類之屬

類類聯珠初編三十二卷二編十二卷　(清)李堃編　(清)李椿林增補　清同治九年(1870)刻本　八冊

330000－1703－0004685　G30057　子部/儒家類/儒學之屬/蒙學

小學集註六卷附錄一卷　(明)陳選集注　清嘉慶二十五年(1820)清江龔氏刻本　四冊

330000－1703－0004687　G30122　子部/儒家類/儒學之屬

學古編二卷　(元)吾丘衍撰　(明)唐汝諤輯

清抄本　一冊　存一卷(一)

330000 – 1703 – 0004688　G32274　子部/宗
教類/佛教之屬

觀音堂靈籤不分卷　清抄本　一冊

330000 – 1703 – 0004689　G30371　子部/農
家農學類/總論之屬

農政全書六十卷　（明）徐光啓撰　清光緒二
十六年(1900)上海文海書局石印本　八冊

330000 – 1703 – 0004691　G30058　子部/儒
家類/儒學之屬/蒙學

蒙養必讀　（清）何士循輯　清光緒二十四年
(1898)湯溪縣署刻本　一冊

330000 – 1703 – 0004693　G32048　子部/藝
術類/遊藝之屬/聯語

楹聯集錦八卷　（清）胡鳳丹輯　清光緒五年
(1879)刻本　二冊

330000 – 1703 – 0004694　G30059　子部/儒
家類/儒學之屬/蒙學

蒙養必讀　（清）何士循輯　清光緒二十四年
(1898)湯溪縣署刻本　一冊

330000 – 1703 – 0004695　G30376　子部/農
家農學類/農藝之屬/作物種植

種植果樹新法不分卷　江雲章撰　（德國）婁
鶴德繪　清刻本　一冊

330000 – 1703 – 0004697　G30060　子部/儒
家類/儒學之屬/蒙學

蒙養必讀　（清）何士循輯　清光緒二十四年
(1898)湯溪縣署刻本　一冊

330000 – 1703 – 0004698　G30061　子部/儒
家類/儒學之屬/蒙學

蒙養必讀　（清）何士循輯　清光緒二十四年
(1898)湯溪縣署刻本　一冊

330000 – 1703 – 0004699　G32424　類叢部/
類書類/專類之屬

分類字錦六十四卷　（清）何焯等纂　清刻本
四十冊

330000 – 1703 – 0004700　G32898　新學/動

植物學/植物學

植物講義不分卷　（清）黃明藻編輯　清光緒
三十一年(1905)峨眉教育部石印本　一冊

330000 – 1703 – 0004701　G32473　類叢部/
類書類/通類之屬

鑄史駢言十二卷　（清）孫玉田編　清光緒二
年(1876)四明陳氏銀鷴花館刻本　四冊

330000 – 1703 – 0004702　G32474　類叢部/
類書類/通類之屬

鑄史駢言十二卷首一卷　（清）孫玉田編　清
光緒二十五年(1899)上海慎記石印本　二冊

330000 – 1703 – 0004703　G32475　史部/傳
記類/總傳之屬

五經典林五十四卷五經古人典林六卷　（清）
何松編　清光緒元年(1875)慈谿何氏刻本
十六冊

330000 – 1703 – 0004704　G32425　類叢部/
類書類/專類之屬

分類字錦六十四卷　（清）何焯等纂　清刻本
二十冊　存二十卷(二十八、三十二至四十
二、五十七至六十四)

330000 – 1703 – 0004705　G32445　類叢部/
類書類/專類之屬

韻府拾遺一百六卷　（清）汪灝　（清）何焯等
輯　清刻本　二十冊

330000 – 1703 – 0004706　G32446　類叢部/
類書類/專類之屬

韻府拾遺一百六卷　（清）汪灝　（清）何焯等
輯　清刻本　二十四冊

330000 – 1703 – 0004707　G32476　史部/傳
記類/總傳之屬

五經典林五十四卷五經古人典林六卷　（清）
何松編　清光緒元年(1875)慈谿何氏刻本
十八冊　存五十四卷(一至五十四)

330000 – 1703 – 0004708　G30216　子部/宗
教類/道教之屬/戒律

太上感應篇一卷　（清）惠棟注　清道光二十
八年(1848)天一閣范氏刻本　一冊

330000－1703－0004709　G50603　類叢部/
叢書類/家集之屬

河南程氏全書　（宋）程顥　（宋）程頤撰
（宋）朱熹編　清刻本　一冊　存一種

330000－1703－0004710　G10861　經部/小
學類/音韻之屬/韻書

重韻校增訂初學檢韻十二卷佩文詩韻一卷
（清）姚文登輯　清光緒二十三年(1897)寧波
清河氏球琳館鉛印本　四冊

330000－1703－0004712　G32447　類叢部/
類書類/專類之屬

格致鏡原一百卷　（清）陳元龍撰　清光緒十
四年(1888)上海大同書局石印本　十六冊

330000－1703－0004713　G30219　子部/宗
教類/道教之屬/雜著

指迷錄一卷　（清）盧思貽輯　清咸豐四年
(1854)甬上盧氏刻本　一冊

330000－1703－0004714　G30220　子部/宗
教類/道教之屬/雜著

指迷錄一卷　（清）盧思貽輯　清咸豐四年
(1854)甬上盧氏刻本　一冊

330000－1703－0004715　G30083　子部/儒
家類/儒學之屬/經濟

黃書七卷　（清）王夫之撰　清光緒二十四年
(1898)石印本　一冊

330000－1703－0004716　G32478　類叢部/
類書類/專類之屬

初學行文語類三卷　（清）孫埏編　清乾隆刻
本　三冊

330000－1703－0004717　G32288　子部/宗
教類/道教之屬/戒律

暗室燈註解二卷　清光緒十六年(1890)刻本
二冊

330000－1703－0004718　G32448　類叢部/
類書類/專類之屬

格致鏡原一百卷　（清）陳元龍撰　清康熙五
十六年(1717)刻雍正十三年(1735)印本　二
十四冊

330000－1703－0004719　G32479　類叢部/
類書類/專類之屬

初學行文語類四卷　（清）孫埏編　清乾隆三
十一年(1766)四美堂刻本　一冊

330000－1703－0004720　G30084　子部/雜
著類/雜編之屬

論學續編不分卷　（清）□□編　清末鉛印本
二冊

330000－1703－0004721　G32480　類叢部/
類書類/專類之屬

新鐫校正詳註分類百子金丹全書十卷　（明）
郭偉選注　（明）郭中吉編　（明）王星聚校訂
清光緒二十一年(1895)上海煥文書局石印
本　六冊

330000－1703－0004722　G30221　子部/雜
著類/雜纂之屬

藥榜捷報錄四卷　（清）四香居士輯　清刻本
一冊　存二卷(三至四)

330000－1703－0004723　G32449　類叢部/
類書類/通類之屬

通俗編三十八卷　（清）翟灝撰　清武林竹簡
齋刻本　十冊

330000－1703－0004724　G32481　類叢部/
類書類/專類之屬

新鐫校正詳註分類百子金丹全書十卷　（明）
郭偉選注　（明）郭中吉編　（明）王星聚校訂
清光緒二十一年(1895)上海煥文書局石印
本　六冊

330000－1703－0004725　G32286　子部/宗
教類/道教之屬/戒律

文昌帝君陰騭文廣義節錄三卷　（清）周夢顏
撰　清光緒二十六年(1900)刻本　三冊

330000－1703－0004726　G32485　類叢部/
類書類/通類之屬

策府統宗六十五卷目錄一卷　（清）劉昌齡輯
清光緒十七年(1891)鴻寶齋石印本　二
十冊

330000－1703－0004727　G32285　子部/宗

教類/道教之屬/戒律

文昌帝君陰騭文廣義節錄三卷 （清）周夢顏撰　清光緒二十六年(1900)刻本　三冊

330000－1703－0004731　G32486　類叢部/類書類/通類之屬

策府統宗六十五卷目錄一卷 （清）劉昌齡輯　清光緒十四年(1888)同文書局石印本　十七冊　存五十八卷(三、六至三十三、三十八至六十五,目錄)

330000－1703－0004732　G32488　類叢部/類書類

詞章摘要不分卷　清抄本　五冊

330000－1703－0004733　G30113　類叢部/類書類/專類之屬

王先生十七史蒙求十六卷 （宋）王令撰　**李氏蒙求補注六卷** （唐）李瀚撰　（清）金三俊補注　清道光二十八年(1848)人文堂刻本　六冊

330000－1703－0004734　G30086　新學/幼學

蒙學讀本全書七編七卷 （清）江蘇無錫三等公學堂編　清光緒江蘇無錫三等公學堂石印本　四冊　存四卷(二至五)

330000－1703－0004735　G50340　類叢部/叢書類/彙編之屬

小四書四種 （明）朱升編　清同治三年(1864)刻本　二冊　存一種

330000－1703－0004736　G32487　類叢部/類書類/專類之屬

新刻重校增補圓機活法詩學全書二十四卷新刊校正增補圓機詩韻活法全書十四卷 （明）王世貞校正　清嘉慶六年(1801)姑蘇崇德書院刻本　七冊　存二十一卷(詩學全書一至十七、二十一至二十四)

330000－1703－0004737　G32450　類叢部/類書類/通類之屬

玉海纂二十二卷 （明）劉鴻訓撰　清光緒五年(1879)八杉齋刻本　十六冊

330000－1703－0004739　G33250　子部/儒家類/儒學之屬/禮教

五種遺規 （清）陳弘謀輯並撰　清乾隆五十五年(1790)刻本　十冊　存四種

330000－1703－0004740　G32451　類叢部/類書類/通類之屬

事類統編九十三卷首一卷 （清）林意誠輯　清道光十九年(1839)柏溪林氏味經堂刻本　四十八冊

330000－1703－0004741　G32489　類叢部/類書類/通類之屬

蘭雪堂古事苑定本十二卷 （清）鄧志謨輯　清乾隆十四年(1749)文翰樓刻本　六冊

330000－1703－0004742　G32490　類叢部/類書類/通類之屬

蘭雪堂古事苑定本十二卷 （清）鄧志謨輯　清康熙二十五年(1686)蘭雪堂刻本　八冊

330000－1703－0004743　G30222　子部/醫家類/養生之屬

體真山人性命要旨一卷 （清）汪啟濩撰　**葆真山人養性編一卷** （清）柯懷經撰　清光緒十七年(1891)刻本　一冊　存一卷(葆真山人養性編)

330000－1703－0004745　G32491　類叢部/類書類/通類之屬

事類賦三十卷 （宋）吳淑撰並注　清龍江書屋刻本　四冊　存十九卷(一至十九)

330000－1703－0004746　G33245　子部/叢編

徐氏三種 （清）徐士業編　清大魁堂刻本　一冊　存一種

330000－1703－0004747　G32452　類叢部/類書類/通類之屬

增補事類統編九十三卷首一卷 （清）黃葆真輯　清刻本　一冊　存三卷(六十七至六十九)

330000－1703－0004748　G30224　子部/宗教類/道教之屬

221

太上大羅金仙呂聖真經不分卷　清同治四年
（1865）全愚山抄本　一冊

330000－1703－0004749　G32453　類叢部/
類書類/通類之屬

增補事類統編九十三卷首一卷　（清）黄葆真
輯　清光緒十八年（1892）上海鴻寶齋石印本
十二冊

330000－1703－0004750　G33246　子部/
叢編

徐氏三種　（清）徐士業編　清刻本　一冊
存一種

330000－1703－0004751　G32454　類叢部/
類書類/通類之屬

增補事類統編九十三卷首一卷　（清）黄葆真
輯　清末石印本　一冊　存八卷（五十九至
六十六）

330000－1703－0004752　G30088　經部/小
學類/文字之屬/字書/訓蒙

增訂三字鑑註釋附紀年一卷　（清）萬青銓撰
清刻本　一冊

330000－1703－0004753　G32455　類叢部/
類書類/通類之屬

增補事類統編九十三卷首一卷　（清）黄葆真
輯　清咸豐十年（1860）丹陽黄氏刻本　三十
七冊　存八十四卷（首，一、五至八、十三至六
十六、七十至九十三）

330000－1703－0004754　G32492　類叢部/
類書類/通類之屬

續廣事類賦三十卷　（清）王鳳喈撰並注　清
刻本　十三冊

330000－1703－0004756　G30089　經部/小
學類/文字之屬/字書/訓蒙

增訂三字鑑註釋附紀年一卷　（清）萬青銓撰
清刻本　一冊

330000－1703－0004757　G32456　類叢部/
類書類/通類之屬

增補事類統編九十三卷首一卷　（清）黄葆真
輯　清同治六年（1867）鴻漸書林刻本　三十

五冊　存六十六卷（首，一至十六、十八至六
十六）

330000－1703－0004758　G32292　子部/宗
教類/道教之屬

悟性窮原一卷　（清）涵谷子撰　清咸豐三年
（1853）刻本　一冊

330000－1703－0004759　G32493　類叢部/
類書類/通類之屬

典滙十二卷　（清）藜青閣主人輯　清光緒十
七年（1891）上海鴻寶齋石印本　六冊

330000－1703－0004760　G32294　子部/宗
教類/其他宗教之屬/基督教

聖經預言應驗考二卷　（清）倪樑品譯　清宣
統二年（1910）上海商務印書館鉛印本　一冊

330000－1703－0004761　G32494　類叢部/
類書類/通類之屬

典滙十二卷　（清）藜青閣主人輯　清光緒石
印本　六冊

330000－1703－0004765　G32495　類叢部/
類書類/通類之屬

典滙十二卷　（清）藜青閣主人輯　清光緒石
印本　一冊　存二卷（三至四）

330000－1703－0004767　G30009　子部/儒
家類/儒學之屬/經濟

揚子法言十三卷　（漢）揚雄撰　（晉）李軌注
　揚子法言音義一卷　清嘉慶二十三年
（1818）秦氏石研齋影宋刻本　一冊

330000－1703－0004768　G30011　子部/儒
家類/儒學之屬/性理

近思錄集注十四卷考訂朱子世家一卷　（清）
江永撰　校勘記一卷　（清）王炳撰　清同治
八年（1869）江蘇書局刻本　一冊　存二卷
（一至二）

330000－1703－0004769　G30012　子部/儒
家類/儒學之屬/性理

近思錄集注十四卷考訂朱子世家一卷　（清）
江永撰　校勘記一卷　（清）王炳撰　清同治
八年（1869）江蘇書局刻本　三冊　缺十一卷

（四至十四）

330000－1703－0004770　G32496　類叢部/類書類/通類之屬
廣廣事類賦三十二卷　（清）吳世旃撰　清刻本　六冊　存三十卷（一至八、十一至三十二）

330000－1703－0004771　G30402　子部/醫家類/醫經之屬/内經
黃帝内經素問二十四卷　（明）吳崐注　明萬曆三十七年（1609）刻本　八冊

330000－1703－0004773　G32497　類叢部/類書類/通類之屬
廣事類賦四十卷　（清）華希閔撰　清同治五年（1866）繩武堂刻本　十冊

330000－1703－0004774　G32289　子部/宗教類/道教之屬
敬竈全書不分卷　（清）惕心憫世道人編　清光緒二十八年（1902）浙寧崇壽經房刻本　二冊

330000－1703－0004775　G50194　類叢部/叢書類/彙編之屬
漸西村舍彙刊（漸西村舍叢刻）四十四種　（清）袁昶編　清光緒十六年至二十四年（1890－1898）桐廬袁氏刻本　六冊　存二種

330000－1703－0004776　G30015　子部/儒家類/儒學之屬/性理
近思續錄十四卷　（清）劉源淥編　清刻本　九冊　存十三卷（一至十三）

330000－1703－0004777　G32291　子部/宗教類/道教之屬/經文
古佛應驗桃園明聖經一卷　清光緒十三年（1887）馮允騏抄本　一冊

330000－1703－0004778　G32860　新學/兵制/陸軍
陸軍教育摘要不分卷　（清）盧永銘譯述　清光緒二十八年（1902）南洋公學譯書院鉛印本　二冊

330000－1703－0004779　G32861　新學/兵制/陸軍
步兵各個教練書不分卷　（日本）軍事教育會原本　（日本）稻村新六輯補　孟森譯述　清光緒南洋公學譯書院鉛印本　二冊

330000－1703－0004780　G32862　新學/兵制/陸軍
步兵操典不分卷　（日本）陸軍省編　孟森譯述　清光緒南洋公學譯書院鉛印本　二冊

330000－1703－0004781　G32863　新學/兵制/陸軍
步兵工作教範不分卷　（日本）陸軍省編　樊炳清譯　清光緒南洋公學譯書院鉛印本　一冊

330000－1703－0004782　G30403　子部/醫家類/醫經之屬/内經
黃帝内經素問二十四卷　（明）吳崐注　明萬曆三十七年（1609）刻本　一冊　存三卷（二至五）

330000－1703－0004783　G32864　新學/兵制/槍炮
步兵戰鬬射擊教練書不分卷　（日本）陸軍戶山學校原本　（日本）山根虎之助譯　清光緒南洋公學譯書院鉛印本　二冊

330000－1703－0004784　G32865　新學/兵制/槍炮
步兵射擊教範四卷附表一卷圖一卷　（日本）日本陸軍省編　（日本）山根虎之助譯　清光緒南洋公學譯書院鉛印本　二冊

330000－1703－0004787　G31559　子部/雜著類
平旦鐘聲二卷　（清）好德書齋編　清末鉛印本　一冊

330000－1703－0004789　G50197　類叢部/叢書類/彙編之屬
漸西村舍彙刊（漸西村舍叢刻）四十四種　（清）袁昶編　清光緒十六年至二十四年（1890－1898）桐廬袁氏刻本　一冊　存一種

330000 - 1703 - 0004790　G30479　　子部/醫
家類/類編之屬

利濟十二種　（清）趙學敏輯　清同治十年
(1871)錢塘張應昌吉心堂刻本　十冊　存
一種

330000 - 1703 - 0004792　G50193　　類叢部/
叢書類/彙編之屬

漸西村舍彙刊（漸西村舍叢刻）四十四種
（清）袁昶編　清光緒十六年至二十四年
(1890－1898)桐廬袁氏刻本　一冊　存二種

330000 - 1703 - 0004793　G22680　史部/目
錄類/專錄之屬

四明同善集收燬淫書徵信錄一卷　清咸豐七
年(1857)刻本　一冊

330000 - 1703 - 0004794　G33242　　子部/
叢編

桐城吳先生點勘諸子七種　（清）吳汝綸評點
　清宣統二年(1910)衍星社鉛印本　張美翊
題記　十二冊

330000 - 1703 - 0004795　G30470　　子部/醫
家類/本草之屬/歷代綜合本草

本草綱目五十二卷圖三卷瀕湖脈學一卷奇經
八脈攷一卷　（明）李時珍撰　本草萬方鍼線
八卷藥品總目一卷　（清）蔡烈先輯　清乾隆
四十九年(1784)金閶書業堂刻本　二十四冊
　缺七卷(本草綱目一至七)

330000 - 1703 - 0004796　G50196　　類叢部/
叢書類/彙編之屬

漸西村舍彙刊（漸西村舍叢刻）四十四種
（清）袁昶編　清光緒十六年至二十四年
(1890－1898)桐廬袁氏刻本　四冊　存一種

330000 - 1703 - 0004798　G50199　　類叢部/
叢書類/彙編之屬

漸西村舍彙刊（漸西村舍叢刻）四十四種
（清）袁昶編　清光緒十六年至二十四年
(1890－1898)桐廬袁氏刻本　二冊　存一種

330000 - 1703 - 0004799　G33243　　子部/
叢編

224

諸子碎金四卷　（清）柴梁撰　清乾隆四十九
年(1784)敦艮堂刻本　二冊

330000 - 1703 - 0004800　G31558　　子部/雜
著類/雜纂之屬

新刻日記故事續集二卷　（清）寄雲齋學人編
輯　清同治四年(1865)刻本　一冊

330000 - 1703 - 0004802　G50195　　類叢部/
叢書類/彙編之屬

漸西村舍彙刊（漸西村舍叢刻）四十四種
（清）袁昶編　清光緒十六年至二十四年
(1890－1898)桐廬袁氏刻本　七冊　存三種

330000 - 1703 - 0004803　G30473　　子部/醫
家類/本草之屬/歷代綜合本草

本草綱目五十二卷圖一卷瀕湖脈學一卷奇經
八脈攷一卷　（明）李時珍撰　本草綱目拾遺
十卷　（清）趙學敏輯　本草萬方鍼線八卷藥
品總目一卷　（清）蔡烈先輯　清光緒三十年
(1904)上海經香閣書莊石印本　十二冊

330000 - 1703 - 0004804　G30226　　子部/道
家類

肘浚黃囊不分卷　清抄本　一冊

330000 - 1703 - 0004805　G50198　　類叢部/
叢書類/彙編之屬

漸西村舍彙刊（漸西村舍叢刻）四十四種
（清）袁昶編　清光緒十六年至二十四年
(1890－1898)桐廬袁氏刻本　三冊　存一種

330000 - 1703 - 0004807　G30474　　子部/醫
家類/本草之屬/歷代綜合本草

本草綱目五十二卷附圖二卷　（明）李時珍撰
　清刻本　三冊　存五卷(三至七)

330000 - 1703 - 0004809　G50192　　類叢部/
叢書類/彙編之屬

漸西村舍彙刊（漸西村舍叢刻）四十四種
（清）袁昶編　清光緒十六年至二十四年
(1890－1898)桐廬袁氏刻本　張美翊題記
十冊　存七種

330000 - 1703 - 0004811　G32866　　新學/兵
制/陸軍

步兵部隊教練書不分卷　（日本）戶山學校原本　（日本）稻村新六輯補　孟森譯述　清光緒南洋公學譯書院鉛印本　一冊

330000－1703－0004812　G32867　新學/兵制/陸軍

騎兵斥候答問一卷　（日本）陸軍教導團撰　王鴻年譯述　清光緒南洋公學譯書院鉛印本　一冊

330000－1703－0004813　G32869　新學/兵制/陸軍

軍隊內務書不分卷　（日本）日本陸軍省撰　（清）楊志洵譯　清光緒南洋公學譯書院鉛印本　一冊

330000－1703－0004814　G30472　子部/醫家類/本草之屬/歷代綜合本草

本草綱目五十二卷圖三卷瀕湖脈學一卷奇經八脈攷一卷　（明）李時珍撰　本草萬方鍼綫八卷藥品總目一卷　（清）蔡烈先輯　清乾隆四十九年(1784)金閶書業堂刻本　四十二冊　存四十九卷(本草綱目一至二十六、二十八至三十五、三十七至四十、四十五至五十二，圖一至三)

330000－1703－0004815　G32769　新學/醫學/藥品

西藥大成十卷首一卷　（英國）海得蘭撰　清光緒十年(1884)江南製造總局刻本　十六冊

330000－1703－0004816　G50349　類叢部/叢書類/彙編之屬

有福讀書堂叢刻前編八種後編七種附二種　吳引孫編　清光緒二十三年至二十七年(1897－1901)儀徵吳氏刻彙印本　八冊　存九種

330000－1703－0004817　G30478　子部/醫家類/本草之屬/歷代綜合本草

本草綱目五十二卷脈訣考證一卷瀕湖脈學一卷奇經八脈攷一卷　（明）李時珍撰　清本位堂刻本　一冊　存一卷(五十一)

330000－1703－0004818　G30477　子部/醫

家類/本草之屬/歷代綜合本草

本草綱目五十二卷首二卷附圖三卷　（明）李時珍撰　本草萬方鍼綫八卷　（清）蔡烈先輯　本草綱目拾遺十卷　（清）趙學敏輯　清光緒上海錦章圖書局石印本　二冊　存四卷(圖二至三、本草綱目拾遺一至二)

330000－1703－0004819　G30081　子部/儒家類/儒學之屬

二程全書六十七卷　（宋）程顥　（宋）程頤撰　清康熙呂氏寶誥堂刻本　十一冊　存六種

330000－1703－0004820　G30504　子部/醫家類/本草之屬/歷代綜合本草

本草正義二卷　（清）張德裕輯　清道光八年(1828)刻本　二冊

330000－1703－0004821　G32283　子部/宗教類/道教之屬

感應篇贅言一卷　（清）于覺世撰　清同治五年(1866)刻本　一冊

330000－1703－0004822　G32280　子部/宗教類/道教之屬

感應篇姚注一卷　（清）姚學塽撰　清光緒十一年(1885)姑蘇瑪瑙經房刻本　一冊

330000－1703－0004825　G50763　類叢部/叢書類/自著之屬

古愚叢書七種　（清）汪汲撰輯　清乾隆至嘉慶刻二銘草堂彙印本　一冊　存一種

330000－1703－0004826　G30218　子部/宗教類/道教之屬/戒律

太上感應篇註證一卷附重訂陸地仙經一卷　（清）陳勷輯　清光緒十六年(1890)刻本　一冊

330000－1703－0004827　G32277　子部/宗教類/道教之屬

感應篇姚注一卷　（清）姚學塽撰　清光緒十一年(1885)姑蘇瑪瑙經房刻本　一冊

330000－1703－0004828　G30505　子部/醫家類/方書之屬/單方驗方

葛仙翁肘後備急方八卷　（晉）葛洪撰　（南

朝梁)陶弘景增補　清光緒十一年(1885)湖州王文光齋刻本　四冊

330000－1703－0004829　G32498　類叢部/類書類/通類之屬

事類賦補遺十四卷　(清)張均編　清嘉慶刻本　五冊　存十二卷(一至八、十一至十四)

330000－1703－0004830　G32278　子部/宗教類/道教之屬

感應篇姚注一卷　(清)姚學塽撰　清光緒十一年(1885)姑蘇瑪瑙經房刻本　一冊

330000－1703－0004831　G32279　子部/宗教類/道教之屬

感應篇姚注一卷　(清)姚學塽撰　清光緒十一年(1885)姑蘇瑪瑙經房刻本　一冊

330000－1703－0004832　G50764　類叢部/叢書類/自著之屬

古愚老人消夏錄十七種　(清)汪汲撰輯　清乾隆至嘉慶古愚山房刻本　一冊　存一種

330000－1703－0004833　G32282　子部/宗教類/道教之屬/戒律

太上感應篇直講一卷首一卷　清同治十年(1871)刻本　一冊

330000－1703－0004834　G32499　類叢部/類書類/通類之屬

子史輯要詩賦題解四卷續編四卷　(清)胡本淵編　清步月樓刻本　三冊　缺二卷(續編三至四)

330000－1703－0004835　G30476　子部/醫家類/本草之屬/歷代綜合本草

本草綱目五十二卷附圖二卷　(明)李時珍撰　清刻本　二冊　存二卷(十二至十三)

330000－1703－0004836　G30546　子部/醫家類/類編之屬

吳氏醫學述　(清)吳儀洛輯　清刻本　十冊　存一種

330000－1703－0004837　G32500　類叢部/類書類/通類之屬

子史輯要詩賦題解四卷續編四卷　(清)胡本淵編　清九如堂刻本　四冊

330000－1703－0004838　G32501　類叢部/類書類/通類之屬

子史輯要題解合編四卷　(清)胡本淵編　清道光二十二年(1842)如不及齋刻本　四冊

330000－1703－0004840　G32290　子部/宗教類/道教之屬/經文

古佛應驗桃園明聖經註解三卷　(清)李其生撰　清光緒二年(1876)同福堂刻本　一冊

330000－1703－0004841　G32502　類叢部/類書類/通類之屬

增訂策學考古類編十二卷　(清)柴紹炳纂　(清)姚培謙評　清刻本　五冊　存十卷(三至十二)

330000－1703－0004842　G30549　子部/醫家類/方書之屬/單方驗方

萬方類纂八卷　(清)宋穆撰　清光緒二十五年(1899)桂林毓蘭書屋刻本　十二冊

330000－1703－0004843　G30550　子部/醫家類/方書之屬/單方驗方

醫方擇要二卷續集二卷　(清)李棟衡　(清)汪廷楷　(清)周棣輯　清道光二十九年(1849)刻本　四冊

330000－1703－0004844　G21062　史部/傳記類/別傳之屬/事狀

關聖帝君聖蹟圖誌全集五卷　(清)盧湛輯　清刻本　一冊　存一卷(二)

330000－1703－0004845　G32503　經部/群經總義類/傳說之屬

新鐫六經類雋十一卷　(明)鍾惺纂並評　明末舒世默刻本　二冊

330000－1703－0004846　G30374　子部/農家農學類/蠶桑之屬

蠶桑萃編十五卷首一卷　(清)衛杰撰　清光緒刻本　二冊　存三卷(十一至十三)

330000－1703－0004847　G30217　子部/宗

教類/道教之屬

感應篇箋注二卷 （清）惠棟撰 清鑑湖刻本
一冊

330000 – 1703 – 0004848 G32433 類叢部/
類書類/專類之屬

佩文韻府一百六卷 （清）張玉書 （清）蔡升
元等輯 **韻府拾遺一百六卷** （清）汪灝
（清）何焯等輯 清康熙至雍正刻本 九十五
冊 存一百六卷(佩文韻府一至一百六)

330000 – 1703 – 0004849 G32504 類叢部/
叢書類/彙編之屬

藝林類擷十六卷 （清）謝輔坫編 清咸豐五
年(1855)慈谿馮汝霆循陔書屋刻本 八冊

330000 – 1703 – 0004851 G32437 類叢部/
類書類/專類之屬

佩文韻府一百六卷 （清）張玉書 （清）蔡升
元等輯 **韻府拾遺一百六卷** （清）汪灝
（清）何焯等輯 清康熙至雍正刻本 九十五
冊 存一百六卷(佩文韻府一至一百六)

330000 – 1703 – 0004852 G32505 類叢部/
類書類

詩句題解韻編六卷 （清）陳維屏輯 清同治
八年(1869)大魁堂刻本 六冊

330000 – 1703 – 0004853 G32506 類叢部/
類書類

詩句題解韻編合集二十二卷 （清）陳維屏撰
（清）朱春舫增輯 清光緒元年(1875)刻本
二十二冊

330000 – 1703 – 0004854 G32507 類叢部/
類書類

詩句題解韻編續集六卷 （清）葉蘭纂輯 清
刻本 六冊

330000 – 1703 – 0004855 G30471 子部/醫
家類/本草之屬/歷代綜合本草

**本草綱目五十二卷圖三卷瀕湖脈學一卷脈訣
玫證一卷奇經八脈玫一卷** （明）李時珍撰
本草萬方鍼線八卷藥品總目一卷 （清）蔡烈
先輯 清刻本 四十冊

330000 – 1703 – 0004856 G32508 類叢部/
類書類/通類之屬

類賦玉盆珠五卷 （清）梁樹輯 清咸豐二年
(1852)浣花池館刻本 五冊

330000 – 1703 – 0004857 G30475 子部/醫
家類/本草之屬/歷代綜合本草

**本草綱目五十二卷圖三卷瀕湖脈學一卷奇經
八脈玫一卷** （明）李時珍撰 **本草萬方鍼線
八卷藥品總目一卷** （清）蔡烈先輯 清乾隆
四十九年(1784)金閶書業堂刻本 三十一冊
缺十八卷(本草綱目一至十、十二至十三、
三十三至三十四、五十二,圖一至三)

330000 – 1703 – 0004858 G32509 類叢部/
類書類/專類之屬

典林博覽十二卷 （清）鍾運堯輯 清光緒元
年(1875)刻本 八冊

330000 – 1703 – 0004859 G32438 類叢部/
類書類/專類之屬

佩文韻府一百六卷 （清）張玉書 （清）蔡升
元等輯 **韻府拾遺一百六卷** （清）汪灝
（清）何焯等輯 清光緒十八年(1892)上海同
文書局石印本 六十冊

330000 – 1703 – 0004861 G32439 類叢部/
類書類/專類之屬

佩文韻府一百六卷 （清）張玉書 （清）蔡升
元等輯 **韻府拾遺一百六卷** （清）汪灝
（清）何焯等輯 清康熙至雍正刻本 九十冊
存一百一卷(佩文韻府一至一百一)

330000 – 1703 – 0004862 G32511 類叢部/
類書類/通類之屬

古事比五十二卷 （清）方中德輯 清光緒三
十年(1904)上海點石齋石印本 六冊

330000 – 1703 – 0004863 G41806 集部/詞
類/別集之屬

彈指詞二卷 （清）顧貞觀撰 清海寧陳氏木
活字印本 二冊

330000 – 1703 – 0004864 G32512 集部/總
集類/彙編之屬

增廣詩句題解彙編四卷姓氏考一卷 （清）寶文書局編 清光緒十九年(1893)上海寶文書局石印本 四冊

330000－1703－0004865　G33206　子部/叢編

子書百家 （清）崇文書局編 清光緒元年(1875)湖北崇文書局刻本 一百十冊

330000－1703－0004866　G32513　類叢部/類書類/通類之屬

增註詩料集錦四卷 （清）陳風增輯 清光緒十一年(1885)江左書林刻本 一冊 存二卷（一至二）

330000－1703－0004868　G32514　類叢部/類書類/專類之屬

分韻詩賦題解統編□□卷 （清）鴻文主人輯 清石印本 五冊 存九十六卷（十至一百五）

330000－1703－0004870　G33207　子部/叢編

子書百家 （清）崇文書局編 清光緒元年(1875)湖北崇文書局刻民國元年(1912)鄂官書處重印本 九十八冊 存八十八種

330000－1703－0004872　G33215　子部/叢編

子書百家 （清）崇文書局編 清光緒元年(1875)湖北崇文書局刻本 五十一冊 存四十八種

330000－1703－0004873　G32515　類叢部/類書類/專類之屬

詩材類對纂要四卷 （清）蔡以臺輯 （清）鄭兆蚩（清）申贊皇箋 清刻本 二冊

330000－1703－0004874　G32440　類叢部/類書類/專類之屬

佩文韻府一百六卷 （清）張玉書 （清）蔡升元等輯 韻府拾遺一百六卷 （清）汪灝（清）何焯等輯 清光緒十二年(1886)上海同文書局石印本 六十冊

330000－1703－0004875　G32441　類叢部/

類書類/專類之屬

佩文韻府一百六卷 （清）張玉書 （清）蔡升元等輯 韻府拾遺一百六卷 （清）汪灝（清）何焯等輯 清光緒十三年(1887)上海點石齋石印本 五十一冊 存一百四卷（佩文韻府一至二十二、二十三下至五十、五十三至一百六）

330000－1703－0004877　G32435　類叢部/類書類/專類之屬

佩文韻府一百六卷 （清）張玉書 （清）蔡升元等輯 韻府拾遺一百六卷 （清）汪灝（清）何焯等輯 清光緒十九年(1893)上海點石齋石印本 二十四冊 存一百六卷（佩文韻府一至一百六）

330000－1703－0004878　G33208　子部/叢編

子書百家 （清）崇文書局編 清光緒元年(1875)湖北崇文書局刻本 九十九冊 存九十五種

330000－1703－0004879　G41809　集部/詞類/總集之屬

絕妙好詞箋七卷 （宋）周密輯 （清）查為仁（清）厲鶚箋 絕妙好詞續鈔一卷 （清）余集輯 絕妙好詞又續鈔一卷 （清）徐楙補錄 清道光八年(1828)徐楙杭州愛日軒刻本 四冊

330000－1703－0004880　G32516　類叢部/類書類/專類之屬

試帖淵海三十二卷 茅謙撰 清光緒十四年(1888)上海石倉書局石印本 八冊

330000－1703－0004881　G32442　類叢部/類書類/專類之屬

佩文韻府一百六卷 （清）張玉書 （清）蔡升元等輯 韻府拾遺一百六卷 （清）汪灝（清）何焯等輯 清嶺南潘氏海山仙館刻本 一百四冊 存一百三十八卷（佩文韻府十四至二十上、二十一至二十六上、二十七至三十、六十至七十六、七十九至八十二、八十四至一百四,韻府拾遺三至十一、二十六至二十

九、三十五至一百）

330000－1703－0004882　G33210　子部/
叢編

子書百家　（清）崇文書局編　清光緒元年
(1875)湖北崇文書局刻本　二冊　存二種

330000－1703－0004883　G32517　類叢部/
類書類/專類之屬

試律大觀三十二卷目錄一卷　（清）竹屏居士
輯　（清）王家相定　清咸豐三年(1853)鳳池
亭刻本　十一冊　存三十一卷（一至五、八至
三十二，目錄）

330000－1703－0004884　G41810　集部/詞
類/總集之屬

絕妙好詞箋七卷　（宋）周密輯　（清）查爲仁
（清）厲鶚箋　**絕妙好詞續鈔一卷**　（清）余
集輯　**絕妙好詞又續鈔一卷**　（清）徐楙補錄
清刻本　四冊

330000－1703－0004885　G41811　集部/詞
類/總集之屬

絕妙好詞箋七卷　（宋）周密輯　（清）查爲仁
（清）厲鶚箋　**絕妙好詞續鈔一卷**　（清）余
集輯　**絕妙好詞又續鈔一卷**　（清）徐楙補錄
清道光八年(1828)徐楙杭州愛日軒刻本
四冊

330000－1703－0004886　G33211　子部/
叢編

子書百家　（清）崇文書局編　清光緒元年
(1875)湖北崇文書局刻本　九冊　存十種

330000－1703－0004887　G32518　類叢部/
類書類/專類之屬

詩賦駢字類珠二卷　（清）蕭燧輯　清刻本
一冊

330000－1703－0004888　G41812　集部/詞
類/總集之屬

詞綜三十八卷　（清）朱彝尊輯　（清）汪森增
定　（清）柯崇樸編次　（清）周筼辨譌
（清）王昶補纂　**明詞綜十二卷國朝詞綜四十
八卷國朝詞綜二集八卷**　（清）王昶輯　清嘉

慶七年(1802)青浦王氏刻本　二十九冊　缺
十二卷（明詞綜一至十二）

330000－1703－0004889　G33209　子部/
叢編

子書百家　（清）崇文書局編　清光緒元年
(1875)湖北崇文書局刻本　二十八冊　存二
十九種

330000－1703－0004890　G41813　集部/詞
類/總集之屬

詞綜三十八卷　（清）朱彝尊輯　（清）汪森增
定　（清）柯崇樸編次　（清）周筼辨譌
（清）王昶補纂　**明詞綜十二卷國朝詞綜四十
八卷國朝詞綜二集八卷**　（清）王昶輯　清嘉
慶七年(1802)青浦王氏刻本　八冊　存三十
八卷（詞綜一至三十八）

330000－1703－0004891　G41814　集部/詞
類/總集之屬

詞綜三十八卷　（清）朱彝尊輯　（清）汪森增
定　（清）柯崇樸編次　（清）周筼辨譌
（清）王昶補纂　**明詞綜十二卷國朝詞綜四十
八卷國朝詞綜二集八卷**　（清）王昶輯　清嘉
慶七年(1802)青浦王氏刻本　八冊　存三十
八卷（詞綜一至三十八）

330000－1703－0004892　G32519　類叢部/
類書類/專類之屬

詩賦駢字類珠八卷　（清）蕭燧輯　清嘉慶十
九年(1814)識古堂刻本　三冊　存七卷（一
至三、五至八）

330000－1703－0004894　G41821　集部/詞
類/總集之屬

四明近體樂府十四卷　（清）袁鈞輯　**附一卷**
　（清）周世緒撰　清嘉慶二十三年(1818)慈
谿鄭喬遷藏密廬刻本　張美翊題記　二冊

330000－1703－0004895　G32520　類叢部/
類書類

銅板四六類腋二卷　（清）東邨先生撰　清咸
豐元年(1851)刻本　一冊　存一卷（上）

330000－1703－0004896　G32444　類叢部/

類書類/專類之屬

佩文韻府一百六卷 （清）張玉書 （清）蔡升元等輯 韻府拾遺一百六卷 （清）汪灝 （清）何焯等輯 清康熙至雍正刻本 一百四十一冊 存一百六卷（佩文韻府一至一百六）

330000－1703－0004897 G32521 類叢部/類書類/專類之屬

縮本增選多寶船不分卷 （清）點石齋主人輯 清光緒八年（1882）上海點石齋石印本 八冊

330000－1703－0004898 G21517 史部/政書類/通制之屬

中外政治類編十五卷 清光緒二十五年（1899）上海圖書集成印書局鉛印本 五冊 存八卷（一至八）

330000－1703－0004900 G33216 子部/叢編

子書百家 （清）崇文書局編 清光緒元年（1875）湖北崇文書局刻本 四冊 存一種

330000－1703－0004901 G32522 類叢部/類書類/通類之屬

增廣試帖三萬選五卷續集四卷三集四卷 （清）鄧雲航輯 清光緒十七年（1891）石印本 十二冊 缺二卷（續集三至四）

330000－1703－0004902 G33212 子部/叢編

子書百家 （清）崇文書局編 清光緒元年（1875）湖北崇文書局刻本 四冊 存六種

330000－1703－0004903 G33213 子部/叢編

子書百家 （清）崇文書局編 清光緒元年（1875）湖北崇文書局刻本 十一冊 存九種

330000－1703－0004904 G32523 類叢部/類書類/專類之屬

古今紀始通考四卷補遺一卷 （清）魏崧撰 清光緒二十八年（1902）佑廉樞記石印本 一冊 存一卷（二）

330000－1703－0004905 G32434 類叢部/

類書類/專類之屬

佩文韻府一百六卷 （清）張玉書 （清）蔡升元等輯 韻府拾遺一百六卷 （清）汪灝 （清）何焯等輯 清光緒十八年（1892）上海鴻寶齋石印本 二百冊

330000－1703－0004906 G33214 子部/叢編

子書百家 （清）崇文書局編 清光緒元年（1875）湖北崇文書局刻民國元年（1912）鄂官書處重印本 七冊 存五種

330000－1703－0004907 G32524 類叢部/類書類/專類之屬

文典類函二十八卷 （清）周世樟撰 清刻本 十冊

330000－1703－0004908 G33218 子部/叢編

子書百家 （清）崇文書局編 清光緒元年（1875）湖北崇文書局刻民國元年（1912）鄂官書處重印本 一冊 存一種

330000－1703－0004909 G32868 新學/兵制/陸軍

野外要務令二卷 （日本）陸軍省編 （清）盧永銘譯 清光緒南洋公學譯書院鉛印本 四冊

330000－1703－0004910 G32436 類叢部/類書類/專類之屬

佩文韻府一百六卷 （清）張玉書 （清）蔡升元等輯 韻府拾遺一百六卷 （清）汪灝 （清）何焯等輯 清刻本 二十三冊 存二十九卷（佩文韻府十六上、二十二中至二十三、二十五至二十六、三十四、三十七下至三十九、四十三至四十八、五十五至六十五、六十七下、一百一至一百二上）

330000－1703－0004911 G32443 類叢部/類書類/專類之屬

佩文韻府一百六卷 （清）張玉書 （清）蔡升元等輯 韻府拾遺一百六卷 （清）汪灝 （清）何焯等輯 清光緒十二年（1886）上海同文書局石印本 十八冊 存一百三十一卷

（佩文韻府三十七下至三十八、六十七上至八十九，韻府拾遺一至一百六）

330000 - 1703 - 0004912　G32525　類叢部/類書類/通類之屬

文腋類編十卷　（清）劉燕輯　清刻本　三冊　存三卷（五至六、八）

330000 - 1703 - 0004913　G41822　集部/詞類/總集之屬

四明近體樂府十四卷　（清）袁鈞輯　**附一卷**　（清）周世緒撰　清嘉慶二十三年(1818)慈谿鄭喬遷藏密廬刻本　二冊

330000 - 1703 - 0004914　G41823　集部/詞類/總集之屬

四明近體樂府十四卷　（清）袁鈞輯　**附一卷**　（清）周世緒撰　清嘉慶二十三年(1818)慈谿鄭喬遷藏密廬刻本　二冊

330000 - 1703 - 0004915　G31500　子部/雜著類/雜說之屬

古學萬花谷八卷　（清）駢瑜堂主人編　清道光九年(1829)刻本　三冊　存六卷（一至四、七至八）

330000 - 1703 - 0004916　G41122　集部/總集類/選集之屬/通代

歷朝名媛詩詞十二卷　（清）陸昶輯　清宣統上海掃葉山房石印本　四冊

330000 - 1703 - 0004917　G32526　類叢部/類書類/專類之屬

類對集材六卷　（清）胡雲煥編　清嘉慶二十年(1815)古虞亦愛軒刻本　六冊

330000 - 1703 - 0004918　G41701　集部/詩文評類/文評之屬

文心雕龍十卷　（南朝梁）劉勰撰　（清）黃叔琳輯注　清乾隆六年(1741)北平黃氏養素堂刻本　二冊

330000 - 1703 - 0004919　G41817　集部/詞類/總集之屬

醉盦詞選一卷詩選一卷　清宣統元年(1909)抄本　二冊

330000 - 1703 - 0004921　G41904　集部/曲類/彈詞之屬

繡像雙珠鳳全傳十二卷八十回　（清）一葉主人撰　清末石印本　一冊　存六卷（一至六）

330000 - 1703 - 0004922　G32527　類叢部/類書類/專類之屬

類對集材六卷　（清）胡雲煥編　清嘉慶二十年(1815)古虞亦愛軒刻本　三冊　存三卷（三、五至六）

330000 - 1703 - 0004923　G41906　集部/曲類/彈詞之屬

繡像雙珠鳳全傳十二卷八十回　（清）一葉主人撰　清刻本　一冊　存一卷（十一）

330000 - 1703 - 0004924　G41702　集部/詩文評類/文評之屬

文心雕龍十卷　（南朝梁）劉勰撰　（清）黃叔琳輯注　（清）紀昀評　清道光十三年(1833)盧坤兩廣節署刻朱墨套印本　四冊

330000 - 1703 - 0004925　G41703　集部/詩文評類/文評之屬

文心雕龍十卷　（南朝梁）劉勰撰　（清）黃叔琳輯注　（清）紀昀評　清道光十三年(1833)盧坤兩廣節署刻朱墨套印本　四冊

330000 - 1703 - 0004928　G32528　類叢部/類書類/專類之屬

五經文料大成八卷　（清）朱逎綖編　清光緒二十六年(1900)石印本　三冊　存三卷（一至三）

330000 - 1703 - 0004930　G41704　集部/詩文評類/文評之屬

文心雕龍十卷　（南朝梁）劉勰撰　（清）黃叔琳輯注　（清）紀昀評　清道光十三年(1833)盧坤兩廣節署刻朱墨套印本　四冊

330000 - 1703 - 0004931　G41816　集部/詞類/總集之屬

清綺軒詞選十三卷　（清）夏秉衡輯　清乾隆十六年(1751)華亭夏秉衡清綺軒刻本　一冊　存三卷（一至三）

330000－1703－0004932　G32529　類叢部/類書類/專類之屬

五經文料大成八卷　（清）朱迺紱編　清光緒十七年(1891)石印本　一冊　存四卷(一至四)

330000－1703－0004933　G41705　集部/詩文評類/文評之屬

文心雕龍十卷　（南朝梁）劉勰撰　（清）黃叔琳輯注　（清）紀昀評　清道光十三年(1833)盧坤兩廣節署刻朱墨套印本　四冊

330000－1703－0004934　G41903　集部/曲類/彈詞之屬

繡像全圖再生緣全傳二十卷　（清）陳端生撰　清末石印本　二十冊

330000－1703－0004935　G41819　集部/詞類/總集之屬

詞選二卷　（清）張惠言輯　**茗柯詞一卷**（清）張惠言撰　**立山詞一卷**　（清）張琦撰　**續詞選二卷**　（清）董毅輯　**附錄一卷**　（清）鄭善長輯　清湖北官書處刻本　二冊

330000－1703－0004937　G41820　集部/詞類/總集之屬

詞選二卷　（清）張惠言輯　**續詞選二卷**（清）董毅輯　**附錄一卷**　（清）鄭善長輯　清同治十一年(1872)會稽章氏刻本　一冊

330000－1703－0004938　G32530　類叢部/類書類/通類之屬

類書□□卷　清抄本　二冊　存十卷(九十三至九十八、一百九至一百十二)

330000－1703－0004939　G41902　集部/曲類/彈詞之屬

原本全圖果報錄全傳十二卷　（清）海蘭濤撰　清末香港書局石印本　十一冊　存十一卷(一至十一)

330000－1703－0004940　G41818　集部/詞類/總集之屬

昭代詞選三十八卷　（清）蔣重光輯　清乾隆三十二年(1767)經鉏堂刻本　十二冊

330000－1703－0004942　G32531　類叢部/類書類/專類之屬

續刻文料觸機二卷八面玲瓏文法一卷　清光緒六年(1880)精一閣刻本　一冊　缺一卷(一)

330000－1703－0004943　G41707　集部/詩文評類/詩評之屬

司空詩品註釋一卷　（唐）司空圖撰　清同治十年(1871)順德堂刻本　一冊

330000－1703－0004944　G41901　集部/曲類/彈詞之屬

果報錄十二卷一百回　（清）海蘭濤撰　清末刻本　十二冊

330000－1703－0004945　G41708　集部/詩文評類/詩評之屬

司空詩品註釋一卷　（唐）司空圖撰　清同治十年(1871)順德堂刻本　一冊

330000－1703－0004946　G41709　集部/詩文評類/詩評之屬

司空詩品註釋一卷　（唐）司空圖撰　清同治十年(1871)順德堂刻本　一冊

330000－1703－0004947　G41909　集部/曲類/彈詞之屬

繡像六美圖四集　（清）朱鏡江　（清）章維善撰　清末石印本　八冊　存三集(二至四)

330000－1703－0004948　G32532　類叢部/類書類/專類之屬

經典萃華六卷　（清）方苹野撰　清京都琉璃廠刻本　一冊　存一卷(天部)

330000－1703－0004949　G32533　類叢部/類書類

春秋擬題類典十五卷　清刻本　一冊　存九卷(一至九)

330000－1703－0004951　G41929　集部/曲類/彈詞之屬

再生緣全傳二十卷　（清）陳端生撰　清咸豐二年(1852)刻本　十三冊　存十三卷(一至二、五、八至九、十一至十二、十四至十六、十

八至二十）

330000－1703－0004952　G41944　集部/曲類/寶卷之屬

梁皇寶卷全集一卷　清光緒二年(1876)杭州瑪瑙經房刻本　一冊

330000－1703－0004953　G32534　類叢部/類書類/專類之屬

五經類典囊括六十四卷目錄八卷　(清)吟香主人輯　清道光十七年(1837)藕花書舍刻本　一冊　存八卷(目錄一至八)

330000－1703－0004954　G41710　集部/詩文評類/類編之屬

學詩津逮　(清)朱琰編　清乾隆二十五年(1760)朱氏刻本　一冊　存三種

330000－1703－0004956　G41942　集部/曲類/寶卷之屬

重刻觀世音菩薩本行經簡集二卷　(宋)釋普明撰　(清)釋淨宏簡集　清刻本　一冊　存一卷(一)

330000－1703－0004958　G41711　集部/詩文評類/詩評之屬

全唐詩話六卷　(宋)尤袤撰　清宣統三年(1911)三樂堂石印本　六冊

330000－1703－0004959　G41940　子部/宗教類/其他宗教之屬/其他

衆喜粗言五卷　(清)陳衆喜撰　清光緒六年(1880)瑪瑙經房刻本　五冊

330000－1703－0004960　G32418　類叢部/類書類/通類之屬

淵鑑類函四百五十卷目錄四卷　(清)張英(清)王士禛等輯　清康熙四十九年(1710)刻本　一百七十七冊　存四百八卷(淵鑑類函一至一百十、一百十六至一百二十、一百三十至一百八十三、一百八十六至一百八十七、一百九十六至一百九十九、二百一至四百二十九,目錄一至四)

330000－1703－0004962　G41947　集部/曲類/曲韻曲譜曲律之屬

繪圖綴白裘十二集四十八卷　(清)玩花主人輯　(清)錢德蒼增輯　清光緒二十一年(1895)上海書局石印本　十二冊

330000－1703－0004964　G41946　集部/曲類/曲韻曲譜曲律之屬

繪圖綴白裘十二集四十八卷　(清)玩花主人輯　(清)錢德蒼增輯　清光緒二十一年(1895)上海書局石印本　一冊　存四卷(四十五至四十八)

330000－1703－0004965　G42003　集部/戲劇類/雜劇之屬

清暉閣批點北西廂記□□卷□齣　(元)王實甫撰　(明)王思任評　明末清初刻本　一冊　存一卷(一)

330000－1703－0004966　G32419　類叢部/類書類/通類之屬

淵鑑類函四百五十卷目錄四卷　(清)張英(清)王士禛等輯　清康熙四十九年(1710)刻本　一百四十冊

330000－1703－0004967　G32420　類叢部/類書類/通類之屬

淵鑑類函四百五十卷目錄四卷　(清)張英(清)王士禛等輯　清康熙四十九年(1710)刻本　一百五十八冊　存四百四十六卷(淵鑑類函一至三百八十、三百八十五至四百四十六,目錄一至四)

330000－1703－0004969　G42001　集部/戲劇類/總集之屬/雜劇

清容外集九種　(清)蔣士銓撰　清刻本十冊

330000－1703－0004970　G50178　類叢部/叢書類/彙編之屬

普通百科全書一百種　(清)東華譯書社編譯　清光緒二十九年(1903)上海會文學社石印本　九十九冊　缺一卷(支那文學史二)

330000－1703－0004971　G32421　類叢部/類書類/通類之屬

淵鑑類函四十五卷　(清)張英　(清)王士禛

等輯　清光緒九年(1883)上海點石齋石印本
十冊

330000－1703－0004972　G32422　類叢部/
類書類/通類之屬

淵鑑類函四十五卷　（清）張英　（清）王士禛
等輯　清光緒二十一年(1895)上海點石齋石
印本　十冊

330000－1703－0004973　G32423　類叢部/
類書類/通類之屬

淵鑑類函四十五卷　（清）張英　（清）王士禛
等輯　清石印本　二冊　存五卷(禮儀部、樂
部、文學部、武功部、邊塞部)

330000－1703－0004975　G41941　集部/曲
類/寶卷之屬

**浙江溫州府平陽縣白梅村七世修行玉英寶卷
不分卷**　清越郡剡北刻本　一冊

330000－1703－0004976　G41952　集部/戲
劇類/傳奇之屬

鏡裏花傳奇不分卷　（清）□□撰　清抄本
一冊

330000－1703－0004977　G41117　集部/總
集類/氏族之屬

寧都三魏全集八十三卷　（清）林時益編　清
道光二十五年(1845)寧都謝庭綬綏園書塾刻
本　四十三冊　存四種

330000－1703－0004978　G33201　子部/
叢編

十子全書　（清）王子興編　清嘉慶九年
(1804)姑蘇王氏聚文堂刻本　三十一冊　存
九種

330000－1703－0004979　G42006　集部/戲
劇類/雜劇之屬

桃谿雪二卷　（清）黃燮清撰　（清）李光溥評
文　清光緒三十三年(1907)成都刻本　一冊

330000－1703－0004980　G41163　集部/總
集類/彙編之屬

宋四名家詩　（清）周之鱗　（清）柴升編　清
嘉慶二十二年(1817)博古堂刻本　七冊

330000－1703－0004981　G41713　集部/詩
文評類/詩評之屬

遼詩話一卷附錄一卷遼金元姓譜一卷　（清）
周春撰　清末抄本　一冊

330000－1703－0004982　G41162　集部/總
集類/彙編之屬

宋四名家詩　（清）周之鱗　（清）柴升編　清
康熙三十二年(1693)有文堂刻本　一冊　存
一種

330000－1703－0004983　G41953　集部/
曲類

庶幾堂今樂二集□□種　（清）余治撰　清光
緒刻本　一冊　存三種

330000－1703－0004986　G33202　子部/
叢編

十子全書　（清）王子興編　清嘉慶九年
(1804)姑蘇王氏聚文堂刻本　三十二冊

330000－1703－0004987　G42004　集部/戲
劇類/雜劇之屬

貫華堂註釋第六才子書六卷　（元）王德信
（元）關漢卿撰　（清）金人瑞評　清初刻本
六冊

330000－1703－0004988　G41120　集部/總
集類/氏族之屬

寧都三魏全集八十三卷　（清）林時益編　清
道光二十五年(1845)寧都謝庭綬綏園書塾刻
本　張美翊題記　二十七冊　存四種

330000－1703－0004989　G42005　集部/戲
劇類/雜劇之屬

增補箋註繪像第六才子西廂釋解八卷　（元）
王德信　（元）關漢卿撰　（清）金人瑞批點
（清）鄧汝寧音義　（清）陳同　（清）談則
（清）錢宜評　末一卷　（元）王生等撰　清刻
本　六冊

330000－1703－0004990　G41118　集部/總
集類/氏族之屬

寧都三魏全集八十三卷　（清）林時益編　清
道光二十五年(1845)寧都謝庭綬綏園書塾刻

本　七冊　存二種

330000－1703－0004991　G33203　子部/
叢編

十子全書　（清）王子興編　清嘉慶九年
(1804)寶慶經綸堂刻本　三十九冊　缺四卷
(淮南子十八至二十一)

330000－1703－0004992　G41119　集部/總
集類/氏族之屬

寧都三魏全集八十三卷　（清）林時益編　清
刻本　二十四冊　存二種

330000－1703－0004993　G42007　集部/戲
劇類/傳奇之屬

成裕堂繪像第七才子書六卷四十二齣　（元）
高明撰　清刻本　三冊　存三卷(一、四、六)

330000－1703－0004996　G41714　集部/詩
文評類/詩評之屬

詩人玉屑二十卷　（宋）魏慶之撰　明古松堂
刻本　八冊

330000－1703－0004997　G33204　子部/
叢編

十子全書　（清）王子興編　清嘉慶九年
(1804)寶慶經綸堂刻本　三十三冊　存八種

330000－1703－0004999　G41717　集部/詩
文評類/詩評之屬

藝苑名言八卷首一卷　（清）蔣瀾撰　清刻本
　一冊　存二卷(七至八)

330000－1703－0005000　G33217　子部/
叢編

子書百家　（清）崇文書局編　清光緒元年
(1875)湖北崇文書局刻本　一冊　存一種

330000－1703－0005003　G41827　集部/詞
類/別集之屬

考功詞一卷　（清）鄭守廉撰　清光緒二十八
年(1902)武昌刻本　一冊

330000－1703－0005007　G50014　類叢部/
叢書類/彙編之屬

祕書廿一種　（清）汪士漢編　清康熙七年

(1668)汪士漢據明刻古今逸史板重編印本
十一冊　存十八種

330000－1703－0005008　G41721　集部/詩
文評類/詩評之屬

隨園詩話十六卷補遺十卷　（清）袁枚撰　清
道光二十四年(1844)刻本　十二冊

330000－1703－0005009　G41829　集部/詞
類/別集之屬

花外集一卷　（宋）王沂孫撰　清末抄本
一冊

330000－1703－0005010　G40718　集部/別
集類/清別集

芝峰集一卷　（清）釋宗輝撰　清乾隆十四年
(1749)刻本　一冊

330000－1703－0005011　G50016　類叢部/
叢書類/彙編之屬

祕書廿一種　（清）汪士漢編　明末清初刻本
　十六冊

330000－1703－0005012　G41830　集部/詞
類/別集之屬

一粟盦詞集二卷　蔡寶善撰　清宣統元年
(1909)西安圖書館鉛印本　一冊

330000－1703－0005013　G40719　集部/別
集類/清別集

芝峰集一卷　（清）釋宗輝撰　清乾隆十四年
(1749)刻本　一冊

330000－1703－0005014　G20650　史部/史
評類/詠史之屬

今樂府（九九樂府）一卷　（清）陳梓撰
(清)鄭亦亭評　清宣統二年(1910)石印本
一冊

330000－1703－0005015　G41110　集部/總
集類/彙編之屬

初唐四傑文集二十一卷　（清）□□編　清光
緒五年(1879)淮南書局刻本　三冊

330000－1703－0005017　G40721　集部/別
集類/清別集

芝峯後集四卷 （清）釋世昭撰 清光緒二十
三年（1897）木活字印本 一冊 存二卷（一
至二）

330000－1703－0005018 G41109 集部/總
集類/彙編之屬

初唐四傑文集二十一卷 （清）□□編 清光
緒五年（1879）淮南書局刻本 張美翊題記
三冊

330000－1703－0005020 G40720 集部/別
集類/清別集

芝峯後集四卷 （清）釋世昭撰 清光緒二十
三年（1897）木活字印本 一冊 存二卷（一
至二）

330000－1703－0005021 G41108 集部/總
集類/彙編之屬

初唐四傑集三十七卷 （清）項家達編 清同
治十二年（1873）鄒氏叢雅居刻本 十冊

330000－1703－0005022 G40722 集部/別
集類/清別集

芝峯合集不分卷 （清）釋本如等撰 （清）釋
真泰編錄 清光緒二十二年（1896）木活字印
本 一冊

330000－1703－0005024 G41107 集部/總
集類/選集之屬/斷代

唐四家詩集二十卷附二種 （清）胡鳳丹輯
清光緒十三年（1887）湖北官書處刻本 張美
翊題記 四冊 存三種

330000－1703－0005027 G41171 集部/總
集類/選集之屬/通代

古文苑二十一卷 （宋）章樵注 清光緒十二
年（1886）江蘇書局刻本 四冊

330000－1703－0005028 G41173 集部/總
集類/選集之屬/通代

續古文苑二十卷 （清）孫星衍輯 清光緒九
年（1883）江蘇書局刻本 六冊

330000－1703－0005029 G41172 集部/總
集類/選集之屬/通代

續古文苑二十卷 （清）孫星衍輯 清光緒九

年（1883）江蘇書局刻本 六冊

330000－1703－0005030 G42009 集部/戲
劇類/傳奇之屬

牡丹亭還魂記二卷五十五齣 （明）湯顯祖撰
清光緒十二年（1886）同文書局石印本
六冊

330000－1703－0005031 G41233 集部/總
集類/選集之屬/通代

古文析義六卷二編八卷 （清）林雲銘輯注
清金閶小酉山房刻本 十四冊

330000－1703－0005033 G41234 集部/總
集類/選集之屬/通代

古文析義六卷二編八卷 （清）林雲銘輯注
清道光十三年（1833）刻本 八冊 存八卷
（二編一至八）

330000－1703－0005034 G41174 集部/總
集類/選集之屬/通代

文選音義八卷 （清）余蕭客撰 清光緒二十
一年（1895）石印本 无矜題記 三冊 缺二
卷（五至六）

330000－1703－0005035 G41722 集部/詩
文評類/文評之屬

四六叢話三十三卷選詩叢話一卷 （清）孫梅
撰 清光緒七年（1881）吳下刻本 七冊 存
十八卷（一至二、五至九、十四至十六、二十一
至二十五、三十一至三十三）

330000－1703－0005037 G41723 集部/詩
文評類/文評之屬

四六叢話三十三卷選詩叢話一卷 （清）孫梅
撰 清光緒七年（1881）吳下刻本 十二冊

330000－1703－0005038 G41236 集部/總
集類/選集之屬/通代

古文析義十六卷 （清）林雲銘輯並注 清萃
經樓刻本 十二冊 缺四卷（四至七）

330000－1703－0005039 G41175 集部/總
集類/選集之屬/通代

文苑英華選六十卷 （清）宮夢仁輯 清康熙
刻本 張美翊題記 十六冊

330000－1703－0005040　G41235　集部/總集類/選集之屬/通代

古文析義十六卷　（清）林雲銘輯並注　清刻本　十六冊

330000－1703－0005043　G42011　集部/戲劇類/傳奇之屬

儒酸福傳奇二卷　（清）汪繩武正譜　（清）魏熙元填詞　（清）倪星垣評文　清光緒十年(1884)魏氏玉玲瓏館刻本　一冊

330000－1703－0005044　G41237　集部/總集類/選集之屬/通代

自怡軒古文選十卷　（清）許寶善選定　（清）杜綱同輯　清乾隆五十六年(1791)刻光緒三年(1877)吳縣朱氏補刻本　十冊

330000－1703－0005045　G31553　子部/雜著類

兩髻記一卷　（清）盟鷗樹撰　清木活字印本　一冊

330000－1703－0005047　G50080　類叢部/叢書類/彙編之屬

宜稼堂叢書七種　（清）郁松年編　清道光二十年至二十二年(1840－1842)上海郁氏刻本　四冊　存二種

330000－1703－0005048　G41930　集部/曲類/彈詞之屬

新刻雙玉鐲初集十五卷後集十卷　清道光元年(1821)集賢齋刻本　十一冊　缺三卷(後集二至四)

330000－1703－0005049　G41181　集部/總集類/選集之屬/斷代

唐文粹一百卷　（宋）姚鉉輯　清光緒九年(1883)江蘇書局刻本　十六冊

330000－1703－0005050　G32069　子部/藝術類/遊藝之屬/聯語

楹聯叢話十二卷續話四卷　（清）梁章鉅輯　清道光二十年至二十三年(1840－1843)刻本　五冊

330000－1703－0005052　G41182　集部/總

集類/選集之屬/斷代

唐文粹補遺二十六卷　（清）郭麐輯　清光緒十一年(1885)江蘇書局刻本　四冊

330000－1703－0005054　G41177　集部/總集類/選集之屬/斷代

唐人選唐詩八種　（明）毛晉編　明崇禎元年(1628)海虞毛氏汲古閣刻本　二冊　存一種

330000－1703－0005055　G41238　集部/總集類/選集之屬/通代

古文雅正十四卷　（清）蔡世遠輯　清雍正三年(1725)刻本　三冊　存三卷(一、十一、十四)

330000－1703－0005056　G41837　集部/詞類/詞譜之屬

詞律二十卷　（清）萬樹撰　清康熙二十六年(1687)萬氏堆絮園刻尺木堂印本　八冊

330000－1703－0005057　G41178　集部/總集類/選集之屬/斷代

全唐詩九百卷目錄十二卷　（清）曹寅等輯　清光緒十三年(1887)上海同文書局石印本　三十二冊

330000－1703－0005058　G32870　新學/兵制/陸軍

戰術學三卷　（日）細田謙藏譯述　（日）稻村新六參訂　清光緒南洋公學譯書院鉛印本　四冊

330000－1703－0005059　G41179　集部/總集類/選集之屬/斷代

全唐詩九百卷目錄十二卷　（清）曹寅等輯　清光緒十三年(1887)上海同文書局石印本　三十二冊

330000－1703－0005060　G41838　集部/詞類/詞譜之屬

詞律二十卷　（清）萬樹撰　清石印本　一冊　存五卷(十六至二十)

330000－1703－0005062　G41211　集部/總集類/選集之屬/通代

東萊先生古文關鍵二卷　（宋）呂祖謙評

（宋）蔡文子註　（清）徐樹屏考異　清光緒二十四年(1898)江蘇書局刻本　二冊

330000 – 1703 – 0005063　G50131　類叢部/叢書類/彙編之屬

國朝名人著述叢編十三種　（清）□□編　清光緒五年(1879)上海淞隱閣鉛印本　六冊　存十一種

330000 – 1703 – 0005064　G41212　集部/總集類/選集之屬/通代

謝疊山先生文章軌範七卷　（宋）謝枋得輯　清光緒二十四年(1898)上海三洋涇橋緯文閣書莊石印本　四冊

330000 – 1703 – 0005065　G41180　集部/總集類/選集之屬/斷代

全唐詩九百卷目錄十二卷　（清）曹寅等輯　清康熙四十四年至四十六年(1705 – 1707)揚州詩局刻本　一百七冊　缺一百八卷(第六函五十七至六十二,第八函九至十六、四十九至五十九、六十三至六十九,第九函一至六十八,第十函一至八)

330000 – 1703 – 0005066　G41213　集部/總集類/選集之屬/通代

謝疊山先生文章軌範七卷　（宋）謝枋得輯　清光緒二十四年(1898)上海三洋涇橋緯文閣書莊石印本　四冊

330000 – 1703 – 0005067　G41214　集部/總集類/選集之屬/通代

謝疊山先生文章軌範七卷　（宋）謝枋得輯　清光緒二十四年(1898)上海三洋涇橋緯文閣書莊石印本　四冊

330000 – 1703 – 0005068　G50015　類叢部/叢書類/彙編之屬

祕書廿一種　（清）汪士漢編　清嘉慶九年(1804)新安汪氏刻本　十二冊　存十八種

330000 – 1703 – 0005069　G41215　集部/總集類/選集之屬/通代

天下才子必讀書十五卷末一卷　（清）金聖歎選評　清刻本　八冊

330000 – 1703 – 0005070　G41634　集部/總集類/課藝之屬

分體利試詩法入門十九卷　清刻本　一冊　存六卷(一至六)

330000 – 1703 – 0005071　G32552　類叢部/類書類/專類之屬

御選唐詩題解類編二十八卷　（清）黃承煦輯　清光緒刻本　八冊

330000 – 1703 – 0005073　G41911　集部/曲類/彈詞之屬

繪圖玉如意四卷十六回　清光緒二十五年(1899)香港石印書局石印本　四冊

330000 – 1703 – 0005074　G41912　集部/曲類/彈詞之屬

繡像玉蜻蜓前傳六卷二十八回後傳八卷三十二回　清末石印本　一冊

330000 – 1703 – 0005075　G41216　集部/總集類/選集之屬/通代

御選唐宋文醇五十八卷目錄一卷　（清）高宗弘曆輯　清光緒三年(1877)浙江書局刻本　二十冊

330000 – 1703 – 0005076　G41565　集部/總集類/課藝之屬

試策法程正續合刻　清嘉慶二十四年(1819)刻本　四冊

330000 – 1703 – 0005077　G41913　集部/曲類/彈詞之屬

繡像玉蜻蜓前傳六卷二十八回後傳八卷三十二回　清末石印本　二冊

330000 – 1703 – 0005078　G41917　集部/曲類/彈詞之屬

繡像四香緣全傳六卷三十二回　清末石印本　二冊

330000 – 1703 – 0005079　G41726　集部/詩文評類/詩評之屬

帶經堂詩話三十卷首一卷　（清）王士禎撰　（清）張宗柟輯　清同治十二年(1873)廣州藏脩堂刻本　八冊

330000 - 1703 - 0005080　G41217　集部/總集類/選集之屬/通代

御選唐宋文醇五十八卷目錄一卷　（清）高宗弘曆輯　清刻本　二十冊

330000 - 1703 - 0005082　G10841　經部/小學類

馬氏文通十卷　（清）馬建忠撰　清光緒二十四年(1898)上海商務印書館鉛印本　十冊

330000 - 1703 - 0005083　G41218　集部/總集類/選集之屬/通代

御選唐宋文醇五十八卷目錄一卷　（清）高宗弘曆輯　清光緒三年(1877)浙江書局刻本　二十冊

330000 - 1703 - 0005084　G10842　經部/小學類

馬氏文通十卷　（清）馬建忠撰　清光緒二十四年(1898)上海商務印書館鉛印本　二冊　存二卷(一、三)

330000 - 1703 - 0005085　G41914　集部/曲類/彈詞之屬

新增全圖珍珠塔後傳麒麟豹六卷六十回　（清）馬永清撰　清末石印本　一冊

330000 - 1703 - 0005086　G10843　經部/小學類

校正馬氏文通十卷　（清）馬建忠撰　清光緒二十八年(1902)上海文林石印本　八冊

330000 - 1703 - 0005088　G21823　史部/詔令奏議類/奏議之屬

歷代名臣奏議三百五十卷　（明）黃淮　（明）楊士奇等輯　（明）張溥刪正　明刻清光緒十二年(1886)清河寶樹堂補刻本　六十冊　存二百八十六卷(二十五至六十一、一百二至三百五十)

330000 - 1703 - 0005089　G41916　集部/曲類/彈詞之屬

新編繪圖描金鳳八卷四十六回　清光緒三十四年(1908)上海書局石印本　八冊

330000 - 1703 - 0005095　G41219　集部/總

集類/選集之屬/斷代

御選唐詩三十二卷目錄三卷　（清）聖祖玄燁輯　（清）陳廷敬等輯注　清康熙五十二年(1713)內府刻朱墨套印本　十五冊

330000 - 1703 - 0005096　G31496　子部/雜著類/雜說之屬

定香亭筆談四卷　（清）阮元撰　清光緒二十五年(1899)浙江書局刻本　四冊

330000 - 1703 - 0005097　G41220　集部/總集類/選集之屬/通代

御選唐宋詩醇四十七卷目錄二卷　（清）高宗弘曆輯　清光緒七年(1881)浙江書局刻本　二十冊

330000 - 1703 - 0005098　G41221　集部/總集類/選集之屬/通代

御選唐宋詩醇四十七卷目錄二卷　（清）高宗弘曆輯　清乾隆二十五年(1760)紫陽書院刻本　十六冊　缺一卷(四十七)

330000 - 1703 - 0005099　G41222　集部/總集類/選集之屬/通代

古文淵鑒六十四卷　（清）徐乾學等輯注　清同治十二年(1873)浙江書局刻本　十七冊　存六十一卷(一至三十四、三十八至六十四)

330000 - 1703 - 0005100　G41124　集部/詩文評類/詩評之屬

唐人五言排律詩論三卷　（清）蔣鵬翮編釋　清康熙寒三草堂刻本　三冊

330000 - 1703 - 0005101　G41922　集部/曲類/彈詞之屬

笑中緣圖說六卷七十五回　清宣統二年(1910)上海廣記書局石印本　一冊

330000 - 1703 - 0005102　G31497　子部/雜著類/雜說之屬

蠡社筆談三卷　（清）張時中撰　清光緒十六年(1890)廩延徐振翰刻本　一冊

330000 - 1703 - 0005103　G41223　集部/總集類/選集之屬/通代

古文淵鑒六十四卷　（清）徐乾學等輯注　清

同治十二年（1873）浙江書局刻本　三十一冊
　存六十二卷（一至六十、六十三至六十四）

330000－1703－0005104　G41733　集部/詩
文評類/詩評之屬
漁隱叢話前集六十卷後集四十卷　（宋）胡仔
撰　清乾隆五年至六年（1740－1741）楊佑啓
耘經樓刻本　一冊　存十六卷（前集三十至
四十五）

330000－1703－0005105　G41734　集部/詩
文評類/詩評之屬
漁隱叢話前集六十卷後集四十卷　（宋）胡仔
撰　清乾隆五年至六年（1740－1741）楊佑啓
耘經樓刻本　一冊　存十一卷（前集一至十
一）

330000－1703－0005107　G41224　集部/總
集類/選集之屬/通代
古文淵鑒六十四卷　（清）徐乾學等輯注　清
康熙二十四年（1685）內府刻五色套印本　二
十四冊

330000－1703－0005108　G41919　集部/曲
類/彈詞之屬
新增繪圖雨雪亭傳四卷二十四回　清宣統二
年（1910）龍文書局石印本　一冊

330000－1703－0005109　G41225　集部/總
集類/選集之屬/通代
古文淵鑒六十四卷　（清）徐乾學等輯注　清
同治十二年（1873）浙江書局刻本　二十八冊
　存五十七卷（一至九、十二至二十四、二十
七至四十八、五十二至六十四）

330000－1703－0005110　G41926　集部/曲
類/彈詞之屬
新編繪圖三國志鼓詞八卷三百三十三回　清
光緒三十一年（1905）上海書局石印本　八冊

330000－1703－0005113　G41227　集部/總
集類/選集之屬/通代
唐宋八家文讀本三十卷　（清）沈德潛輯　清
光緒二十七年（1901）上海同文俊記石印本
八冊

330000－1703－0005114　G41127　集部/總
集類/課藝之屬
大題文府六卷　（清）同文書局主人輯　清光
緒十七年（1891）上海同文書局石印本　二十
四冊

330000－1703－0005119　G41751　集部/總
集類/課藝之屬
經藝獵豔五十品不分卷　陸潤庠輯　清光緒
二年（1876）刻本　二冊

330000－1703－0005122　G41752　子部/儒
家類/儒學之屬/蒙學
童子問路四卷　（清）鄭之琮輯　清刻本
二冊

330000－1703－0005123　G50018　類叢部/
叢書類/彙編之屬
祕書二十八種　（清）汪士漢編　清刻本　十
八冊　存二十七種

330000－1703－0005124　G41228　集部/總
集類/選集之屬/通代
唐宋八家文讀本三十卷　（清）沈德潛輯　清
嘉慶十八年（1813）刻本　四冊

330000－1703－0005125　G32550　類叢部/
類書類/專類之屬
詩學含英十四卷　（清）劉文蔚輯　清刻本
四冊

330000－1703－0005126　G32551　類叢部/
類書類/專類之屬
詩學含英十四卷詩韻含英五卷　（清）劉文蔚
輯　清光緒八年（1882）於越徐氏八杉齋刻本
四冊

330000－1703－0005127　G41937　集部/曲
類/寶卷之屬
蘭英寶卷二卷　清光緒至宣統上海文益書局
石印本　一冊

330000－1703－0005128　G41229　集部/總
集類/選集之屬/通代
**唐宋八大家文分體讀本第一集八卷第二集八
卷第三集八卷附錄一卷**　（清）汪份定　清康

熙五十九年(1720)遺喜齋刻本　五冊　存三卷(第一集一至三)

330000－1703－0005129　G41939　集部/曲類/寶卷之屬

韓湘寶卷二卷十八回　(清)煙波釣徒風月主人撰　清光緒二十年(1894)上海翼化堂刻本　二冊

330000－1703－0005130　G41936　集部/曲類/寶卷之屬

太華山紫金嶺兩世修行劉香寶卷全集二卷　(清)□□撰　清光緒元年(1875)浙寧三餘堂刻本　二冊

330000－1703－0005131　G41753　集部/詩文評類/制藝之屬

試策便覽十六卷　(清)王統　(清)王諾纂　清刻本　五冊　存十一卷(一至八、十四至十六)

330000－1703－0005132　G41230　集部/總集類/選集之屬/通代

唐宋八大家文分體讀本第一集八卷第二集八卷第三集八卷附錄一卷　(清)汪份定　清康熙五十八年(1719)遺喜齋刻本　二十九冊　缺二卷(第一集一、附錄)

330000－1703－0005135　G41231　集部/總集類/彙編之屬

唐宋八大家類選十四卷　(清)儲欣輯　清光緒十八年(1892)湖北官書處刻本　六冊

330000－1703－0005136　G41232　集部/總集類/彙編之屬

陳太僕批選八家文鈔　(清)陳兆崙編　清光緒二十六年(1900)天津文美齋石印本　六冊

330000－1703－0005137　G32871　新學/兵制/陸軍

作戰糧食給養法一卷　(日本)陸軍經理學校編　(清)楊志洵譯　清光緒二十八年(1902)南洋公學譯書院鉛印本　一冊

330000－1703－0005138　G41928　集部/曲類/彈詞之屬

繡像三笑新編全集十二卷四十八回　(清)吳毓昌編　(清)周均批評　清光緒四年(1878)刻本　十一冊　缺一卷(午集)

330000－1703－0005139　G32549　集部/總集類/課藝之屬

國朝三十五科同館詩賦解題七卷首一卷國朝十二科同館詩賦解題五卷首一卷　(清)魏茂林輯　清同治三年(1864)文光書屋刻本　八冊

330000－1703－0005140　G41934　集部/曲類/寶卷之屬

太華山紫金嶺兩世修行劉香寶卷全集二卷　(清)□□撰　清光緒元年(1875)浙寧三餘堂刻本　二冊

330000－1703－0005141　G41933　集部/曲類/寶卷之屬

如如老祖化度眾生指往西方寶卷全集一卷　清杭州瑪瑙經房刻本　一冊

330000－1703－0005142　G41135　集部/總集類/選集之屬/通代

文選六十卷　(南朝梁)蕭統輯　(唐)李善注　**文選考異十卷**　(清)胡克家撰　清同治八年(1869)湖北崇文書局刻本　二十四冊

330000－1703－0005143　G41932　集部/曲類/寶卷之屬

山西平陽府平陽邨秀女寶卷全集一卷　清光緒三十四年(1908)杭州瑪瑙經房刻本　一冊

330000－1703－0005144　G32548　集部/總集類/課藝之屬

國朝三十五科同館詩賦解題七卷首一卷國朝十二科同館詩賦解題五卷首一卷　(清)魏茂林輯　清刻本　十冊　缺二卷(國朝三十五科同館詩賦解題一至二)

330000－1703－0005145　G41931　集部/曲類/寶卷之屬

湖廣荊州府永慶縣修行梅氏花糊寶卷二卷　清刻本　二冊

330000－1703－0005146　G41136　集部/總

集類/選集之屬/通代

文選六十卷 （南朝梁）蕭統輯 （唐）李善注　**文選考異十卷** （清）胡克家撰　清光緒六年（1880）四明林植梅刻本　二十四冊

330000－1703－0005147　G32547　集部/總集類/課藝之屬

國朝三十五科同館詩賦解題七卷首一卷國朝十二科同館詩賦解題五卷首一卷 （清）魏茂林輯　清刻本　四冊

330000－1703－0005148　G41927　集部/曲類/彈詞之屬

秘本精選時新彈詞□□卷 清抄本　一冊　存一卷（七）

330000－1703－0005149　G41137　集部/總集類/選集之屬/通代

文選六十卷 （南朝梁）蕭統輯 （唐）李善注　**文選考異十卷** （清）胡克家撰　清同治八年（1869）湖北崇文書局刻本　二十四冊

330000－1703－0005150　G41732　集部/詩文評類/文評之屬

中國文學指南二卷 邵伯棠編　清宣統二年（1910）上海會文堂粹記石印本　二冊

330000－1703－0005152　G41138　集部/總集類/選集之屬/通代

文選六十卷 （南朝梁）蕭統輯 （唐）李善注　清同治八年（1869）金陵書局刻本　十冊

330000－1703－0005153　G30557　子部/醫家類/方書之屬/單方驗方

四科簡效方四卷 （清）王士雄撰　清光緒十一年（1885）越州徐氏刻本　一冊

330000－1703－0005155　G41139　集部/總集類/選集之屬/通代

文選六十卷 （南朝梁）蕭統輯 （唐）李善注　**文選考異十卷** （清）胡克家撰　清同治八年（1869）尋陽萬氏萃文堂刻本　二十四冊

330000－1703－0005156　G30558　子部/醫家類/方書之屬/單方驗方

四科簡效方四卷 （清）王士雄撰　清光緒十

一年（1885）越州徐氏刻本　一冊　存一卷（一）

330000－1703－0005157　G30559　子部/醫家類/方書之屬/單方驗方

四科簡效方四卷 （清）王士雄撰　清光緒十一年（1885）越州徐氏刻本　一冊　存一卷（一）

330000－1703－0005158　G41729　集部/詩文評類/詩評之屬

詩法舉要四卷首一卷附錄一卷 （清）符葆森等輯並評　清咸豐四年（1854）刻本　一冊

330000－1703－0005159　G41835　集部/詞類/詞話之屬

周氏止庵詞辨二卷 （清）周濟撰 （清）譚獻評　**周氏止荄介存齋論詞雜箸一卷** （清）周濟撰　清光緒三多、徐珂、趙逢年刻本　一冊

330000－1703－0005160　G30551　子部/醫家類/方書之屬/單方驗方

不藥良方二卷續集十卷 （清）王站柱輯　清光緒七年（1881）羊城刻本　十二冊

330000－1703－0005161　G50258　類叢部/叢書類/彙編之屬

古文七種 （清）儲欣選評　清刻本　三冊　存一種

330000－1703－0005162　G30552　子部/醫家類/方書之屬/單方驗方

成方輯要四卷 （清）邵澍輯　清道光九年（1829）修竹廬刻本　二冊

330000－1703－0005163　G50259　類叢部/叢書類/彙編之屬

古文七種 （清）儲欣選評　清乾隆三十八年（1773）同文堂刻本　八冊　存一種

330000－1703－0005164　G41730　集部/詩文評類/詩評之屬

詩法入門四卷首一卷 （清）游藝輯　清刻本　二冊

330000－1703－0005167　G41140　集部/總

集類/選集之屬/通代

文選六十卷 （南朝梁）蕭統輯 （唐）李善注
（清）何焯評 清乾隆三十七年(1772)長洲
葉樹藩海錄軒刻朱墨套印本 十二冊

330000－1703－0005168 G41834 集部/詞
類/詞話之屬

詞林紀事二十二卷 （清）張宗橚撰 **樂府指
迷一卷** （宋）張炎撰 **詞旨一卷** （宋）陸韶
撰 **詞韻考略一卷** （清）許昂霄撰 清末上
海掃葉山房石印本 六冊

330000－1703－0005169 G30562 子部/醫
家類/方書之屬/單方驗方

集驗良方六卷 （清）梁文科編 （清）年希堯
輯 清咸豐元年(1851)刻本 六冊

330000－1703－0005170 G41833 集部/詞
類/詞話之屬

詞林紀事二十二卷 （清）張宗橚撰 **樂府指
迷一卷** （宋）張炎撰 **詞旨一卷** （宋）陸韶
撰 **詞韻考略一卷** （清）許昂霄撰 清末掃
葉山房石印本 十冊

330000－1703－0005171 G41126 集部/總
集類/選集之屬/通代

古文筆法百篇八卷 （清）李扶九輯 清光緒
上海書局石印本 一冊 存三卷(六至八)

330000－1703－0005172 G30556 子部/醫
家類/方書之屬/單方驗方

新選驗方一卷 （清）王燕昌輯 清刻本
一冊

330000－1703－0005174 G41141 集部/總
集類/選集之屬/通代

文選六十卷 （南朝梁）蕭統輯 （唐）李善
（唐）呂延濟 （唐）劉良 （唐）張銑 （唐）
呂向 （唐）李周翰注 清乾隆三十三年
(1768)雲林周氏光霽堂刻本 八冊

330000－1703－0005175 G30564 子部/醫
家類/方書之屬/單方驗方

普濟應驗良方十一卷 （清）德軒氏輯 清咸
豐七年(1857)浙寧主人刻本 一冊

330000－1703－0005177 G30560 子部/醫
家類/方書之屬/單方驗方

集驗簡易良方四卷首一卷 （清）德豐輯 清
兩儀堂刻本 二冊 缺二卷(三至四)

330000－1703－0005179 G41142 集部/總
集類/選集之屬/通代

文選六十卷 （南朝梁）蕭統輯 （唐）李善注
清光緒十八年(1892)上海廣百宋齋鉛印本
十冊

330000－1703－0005180 G30561 子部/醫
家類/方書之屬/單方驗方

信驗方不分卷續信驗方不分卷補遺一卷
（清）盧蔭長編 清刻本 一冊 存信驗方

330000－1703－0005182 G41143 集部/總
集類/選集之屬/通代

文選六十卷 （南朝梁）蕭統輯 （唐）李善注
文選考異十卷 （清）胡克家撰 清光緒上
海鴻文書局石印本 六冊

330000－1703－0005183 G32872 新學/
學校

日本陸軍學校章程彙編不分卷 孟森譯述
清光緒南洋公學譯書院鉛印本 四冊

330000－1703－0005185 G32873 新學/兵
制/陸軍

日本憲兵制一卷 孟森譯述 清光緒南洋公
學譯書院鉛印本 一冊

330000－1703－0005186 G20070 史部/史
評類/史論之屬

史記論文一百三十卷 （清）吳見思撰 清康
熙二十六年(1687)尺木堂刻本(卷六十一至
六十九配抄本) 二十四冊

330000－1703－0005187 G32874 新學/兵
制/陸軍

日本軍隊給與法一卷 孟森譯述 清光緒南
洋公學譯書院鉛印本 一冊

330000－1703－0005188 G32875 新學/兵
制/陸軍

美國陸軍制一卷 （清）葛勝芳譯 清光緒南

洋公學譯書院鉛印本　一冊

330000－1703－0005189　G30572　子部/醫
家類/方書之屬/單方驗方
賽金丹二卷　（清）徐半峰撰　清光緒二年
（1876）刻本　四冊

330000－1703－0005191　G41144　集部/總
集類/選集之屬/通代
文選六十卷　（南朝梁）蕭統輯　（唐）李善注
　文選考異十卷　（清）胡克家撰　清末上海
會文堂石印本　十六冊

330000－1703－0005192　G50337　類叢部/
叢書類/彙編之屬
望三益齋叢書十種　（清）吳棠編　清咸豐至
光緒吳氏望三益齋刻本　四冊　存一種

330000－1703－0005193　G30571　子部/醫
家類/方書之屬
救世良方類編三卷　清同治四年（1865）刻本
　一冊　存一卷（一）

330000－1703－0005195　G41145　集部/總
集類/選集之屬/通代
文選六十卷　（南朝梁）蕭統輯　（唐）李善注
　文選考異十卷　（清）胡克家撰　清末至民
國上海著易堂公記書局石印本　十六冊

330000－1703－0005196　G30565　子部/醫
家類/方書之屬/單方驗方
驗方新編八卷首一卷　（清）鮑相璈輯　**痧症
全書三卷**　（清）王凱編輯　**咽喉秘集二卷**
（清）海山仙館輯　清咸豐六年（1856）、同治
七年（1868）刻本　十冊

330000－1703－0005197　G41804　集部/詞
類/別集之屬
**夢窗甲稿一卷乙稿一卷丙稿一卷丁稿一卷夢
窗補遺一卷**　（宋）吳文英撰　**校勘夢窗詞劄
記一卷**　（清）王鵬運撰　清光緒二十五年
（1899）臨桂王鵬運四印齋刻本　一冊

330000－1703－0005198　G41146　集部/總
集類/選集之屬/通代
文選六十卷　（南朝梁）蕭統輯　（唐）李善注

330000－1703－0005199　G30567　子部/醫
家類/方書之屬/單方驗方
驗方新編十六卷　（清）鮑相璈輯　**婦嬰至寶
六卷**　（清）三農老人注　（清）拜松居士增訂
　清同治三年（1864）刻本　六冊　存十六卷
（驗方新編一、五至八、十至十一、十四至十
六，婦嬰至寶一至六）

330000－1703－0005200　G50803　類叢部/
叢書類/自著之屬
甌北全集八種　（清）趙翼撰　清刻本　一冊
　存一種

330000－1703－0005201　G30568　子部/醫
家類/方書之屬/單方驗方
驗方新編十六卷　（清）鮑相璈輯　清光緒三
年（1877）刻本　七冊　存十五卷（一至十、十
二至十六）

330000－1703－0005202　G50804　類叢部/
叢書類/自著之屬
甌北全集八種　（清）趙翼撰　清乾隆至嘉慶
湛貽堂刻本　二冊　存一種

330000－1703－0005203　G41147　集部/總
集類/選集之屬/通代
文選六十卷　（南朝梁）蕭統輯　（唐）李善注
　文選考異十卷　（清）胡克家撰　清光緒上
海鴻文書局石印本　五冊

330000－1703－0005204　G50301　類叢部/
叢書類/彙編之屬
曼陀羅華閣叢書十六種　（清）杜文瀾編　清
咸豐至同治秀水杜氏刻光緒十八年（1892）上
海掃葉山房修補印本　一冊　存一種

330000－1703－0005205　G41148　集部/總
集類/選集之屬/通代
文選六十卷　（南朝梁）蕭統輯　（唐）李善注
　文選考異十卷　（清）胡克家撰　清光緒上
海鴻文書局石印本　四冊　存四十四卷（一
至十一、三十八至六十，考異一至十）

330000－1703－0005206　G30569　子部/醫家類/方書之屬/單方驗方

驗方新編十六卷　(清)鮑相璈輯　清刻本　八冊

330000－1703－0005207　G30566　子部/醫家類/方書之屬/單方驗方

驗方新編十六卷　(清)鮑相璈輯　**痧症全書三卷**　(清)王凱編輯　**咽喉秘集二卷**　(清)海山仙館輯　清咸豐七年(1857)、同治元年(1862)刻本　九冊　缺一卷(驗方新編一)

330000－1703－0005208　G41149　集部/總集類/選集之屬/通代

文選六十卷　(南朝梁)蕭統輯　(唐)李善注　(清)何焯評　清光緒上海古香閣石印本　一冊　存十卷(四十一至五十)

330000－1703－0005209　G50300　類叢部/叢書類/彙編之屬

曼陀羅華閣叢書十六種　(清)杜文瀾編　清咸豐至同治秀水杜氏刻光緒十八年(1892)上海掃葉山房修補印本　二冊　存二種

330000－1703－0005211　G30554　子部/醫家類/方書之屬/單方驗方

經驗良方二卷　(清)劉起堂撰　清刻本　二冊

330000－1703－0005212　G41150　集部/總集類/選集之屬/通代

文選六十卷　(南朝梁)蕭統輯　(唐)李善注　(清)何焯評　清刻本　十二冊

330000－1703－0005214　G30553　子部/醫家類/方書之屬/單方驗方

不藥良方不分卷　(清)何遂元輯　清抄本　一冊

330000－1703－0005217　G41151　集部/總集類/選集之屬/通代

文選六十卷　(南朝梁)蕭統輯　(唐)李善注　**文選考異十卷**　(清)胡克家撰　清嘉慶十四年(1809)鄱陽胡克家刻本　秦履平題簽並記　十一冊　存二十一卷(一至二、六至十一、十三至十七、十九、二十一至二十六、三十)

330000－1703－0005222　G41152　集部/總集類/選集之屬/通代

文選六十卷　(南朝梁)蕭統輯　(唐)李善注　**文選考異十卷**　(清)胡克家撰　清同治八年(1869)湖北崇文書局刻本　二十四冊

330000－1703－0005223　G30570　子部/醫家類/方書之屬/單方驗方

驗方新編二十四卷　(清)鮑相璈輯　清光緒四年(1878)杭州東壁齋刻本　一冊　存一卷(一)

330000－1703－0005224　G50698　類叢部/叢書類/自著之屬

槐軒全集二十一種附九種　(清)劉沅撰　清咸豐至民國刻彙印本　九十冊　存十四種

330000　1703－0005225　G41153　集部/總集類/選集之屬/通代

文選纂註評林十二卷　(南朝梁)蕭統輯　(明)張鳳翼纂注　(明)王世懋刪定　(明)陸弘祚輯訂　明末刻本　十一冊　缺一卷(四)

330000－1703－0005226　G30563　子部/醫家類/方書之屬/單方驗方

經驗良方一卷新集良方一卷福幼編一卷　(清)莊一夔撰　清咸豐十年(1860)刻本　一冊

330000－1703－0005227　G41154　集部/總集類/選集之屬/通代

重訂文選集評十五卷首一卷末一卷　(清)于光華輯　清同治十一年(1872)江蘇書局刻本　十六冊

330000－1703－0005228　G41239　集部/總集類/選集之屬/通代

古文翼八卷　(清)唐德宜輯並評　(清)季福襄重訂　清同治十二年(1873)常熟黃氏萩文堂刻本　八冊

330000－1703－0005229　G50700　類叢部/

類書類/自著之屬

求在我齋全集九種 （清）陳澧撰　清同治十三年(1874)賜葛堂刻本　三十冊

330000－1703－0005230　G41155　集部/總集類/選集之屬/通代

重訂文選集評十五卷首一卷末一卷 （清）于光華輯　清同治十一年(1872)江蘇書局刻本　十六冊

330000－1703－0005231　G41156　集部/總集類/選集之屬/通代

重訂文選集評十五卷首一卷末一卷 （清）于光華輯　清同治十一年(1872)江蘇書局刻本　十六冊

330000－1703－0005232　G41157　集部/總集類/選集之屬/通代

重訂文選集評十五卷首一卷末一卷 （清）于光華輯　清乾隆四十三年(1778)錫山啟秀堂刻本　十六冊

330000－1703－0005233　G41158　集部/總集類/選集之屬/通代

重訂文選集評十五卷首一卷末一卷 （清）于光華輯　清同治三年(1864)刻本　十六冊

330000－1703－0005235　G41160　集部/總集類/選集之屬/通代

文選古字通疏證六卷 （清）薛傳均撰　清道光二十一年(1841)迪志齋刻本　二冊

330000－1703－0005236　G41240　集部/總集類/選集之屬/通代

古文蕍芮集不分卷 （清）陶方琦編　清抄本　一冊

330000－1703－0005237　G32557　類叢部/類書類/專類之屬

文選類雋十四卷 （清）何松編　清光緒二年(1876)慈谿何氏刻本　三冊　缺一卷(十)

330000－1703－0005238　G32558　類叢部/類書類/專類之屬

文選類雋十四卷 （清）何松編　清光緒二年(1876)慈谿何氏刻本　二冊

330000－1703－0005239　G50665　類叢部/叢書類/自著之屬

船山遺書五十八種 （清）王夫之撰　清同治四年(1865)湘鄉曾國荃金陵刻本　張美翊題記　四十八冊　存三十種

330000－1703－0005240　G50348　類叢部/叢書類/彙編之屬

詒安堂所刻書十種 （清）王慶勳編　清咸豐至同治刻本　四冊　存一種

330000－1703－0005242　G41404　集部/總集類/選集之屬

春秋分景分韻詩二卷 （清）陳致遠輯　清光緒元年(1875)刻本　六冊

330000－1703－0005244　G41241　集部/總集類/選集之屬/通代

古賦首選不分卷 （清）梁藥譜輯注　清同治八年(1869)順德梁氏鏡古堂刻本　一冊

330000－1703－0005245　G41402　集部/總集類/酬唱之屬

唐堯心先生重宴鹿鳴投贈集不分卷 （清）王拯等撰　清刻本　一冊

330000－1703－0005246　G41840　集部/總集類/選集之屬/通代

古文辭類纂七十四卷 （清）姚鼐輯　清同治八年(1869)江蘇書局刻本　十六冊

330000－1703－0005247　G41183　集部/總集類/選集之屬/斷代

皇朝經世文編一百二十卷姓名總目二卷 （清）賀長齡輯　清光緒十五年(1889)上海廣百宋齋鉛印本　二十四冊

330000－1703－0005248　G50402　類叢部/叢書類/輯佚之屬

玉函山房輯佚書六百二十二種附一種 （清）馬國翰輯　清光緒十年(1884)楚南湘遠堂刻本　五十九冊　存四百七種

330000－1703－0005249　G40737　集部/別集類/清別集

誦芬詩畧三卷附八旬自述百韻詩一卷 （清）

黄炳垕撰　清同治九年(1870)刻光緒二十八年(1902)增修本　一冊　存一卷(八旬自述百韻詩)

330000－1703－0005250　G41246　集部/總集類/選集之屬/通代

古文辭類纂七十四卷　(清)姚鼐輯　**續古文辭類纂三十四卷**　王先謙輯　清光緒十八年(1892)吳縣朱記榮上海刻席氏掃葉山房印本　二十冊

330000－1703－0005251　G41184　集部/總集類/選集之屬/斷代

皇朝經世文編一百二十卷姓名總目二卷　(清)賀長齡輯　清光緒十五年(1889)上海廣百宋齋鉛印本　二十四冊

330000－1703－0005252　G50793　類叢部/叢書類/自著之屬

留書種閣集九種　(清)黃炳垕撰　清同治六年至光緒二十年(1867－1894)餘姚黃氏留書種閣刻本　一冊　存一種

330000－1703－0005253　G41185　集部/總集類/選集之屬/斷代

皇朝經世文編一百二十卷姓名總目二卷　(清)賀長齡輯　清鉛印本　二十四冊

330000－1703－0005254　G41186　集部/總集類/選集之屬/斷代

皇朝經世文編一百二十卷姓名總目二卷　(清)賀長齡輯　**皇朝經世文續編一百二十卷**　(清)葛士濬輯　清光緒二十四年(1898)上海宏文閣鉛印本　四十八冊

330000－1703－0005255　G41249　集部/總集類/選集之屬/通代

古文辭類纂七十五卷附錄一卷　(清)姚鼐輯　**校勘記一卷**　(清)李承淵撰　清光緒二十七年(1901)滁州李氏求要堂刻三十二年(1906)補刻本　十二冊

330000－1703－0005256　G41187　集部/總集類/選集之屬/斷代

皇朝經世文編一百二十卷姓名總目二卷

(清)賀長齡輯　清上海江左書林鉛印本　二十四冊

330000－1703－0005257　G41247　集部/總集類/選集之屬/通代

古文辭類纂七十四卷　(清)姚鼐輯　**續古文辭類纂三十四卷**　王先謙輯　清光緒十八年(1892)吳縣朱記榮上海刻席氏掃葉山房印本　二十冊

330000－1703－0005258　G41248　集部/總集類/選集之屬/通代

古文辭類纂七十四卷　(清)姚鼐輯　**續古文辭類纂三十四卷**　王先謙輯　清光緒三十三年(1907)上海商務印書館鉛印本　二冊　存二十卷(古文辭類纂一至二十)

330000－1703－0005259　G41251　集部/總集類/選集之屬/通代

古文辭類纂七十五卷　(清)姚鼐輯　清同治八年(1869)刻本　十三冊　存六十四卷(一至十二、二十四至七十五)

330000－1703－0005260　G41252　集部/總集類/選集之屬/通代

古文辭類纂七十五卷　(清)姚鼐輯　清同治八年(1869)刻本　十冊

330000－1703－0005261　G41243　集部/總集類/選集之屬/通代

古文辭類纂十五卷　(清)姚鼐輯　**續古文辭類纂十卷**　王先謙輯　清光緒二十年(1894)上海圖書集成印書局鉛印本　十冊

330000－1703－0005262　G41188　集部/總集類/選集之屬/斷代

皇朝經世文編一百二十卷姓名總目三卷　(清)賀長齡輯　清光緒十二年(1886)思補樓石印本　三十冊　存六十一卷(一至四十、一百三至一百二十,總目一至三)

330000－1703－0005263　G41253　集部/總集類/選集之屬/通代

古文辭類纂七十五卷　(清)姚鼐輯　(清)吳汝綸評點　**姚選古文真本五色標記表十五卷**

首一卷 （清）張剛編 清五色古文山房刻本
十九冊 存七十三卷（古文辭類纂三至七
十五）

330000 - 1703 - 0005264 G33237 子部/
叢編

二十二子（二十二子彙函） （清）浙江書局編
清光緒元年至三年（1875 - 1877）浙江書局
刻本 六冊 存一種

330000 - 1703 - 0005265 G50401 類叢部/
叢書類/輯佚之屬

玉函山房輯佚書六百二十二種附一種 （清）
馬國翰輯 清光緒十年（1884）楚南湘遠堂刻
本 一百十八冊

330000 - 1703 - 0005266 G33225 子部/
叢編

二十二子（二十二子彙函） （清）浙江書局編
清光緒元年至三年（1875 - 1877）浙江書局
刻本 六冊 存一種

330000 - 1703 - 0005267 G50403 類叢部/
叢書類/輯佚之屬

玉函山房輯佚書六百二十二種附一種 （清）
馬國翰輯 清光緒九年（1883）長沙娜嬛館刻
本 九十一冊 存五百二十九種附一種

330000 - 1703 - 0005268 G33226 子部/
叢編

二十二子（二十二子彙函） （清）浙江書局編
清光緒元年至三年（1875 - 1877）浙江書局
刻本 四冊 存一種

330000 - 1703 - 0005270 G41518 集部/總
集類/尺牘之屬

國朝名人小簡二卷 吳曾祺輯 清宣統二年
（1910）上海商務印書局鉛印本 二冊

330000 - 1703 - 0005271 G33233 子部/
叢編

二十二子（二十二子彙函） （清）浙江書局編
清光緒元年至三年（1875 - 1877）浙江書局
刻本 四冊 存一種

330000 - 1703 - 0005272 G41189 集部/總

集類/選集之屬/斷代

皇朝經世文編一百二十卷姓名總目三卷
（清）賀長齡輯 清光緒十二年（1886）思補樓
石印本 五十冊 缺二十一卷（一至十六、十
九至二十,總目一至三）

330000 - 1703 - 0005273 G41519 集部/總
集類/尺牘之屬

名賢手札八種 （清）郭慶藩輯 清光緒二十
九年（1903）上海點石齋石印本 二冊

330000 - 1703 - 0005274 G41242 集部/總
集類/選集之屬/通代

古文辭類纂十五卷 （清）姚鼐輯 續古文辭
類纂十卷 王先謙輯 清光緒二十年（1894）
上海圖書集成印書局鉛印本 四冊 存十卷
（古文辭類纂十二至十五、續古文辭類纂一至
六）

330000 - 1703 - 0005275 G33232 子部/
叢編

二十二子（二十二子彙函） （清）浙江書局編
清光緒元年至三年（1875 - 1877）浙江書局
刻本 二冊 存二種

330000 - 1703 - 0005276 G33222 子部/
叢編

二十二子（二十二子彙函） （清）浙江書局編
清光緒元年至三年（1875 - 1877）浙江書局
刻二十七年（1901）重修本 一冊 存一種

330000 - 1703 - 0005277 G41244 集部/總
集類/選集之屬/通代

古文辭類纂十五卷 （清）姚鼐輯 續古文辭
類纂十卷 王先謙輯 清光緒十六年（1890）
上海文瑞樓鉛印本 十

330000 - 1703 - 0005278 G41190 集部/總
集類/選集之屬/斷代

皇朝經世文編一百二十卷姓名總目二卷
（清）賀長齡輯 清光緒十三年（1887）上海點
石齋石印本 十二冊

330000 - 1703 - 0005279 G41521 集部/總
集類/郡邑之屬

谿上詩輯十四卷　（清）尹元煒　（清）馮本懷訂　清道光二十九年（1849）抱珠樓刻本　四冊

330000－1703－0005280　G33228　子部/叢編

二十二子(二十二子彙函)　（清）浙江書局編　清光緒元年至三年（1875－1877）浙江書局刻本　十冊　存三種

330000－1703－0005281　G33224　子部/叢編

二十二子(二十二子彙函)　（清）浙江書局編　清光緒元年至三年（1875－1877）浙江書局刻本　一冊　存一種

330000－1703－0005282　G20701　史部/傳記類/總傳之屬/斷代

文獻徵存錄十卷　（清）錢林撰　清咸豐八年（1858）有嘉樹軒刻本　三冊　存三卷（六至八）

330000－1703－0005283　G41245　集部/總集類/選集之屬/通代

古文辭類纂十五卷　（清）姚鼐輯　續古文辭類纂十卷　王先謙輯　清上海著易堂石印本　八冊

330000－1703－0005284　G33223　子部/叢編

二十二子(二十二子彙函)　（清）浙江書局編　清光緒元年至三年（1875－1877）浙江書局刻本　二冊　存一種

330000－1703－0005285　G41524　集部/別集類/清別集

仁聲集不分卷　（清）周穜撰　清抄本　一冊

330000－1703－0005286　G41191　集部/總集類/選集之屬/斷代

皇朝經世文編一百二十卷姓名總目二卷　（清）賀長齡輯　清光緒十五年（1889）上海廣百宋齋鉛印本　十二冊　存六十五卷（五十六至一百二十）

330000－1703－0005287　G33221　子部/叢編

二十二子(二十二子彙函)　（清）浙江書局編　清光緒元年至三年（1875－1877）浙江書局刻本　八冊　存四種

330000－1703－0005288　G41522　集部/總集類/郡邑之屬

桃花潭文徵六卷　（清）翟大程輯　清光緒三十年（1904）涇川翟氏刻本　六冊

330000－1703－0005289　G41192　集部/總集類/選集之屬/斷代

皇朝經世文編一百二十卷姓名總目二卷時事四十卷洋務策論八卷　（清）賀長齡輯　皇朝經世文新增續編一百二十卷　（清）葛士濬輯　清光緒二十二年（1896）上海埽葉山房鉛印本　四冊　存二十一卷（文編一至十六、六十二至六十六）

330000　1703－0005293　G41193　集部/總集類/選集之屬/斷代

皇朝經世文編一百二十卷姓名總目二卷時事四十卷洋務策論八卷　（清）賀長齡輯　皇朝經世文新增續編一百二十卷　（清）葛士濬輯　清光緒二十三年（1897）上海埽葉山房鉛印本　四冊　存二十五卷（新增續編一至五、一百一至一百二十）

330000－1703－0005295　G41161　集部/總集類/彙編之屬

宋四名家詩　（清）周之鱗　（清）柴升編　清康熙刻本　四冊

330000－1703－0005297　G33234　子部/叢編

二十二子(二十二子彙函)　（清）浙江書局編　清光緒元年至三年（1875－1877）浙江書局刻本　四冊　存一種

330000－1703－0005298　G41258　集部/總集類/選集之屬/通代

續古文辭類纂二十八卷　（清）黎庶昌輯　清光緒二十一年（1895）金陵狀元閣刻本　十二冊

249

330000－1703－0005299　G41196　集部/總集類/選集之屬/斷代

皇朝經世文編一百二十卷姓名總目二卷生存姓名一卷　（清）賀長齡輯　清道光七年(1827)刻本　八十冊

330000－1703－0005300　G41259　集部/總集類/選集之屬/通代

續古文辭類纂二十八卷　（清）黎庶昌輯　清光緒十五年(1889)上海商務印書館鉛印本　一冊　存二卷(十二至十三)

330000－1703－0005301　G33238　子部/叢編

二十二子合刻　（清）浙江書局編　清光緒二十年(1894)上海積山書局石印本　十六冊

330000－1703－0005303　G41194　集部/總集類/選集之屬/斷代

皇朝經世文編一百二十卷姓名總目二卷　(清)賀長齡輯　清刻本　二冊　存五卷(五十八至五十九、七十二至七十四)

330000－1703－0005304　G30080　子部/儒家類/儒學之屬/禮教/家訓

楊忠愍公傳家寶訓不分卷　（明)楊繼盛撰　(明)陳君選輯　清咸豐九年(1859)刻本　一冊

330000－1703－0005305　G41195　集部/總集類/選集之屬/斷代

皇朝經世文編一百二十卷姓名總目二卷　(清)賀長齡輯　清刻本　三十冊　存四十七卷(五十九至一百五)

330000－1703－0005307　G41601　集部/總集類/課藝之屬

試律青雲集四卷　（清)楊逢春輯　(清)沈品華　(清)沈品全　(清)沈品三等注　清同治十三年(1874)刻本　四冊

330000－1703－0005309　G33239　子部/叢編

子書二十三種　（清)浙江書局編　清光緒二十三年(1897)上海圖書集成局鉛印本　四

十冊

330000－1703－0005310　G41600　集部/總集類/課藝之屬

試律青雲集四卷　（清)楊逢春輯　(清)沈品華　(清)沈品全　(清)沈品三等注　清同治十三年(1874)刻本　三冊　存三卷(一至三)

330000－1703－0005312　G33240　子部/叢編

子書二十三種　（清)浙江書局編　清光緒二十三年(1897)上海圖書集成局鉛印本　四冊　存一種

330000－1703－0005313　G41263　集部/總集類/選集之屬

類選不分卷　清抄本　五冊　缺上書、表、牋、奏疏、策、七、連珠

330000－1703－0005314　G41197　集部/總集類/選集之屬/斷代

皇朝經世文編一百二十卷姓名總目二卷生存姓名一卷　（清）賀長齡輯　清道光七年(1827)刻本　六十四冊

330000－1703－0005315　G21154　史部/傳記類/科舉錄之屬

癸卯科直省元魁新墨八卷首一卷　清光緒三十年(1904)上海同文書社鉛印本　四冊　存六卷(首、四至八)

330000－1703－0005316　G41203　子部/儒家類/儒學之屬/經濟

皇朝經世文續編一百二十卷　（清)葛士濬輯　清光緒二十四年(1898)上海書局石印本　二十冊

330000－1703－0005317　G33220　子部/叢編

二十二子(二十二子彙函)　（清)浙江書局編　清光緒元年至三年(1875－1877)浙江書局刻本　四十八冊　存十二種

330000－1703－0005318　G41198　集部/總集類/選集之屬/斷代

皇朝經世文編補一百二十卷姓名總目初續一

卷皇朝經世文編姓名總目二卷生存姓名一卷

（清）賀長齡輯　（清）張鵬飛補並輯評　清道光二十九年(1849)安康張鵬飛來鹿堂刻本九十九冊　缺二卷（四十八、一百十）

330000 – 1703 – 0005319　G22321　史部/地理類/遊記之屬/紀行

節相壯游日錄二卷　（清）李鴻章撰　（清）桃谿漁隱　（清）惺新盦主輯　清光緒二十三年(1897)上海石印本　一冊

330000 – 1703 – 0005320　G33229　子部/叢編

二十二子(二十二子彙函)　（清）浙江書局編　清光緒元年至三年(1875 – 1877)浙江書局刻本　十六冊　存五種

330000 – 1703 – 0005321　G41200　集部/總集類/選集之屬/斷代

皇朝經世文三編八十卷　（清）陳忠倚輯　清光緒二十八年(1902)天章書局石印本　八冊

330000 – 1703 – 0005322　G33235　子部/叢編

二十二子(二十二子彙函)　（清）浙江書局編　清光緒元年至三年(1875 – 1877)浙江書局刻本　二冊　存一種

330000 – 1703 – 0005323　G20704　史部/傳記類/總傳之屬/家乘

楊氏一門忠節錄五卷首一卷終一卷　（清）楊學泗輯　清道光二十六年(1846)四知堂木活字印本　張美翊題記　二冊

330000 – 1703 – 0005324　G33227　子部/叢編

二十二子(二十二子彙函)　（清）浙江書局編　清光緒元年至三年(1875 – 1877)浙江書局刻本　一冊　存一種

330000 – 1703 – 0005325　G41264　集部/總集類/選集之屬/通代

續古文辭類纂三十四卷　王先謙輯　清光緒八年(1882)長沙王氏虛受堂刻本　六冊

330000 – 1703 – 0005326　G33236　子部/

叢編

二十二子(二十二子彙函)　（清）浙江書局編　清光緒元年至三年(1875 – 1877)浙江書局刻本　十冊　存一種

330000 – 1703 – 0005329　G41199　集部/總集類/選集之屬/斷代

皇朝經世文三編八十卷　（清）陳忠倚輯　清光緒二十七年(1901)上海書局石印本　十六冊

330000 – 1703 – 0005331　G41201　集部/總集類/選集之屬/斷代

皇朝經世文新編二十二卷　麥仲華輯　清光緒二十七年(1901)上海寶善書局石印本　八冊

330000 – 1703 – 0005333　G41202　集部/總集類/選集之屬/斷代

皇朝經世文新編二十一卷　麥仲華輯　清光緒上海大同譯書局石印本　二十四冊

330000 – 1703 – 0005338　G41265　集部/總集類/選集之屬/通代

續古文辭類纂三十四卷　王先謙輯　清光緒八年(1882)長沙王氏虛受堂刻本　八冊

330000 – 1703 – 0005339　G41204　子部/儒家類/儒學之屬/經濟

皇朝經世文續編一百二十卷　（清）葛士濬輯　清光緒二十四年(1898)上海書局石印本　十九冊　缺五卷（三十一至三十五）

330000 – 1703 – 0005341　G41205　子部/儒家類/儒學之屬/經濟

皇朝經世文續編一百二十卷　（清）葛士濬輯　清光緒十四年(1888)上海圖書集成局鉛印本　三十二冊

330000 – 1703 – 0005344　G41206　子部/儒家類/儒學之屬/經濟

皇朝經世文續編一百二十卷　（清）葛士濬輯　清光緒十四年(1888)上海圖書集成局鉛印本　三十一冊　缺二卷（一百五至一百六）

330000 – 1703 – 0005346　G20430　史部/雜

史類/外紀之屬

意大利興國俠士傳一卷 （日本）松井廣吉撰 （日本）橋本大郎譯 清光緒二十四年（1898）上海大同譯書局石印本 一冊

330000－1703－0005348 G41267 集部/總集類/選集之屬/通代

桐城吳氏古文讀本十三卷 （清）吳汝綸評選 清光緒三十一年（1905）上海文明書局鉛印本 四冊

330000－1703－0005351 G41207 子部/儒家類/儒學之屬/經濟

皇朝經世文續編一百二十卷姓名總目三卷 （清）盛康輯 盛宣懷編次 清光緒二十三年（1897）武進盛氏思補樓刻本 八十冊

330000－1703－0005352 G41268 集部/總集類/選集之屬/通代

八代文粹二百二十卷目錄十八卷 （清）簡燦 （清）陳崇哲輯 清光緒十一年（1885）富順考雋堂刻本 六十二冊 缺六卷（目錄五至八、七十五至七十六）

330000－1703－0005353 G41407 集部/總集類/氏族之屬

萬氏詩傳二十二卷首一卷 （清）萬後賢輯 清貯香館刻本 四冊

330000－1703－0005354 G41755 集部/總集類/選集之屬/通代

古文分編集評初集五卷二集五卷三集八卷四集四卷 （清）于光華輯 清務本堂刻本 二十冊

330000－1703－0005355 G41208 子部/儒家類/儒學之屬/經濟

皇朝經世文續編一百二十卷姓名總目三卷 （清）盛康輯 盛宣懷編次 清光緒二十三年（1897）武進盛氏思補樓刻本 七十五冊 缺六卷（五十四至五十五、七十、八十七、九十三、一百九）

330000－1703－0005356 G20702 史部/傳記類/別傳之屬/事狀

李鴻章（中國四十年來大事記）十二章 梁啓超撰 清末石印本 一冊

330000－1703－0005357 G41409 集部/總集類/氏族之屬

［浙江寧波］四明水氏留碩稿不分卷 （清）清水嘉穀纂修 （清）水寶璐輯 清光緒十八年（1892）四明水嘉穀刻本 三冊

330000－1703－0005360 G41410 集部/總集類/郡邑之屬

滎陽詩鈔合選五卷 （清）鄭漢津 （清）鄭景儒輯 清光緒三十年（1904）龍山鄭氏譜局木活字印本 一冊

330000－1703－0005361 G41209 子部/儒家類/儒學之屬/經濟

皇朝經世文續編一百二十卷姓名總目三卷 （清）盛康輯 盛宣懷編次 清光緒二十三年（1897）武進盛氏思補樓刻本 十三冊 存二十一卷（六至八、十八至十九、二十六至二十八、三十一至三十二、三十四至三十五、三十九至四十一、六十六、八十四至八十五、八十七至八十九）

330000－1703－0005362 G41210 子部/儒家類/儒學之屬/經濟

皇朝經世文續編一百二十卷姓名總目三卷 （清）盛康輯 盛宣懷編次 清光緒二十三年（1897）武進盛氏思補樓刻本 三十五冊 存五十九卷（一、六至七、十、十六至十七、二十六至二十八、三十三、三十七至四十三、四十八至五十九、六十一至六十五、六十七至七十七、九十六至九十七、一百四至一百八、一百十三至一百十四、一百十七至一百十八，總目一至三）

330000－1703－0005364 G41408 集部/總集類/選集之屬/斷代

雙節堂贈言集錄二十八卷首一卷末一卷附錄一卷續集二十二卷首一卷末一卷附錄一卷附訂一卷三集十四卷首一卷末一卷附錄一卷 （清）汪輝祖輯 清乾隆至嘉慶刻本 六冊 存三十一卷（雙節堂贈言集錄首、一至二十

八、末、附錄)

330000 - 1703 - 0005368　G50759　類叢部/
叢書類/自著之屬

董孟如所著書六種　（清）董沛撰　清光緒四
年至七年(1878 - 1881)鄞縣董氏刻本　四冊
存一種

330000 - 1703 - 0005369　G41381　集部/總
集類/郡邑之屬

繡水詩鈔八卷　（清）吳連周輯　清道光二十
五年(1845)刻本　四冊

330000 - 1703 - 0005371　G41374　集部/總
集類/郡邑之屬

**兩浙輶軒續錄五十四卷補遺六卷姓氏韻編二
卷**　（清）潘衍桐輯　清光緒十七年(1891)浙
江書局刻本　四十冊

330000 - 1703 - 0005372　G41269　集部/總
集類/選集之屬/通代

斯文精萃不分卷　（清）尹繼善輯　清乾隆刻
三槐堂印本　六冊

330000 - 1703 - 0005374　G50699　類叢部/
叢書類/自著之屬

頤志齋叢書二十二種　（清）丁晏撰　清道光
至同治山陽丁氏六藝堂刻同治元年(1862)彙
印本　二十四冊

330000 - 1703 - 0005376　G50686　類叢部/
叢書類/自著之屬

隨園三十種　（清）袁枚撰　清乾隆至嘉慶刻
本　二冊　存一種

330000 - 1703 - 0005377　G41375　集部/總
集類/郡邑之屬

**兩浙輶軒續錄五十四卷補遺六卷姓氏韻編二
卷**　（清）潘衍桐輯　清光緒十七年(1891)浙
江書局刻本　四十冊

330000 - 1703 - 0005378　G41376　集部/總
集類/郡邑之屬

**兩浙輶軒續錄五十四卷補遺六卷姓氏韻編二
卷**　（清）潘衍桐輯　清光緒十七年(1891)浙
江書局刻本　四十冊

330000 - 1703 - 0005379　G41377　集部/總
集類/郡邑之屬

**兩浙輶軒續錄五十四卷補遺六卷姓氏韻編二
卷**　（清）潘衍桐輯　清光緒十七年(1891)浙
江書局刻本　三十四冊　缺十一卷(四十七、
五十至五十四,補遺一至四,姓氏韻編二)

330000 - 1703 - 0005381　G41378　集部/總
集類/郡邑之屬

兩浙輶軒錄四十卷補遺十卷姓氏韻編二卷
（清）阮元輯　清光緒十六年(1890)浙江書局
刻本　三十二冊

330000 - 1703 - 0005382　G41380　集部/總
集類/郡邑之屬

兩浙輶軒錄不分卷　（清）阮元輯　清抄本
九冊

330000 - 1703 - 0005383　G41379　集部/總
集類/郡邑之屬

兩浙輶軒錄四十卷補遺十卷姓氏韻編二卷
（清）阮元輯　清光緒十六年(1890)浙江書局
刻本　四冊　存六卷(四至六、二十四至二十
五、四十)

330000 - 1703 - 0005385　G41288　集部/總
集類/選集之屬/斷代

湖海詩傳四十六卷　（清）王昶輯　清嘉慶八
年(1803)青浦王氏三泖漁莊刻本　十二冊

330000 - 1703 - 0005386　G50096　類叢部/
叢書類/彙編之屬

海山仙館叢書五十六種　（清）潘仕成編　清
道光二十五年至咸豐元年(1845 - 1851)番禺
潘氏刻光緒十一年(1885)增刻彙印本　一百
十冊　存四十九種

330000 - 1703 - 0005387　G41289　集部/總
集類/選集之屬/斷代

湖海詩傳四十六卷　（清）王昶輯　清同治四
年(1865)亦西齋刻本　十六冊

330000 - 1703 - 0005388　G41290　集部/總
集類/選集之屬/斷代

湖海詩傳四十六卷　（清）王昶輯　清同治四

年(1865)亦西齋刻本　十五冊　缺四卷(五至八)

330000－1703－0005389　G22331　史部/地理類/專志之屬/古跡

四明古蹟四卷詩餘一卷　(清)陳之綱輯　清道光二年(1822)是亦樓刻本　二冊

330000－1703－0005390　G22332　史部/地理類/專志之屬/古跡

四明古蹟四卷詩餘一卷　(清)陳之綱輯　清道光二年(1822)是亦樓刻本　二冊

330000－1703－0005391　G41382　集部/總集類/郡邑之屬

甬上耆舊詩三十卷　(清)胡文學輯選　(清)李鄴嗣敘傳　**甬上高僧詩二卷**　(清)季鄭嗣選評　清康熙十五年至十七年(1676－1678)胡氏敬義堂刻本　五冊　存十四卷(十七至三十)

330000－1703－0005392　G41270　集部/總集類/選集之屬/通代

涵芬樓古今文鈔一百卷　吳曾祺輯　清宣統三年(1911)上海商務印書館鉛印本　一百一冊

330000－1703－0005393　G41273　集部/總集類/選集之屬/通代

涵芬樓古今文鈔樣本不分卷　商務印書館編　清宣統二年(1910)上海商務印書館鉛印本　一冊

330000－1703－0005395　G50097　類叢部/叢書類/彙編之屬

海山仙館叢書五十六種　(清)潘仕成編　清道光二十五年至咸豐元年(1845－1851)番禺潘氏刻光緒十一年(1885)增刻彙印本　七冊　存九種

330000－1703－0005399　G40104　集部/別集類/唐五代別集

溫飛卿詩集七卷別集一卷集外詩一卷附錄諸家詩評一卷　(唐)溫庭筠撰　(明)曾益注(清)顧予咸補注　(清)顧嗣立續注　清康熙

三十六年(1697)長洲顧氏秀野草堂刻本二冊

330000－1703－0005401　G50272　集部/總集類/郡邑之屬

續甬上耆舊詩集一百四十卷　(清)全祖望輯　清光緒至宣統鉛印國粹叢書本　張美翊題記　八冊

330000－1703－0005402　G41657　集部/總集類/謠諺之屬

集杭諺詩一卷　(清)邵懿辰輯　清光緒二年(1876)仁和葛氏刻本　一冊

330000－1703－0005413　G41276　集部/總集類/尺牘之屬

歷代名人書札二卷　吳曾祺輯　清宣統三年(1911)上海商務印書館鉛印本　二冊

330000－1703－0005415　G41278　集部/總集類/尺牘之屬

歷代名人書札二卷　吳曾祺輯　清光緒三十四年(1908)上海商務印書館鉛印本　二冊

330000－1703－0005419　G40291　集部/別集類/清別集

曝書亭集八十卷附錄一卷　(清)朱彝尊撰　**笛漁小稾十卷**　(清)朱昆田撰　清康熙五十三年(1714)朱稻孫刻乾隆重修本　八冊　存八十一卷(曝書亭集一至八十、附錄)

330000－1703－0005423　G40293　集部/別集類/清別集

曝書亭集八十卷附錄一卷　(清)朱彝尊撰　**笛漁小稾十卷**　(清)朱昆田撰　清康熙五十三年(1714)朱稻孫刻雍正印本　十一冊　存五十九卷(曝書亭集二十三至八十、附錄)

330000－1703－0005429　G40292　集部/別集類/清別集

曝書亭集八十卷附錄一卷　(清)朱彝尊撰　**笛漁小稾十卷**　(清)朱昆田撰　清康熙五十三年(1714)朱稻孫刻雍正印本　五冊　存二十六卷(曝書亭集一至二十六)

330000－1703－0005432　G40294　集部/別

集類/清別集

曝書亭集外稿八卷 （清）朱彝尊撰 （清）馮登府 （清）朱墨林輯 清嘉慶二十二年(1817)刻道光二年(1822)印本 四冊

330000－1703－0005433 G41401 集部/別集類/清別集

百美新詠一卷集詠一卷圖傳一卷 （清）顏希源撰 清刻本 二冊 缺一卷（圖傳）

330000－1703－0005434 G41438 集部/總集類/選集之屬/斷代

唐詩選七卷 （明）李攀龍輯 （清）吳逸注 清康熙刻本 四冊

330000－1703－0005435 G41280 集部/總集類/尺牘之屬

國朝名人書札二卷 吳曾祺輯 清宣統二年(1910)上海商務印書館鉛印本 四冊

330000－1703－0005436 G40730 集部/別集類/清別集

枕善堂尺牘一隅二十卷 （清）陳大溶撰 清刻本 八冊

330000－1703－0005437 G41399 集部/總集類/酬唱之屬

四明酬倡集二卷 （清）黃大華輯 清光緒二十九年(1903)勾東譯社鉛印本 二冊

330000－1703－0005439 G41400 集部/總集類/酬唱之屬

四明酬倡集二卷 （清）黃大華輯 清光緒二十九年(1903)勾東譯社鉛印本 二冊

330000－1703－0005440 G41291 集部/總集類/選集之屬/通代

駢體文鈔三十一卷 （清）李兆洛輯 清光緒八年(1882)上海刻本 八冊

330000－1703－0005441 G41440 集部/總集類/選集之屬/通代

古唐詩合解十二卷古詩四卷 （清）王堯衢注 清道光二十五年(1845)德華堂刻本 六冊

330000－1703－0005442 G41441 集部/總

集類/選集之屬/通代

古唐詩合解十二卷古詩四卷 （清）王堯衢注 清光緒二十八年(1902)新化三味書局刻本 六冊

330000－1703－0005443 G41442 集部/總集類/選集之屬/通代

古唐詩合解十二卷古詩四卷 （清）王堯衢注 清嘉慶十二年(1807)蔡照樓刻本 六冊

330000－1703－0005444 G41443 集部/總集類/選集之屬/通代

古唐詩合解十二卷古詩四卷 （清）王堯衢注 清光緒九年(1883)溧陽正新豫刻本 六冊

330000－1703－0005445 G41292 集部/總集類/選集之屬/通代

駢體文鈔三十一卷 （清）李兆洛輯 清光緒八年(1882)上海刻本 八冊

330000－1703－0005446 G50558 類叢部/叢書類/郡邑之屬

剡上叢書四種 清光緒二十一年至民國七年(1895－1918)奉化孫氏刻暨鉛印本 五冊 存三種

330000－1703－0005447 G41293 集部/總集類/選集之屬/通代

駢體文鈔三十一卷 （清）李兆洛輯 清光緒八年(1882)上海刻本 六冊 存二十六卷（一至十九、二十二至二十八）

330000－1703－0005448 G21158 史部/傳記類/科舉錄之屬/歷科鄉試錄

光緒二十九年癸卯恩科浙江鄉試同懷卷一卷附光緒癸卯二十九年恩科浙江優貢卷一卷 李思浩 李思瀚撰 清光緒刻本 一冊

330000－1703－0005449 G41294 集部/總集類/選集之屬/通代

駢體文鈔三十一卷 （清）李兆洛輯 清光緒八年(1882)上海刻本 十冊

330000－1703－0005450 G41295 集部/總集類/選集之屬/通代

駢體文鈔三十一卷 （清）李兆洛輯 清道光

元年（1821）合河康氏家塾刻同治六年（1867）
婁江徐氏補刻本　十冊　存二十九卷（一至
十三、十六至三十一）

330000－1703－0005451　G21157　史部/傳
記類/科舉錄之屬/歷科鄉試錄

**光緒二十九年癸卯恩科浙江鄉試同懷卷一卷
附光緒癸卯二十九年恩科浙江優貢卷一卷**
李思浩　李思瀚撰　清光緒刻本　一冊

330000－1703－0005453　G50559　類叢部/
叢書類/郡邑之屬

剡上叢書四種　清光緒二十一年至民國七年
（1895－1918）奉化孫氏刻暨鉛印本　五冊
存三種

330000－1703－0005454　G41296　集部/總
集類/選集之屬/通代

駢體文鈔三十一卷　（清）李兆洛輯　清道光
元年（1821）合河康氏家塾刻同治六年（1867）
婁江徐氏補刻本　八冊

330000－1703－0005455　G50560　類叢部/
叢書類/郡邑之屬

剡上叢書四種　清光緒二十一年至民國七年
（1895－1918）奉化孫氏刻暨鉛印本　五冊
存三種

330000－1703－0005456　G41297　集部/總
集類/選集之屬/通代

駢體文鈔三十一卷　（清）李兆洛輯　清道光
元年（1821）合河康氏家塾刻同治六年（1867）
婁江徐氏補刻本　八冊

330000－1703－0005457　G50561　類叢部/
叢書類/郡邑之屬

剡上叢書四種　清光緒二十一年至民國七年
（1895－1918）奉化孫氏刻暨鉛印本　五冊
存三種

330000－1703－0005458　G50562　類叢部/
叢書類/郡邑之屬

剡上叢書四種　清光緒二十一年至民國七年
（1895－1918）奉化孫氏刻暨鉛印本　一冊
存一種

330000－1703－0005459　G41444　集部/總
集類/選集之屬/通代

古唐詩合解十二卷古詩四卷　（清）王堯衢注
清刻本　四冊

330000－1703－0005460　G41445　集部/總
集類/選集之屬/通代

古唐詩合解十二卷古詩四卷　（清）王堯衢注
清道光二十五年（1845）德華堂刻本　一
冊　存四卷（一至二、八至九）

330000－1703－0005461　G41446　集部/總
集類/選集之屬/通代

古唐詩合解十二卷古詩四卷　（清）王堯衢注
清道光七年（1827）文萃堂刻本　五冊　存
十二卷（一至十二）

330000－1703－0005462　G31643　子部/小
說家類/雜事之屬

畫舫續錄投贈三卷　（清）箇中生輯　清嘉慶
來青閣刻本　三冊

330000－1703－0005463　G41447　集部/總
集類/選集之屬/通代

古唐詩合解十二卷古詩四卷　（清）王堯衢注
清道光二十五年（1845）德華堂刻本　三冊
存八卷（一至二、五至七、十至十二）

330000－1703－0005469　G32715　新學/雜
著/叢編

續西學大成六十八種　（清）孫家鼐編　清光
緒二十三年（1897）上海飛鴻閣書林石印本
十四冊　存六十二種

330000－1703－0005471　G21080　集部/總
集類/氏族之屬

慈水桂氏清芬集四卷　（清）桂廷繭　（清）桂
發枝輯　清乾隆三十九年（1774）印月草堂刻
本　一冊　存二卷（三至四）

330000－1703－0005472　G50613　類叢部/
叢書類/家集之屬

玉山朱氏遺書二種　（清）諸可寶編　清光緒
二十六年（1900）玉山書院刻本　張美翊題記
三冊

330000－1703－0005473　G41448　集部/總集類/選集之屬/通代

古唐詩合解十二卷古詩四卷　（清）王堯衢注　清道光七年(1827)文萃堂刻汲綆齋重修本　七冊

330000－1703－0005474　G41414　集部/總集類/題詠之屬

慕萊堂詩文徵存□□卷　（清）李維翰輯　清光緒二十一年(1895)刻本　二冊　存五卷(一至五)

330000－1703－0005475　G50605　類叢部/叢書類/家集之屬

黃氏家集初編六種　（清）黃家鼎輯　清光緒十七年(1891)四明黃氏補不足齋刻本　十二冊

330000－1703－0005476　G41449　集部/總集類/選集之屬/通代

古唐詩合解十二卷古詩四卷　（清）王堯衢注　清刻本　秦履平題簽　一冊　存二卷(八至九)

330000－1703－0005477　G41411　集部/總集類/氏族之屬

戴氏家稿輯略文五卷詩五卷　（清）戴仁宇編輯　清光緒二十三年(1897)望鹿山館刻本　四冊

330000－1703－0005478　G41525　集部/總集類/郡邑之屬

西泠五布衣遺箸　（清）丁丙輯　清同治至光緒錢塘丁氏當歸草堂刻本　錢罕題記　一冊　存二種

330000－1703－0005479　G41412　集部/總集類/氏族之屬

戴氏家稿輯略文五卷詩五卷　（清）戴仁宇編輯　清光緒二十三年(1897)望鹿山館刻本　四冊

330000－1703－0005480　G41450　集部/總集類/選集之屬/通代

古唐詩合解十二卷古詩四卷　（清）王堯衢注

清刻本　一冊　存三卷(八至十)

330000－1703－0005487　G41300　集部/總集類/選集之屬/斷代

唐駢體文鈔十七卷　（清）陳均纂　清同治十二年(1873)刻本　四冊

330000－1703－0005490　G21079　史部/傳記類/別傳之屬/事狀

會稽王烈婦孫宜人哀辭一卷　王繼香輯　清光緒元年(1875)刻本　一冊

330000－1703－0005491　G41301　集部/總集類/選集之屬/斷代

南北朝文鈔二卷　（清）彭兆蓀輯　清光緒八年(1882)紫雲室刻本　二冊

330000－1703－0005492　G41527　集部/總集類/氏族之屬

海虞三陶先生集合刻三種　（清）楊沂孫輯　清光緒七年(1881)楊同福貴池縣署刻本　八冊

330000－1703－0005493　G41302　集部/總集類/選集之屬/斷代

宋四六選二十四卷　（清）彭元瑞　（清）曹振鏞輯　清刻本　四冊

330000－1703－0005494　G41303　集部/總集類/選集之屬/斷代

宋四六選二十四卷　（清）彭元瑞　（清）曹振鏞輯　清刻本　十二冊

330000－1703－0005496　G41305　集部/總集類/選集之屬/斷代

宋四六選二十四卷　（清）彭元瑞　（清）曹振鏞輯　清刻本　十一冊　缺二卷(一至二)

330000－1703－0005497　G41413　集部/總集類/氏族之屬

邱氏家集一卷山陽邱氏文獻私記一卷　（清）邱崧生輯　清光緒二十二年(1896)刻本　一冊

330000－1703－0005498　G40739　集部/別集類/清別集

羣芳小集一卷續集一卷　（清）譚獻撰　清末刻本　一冊

330000－1703－0005501　G41304　集部/總集類/選集之屬/斷代

宋四六選二十四卷　（清）彭元瑞　（清）曹振鏞輯　清刻本　六冊

330000－1703－0005502　G41417　集部/總集類/彙編之屬

二黃合稿二卷　（清）黃崇惺　（清）黃家鼎撰　（清）廷愷編　清光緒八年(1882)廷愷刻本　一冊

330000－1703－0005505　G41306　集部/總集類/選集之屬/通代

忠雅堂評選四六法海八卷　（清）蔣士銓評選　清同治十年(1871)步月山房刻朱墨套印本　八冊

330000－1703－0005506　G41307　集部/總集類/選集之屬/通代

忠雅堂評選四六法海八卷　（清）蔣士銓評選　清光緒元年(1875)寄螺齋刻本　八冊

330000－1703－0005507　G41452　集部/總集類/選集之屬/斷代

註釋唐詩三百首六卷　（清）蘅塘退士(孫洙)編　清刻本　二冊

330000－1703－0005508　G41308　集部/總集類/選集之屬/通代

忠雅堂評選四六法海八卷　（清）蔣士銓評選　清光緒八年(1882)刻本　八冊

330000－1703－0005510　G41454　集部/總集類/選集之屬/斷代

註釋唐詩三百首六卷　（清）蘅塘退士(孫洙)編　清光緒十三年(1887)退補齋刻本　二冊

330000－1703－0005511　G41455　集部/總集類/選集之屬/斷代

註釋唐詩三百首六卷　（清）蘅塘退士(孫洙)編　清光緒七年(1881)寧郡羣玉山房刻本　二冊

330000－1703－0005512　G41456　集部/總集類/選集之屬/斷代

註釋唐詩三百首不分卷　（清）蘅塘退士(孫洙)編　清光緒南京李光明莊刻本　一冊

330000－1703－0005521　G41326　集部/總集類/選集之屬/斷代

東嵒艸堂評訂唐詩鼓吹十卷　（金）元好問輯　（元）郝天挺注　（明）廖文炳解　（清）朱三錫評　清乾隆四十年(1775)刻本　六冊

330000－1703－0005524　G41327　集部/總集類/選集之屬/斷代

東嵒艸堂評訂唐詩鼓吹十卷　（金）元好問輯　（元）郝天挺注　（明）廖文炳解　（清）朱三錫評　清乾隆四十年(1775)刻本　十冊

330000－1703－0005525　G50034　類叢部/叢書類/彙編之屬

武英殿聚珍版書一百三十八種　清江蘇刻本　一百六十冊　存三十八種

330000－1703－0005526　G41328　集部/總集類/選集之屬/通代

古詩源十四卷　（清）沈德潛輯　清藜照山館刻本　四冊

330000－1703－0005528　G41329　集部/總集類/選集之屬/通代

評選古詩源四卷　（清）沈德潛評選　清光緒二十年(1894)上海圖書集成印書局鉛印本　四冊

330000－1703－0005530　G41330　集部/總集類/選集之屬/通代

評選古詩源四卷　（清）沈德潛評選　清光緒二十年(1894)上海圖書集成印書局鉛印本　四冊

330000－1703－0005531　G41538　集部/總集類/選集之屬/通代

俗語詳解小學古文讀本二卷　吳芝瑛選註　清光緒三十四年(1908)上海文明書局石印本　二冊

330000－1703－0005532　G41462　集部/總

集類/選集之屬/斷代

金詩選四卷 (清)顧奎光輯 (清)陶玉禾評
清乾隆十六年(1751)刻本 二冊

330000－1703－0005533 G41463 集部/總
集類/選集之屬/斷代

七家詩選註釋七卷 (清)張熙宇輯評 (清)
張昶註釋 清刻本 四冊

330000－1703－0005534 G41539 集部/總
集類/彙編之屬

中學國文讀本十卷 林紓評選 清宣統上海
商務印書館鉛印本 四冊 存四卷(二、六至
七、十)

330000－1703－0005535 G41541 集部/總
集類/選集之屬/通代

高等學堂國文講義八卷 唐文治輯 清宣統
元年(1909)上海文明書局鉛印本 五冊 存
五卷(二,至四、六至七)

330000－1703－0005537 G41536 集部/總
集類/選集之屬

綠窗清課不分卷 清光緒十五年(1889)抄本
一冊

330000－1703－0005538 G41464 集部/總
集類/選集之屬/斷代

詳註七家詩七卷 (清)王廷紹等撰 (清)張
熙宇評選 (清)石暉甲箋注 清光緒十八年
(1892)上海廣百宋齋鉛印本 四冊

330000－1703－0005539 G41465 集部/總
集類/選集之屬/斷代

硃批增註七家詩選七卷 (清)張熙宇評選
(清)張昶註釋 清光緒五年(1879)上海紫文
閣刻朱墨套印本 三冊 缺二卷(三至四)

330000－1703－0005540 G41466 集部/總
集類/選集之屬/斷代

明詩綜一百卷 (清)朱彝尊輯 (清)汪森等
評 清康熙刻乾隆印本 二十四冊

330000－1703－0005541 G50035 類叢部/
叢書類/彙編之屬

武英殿聚珍版書一百三十八種 清乾隆福建

刻道光至同治遞修本 六百六十二冊 存一
百二十一種

330000－1703－0005544 G41331 集部/總
集類/選集之屬/通代

增補重訂千家詩註解二卷 (清)任來吉選
(清)王相注 **新鑴五言千家詩會義直解二卷**
(清)王相選注 (清)任福祐重輯 **諸名家
百壽詩一卷贈賀詩一卷百花詩一卷** (清)王
相選 **附百花詩引一卷** (清)顏宗孔撰 清
刻本 二冊

330000－1703－0005545 G41468 集部/總
集類/選集之屬/通代

古文觀止十二卷 (清)吳乘權 (清)吳大職
輯 清同治十三年(1874)寧郡汲綆齋刻本
五冊 存十卷(一至十)

330000－1703－0005546 G41533 集部/總
集類/酬唱之屬

歸舟倡和詩一卷 (清)范廷謀撰 清稼石堂
刻本 一冊

330000－1703－0005547 G41532 集部/總
集類/選集之屬/斷代

百老吟一卷後編一卷三編一卷附編一卷 錢
溯耆輯 清宣統二年至民國四年(1910－
1915)太倉錢氏聽邠館刻本 一冊

330000－1703－0005549 G41335 集部/總
集類/選集之屬/通代

咏物詩選註釋八卷 (清)俞琰輯 (清)易開
繕 (清)孫浍鳴注 清嘉慶十年(1805)黎照
樓刻本 四冊

330000－1703－0005550 G41469 集部/總
集類/選集之屬/通代

古文觀止十二卷 (清)吳乘權 (清)吳大職
輯 清刻本 十二冊

330000－1703－0005551 G40724 集部/別
集類/清別集

師竹齋賦鈔不分卷 (清)鄧德磺撰 清同治
十年(1871)刻本 三冊

330000－1703－0005552 G41336 集部/總

集類/選集之屬/通代

咏物詩選註釋八卷 （清）俞琰輯 （清）易開
緒 （清）孫涍鳴注 清道光四年(1824)觀山
堂刻本 三冊 存五卷(一至三、五至六)

330000 - 1703 - 0005553 G41474 集部/總
集類/選集之屬/通代

古文觀止十二卷 （清）吳乘權 （清）吳大職
輯 清刻本 一冊 存二卷(十一至十二)

330000 - 1703 - 0005554 G41555 集部/總
集類/課藝之屬

聽雨軒讀本前集二卷今集不分卷 （清）陳鍾
麟選 清刻本 張美翊題記 四冊

330000 - 1703 - 0005555 G50049 類叢部/
叢書類/彙編之屬

武英殿聚珍版書一百三十八種 清乾隆福建
刻道光至同治遞修本 四十八冊 存一種

330000 - 1703 - 0005556 G41557 集部/總
集類/課藝之屬

目耕齋讀本初集不分卷二刻不分卷 （清）徐
楷評註 （清）沈叔眉選刊 清汲綆齋刻本
三冊

330000 - 1703 - 0005557 G41475 集部/總
集類/選集之屬/通代

聚珍堂古文觀止十二卷 （清）吳乘權 （清）
吳大職輯 清刻本 六冊

330000 - 1703 - 0005558 G50036 類叢部/
叢書類/彙編之屬

武英殿聚珍版書一百三十八種 清乾隆武英
殿木活字印本 十六冊 存七種

330000 - 1703 - 0005559 G41558 集部/總
集類/課藝之屬

目耕齋讀本初集不分卷二刻不分卷 （清）徐
楷評註 （清）沈叔眉選刊 清汲綆齋刻本
二冊

330000 - 1703 - 0005560 G41553 集部/總
集類/課藝之屬

采荻齋文選不分卷 （清）孫大源等撰 清刻
本 一冊

330000 - 1703 - 0005561 G41470 集部/總
集類/選集之屬/通代

古文觀止十二卷 （清）吳乘權 （清）吳大職
輯 清浙寧汲綆齋刻本 六冊

330000 - 1703 - 0005562 G50047 類叢部/
叢書類/彙編之屬

武英殿聚珍版書一百三十八種 清乾隆福建
刻道光至同治遞修本 二十四冊 存一種

330000 - 1703 - 0005563 G41471 集部/總
集類/選集之屬/通代

古文觀止十二卷 （清）吳乘權 （清）吳大職
輯 清浙寧汲綆齋刻本 六冊

330000 - 1703 - 0005565 G50048 類叢部/
叢書類/彙編之屬

武英殿聚珍版書一百三十八種 清乾隆福建
刻道光至同治遞修本 四冊 存一種

330000 - 1703 - 0005566 G41476 集部/總
集類/選集之屬/通代

繪圖增批古文觀止十二卷 （清）吳乘權
（清）吳大職輯 清宣統元年(1909)上海章福
記石印本 五冊 缺二卷(七至八)

330000 - 1703 - 0005567 G50038 類叢部/
叢書類/彙編之屬

武英殿聚珍版書一百三十八種 清乾隆武英
殿木活字印本 六冊 存一種

330000 - 1703 - 0005568 G50037 類叢部/
叢書類/彙編之屬

武英殿聚珍版書一百三十八種 清光緒二十
五年(1899)廣雅書局刻本 十三冊 存一種

330000 - 1703 - 0005569 G41472 集部/總
集類/選集之屬/通代

古文觀止十二卷 （清）吳乘權 （清）吳大職
輯 清乾隆四十三年(1778)刻本 十二冊

330000 - 1703 - 0005570 G50040 類叢部/
叢書類/彙編之屬

武英殿聚珍版書一百三十八種 清光緒二十
五年(1899)廣雅書局刻本 三冊 存一種

330000 - 1703 - 0005571　G41473　集部/總集類/選集之屬/通代

古文觀止十二卷　（清）吳乘權　（清）吳大職輯　清光緒二十五年(1899)刻本　六冊

330000 - 1703 - 0005573　G50042　類叢部/叢書類/彙編之屬

武英殿聚珍版書一百三十八種　清光緒二十五年(1899)廣雅書局刻本　五冊　存一種

330000 - 1703 - 0005575　G41477　集部/總集類/選集之屬/斷代

皇清文穎一百卷首二十四卷目錄六卷　（清）張廷玉等輯　清乾隆十二年(1747)武英殿刻本　三十六冊　缺十三卷(八十八至一百)

330000 - 1703 - 0005576　G50612　類叢部/叢書類/家集之屬

項城袁氏家集七種　丁振鐸編　清宣統三年(1911)清芬閣鉛印本　十冊　存四種

330000 - 1703 - 0005577　G50043　類叢部/叢書類/彙編之屬

武英殿聚珍版書一百三十八種　清刻本　一冊　存一種

330000 - 1703 - 0005578　G50041　類叢部/叢書類/彙編之屬

武英殿聚珍版書一百三十八種　清江蘇刻本　二冊　存一種

330000 - 1703 - 0005579　G41332　集部/總集類/選集之屬/通代

增補重訂千家詩註解二卷　（宋）謝枋得選（清）王相注　**新鐫五言千家詩箋註二卷**（清）王相選注　**諸名家百壽詩一卷贈賀詩一卷百花詩一卷**　（清）王相輯　**百花詩引一卷**（清）顏宗孔撰　清光緒五年(1879)刻本　二冊

330000 - 1703 - 0005580　G40289　集部/別集類/清別集

曝書亭集八十卷附錄一卷　（清）朱彝尊撰　**笛漁小稾十卷**（清）朱昆田撰　清康熙五十三年(1714)朱稻孫刻雍正印本　九冊　存四

十八卷(曝書亭集一至六、十二至二十八、四十七至五十九、六十五至七十六)

330000 - 1703 - 0005581　G41478　集部/總集類/選集之屬/通代

欽定四書文　（清）方苞輯　清光緒二年(1876)湖北崇文書局刻本　八冊　存三種

330000 - 1703 - 0005582　G41556　類叢部/類書類/專類之屬

經史鈔□□卷　（清）徐與喬撰　（清）譚尚忠增輯　清紉芳齋刻本　十二冊　存十三卷(二十、二十二至三十三)

330000 - 1703 - 0005583　G41339　集部/總集類/選集之屬/通代

瀛奎律髓刊誤四十九卷　（元）方回輯　（清）紀昀勘誤　清嘉慶五年(1800)侯官李光垣雙桂堂刻本　十冊

330000 - 1703 - 0005584　G41479　集部/總集類/選集之屬/通代

欽定四書文　（清）方苞輯　清光緒二年(1876)湖北崇文書局刻本　三冊　存一種

330000 - 1703 - 0005585　G41340　集部/總集類/選集之屬/通代

瀛奎律髓刊誤四十九卷　（元）方回輯　（清）紀昀勘誤　清嘉慶五年(1800)侯官李光垣雙桂堂刻本　十冊

330000 - 1703 - 0005586　G41341　集部/總集類/選集之屬/通代

瀛奎律髓刊誤四十九卷　（元）方回輯　（清）紀昀勘誤　清嘉慶五年(1800)侯官李光垣雙桂堂刻本　八冊

330000 - 1703 - 0005587　G41480　集部/總集類/選集之屬/通代

欽定四書文　（清）方苞輯　清刻本　四冊存四種

330000 - 1703 - 0005588　G40726　集部/別集類/清別集

方靈皋全稿不分卷　（清）方苞撰　**方百川時文不分卷**　（清）方舟撰　清刻本　六冊

330000－1703－0005589　G40725　集部/別集類/清別集

方靈皋全稿不分卷　（清）方苞撰　**方百川時文不分卷**　（清）方舟撰　清刻本　六冊

330000－1703－0005590　G41481　集部/總集類/選集之屬/通代

金元明八大家文選　（清）李祖陶編　清道光二十五年（1845）吉安刻本　二十六冊

330000－1703－0005591　G20566　史部/史抄類

左策史漢約選八卷　（清）洪德常輯　清康熙十八年（1679）洪琮世綸堂刻本　八冊

330000－1703－0005592　G41342　集部/總集類/選集之屬/通代

古今體詩雲樣集十二卷　（清）高敏輯　清道光二十八年（1848）刻本　四冊

330000－1703－0005593　G41419　集部/總集類/題詠之屬

墨蒼吟館輯志四圖一卷　（清）沈瑞林繪　（清）嚴辰輯　**海外墨緣一卷**　（日本）鴻齋居士繪　（清）嚴辰輯　清光緒十四年至十六年（1888－1890）刻本　一冊

330000－1703－0005594　G50250　類叢部/叢書類/家集之屬

丹徒戴氏叢刻七種（戴友梅八種、戴氏所著書）　（清）戴肇辰編　清同治至光緒刻本　四冊　存一種

330000－1703－0005595　G40723　集部/總集類/課藝之屬

八銘堂塾鈔初集不分卷二集不分卷　（清）吳懋政編　清光緒十二年（1886）上洋江左書林刻本　九冊

330000－1703－0005596　G41343　集部/總集類/選集之屬/斷代

唐賢三昧集三卷　（清）王士禎輯　清末上海錦章圖書局石印本　六冊

330000－1703－0005598　G41367　集部/總集類/選集之屬/通代

宋元明詩約鈔三百首二卷　（清）朱梓　（清）冷昌言輯　清咸豐五年（1855）刻本　二冊

330000－1703－0005602　G41482　集部/總集類/選集之屬/斷代

全唐試律類箋十卷　（清）惲鶴生　（清）錢人龍編　（清）惲誠翁評註　**全唐試律類箋聲調譜一卷**　（清）惲宗和編　清乾隆二十六年（1761）刻本　四冊

330000－1703－0005608　G40740　集部/別集類/清別集

留春山房集古詩鈔初集二卷二集三卷三集二卷四集二卷　（清）龔璁撰　清道光至咸豐刻本　六冊

330000－1703－0005609　G41483　集部/總集類/課藝之屬

庚辰集五卷唐人試律說一卷　（清）紀昀輯　清乾隆二十五年（1760）山淵堂刻本　六冊

330000－1703－0005610　G40354　集部/別集類/清別集

徐烈婦詩鈔二卷附報素聞書并回文一卷　（清）吳宗愛撰　（清）楊晉藩　（清）許楣評　**同心梔子圖續編一卷**　（清）應瑩撰　清光緒三十三年（1907）義烏黃卿夔成都刻本　一冊

330000－1703－0005611　G41309　集部/總集類/選集之屬/斷代

八家四六文註八卷首一卷　（清）吳鼒輯　（清）許貞幹注　**補註一卷**　陳衍撰　清光緒十八年（1892）上海圖書集成印書局鉛印本　三冊　存八卷（首、一至七）

330000－1703－0005612　G41310　集部/總集類/選集之屬/斷代

八家四六文註八卷首一卷　（清）吳鼒輯　（清）許貞幹注　**補註一卷**　陳衍撰　清光緒十八年（1892）上海圖書集成印書局鉛印本　八冊

330000－1703－0005613　G41559　集部/總集類/課藝之屬

龍城書院課藝不分卷 （清）華世芳編 清光緒二十七年(1901)木活字印本 十一冊

330000 - 1703 - 0005614　G41484　集部/總集類/選集之屬

唐賦選讀不分卷 清陳祖梁抄本 陳里仁題記 一冊

330000 - 1703 - 0005615　G41311　集部/總集類/彙編之屬

國朝八家四六文鈔（八家四六文鈔）八種 (清)吳鼒編 清刻本 六冊

330000 - 1703 - 0005616　G41561　集部/總集類/選集之屬/通代

古詩箋三十二卷 （清）王士禛輯 （清）聞人倓箋 清乾隆三十一年(1766)芷蘭堂刻本 十六冊

330000 - 1703 - 0005618　G41312　集部/總集類/彙編之屬

國朝八家四六文鈔八種 （清）吳鼒編 清光緒五年(1879)紫文閣補刻本 四冊

330000 - 1703 - 0005619　G41485　集部/總集類/課藝之屬

江左校士錄六卷 （清）黃體芳輯 清光緒十一年(1885)刻本 張美翊題記 六冊

330000 - 1703 - 0005620　G41313　集部/總集類/彙編之屬

國朝八家四六文鈔八種 （清）吳鼒編 清光緒五年(1879)紫文閣補刻本 四冊

330000 - 1703 - 0005622　G41314　集部/總集類/選集之屬/斷代

國朝駢體正宗十二卷 （清）曾燠輯 清嘉慶十一年(1806)南城曾氏賞雨茅屋刻本 六冊

330000 - 1703 - 0005624　G41316　集部/總集類/選集之屬/斷代

國朝駢體正宗十二卷 （清）曾燠輯 清嘉慶十一年(1806)南城曾氏賞雨茅屋刻本 四冊 存八卷(一至二、五至八、十一至十二)

330000 - 1703 - 0005626　G41315　集部/總

集類/選集之屬/斷代

國朝駢體正宗十二卷 （清）曾燠輯 清光緒十三年(1887)上海蜚英館石印本 六冊

330000 - 1703 - 0005627　G41317　集部/總集類/選集之屬/斷代

國朝駢體正宗十二卷 （清）曾燠輯 清光緒十三年(1887)上海蜚英館石印本 六冊

330000 - 1703 - 0005629　G41486　集部/總集類/課藝之屬

浙東課士錄四卷 張美翊等撰 清光緒二十年(1894)無錫薛氏刻本 四冊

330000 - 1703 - 0005630　G50126　類叢部/叢書類/彙編之屬

花雨樓叢鈔十一種續鈔十一種附一種 （清）張壽榮編 清光緒八年至十四年(1882 - 1888)蛟川張氏花雨樓刻本 六冊 存一種

330000 - 1703 - 0005632　G50128　類叢部/叢書類/彙編之屬

花雨樓叢鈔十一種續鈔十一種附一種 （清）張壽榮編 清光緒八年至十四年(1882 - 1888)蛟川張氏花雨樓刻本 一冊 存一種

330000 - 1703 - 0005633　G41487　集部/總集類/課藝之屬

浙東課士錄四卷 張美翊等撰 清光緒二十年(1894)無錫薛氏刻本 四冊

330000 - 1703 - 0005634　G41318　類叢部/類書類/專類之屬

皇朝駢文類苑十四卷首一卷 （清）姚燮選 清光緒七年(1881)鎮海張壽榮刻本 二十二冊 存十四卷(一至十四)

330000 - 1703 - 0005635　G41488　集部/總集類/課藝之屬

浙東課士錄四卷 張美翊等撰 清光緒二十年(1894)無錫薛氏刻本 四冊

330000 - 1703 - 0005636　G41551　集部/總集類/郡邑之屬

蛟川先正文存二十卷補遺一卷 （清）陳繼聰編 清光緒八年(1882)刻本 七冊 存十四

卷(一至四、七至八、十一至十八)

330000－1703－0005638　G41428　集部/總集類/彙編之屬
唐宋大家全集錄十種　（清）儲欣編　清康熙刻本　八冊　存三種

330000－1703－0005639　G41427　集部/總集類/彙編之屬
元白長慶集一百四十一卷　（明）馬元調編　明萬曆三十二年至三十四年（1604－1606）松江馬元調寶儉堂刻崇禎重修本　三冊　存四十一卷(元氏長慶集十二至四十六、白氏長慶集十九至二十四)

330000－1703－0005640　G41489　集部/總集類/課藝之屬
浙東課士錄四卷　張美翊等撰　清光緒二十年(1894)無錫薛氏刻本　四冊

330000－1703－0005641　G41550　集部/總集類/郡邑之屬
蛟川先正文存二十卷補遺一卷　（清）陳繼聰編　清光緒八年(1882)刻本　十冊

330000－1703－0005642　G41490　集部/總集類/課藝之屬
浙東課士錄四卷　張美翊等撰　清光緒二十年(1894)無錫薛氏刻本　四冊

330000－1703－0005643　G41320　集部/總集類/選集之屬/通代
古賦不分卷　清抄本　一冊

330000－1703－0005644　G41491　集部/總集類/課藝之屬
崇實書院課藝六卷　陸廷黻編　清光緒二十一年(1895)崇實書院刻本　七冊　存四卷(一、四至六)

330000－1703－0005645　G41492　集部/總集類/課藝之屬
崇實書院課藝六卷　陸廷黻編　清光緒二十一年(1895)崇實書院刻本　十冊

330000－1703－0005647　G41321　集部/總

集類/選集之屬/通代
六朝唐賦讀本不分卷　（清）馬傳庚選註　清光緒十三年(1887)蜚英館石印本　二冊

330000－1703－0005648　G41493　集部/總集類/課藝之屬
崇實書院課藝六卷　陸廷黻編　清光緒二十一年(1895)崇實書院刻本　十冊

330000－1703－0005649　G41429　集部/總集類/選集之屬/通代
御定歷代賦彙一百四十卷外集二十卷逸句二卷補遺二十二卷目錄三卷　（清）陳元龍輯　清雍正刻本　六十四冊

330000－1703－0005651　G41323　集部/總集類/選集之屬/通代
新註得月樓甲編不分卷乙編不分卷丙編不分卷丁編不分卷　（清）張元灝選評　（清）耿覲文　（清）茅謙箋註　清光緒七年(1881)刻本　八冊

330000－1703－0005655　G41324　集部/總集類/選集之屬/通代
新註得月樓甲編不分卷乙編不分卷丙編不分卷丁編不分卷　（清）張元灝選評　（清）耿覲文　（清）茅謙箋註　清光緒七年(1881)刻本　八冊

330000－1703－0005656　G41494　集部/總集類/課藝之屬
崇實書院課藝不分卷　李漢章等撰　清末鉛印本　一冊

330000－1703－0005657　G41542　集部/總集類/課藝之屬
帖經小課不分卷　（清）全祖望編　清抄本　二冊

330000－1703－0005658　G41298　集部/總集類/選集之屬/通代
賦海大觀三十二卷　（清）沈祖燕編輯　清光緒十九年(1893)上海鴻寶齋石印本　二十八冊

330000－1703－0005659　G41254　集部/總

集類/選集之屬/通代

古文辭類纂七十五卷 （清）姚鼐輯 （清）吳
汝綸評點 **姚選古文真本五色標記表十五卷
首一卷** （清）張剛編 清五色古文山房刻本
四冊 存十六卷（姚選古文真本五色標記
表首、一至十五）

330000－1703－0005660 G32561 集部/總
集類/選集之屬/通代

分類賦學雞跖集三十卷附錄一卷 （清）張維
城輯 清道光十二年（1832）張維城粲花吟館
刻本 六冊 存二十卷（一至十六、二十八至
三十,附錄）

330000－1703－0005661 G41495 史部/傳
記類/科舉錄之屬/諸貢錄

江蘇試牘十四卷 溥良編 清光緒二十年
（1894）江陰使署刻本 四冊

330000－1703－0005662 G32559 集部/總
集類/選集之屬/通代

分類賦學雞跖集三十卷附錄一卷 （清）張維
城輯 清道光二十五年（1845）張維城粲花吟
館刻本 八冊

330000－1703－0005663 G41496 集部/總
集類/課藝之屬

江西試牘四卷 （清）龍湛霖選定 清光緒十
七年（1891）刻本 七冊 缺一卷（三）

330000－1703－0005664 G41547 集部/總
集類/彙編之屬

文瑞樓彙刻書三種 （清）金檀編 清康熙至
雍正刻本 八冊 存四十四卷（清江貝先生
詩集一至十、清江貝先生文集一至三十,巽隱
程先生詩集一至二、文集一至二）

330000－1703－0005665 G41543 集部/總
集類/郡邑之屬

越風三十卷 （清）商盤輯 清乾隆三十七年
（1772）山陰王大治刻嘉慶十六年（1811）徐兆
補修本 一冊 存三卷（三至五）

330000－1703－0005666 G32560 集部/總
集類/選集之屬/通代

分類賦學雞跖集三十卷附錄一卷 （清）張維
城輯 清刻本 十冊

330000－1703－0005667 G41299 集部/總
集類/選集之屬/通代

雞跖賦續刻二十八卷擬古二卷 （清）應泰泉
輯 清同治十三年（1874）蘭言室刻本 十冊

330000－1703－0005668 G41497 集部/總
集類/課藝之屬

辨志文會課藝初集六卷 （清）葉意深等撰
（清）宗源瀚輯 清光緒六年至七年（1880－
1881）刻本 五冊 缺一卷（算學）

330000－1703－0005670 G41325 集部/總
集類/選集之屬/通代

**考古必要賦四卷試賦分論一卷擬題分類備覽
一卷** （清）江家春 （清）邱景岳輯 清同治
十一年（1872）刻本 四冊

330000－1703－0005671 G41498 集部/總
集類/課藝之屬

辨志文會課藝初集六卷 （清）葉意深等撰
（清）宗源瀚輯 清光緒六年至七年（1880－
1881）刻本 四冊 缺二卷（漢學、史學）

330000－1703－0005673 G41430 集部/總
集類/選集之屬/通代

漁洋山人古詩選三十二卷 （清）王士禛選
清同治五年（1866）金陵書局刻本 七冊 缺
四卷（七言詩歌行鈔十二至十五）

330000－1703－0005674 G41499 集部/總
集類/課藝之屬

四明課藝續集不分卷 （清）陳康祺輯 清光
緒五年（1879）刻本 四冊

330000－1703－0005675 G21162 史部/傳
記類/科舉錄之屬/歷科登科錄

**光緒二十七年辛丑二十八年壬寅恩正併科會
試闈墨一卷** （清）周蘊良撰 清光緒二十九
年（1903）龍文書局石印本 一冊

330000－1703－0005676 G41434 集部/總
集類/選集之屬/斷代

唐三體詩六卷 （宋）周弼輯 （元）釋圓至注

（清）高士奇補正 （清）何焯評 清光緒十二年(1886)瀘州鹽局刻朱墨套印本 二冊

330000－1703－0005677 G21163 集部/總集類/課藝之屬

浙江試牘不分卷 （清）徐致祥輯 清光緒二十三年(1897)鉛印本 四冊

330000－1703－0005678 G41500 集部/總集類/課藝之屬

詁經精舍三集經解二卷辭賦三卷戊辰己巳庚午年官師課合刻六卷 （清）俞樾編 清同治六年至九年(1867－1870)刻本 三冊 存四卷(戊辰年上下、己巳年上下)

330000－1703－0005680 G41435 集部/總集類/彙編之屬

十家唐詩 （明）畢效欽編 明萬曆畢懋謙刻後增刻本 一冊 存二卷(溫庭筠詩集、李咸用詩集)

330000－1703－0005681 G41437 集部/總集類/選集之屬/斷代

唐詩初選二卷 （清）孫洙編 （清）吳宗麟重編 清同治三年(1864)可久長室刻本 二冊 存一卷(一)

330000－1703－0005682 G41344 集部/總集類/彙編之屬

五朝詩別裁集 （清）□□輯 清務本堂刻本 三十九冊 缺二卷(宋詩別裁三至四)

330000－1703－0005683 G41501 集部/總集類/課藝之屬

詁經精舍三集經解二卷辭賦三卷戊辰己巳庚午年官師課合刻六卷 （清）俞樾編 清同治六年至九年(1867－1870)刻本 六冊

330000－1703－0005685 G41432 集部/總集類/選集之屬/通代

佩文齋詠物詩選四百八十六卷 （清）汪霦等輯 清康熙四十六年(1707)內府刻本 六冊 存九十四卷(七十至九十七、四百二十一至四百八十六)

330000－1703－0005686 G41502 集部/總

集類/課藝之屬

詁經精舍課藝六集十二卷 （清）俞樾編 清光緒十一年(1885)刻本 三冊 存九卷(四至十二)

330000－1703－0005687 G41345 集部/總集類/彙編之屬

五朝詩別裁集 （清）□□輯 清小酉山房刻本 四十冊 缺四卷(元詩別裁五至六、欽定國朝詩別裁集十二至十三)

330000－1703－0005688 G41433 集部/總集類/選集之屬/通代

佩文齋詠物詩選四百八十六卷 （清）汪霦等輯 清康熙四十六年(1707)內府刻本 一冊 存十二卷(四百七十五至四百八十六)

330000－1703－0005689 G50070 類叢部/叢書類/彙編之屬

貸園叢書初集十二種四十九卷 （清）周永年編 清乾隆五十四年(1789)歷城周氏竹西書屋重編印益都李文藻等刻本 十六冊

330000－1703－0005690 G41123 集部/詩文評類/類編之屬

七子詩話 （清）鮑廷博輯 清刻本 三冊 存二種

330000－1703－0005691 G41346 集部/總集類/彙編之屬

五朝詩別裁集 （清）□□輯 清務本堂刻本 張美翊題記 二十四冊

330000－1703－0005692 G41503 集部/總集類/課藝之屬

近科制藝春霆集六卷 （清）李鳴謙 （清）吳承緒選 清刻本 張世統題記 二冊

330000－1703－0005694 G50072 類叢部/叢書類/彙編之屬

龍威秘書一百六十九種 （清）馬俊良編 清乾隆五十九年至嘉慶元年(1794－1796)浙江石門馬氏大酉山房刻本 五冊 存十種

330000－1703－0005695 G41347 集部/總集類/彙編之屬

五朝詩別裁集　（清）□□輯　清刻本　一冊
　存一種

330000－1703－0005696　G41348　集部/總
集類/彙編之屬

五朝詩別裁集　（清）□□輯　清刻本　十六
冊　存一種

330000－1703－0005697　G41368　集部/總
集類/選集之屬/斷代

湖海文傳七十五卷　（清）王昶輯　清道光十
七年(1837)經訓堂刻同治五年(1866)印本
十六冊

330000－1703－0005698　G41505　集部/總
集類/彙編之屬

國朝十家四六文鈔十一卷　王先謙輯　清光
緒十五年(1889)長沙王先謙刻本　張美翊題
記　四冊

330000－1703－0005701　G41506　集部/總
集類/彙編之屬

國朝十家四六文鈔十一卷　王先謙輯　清光
緒二十一年(1895)上海書局石印本　二冊
存五卷(萬善花室駢體文鈔、柏梘山房駢體文
鈔、梧生駢體文鈔、湖塘林館駢體文鈔一至
二)

330000－1703－0005703　G41369　集部/總
集類/選集之屬/斷代

湖海文傳七十五卷　（清）王昶輯　清道光十
七年(1837)經訓堂刻同治五年(1866)印本
十六冊

330000－1703－0005704　G32477　史部/傳
記類/總傳之屬

五經典林五十四卷五經古人典林六卷　（清）
何松編　清光緒元年(1875)慈谿何氏刻本
二冊　存六卷(五經古人典林一至六)

330000－1703－0005705　G10551　經部/四
書類/總義之屬

天崇合鈔不分卷　（清）祝松雲輯　清光緒十
七年(1891)湖南崇德書局刻本　八冊

330000－1703－0005706　G41371　集部/總

集類/郡邑之屬

國朝全蜀詩鈔六十四卷　（清）孫桐生輯　清
光緒五年(1879)長沙刻本　二十冊

330000－1703－0005707　G41370　集部/總
集類/選集之屬/斷代

湖海文傳七十五卷　（清）王昶輯　清道光十
七年(1837)經訓堂刻同治五年(1866)印本
十三冊　存六十卷(一至七、十三至二十七、
三十三至五十一、五十七至七十五)

330000－1703－0005708　G21270　史部/傳
記類/科舉錄之屬/歷科鄉試錄

光緒十五年己丑恩科浙江鄉試題名錄一卷
清光緒刻本　一冊

330000－1703－0005709　G21269　史部/傳
記類/科舉錄之屬/歷科鄉試錄

光緒二十三年舉行丁酉正科浙江鄉試題名錄
一卷　清光緒刻本　一冊

330000－1703－0005710　G41349　集部/總
集類/彙編之屬

五朝詩別裁集　（清）□□輯　清刻本　十冊
　存一種

330000－1703－0005711　G21268　史部/傳
記類/科舉錄之屬/歷科鄉試錄

光緒二十八年補行庚子辛丑恩正併科浙江鄉
試題名錄一卷　清光緒刻本　一冊

330000－1703－0005712　G41507　集部/總
集類/選集之屬

律賦正宗不分卷附編一卷　（清）潘世恩輯
清道光元年(1821)刻本　二冊

330000－1703－0005713　G41372　集部/總
集類/郡邑之屬

國朝山左詩鈔六十卷　（清）盧見曾輯　清乾
隆二十三年(1758)德州盧見曾雅雨堂刻本
二十冊

330000－1703－0005714　G41508　集部/總
集類/彙編之屬

國朝文錄初編四十種　（清）李祖陶編　清道
光十九年(1839)瑞州府鳳儀書院刻本　十六

冊　存二十種

330000－1703－0005715　G41373　集部/總集類/郡邑之屬

江蘇詩徵一百八十三卷　(清)王豫輯　清道光元年(1821)焦山海西庵詩徵閣刻本　十冊　存四十七卷(八十四至一百三十)

330000－1703－0005717　G40735　集部/別集類/清別集

申江竹枝詞二卷　(清)辰橋輯　清光緒十三年(1887)春醉樓刻本　一冊

330000－1703－0005718　G41350　集部/總集類/選集之屬/斷代

重訂唐詩別裁集二十卷　(清)沈德潛輯　清刻本　十冊

330000－1703－0005719　G40736　集部/別集類/清別集

申江竹枝詞二卷　(清)辰橋輯　清光緒十三年(1887)春醉樓刻本　一冊

330000－1703－0005720　G41351　集部/總集類/選集之屬/斷代

唐詩別裁集引典備註二十卷　(清)沈德潛輯　(清)俞汝昌注　清刻本　十二冊

330000－1703－0005721　G41509　集部/總集類/彙編之屬

國朝文錄續編四十九種附一種　(清)李祖陶編　清同治七年(1868)敖陽李氏刻本　二十四冊　存四十九種

330000－1703－0005722　G21271　史部/傳記類/科舉錄之屬/歷科鄉試錄

甲午科王承志試文不分卷　(清)王承志撰　清抄本　一冊

330000－1703－0005723　G41575　集部/總集類/課藝之屬

明文才調集不分卷國朝文才調集不分卷　(清)許振褘編　清光緒十八年(1892)廣百宋齋鉛印本　八冊

330000－1703－0005724　G41352　集部/總

集類/選集之屬/斷代

明詩別裁集十二卷　(清)沈德潛　(清)周準輯　清刻本　張美翊題記　四冊

330000－1703－0005725　G41576　集部/總集類/課藝之屬

明文才調集不分卷國朝文才調集不分卷　(清)許振褘編　清末石印本　一冊　存國朝文才調集不分卷

330000－1703－0005726　G41353　集部/總集類/選集之屬/斷代

欽定國朝詩別裁集三十二卷　(清)沈德潛纂評　清乾隆二十六年(1761)刻本　十冊

330000－1703－0005727　G41355　集部/總集類/選集之屬/斷代

列朝詩集乾集二卷甲集前編十一卷甲集二十二卷乙集八卷丙集十六卷丁集十六卷閏集六卷　(清)錢謙益選　清宣統二年(1910)上海神州國光社鉛印本　五十六冊

330000－1703－0005728　G41510　集部/總集類/選集之屬/斷代

欽定熙朝雅頌集一百六卷首集二十六卷餘集二卷　(清)鐵保等輯　清嘉慶九年(1804)刻本　十五冊　存一百二十七卷(首集一至二十六、欽定熙朝雅頌集一至一百一)

330000－1703－0005729　G41356　集部/總集類/選集之屬/通代

詩林韶濩選二十卷　(清)顧嗣立輯　(清)周煌重輯　清乾隆刻本　四冊

330000－1703－0005730　G41578　集部/總集類/選集之屬/斷代

韻蘭集賦鈔不分卷　(清)陸雲槎輯　(清)宋淮三考典　清刻本　二冊

330000－1703－0005731　G41511　集部/總集類/選集之屬/通代

古文眉詮七十九卷首一卷　(清)浦起龍輯　清乾隆九年(1744)蘇州三吳書院刻本　八冊　存四十三卷(首,一至七、十至十五、三十一至四十五、五十二至六十一、七十三、七十六

至七十八）

330000 - 1703 - 0005733　G21182　史部/傳記類/科舉錄之屬/歷科鄉試錄

光緒十五年己丑恩科江西鄉試硃卷一卷
（清）雙麟撰　清光緒刻本　一冊

330000 - 1703 - 0005734　G40727　集部/別集類/清別集

曾文正公洋務尺牘二卷　（清）曾國藩撰　清光緒十年(1884)磊石書屋刻本　二冊

330000 - 1703 - 0005735　G21275　史部/傳記類/科舉錄之屬/歷科登科錄

光緒三十年甲辰恩科會試闈墨一卷　（清）譚廷闓等撰　清末商務印書館鉛印本　一冊

330000 - 1703 - 0005738　G32554　類叢部/類書類/通類之屬

策學總纂大全四十六卷目錄二卷　（清）蔡壽祺輯　清光緒八年(1882)上海文瑞樓刻本　二十冊

330000 - 1703 - 0005740　G41512　集部/總集類/選集之屬/斷代

國朝古文彙鈔初集一百七十六卷首一卷
（清）朱琦輯　二集一百卷首一卷　（清）楊文蓀輯　清刻本　二十冊　存六十二卷(初集八十八至一百十八、一百四十六至一百七十六)

330000 - 1703 - 0005742　G41580　集部/總集類/選集之屬/斷代

切文齋文鈔三十卷　（清）陸燿朗輯　清乾隆四十年(1775)刻本　一冊　存四卷(一至四)

330000 - 1703 - 0005743　G41513　集部/總集類/選集之屬/斷代

國朝古文彙鈔初集一百七十六卷首一卷
（清）朱琦輯　二集一百卷首一卷　（清）楊文蓀輯　清道光二十七年(1847)吳江沈氏世美堂刻本　二十冊　存七十八卷(首,二集一至五十五、七十九至一百)

330000 - 1703 - 0005744　G40728　集部/總集類/課藝之屬

敷文書院課藝八集不分卷　（清）吳超鑒定
（清）孫黌　（清）戴果恆編校　清光緒二十三年(1897)刻本　四冊

330000 - 1703 - 0005747　G41359　集部/總集類/選集之屬/通代

名詩彙鈔二卷　（清）蘭芬舍館主人撰　清咸豐元年(1851)刻本　一冊

330000 - 1703 - 0005748　G41577　集部/總集類/選集之屬/通代

文章游戲初編八卷二編八卷三編八卷四編八卷　（清）繆艮輯　清嘉慶刻本　九冊　存十三卷(二編一至八、三編一至五)

330000 - 1703 - 0005749　G41360　集部/總集類/課藝之屬

南菁講舍文集六卷書院文集一卷文鈔二集六卷　（清）黃以周輯　清光緒十五年(1889)、二十年(1894)刻本　八冊

330000 - 1703 - 0005750　G30232　子部/宗教類/道教之屬/譜錄

呂祖年譜海山奇遇七卷　（清）火西月編　清刻本　二冊

330000 - 1703 - 0005751　G41515　史部/史評類/詠史之屬

南宋雜事詩七卷首一卷　（清）沈嘉轍等撰　清道光九年(1829)扶荔山房刻本　四冊

330000 - 1703 - 0005752　G21274　史部/傳記類/科舉錄之屬/歷科鄉試錄

光緒十九年癸巳恩科浙江鄉試闈墨一卷
（清）王夢魁等撰　清末鉛印本　一冊

330000 - 1703 - 0005756　G40453　集部/別集類/清別集

左文襄公詩集一卷文集五卷聯語一卷　（清）左宗棠撰　清宣統元年(1909)鉛印本　二冊

330000 - 1703 - 0005758　G41517　集部/總集類/尺牘之屬

歷代名人小簡二卷　吳曾祺輯　清宣統二年(1910)上海商務印書館鉛印本　二冊

330000 – 1703 – 0005759　G50711　類叢部/
叢書類/自著之屬

左文襄公全集七種附二種　(清)左宗棠撰
清光緒刻本　一百二十八冊

330000 – 1703 – 0005761　G22681　史部/目
錄類/專錄之屬

皇清經解橫直縮編目十六卷　(清)凌忠照編
　(清)張紹銘分輯　清光緒十八年(1892)上
海古香閣石印本　二冊

330000 – 1703 – 0005762　G21272　史部/傳
記類/科舉錄之屬/歷科鄉試錄

直省足本新聞墨十二卷　清末上海蒙學報館
石印本　十四冊　缺一卷(七)

330000 – 1703 – 0005763　G10603　經部/群
經總義類/傳說之屬

七經精義　(清)黃淦撰　清光緒掃葉山房刻
本　十四冊

330000 – 1703 – 0005764　G21273　史部/傳
記類/科舉錄之屬/歷科鄉試錄

直省足本新聞墨十二卷　清末上海蒙學報館
石印本　一冊　存一卷(三)

330000 – 1703 – 0005765　G21276　史部/傳
記類/科舉錄之屬/諸貢錄

光緒十一年乙酉科十八省優貢同年齒錄一卷
　清光緒奎光齋刻本　一冊

330000 – 1703 – 0005766　G11220　經部/讖
緯類/總義之屬

七緯三十八卷　(清)趙在翰輯　清嘉慶十四
年(1809)侯官趙氏小積石山房刻本　八冊

330000 – 1703 – 0005768　G50712　類叢部/
叢書類/自著之屬

左文襄公全集七種附二種　(清)左宗棠撰
清光緒刻本　六十三冊　存五種

330000 – 1703 – 0005773　G41597　集部/總
集類/選集之屬/通代

賦學正鵠十卷　(清)李元度輯　清光緒十三
年(1887)刻本　八冊

330000 – 1703 – 0005778　G41598　集部/總
集類/選集之屬/通代

賦學正鵠十卷　(清)李元度輯　清同治十年
(1871)爽溪書院刻本　六冊

330000 – 1703 – 0005779　G50651　類叢部/
叢書類/自著之屬

朱子遺書十五種　(宋)朱熹撰　清康熙禦兒
呂氏寶誥堂刻本(子目一至三配清刻本)　十
冊　存七種

330000 – 1703 – 0005780　G40670　集部/別
集類/清別集

**韞山堂時文初集一卷二集一卷三集一卷全集
一卷**　(清)管世銘撰　清同治十二年(1873)
寧波日湖陳氏刻本　四冊

330000 – 1703 – 0005781　G11209　經部/
叢編

十一經音訓　(清)楊國楨等編　清光緒三年
(1877)湖北崇文書局刻本　十六冊　存六種

330000 – 1703 – 0005783　G41599　集部/總
集類/選集之屬

龍彎集不分卷　清同治四年(1865)汲綆齋刻
本　十二冊

330000 – 1703 – 0005784　G30775　子部/醫
家類/婦科之屬/通論

濟陰綱目十四卷　(明)武之望撰　(清)汪淇
箋釋　**保生碎事一卷**　(清)汪淇輯　清刻本
　一冊　存一卷(濟陰綱目一)

330000 – 1703 – 0005785　G20394　史部/雜
史類/斷代之屬

明季稗史正編十六種　(清)留雲居士輯　清
光緒二十九年(1903)鉛印本　二冊　存一種

330000 – 1703 – 0005787　G21260　史部/傳
記類/科舉錄之屬/歷科登科錄

光緒二十年甲午恩科會試硃卷一卷　梁秉年
撰　清刻本　一冊

330000 – 1703 – 0005789　G30655　子部/醫
家類/傷寒金匱之屬/傷寒論

傷寒論翼二卷　(清)柯琴撰　清乾隆十二年

（1747）歙州程氏刻本　一冊

330000 - 1703 - 0005791　G41602　集部/總集類/課藝之屬

策對不分卷　清刻本　一冊

330000 - 1703 - 0005792　G50308　類叢部/類書類/自著之屬

全謝山二種　（清）全祖望撰　清嘉慶十九年（1814）刻本　一冊　存一種

330000 - 1703 - 0005793　G30656　子部/醫家類/傷寒金匱之屬/傷寒論

傷寒論翼二卷　（清）柯琴撰　清道光六年（1826）一經堂刻本　一冊　存一卷（上）

330000 - 1703 - 0005794　G41603　集部/總集類/課藝之屬

館課詩鈔六卷　（清）吳鍾駿　（清）徐經（清）龍瑛輯　清醉經書屋刻本　四冊　存四卷（一至四）

330000 - 1703 - 0005795　G30657　子部/醫家類/傷寒金匱之屬/傷寒論

余註傷寒論翼四卷　（清）柯琴撰　清光緒十九年（1893）會稽孫氏刻本　二冊

330000 - 1703 - 0005796　G41604　集部/總集類/課藝之屬

館課賦鈔八卷　（清）吳鍾駿　（清）徐經（清）龍瑛輯　清醉經書屋刻本　八冊

330000 - 1703 - 0005797　G20999　史部/傳記類/別傳之屬/事狀

賜進士出身湖州府教授許君崇祀名宦錄一卷　清刻本　一冊

330000 - 1703 - 0005798　G21279　史部/傳記類/科舉錄之屬/歷科鄉試錄

光緒二十九年癸卯恩科江南鄉試闈藝一卷（清）陳康祖等撰　清末圖書集成局鉛印本　一冊

330000 - 1703 - 0005799　G30658　子部/醫家類/傷寒金匱之屬/傷寒論

傷寒論直解六卷附傷寒附餘一卷　（清）張錫駒注　清康熙五十一年（1712）錢塘張氏三餘堂刻本　六冊　存六卷（一至六）

330000 - 1703 - 0005800　G41606　集部/總集類/課藝之屬

張湯鑒定墨選不分卷　張謇　湯壽潛編　清光緒二十九年（1903）鉛印本　七冊

330000 - 1703 - 0005801　G30659　子部/醫家類/傷寒金匱之屬/傷寒論

傷寒論直解六卷附傷寒附餘一卷　（清）張錫駒注　清康熙五十一年（1712）錢塘張氏三餘堂刻本　六冊　存六卷（一至六）

330000 - 1703 - 0005802　G30660　子部/醫家類/傷寒金匱之屬/傷寒論

傷寒論直解六卷附傷寒附餘一卷　（清）張錫駒注　清康熙五十一年（1712）錢塘張氏三餘堂刻本　六冊

330000 - 1703 - 0005803　C20998　史部/傳記類/總傳之屬/忠孝

規復兩浙節孝總祠事蹟一卷鄉賢崇祀錄一卷　（清）□□輯　清末石印本　一冊

330000 - 1703 - 0005804　G30661　子部/醫家類/傷寒金匱之屬/傷寒論

傷寒論本義十八卷首一卷末一卷　（清）魏荔彤撰　清雍正三年（1725）寶綸堂刻本　六冊

330000 - 1703 - 0005805　G41607　集部/總集類/選集之屬/斷代

本朝律賦集腋八集　（清）馬俊良輯　清刻本　一冊　存一卷（春集）

330000 - 1703 - 0005806　G21278　史部/傳記類/科舉錄之屬/歷科鄉試錄

光緒二十三年丁酉科江南鄉試闈墨一卷　清光緒衡鑒堂刻本　二冊

330000 - 1703 - 0005807　G31031　子部/醫家類/類編之屬

中西匯通醫書五種　（清）唐宗海撰　清光緒三十二年（1906）上海千頃堂石印本　四冊　存一種

271

330000－1703－0005809　G30662　子部/醫家類/傷寒金匱之屬/傷寒論

傷寒論淺註補正七卷首一卷　（清）陳念祖註（清）唐宗海補正　清光緒二十六年（1900）成都兩儀堂刻本　四冊

330000－1703－0005810　G30770　子部/醫家類/婦科之屬/產科

產育寶慶集二卷　（宋）李師聖　（宋）郭稽中等撰　清刻本　一冊

330000－1703－0005811　G30771　子部/醫家類/婦科之屬/產科

產育寶慶集二卷　（宋）李師聖　（宋）郭稽中等撰　清抄本　一冊

330000－1703－0005813　G30663　子部/醫家類/傷寒金匱之屬/傷寒論

再重訂傷寒集註十卷附五卷　（清）舒詔撰清乾隆三十五年（1770）刻本　三冊　存十卷（一至十）

330000－1703－0005817　G30664　子部/醫家類/傷寒金匱之屬/傷寒論

再重訂傷寒集註十卷附五卷　（清）舒詔撰清文勝堂刻本　三冊　缺二卷（傷寒集註一至二）

330000－1703－0005818　G30665　子部/醫家類/傷寒金匱之屬/傷寒論

舒氏傷寒集注十卷附錄五卷　（清）舒詔撰清刻朱墨套印本　二冊　存五卷（附錄一至五）

330000－1703－0005820　G31040　子部/醫家類/類編之屬

薛氏醫按二十四種　（明）吳琯編　清刻本十二冊　存一種

330000－1703－0005822　G30666　子部/醫家類/傷寒金匱之屬/傷寒論

活人精言　（清）席樹馨編　清光緒二十七年（1901）崇義堂刻本　二冊

330000－1703－0005824　G21007　史部/傳記類/別傳之屬/事狀

吳柳堂先生[可讀]誄文一卷　（清）□□輯清光緒六年（1880）刻本　一冊

330000－1703－0005826　G30668　子部/醫家類/傷寒金匱之屬/傷寒論

傷寒第一書四卷附餘二卷　（清）車宗輅（清）胡憲豐輯　清光緒十一年（1885）浙紹奎照樓刻本　六冊

330000－1703－0005827　G30669　子部/醫家類/傷寒金匱之屬/傷寒論

傷寒尋源三卷　（清）呂震名撰　清光緒七年（1881）刻本　三冊

330000－1703－0005829　G30772　子部/醫家類/類編之屬

薛氏醫按十六種　（明）薛己編　明刻本　十冊　存二種

330000－1703－0005830　G21002　史部/傳記類/別傳之屬/事狀

皇清敕授修職郎晉授文林郎定海廳學教諭內閣中書舍人陞任嘉興府學教授覃恩加二級顯考米叔府君[張慶璜]行述一卷　（清）張祚安撰　清光緒刻本　一冊

330000－1703－0005831　G30670　子部/醫家類/傷寒金匱之屬/金匱要略

張仲景金匱要畧論註二十四卷　（清）徐彬撰清康熙十年（1671）刻本　五冊

330000－1703－0005832　G30671　子部/醫家類/傷寒金匱之屬/金匱要略

張仲景金匱要畧論註二十四卷　（清）徐彬撰清康熙十年（1671）刻本　四冊　缺八卷（十七至二十四）

330000－1703－0005833　G30672　子部/醫家類/傷寒金匱之屬/金匱要略

金匱玉函經二註二十二卷補方一卷　（宋）趙以德　（趙良仁）衍義　（清）周揚俊補注　**十藥神書一卷**　（元）葛乾孫撰　清同治二年（1863）刻本　六冊

330000－1703－0005834　G30773　子部/醫家類/婦科之屬/通論

濟陰綱目十四卷　（明）武之望撰　（清）汪淇
箋釋　保生碎事一卷　（清）汪淇輯　清善成
堂刻本　八冊

330000－1703－0005835　G30774　子部/醫
家類/婦科之屬/通論
濟陰綱目十四卷　（明）武之望撰　（清）汪淇
箋釋　保生碎事一卷　（清）汪淇輯　清光緒
二十九年（1903）越中墨潤堂書苑石印本
六冊

330000－1703－0005838　G30776　子部/醫
家類/婦科之屬/通論
濟陰綱目十四卷　（明）武之望撰　（清）汪淇
箋釋　保生碎事一卷　（清）汪淇輯　清石印
本　一冊　存二卷（十三至十四）

330000－1703－0005840　G50652　類叢部/
叢書類/自著之屬
西山真文忠公仝集七種　（宋）真德秀撰　清
乾隆至道光二十一年（1841）真氏家祠刻本
一百冊　缺一卷（真西山文集四十一）

330000－1703－0005845　G30778　子部/醫
家類/婦科之屬/通論
濟陰綱目十四卷　（明）武之望撰　（清）汪淇
箋釋　保生碎事一卷　（清）汪淇輯　清刻本
　二冊　存三卷（二、七至八）

330000－1703－0005850　G21183　史部/傳
記類/科舉錄之屬/歷科鄉試錄
光緒二十八年壬寅補行二十六年庚子二十七
年辛丑恩正併科浙江鄉試卷一卷　（清）賀紹
章撰　清光緒刻本　一冊

330000－1703－0005851　G21184　史部/傳
記類/科舉錄之屬/歷科鄉試錄
光緒二十八年壬寅補行二十六年庚子二十七
年辛丑恩正併科浙江鄉試卷一卷　（清）賀紹
章撰　清光緒刻本　一冊

330000－1703－0005852　G21138　史部/傳
記類/科舉錄之屬/歷科鄉試錄
光緒十九年癸巳恩科浙江鄉試硃卷一卷
（清）吳黼藻撰　清光緒刻本　一冊

330000－1703－0005853　G21018　史部/傳
記類/別傳之屬/事狀
皇清例授文林郎例晉儒林郎光祿寺署正衛截
取知縣顯考幼竹府君［盧杰］行述一卷　（清）
盧友焜　（清）盧友熺述　清刻本　一冊

330000－1703－0005855　G21187　史部/傳
記類/科舉錄之屬/歷科鄉試錄
光緒二十八年壬寅補行二十六年庚子二十七
年辛丑恩正併科浙江鄉試卷一卷　陳繼穰撰
　清光緒刻本　一冊

330000－1703－0005856　G21247　史部/傳
記類/科舉錄之屬/歷科鄉試錄
光緒二十年甲午科浙江鄉試硃卷一卷　（清）
莊賡思撰　清光緒刻本　一冊

330000－1703－0005858　G30779　子部/醫
家類/婦科之屬/產科
產寶百問五卷　（元）朱震亨撰　（明）王肯堂
訂正　明末刻本　四冊　存三卷（一至三）

330000－1703－0005859　G30780　子部/醫
家類/婦科之屬/產科
胎產秘書三卷附保嬰要訣一卷經驗各方一卷
　（清）錢□□撰　清同治元年（1862）刻本
二冊

330000－1703－0005861　G30781　子部/醫
家類/婦科之屬/產科
產科全集一卷　（清）傅山撰　清嘉慶十六年
（1811）刻本　一冊

330000－1703－0005863　G20714　史部/傳
記類/總傳之屬
泰西各國名人言行錄十六卷　（清）張兆蓉輯
　清光緒二十九年（1903）明達聖教會石印本
六冊

330000－1703－0005864　G30782　子部/醫
家類/婦科之屬
傅青主女科二卷產後編二卷　（清）傅山撰
清同治八年（1869）湖北崇文書局刻本　二冊

330000－1703－0005867　G30783　子部/醫
家類/婦科之屬

傅青主女科二卷產後編二卷 （清）傅山撰
清同治八年(1869)湖北崇文書局刻本　一冊
　　存二卷(女科上、下)

330000－1703－0005872　G20713　集部/總
集類/尺牘之屬
昭代名人尺牘二十四卷小傳二十四卷　（清）
吳修輯　清光緒三十四年(1908)西泠印社影
印本　二冊　存二十四卷(小傳一至二十四)

330000－1703－0005873　G20712　集部/總
集類/尺牘之屬
昭代名人尺牘二十四卷小傳二十四卷　（清）
吳修輯　清光緒三十四年(1908)西泠印社影
印本　二冊　存二十四卷(小傳一至二十四)

330000－1703－0005875　G30784　子部/醫
家類/婦科之屬/通論
女科經綸八卷　（清）蕭壎撰　清乾隆四十六
年(1781)湖郡有鴻齋刻本　四冊

330000－1703－0005877　G30785　子部/醫
家類/婦科之屬/通論
女科經綸八卷　（清）蕭壎撰　清光緒十六年
(1890)掃葉山房刻本　二冊

330000－1703－0005880　G30786　子部/醫
家類/婦科之屬/通論
女科經綸八卷　（清）蕭壎撰　清光緒十六年
(1890)掃葉山房刻本　四冊

330000－1703－0005883　G30787　子部/醫
家類/婦科之屬/產科
胎產心法三卷　（清）閻純璽撰　清同治六年
(1867)緯文堂刻本　五冊

330000－1703－0005888　G21006　史部/傳
記類/別傳之屬/事狀
屠歔簣先生觀察山左事略一卷　清末抄本
一冊

330000－1703－0005890　G30677　子部/醫
家類/傷寒金匱之屬/金匱要略
金匱要畧方論本義二十二卷　（清）魏荔彤撰
　　清刻本　四冊

330000－1703－0005891　G30789　子部/醫
家類/婦科之屬/產科
胎產心法三卷　（清）閻純璽撰　清道光三十
年(1850)刻本　六冊

330000－1703－0005892　G30674　子部/醫
家類/傷寒金匱之屬/金匱要略
金匱心典三卷　（清）尤怡撰　清光緒七年
(1881)崇德書院刻本　三冊

330000－1703－0005894　G30675　子部/醫
家類/傷寒金匱之屬/金匱要略
金匱心典三卷　（清）尤怡撰　清同治八年
(1869)陸氏雙白燕堂刻本　陳頤壽題簽並記
　　三冊

330000－1703－0005896　G30676　子部/醫
家類/傷寒金匱之屬/金匱要略
金匱心典三卷　（清）尤怡撰　清雍正十年
(1732)遂初堂刻本　三冊

330000－1703－0005897　G30790　子部/醫
家類/婦科之屬/產科
胎產心法三卷　（清）閻純璽撰　清光緒四年
(1878)長沙刻本　六冊

330000－1703－0005898　G30791　子部/醫
家類/婦科之屬/產科
胎產心法三卷　（清）閻純璽撰　清同治十年
(1871)武林刻本　六冊

330000－1703－0005899　G30673　子部/醫
家類/傷寒金匱之屬/金匱要略
金匱要略淺註十卷金匱方歌括六卷　（清）陳
念祖撰　清咸豐五年(1855)重慶閻書業堂刻
本　十二冊

330000－1703－0005900　G20715　史部/傳
記類/總傳之屬
海國名人類類韻編二十四卷首二卷　（清）阮
丙炎等輯　清光緒二十九年(1903)文來書局
石印本　八冊

330000－1703－0005902　G32553　類叢部/
類書類/專類之屬
應酬彙編六卷　（清）鈞和編輯部編輯　清光

緒三十三年(1907)寧波鈞和印刷所鉛印本
三冊　存三卷(一、四、六)

330000－1703－0005903　G20716　史部/傳
記類/總傳之屬

海國名人類類韻編二十四卷首二卷　(清)阮
丙炎等輯　清光緒二十九年(1903)文來書局
石印本　八冊

330000－1703－0005907　G41567　集部/總
集類/課藝之屬

學海堂集十六卷　(清)阮元輯　**二集二十二
卷**　(清)吳瀾修輯　**三集二十四卷**　(清)張
維屏輯　**四集二十八卷**　(清)金錫齡輯　清
道光五年(1825)、十八年(1838)、咸豐九年
(1859)、光緒十二年(1886)啟秀山房刻本
十五冊　存二十五卷(一至十,二集六至七、
十至十一、十八至十九、二十二,三集一至八)

330000－1703－0005911　G41566　集部/總
集類/課藝之屬

學海堂集十六卷　(清)阮元輯　**二集二十二
卷**　(清)吳瀾修輯　**三集二十四卷**　(清)張
維屏輯　**四集二十八卷**　(清)金錫齡輯　清
道光五年(1825)、十八年(1838)、咸豐九年
(1859)、光緒十二年(1886)啟秀山房刻本
四十冊

330000－1703－0005912　G30794　子部/醫
家類/婦科之屬/通論

婦科撮要一卷　(清)錢松撰　清嘉慶十八年
(1813)刻本　一冊

330000－1703－0005915　G41568　集部/總
集類/課藝之屬

**近科館課分韻詩鈔九卷目錄二卷二集九卷目
錄二卷**　王先謙編　范多班重編　陳漢章增
注　清光緒七年(1881)京都書業堂刻本　二
十冊

330000－1703－0005916　G30795　子部/醫
家類/婦科之屬

女科輯要八卷附單養賢胎產全書一卷　(清)
周紀常撰　清道光三年(1823)刻本　三冊
存八卷(一至八)

330000－1703－0005919　G30685　子部/醫
家類/傷寒金匱之屬/傷寒論

傷寒正醫錄十卷雜證正醫錄八卷　(清)邵成
平輯　清乾隆九年(1744)三當軒刻本　六冊
　存十一卷(正醫錄一至三、九至十,雜證正
醫錄一至六)

330000－1703－0005922　G30805　子部/醫
家類/婦科之屬/產科

產孕集二卷　(清)張曜孫撰　**補遺一卷**
(清)包誠纂輯　清同治七年(1868)蘊璞齋刻
本　一冊

330000－1703－0005923　G30686　子部/醫
家類/傷寒金匱之屬/傷寒論

醫宗承啟六卷　(清)吳人駒撰　清康熙四十
三年(1704)永思堂刻本　四冊

330000－1703－0005924　G41569　集部/總
集類/課藝之屬

增補近科館閣分韻詩鈔彙編不分卷　王先謙
原編　(清)心居主人改編　清末石印本
一冊

330000－1703－0005925　G30687　子部/醫
家類/傷寒金匱之屬/傷寒論

訂正仲景傷寒論不分卷　清光緒十四年
(1888)刻本　三冊

330000－1703－0005926　G30808　子部/醫
家類/婦科之屬/產科

安胎保產良方一卷　清光緒十二年(1886)崇
德堂刻本　一冊

330000－1703－0005927　G30809　子部/醫
家類/婦科之屬/產科

達生編三卷　(清)亟齋居士撰　清光緒四年
(1878)刻本　一冊

330000－1703－0005929　G41570　集部/總
集類/課藝之屬

館律萃珍三十二卷　(清)謝祖源編次　清光
緒二年(1876)刻本　十一冊　缺二卷(二十
七至二十八)

330000－1703－0005930　G32799　新學/史

志/別國史

日本全史二十二卷 （日本）中村正直撰　清
末上海教育世界社石印本　十六冊

330000－1703－0005931　G32801　新學/史
志/別國史

各國時事類編十八卷 （清）沈純輯　清光緒
二十一年（1895）上海書局石印本　一冊

330000－1703－0005932　G41571　集部/總
集類/選集之屬/通代

宮閨文選二十六卷姓氏小錄不分卷 （清）周
壽昌輯　清光緒十二年（1886）嶺南集成書局
石印本　一冊　缺十五卷（十二至二十六）

330000－1703－0005934　G32798　新學/史
志/別國史

朝鮮史畧六卷　清抄本　一冊　存一卷（六）

330000－1703－0005935　G50299　類叢部/
叢書類/彙編之屬

曼陀羅華閣叢書十六種 （清）杜文瀾編　清
咸豐至同治秀水杜氏刻光緒十八年（1892）上
海掃葉山房修補印本　陳頤壽題簽　二冊
存二種

330000－1703－0005937　G22318　史部/地
理類/外紀之屬

萬國近政考略十六卷 （清）鄒弢撰　清光緒
二十二年（1896）三借廬鉛印本　四冊

330000－1703－0005938　G30807　子部/醫
家類/類編之屬

韓園醫學六種 （清）潘霨編　清光緒三年
（1877）湖北藩署刻本　二冊　存一種

330000－1703－0005942　G30810　子部/醫
家類/婦科之屬/產科

達生編二卷 （清）亟齋居士撰　清光緒十九
年（1893）刻本　一冊

330000－1703－0005943　G32800　新學/議
論/通論

現今世界大勢論不分卷　梁啟超譯著　清光
緒二十八年（1902）廣智書局刻本　一冊

330000－1703－0005947　G30811　子部/醫
家類/類編之屬

醫方十種匯編 （清）文晟編　清光緒十一年
（1885）京江文成堂刻本　一冊　存一種

330000－1703－0005950　G41581　集部/總
集類/尺牘之屬

昭代名人尺牘續集二十四卷　陶湘輯　清宣
統三年（1911）天寶石印局影印本　十一冊
缺二卷（三至四）

330000－1703－0005952　G41582　集部/總
集類/尺牘之屬

昭代名人尺牘續集二十四卷　陶湘輯　清宣
統三年（1911）天寶石印局影印本　十一冊
缺二卷（三至四）

330000－1703－0005954　G30813　子部/醫
家類/婦科之屬/產科

生產合纂一卷 （清）博愛學人輯　清石印本
一冊

330000－1703－0005955　G21277　史部/傳
記類/科舉錄之屬/歷科登科錄

欽定狀元策不分卷　清光緒刻本　一冊

330000－1703－0005958　G30814　子部/醫
家類/婦科之屬/產科

達生編摘要一卷　清道光元年（1821）刻本
一冊

330000－1703－0005959　G41584　集部/總
集類/選集之屬/斷代

皇朝古學類編十四卷首一卷 （清）姚變選
清光緒二十一年（1895）玉軸山房石印本
八冊

330000－1703－0005960　G30815　子部/醫
家類/婦科之屬/產科

濟生集六卷 （清）王上達輯　清光緒二十二
年（1896）明州咏古齋刻本　三冊

330000－1703－0005961　G41585　集部/總
集類/氏族之屬

三蘇策論十二卷 （宋）蘇洵　（宋）蘇軾
（宋）蘇轍撰　（清）張紹齡編　清光緒二十四

年(1898)越郡會文堂石印本　八冊　存十一
卷(一至十一)

330000－1703－0005962　G30816　子部/醫
家類/婦科之屬

婦科方不分卷　清抄本　一冊

330000－1703－0005963　G30693　子部/醫
家類/傷寒金匱之屬/傷寒論

傷寒論不分卷　(漢)張機撰　清抄本　一冊

330000－1703－0005965　G50087　類叢部/
叢書類/彙編之屬

拜楳山房几上書(拜梅山房几上書)二十三種
　(清)陳鍾原編　清道光九年(1829)甬上陳
氏刻本　四冊　存十九種

330000－1703－0005966　G41586　集部/總
集類/選集之屬/通代

歷代名稿彙選不分卷　(清)慈水古草堂主人
輯　清光緒二十六年(1900)寧波汲綆齋石印
本　十六冊

330000－1703－0005967　G30818　子部/醫
家類/兒科之屬/驚風

驚風辨證必讀書二卷　(清)劉德馨輯　附刻
陳澍賢急驚風證論一卷　(清)陳澍賢撰　清
光緒二十七年(1901)上元江氏刻本　一冊

330000－1703－0005968　G30689　子部/醫
家類/醫案之屬

三家醫案合刻附二種　(清)吳金壽編　清道
光十一年至十二年(1831－1832)刻本　四冊
　存附二種

330000－1703－0005969　G41587　集部/總
集類/選集之屬/通代

歷代名稿彙選續集不分卷　(清)茹古齋主人
輯　清光緒二十六年(1900)上海順成書局石
印本　十六冊

330000－1703－0005972　G50068　類叢部/
叢書類/彙編之屬

函海一百五十二種　(清)李調元編　清乾隆
綿州李氏萬卷樓刻嘉慶十四年(1809)李鼎
元、道光五年(1825)李朝夔重校補刻本　一

冊　存一種

330000－1703－0005974　G41588　集部/總
集類/課藝之屬

筆花書院課藝初編不分卷　(清)任泩等撰
清刻本　一冊

330000－1703－0005975　G30692　子部/醫
家類/傷寒金匱之屬/傷寒論

傷寒論類方四卷　(清)徐大椿輯　(清)潘蔚
增輯　長沙方歌括一卷　(清)陳念祖撰
(清)蕭庭滋　(清)潘霨增輯　清同治五年
(1866)古吳潘氏刻本　四冊

330000－1703－0005977　G41589　集部/總
集類/郡邑之屬

國朝金陵詩徵四十八卷　(清)朱緒曾編　清
光緒十三年(1887)德清俞樾刻本　一冊　存
二卷(十五至十六)

330000－1703－0005978　G30821　子部/醫
家類/兒科之屬/通論

嬰童百問十卷　(明)魯伯嗣撰　清抄本　一
冊　存二卷(一至二)

330000－1703－0005979　G50200　子部/雜
著類/雜纂之屬

校增三要合編四卷　(清)菇古齋主人編　清
光緒十九年(1893)鉛印本　一冊　存二卷
(江湖輯要、分韻字彙)

330000－1703－0005980　G30822　子部/醫
家類/兒科之屬/痘疹

活幼心法九卷　(明)聶尚恆撰　清同治五年
(1866)聚文堂刻本　二冊

330000－1703－0005981　G41590　集部/總
集類/彙編之屬

韓俞合稿一卷　(清)韓棟　(清)俞樾撰
(清)遜敏軒主人輯　清光緒十九年(1893)鉛
印本　一冊

330000－1703－0005982　G50181　類叢部/
叢書類/彙編之屬

懷幽雜俎十二種　徐乃昌編　清光緒至宣統
南陵徐氏刻本　十冊

330000－1703－0005983　G30691　子部/醫家類/傷寒金匱之屬/傷寒論

傷寒卒病論讀一卷醫經讀一卷　（清）沈又彭輯　清刻本　四冊

330000－1703－0005984　G41591　集部/總集類/選集之屬/通代

夢華廬賦海三十卷　（清）夢華廬主人選　清光緒十二年(1886)上海點石齋石印本　八冊

330000－1703－0005986　G30696　子部/醫家類/溫病之屬/其他溫疫病證

溫病條辨六卷首一卷　（清）吳瑭撰　清上海著易堂鉛印本　四冊

330000－1703－0005987　G30697　子部/醫家類/溫病之屬/其他溫疫病證

溫病條辨六卷首一卷　（清）吳瑭撰　清光緒十九年(1893)上海圖書集成印書局鉛印本　四冊

330000－1703－0005988　G50309　類叢部/叢書類/彙編之屬

融經館叢書十一種　（清）徐友蘭編　清光緒六年至十一年(1880－1885)會稽徐氏八杉齋刻本　六冊　存一種

330000－1703－0005989　G30698　子部/醫家類/溫病之屬/其他溫疫病證

溫病條辨六卷首一卷　（清）吳瑭撰　清光緒三十二年(1906)上海千頃堂石印本　四冊

330000－1703－0005990　G50310　類叢部/叢書類/彙編之屬

融經館叢書十一種　（清）徐友蘭編　清光緒六年至十一年(1880－1885)會稽徐氏八杉齋刻本　六冊　存一種

330000－1703－0005991　G30699　子部/醫家類/溫病之屬/其他溫疫病證

溫病條辨六卷首一卷　（清）吳瑭撰　清上海文淵山房刻本　二冊

330000－1703－0005992　G50311　類叢部/叢書類/彙編之屬

融經館叢書十一種　（清）徐友蘭編　清光緒六年至十一年(1880－1885)會稽徐氏八杉齋刻本　六冊　存一種

330000－1703－0005993　G41592　集部/總集類/課藝之屬

格致書院課藝十三卷　（清）王韜編　清光緒二十四年(1898)上海書局石印本　十三冊

330000－1703－0005994　G41593　集部/總集類/課藝之屬

紫陽書院課藝七集不分卷　（清）吳左泉鑒定　（清）查亮采　（清）朱文炳編校　**八集不分卷**　（清）吳左泉鑒定　（清）朱文炳　（清）許郊編校　**九集不分卷**　（清）王同伯鑒定　（清）沈壽慈　（清）楊振鑣編校　清光緒十四年(1888)、十八年(1892)、二十年(1894)刻本　五冊

330000－1703－0005995　G30547　子部/醫家類/類編之屬

吳氏醫學述　（清）吳儀洛輯　清乾隆三十一年(1766)硤川利濟堂刻本　八冊　存一種

330000－1703－0005996　G30700　子部/醫家類/溫病之屬/其他溫疫病證

溫病條辨六卷首一卷　（清）吳瑭撰　清寧波羣玉山房刻本　四冊

330000－1703－0005997　G50544　類叢部/叢書類/郡邑之屬

貴池先哲遺書(唐石籠叢書、唐石籠彙刻貴池先哲遺書)二十種附刻一種續刊一種附一種　劉世珩編　清光緒二十四年至民國九年(1898－1920)貴池劉氏唐石籠刻民國十五年(1926)續刻彙印本　二冊　存一種

330000－1703－0005998　G30701　子部/醫家類/溫病之屬/其他溫疫病證

溫病條辨六卷首一卷　（清）吳瑭撰　清同治十年(1871)刻本　四冊

330000－1703－0005999　G50545　類叢部/叢書類/郡邑之屬

貴池先哲遺書(唐石籠叢書、唐石籠彙刻貴池先哲遺書)二十種附刻一種續刊一種附一種

劉世珩編　清光緒二十四年至民國九年(1898－1920)貴池劉氏唐石簃刻民國十五年(1926)續刻彙印本　二冊　存一種

330000－1703－0006000　G30636　子部/醫家類/傷寒金匱之屬/傷寒論

傷寒論條辨八卷本草鈔一卷或問一卷痙書一卷痙書或問一卷　（明）方有執撰　清康熙五十八年(1719)浩然樓刻本　四冊

330000－1703－0006001　G30702　子部/醫家類/溫病之屬/其他溫疫病證

溫病條辨六卷首一卷　（清）吳瑭撰　清道光十五年(1835)葉金潮濬吾樓刻本　二冊

330000－1703－0006002　G41594　集部/總集類/課藝之屬

崇辨堂墨選不分卷　清刻本　一冊

330000－1703－0006003　G30703　子部/醫家類/溫病之屬/其他溫疫病證

問心堂溫病條辨六卷首一卷　（清）吳瑭撰　清道光十六年(1836)刻本　四冊

330000－1703－0006004　G30635　子部/醫家類/傷寒金匱之屬/傷寒論

新刻陳養晦先生傷寒五法五卷　（明）陳志明撰　（清）石楷輯　清康熙二十二年(1683)刻本　一冊　存四卷(一至四)

330000－1703－0006006　G30634　子部/醫家類/傷寒金匱之屬/傷寒論

新刻陳養晦先生傷寒五法五卷　（明）陳志明撰　（清）石楷輯　清抄本　二冊

330000－1703－0006007　G30704　子部/醫家類/溫病之屬/其他溫疫病證

溫病條辨六卷首一卷　（清）吳瑭撰　清寧波羣玉山房刻本　四冊

330000－1703－0006008　G30633　子部/醫家類/傷寒金匱之屬/傷寒論

新刻陳養晦先生傷寒五法五卷　（明）陳志明撰　（清）石楷輯　清康熙六年(1667)陳維坤刻本　四冊

330000－1703－0006009　G41596　集部/總集類/課藝之屬

賦海初編三十卷　（清）竹春齋主人輯　清光緒十二年(1886)積山局石印本　六冊　存十一卷(四、十二至十五、二十三至二十八)

330000－1703－0006011　G30631　子部/醫家類/傷寒金匱之屬/傷寒論

陶節菴傷寒全生集四卷　（明）陶華撰　明末刻本　四冊

330000－1703－0006012　G30632　子部/醫家類/傷寒金匱之屬/傷寒論

陶節菴傷寒全生集四卷　（明）陶華撰　明末刻本　四冊

330000－1703－0006013　G32555　類叢部/類書類/通類之屬

駢體典林富豔二十八卷　清刻本　六冊

330000－1703－0006014　G50294　類叢部/叢書類/彙編之屬

荔牆叢刻十三種　（清）汪曰楨編　清同治至光緒烏程汪氏刻本　二冊　存一種

330000－1703－0006015　G30706　子部/醫家類/類編之屬

潛齋醫書五種　（清）王士雄撰　清光緒三十年(1904)石印本　二冊　存一種

330000－1703－0006016　G30630　子部/醫家類/傷寒金匱之屬/傷寒論

傷寒六書　（明）陶華撰　清敦化堂刻本　四冊

330000－1703－0006017　G30705　子部/醫家類/溫病之屬/其他溫疫病證

溫熱經緯五卷　（清）王士雄撰　清光緒十一年(1885)松韻閣刻本　四冊

330000－1703－0006018　G41608　集部/總集類/選集之屬/通代

同館賦鈔不分卷　（清）張端卿等撰　（清）戴彬元等書　清光緒十一年(1885)刻本　一冊

330000－1703－0006019　G30637　子部/醫

家類/傷寒金匱之屬/傷寒論

校刻傷寒圖歌活人指掌五卷 （元）吳恕撰
明末致和堂刻本　二冊

330000－1703－0006021　G41609　集部/總
集類/選集之屬/通代

文選集腋二卷 （清）胥斌輯　清光緒十七年
(1891)上洋珍藝書局鉛印本　二冊

330000－1703－0006022　G41610　集部/總
集類/選集之屬/通代

試律腋成四卷 （清）何學鴻選　清咸豐六年
(1856)刻本　四冊

330000－1703－0006023　G20029　史部/紀
傳類/正史之屬

二十四史附考證　清光緒十年(1884)上海同
文書局石印本　六百八十五冊　存二十三種

330000－1703－0006024　G31133　子部/醫
家類/醫案之屬

洄溪醫案一卷 （清）徐大椿撰　清咸豐七年
(1857)海昌蔣氏衍芬草堂刻本　陳頤壽題記
　一冊

330000－1703－0006025　G41611　集部/總
集類/課藝之屬

試策菁華四卷 （清）曹森等撰　清刻本
四冊

330000－1703－0006026　G30710　子部/醫
家類/溫病之屬

溫熱病指南集一卷 （清）陳祖恭撰　清光緒
二年(1876)雲間復園刻本　一冊

330000－1703－0006027　G31132　子部/醫
家類/醫案之屬

洄溪醫案一卷 （清）徐大椿撰　清咸豐七年
(1857)海昌蔣氏衍芬草堂刻本　一冊

330000－1703－0006028　G31131　子部/醫
家類/醫案之屬

名醫類案十二卷 （明）江瓘輯　清乾隆三十
五年(1770)歙縣鮑氏知不足齋刻本　六冊

330000－1703－0006029　G41612　集部/總

集類/選集之屬/通代

大文堂重訂古文釋義新編八卷 （清）余誠輯
清刻本　五冊　存五卷（四至八）

330000－1703－0006030　G30823　子部/醫
家類/兒科之屬

著石堂新刻幼科直言六卷 （清）孟河撰
（清）孟莊輯　清嘉慶三年(1798)刻本　四冊

330000－1703－0006031　G30711　子部/醫
家類/溫病之屬/痧症

痧脹玉衡三卷後卷一卷 （清）郭志邃撰　清
刻本　四冊

330000－1703－0006032　G31130　子部/醫
家類/醫案之屬

名醫類案十二卷 （明）江瓘輯　清光緒二十
二年(1896)耕餘堂鉛印本　六冊

330000－1703－0006033　G30824　子部/醫
家類/兒科之屬/通論

幼科醫學指南四卷 （清）周震撰　清乾隆五
十四年(1789)刻本　四冊

330000－1703－0006034　G41613　集部/總
集類/課藝之屬

浙西校士錄不分卷 （清）浙江提督學院錄
清光緒三十年(1904)石印本　二冊

330000－1703－0006035　G30825　子部/醫
家類/兒科之屬/通論

抱乙子幼科指掌遺稿五卷 （清）葉其蓁輯
清乾隆八年(1743)刻本　五冊

330000－1703－0006036　G41614　集部/總
集類/課藝之屬

國朝小題文瀋靈集六卷 （清）張躍鱗編次
清同治十二年(1873)四明茹古齋鉛印本　三
冊　存四卷（三至六）

330000－1703－0006037　G31046　子部/醫
家類/類編之屬

喻氏醫書三種 （清）喻昌撰　清刻本　二冊
存一種

330000－1703－0006039　G41615　集部/總

集類/課藝之屬

國朝小題文瀋靈集六卷 （清）張躍鱗編次
清刻本 二冊 存二卷（二至三）

330000－1703－0006040 G31129 子部/醫
家類/醫話醫論之屬

寓意草註釋四卷 （清）喻昌撰 （清）謝甘澍
注 清光緒三年（1877）謝映廬公祠刻五年
（1879）印本 四冊

330000－1703－0006041 G30712 子部/醫
家類/溫病之屬/瘟疫

疫痧二症合編 （清）劉奎等撰 清道光二十
六年（1846）九皇宮刻本 八冊

330000－1703－0006042 G41616 集部/總
集類/課藝之屬

國朝小題文瀋靈集六卷 （清）張躍鱗編次
清道光八年（1828）刻本 四冊 存二卷（五
至六）

330000－1703－0006043 G31127 子部/醫
家類/類編之屬

柳選四家醫案 （清）柳寶詒編 清光緒三十
一年（1905）惜餘小舍刻本 二冊

330000－1703－0006044 G41617 集部/總
集類/課藝之屬

五經文府不分卷 （清）鴻寶齋輯 清末石印
本 四冊 存二種

330000－1703－0006045 G31128 子部/醫
家類/類編之屬

柳選四家醫案 （清）柳寶詒編 清宣統二年
（1910）時中書局石印本 五冊 存三種

330000－1703－0006046 G30713 子部/醫
家類/溫病之屬/瘟疫

瘟疫論類編五卷讀論要言一卷 （明）吳有性
撰 （清）劉奎等評釋 **松峯說疫六卷** （清）
劉奎撰 清嘉慶四年（1799）刻本 三冊

330000－1703－0006047 G30826 子部/醫
家類/兒科之屬/通論

鼎鍥幼幼集成六卷 （清）陳復正輯 清聚奎
堂刻本 六冊

330000－1703－0006048 G41618 集部/總
集類/郡邑之屬

壬辰直省鄉墨精銳不分卷 （清）梁葆慶評選
清道光十二年（1832）刻本 一冊

330000－1703－0006049 G30690 子部/醫
家類/醫案之屬

三家醫案合刻 （清）吳金壽編 清道光十二
年（1832）刻本 一冊

330000－1703－0006050 G30714 子部/醫
家類/溫病之屬/瘟疫

松峯說疫六卷 （清）劉奎撰 清嘉慶四年
（1799）刻本 四冊

330000－1703－0006051 G30827 子部/醫
家類/兒科之屬/通論

鼎鍥幼幼集成六卷 （清）陳復正輯 清光緒
二十九年（1903）上海醉六堂石印本 六冊

330000－1703－0006052 G30715 子部/醫
家類/溫病之屬/瘟疫

瘟疫明辨四卷末一卷 （清）戴天章撰 清末
南京李光明莊刻本 一冊

330000－1703－0006053 G31126 子部/醫
家類/醫案之屬

古今醫案按十卷 （清）俞震輯 清光緒九年
（1883）吳江李齡壽刻本 十冊

330000－1703－0006055 G30829 子部/醫
家類/兒科之屬/通論

醫林枕秘保赤存真十卷 （清）余含棻輯 清
光緒二年（1876）慎德堂刻本 五冊

330000－1703－0006056 G31142 子部/醫
家類/醫案之屬

立齋醫案疏四卷 （清）錢臨疏 （清）錢本瑜
輯 清乾隆四十七年（1782）刻本 二冊

330000－1703－0006059 G30960 子部/醫
家類/類編之屬

醫學三書 （清）雷豐編 清光緒十年至十三
年（1884－1887）雷氏慎修堂刻本 四冊 存
一種

330000－1703－0006060　G41619　集部/總集類/課藝之屬

十八科會墨文的不分卷　（清）趙霖選錄（清）戴潤鄰評選　清刻本　六冊

330000－1703－0006061　G30717　子部/醫家類/溫病之屬

時病論八卷　（清）雷豐撰　清光緒三十年（1904）石印本　四冊

330000－1703－0006062　G31139　子部/醫家類/醫案之屬

葉氏醫案存真三卷　（清）葉桂撰　馬氏醫案并附祁案王案一卷　（清）馬俶等撰　清光緒九年（1883）刻本　四冊

330000－1703－0006063　G30719　子部/醫家類/溫病之屬/瘟疫

意解山房溫疫析疑四卷　（清）唐毓厚撰　清光緒九年（1883）唐毓厚刻本　四冊

330000－1703－0006064　G30831　子部/醫家類/兒科之屬/通論

秘傳兒科心法十三訣一卷　（清）應在揚輯兒科方歌一卷保嬰論一卷舌胎一卷竹林寺秘傳產科一卷　（清）陸琴齋輯　幼病要略一卷　（清）雪岩輯　清抄本　四冊

330000－1703－0006065　G31138　子部/醫家類/醫案之屬

葉氏醫案存真三卷　（清）葉桂撰　馬氏醫案并附祁案王案一卷　（清）馬俶等撰　清光緒九年（1883）刻本　四冊

330000－1703－0006066　G30718　子部/醫家類/溫病之屬

時病論八卷　（清）雷豐撰　清光緒三十年（1904）申漢鍊石書局石印本　六冊

330000－1703－0006067　G41620　史部/傳記類/科舉錄之屬/歷科登科錄

道光二年壬午科至咸豐六年丙辰科十八科會墨文的不分卷　（清）趙霖選錄　清刻本　六冊

330000－1703－0006068　G41621　集部/總

集類/課藝之屬

金臚精萃四卷　（清）楓橋主人輯　清光緒九年（1883）鉛印本　二冊

330000－1703－0006069　G31137　子部/醫家類/醫案之屬

臨證指南醫案十卷　（清）葉桂撰　（清）徐大椿評　清乾隆三十三年（1768）衛生堂刻本八冊　缺二卷（三、八）

330000－1703－0006070　G30832　子部/醫家類/兒科之屬/通論

保嬰易知錄二卷補編一卷　（清）吳寧瀾撰清同治十二年（1873）葉廉諤刻本　一冊

330000－1703－0006071　G31089　子部/醫家類/類編之屬

醫門棒喝二種　（清）章楠撰　清道光九年（1829）刻本　四冊　存一種

330000－1703－0006072　G31090　子部/醫家類/類編之屬

醫門棒喝二種　（清）章楠撰　清同治六年（1867）聚文堂刻本　十六冊

330000－1703－0006074　G31136　子部/醫家類/醫案之屬

臨證指南醫案十卷　（清）葉桂撰　（清）徐大椿評　清刻本　二冊　存二卷（五、十）

330000－1703－0006075　G31091　子部/醫家類/類編之屬

醫門棒喝二種　（清）章楠撰　清宣統元年（1909）蠡城三友益齋石印本　鈞聲題記十冊

330000－1703－0006076　G31135　子部/醫家類/醫案之屬

臨證指南醫案十卷　（清）葉桂撰　（清）徐大椿評　清光緒十一年（1885）掃葉山房刻本九冊　存九卷（一至九）

330000－1703－0006077　G41622　集部/總集類/課藝之屬

試帖分韻秋景詩集四卷　（清）清華主人輯清刻本　一冊　存二卷（一至二）

330000－1703－0006078　G30833　子部/醫家類/兒科之屬

福幼編一卷遂生編一卷　（清）莊一虁撰　清道光十九年(1839)歌薲堂刻本　一冊

330000－1703－0006079　G41623　集部/總集類/郡邑之屬

浙江形勝試帖□□卷二刻不分卷　清光緒元年(1875)刻本　一冊　存二卷(一至二)

330000－1703－0006080　G31140　子部/醫家類/醫案之屬

臨證指南廣義□□卷　清抄本　三冊　存三卷(一至三)

330000－1703－0006081　G30834　子部/醫家類/兒科之屬

福幼編一卷遂生編一卷　（清）莊一虁撰　清道光十九年(1839)歌薲堂刻本　一冊

330000－1703－0006082　G31134　子部/醫家類/醫案之屬

臨證指南醫案十卷種福堂公選溫熱論醫案四卷　（清）葉桂撰　（清）徐大椿評　清道光二十四年(1844)蘇州經鉏堂刻朱墨套印本　十二冊

330000－1703－0006083　G32556　經部/叢編

五經擬題集解三十八卷續集三十七卷　（清）姜巘　（清）朱怡亭輯　清刻本　一冊　存八卷(七至十四)

330000－1703－0006085　G31092　子部/醫家類/綜合之屬/通論

重校聖濟總錄二百卷　清乾隆五十四年(1789)汪鳴珂燕遠堂刻本(卷一百九十五、一百九十九至二百原缺,卷一百九十、一百九十三、一百九十五、二百配抄本)　六十冊　缺六卷(七十四至七十八、一百九十九)

330000－1703－0006086　G41624　集部/總集類/尺牘之屬

昭代名人尺牘二十四卷小傳二十四卷　（清）吳修輯　清光緒三十四年(1908)西泠印社影

印本　十二冊　存二十四卷(昭代名人尺牘一至二十四)

330000－1703－0006087　G41625　集部/總集類/尺牘之屬

昭代名人尺牘二十四卷小傳二十四卷　（清）吳修輯　清光緒三十四年(1908)西泠印社影印本　十一冊　存二十二卷(昭代名人尺牘一至二十二)

330000－1703－0006088　G30837　子部/醫家類/兒科之屬/通論

遂生慈幼福幼三編三卷　（清）朱賜卿輯　清咸豐六年(1856)永盛齋刻本　一冊

330000－1703－0006089　G41626　集部/總集類/尺牘之屬

昭代名人尺牘續編六卷　（清）抉隱主人輯　清宣統元年(1909)抉隱室影印本　六冊

330000－1703－0006090　G30838　子部/醫家類/兒科之屬/痘疹

黃帝逸典十三卷　清欣賞書屋刻本　二冊

330000－1703－0006091　G31143　子部/醫家類/醫案之屬

齊氏醫案崇正辨訛六卷　（清）齊秉慧撰　清道光十二年(1832)刻本　六冊

330000－1703－0006092　G41627　集部/總集類/課藝之屬

紫琅書院會課不分卷　（清）徐宗幹等撰　清刻本　一冊

330000－1703－0006093　G31093　子部/醫家類/方書之屬/單方驗方

聖濟總錄纂要二十六卷　（清）程林輯　清康熙二十年(1681)程林揚州刻乾隆五年(1740)張松寧重修本　十二冊

330000－1703－0006094　G30645　子部/醫家類/傷寒金匱之屬/傷寒論

傷寒論三註十六卷　（清）周揚俊輯　清乾隆四十五年(1780)松心堂刻本　六冊

330000－1703－0006095　G30646　子部/醫

家類/傷寒金匱之屬/傷寒論

傷寒論三註十七卷附傷寒醫方歌訣一卷
（清）周揚俊輯　（清）劉宏璧刪補　清乾隆五
十年(1785)二南堂刻本　六冊

330000－1703－0006096　G30647　子部/醫
家類/傷寒金匱之屬/傷寒論

傷寒論三註十七卷附傷寒醫方歌訣一卷
（清）周揚俊輯　（清）劉宏璧刪補　清道光六
年(1826)程曉邨抄本　八冊

330000－1703－0006097　G41628　集部/總
集類/課藝之屬

試策僎要不分卷　（清）鄧廷楨編輯　清嘉慶
十九年(1814)刻本　三冊

330000－1703－0006098　G30839　子部/醫
家類/兒科之屬/痘疹

新刊經驗痘疹不求人方論一卷　（明）朱棟隆
撰　清康熙三十六年(1697)刻本　一冊

330000－1703－0006099　G31087　子部/
叢編

輔孝兩書　（清）吳楚輯　清乾隆六十年
(1795)吳氏刻本　四冊　存一種

330000－1703－0006100　G41554　集部/總
集類/課藝之屬

采蔝齋文選不分卷　（清）孫大源等撰　清刻
本　一冊

330000－1703－0006102　G31088　子部/醫
家類/類編之屬

壽世彙編五種　（清）祝寶森編　清光緒十一
年(1885)金陵刻本　一冊

330000－1703－0006104　G30841　子部/醫
家類/兒科之屬/痘疹

痘疹慈航二卷　（明）聶尚恆撰　清嘉慶二十
四年(1819)刻本　一冊

330000－1703－0006105　G41629　集部/總
集類/選集之屬/通代

七十家賦鈔六卷　（清）張惠言輯　清光緒刻
本　一冊　存一卷(四)

284

330000－1703－0006106　G30581　子部/醫
家類/方書之屬/單方驗方

幾希錄二卷　（清）瑞五堂主人輯　清同治八
年(1869)姑蘇得見齋刻本　二冊

330000－1703－0006108　G41630　集部/總
集類/課藝之屬

近科鄉會墨僅見不分卷　（清）謝輔坫選評
清同治六年(1867)舊雨艸堂刻本　四冊

330000－1703－0006109　G30639　子部/醫
家類/傷寒金匱之屬/傷寒論

傷寒辯證四卷　（清）陳堯道撰　清嘉慶十一
年(1806)刻本　四冊

330000－1703－0006110　G30842　子部/醫
家類/兒科之屬/痘疹

痘疹全書不分卷　清抄本　一冊

330000－1703－0006111　G30582　子部/醫
家類/方書之屬/單方驗方

方書一卷　清抄本　一冊

330000－1703－0006112　G30843　子部/醫
家類/兒科之屬/痘疹

痘科鍵二卷麻疹一卷　（明）朱巽撰　（清）徐
緒增補　清道光十一年(1831)刻本　二冊

330000－1703－0006113　G30644　子部/醫
家類/傷寒金匱之屬/傷寒論

傷寒論集註十卷附傷寒論集註外篇四卷
（漢）張機撰　（清）徐赤集註　（清）吳士鎮
增訂　清乾隆十七年(1752)瓜涇徐氏刻本
六冊

330000－1703－0006114　G50654　類叢部/
叢書類/自著之屬

白石道人四種　（宋）姜夔撰　清同治十年
(1871)桂林倪氏野水閒鷗館刻本　二冊

330000－1703－0006115　G30730　子部/醫
家類/溫病之屬/瘟疫

霍亂治方一卷　（清）鳴陰軒主人輯　清光緒
四年(1878)刻本　一冊

330000－1703－0006116　G30641　子部/醫

家類/傷寒金匱之屬/傷寒論

傷寒大白四卷總論一卷 （清）秦之楨撰　清光緒十年(1884)還讀樓刻本　四冊

330000－1703－0006117　G30731　子部/醫家類/溫病之屬

新刻治疗要書一卷 （清）紅藕花村主人編　清同治十年(1871)刻本　與330000－1703－0006115合冊

330000－1703－0006118　G50655　類叢部/叢書類/自著之屬

率祖堂叢書八種附六種 （宋）金履祥撰　清雍正至乾隆金華金氏刻光緒十三年(1887)鎮海謝駿德補刻本　二十八冊　存十三種

330000－1703－0006119　G30732　子部/醫家類/溫病之屬/瘧痢

經驗瘧痢良方一卷　清道光二十六年(1846)刻本　一冊

330000－1703－0006120　G30733　子部/醫家類/溫病之屬/瘧痢

經驗瘧痢良方一卷　清道光二十六年(1846)刻本　一冊

330000－1703－0006121　G30642　子部/醫家類/傷寒金匱之屬/傷寒論

傷寒論六卷附傷寒論本義一卷　（漢）張機撰　（清）張志聰註釋　（清）高世栻纂集　清光緒二十五年(1899)石印本　三冊　缺一卷（一）

330000－1703－0006122　G30734　子部/醫家類/溫病之屬/瘧痢

經驗瘧痢良方一卷　清道光二十六年(1846)刻本　一冊

330000－1703－0006123　G30735　子部/醫家類/溫病之屬/瘧痢

經驗瘧痢良方一卷　清道光二十六年(1846)刻本　一冊

330000－1703－0006124　G30736　子部/醫家類/溫病之屬/瘧痢

經驗瘧痢良方一卷　清道光二十六年(1846)刻本　一冊

330000－1703－0006125　G30737　子部/醫家類/溫病之屬/瘧痢

經驗瘧痢良方一卷　清道光二十六年(1846)刻本　一冊

330000－1703－0006126　G30738　子部/醫家類/溫病之屬/痧症

痧症度鍼二卷 （清）胡鳳昌輯　清同治十二年(1873)浙江趙寶墨齋刻本　一冊

330000－1703－0006127　G30651　子部/醫家類/傷寒金匱之屬/傷寒論

傷寒來蘇集三種 （清）柯琴撰　清金閶綠慎堂刻本　六冊　存二種

330000－1703－0006128　G30650　子部/醫家類/傷寒金匱之屬/傷寒論

傷寒來蘇集三種 （清）柯琴撰　清宣統元年(1909)同文會刻本　四冊

330000－1703－0006129　G30750　子部/醫家類/傷寒金匱之屬/金匱要略

金匱翼八卷 （清）尤怡撰　清嘉慶十八年(1813)長洲徐錦心太平軒刻本　八冊

330000－1703－0006130　G30649　子部/醫家類/傷寒金匱之屬/傷寒論

傷寒來蘇集三種 （清）柯琴撰　清金閶綠慎堂刻本　六冊　存二種

330000－1703－0006133　G30584　子部/醫家類/醫案之屬

臨症經驗方一卷 （清）張仲華輯　清光緒八年(1882)刻本　一冊

330000－1703－0006136　G30648　子部/醫家類/傷寒金匱之屬/傷寒論

重編張仲景傷寒論證治發明朔源集十卷　(清)錢潢撰　清康熙四十七年(1708)虛白室刻本　八冊

330000－1703－0006137　G30653　子部/醫家類/傷寒金匱之屬/傷寒論

傷寒來蘇集三種 （清）柯琴撰　清抄本

六冊

330000 - 1703 - 0006138　G30643　子部/醫家類/傷寒金匱之屬/傷寒論

傷寒論六卷附傷寒論本義一卷　（漢）張機撰　（清）張志聰註釋　（清）高世栻纂集　清刻本　六冊

330000 - 1703 - 0006139　G30760　子部/醫家類/内科之屬/虛勞

理虛元鑑二卷　（明）汪綺石撰　（清）柯懷祖訂　清光緒二十二年（1896）蕭山陳氏刻本　一冊

330000 - 1703 - 0006140　G30638　子部/醫家類/傷寒金匱之屬/傷寒論

傷寒論後條辨十五卷　（清）程應旄撰　清乾隆九年（1744）致和堂刻本　八冊

330000 - 1703 - 0006141　G30761　子部/醫家類/内科之屬/其他内科病證

血證論八卷首一卷　（清）唐宗海撰　清光緒十九年（1893）湖北郎縣署刻本　六冊

330000 - 1703 - 0006142　G30852　子部/醫家類/兒科之屬/痘疹

兒科痘瘡剔選摘要總訣秘要七十二症形眾圖不分卷　清抄本　一冊

330000 - 1703 - 0006143　G33230　子部/叢編

二十二子（二十二子彙函）　（清）浙江書局編　清光緒元年至三年（1875 - 1877）浙江書局刻本　五冊　存二種

330000 - 1703 - 0006144　G30853　子部/醫家類/兒科之屬/痘疹

痘科一得歌訣一卷　（清）劉企向撰　清雍正五年（1727）刻本　一冊

330000 - 1703 - 0006145　G33231　子部/叢編

二十二子（二十二子彙函）　（清）浙江書局編　清光緒元年至三年（1875 - 1877）浙江書局刻本　三冊　存二種

330000 - 1703 - 0006146　G50344　類叢部/叢書類/彙編之屬

嘯園叢書五十七種　（清）葛元煦編　清光緒二年至七年（1876 - 1881）仁和葛氏刻本　一冊　存一種

330000 - 1703 - 0006149　G30586　子部/醫家類/方書之屬/單方驗方

急救五毒觸目良方不分卷　清光緒三十二年（1906）奉化孫心言刻本　一冊

330000 - 1703 - 0006150　G31032　子部/醫家類/類編之屬

中西匯通醫書五種　（清）唐宗海撰　清光緒三十二年（1906）上海千頃堂石印本　七冊　存三種

330000 - 1703 - 0006152　G30587　子部/醫家類/方書之屬/單方驗方

六科良方集要一卷續方一卷　（清）周鶴羣纂輯　（清）凌奐增訂　清宣統元年（1909）石印本　一冊

330000 - 1703 - 0006156　G31030　子部/醫家類/類編之屬

中西匯通醫書五種　（清）唐宗海撰　清光緒三十四年（1908）上海千頃堂書局石印本　十二冊

330000 - 1703 - 0006157　G30585　子部/醫家類/方書之屬

范銳生抄本不分卷　（清）范銳生鈔方　清抄本　一冊

330000 - 1703 - 0006165　G30914　子部/醫家類/眼科之屬

眼科祕書二卷　（清）釋月潭輯　清光緒二十二年（1896）湘陰李幼梅刻本　一冊

330000 - 1703 - 0006166　G30763　子部/醫家類/内科之屬/其他内科病證

瘋癆臌膈辨一卷附梅瘡下疳辨一卷　（清）林翼臣撰　清光緒上海文瑞樓石印本　一冊

330000 - 1703 - 0006167　G50293　類叢部/叢書類/彙編之屬

荔牆叢刻十三種　（清）汪曰楨編　清同治至光緒烏程汪氏刻本　二冊　存二種

330000－1703－0006168　G30621　子部/醫家類/方書之屬/單方驗方

隨山宇方鈔一卷　（清）汪曰楨撰　清光緒八年(1882)紹興安越堂刻本　一冊

330000－1703－0006169　G30880　子部/醫家類/外科之屬/通論

外科圖說六卷　（清）高文晉輯　清咸豐六年(1856)浦南滇思堂刻本　六冊

330000－1703－0006170　G30764　子部/醫家類/內科之屬

醫略稿六十七卷　（清）蔣寶素撰　清道光三十年(1850)鎮江蔣氏快志堂刻本　八冊

330000－1703－0006171　G30879　子部/醫家類/外科之屬

外科秘錄圖二卷　（清）閻松軒撰　清嘉慶四年(1799)刻本　四冊

330000－1703－0006173　G30765　子部/醫家類/內科之屬

醫罟十三卷醫略論列方一卷附刻關格考一卷人迎辨一卷　（清）蔣寶素撰　清道光二十八年(1848)快志堂刻本　二冊

330000－1703－0006174　G30874　子部/醫家類/外科之屬/外科方

外科正宗十二卷附錄一卷　（明）陳實功撰（清）徐大椿評　清咸豐十年(1860)海寧蔣光焴刻本　六冊

330000－1703－0006175　G30875　子部/醫家類/外科之屬/外科方

外科正宗十二卷附錄一卷　（明）陳實功撰（清）徐大椿評　清咸豐十年(1860)海寧蔣光焴刻本　六冊

330000－1703－0006176　G30766　子部/醫家類/內科之屬

證治彙補八卷　（清）李用粹撰　清光緒十八年(1892)簡玉山房刻本　八冊

330000－1703－0006177　G30767　子部/醫家類/內科之屬

證治彙補八卷　（清）李用粹撰　清光緒九年(1883)萬卷樓刻本　八冊

330000－1703－0006178　G30855　子部/醫家類/兒科之屬/痘疹

小兒月內種痘神方一卷　（清）胡少泉撰　清光緒二十五年(1899)洪念祖石印本　一冊

330000－1703－0006179　G30856　子部/醫家類/兒科之屬/痘疹

沙疹輯要四卷　（清）葉霖撰　清光緒十六年(1890)四明李振霆刻本　四冊

330000－1703－0006180　G30769　子部/醫家類/婦科之屬/產科

產科不分卷圖一卷　（英國）密爾纂　舒高第口譯　（清）鄭昌棪筆述　清江南機器製造總局鉛印本　四冊

330000－1703－0006181　G30857　子部/醫家類/兒科之屬/痘疹

秘傳經驗痲書集抄一卷　清光緒二十九年(1903)刻本　一冊

330000－1703－0006182　G30911　子部/醫家類/眼科之屬

銀海精微二卷　題(唐)孫思邈撰　清刻本　一冊

330000－1703－0006183　G30877　子部/醫家類/外科之屬/外科方

外科正宗十二卷附錄一卷　（明）陳實功撰（清）徐大椿評　清咸豐十年(1860)海寧蔣光焴刻本　六冊　缺一卷(附錄)

330000－1703－0006184　G30926　子部/醫家類/眼科之屬

異授眼科一卷　清同治六年(1867)劉繼禮刻本　一冊

330000－1703－0006185　G30768　子部/醫家類/內科之屬

沈朗仲先生病機彙論十八卷　（清）沈頲撰（清）馬俶校　清康熙刻本　一冊　存三卷

（七至九）

330000－1703－0006186　G30876　子部/醫
家類/外科之屬/外科方

外科正宗十二卷附錄一卷　（明）陳實功撰
（清）徐大椿評　清光緒八年(1882)刻本　陳
頤壽批並題記　八冊

330000－1703－0006187　G21160　史部/傳
記類/科舉錄之屬/歷科鄉試錄

**光緒二十九年癸卯恩科浙江鄉試同懷卷一卷
附光緒癸卯二十九年恩科浙江優貢卷一卷**
李思浩　李思瀚撰　清光緒刻本　一冊

330000－1703－0006188　G21161　史部/傳
記類/科舉錄之屬/歷科鄉試錄

**光緒二十九年癸卯恩科浙江鄉試同懷卷一卷
附光緒癸卯二十九年恩科浙江優貢卷一卷**
李思浩　李思瀚撰　清光緒刻本　一冊

330000－1703－0006189　G30878　子部/醫
家類/外科之屬/通論

重訂外科正宗十二卷　（明）陳實功撰　（清）
張鷟翼重訂　清光緒二十年(1894)掃葉山房
刻本　一冊　存二卷(一至二)

330000－1703－0006190　G30796　子部/醫
家類/婦科之屬/通論

女科輯要二卷　（清）沈又彭撰　清光緒七年
(1881)維揚宏文齋刻本　二冊

330000－1703－0006191　G21261　史部/傳
記類/科舉錄之屬/歷科登科錄

光緒二十年甲午恩科會試硃卷一卷　孫鏘撰
　清光緒刻本　一冊

330000－1703－0006192　G21258　史部/傳
記類/科舉錄之屬/歷科登科錄

光緒十八年壬辰科會試硃卷一卷　（清）裴鴻
勳撰　清光緒刻本　一冊

330000－1703－0006193　G30797　子部/醫
家類/婦科之屬/通論

女科輯要二卷　（清）沈又彭撰　清道光三十
年(1850)王士雄重慶堂刻本　二冊　存一卷
(上)

330000－1703－0006194　G21257　史部/傳
記類/科舉錄之屬/歷科登科錄

光緒十八年壬辰科會試硃卷一卷　（清）裴鴻
勳撰　清光緒刻本　一冊

330000－1703－0006195　G21255　史部/傳
記類/科舉錄之屬/歷科登科錄

光緒十二年丙戌科會試硃卷一卷　（清）韓培
森撰　清光緒刻本　一冊

330000－1703－0006196　G30873　子部/醫
家類/外科之屬

瘍科選粹八卷　（明）陳文撰　清乾隆二十六
年(1761)潯溪達尊堂刻本　八冊

330000－1703－0006197　G30798　子部/醫
家類/婦科之屬/通論

女科輯要二卷　（清）沈又彭撰　清道光三十
年(1850)王士雄重慶堂刻本　陳頤壽題記
一冊

330000－1703－0006198　G21177　史部/傳
記類/科舉錄之屬/歷科登科錄

光緒十六年庚寅恩科會試硃卷一卷　（清）陳
康瑞撰　清光緒刻本　一冊

330000－1703－0006199　G21254　史部/傳
記類/科舉錄之屬/歷科登科錄

光緒二十四年戊戌科會試硃卷一卷　江志伊
撰　清光緒刻本　一冊

330000－1703－0006200　G30799　子部/醫
家類/婦科之屬/通論

女科輯要二卷　（清）沈又彭撰　清光緒七年
(1881)維揚宏文齋刻本　一冊　存一卷(下)

330000－1703－0006201　G21262　史部/傳
記類/科舉錄之屬/歷科登科錄

同治十年辛未科會試硃卷一卷　陸廷黻撰
清刻本　一冊

330000－1703－0006202　G30872　子部/醫
家類/外科之屬

瘡瘍經驗全書十三卷　（宋）竇默撰　（明）竇
夢麟增輯　清康熙五十六年(1717)陳廷桂浩
然樓刻本　八冊

330000－1703－0006203　G30871　子部/醫家類/外科之屬

瘡瘍經驗全書六卷　（宋）竇默撰　（明）竇夢麟增輯　清大文堂刻本　六冊

330000－1703－0006204　G21256　史部/傳記類/科舉録之屬/歷科登科録

光緒十八年壬辰科會試硃卷一卷　（清）林頤山撰　清光緒刻本　一冊

330000－1703－0006205　G20984　史部/傳記類/別傳之屬/事狀

誥授朝議大夫直隸宣化府知府加三級鄭公[賢坊]行狀一卷　（清）董沛撰　清光緒刻本　一冊

330000－1703－0006206　G30804　子部/醫家類/婦科之屬/產科

保產護生篇一卷　（清）李長科輯　清刻本　一冊

330000－1703－0006207　G30800　子部/醫家類/婦科之屬/產科

大生要旨五卷　（清）唐千頃撰　清光緒六年(1880)刻本　二冊

330000－1703－0006208　G20985　史部/傳記類/別傳之屬/事狀

節慈遺範一卷　（清）胡祥熊撰　清光緒八年(1882)松竹居刻本　一冊

330000－1703－0006209　G21259　史部/傳記類/科舉録之屬/歷科登科録

光緒二十年甲午恩科會試硃卷一卷　夏啟瑜撰　清光緒刻本　一冊

330000－1703－0006210　G30801　子部/醫家類/婦科之屬/產科

大生要旨五卷　（清）唐千頃撰　**續刊驗方三卷首一卷**　（清）王松堂輯　清末著易堂鉛印本　一冊

330000－1703－0006211　G41546　集部/總集類/選集之屬/斷代

感舊集十六卷　（清）王士禎輯　（清）盧見曾補傳　清乾隆十七年(1752)德州盧氏刻本

四冊　存八卷(三至十)

330000－1703－0006212　G50045　類叢部/叢書類/彙編之屬

武英殿聚珍版書一百三十八種　清刻本　十二冊　存一種

330000－1703－0006213　G50046　類叢部/叢書類/彙編之屬

武英殿聚珍版書一百三十八種　清乾隆福建刻道光至同治遞修本　一冊　存一種

330000－1703－0006214　G30802　子部/醫家類/婦科之屬/產科

增廣大生要旨五卷　（清）唐千頃撰　（清）葉灝增訂　清光緒十年(1884)埽葉山房刻本　二冊

330000－1703－0006215　G30803　子部/醫家類/婦科之屬/產科

增廣大生要旨五卷　（清）唐千頃撰　（清）葉灝增訂　清刻本　一冊　存二卷(四至五)

330000－1703－0006216　G20912　史部/傳記類/別傳之屬/事狀

皇清誥授榮禄大夫鹽運使銜加四級廣東候補道署廣東按察使司按察使顯考歟箕府君[屠繼烈]行述一卷　（清）屠宗增（清）屠宗基述　清同治十三年(1874)刻本　一冊

330000－1703－0006217　G20913　史部/傳記類/別傳之屬/事狀

皇清誥授榮禄大夫鹽運使銜加四級廣東候補道署廣東按察使司按察使顯考歟箕府君[屠繼烈]行述一卷　（清）屠宗增（清）屠宗基述　清同治十三年(1874)刻本　一冊

330000－1703－0006218　G20914　史部/傳記類/別傳之屬/事狀

皇清誥授榮禄大夫鹽運使銜加四級廣東候補道署廣東按察使司按察使顯考歟箕府君[屠繼烈]行述一卷　（清）屠宗增（清）屠宗基述　清同治十三年(1874)刻本　一冊

330000－1703－0006219　G20915　史部/傳記類/別傳之屬/事狀

皇清誥授榮祿大夫鹽運使銜加四級廣東候補道署廣東按察使司按察使顯考歜箕府君[屠繼烈]行述一卷 （清）屠宗增 （清）屠宗基述 清同治十三年（1874）刻本 一冊

330000－1703－0006220 G20916 史部/傳記類/別傳之屬/事狀

皇清誥授榮祿大夫鹽運使銜加四級廣東候補道署廣東按察使司按察使顯考歜箕府君[屠繼烈]行述一卷 （清）屠宗增 （清）屠宗基述 清同治十三年（1874）刻本 一冊

330000－1703－0006221 G20917 史部/傳記類/別傳之屬/事狀

皇清誥授榮祿大夫鹽運使銜加四級廣東候補道署廣東按察使司按察使顯考歜箕府君[屠繼烈]行述一卷 （清）屠宗增 （清）屠宗基述 清同治十三年（1874）刻本 一冊

330000－1703－0006222 G20918 史部/傳記類/別傳之屬/事狀

皇清誥授榮祿大夫鹽運使銜加四級廣東候補道署廣東按察使司按察使顯考歜箕府君[屠繼烈]行述一卷 （清）屠宗增 （清）屠宗基述 清同治十三年（1874）刻本 一冊

330000－1703－0006223 G20919 史部/傳記類/別傳之屬/事狀

皇清誥授榮祿大夫鹽運使銜加四級廣東候補道署廣東按察使司按察使顯考歜箕府君[屠繼烈]行述一卷 （清）屠宗增 （清）屠宗基述 清同治十三年（1874）刻本 一冊

330000－1703－0006224 G30902 子部/醫家類/外科之屬

醫症毒門記要一卷 （清）張蓮生輯 清抄本 一冊

330000－1703－0006225 G20710 史部/傳記類/總傳之屬/儒林

國朝漢學師承記八卷 （清）江藩撰 清刻本 二冊 存四卷（一至四）

330000－1703－0006226 G50044 類叢部/叢書類/彙編之屬

武英殿聚珍版書一百三十八種 清乾隆武英殿木活字印本 十六冊 存一種

330000－1703－0006227 G30903 子部/醫家類/外科之屬/通論

外證醫案彙編四卷 （清）余景和輯 清光緒二十年（1894）上海文瑞樓石印本 陳頤壽題記 二冊

330000－1703－0006228 G32544 類叢部/類書類/通類之屬

策學備纂續集四卷 （清）宋徵獻等輯 清光緒二十年（1894）上海點石齋石印本 十二冊

330000－1703－0006231 G30905 子部/醫家類/外科之屬

疔瘡形圖救急良方一卷 （清）盤記絲號衆商輯 清光緒十七年（1891）刻本 一冊

330000－1703－0006232 G30890 子部/醫家類/外科之屬

外科真詮二卷 （清）鄒岳撰 清同治十一年（1872）刻本 六冊

330000－1703－0006234 G30906 子部/醫家類/外科之屬/通論

瘍醫大全四十卷 （清）顧世澄撰 清刻本 一冊 存一卷（十六）

330000－1703－0006235 G30889 子部/醫家類/外科之屬

瘍科捷徑三卷補遺一卷 （清）時世瑞撰 清光緒十一年（1885）時氏刻本 三冊

330000－1703－0006242 G30888 子部/醫家類/外科之屬

瘍科臨證心得集三卷瘍科心得集方彙三卷補遺一卷家用膏丹丸散方一卷 （清）高秉鈞撰輯 景岳新方歌不分卷 （清）吳辰燦 （清）高秉鈞等撰 清光緒三十二年（1906）上海文瑞樓石印本 四冊

330000－1703－0006243 G41101 集部/總集類/彙編之屬

漢魏六朝一百三家集（漢魏六朝百三名家集） （明）張溥編 清光緒十八年（1892）善化章

經濟堂刻本　一百十九冊

330000－1703－0006244　G50069　類叢部/
叢書類/彙編之屬

函海一百五十二種　（清）李調元編　清乾隆
綿州李氏萬卷樓刻嘉慶十四年（1809）李鼎
元、道光五年（1825）李朝夔重校補刻本　一
冊　存一種

330000－1703－0006245　G50066　類叢部/
叢書類/彙編之屬

函海一百五十二種　（清）李調元編　清乾隆
綿州李氏萬卷樓刻嘉慶十四年（1809）李鼎
元、道光五年（1825）李朝夔重校補刻本　八
冊　存十種

330000－1703－0006246　G30885　子部/醫
家類/外科之屬/外科方

外科症治全生前集三卷後集三卷　（清）王維
德撰　清刻本　二冊

330000－1703－0006247　G50454　類叢部/
叢書類/郡邑之屬

武林掌故叢編一百九十種　（清）丁丙編　清
光緒三年至二十六年（1877－1900）錢塘丁氏
嘉惠堂刻本（〔乾道〕臨安志卷四至十五、南宋
館閣錄卷一原缺）　十二冊　存二種

330000－1703－0006248　G30884　子部/醫
家類/外科之屬/外科方

外科症治全生集四卷　（清）王維德撰　**新增**
馬氏試驗祕方一卷　（清）馬文植撰　清光緒
三十三年（1907）掃葉山房刻朱墨套印本
二冊

330000－1703－0006249　G50453　類叢部/
叢書類/郡邑之屬

武林掌故叢編一百九十種　（清）丁丙編　清
光緒三年至二十六年（1877－1900）錢塘丁氏
嘉惠堂刻本（〔乾道〕臨安志卷四至十五、南宋
館閣錄卷一原缺）　三冊　存一種

330000－1703－0006250　G50079　類叢部/
叢書類/彙編之屬

宜稼堂叢書七種　（清）郁松年編　清道光二

十年至二十二年（1840－1842）上海郁氏刻本
四十九冊　存六種

330000－1703－0006251　G41103　集部/總
集類/彙編之屬

漢魏六朝一百三家集（漢魏六朝百三名家集）
（明）張溥編　明婁東張氏刻本　一冊　存
五種

330000－1703－0006252　G30859　子部/醫
家類/兒科之屬/痘疹

瘄說一卷　（清）金位輯　清刻本　一冊

330000－1703－0006253　G41102　集部/總
集類/彙編之屬

漢魏六朝一百三家集（漢魏六朝百三名家集）
（明）張溥編　清光緒三年（1877）滇南唐氏
壽考堂刻本　三冊　存四種

330000－1703－0006254　G30860　子部/醫
家類/兒科之屬/痘疹

瘄子秘訣一卷疹子要略一卷治疹子規法一卷
清抄本　一冊

330000－1703－0006256　G41104　集部/總
集類/彙編之屬

漢魏六朝一百三家集（漢魏六朝百三名家集）
（明）張溥編　明刻本　五冊　存八種

330000－1703－0006257　G30887　子部/醫
家類/外科之屬

王洪緒先生外科證治全生集二卷　（清）王維
德撰　清光緒三十三年（1907）上海校經山房
石印本　一冊

330000－1703－0006258　G41105　集部/總
集類/彙編之屬

漢魏六朝名家集初刻四十一種　丁福保編
清宣統三年（1911）無錫丁氏鉛印本　三十冊

330000－1703－0006259　G21233　史部/傳
記類/科舉錄之屬/歷科鄉試錄

同治四年乙丑補行咸豐十一年辛酉科並同治
元年壬戌恩科浙江鄉試硃卷一卷　（清）屠繼
美撰　清刻本　一冊

330000－1703－0006260　G30844　子部/醫家類/兒科之屬/痘疹

痘疹正宗二卷　（清）宋麟祥撰　清抄本　一冊　存一卷（一）

330000－1703－0006261　G21234　史部/傳記類/科舉錄之屬/歷科鄉試錄

同治四年乙丑補行咸豐十一年辛酉科並同治元年壬戌恩科浙江鄉試硃卷一卷　（清）屠繼美撰　清刻本　一冊

330000－1703－0006262　G21235　史部/傳記類/科舉錄之屬/歷科鄉試錄

同治四年乙丑補行咸豐十一年辛酉科並同治元年壬戌恩科浙江鄉試硃卷一卷　（清）屠繼美撰　清刻本　一冊

330000－1703－0006264　G30845　子部/醫家類/兒科之屬/痘疹

救偏瑣言十卷備用良方一卷　（清）費啟泰撰　清嘉慶元年（1796）刻本　四冊　缺一卷（八）

330000－1703－0006265　G30846　子部/醫家類/兒科之屬/痘疹

救偏瑣言十卷備用良方一卷　（清）費啟泰撰　清文盛堂刻本　四冊

330000－1703－0006266　G50283　類叢部/叢書類/彙編之屬

金峨山館叢書（望三益齋叢書）十一種　（清）郭傳璞編　清光緒八年至十六年（1882－1890）鄞郭氏刻二十年（1894）鎮海邵氏彙印本　一冊　存二種

330000－1703－0006267　G30847　子部/醫家類/兒科之屬/痘疹

痘疹生民切要二卷圖說一卷　（清）喻昌撰（清）陸師鑑增輯　清乾隆刻本　二冊

330000－1703－0006268　G50329　類叢部/叢書類/彙編之屬

申報館叢書正集五十七種附錄三種　（清）尊聞閣主編　**續集一百四十二種**　蔡爾康編　清同治至光緒申報館鉛印本　一冊　存一種

330000－1703－0006269　G50284　類叢部/叢書類/彙編之屬

金峨山館叢書（望三益齋叢書）十一種　（清）郭傳璞編　清光緒八年至十六年（1882－1890）鄞郭氏刻二十年（1894）鎮海邵氏彙印本　一冊　存二種

330000－1703－0006270　G30848　子部/醫家類/兒科之屬/痘疹

天花精言六卷　（清）袁句（清）吳墀撰　清乾隆二十年（1755）畏齋刻本　二冊

330000－1703－0006271　G50286　類叢部/叢書類/彙編之屬

金峨山館叢書（望三益齋叢書）十一種　（清）郭傳璞編　清光緒八年至十六年（1882－1890）鄞郭氏刻二十年（1894）鎮海邵氏彙印本　二冊　存五種

330000－1703－0006272　G30849　子部/醫家類/兒科之屬/痘疹

種痘真傳三卷　（清）方燦撰　清嘉慶二十二年（1817）刻本　一冊

330000－1703－0006273　G50323　類叢部/叢書類/彙編之屬

申報館叢書正集五十七種附錄三種　（清）尊聞閣主編　**續集一百四十二種**　蔡爾康編　清同治至光緒申報館鉛印本　二冊　存一種

330000－1703－0006275　G50289　類叢部/叢書類/彙編之屬

借月山房彙鈔十六集一百三十九種　（清）張海鵬編　清嘉慶十一年至十七年（1806－1812）虞山張氏刻增修本　二冊　存三種

330000－1703－0006276　G50325　類叢部/叢書類/彙編之屬

申報館叢書正集五十七種附錄三種　（清）尊聞閣主編　**續集一百四十二種**　蔡爾康編　清同治至光緒申報館鉛印本　二冊　存一種

330000－1703－0006277　G50285　類叢部/叢書類/彙編之屬

金峨山館叢書（望三益齋叢書）十一種　（清）

郭傳璞編　清光緒八年至十六年（1882－
1890）鄞郭氏刻二十年（1894）鎮海邵氏彙印
本　一冊　存二種

330000－1703－0006278　G30850　子部/醫
家類/兒科之屬/痘疹

痘疹集成四卷　（清）朱楚芬輯　清道光十七
年（1837）破愚齋刻本　四冊

330000－1703－0006279　G50317　類叢部/
叢書類/彙編之屬

申報館叢書正集五十七種附錄三種　（清）尊
聞閣主編　**續集一百四十二種**　蔡爾康編
清同治至光緒申報館鉛印本　一冊　存二種

330000－1703－0006280　G50287　類叢部/
叢書類/彙編之屬

金峨山館叢書（望三益齋叢書）十一種　（清）
郭傳璞編　清光緒八年至十六年（1882－
1890）鄞郭氏刻二十年（1894）鎮海邵氏彙印
本　四冊　存一種

330000－1703－0006281　G50331　類叢部/
叢書類/彙編之屬

申報館叢書正集五十七種附錄三種　（清）尊
聞閣主編　**續集一百四十二種**　蔡爾康編
清同治至光緒申報館鉛印本　一冊　存一種

330000－1703－0006282　G50288　類叢部/
叢書類/彙編之屬

金峨山館叢書（望三益齋叢書）十一種　（清）
郭傳璞編　清光緒八年至十六年（1882－
1890）鄞郭氏刻二十年（1894）鎮海邵氏彙印
本　四冊　存一種

330000－1703－0006283　G50322　類叢部/
叢書類/彙編之屬

申報館叢書正集五十七種附錄三種　（清）尊
聞閣主編　**續集一百四十二種**　蔡爾康編
清同治至光緒申報館鉛印本　一冊　存一種

330000－1703－0006284　G30851　子部/醫
家類/兒科之屬/痘疹

痘症金言不分卷　清抄本　一冊

330000－1703－0006285　G50006　類叢部/

叢書類/彙編之屬

廣漢魏叢書九十六種　（明）何允中編　明刻
本　一冊　存一種

330000－1703－0006286　G50332　類叢部/
叢書類/彙編之屬

申報館叢書正集五十七種附錄三種　（清）尊
聞閣主編　**續集一百四十二種**　蔡爾康編
清同治至光緒申報館鉛印本　一冊　存一種

330000－1703－0006287　G30864　子部/醫
家類/兒科之屬/痘疹

鄭氏瘄科保赤金丹四卷　（清）謝玉瓊原撰
（清）鄭啟壽　（清）鄭行彰傳　清光緒二十六
年（1900）刻本　四冊

330000－1703－0006288　G50320　類叢部/
叢書類/彙編之屬

申報館叢書正集五十七種附錄三種　（清）尊
聞閣主編　**續集一百四十二種**　蔡爾康編
清同治至光緒申報館鉛印本　十　冊　存
三種

330000－1703－0006289　G30862　子部/醫
家類/兒科之屬/痘疹

鄭氏瘄畧一卷　（清）鄭啟壽撰　清抄本
一冊

330000－1703－0006290　G30863　子部/醫
家類/兒科之屬/痘疹

鄭氏瘄畧一卷附錄一卷　（清）鄭啟壽撰　清
同治九年（1870）汲綆齋刻本　一冊

330000－1703－0006291　G50005　類叢部/
叢書類/彙編之屬

廣漢魏叢書八十種　（明）何允中編　清嘉慶
刻本　三冊　存一種

330000－1703－0006292　G30865　子部/醫
家類/兒科之屬/痘疹

鄭氏瘄科保赤金丹四卷　（清）謝玉瓊原撰
（清）鄭啟壽　（清）鄭行彰傳　清光緒二十六
年（1900）刻本　四冊

330000－1703－0006293　G30866　子部/醫
家類/兒科之屬/痘疹

鄭氏痘科保赤金丹四卷 （清）謝玉瓊原撰
（清）鄭啟壽 （清）鄭行彰傳 清光緒二十六
年（1900）刻本 四冊

330000－1703－0006294 G50328 類叢部/
叢書類/彙編之屬

申報館叢書正集五十七種附錄三種 （清）尊
聞閣主編 續集一百四十二種 蔡爾康編
清同治至光緒申報館鉛印本 五冊 存一種

330000－1703－0006295 G50324 類叢部/
叢書類/彙編之屬

申報館叢書正集五十七種附錄三種 （清）尊
聞閣主編 續集一百四十二種 蔡爾康編
清同治至光緒申報館鉛印本 五冊 存一種

330000－1703－0006296 G50007 類叢部/
叢書類/彙編之屬

增訂漢魏叢書八十六種 （清）王謨編 清乾
隆五十六年（1791）金谿王氏刻本 八十冊

330000－1703－0006297 G30993 子部/醫
家類/綜合之屬/通論

辨證奇聞十五卷 （清）陳士鐸撰 （清）文守
江述 清同治六年（1867）經元堂刻本 十
二冊

330000－1703－0006300 G30868 子部/醫
家類/兒科之屬/痘疹

詳註足本金鏡錄三卷增補保赤心法二卷續增
金鏡錄西法治小兒考畧一卷 （明）翁仲仁撰
（清）喬來初注釋 清光緒十七年（1891）常
熟抱芳閣刻本 三冊 缺一卷（詳註足本金
鏡錄二）

330000－1703－0006301 G50327 類叢部/
叢書類/彙編之屬

申報館叢書正集五十七種附錄三種 （清）尊
聞閣主編 續集一百四十二種 蔡爾康編
清同治至光緒申報館鉛印本 三冊 存一種

330000－1703－0006303 G50012 類叢部/
叢書類/彙編之屬

增訂漢魏叢書八十六種 （清）王謨編 清乾
隆五十六年（1791）金谿王氏刻本 三冊 存

一種

330000－1703－0006304 G30869 子部/醫
家類/兒科之屬/痘疹

痘疹簡捷一卷痔漏證一卷 清永淶抄本
一冊

330000－1703－0006305 G50762 類叢部/
叢書類/自著之屬

古歡室全集四種 （清）曾懿撰 清光緒三十
年至三十三年（1904－1907）刻本 二冊 存
一種

330000－1703－0006306 G30870 子部/醫
家類/兒科之屬/痘疹

痘疹會通五卷 （清）曾鼎撰 清乾隆五十一
年（1786）盰江曾鼎忠恕堂刻本 四冊

330000－1703－0006307 G30994 子部/醫
家類/綜合之屬/通論

辨證奇聞十卷 （清）陳士鐸撰 （清）錢松刪
定 清廣益書局石印本 二冊 存四卷（一
至二、五至六）

330000－1703－0006308 G30996 子部/醫
家類/類編之屬

醫學六要十九卷 （明）張三錫撰 明萬曆刻
崇禎十七年（1644）張維藩等重修本 四冊
存一種

330000－1703－0006310 G50319 類叢部/
叢書類/彙編之屬

申報館叢書正集五十七種附錄三種 （清）尊
聞閣主編 續集一百四十二種 蔡爾康編
清同治至光緒申報館鉛印本 四冊 存三種

330000－1703－0006311 G30812 子部/醫
家類/類編之屬

醫方十種匯編 （清）文晟編 清羊城綿福堂
刻本 一冊 存一種

330000－1703－0006312 G50330 類叢部/
叢書類/彙編之屬

申報館叢書正集五十七種附錄三種 （清）尊
聞閣主編 續集一百四十二種 蔡爾康編
清同治至光緒申報館鉛印本 九冊 存一種

330000－1703－0006313　G50008　類叢部/
叢書類/彙編之屬

增訂漢魏叢書八十六種　（清）王謨編　清刻
本　八十冊

330000－1703－0006314　G31099　子部/醫
家類/綜合之屬

**醫方辨難大成上集九十八卷首一卷中集婦科
十六卷首一卷幼科四十七卷首一卷下集眼科
六卷首一卷外科三十二卷首一卷文祖正訂傷
寒瘟疫條辨七卷**　（清）楊璿撰　清同治六年
（1867）蘇州聚文堂刻本　四十八冊

330000－1703－0006315　G30998　子部/醫
家類/綜合之屬

丹臺玉案六卷　（明）孫文胤撰　明刻本
六冊

330000－1703－0006316　G50316　類叢部/
叢書類/彙編之屬

申報館叢書正集五十七種附錄三種　（清）尊
聞閣主編　**續集一百四十二種**　蔡爾康編
清同治至光緒申報館鉛印本　十八冊　存
二種

330000－1703－0006317　G50321　類叢部/
叢書類/彙編之屬

申報館叢書正集五十七種附錄三種　（清）尊
聞閣主編　**續集一百四十二種**　蔡爾康編
清同治至光緒申報館鉛印本　四冊　存一種

330000－1703－0006318　G31100　子部/醫
家類/綜合之屬

羅氏會約醫鏡二十卷　（清）羅國綱輯　清乾
隆五十四年（1789）大成堂刻本　十冊

330000－1703－0006319　G50318　類叢部/
叢書類/彙編之屬

申報館叢書正集五十七種附錄三種　（清）尊
聞閣主編　**續集一百四十二種**　蔡爾康編
清同治至光緒申報館鉛印本　六冊　存二種

330000－1703－0006321　G50452　類叢部/
叢書類/郡邑之屬

武林掌故叢編一百九十種　（清）丁丙編　清

光緒三年至二十六年（1877－1900）錢塘丁氏
嘉惠堂刻本（［乾道］臨安志卷四至十五、南宋
館閣錄卷一原缺）　一百十二冊　存一百十
七種

330000－1703－0006322　G31102　子部/醫
家類/綜合之屬/通論

東醫寶鑒二十三卷目錄二卷　（朝鮮）許浚撰
清乾隆二十八年（1763）壁魚堂刻本　二十
五冊

330000－1703－0006323　G50326　類叢部/
叢書類/彙編之屬

申報館叢書正集五十七種附錄三種　（清）尊
聞閣主編　**續集一百四十二種**　蔡爾康編
清同治至光緒申報館鉛印本　七冊　存一種

330000－1703－0006324　G31094　子部/醫
家類/綜合之屬/合刻、合抄

景岳全書六十四卷　（明）張介賓撰　清刻本
三十二冊

330000－1703－0006325　G50013　類叢部/
叢書類/彙編之屬

增訂漢魏叢書八十六種　（清）王謨編　清乾
隆五十六年（1791）金谿王氏刻本　一冊　存
一種

330000－1703－0006326　G31095　子部/醫
家類/綜合之屬/合刻、合抄

景岳全書六十四卷　（明）張介賓撰　清刻本
二十四冊

330000－1703－0006327　G31096　子部/醫
家類/綜合之屬/合刻、合抄

景岳全書六十四卷　（明）張介賓撰　清刻本
七冊　存十七卷（一至二、七至八、三十至
三十七、四十三至四十七）

330000－1703－0006328　G31097　子部/醫
家類/綜合之屬

景岳全書發揮四卷　（清）葉桂撰　清光緒五
年（1879）吳氏醉六堂刻本　四冊

330000－1703－0006329　G31098　子部/醫
家類/綜合之屬

景岳全書發揮四卷 （清）葉桂撰　清光緒五年(1879)吳氏醉六堂刻本　四冊

330000－1703－0006330　G30623　子部/醫家類/傷寒金匱之屬/傷寒論

注解傷寒論十卷圖解運氣圖一卷 （漢）張機撰　（晉）王叔和輯　（金）成無己注　**傷寒明理論四卷** （金）成無己撰　清同治九年(1870)常郡雙白燕堂陸氏刻本　五冊　缺二卷(注解傷寒論四至五)

330000－1703－0006331　G50003　類叢部/叢書類/彙編之屬

廣漢魏叢書八十種 （明）何允中編　清嘉慶刻本　七十五冊　存六十五種

330000－1703－0006332　G30739　子部/醫家類/溫病之屬/瘟疫

溫症癍疹辨證一卷 （清）許汝楫撰　清光緒十四年(1888)刻本　一冊

330000－1703－0006333　G30624　子部/醫家類/傷寒金匱之屬/傷寒論

注解傷寒論十卷圖解運氣圖一卷 （漢）張機撰　（晉）王叔和輯　（金）成無己注　**傷寒明理論四卷** （金）成無己撰　清光緒二十二年(1896)湖南書局刻本　六冊

330000－1703－0006334　G30740　子部/醫家類/溫病之屬/瘟疫

溫症癍疹辨證一卷 （清）許汝楫撰　清光緒十八年(1892)翰文齋刻本　一冊

330000－1703－0006335　G30625　子部/醫家類/傷寒金匱之屬/傷寒論

注解傷寒論十卷圖解運氣圖一卷 （漢）張機撰　（晉）王叔和輯　（金）成無己注　**傷寒明理論四卷** （金）成無己撰　清光緒二十二年(1896)湖南書局刻本　六冊

330000－1703－0006337　G30627　子部/醫家類/傷寒金匱之屬/傷寒論

仲景傷寒補亡論二十卷 （宋）郭雍撰　清道光元年(1821)徐錦刻本(卷十六原缺)　八冊

330000－1703－0006338　G30741　子部/醫

家類/溫病之屬/痧症

痧症指微秘本四卷 （清）釋普淨撰　清水倉山房陳氏抄本　一冊

330000－1703－0006339　G50653　類叢部/叢書類/自著之屬

西山真文忠公全集七種 （宋）真德秀撰　清乾隆至道光二十一年(1841)真氏家祠刻本　十冊　存一種

330000－1703－0006340　G50354　類叢部/叢書類/彙編之屬

珠叢別錄二十八種 （清）錢熙祚編　清道光金山錢氏重編增刻墨海金壺本　一冊　存二種

330000－1703－0006341　G30742　子部/醫家類/溫病之屬/痧症

痧科要訣一卷 （清）琴鶴軒錄　清光緒十三年(1887)抄本　一冊

330000－1703－0006342　G30628　子部/醫家類/傷寒金匱之屬/傷寒論

傷寒總病論六卷附音訓一卷修治藥法一卷 （宋）龐安時撰　清抄本　二冊

330000－1703－0006343　G30743　子部/醫家類/綜合之屬/通論

慈航集三元普濟方四卷 （清）王勳撰　清光緒十一年(1885)刻本　四冊

330000－1703－0006346　G50010　類叢部/叢書類/彙編之屬

增訂漢魏叢書九十六種 （清）王謨編　清宣統三年(1911)上海大通書局石印本　八冊　存十六種

330000－1703－0006347　G30883　子部/醫家類/外科之屬/癰疽、疔瘡

洞天奧旨十六卷圖一卷 （清）陳士鐸撰　（清）陶式玉評　清刻本　六冊

330000－1703－0006348　G30744　子部/醫家類/溫病之屬/瘟疫

六氣感證要義不分卷 （清）周巖撰　清光緒二十四年(1898)古越存濟堂石印本　二冊

330000－1703－0006349　G30746　子部/醫家類/溫病之屬/其他溫疫病證

風溫溫熱暑濕方論不分卷　清抄本　一冊

330000－1703－0006350　G30745　子部/醫家類/溫病之屬/瘟疫

六氣感證要義不分卷　（清）周巖撰　清光緒二十四年（1898）古越存濟堂石印本　二冊

330000－1703－0006351　G30886　子部/醫家類/外科之屬/外科方

外科症治全生前集三卷後集三卷　（清）王維德撰　清刻本　一冊　存三卷（後集一至三）

330000－1703－0006352　G50004　類叢部/叢書類/彙編之屬

廣漢魏叢書八十種　（明）何允中編　清嘉慶刻本　一冊　存四種

330000－1703－0006353　G30747　子部/醫家類/溫病之屬/瘟疫

霍亂辨證一卷　（清）江曲春　（清）趙履鰲撰　清刻本　一冊

330000－1703－0006354　G50009　類叢部/叢書類/彙編之屬

增訂漢魏叢書九十六種　（清）王謨編　清宣統三年（1911）上海育文書局石印本　三十二冊

330000－1703－0006355　G31086　子部/醫家類/類編之屬

士材三書　（明）李中梓等撰　（清）尤乘編　清刻本　七冊　缺一卷（本草通元一）

330000－1703－0006357　G31084　子部/醫家類/類編之屬

述古齋幼科新書三種　（清）張振鋆編　清光緒十五年（1889）邗上張氏刻本　六冊

330000－1703－0006358　G30720　子部/醫家類/溫病之屬/瘟疫

霍亂論二卷　（清）王士雄撰　清光緒六年（1880）刻本　一冊

330000－1703－0006359　G30721　子部/醫家類/溫病之屬/瘟疫

霍亂論二卷　（清）王士雄撰　清光緒六年（1880）刻本　一冊

330000－1703－0006360　G30722　子部/醫家類/溫病之屬/瘟疫

霍亂論二卷　（清）王士雄撰　清光緒六年（1880）刻本　一冊

330000－1703－0006361　G30724　子部/醫家類/溫病之屬/瘟疫

霍亂論二卷　（清）王士雄撰　清光緒六年（1880）刻本　一冊

330000－1703－0006362　G30723　子部/醫家類/溫病之屬/瘟疫

霍亂論二卷　（清）王士雄撰　清光緒六年（1880）刻本　一冊

330000－1703－0006364　G30725　子部/醫家類/溫病之屬/瘟疫

隨息居重訂霍亂論四卷　（清）王士雄撰　清光緒十三年（1887）刻本　一冊

330000－1703－0006365　G30726　子部/醫家類/溫病之屬/瘟疫

隨息居重訂霍亂論四卷　（清）王士雄撰　**霍亂括要一卷**　（清）岳晉昌撰　清光緒十四年（1888）含經室刻本　二冊

330000－1703－0006366　G50011　類叢部/叢書類/彙編之屬

增訂漢魏叢書八十六種　（清）王謨編　清刻本　一冊　存一種

330000－1703－0006367　G21119　史部/傳記類/科舉錄之屬/歷科鄉試錄

同治六年丁卯科並補行三年甲子科浙江鄉試硃卷一卷　（清）董名煜撰　清刻本　一冊

330000－1703－0006368　G30727　子部/醫家類/溫病之屬/瘟疫

隨息居重訂霍亂論四卷　（清）王士雄撰　**霍亂括要一卷**　（清）岳晉昌撰　清光緒二十八年（1902）湖北官書局刻本　二冊

330000－1703－0006369　G30806　子部/醫家類/類編之屬

韓園醫學六種　（清）潘霨編　清光緒九年至十年(1883－1884)江西書局刻本　十二冊

330000－1703－0006370　G21142　史部/傳記類/科舉錄之屬/歷科鄉試錄

光緒十九年癸巳恩科浙江鄉試硃卷一卷（清）柳在洲撰　清光緒刻本　一冊

330000－1703－0006371　G21143　史部/傳記類/科舉錄之屬/歷科鄉試錄

光緒十九年癸巳恩科浙江鄉試硃卷一卷（清）柳在洲撰　清光緒刻本　一冊

330000－1703－0006372　G21239　史部/傳記類/科舉錄之屬/歷科鄉試錄

光緒元年乙亥恩科浙江鄉試硃一卷　（清）周兆麟撰　清光緒刻本　一冊

330000－1703－0006373　G30707　子部/醫家類/類編之屬

潛齋醫書五種　（清）王士雄撰　清光緒二十二年(1896)上海圖書集成局鉛印本　一冊　存一種

330000－1703－0006374　G31106　子部/醫家類/綜合之屬/通論

御纂醫宗金鑑九十卷首一卷　（清）吳謙等撰　清光緒十八年(1892)上海圖書集成印書局鉛印本　二十四冊

330000－1703－0006375　G30728　子部/醫家類/溫病之屬/瘟疫

隨息居重訂霍亂論四卷　（清）王士雄撰　清光緒十三年(1887)刻本　一冊　缺二卷(一至二)

330000－1703－0006376　G21181　史部/傳記類/科舉錄之屬/歷科鄉試錄

光緒十五年己丑恩科浙江鄉試硃卷一卷　戴鴻祺撰　清光緒刻本　一冊

330000－1703－0006377　G21148　史部/傳記類/科舉錄之屬/歷科鄉試錄

光緒十九年癸巳恩科浙江鄉試硃卷一卷

（清）陳毓麟撰　清光緒刻本　一冊

330000－1703－0006378　G31104　子部/醫家類/綜合之屬/通論

御纂醫宗金鑑九十卷首一卷　（清）吳謙等撰　清光緒二年(1876)江西書局刻本　六十

330000－1703－0006379　G21149　史部/傳記類/科舉錄之屬/歷科鄉試錄

光緒十九年癸巳恩科浙江鄉試硃卷一卷（清）方紹震撰　清光緒刻本　一冊

330000－1703－0006380　G21252　史部/傳記類/科舉錄之屬/諸貢錄

同治十二年癸酉科浙江選拔貢卷一卷　（清）黃家來撰　清刻本　一冊

330000－1703－0006381　G21150　史部/傳記類/科舉錄之屬/歷科鄉試錄

光緒十九年癸巳恩科浙江鄉試硃卷一卷（清）楊曦光撰　清光緒刻本　一冊

330000－1703－0006382　G21253　史部/傳記類/科舉錄之屬/諸貢錄

光緒二十八年壬寅補行二十六年庚子科浙江優貢卷一卷　陸澍咸撰　清光緒刻本　一冊

330000－1703－0006383　G30729　子部/醫家類/溫病之屬/瘟疫

隨息居重訂霍亂論二卷　（清）王士雄撰　清光緒三十四年(1908)四明林延春室鉛印本　一冊

330000－1703－0006384　G30891　子部/醫家類/外科之屬/外科方

外科方不分卷　清抄本　一冊

330000－1703－0006385　G21151　史部/傳記類/科舉錄之屬/歷科鄉試錄

光緒十九年癸巳恩科浙江鄉試硃卷一卷（清）金士鴻撰　清光緒刻本　一冊

330000－1703－0006386　G21152　史部/傳記類/科舉錄之屬/歷科鄉試錄

光緒十九年癸巳恩科浙江鄉試硃卷一卷　夏翊撰　清光緒刻本　一冊

330000－1703－0006387　G21153　史部/傳記類/科舉録之屬/歷科鄉試録

光緒十九年癸巳恩科浙江鄉試硃卷一卷
（清）陸修瑞撰　清光緒刻本　一冊

330000－1703－0006388　G21266　史部/傳記類/科舉録之屬/歷科登科録

光緒三十年甲辰恩科會試墨卷一卷　吳晉燮撰　清光緒刻本　一冊

330000－1703－0006389　G31107　子部/醫家類/綜合之屬/通論

御纂醫宗金鑑九十卷首一卷　（清）吳謙等撰　清刻本　四十一冊　缺十三卷(首,一、三十四、三十六至三十八、五十八至六十二、八十七至八十八)

330000－1703－0006390　G21267　史部/傳記類/科舉録之屬/歷科鄉試録

庚子辛丑恩正併科浙江鄉試卷不分卷　張汝金撰　清光緒鉛印本　一冊

330000－1703－0006391　G50076　類叢部/叢書類/彙編之屬

藝海珠塵二百六種　（清）吳省蘭編　清嘉慶南匯吳氏聽彝堂刻本(冊二十五、三十至三十一、四十五配清抄本)　六十四冊　存一百六十四種

330000－1703－0006392　G21250　史部/傳記類/科舉録之屬/歷科鄉試録

光緒二十年甲午科浙江鄉試硃卷一卷　馮丙然撰　清光緒刻本　一冊

330000－1703－0006393　G21251　史部/傳記類/科舉録之屬/歷科鄉試録

光緒二十年甲午科浙江鄉試硃卷一卷　（清）李章梓撰　清光緒刻本　一冊

330000－1703－0006394　G50215　類叢部/叢書類/彙編之屬

西京清麓叢書正編三十二種續編二十七種外編二十四種　（清）賀瑞麟編　清同治至民國傳經堂刻本　三十五冊　存五種

330000－1703－0006395　G31105　子部/醫家類/綜合之屬/通論

御纂醫宗金鑑九十卷首一卷　（清）吳謙等撰　清刻本　六十四冊

330000－1703－0006396　G30629　子部/醫家類/類編之屬

武昌醫學館叢書八種　柯逢時編　清光緒三十年至民國元年(1904－1912)武昌柯氏醫學館刻本　二冊　存一種

330000－1703－0006397　G50077　類叢部/叢書類/彙編之屬

藝海珠塵二百六種　（清）吳省蘭編　清嘉慶南匯吳氏聽彝堂刻本　六十三冊　存一百六十一種

330000－1703－0006399　G30945　子部/醫家類/針灸之屬/通論

銅人腧穴鍼灸圖經三卷附穴腧都數一卷　（宋）王惟一撰　清刻本　一冊　存二卷(二至三)

330000－1703－0006401　G30894　子部/醫家類/外科之屬/癰疽、疔瘡

刺疔捷法一卷神效疔膏方一卷考正穴法一卷　（清）張鏡撰　清光緒十六年(1890)刻本　一冊

330000－1703－0006402　G30929　子部/醫家類/眼科之屬

眼科易秘四卷　（清）呂熊飛撰　清光緒二年(1876)刻本　一冊　存三卷(一至二、四)

330000－1703－0006403　G31004　子部/醫家類/綜合之屬/通論

簡易醫訣六卷　（清）周雲章撰　清光緒十八年(1892)四明伴梅軒刻本　二冊

330000－1703－0006404　G31003　子部/醫家類/綜合之屬/通論

簡易醫訣六卷　（清）周雲章撰　清光緒十八年(1892)四明伴梅軒刻本　二冊

330000－1703－0006405　G30910　子部/醫家類/眼科之屬

銀海精微二卷　題(唐)孫思邈撰　清醉畊堂

刻本 四冊

330000－1703－0006406 G30896 子部/醫
家類/外科之屬/癰疽、疔瘡

增訂治疔彙要三卷近診醫案一卷 （清）過鑄
撰 清光緒二十四年（1898）武林刻本 五冊

330000－1703－0006408 G30895 子部/醫
家類/外科之屬/癰疽、疔瘡

增訂治疔彙要三卷近診醫案一卷 （清）過鑄
撰 清光緒二十四年（1898）武林刻本 二冊

330000－1703－0006409 G30912 子部/醫
家類/眼科之屬

銀海精微四卷 題（唐）孫思邈撰 清刻本
二冊

330000－1703－0006410 G31000 子部/醫
家類/綜合之屬/通論

醫學心悟五卷附外科十法一卷 （清）程國彭
撰 清嘉慶二十四年（1819）掃葉山房刻本
四冊

330000－1703－0006411 G50078 類叢部/
叢書類/彙編之屬

藝海珠塵二百六種 （清）吳省蘭編 清嘉慶
南匯吳氏聽彞堂刻本 五十九冊 存一百六
十一種

330000－1703－0006412 G30898 子部/醫
家類/外科之屬/癰疽、疔瘡

新增疔瘡要訣不分卷 （清）應遵誨撰 清光
緒元年（1875）寧波三元堂刻本 一冊

330000－1703－0006413 G31007 子部/醫
家類/綜合之屬/通論

醫學纂要靈機條辯不分卷 （清）劉淵輯 清
刻本 一冊

330000－1703－0006415 G30933 子部/醫
家類/喉科口齒之屬/喉痧

疫痧草三卷 （清）陳耕道撰 **時疫白喉捷要
一卷** （清）張邵修撰 清光緒六年（1880）江
都劉卓齋刻本 一冊

330000－1703－0006417 G31008 新學/

醫學

西醫略論三卷 （英國）合信氏撰 （清）管茂
材譯 清咸豐七年（1857）江蘇上海仁濟醫館
刻本 三冊

330000－1703－0006418 G50232 類叢部/
叢書類/彙編之屬

滂喜齋叢書五十種 （清）潘祖蔭編 清同治
至光緒吳縣潘氏京師刻本 二十七冊 存四
十七種

330000－1703－0006419 G30932 子部/醫
家類/喉科口齒之屬/喉痧

疫痧草二卷 （清）陳耕道撰 **時疫白喉捷要
一卷** （清）張紹修撰 **嘉興徐子默先生吊腳
痧論一卷** （清）徐子默撰 清光緒二十八年
（1902）刻本 一冊

330000－1703－0006420 G31005 子部/醫
家類/綜合之屬/通論

慎齋遺書十卷 （明）周之幹撰 清道光二十
九年（1849）目耕堂刻本 八冊

330000－1703－0006421 G30934 子部/醫
家類/喉科口齒之屬/通論

喉科杓指四卷 （清）包永泰撰 清大文堂刻
本 四冊

330000－1703－0006422 G31006 子部/醫
家類/綜合之屬/通論

嵩厓尊生書十五卷 （清）景日昣撰 清同治
掃葉山房刻本 八冊

330000－1703－0006423 G30748 子部/醫
家類/溫病之屬

吳王二問合刻 清光緒二十八年（1902）文來
書局石印本 四冊

330000－1703－0006424 G31002 子部/醫
家類/綜合之屬/通論

林注醫學心悟五卷附外科十法一卷 清抄本
六冊

330000－1703－0006425 G30935 子部/醫
家類/喉科口齒之屬

重樓玉鑰二卷 （清）鄭宏綱撰 清光緒七年

(1881)鉛印本　二冊

330000 - 1703 - 0006426　G41549　集部/總集類/課藝之屬

天崇大小題文彙編不分卷補遺不分卷　（清）劉恕輯　清刻本　十四冊

330000 - 1703 - 0006427　G30936　子部/醫家類/喉科口齒之屬/喉痧

爛喉痧痧輯要一卷　（清）金德鑑撰　清光緒十七年(1891)刻本　一冊

330000 - 1703 - 0006429　G30937　子部/醫家類/喉科口齒之屬/喉痧

爛喉痧痧輯要一卷　（清）金德鑑撰　清光緒十七年(1891)刻本　一冊

330000 - 1703 - 0006430　G30950　子部/醫家類/針灸之屬/針法灸法

備急灸法不分卷　（宋）張渙撰　（宋）李耆年輯　清光緒十六年(1890)上杭羅氏十瓣同心蘭室刻本　一冊

330000 - 1703 - 0006431　G30938　子部/醫家類/喉科口齒之屬/喉痧

爛喉痧痧輯要一卷　（清）金德鑑撰　清光緒十七年(1891)刻本　一冊

330000 - 1703 - 0006432　G30972　子部/醫家類/綜合之屬/通論

醫學金鍼八卷　（清）潘霨輯　清光緒四年(1878)潘氏敏德堂刻本　四冊

330000 - 1703 - 0006433　G50404　類叢部/叢書類/輯佚之屬

漢學堂叢書二百三十種　（清）黃奭輯　清道光甘泉黃氏刻光緒印本　八十冊　存二百一十種

330000 - 1703 - 0006434　G30956　子部/醫家類/推拿按摩外治之屬

理瀹駢文不分卷略言一卷續增略言三卷附存濟堂藥局修合施送方并加藥法一卷治心病方一卷　（清）吳師機撰　清光緒五年(1879)王賓刻七年(1881)王宗壽續刻本　四冊

330000 - 1703 - 0006435　G30939　子部/醫家類/喉科口齒之屬/通論

急救喉疹要法一卷　（清）范心田輯　清光緒二十七年(1901)鉛印本　一冊

330000 - 1703 - 0006436　G30973　子部/醫家類/綜合之屬/通論

扁鵲心書三卷首一卷神方一卷　（宋）竇材輯　清上洋江左書林刻本　二冊

330000 - 1703 - 0006437　G31079　子部/醫家類/類編之屬

潛齋醫書五種　（清）王士雄撰　清光緒二十二年(1896)上海圖書集成局鉛印本　三冊　存三種

330000 - 1703 - 0006439　G30940　子部/醫家類/喉科口齒之屬/通論

喉科指掌六卷　（清）張宗良撰　清刻本　一冊　存二卷(四至六)

330000 - 1703 - 0006440　G31078　子部/醫家類/類編之屬

潛齋醫書五種　（清）王士雄撰　清光緒二十二年(1896)上海圖書集成局鉛印本　八冊

330000 - 1703 - 0006441　G30941　子部/醫家類/喉科口齒之屬/通論

喉科心法二卷　（清）沈善謙撰　清光緒三十年(1904)石印本　一冊

330000 - 1703 - 0006442　G31080　子部/醫家類/類編之屬

潛齋醫書五種　（清）王士雄撰　清光緒三十年(1904)仿泰西法石印本　四冊　存三種

330000 - 1703 - 0006444　G30709　子部/醫家類/類編之屬

潛齋醫學叢書八種　（清）王士雄編　清咸豐四年(1854)刻本　五冊　存六種

330000 - 1703 - 0006446　G30977　子部/醫家類/綜合之屬/通論

醫師秘笈二卷濕熱條辨一卷　（清）薛雪撰　清光緒七年(1881)浙寧簡香齋刻本　二冊

330000－1703－0006447　G30942　子部/醫家類/方書之屬/單方驗方

驗方續編二卷咽喉秘集一卷　（清）海山仙館編　清刻本　一冊　存一卷（咽喉秘集）

330000－1703－0006448　G30978　子部/醫家類/綜合之屬/通論

醫師秘笈二卷濕熱條辨一卷　（清）薛雪撰　清光緒七年（1881）浙寧簡香齋刻本　二冊

330000－1703－0006449　G30979　子部/醫家類/綜合之屬/通論

古今名醫彙粹八卷　（清）羅美輯　清嘉慶六年（1801）五柳居刻本　八冊

330000－1703－0006450　G30982　子部/醫家類/綜合之屬/通論

證治合參十八卷　（清）葉盛撰　清雍正七年（1729）刻本　六冊

330000－1703－0006451　G31081　子部/醫家類/類編之屬

世補齋醫書六種後集四種　（清）陸懋修撰輯　清光緒十年（1884）刻十二年（1886）山左書局印、宣統二年（1910）陸潤庠刻本　九冊　存八種

330000－1703－0006452　G30980　子部/醫家類/綜合之屬

醫林繩墨大全九卷　（明）方轂撰　清嘉慶二十年（1815）松江陳熙刻本　六冊

330000－1703－0006453　G31083　子部/醫家類/類編之屬

世補齋醫書六種　（清）陸懋修撰輯　清光緒十年（1884）刻十二年（1886）山左書局印本　四冊

330000－1703－0006455　G31066　子部/醫家類/類編之屬

黃氏醫書八種　（清）黃元御撰　清同治五年（1866）刻本　十六冊

330000－1703－0006457　G30981　子部/醫家類/方書之屬/歷代方書

易簡方論六卷首一卷　（清）程履新撰　清道

光二十四年（1844）刻本　六冊　存六卷（一至六）

330000－1703－0006458　G30984　子部/醫家類/綜合之屬/通論

醫醇賸義四卷醫方論四卷　（清）費伯雄撰　清同治二年（1863）耕心堂刻本　四冊　存四卷（醫醇賸義一至四）

330000－1703－0006459　G31065　子部/醫家類/類編之屬

黃氏醫書八種　（清）黃元御撰　清同治五年（1866）刻本　十六冊

330000－1703－0006460　G30952　子部/醫家類/推拿按摩外治之屬

新刻小兒推拿方脈活嬰秘旨全書二卷　（明）龔廷賢撰　（明）姚國禎補輯　清寶翰樓刻本　二冊

330000－1703－0006461　G30987　子部/醫家類/綜合之屬/通論

醫方論四卷　（清）費伯雄撰　清同治五年（1866）耕心堂刻本　四冊

330000－1703－0006462　G50660　類叢部/叢書類/自著之屬

亭林先生遺書彙輯二十三種附錄三種　（清）顧炎武撰　（清）席威　（清）朱記榮編　清光緒十一年至三十二年（1885－1906）吳縣朱氏槐廬家塾刻本　張美翊題記　十二冊　存十三種

330000－1703－0006465　G30953　子部/醫家類/推拿按摩外治之屬

推拿廣意三卷　（清）熊應雄輯　（清）陳世凱訂　清刻本　二冊

330000－1703－0006466　G31018　子部/醫家類/類編之屬

求志居叢書醫家類初集五種二集五種　（清）陳隆澤輯　清光緒二十二年（1896）、二十五年（1899）刻本　六冊

330000－1703－0006467　G30985　子部/醫家類/綜合之屬/通論

醫醇賸義四卷醫方論四卷　（清）費伯雄撰
清光緒三年（1877）刻本　六冊

330000 - 1703 - 0006468　G30986　子部/醫
家類/綜合之屬/通論

醫醇賸義四卷醫方論四卷　（清）費伯雄撰
清光緒三年（1877）刻本　六冊

330000 - 1703 - 0006469　G30988　子部/醫
家類/綜合之屬/通論

醫法圓通四卷　（清）鄭壽全編　清光緒二十
九年（1903）刻本　四冊

330000 - 1703 - 0006470　G50144　類叢部/
叢書類/自著之屬

振綺堂遺書五種　（清）汪遠孫撰　清道光刻
民國十一年（1922）錢唐汪氏彙印本　六冊
存一種

330000 - 1703　0006471　G31009　子部/醫
家類/綜合之屬/通論

醫學總訣不分卷　清抄本　二冊

330000 - 1703 - 0006472　G50213　類叢部/
叢書類/彙編之屬

崇文書局彙刻書（三十三種叢書、湖北書局所
刻書）三十三種　（清）崇文書局編　清光緒
元年至三年（1875 - 1877）湖北崇文書局刻本
　四冊　存一種

330000 - 1703 - 0006473　G30989　子部/醫
家類/綜合之屬/通論

醫學集成四卷　（清）劉仕廉撰　清同治十二
年（1873）刻本　四冊

330000 - 1703 - 0006474　G50214　類叢部/
叢書類/彙編之屬

崇文書局彙刻書（三十三種叢書、湖北書局所
刻書）三十三種　（清）崇文書局編　清光緒
元年至三年（1875 - 1877）湖北崇文書局刻民
國元年（1912）鄂官書處重印本　四冊　存
一種

330000 - 1703 - 0006475　G30954　子部/醫
家類/推拿按摩外治之屬

推拿廣意三卷　（清）熊應雄輯　（清）陳世凱

訂　清光緒二十三年（1897）經綸元記刻本
二冊

330000 - 1703 - 0006476　G30957　子部/醫
家類/推拿按摩外治之屬

推拿秘書五卷　（清）駱如龍撰　（清）駱民新
抄訂　清抄本　二冊

330000 - 1703 - 0006477　G50707　類叢部/
叢書類/家集之屬

侯官陳氏遺書二十種　（清）陳壽祺　（清）陳
喬樅撰　清嘉慶至同治三山陳氏刻本　三十
冊　存九種

330000 - 1703 - 0006478　G30990　子部/醫
家類/綜合之屬/通論

醫學集成四卷　（清）劉仕廉撰　清同治十二
年（1873）刻本　四冊

330000 - 1703 - 0006479　G31019　子部/醫
家類/類編之屬

求志居叢書醫家類初集五種二集五種　（清）
陳隆澤輯　清光緒二十二年（1896）、二十五
年（1899）刻本　六冊

330000 - 1703 - 0006480　G50706　類叢部/
叢書類/家集之屬

侯官陳氏遺書二十種　（清）陳壽祺　（清）陳
喬樅撰　清嘉慶至同治三山陳氏刻本　二十
冊　存八種

330000 - 1703 - 0006481　G50142　類叢部/
叢書類/自著之屬

振綺堂遺書五種　（清）汪遠孫撰　清道光刻
民國十一年（1922）錢唐汪氏彙印本　二冊
存一種

330000 - 1703 - 0006483　G31020　子部/醫
家類/類編之屬

當歸草堂醫學叢書初編十種　（清）丁丙編
清光緒四年（1878）錢塘丁氏當歸草堂刻本
八冊

330000 - 1703 - 0006484　G50075　類叢部/
叢書類/彙編之屬

學津討原一百七十三種　（清）張海鵬編　清

303

嘉慶十年(1805)虞山張氏照曠閣刻本 一冊
存一種

330000－1703－0006485 G50074 類叢部/
叢書類/彙編之屬

學津討原一百七十三種 (清)張海鵬編 清
嘉慶十年(1805)虞山張氏照曠閣刻本 一冊
存二種

330000－1703－0006490 G31015 子部/醫
家類/方書之屬/成方藥目

易簡方便醫書六卷 (清)周茂五輯 清光緒
二十九年(1903)文海書局石印本 五冊 存
五卷(二至六)

330000－1703－0006491 G30958 子部/醫
家類/養生之屬/導引、氣功

重訂陸地仙經一卷 (清)陳勌撰 清光緒二
十九年(1903)抄本 一冊

330000－1703－0006492 G31021 子部/醫
家類/類編之屬

六科證治準繩 (明)王肯堂撰 清乾隆五十
八年(1793)程永培刻本 八十冊

330000－1703－0006494 G30955 子部/醫
家類/推拿按摩外治之屬

**理瀹駢文不分卷略言一卷續增略言三卷附存
濟堂藥局修合施送方并加藥法一卷治心病方
一卷** (清)吳師機撰 清同治四年至光緒元
年(1865－1875)刻本 二冊 缺二卷(附存
濟堂藥局修合施送方并加藥法、治心病方)

330000－1703－0006495 G31022 子部/醫
家類/類編之屬

六科證治準繩 (明)王肯堂撰 清光緒十八
年(1892)上海圖書集成印書局鉛印本 四十
八冊

330000－1703－0006496 G50855 類叢部/
叢書類/自著之屬

新訂六譯館叢書八十九種 廖平撰 清光緒
至民國刻民國十年(1921)四川存古書局彙印
本 四冊 存四種

330000－1703－0006497 G30959 子部/醫
家類/醫理之屬/綜合

中藏經八卷附華佗內照法一卷 (漢)華佗撰
清光緒六年(1880)上虞徐氏蘭蘭山房刻本
二冊

330000－1703－0006498 G31023 子部/醫
家類/類編之屬

六科證治準繩 (明)王肯堂撰 清光緒十八
年(1892)上海圖書集成印書局鉛印本 四十
七冊 缺一卷(傷寒準繩四)

330000－1703－0006499 G30962 子部/醫
家類/方書之屬

丹溪先生治法心要八卷 (元)朱震亨撰 清
宣統元年(1909)武林蕭澍霖鉛印本 二冊

330000－1703－0006500 G30964 子部/醫
家類/綜合之屬/通論

石室秘錄六卷 (清)陳士鐸撰 清嘉慶三年
(1798)崇文堂刻本 三冊

330000－1703－0006501 G31042 子部/醫
家類/類編之屬

醫林指月十二種 (清)王琦編 清光緒二十
二年(1896)上海圖書集成印書局鉛印本
八冊

330000－1703－0006502 G30966 子部/醫
家類/綜合之屬/通論

石室秘錄六卷 (清)陳士鐸撰 清刻本
六冊

330000－1703－0006503 G30965 子部/醫
家類/綜合之屬/通論

石室秘錄六卷 (清)陳士鐸撰 清三元堂刻
本 六冊

330000－1703－0006504 G50854 類叢部/
叢書類/自著之屬

新訂六譯館叢書八十九種 廖平撰 清光緒
至民國刻民國十年(1921)四川存古書局彙印
本 一冊 存七種

330000－1703－0006505 G50303 類叢部/
叢書類/彙編之屬

平津館叢書八集三十八種 (清)孫星衍編

清嘉慶蘭陵孫氏刻本　一冊　存一種

330000－1703－0006506　G31043　子部/醫家類/類編之屬

醫林指月十二種　（清）王琦編　清乾隆三十二年(1767)寶笏樓刻本　七冊　存四種

330000－1703－0006507　G30961　子部/醫家類/類編之屬

醫學三書　（清）雷豐編　清光緒十年至十三年(1884－1887)雷氏慎修堂刻本　三冊　存一種

330000－1703－0006508　G31017　子部/醫家類/類編之屬

婦嬰至寶三種六卷　（清）徐尚慧編　清刻本　一冊

330000－1703－0006514　G30968　子部/醫家類

傅青主男科二卷女科補遺一卷　（清）傅山撰　清光緒七年(1881)郭鍾岳刻本　二冊

330000－1703－0006515　G31054　子部/醫家類/類編之屬

醫書八種　（清）徐大椿撰　清光緒四年(1878)掃葉山房刻本　十冊

330000－1703－0006516　G50140　類叢部/叢書類/彙編之屬

振綺堂叢書初集十種二集十二種　（清）□□輯　清光緒二十年(1894)、宣統二年(1910)泉唐汪氏刻本暨鉛印本　一冊　存初集一種

330000－1703－0006517　G31055　子部/醫家類/類編之屬

徐氏醫書八種　（清）徐大椿撰　清光緒十八年(1892)湖北官書處刻本　十二冊

330000－1703－0006518　G21236　史部/傳記類/科舉錄之屬/歷科鄉試錄

同治四年乙丑補行咸豐十一年辛酉科並同治元年壬戌恩科浙江鄉試硃卷一卷　（清）屠繼美撰　清刻本　一冊

330000－1703－0006519　G31827　子部/術

數類/命書相書之屬

增補星平會海命學全書十卷首一卷　（清）水中龍撰　清嘉慶二十一年(1816)刻本　四冊

330000－1703－0006520　G50141　類叢部/叢書類/彙編之屬

振綺堂叢書初集十種二集十二種　（清）□□輯　清光緒二十年(1894)、宣統二年(1910)泉唐汪氏刻本暨鉛印本　一冊　存初集一種

330000－1703－0006521　G50139　類叢部/叢書類/彙編之屬

振綺堂叢書初集十種二集十二種　（清）□□輯　清光緒二十年(1894)、宣統二年(1910)泉唐汪氏刻本暨鉛印本　一冊　存初集一種

330000－1703－0006522　G31056　子部/醫家類/類編之屬

徐氏醫書八種　（清）徐大椿撰　清光緒十八年(1892)湖北官書處刻本　陳頤壽批並跋　十二冊

330000－1703－0006524　G50145　類叢部/叢書類/彙編之屬

振綺堂叢書□□種　（清）□□輯　清汪氏振綺堂刻漸學廬印本　二冊　存二種

330000－1703－0006527　G21238　史部/傳記類/科舉錄之屬/歷科鄉試錄

同治四年乙丑補行咸豐十一年辛酉科並同治元年壬戌恩科浙江鄉試硃卷一卷　（清）范邦衡撰　清刻本　一冊

330000－1703－0006529　G50217　類叢部/叢書類/彙編之屬

趙氏藏書十六種　（清）趙承恩編　清同治至光緒金谿趙氏紅杏山房補刻重印本　六冊　存一種

330000－1703－0006530　G31058　子部/醫家類/類編之屬

徐氏醫書八種　（清）徐大椿撰　清光緒十五年至二十三年(1889－1897)江左書林刻本　九冊　存六種

330000－1703－0006531　G20983　史部/傳

記類/科舉錄之屬

光緒三十二年丙午科浙江考職選卷一卷
（清）袁玉麐撰　清光緒石印本　一冊

330000－1703－0006532　G21192　史部/傳
記類/科舉錄之屬/諸貢錄

光緒三十二年丙午科浙江選優貢卷一卷
（清）竺鳳祥撰　清光緒刻本　一冊

330000－1703－0006533　G21159　史部/傳
記類/科舉錄之屬/歷科鄉試錄

**光緒二十九年癸卯恩科浙江鄉試同懷卷一卷
附光緒癸卯二十九年恩科浙江優貢卷一卷**
李思浩　李思瀚撰　清光緒刻本　一冊

330000－1703－0006534　G21112　史部/傳
記類/科舉錄之屬/歷科鄉試錄

**光緒十一年舉行乙酉正科浙江鄉試題名錄一
卷**　清光緒刻本　一冊

330000－1703－0006535　G30065　子部/儒
家類/儒學之屬/禮教/家訓

功過格輯要十六卷　（清）李士達輯　清光緒
三年(1877)隨鶴居刻本　六冊

330000－1703－0006536　G31057　子部/醫
家類/類編之屬

徐氏醫書八種　（清）徐大椿撰　清刻本　十
冊　存六種

330000－1703－0006537　G31456　子部/雜
著類/雜考之屬

無邪堂答問五卷　（清）朱一新撰　清光緒二
十二年(1896)上海鴻寶齋石印本　四冊　存
四卷(二至五)

330000－1703－0006538　G31059　子部/醫
家類/類編之屬

醫晷六書三十二卷　（清）徐大椿撰　清光緒
二十九年(1903)上海趙翰香居鉛印本　十
八冊

330000－1703－0006539　G31060　子部/醫
家類/類編之屬

醫晷六書三十二卷　（清）徐大椿撰　清光緒
二十九年(1903)上海趙翰香居鉛印本　十

八冊

330000－1703－0006540　G30969　子部/醫
家類/綜合之屬/合刻、合抄

傅青主男科二卷女科二卷產後編二卷　（清）
傅山撰　清光緒三十二年(1906)上海掃葉山
房石印本　二冊

330000－1703－0006541　G30967　子部/醫
家類

傅青主男科二卷　（清）傅山撰　清光緒十三
年(1887)湖北官書處刻本　二冊

330000－1703－0006542　G50549　類叢部/
叢書類/郡邑之屬

金華叢書六十八種　（清）胡鳳丹編　清同治
七年至光緒八年(1868－1882)永康胡氏退補
齋刻民國補刻本　三冊　存二種

330000－1703－0006543　G31024　子部/醫
家類/類編之屬

增註醫宗己任編八卷　（清）楊乘六編　（清）
王汝謙補注　清光緒十七年(1891)南京李光
明莊刻本　四冊

330000－1703－0006544　G31061　子部/醫
家類/類編之屬

沈氏尊生書五種　（清）沈金鰲撰輯　清同治
十三年(1874)湖北崇文書局刻本　二十六冊

330000－1703－0006545　G30063　子部/儒
家類/儒學之屬/禮教/家訓

楊椒山公家訓一卷　（明）楊繼盛撰　清同治
六年(1867)刻本　一冊

330000－1703－0006546　G50017　類叢部/
叢書類/彙編之屬

祕書廿一種　（清）汪士漢編　明末清初刻本
一冊　存一種

330000－1703－0006547　G31027　子部/醫
家類/類編之屬

盤珠集五種　（清）嚴潔　（清）施雯等撰　清
嘉慶九年(1804)雪香書屋木活字印本　六冊
存三種

330000－1703－0006548　G31062　子部/醫家類/類編之屬

沈氏尊生書五種　（清）沈金鰲撰輯　清同治十三年(1874)湖北崇文書局刻本　二十六冊

330000－1703－0006549　G50133　類叢部/叢書類/彙編之屬

正覺樓叢刻(正覺樓叢書)二十九種　（清）崇文書局編　清光緒崇文書局刻本　一冊　存一種

330000－1703－0006550　G30071　子部/儒家類/儒學之屬/蒙學

寄傲山房塾課新增幼學故事瓊林四卷首一卷　（清）程登吉撰　（清）鄒聖脈增補　清刻本　一冊

330000－1703－0006551　G50132　類叢部/叢書類/彙編之屬

正覺樓叢刻(正覺樓叢書)二十九種　（清）崇文書局編　清光緒崇文書局刻本　三十六冊

330000－1703－0006552　G31063　子部/醫家類/類編之屬

沈氏尊生書五種　（清）沈金鰲撰輯　清光緒二十一年(1895)上海圖書集成局鉛印本　二十四冊

330000－1703－0006553　G31028　子部/醫家類/類編之屬

保赤彙編　（清）朱之榛編　清光緒五年(1879)蘇州刻本　四冊

330000－1703－0006554　G31469　子部/雜著類/雜考之屬

十駕齋養新錄二十卷餘錄三卷　（清）錢大昕撰　**錢辛楣先生年譜一卷**　（清）錢大昕編　（清）錢慶曾校注　**竹汀居士年譜續編一卷**　（清）錢慶曾撰　清光緒二年(1876)浙江書局刻本　一冊　存二卷(錢辛楣先生年譜、竹汀居士年譜續編)

330000－1703－0006556　G31064　子部/醫家類/類編之屬

沈氏尊生書五種　（清）沈金鰲撰輯　清同治

元年(1862)刻本　二冊　存一種

330000－1703－0006557　G50219　類叢部/叢書類/彙編之屬

天壤閣叢書二十種　（清）王祖源　（清）王懿榮編　清同治至光緒福山王氏刻彙印本　七冊　存五種

330000－1703－0006558　G31108　子部/醫家類/綜合之屬/通論

御纂醫宗金鑑九十卷首一卷　（清）吳謙等撰　清刻本　六冊　存六卷(編緝外科心法要訣二、四、七、十、十五至十六)

330000－1703－0006561　G50220　類叢部/叢書類/彙編之屬

天壤閣叢書二十種　（清）王祖源　（清）王懿榮編　清同治至光緒福山王氏刻彙印本　一冊　存一種

330000－1703－0006562　G31149　子部/醫家類/醫案之屬

得心集醫案六卷首一卷　（清）謝星煥撰　清咸豐十一年(1861)刻本　六冊

330000－1703－0006563　G50342　類叢部/叢書類/彙編之屬

嘯園叢書五十七種　（清）葛元煦編　清光緒二年至七年(1876－1881)仁和葛氏刻本　四冊　存三種

330000－1703－0006564　G31025　子部/醫家類/類編之屬

己任編八卷　（清）楊乘六編　清道光十年(1830)涵古堂刻本　三冊　缺一卷(三)

330000－1703－0006565　G31109　子部/醫家類/綜合之屬/雜著

醫藥通考四卷　（英國）德貞譯　清光緒二十三年(1897)同文館鉛印本　四冊

330000－1703－0006567　G31026　子部/醫家類/類編之屬

己任編八卷　（清）楊乘六編　清光緒十年(1884)有鴻齋刻本　四冊

330000－1703－0006569　G31468　子部/雜
著類/雜考之屬

叺手代口不分卷　（清）陳鴻誥輯　稿本
九冊

330000－1703－0006570　G31161　子部/醫
家類/醫案之屬

續名醫類案三十六卷　（清）魏之琇撰　清光
緒二十二年(1896)耕餘堂鉛印本　十四冊

330000－1703－0006572　G31110　子部/醫
家類/綜合之屬/通論

太醫局諸科程文九卷　（宋）太醫局輯　（清）
陳氏彙輯　清光緒三十一年(1905)上海六藝
書局石印本　五冊

330000－1703－0006573　G31153　子部/醫
家類/醫案之屬

雪雅堂醫案二卷附錄一卷　（清）張士驤撰
清光緒三十年(1904)申江鉛印本　二冊

330000－1703－0006574　G31111　子部/醫
家類/醫話醫論之屬

王氏醫存十七卷　（清）王燕昌撰　清光緒元
年(1875)皖城黃竹友齋刻本　四冊

330000－1703－0006575　G31041　子部/醫
家類/類編之屬

薛氏醫按二十四種　（明）吳琯編　清兩儀堂
刻本　六十四冊

330000－1703－0006576　G31154　子部/醫
家類/醫案之屬

門診號簿不分卷　稿本　一冊

330000－1703－0006577　G31112　子部/醫
家類/醫話醫論之屬

醫法心傳一卷　（清）程鑒撰　清光緒十三年
(1887)養鶴山房刻本　一冊

330000－1703－0006578　G31113　子部/醫
家類/醫話醫論之屬

醫法心傳一卷　（清）程鑒撰　清光緒十三年
(1887)養鶴山房刻本　一冊

330000－1703－0006580　G31155　子部/醫

家類/醫案之屬

臨證醫案五卷　（清）伊學曾撰　清曹大周抄
本　陳頤壽跋　一冊

330000－1703－0006582　G32758　新學/雜
著/叢編

江南製造局譯書一百五十四種　（清）江南製
造局編　清光緒江南製造局刻本暨鉛印本
二十四冊　存五種

330000－1703－0006584　G32761　新學/雜
著/叢編

江南製造局譯書一百五十四種　（清）江南製
造局編　清光緒江南製造局刻本暨鉛印本
十二冊　存二種

330000－1703－0006585　G31115　子部/醫
家類/醫案之屬

葉選醫衡二卷　（清）葉桂輯　清光緒二十四
年(1898)上海圖書集成印書局鉛印本　二冊

330000－1703－0006586　G32759　新學/雜
著/叢編

江南製造局譯書一百五十四種　（清）江南製
造局編　清光緒江南製造局刻本暨鉛印本
九冊　存三種

330000－1703－0006587　G31159　子部/醫
家類/醫案之屬

三世醫驗五卷　（明）陸嶽撰　（明）陸桂
（清）陸士龍輯　清道光十八年(1838)石門馬
珮忞刻本　四冊

330000－1703－0006588　G31160　子部/醫
家類/醫案之屬

三世醫驗五卷　（明）陸嶽撰　（明）陸桂
（清）陸士龍輯　清道光十八年(1838)石門馬
珮忞刻本　四冊

330000－1703－0006589　G50137　類叢部/
叢書類/彙編之屬

槐盧叢書四十六種　（清）朱記榮編　清光緒
三年至十五年(1877－1889)吳縣朱氏槐盧家
塾刻本　二冊　存一種

330000－1703－0006590　G21580　史部/政

書類/律令之屬/法驗

補註洗冤錄集證四卷附刊檢骨圖格一卷
(清)王又槐輯 (清)李觀瀾補輯 (清)阮
其新補注 (清)童濂刪 **作吏要言一卷**
(清)葉鎮撰 (清)朱椿增 清道光二十三年
(1843)江都鍾淮刻三色套印本 四冊

330000－1703－0006591 G32763 新學/雜
著/叢編

江南製造局譯書一百五十四種 (清)江南製
造局編 清光緒江南製造局刻本暨鉛印本
四冊 存一種

330000－1703－0006592 G32765 新學/雜
著/叢編

江南製造局譯書一百五十四種 (清)江南製
造局編 清光緒江南製造局刻本暨鉛印本
三冊 存一種

330000－1703－0006593 G21581 史部/政
書類/律令之屬/法驗

重刊補註洗冤錄集證六卷 (清)王又槐輯
(清)李觀瀾補輯 (清)阮其新補註 (清)
張錫蕃重訂 (清)文晟續輯 清道光二十四
年(1844)廣州翰墨園刻四色套印本 六冊

330000－1703－0006594 G32762 新學/雜
著/叢編

江南製造局譯書一百五十四種 (清)江南製
造局編 清光緒江南製造局刻本暨鉛印本
八冊 存一種

330000－1703－0006596 G21582 史部/政
書類/律令之屬/法驗

洗冤錄詳義四卷首一卷 (清)許槤輯 **洗冤
錄撮遺二卷** (清)葛元煦輯 清光緒二年
(1876)泉唐葛氏嘯園刻本 五冊

330000－1703－0006597 G31116 子部/醫
家類/醫話醫論之屬

吳醫彙講十一卷 (清)唐大烈輯 清乾隆五
十七年(1792)刻嘉慶十九年(1814)唐慶耆印
本 四冊

330000－1703－0006598 G30901 子部/醫

家類/外科之屬/瘋症、黴瘡

黴瘡秘錄二卷 (明)陳司成撰 清光緒十一
年(1885)刻本 二冊

330000－1703－0006600 G31118 子部/醫
家類/醫話醫論之屬

冷廬醫話五卷 (清)陸以湉撰 清光緒二十
三年(1897)烏程龐元澂刻本 二冊

330000－1703－0006601 G31117 子部/醫
家類/類編之屬

潛齋叢書 (清)王士雄撰 清光緒三十一年
(1905)石印本 二冊 存一種

330000－1703－0006602 G30943 子部/醫
家類/針灸之屬/通論

銅人腧穴鍼灸圖經三卷附穴腧都數一卷
(宋)王惟一撰 明刻本 四冊

330000－1703－0006603 G32760 新學/雜
著/叢編

江南製造局譯書一百五十四種 (清)江南製
造局編 清光緒江南製造局刻本暨鉛印本
十六冊 存三種

330000－1703－0006604 G30611 子部/醫
家類/方書之屬

**四明翰香居趙氏精製上料丸散膏丹總目不分
卷** (清)趙家薰編 清光緒趙氏翰香居刻本
一冊

330000－1703－0006605 G32764 新學/雜
著/叢編

江南製造局譯書一百五十四種 (清)江南製
造局編 清光緒江南製造局刻本暨鉛印本
六冊 存一種

330000－1703－0006606 G30944 子部/醫
家類/針灸之屬/通論

銅人腧穴鍼灸圖經三卷 (宋)王惟一撰 清
抄本 一冊

330000－1703－0006608 G31176 子部/醫
家類/婦科之屬/產科

產科心法二卷 (清)汪喆撰 清末石印本
鄭葆懿題簽並記 一冊

330000－1703－0006610　G30970　子部/醫
家類/綜合之屬/合刻、合抄

傅青主男科二卷女科二卷產後編二卷　（清）
傅山撰　清宣統元年（1909）上海章福記石印
本　一冊

330000－1703－0006611　G30605　子部/醫
家類/方書之屬

敬修堂十種藥說不分卷　（清）錢澍田撰　清
嘉慶九年至十年（1804－1805）慈谿錢澍田粵
東敬修堂刻本　一冊

330000－1703－0006615　G50352　類叢部/
叢書類/彙編之屬

玉海堂景宋元本叢書二十種別行二種　劉世
珩編　清光緒至民國貴池劉氏玉海堂影刻本
二冊　存一種

330000－1703－0006622　G30946　子部/醫
家類/針灸之屬/針法灸法

**沙症鍼刺方一卷銅人鍼灸經一卷經驗刮治圖
式一卷牙痛仙方一卷**　（清）周國瑞輯　清客
星書屋刻本　一冊

330000－1703－0006625　G31174　子部/醫
家類/方書之屬/單方驗方

良方彙編六種　（清）毛世洪等輯　清刻本
鄭葆懿題簽　一冊　存四種

330000－1703－0006628　G30947　子部/醫
家類/針灸之屬/通論

鍼灸甲乙經十二卷　（晉）皇甫謐撰　清光緒
十一年（1885）四明存存軒刻本　五冊

330000－1703－0006629　G31045　子部/醫
家類/類編之屬

喻氏醫書三種　（清）喻昌撰　清光緒三十三
年（1907）上海簡青齋書局石印本　六冊

330000－1703－0006630　G30948　子部/醫
家類/針灸之屬/通論

鍼灸甲乙經十二卷　（晉）皇甫謐撰　清光緒
十一年（1885）四明存存軒刻本　六冊

330000－1703－0006632　G30949　子部/醫
家類/針灸之屬/針法灸法

太乙神鍼一卷　（清）范毓𥡴撰　清光緒七年
（1881）刻本　一冊

330000－1703－0006633　G31707　子部/天
文曆算類

西洋新法曆書三十三種　（明）徐光啓　（明）
李天經編　明崇禎至清順治刻本　九十二冊
存二十七種

330000－1703－0006634　G30574　子部/醫
家類/方書之屬/單方驗方

三朝名醫方論三種　清宣統三年（1911）寧波
汲綆齋石印本　四冊

330000－1703－0006635　G31167　子部/醫
家類/養生之屬

衛濟餘編五卷　（清）王纕堂編　清刻本
五冊

330000－1703－0006636　G30608　子部/醫
家類/方書之屬

寶樹堂舟車經驗良方不分卷　清抄本　一冊

330000－1703－0006637　G30573　子部/醫
家類/方書之屬/歷代方書

古今良方彙編不分卷　（清）琴鶴主人輯　清
刻本　一冊

330000－1703－0006639　G30578　子部/醫
家類/方書之屬/單方驗方

經驗簡便良方一卷備用藥物一卷　（清）□□
輯　清刻本　一冊

330000－1703－0006640　G50112　類叢部/
叢書類/彙編之屬

後知不足齋叢書四十七種　（清）鮑廷爵編
清光緒常熟鮑氏刻本　八冊　存二種

330000－1703－0006641　G30579　子部/醫
家類/方書之屬/單方驗方

壽世良方四卷首一卷　（清）陳勳編輯　清光
緒十四年（1888）四明積善堂王氏刻本　一冊

330000－1703－0006642　G30610　子部/醫
家類/方書之屬

養生經驗合集七種　（清）毛世洪輯　清嘉慶

八年（1803）刻本　一冊　存五種

330000－1703－0006643　G30997　子部/醫
家類/類編之屬

醫學六要十九卷　（明）張三錫撰　明末刻本
六冊　存一種

330000－1703－0006644　G30580　子部/醫
家類/方書之屬/單方驗方

壽世良方四卷首一卷　（清）陳勱編輯　清光
緒十四年（1888）四明積善堂王氏刻本　一冊

330000－1703－0006645　G31168　子部/醫
家類/養生之屬

衛濟餘編十八卷　（清）王纕堂輯　清刻本
一冊

330000－1703－0006646　G31170　子部/醫
家類

繪圖中西醫學入門二卷　（清）唐宗海撰　清
末石印本　一冊　缺一卷（一）

330000－1703－0006647　G50113　類叢部/
叢書類/彙編之屬

後知不足齋叢書四十七種　（清）鮑廷爵編
清光緒常熟鮑氏刻本　二冊　存一種

330000－1703－0006648　G30577　子部/醫
家類/方書之屬/單方驗方

經驗選秘六卷　（清）胡增彬輯　清同治十年
（1871）刻本　一冊

330000－1703－0006649　G31171　子部/醫
家類/類編之屬

本草醫方合編　（清）汪昂編　清光緒十七年
（1891）上洋珍藝書局鉛印本　鄭征祥題記
六冊

330000－1703－0006650　G31044　子部/醫
家類/類編之屬

喻氏醫書三種　（清）喻昌撰　清三讓堂刻本
十二冊

330000－1703－0006651　G30575　子部/醫
家類/方書之屬/單方驗方

古今名醫萬方類編三十二卷　（清）曹繩彥輯

清光緒三十年（1904）南洋中西醫學會社刻
本　三十二冊

330000－1703－0006652　G31052　子部/醫
家類/類編之屬

本草醫方合編　（清）汪昂編　清咸豐元年
（1851）掃葉山房刻本　六冊

330000－1703－0006654　G30576　子部/醫
家類/方書之屬/單方驗方

經驗良方二卷　（清）周桂山輯　（清）梁思淇
增輯　清光緒十三年（1887）上洋埽葉山房刻
本　張芝田題簽　四冊

330000－1703－0006655　G50114　類叢部/
叢書類/彙編之屬

後知不足齋叢書四十七種　（清）鮑廷爵編
清光緒常熟鮑氏刻本　一冊　存一種

330000－1703－0006656　G31033　子部/醫
家類/傷寒金匱之屬/傷寒論

劉河間傷寒六書附二種　（金）劉完素等撰
明萬曆二十九年（1601）吳勉學刻清步月樓印
本　五冊

330000－1703－0006657　G50216　類叢部/
叢書類/彙編之屬

**西京清麓叢書正編三十二種續編二十七種外
編二十四種**　（清）賀瑞麟編　清同治至民國
傳經堂刻本　一冊　存一種

330000－1703－0006658　G31035　子部/醫
家類/傷寒金匱之屬/傷寒論

劉河間傷寒三書二十卷　（金）劉完素撰　清
末上海千頃堂書局石印本　八冊

330000－1703－0006659　G31053　子部/醫
家類/類編之屬

重鐫本草醫方合編十二卷　（清）汪昂編　清
刻本　六冊

330000－1703－0006661　G50054　類叢部/
叢書類/彙編之屬

知不足齋叢書一百九十六種　（清）鮑廷博編
（清）鮑士恭續編　清乾隆三十七年至道光
三年（1772－1823）長塘鮑氏刻彙印本　二冊

存二種

330000－1703－0006662　G31119　子部/醫家類/醫案之屬

鐵如意軒醫書四種　(清)徐延祚撰　清光緒二十二年(1896)奉天徐氏鐵如意軒刻本　五冊　存二種

330000－1703－0006665　G50050　類叢部/叢書類/彙編之屬

知不足齋叢書一百九十六種　(清)鮑廷博編　(清)鮑士恭續編　清乾隆三十七年至道光三年(1772－1823)長塘鮑氏刻彙印本　一百冊　存一百七十四種

330000－1703－0006667　G30598　子部/醫家類/方書之屬

資生集二卷　(清)金長康纂輯　清抄本　二冊

330000－1703－0006668　G31120　子部/醫家類/醫話醫論之屬

目達補遺續編不分卷　(清)張德裕撰　清刻本　一冊

330000－1703－0006669　G30595　子部/醫家類/方書之屬/單方驗方

同壽錄四卷尾一卷　(清)曹□撰　(清)項天瑞輯　清嘉慶二十一年(1816)蓉圃氏刻本　四冊

330000－1703－0006670　G30596　子部/醫家類/方書之屬/單方驗方

葛祖回生集二卷　(清)陳杰集　清慈谿王庸敬刻本　二冊

330000－1703－0006671　G32770　新學/醫學/方書

醫方彙編四卷首一卷　(英國)偉倫忽塔撰　(英國)梅滕更口譯　(清)劉廷楨筆述　清末上海廣學會鉛印本　四冊　存四卷(一至四)

330000－1703－0006672　G30995　子部/醫家類/類編之屬

公餘四種　(清)陳念祖撰　清刻本　四冊　存一種

330000－1703－0006673　G31077　子部/醫家類/類編之屬

陳修園醫書二十三種　(清)陳念祖等撰　清光緒二十一年(1895)學庫山房刻本　陳頤壽題簽並記　二冊　存一種

330000－1703－0006674　G31121　子部/醫家類/醫話醫論之屬

醫論不分卷　清抄本　一冊

330000－1703－0006676　G31122　子部/醫家類/醫話醫論之屬

臨病考證一卷　(清)蔣金鏞纂輯　清光緒二十四年(1898)蛟川蔣氏退思堂刻本　一冊

330000－1703－0006677　G30599　子部/醫家類/方書之屬

衛生鴻寶六卷　(清)祝補齋輯　清咸豐七年(1857)上海寶贄堂刻本　二冊

330000－1703－0006682　G30600　子部/醫家類/方書之屬/成方藥目

胡慶餘堂丸散膏丹全集十四卷　(清)胡光墉編　清光緒三年(1877)杭州胡慶餘堂刻本　一冊

330000－1703－0006683　G50032　類叢部/叢書類/彙編之屬

說鈴前集三十三種後集十九種續集七種　(清)吳震方編　清道光五年(1825)聚秀堂刻本　三十二冊　存五十三種

330000－1703－0006684　G31071　子部/醫家類/類編之屬

陳修園醫書二十一種　(清)陳念祖等撰　清光緒十八年(1892)上海圖書集成印書局鉛印本　七冊　存十二種

330000－1703－0006685　G31072　子部/醫家類/類編之屬

陳修園醫書二十一種　(清)陳念祖等撰　清光緒十八年(1892)上海圖書集成印書局鉛印本　三冊　存四種

330000－1703－0006686　G50138　類叢部/叢書類/彙編之屬

槐盧叢書四十六種 （清）朱記榮編 清光緒
三年至十五年（1877－1889）吳縣朱氏槐盧家
塾刻本 四冊 存一種

330000－1703－0006690 G50052 類叢部/
叢書類/彙編之屬

知不足齋叢書一百九十六種 （清）鮑廷博編
（清）鮑士恭續編 清乾隆三十七年至道光
三年（1772－1823）長塘鮑氏刻彙印本 七冊
存七種

330000－1703－0006692 G30588 子部/醫
家類/方書之屬/單方驗方

蔡同德堂丸散膏丹全錄十五卷 （清）蔡同德
堂輯 清光緒八年（1882）蔡氏同德堂四明刻
本 一冊

330000－1703－0006693 G30604 子部/宗
教類/道教之屬

東宮司命通天定福奏善真君靈籤二卷 （清）
程應星錄 清咸豐七年（1857）刻本 一冊

330000－1703－0006696 G50053 類叢部/
叢書類/彙編之屬

知不足齋叢書一百九十六種 （清）鮑廷博編
（清）鮑士恭續編 清乾隆三十七年至道光
三年（1772－1823）長塘鮑氏刻彙印本 四冊
存三種

330000－1703－0006698 G30622 子部/醫
家類/診法之屬

蘇門秘錄不分卷 （清）王蘇門輯 清光緒十
五年（1889）抄本 一冊

330000－1703－0006699 G30602 子部/醫
家類/方書之屬/單方驗方

名醫方論四卷 （清）羅美 （清）柯琴輯並評
清嘉禾存雅堂刻本 四冊

330000－1703－0006700 G30620 子部/醫
家類/方書之屬/單方驗方

歌方集論四卷人身譜一卷 （清）祝源撰 清
光緒十七年（1891）棱香館刻本 三冊 存四
卷（一至四）

330000－1703－0006701 G50059 類叢部/

叢書類/彙編之屬

知不足齋叢書一百九十六種 （清）鮑廷博編
（清）鮑士恭續編 清乾隆三十七年至道光
三年（1772－1823）長塘鮑氏刻彙印本 二冊
存一種

330000－1703－0006702 G30618 子部/醫
家類/溫病之屬/痧症

痧症全書三卷 （清）王凱輯 清同治九年
（1870）刻本 一冊

330000－1703－0006703 G30619 子部/醫
家類/溫病之屬/痧症

痧症全書三卷 （清）王凱輯 清同治九年
（1870）刻本 一冊

330000－1703－0006704 G31074 子部/醫
家類/類編之屬

陳修園醫書四十八種 （清）陳念祖等撰 清
光緒三十一年（1905）上海文盛堂書局石印本
十八冊 存三十七種

330000－1703－0006705 G31075 子部/醫
家類/類編之屬

陳修園醫書 （清）陳念祖等撰 清刻本 四
冊 存三種

330000－1703－0006706 G30999 子部/醫
家類/醫話醫論之屬

醫醫偶錄二卷 （清）陳念祖撰 清同治十三
年（1874）蜀川蓬萊友善堂刻本 二冊

330000－1703－0006707 G31076 子部/醫
家類/類編之屬

陳修園醫書二十八種 （清）陳念祖等撰 清
光緒二十九年（1903）上海錦章書局石印本
四冊 存八種

330000－1703－0006708 G50055 類叢部/
叢書類/彙編之屬

知不足齋叢書一百九十六種 （清）鮑廷博編
（清）鮑士恭續編 清乾隆三十七年至道光
三年（1772－1823）長塘鮑氏刻彙印本 一冊
存二種

330000－1703－0006709 G50135 類叢部/

叢書類/彙編之屬

槐盧叢書四十六種 （清）朱記榮編　清光緒三年至十五年(1877－1889)吳縣朱氏槐盧家塾刻本　三十二冊　存二十二種

330000－1703－0006711　G50123　類叢部/叢書類/彙編之屬

花雨樓叢鈔十一種續鈔十一種附一種 （清）張壽榮編　清光緒八年至十四年(1882－1888)蛟川張氏花雨樓刻本　張芋子（張芋香）張琴題記　四冊　存一種

330000－1703－0006712　G50065　類叢部/叢書類/彙編之屬

知不足齋叢書一百九十六種 （清）鮑廷博編（清）鮑士恭續編　清乾隆三十七年至道光三年(1772－1823)長塘鮑氏刻彙印本　一冊　存一種

330000－1703－0006714　G50060　類叢部/叢書類/彙編之屬

知不足齋叢書一百九十六種 （清）鮑廷博編（清）鮑士恭續編　清乾隆三十七年至道光三年(1772－1823)長塘鮑氏刻彙印本　一冊　存一種

330000－1703－0006715　G30615　子部/醫家類/婦科之屬

寧坤秘笈三卷附濟世論一卷任氏世傳傷寒祕方一卷 （清）竹林寺僧撰　清同治七年(1868)致和堂刻本　一冊

330000－1703－0006716　G50125　類叢部/叢書類/彙編之屬

花雨樓叢鈔十一種續鈔十一種附一種 （清）張壽榮編　清光緒八年至十四年(1882－1888)蛟川張氏花雨樓刻本　一冊　存一種

330000－1703－0006717　G50058　類叢部/叢書類/彙編之屬

知不足齋叢書一百九十六種 （清）鮑廷博編（清）鮑士恭續編　清乾隆三十七年至道光三年(1772－1823)長塘鮑氏刻彙印本　一冊　存一種

330000－1703－0006718　G30614　子部/醫家類/方書之屬/單方驗方

怪疾奇方一卷 （清）費伯雄輯　清光緒十年(1884)众香室刻本　一冊

330000－1703－0006719　G50129　類叢部/叢書類/彙編之屬

花雨樓叢鈔十一種續鈔十一種附一種 （清）張壽榮編　清光緒八年至十四年(1882－1888)蛟川張氏花雨樓刻本　一冊　存一種

330000－1703－0006720　G50063　類叢部/叢書類/彙編之屬

知不足齋叢書一百九十六種 （清）鮑廷博編（清）鮑士恭續編　清乾隆三十七年至道光三年(1772－1823)長塘鮑氏刻彙印本　一冊　存一種

330000－1703－0006721　G50121　類叢部/叢書類/彙編之屬

花雨樓叢鈔十一種續鈔十一種附一種 （清）張壽榮編　清光緒八年至十四年(1882－1888)蛟川張氏花雨樓刻本　二冊　存一種

330000－1703－0006722　G50122　類叢部/叢書類/彙編之屬

花雨樓叢鈔十一種續鈔十一種附一種 （清）張壽榮編　清光緒八年至十四年(1882－1888)蛟川張氏花雨樓刻本　二冊　存一種

330000－1703－0006723　G50057　類叢部/叢書類/彙編之屬

知不足齋叢書一百九十六種 （清）鮑廷博編（清）鮑士恭續編　清乾隆三十七年至道光三年(1772－1823)長塘鮑氏刻彙印本　一冊　存一種

330000－1703－0006724　G50405　類叢部/叢書類/輯佚之屬

玉尺山房數奇書 （清）□□輯　清光緒刻本　六冊　存六種

330000－1703－0006725　G30612　子部/醫家類/方書之屬/單方驗方

類集試驗良方二卷 （明）潘雲杰輯　明萬曆

三十三年(1605)自刻本　一冊　存一卷(二)

330000－1703－0006726　G50064　類叢部/
叢書類/彙編之屬

知不足齋叢書一百九十六種　(清)鮑廷博編
　(清)鮑士恭續編　清乾隆三十七年至道光
三年(1772－1823)長塘鮑氏刻彙印本　一冊
　存一種

330000－1703－0006729　G50061　類叢部/
叢書類/彙編之屬

知不足齋叢書一百九十六種　(清)鮑廷博編
　(清)鮑士恭續編　清乾隆三十七年至道光
三年(1772－1823)長塘鮑氏刻彙印本　一冊
　存一種

330000－1703－0006730　G30018　子部/儒
家類/儒學之屬/蒙學

小學六卷　(宋)朱熹撰　(明)陳選集注
(清)高愈纂注　清刻本　三冊　缺二卷(一
至二)

330000－1703－0006731　G21139　史部/傳
記類/科舉錄之屬/歷科鄉試錄

光緒十九年癸巳恩科浙江鄉試硃卷一卷
(清)童炳森撰　清光緒刻本　一冊

330000－1703－0006732　G21140　史部/傳
記類/科舉錄之屬/歷科鄉試錄

光緒十九年癸巳恩科浙江鄉試硃卷一卷
(清)包科駿撰　清光緒刻本　一冊

330000－1703－0006733　G50056　類叢部/
叢書類/彙編之屬

知不足齋叢書一百九十六種　(清)鮑廷博編
　(清)鮑士恭續編　清乾隆三十七年至道光
三年(1772－1823)長塘鮑氏刻彙印本　一冊
　存一種

330000－1703－0006734　G50842　類叢部/
叢書類/自著之屬

湯文正公遺書六種　(清)湯斌撰　清道光七
年(1827)刻本　一冊　存一種

330000－1703－0006735　G21141　史部/傳
記類/科舉錄之屬/歷科鄉試錄

光緒十九年癸巳恩科浙江鄉試硃卷一卷
(清)包科駿撰　清光緒刻本　一冊

330000－1703－0006736　G30023　子部/儒
家類/儒學之屬/性理

朱子語類一百四十卷　(宋)朱熹撰　(宋)黎
靖德輯　清刻本　三十冊　存一百八卷(三
十三至一百四十)

330000－1703－0006737　G21188　史部/傳
記類/科舉錄之屬/歷科鄉試錄

同治元年壬戌恩科並補行咸豐十一年辛酉正
科福建鄉試硃卷一卷　(清)沈肇基等撰　清
刻本　一冊

330000－1703－0006738　G31067　子部/醫
家類/類編之屬

黃氏醫書八種　(清)黃元御撰　清宣統元年
(1909)上海江左書林石印本　一冊　存一種

330000－1703－0006739　G20980　史部/傳
記類/別傳之屬/事狀

誥授光祿大夫諭賜祭葬頭品頂戴禮部右侍郎
上書房行走國史館副總裁稽查左翼宗學紫禁
城騎馬前都察院左都御史顯考薇研府君[童
華]行述一卷　(清)童德厚　(清)童秉厚述
　清光緒十五年(1889)刻本　一冊

330000－1703－0006740　G20981　史部/傳
記類/別傳之屬/事狀

誥授光祿大夫諭賜祭葬頭品頂戴禮部右侍郎
上書房行走國史館副總裁稽查左翼宗學紫禁
城騎馬前都察院左都御史顯考薇研府君[童
華]行述一卷　(清)童德厚　(清)童秉厚述
　清光緒十五年(1889)刻本　一冊

330000－1703－0006742　G30601　子部/醫
家類/方書之屬/單方驗方

名醫方論四卷　(清)羅美　(清)柯琴輯並評
　清書業堂刻本　一冊

330000－1703－0006743　G21189　史部/傳
記類/科舉錄之屬/歷科登科錄

欽取朝考卷不分卷　(清)蒯光典等撰　清刻
本　二冊

330000 - 1703 - 0006744　G21191　史部/傳記類/科舉錄之屬/歷科登科錄

欽定朝考卷不分卷　（清）顧懷壬等撰　清刻本　一冊

330000 - 1703 - 0006745　G30603　子部/醫家類

類方準繩八卷　（明）王肯堂輯　清刻本　四冊　存二卷(六至七)

330000 - 1703 - 0006747　G21190　史部/傳記類/科舉錄之屬/歷科登科錄

欽取朝考卷不分卷　（清）黃思永等撰　清刻本　一冊

330000 - 1703 - 0006749　G30301　子部/兵家類/兵法之屬

孫子十家註十三卷　（漢）曹操等撰　**敘錄一卷**　（清）畢以珣撰　**遺說一卷**　（宋）鄭友賢撰　清末上海掃葉山房石印本　六冊

330000 - 1703 - 0006750　G31037　子部/醫家類/類編之屬

古今醫統正脈全書四十四種　（明）王肯堂編　清刻本　十三冊　存九種

330000 - 1703 - 0006751　G50031　類叢部/叢書類/自著之屬

正誼堂全集八種　（清）董沛撰　清同治至光緒刻本　三冊　存一種

330000 - 1703 - 0006752　G21193　史部/傳記類/科舉錄之屬/歷科登科錄

光緒二十九年癸卯補行二十七年辛丑二十八年壬寅恩正併科會試墨卷一卷　邵章撰　清光緒刻本　一冊

330000 - 1703 - 0006753　G30828　子部/醫家類/兒科之屬/通論

鼎鍥幼幼集成六卷　（清）陳復正輯　清光緒二十八年(1902)經元書室刻本　六冊

330000 - 1703 - 0006754　G21185　史部/傳記類/科舉錄之屬/歷科鄉試錄

光緒二十八年壬寅補行二十六年庚子二十七年辛丑恩正併科浙江鄉試卷一卷　鄭滋蕃撰

清光緒刻本　一冊

330000 - 1703 - 0006755　G31034　子部/醫家類/傷寒金匱之屬/傷寒論

劉河間傷寒六書附二種　（金）劉完素等撰　清刻本　一冊　存一種

330000 - 1703 - 0006756　G50864　類叢部/叢書類/自著之屬

周孟侯先生全書五種　（明）周拱辰撰　清道光二十七年(1847)刻光緒元年(1875)補刻本　十二冊

330000 - 1703 - 0006757　G22067　史部/地理類/方志之屬/郡縣志

[光緒]慈谿縣志五十六卷附編一卷　（清）楊泰亨　（清）馮可鏞纂　（清）劉一桂校補　清光緒二十五年(1899)德潤書院刻本　二十三冊　缺一卷(一)

330000 - 1703 - 0006758　G31038　子部/醫家類/類編之屬

古今醫統正脈全書四十四種　（明）王肯堂編　清刻本　二冊　存四種

330000 - 1703 - 0006759　G50455　類叢部/叢書類/郡邑之屬

湖州叢書十二種　（清）陸心源編　清光緒湖城義塾刻本　張美翊題記　二十冊

330000 - 1703 - 0006761　G31036　子部/醫家類/類編之屬

東垣十書附二種　清刻本　八冊

330000 - 1703 - 0006763　G50218　類叢部/叢書類/彙編之屬

趙氏藏書十六種　（清）趙承恩編　清同治至光緒金谿趙氏紅杏山房補刻重印本　一冊　存一種

330000 - 1703 - 0006765　G41165　集部/總集類/彙編之屬

宋四名家詩　（清）周之鱗　（清）柴升編　清康熙三十二年(1693)有文堂刻本　二冊　存二種

330000－1703－0006766　G50221　類叢部/
叢書類/彙編之屬

廣雅書局叢書一百五十九種　徐紹棨編　清
光緒廣雅書局刻民國九年（1920）番禺徐紹棨
彙編重印本　六十七冊　存十二種

330000－1703－0006767　G50682　類叢部/
叢書類/自著之屬

隨園三十六種　（清）袁枚撰　清光緒十九年
（1893）倉山舊主石印本　二十四冊

330000－1703－0006768　G50227　類叢部/
叢書類/彙編之屬

廣雅書局叢書一百五十九種　徐紹棨編　清
光緒廣雅書局刻民國九年（1920）番禺徐紹棨
彙編重印本　十冊　存一種

330000－1703－0006770　G50226　類叢部/
叢書類/彙編之屬

廣雅書局叢書一百五十九種　徐紹棨編　清
光緒廣雅書局刻民國九年（1920）番禺徐紹棨
彙編重印本　四冊　存一種

330000－1703－0006772　G50222　類叢部/
叢書類/彙編之屬

廣雅書局叢書一百五十九種　徐紹棨編　清
光緒廣雅書局刻民國九年（1920）番禺徐紹棨
彙編重印本　十冊　存五種

330000－1703－0006778　G50223　類叢部/
叢書類/彙編之屬

廣雅書局叢書一百五十九種　徐紹棨編　清
光緒廣雅書局刻民國九年（1920）番禺徐紹棨
彙編重印本　二十冊　存一種

330000－1703－0006782　G50225　類叢部/
叢書類/彙編之屬

廣雅書局叢書一百五十九種　徐紹棨編　清
光緒廣雅書局刻民國九年（1920）番禺徐紹棨
彙編重印本　四冊　存一種

330000－1703－0006790　G50228　類叢部/
叢書類/彙編之屬

廣雅書局叢書一百五十九種　徐紹棨編　清
光緒廣雅書局刻民國九年（1920）番禺徐紹棨

彙編重印本　四冊　存一種

330000－1703－0006791　G50229　類叢部/
叢書類/彙編之屬

廣雅書局叢書一百五十九種　徐紹棨編　清
光緒廣雅書局刻民國九年（1920）番禺徐紹棨
彙編重印本　一冊　存一種

330000－1703－0006792　G50224　類叢部/
叢書類/彙編之屬

廣雅書局叢書一百五十九種　徐紹棨編　清
光緒廣雅書局刻民國九年（1920）番禺徐紹棨
彙編重印本　一冊　存一種

330000－1703－0006796　G21225　史部/傳
記類/科舉錄之屬/歷科鄉試錄

**同治四年乙丑補行咸豐十一年辛酉科並同治
元年壬戌恩科浙江鄉試硃卷一卷**　（清）屠繼
美撰　清刻本　一冊

330000－1703－0006797　G21226　史部/傳
記類/科舉錄之屬/歷科鄉試錄

**同治四年乙丑補行咸豐十一年辛酉科並同治
元年壬戌恩科浙江鄉試硃卷一卷**　（清）屠繼
美撰　清刻本　一冊

330000－1703－0006798　G21227　史部/傳
記類/科舉錄之屬/歷科鄉試錄

**同治四年乙丑補行咸豐十一年辛酉科並同治
元年壬戌恩科浙江鄉試硃卷一卷**　（清）屠繼
美撰　清刻本　一冊

330000－1703－0006799　G21228　史部/傳
記類/科舉錄之屬/歷科鄉試錄

**同治四年乙丑補行咸豐十一年辛酉科並同治
元年壬戌恩科浙江鄉試硃卷一卷**　（清）屠繼
美撰　清刻本　一冊

330000－1703－0006801　G21229　史部/傳
記類/科舉錄之屬/歷科鄉試錄

**同治四年乙丑補行咸豐十一年辛酉科並同治
元年壬戌恩科浙江鄉試硃卷一卷**　（清）屠繼
美撰　清刻本　一冊

330000－1703－0006803　G21230　史部/傳
記類/科舉錄之屬/歷科鄉試錄

同治四年乙丑補行咸豐十一年辛酉科並同治元年壬戌恩科浙江鄉試硃卷一卷 （清）屠繼美撰 清刻本 一冊

330000－1703－0006804 G21090 史部/傳記類/日記之屬
味某華館日記不分卷（光緒七年至光緒九年） （清）陳鴻誥撰 稿本 六冊

330000－1703－0006805 G21231 史部/傳記類/科舉錄之屬/歷科鄉試錄
同治四年乙丑補行咸豐十一年辛酉科並同治元年壬戌恩科浙江鄉試硃卷一卷 （清）屠繼美撰 清刻本 一冊

330000－1703－0006808 G21232 史部/傳記類/科舉錄之屬/歷科鄉試錄
同治四年乙丑補行咸豐十一年辛酉科並同治元年壬戌恩科浙江鄉試硃卷一卷 （清）屠繼美撰 清刻本 一冊

330000－1703－0006815 G20325 史部/紀事本末類/斷代之屬
皇朝武功紀盛四卷 （清）趙翼撰 清光緒趙鈞詒等壽諼草堂刻本 一冊

330000－1703－0006816 G50681 類叢部/叢書類/自著之屬
汪雙池先生叢書二十種附浙刻雙池遺書十二種 （清）汪紱撰 清道光至光緒刻光緒二十三年（1897）長安趙舒翹等彙印本 七十一冊 存十種

330000－1703－0006817 G20902 史部/傳記類/別傳之屬/事狀
皇清誥授榮祿大夫鹽運使銜加四級廣東候補道署廣東按察使司按察使顯考歙篔府君[屠繼烈]行述一卷 （清）屠宗增 （清）屠宗基述 清同治十三年（1874）刻本 一冊

330000－1703－0006818 G20903 史部/傳記類/別傳之屬/事狀
皇清誥授榮祿大夫鹽運使銜加四級廣東候補道署廣東按察使司按察使顯考歙篔府君[屠繼烈]行述一卷 （清）屠宗增 （清）屠宗基

述 清同治十三年（1874）刻本 一冊

330000－1703－0006820 G20904 史部/傳記類/別傳之屬/事狀
皇清誥授榮祿大夫鹽運使銜加四級廣東候補道署廣東按察使司按察使顯考歙篔府君[屠繼烈]行述一卷 （清）屠宗增 （清）屠宗基述 清同治十三年（1874）刻本 一冊

330000－1703－0006822 G20905 史部/傳記類/別傳之屬/事狀
皇清誥授榮祿大夫鹽運使銜加四級廣東候補道署廣東按察使司按察使顯考歙篔府君[屠繼烈]行述一卷 （清）屠宗增 （清）屠宗基述 清同治十三年（1874）刻本 一冊

330000－1703－0006824 G20906 史部/傳記類/別傳之屬/事狀
皇清誥授榮祿大夫鹽運使銜加四級廣東候補道署廣東按察使司按察使顯考歙篔府君[屠繼烈]行述一卷 （清）屠宗增 （清）屠宗基述 清同治十三年（1874）刻本 一冊

330000－1703－0006825 G20907 史部/傳記類/別傳之屬/事狀
皇清誥授榮祿大夫鹽運使銜加四級廣東候補道署廣東按察使司按察使顯考歙篔府君[屠繼烈]行述一卷 （清）屠宗增 （清）屠宗基述 清同治十三年（1874）刻本 一冊

330000－1703－0006826 S00019 集部/別集類/清別集
在陸草堂文集六卷 （清）儲欣撰 （清）邢維信編 清雍正元年（1723）真州吳之彥、邢維信刻本 四冊

330000－1703－0006828 G20908 史部/傳記類/別傳之屬/事狀
皇清誥授榮祿大夫鹽運使銜加四級廣東候補道署廣東按察使司按察使顯考歙篔府君[屠繼烈]行述一卷 （清）屠宗增 （清）屠宗基述 清同治十三年（1874）刻本 一冊

330000－1703－0006829 G20909 史部/傳記類/別傳之屬/事狀

皇清誥授榮祿大夫鹽運使銜加四級廣東候補道署廣東按察使司按察使顯考歐箕府君[屠繼烈]行述一卷　（清）屠宗增　（清）屠宗基述　清同治十三年(1874)刻本　一冊

330000－1703－0006830　G20910　史部/傳記類/別傳之屬/事狀

皇清誥授榮祿大夫鹽運使銜加四級廣東候補道署廣東按察使司按察使顯考歐箕府君[屠繼烈]行述一卷　（清）屠宗增　（清）屠宗基述　清同治十三年(1874)刻本　一冊

330000－1703－0006831　G20911　史部/傳記類/別傳之屬/事狀

皇清誥授榮祿大夫鹽運使銜加四級廣東候補道署廣東按察使司按察使顯考歐箕府君[屠繼烈]行述一卷　（清）屠宗增　（清）屠宗基述　清同治十三年(1874)刻本　一冊

330000－1703－0006832　G30017　子部/儒家類/儒學之屬/蒙學

小學六卷小學題辭一卷小學書題一卷小學總論一卷　（宋）朱熹撰　（明）吳訥集解　清同治八年(1869)江蘇書局刻本　二冊

330000－1703－0006833　G30016　子部/儒家類/儒學之屬/蒙學

小學集解六卷小學輯說一卷　（清）張伯行輯注　清同治十一年(1872)江西撫署刻本　四冊

330000－1703－0006834　G33253　子部/叢編

子書二十八種彙函　（清）文瑞樓編　清末鉛印本　一冊　存一種

330000－1703－0006836　G11215　類叢部/叢書類/自著之屬

王菉友著述九種　（清）王筠撰　清道光至咸豐刻本　二冊　存一種

330000－1703－0006838　G30024　子部/儒家類/儒學之屬/性理

潛室陳先生木鍾集十一卷　（宋）陳埴撰　清同治六年(1867)陳思熇東甌郡齋刻本　四冊

330000－1703－0006839　G41663　類叢部/類書類/通類之屬

謝華啟秀集八卷　（明）楊慎輯　清道光六年(1826)刻本　四冊

330000－1703－0006840　G32284　子部/宗教類/道教之屬/戒律

太上感應篇註講證案彙編四卷　清光緒二十二年(1896)廣陵藏經禪院刻本　二冊　存二卷(二至三)

330000－1703－0006841　G50098　類叢部/叢書類/彙編之屬

粵雅堂叢書一百八十四種　（清）伍崇曜編　清道光二十九年至光緒十一年(1849－1885)南海伍氏刻彙印本（春秋五禮例宗卷四至六、乾道臨安志卷四至十五、群書治要卷四、十三、二十原缺）　三百五十八冊　存一百八十一種

330000－1703－0006843　G30090　子部/儒家類/儒學之屬/蒙學

童蒙易悟不分卷　清江南李光明家刻本　一冊

330000－1703－0006844　G32745　類叢部/類書類/通類之屬

策學初編不分卷續編不分卷　（清）金保和等撰　清鉛印本　二冊

330000－1703－0006845　G30027　子部/儒家類/儒學之屬/經濟

大學衍義四十三卷　（宋）真德秀撰　明嘉靖六年(1527)司禮監刻本　秦履平題簽　五冊　存十一卷(九至十、十五至十七、二十二至二十六、三十九)

330000－1703－0006847　G50802　類叢部/叢書類/自著之屬

甌北全集八種　（清）趙翼撰　清刻本　十六冊　存一種

330000－1703－0006848　G50551　類叢部/叢書類/郡邑之屬

金華叢書六十八種　（清）胡鳳丹編　清同治

七年至光緒八年(1868-1882)永康胡氏退補齋刻民國補刻本　三冊　存一種

330000-1703-0006850　G41460　集部/總集類/彙編之屬

宋詩鈔初集八十四種　(清)呂留良　(清)吳之振　(清)吳爾堯編　清康熙十年(1671)洲錢吳氏鑑古堂刻本　二冊　存二種

330000-1703-0006851　G50801　類叢部/叢書類/自著之屬

甌北全集八種　(清)趙翼撰　清光緒三年(1877)滇南唐氏刻本　二十一冊　存三種

330000-1703-0006852　G41461　集部/總集類/彙編之屬

宋詩鈔初集八十四種　(清)呂留良　(清)吳之振　(清)吳爾堯編　清康熙十年(1671)洲錢吳氏鑑古堂刻本　一冊　存一種

330000-1703-0006853　G50552　類叢部/叢書類/郡邑之屬

金華叢書六十八種　(清)胡鳳丹編　清同治七年至光緒八年(1868-1882)永康胡氏退補齋刻民國補刻本　十一冊　存一種

330000-1703-0006854　G50554　類叢部/叢書類/郡邑之屬

金華文萃(金華叢書)六十八種　(清)胡鳳丹編　清同治七年至光緒八年(1868-1882)永康胡氏退補齋刻民國補刻本　二冊　存一種

330000-1703-0006856　G50550　類叢部/叢書類/郡邑之屬

金華叢書六十八種　(清)胡鳳丹編　清同治七年至光緒八年(1868-1882)永康胡氏退補齋刻民國補刻本　二冊　存一種

330000-1703-0006857　G33205　子部/叢編

十子全書　(清)王子興編　清嘉慶九年(1804)姑蘇王氏聚文堂刻本　五冊　存一種

330000-1703-0006858　G50312　類叢部/叢書類/彙編之屬

三餘書屋叢書五種　(清)蔡學蘇編　清光緒

盱江蔡氏刻本　一冊　存一種

330000-1703-0006859　G41164　集部/總集類/彙編之屬

宋四名家詩　(清)周之鱗　(清)柴升編　清康熙刻本　一冊　存一種

330000-1703-0006860　G50099　類叢部/叢書類/彙編之屬

粵雅堂叢書一百八十四種　(清)伍崇曜編　清道光二十九年至光緒十一年(1849-1885)南海伍氏刻彙印本(春秋五禮例宗卷四至六、乾道臨安志卷四至十五、群書治要卷四、十三、二十原缺)　二百五十七冊　存一百二十種

330000-1703-0006861　G31777　子部/天文曆算類/算書之屬

測海山房中西算學叢刻初編　(清)測海山房主人輯　清光緒二十二年(1896)上海璣衡堂石印本　二冊　存一種

330000-1703-0006864　G50787　經部/小學類

雷刻四種　(清)雷浚輯　清光緒二年至十年(1876-1884)吳縣雷氏刻本　一冊　存一種

330000-1703-0006865　G40637　集部/別集類/清別集

劉孟塗集四十四卷　(清)劉開撰　清道光六年(1826)姚氏槤山草堂刻本　一冊　存二卷(孟塗駢體文一至二)

330000-1703-0006866　G50543　類叢部/叢書類/郡邑之屬

常州先哲遺書七十二種　盛宣懷編　清光緒二十一年至三十三年(1895-1907)武進盛氏思惠齋刻宣統彙印本　一冊　存一種

330000-1703-0006867　G50610　類叢部/叢書類/家集之屬

冒氏叢書三十四種附二種　冒廣生編　清光緒至民國如皋冒氏刻本　三冊　存一種

330000-1703-0006868　G22063　史部/地理類/方志之屬/郡縣志

桃源志八卷　（清）臧麟炳纂　清抄本　一冊
存二卷（五至六）

330000－1703－0006869　G50067　類叢部/
叢書類/彙編之屬

函海一百五十二種　（清）李調元編　清乾隆
綿州李氏萬卷樓刻嘉慶十四年（1809）李鼎
元、道光五年（1825）李朝夔重校補刻本　一
冊　存一種

330000－1703－0006871　G50809　類叢部/
叢書類/自著之屬

潛園總集十七種　（清）陸心源撰　清同治至
光緒刻本　二冊　存一種

330000－1703－0006872　G50100　類叢部/
叢書類/彙編之屬

粵雅堂叢書一百八十四種　（清）伍崇曜編
清道光二十九年至光緒十一年（1849－1885）
南海伍氏刻彙印本（春秋五禮例宗卷四至六、
乾道臨安志卷四至十五、群書治要卷四、十
三、二十原缺）　三十八冊　存十四種

330000－1703－0006873　G10887　經部/小
學類/音韻之屬/韻書

詩韻全璧五卷初學檢韻袖珍十二卷　（清）姚
文登撰　清光緒暢懷書屋石印本　三冊　缺
三卷（詩韻全璧一至二、五）

330000－1703－0006875　G50101　類叢部/
叢書類/彙編之屬

粵雅堂叢書一百八十四種　（清）伍崇曜編
清道光二十九年至光緒十一年（1849－1885）
南海伍氏刻彙印本（春秋五禮例宗卷四至六、
乾道臨安志卷四至十五、群書治要卷四、十
三、二十原缺）　十冊　存八種

330000－1703－0006879　G50271　類叢部/
叢書類/彙編之屬

國粹叢書四十九種　（清）國學保存會編　清
光緒至宣統鉛印本　二冊　存一種

330000－1703－0006880　G40582　集部/別
集類/清別集

忠雅堂文集十二卷詩集二十七卷詩補遺二卷

銅絃詞附南北曲二卷　（清）蔣士銓撰　清道
光二十三年（1843）刻本　二十冊

330000－1703－0006881　G50103　類叢部/
叢書類/彙編之屬

粵雅堂叢書一百八十四種　（清）伍崇曜編
清道光二十九年至光緒十一年（1849－1885）
南海伍氏刻彙印本（春秋五禮例宗卷四至六、
乾道臨安志卷四至十五、群書治要卷四、十
三、二十原缺）　五冊　存四種

330000－1703－0006883　G10055　經部/書
類/傳說之屬

古文尚書攷二卷　（清）惠棟撰　清乾隆五十
七年（1792）讀經樓刻本　一冊

330000－1703－0006884　G21205　史部/傳
記類/科舉錄之屬/歷科鄉試錄

同治四年乙丑補行咸豐十一年辛酉科並同治
元年壬戌恩科浙江鄉試硃卷一卷　（清）屠繼
美撰　清刻本　一冊

330000－1703－0006885　G42002　集部/戲
劇類/總集之屬/雜劇

清容外集九種　（清）蔣士銓撰　清乾隆蔣氏
紅雪樓刻本　十二冊

330000－1703－0006886　G21206　史部/傳
記類/科舉錄之屬/歷科鄉試錄

同治四年乙丑補行咸豐十一年辛酉科並同治
元年壬戌恩科浙江鄉試硃卷一卷　（清）屠繼
美撰　清刻本　一冊

330000－1703－0006887　G50039　類叢部/
叢書類/彙編之屬

武英殿聚珍版書一百三十八種　清光緒二十
五年（1899）廣雅書局刻本　七冊　存一種

330000－1703－0006888　G21207　史部/傳
記類/科舉錄之屬/歷科鄉試錄

同治四年乙丑補行咸豐十一年辛酉科並同治
元年壬戌恩科浙江鄉試硃卷一卷　（清）屠繼
美撰　清刻本　一冊

330000－1703－0006889　G21208　史部/傳
記類/科舉錄之屬/歷科鄉試錄

同治四年乙丑補行咸豐十一年辛酉科並同治元年壬戌恩科浙江鄉試硃卷一卷　（清）屠繼美撰　清刻本　一冊

330000－1703－0006890　G21209　史部/傳記類/科舉錄之屬/歷科鄉試錄

同治四年乙丑補行咸豐十一年辛酉科並同治元年壬戌恩科浙江鄉試硃卷一卷　（清）屠繼美撰　清刻本　一冊

330000－1703－0006891　G21210　史部/傳記類/科舉錄之屬/歷科鄉試錄

同治四年乙丑補行咸豐十一年辛酉科並同治元年壬戌恩科浙江鄉試硃卷一卷　（清）屠繼美撰　清刻本　一冊

330000－1703－0006892　G41636　集部/總集類/課藝之屬

新選五經笙簧不分卷　（清）邃菴氏書　清同治九年（1870）刻本　二冊

330000－1703－0006894　G41637　集部/總集類/課藝之屬

精選五經文鵠不分卷　（清）茹古齋主人輯　清光緒八年（1882）四明茹古齋鉛印本　十六冊

330000－1703－0006896　G50798　類叢部/叢書類/自著之屬

鹿洲全集　（清）藍鼎元撰　清刻本　八冊　存一種

330000－1703－0006897　G31727　子部/天文曆算類/算書之屬

新編算學啓蒙三卷　（元）朱世傑撰　筭學啓蒙識誤一卷　（清）羅士琳撰　清同治十年（1871）江南機器製造局刻本　二冊

330000－1703－0006899　G21211　史部/傳記類/科舉錄之屬/歷科鄉試錄

同治四年乙丑補行咸豐十一年辛酉科並同治元年壬戌恩科浙江鄉試硃卷一卷　（清）屠繼美撰　清刻本　一冊

330000－1703－0006900　G21212　史部/傳記類/科舉錄之屬/歷科鄉試錄

同治四年乙丑補行咸豐十一年辛酉科並同治元年壬戌恩科浙江鄉試硃卷一卷　（清）屠繼美撰　清刻本　一冊

330000－1703－0006901　G21213　史部/傳記類/科舉錄之屬/歷科鄉試錄

同治四年乙丑補行咸豐十一年辛酉科並同治元年壬戌恩科浙江鄉試硃卷一卷　（清）屠繼美撰　清刻本　一冊

330000－1703－0006902　G21214　史部/傳記類/科舉錄之屬/歷科鄉試錄

同治四年乙丑補行咸豐十一年辛酉科並同治元年壬戌恩科浙江鄉試硃卷一卷　（清）屠繼美撰　清刻本　一冊

330000－1703－0006905　G50270　類叢部/叢書類/彙編之屬

國粹叢書四十九種　（清）國學保存會編　清光緒至宣統鉛印本　二冊　存二種

330000－1703－0006906　G33219　子部/叢編

子書百家　（清）崇文書局編　清光緒元年（1875）湖北崇文書局刻本　一冊　存一種

330000－1703－0006908　G40745　集部/別集類/清別集

周武壯公遺書九卷年譜一卷外集三卷別集一卷附錄一卷　（清）周盛傳撰　清光緒三十一年（1905）周家駒金陵刻本　十冊

330000－1703－0006909　G31611　子部/小說家類/異聞之屬

山海經十八卷　（晉）郭璞傳　清刻本　二冊

330000－1703－0006911　G50735　類叢部/叢書類/自著之屬

洪北江全集二十一種　（清）洪亮吉撰　清光緒三年至五年（1877－1879）洪用懃授經堂刻本　一冊　存二種

330000－1703－0006912　G22710　史部/雜史類

荊駝逸史五十種　（清）陳湖逸士輯　清道光古槐山房木活字印本　二冊　存一種

330000－1703－0006914　G31728　子部/天文曆算類/算書之屬

行素軒算稿九種　(清)華蘅芳撰　清光緒金匱華氏行素軒刻本　四冊　存一種

330000－1703－0006916　G20276　史部/編年類/通代之屬

通鑑答問五卷　(宋)王應麟撰　清嘉慶十一年(1806)刻本　五冊

330000－1703－0006918　G30545　子部/醫家類/方書之屬/單方驗方

摘錄葉天士經驗方一卷　(清)毛世洪輯　清刻本　一冊

330000－1703－0006919　G30022　子部/儒家類/儒學之屬/蒙學

心遠堂新編小學纂註六卷小學句讀一卷小學總論一卷　(清)高愈編訂　**文公朱夫子年譜一卷**　題(宋)李方子撰　清嘉慶二十二年(1817)金閶文萃堂刻本　四冊　缺一卷(小學總論)

330000－1703－0006921　G20632　史評類/史論之屬

欽定古今儲貳金鑑六卷　(清)高宗弘曆等撰　清光緒二十一年(1895)浙江官書局朱印本　四冊

330000－1703－0006922　G30021　子部/儒家類/儒學之屬/蒙學

心遠堂新編小學纂註六卷小學句讀一卷小學總論一卷　(清)高愈編訂　**文公朱夫子年譜一卷**　題(宋)李方子撰　清嘉慶二十二年(1817)金閶文萃堂刻本　三冊　缺二卷(小學纂註五、小學總論)

330000－1703－0006923　G10023　經部/易類/傳說之屬

周易摘抄不分卷　清抄本　一冊

330000－1703－0006924　G40281　集部/別集類/清別集

湛園未定藁六卷　(清)姜宸英撰　清康熙二十年(1681)二老閣刻本　六冊

330000－1703－0006927　G40282　集部/別集類/清別集

湛園未定藁六卷　(清)姜宸英撰　清康熙二十年(1681)二老閣刻本　張琴題記　六冊

330000－1703－0006929　G40283　集部/別集類/清別集

湛園未定藁六卷　(清)姜宸英撰　清康熙二十年(1681)二老閣刻本　五冊

330000－1703－0006930　G40284　集部/別集類/清別集

湛園未定藁六卷　(清)姜宸英撰　清康熙二十年(1681)二老閣刻本　清葉舟題簽並記　清西湖漁隱　清友竹觀款　六冊

330000－1703－0006931　G50806　類叢部/叢書類/自著之屬

培遠堂全集二十種　(清)陳弘謀撰　清道光十七年(1837)培遠堂刻本　六冊　存一種

330000－1703－0006932　G40285　集部/別集類/清別集

湛園未定藁六卷　(清)姜宸英撰　清康熙二十年(1681)二老閣刻本　張美翊題記　四冊

330000－1703－0006935　G50291　類叢部/叢書類/彙編之屬

津河廣仁堂叢書八十四種　(清)□□編　清光緒津河廣仁堂刻本　六冊　存一種

330000－1703－0006937　G50148　類叢部/叢書類/彙編之屬

拜鴛樓校刻(拜鴛樓校刻小品)五種　沈宗畸編　清光緒至宣統番禺沈氏刻本　一冊　存一種

330000－1703－0006939　G50347　類叢部/叢書類/彙編之屬

雅雨堂藏書十三種　(清)盧見曾編　清乾隆二十一年(1756)德州盧氏雅雨堂刻增修本　二冊　存二種

330000－1703－0006942　G11151　經部/叢編

通志堂經解一百四十種　(清)納蘭成德輯

清康熙十九年(1680)納蘭成德刻本　二冊
存一種

330000－1703－0006943　G50851　類叢部/
叢書類/自著之屬
西河合集一百十九種　（清）毛奇齡撰　清刻
本　十三冊　存九種

330000－1703－0006944　G31774　子部/天
文曆算類/算書之屬
遠印度各部落經緯度不分卷　清抄本　一冊

330000－1703－0006945　G50290　類叢部/
叢書類/彙編之屬
津逮祕書十五集一百四十種　（明）毛晉編
明崇禎虞山毛氏汲古閣刻本　四冊　存一種

330000－1703－0006947　G20925　史部/傳
記類/別傳之屬/事狀
**皇清誥授榮祿大夫鹽運使銜加四級廣東候補
道署廣東按察使司按察使顯考歝箕府君[屠
繼烈]行述一卷**　（清）屠宗增　（清）屠宗基
述　清同治十三年(1874)刻本　一冊

330000－1703－0006948　G50780　類叢部/
叢書類/自著之屬
儆居遺書十一種　（清）黃式三撰　清同治至
光緒刻本　十冊　存一種

330000－1703－0006949　G20926　史部/傳
記類/別傳之屬/事狀
**皇清誥授榮祿大夫鹽運使銜加四級廣東候補
道署廣東按察使司按察使顯考歝箕府君[屠
繼烈]行述一卷**　（清）屠宗增　（清）屠宗基
述　清同治十三年(1874)刻本　一冊

330000－1703－0006950　G20927　史部/傳
記類/別傳之屬/事狀
**皇清誥授榮祿大夫鹽運使銜加四級廣東候補
道署廣東按察使司按察使顯考歝箕府君[屠
繼烈]行述一卷**　（清）屠宗增　（清）屠宗基
述　清同治十三年(1874)刻本　一冊

330000－1703－0006951　G50826　類叢部/
叢書類/自著之屬
雙節堂全集　（清）汪輝祖撰　清刻本　三十

二冊　存八種

330000－1703－0006952　G20928　史部/傳
記類/別傳之屬/事狀
**皇清誥授榮祿大夫鹽運使銜加四級廣東候補
道署廣東按察使司按察使顯考歝箕府君[屠
繼烈]行述一卷**　（清）屠宗增　（清）屠宗基
述　清同治十三年(1874)刻本　一冊

330000－1703－0006953　G50779　類叢部/
叢書類/自著之屬
儆居遺書十一種　（清）黃式三撰　清同治至
光緒刻本　十冊　存一種

330000－1703－0006954　G20929　史部/傳
記類/別傳之屬/事狀
**皇清誥授榮祿大夫鹽運使銜加四級廣東候補
道署廣東按察使司按察使顯考歝箕府君[屠
繼烈]行述一卷**　（清）屠宗增　（清）屠宗基
述　清同治十三年(1874)刻本　一冊

330000－1703－0006955　G20930　史部/傳
記類/別傳之屬/事狀
**皇清誥授榮祿大夫鹽運使銜加四級廣東候補
道署廣東按察使司按察使顯考歝箕府君[屠
繼烈]行述一卷**　（清）屠宗增　（清）屠宗基
述　清同治十三年(1874)刻本　一冊

330000－1703－0006956　G50553　類叢部/
叢書類/郡邑之屬
金華文萃(金華叢書)六十八種　（清）胡鳳丹
編　清同治七年至光緒八年(1868－1882)永
康胡氏退補齋刻民國補刻本　一冊　存二種

330000－1703－0006959　G50343　類叢部/
叢書類/彙編之屬
嘯園叢書五十七種　（清）葛元煦編　清光緒
二年至七年(1876－1881)仁和葛氏刻本　二
冊　存一種

330000－1703－0006964　G22707　史部/地
理類
**小方壺齋輿地叢鈔十二帙補編十二帙再補編
十二帙**　（清）王錫祺輯　清光緒十七年至二
十三年(1891－1897)上海著易堂鉛印本　七

冊　存八十八種

330000－1703－0006966　G10552　經部/四
書類/總義之屬/傳說
國朝制義存真註釋不分卷　（清）尤南吉編次
（清）周鼎夒典　清友益齋刻本　六冊

330000－1703－0006968　G41640　集部/總
集類/課藝之屬
小題文範不分卷　清刻本　二冊

330000－1703－0006970　G41639　集部/總
集類/課藝之屬
小試利器不分卷　清光緒十三年（1887）鴻文
書局石印本　五冊

330000－1703－0006972　G20920　史部/傳
記類/別傳之屬/事狀
**皇清誥授榮祿大夫鹽運使銜加四級廣東候補
道署廣東按察使司按察使顯考歔箕府君［屠
繼烈］行述一卷**　（清）屠宗增　（清）屠宗基
述　清同治十三年（1874）刻本　一冊

330000－1703－0006973　G20921　史部/傳
記類/別傳之屬/事狀
**皇清誥授榮祿大夫鹽運使銜加四級廣東候補
道署廣東按察使司按察使顯考歔箕府君［屠
繼烈］行述一卷**　（清）屠宗增　（清）屠宗基
述　清同治十三年（1874）刻本　一冊

330000－1703－0006974　G20922　史部/傳
記類/別傳之屬/事狀
**皇清誥授榮祿大夫鹽運使銜加四級廣東候補
道署廣東按察使司按察使顯考歔箕府君［屠
繼烈］行述一卷**　（清）屠宗增　（清）屠宗基
述　清同治十三年（1874）刻本　一冊

330000－1703－0006975　G20923　史部/傳
記類/別傳之屬/事狀
**皇清誥授榮祿大夫鹽運使銜加四級廣東候補
道署廣東按察使司按察使顯考歔箕府君［屠
繼烈］行述一卷**　（清）屠宗增　（清）屠宗基
述　清同治十三年（1874）刻本　一冊

330000－1703－0006976　G20924　史部/傳
記類/別傳之屬/事狀

330000－1703－0006978？
**皇清誥授榮祿大夫鹽運使銜加四級廣東候補
道署廣東按察使司按察使顯考歔箕府君［屠
繼烈］行述一卷**　（清）屠宗增　（清）屠宗基
述　清同治十三年（1874）刻本　一冊

330000－1703－0006980　G30463　子部/醫
家類/診法之屬/其他診法
敖氏傷寒金鏡錄一卷　（元）敖□撰　（元）杜
本增訂　明刻本　一冊

330000－1703－0006981　G31574　子部/雜
著類
東士贈言不分卷　清抄本　一冊

330000－1703－0006982　G31831　子部/術
數類/陰陽五行之屬
蔣大鴻先生羅經用法不分卷　（清）蔣大鴻撰
清抄本　一冊

330000－1703－0006984　G31832　子部/宗
教類/道教之屬/眾術
歸厚錄不分卷　（明）冷啟注　（清）蔣平階撰
清抄本　一冊

330000－1703－0006987　G21156　史部/傳
記類/科舉錄之屬
殿試策不分卷　清光緒石印本　二冊

330000－1703－0006997　G21220　史部/傳
記類/科舉錄之屬/歷科鄉試錄
**同治四年乙丑補行咸豐十一年辛酉科並同治
元年壬戌恩科浙江鄉試硃卷一卷**　（清）屠繼
美撰　清刻本　一冊

330000－1703－0006998　G21221　史部/傳
記類/科舉錄之屬/歷科鄉試錄
**同治四年乙丑補行咸豐十一年辛酉科並同治
元年壬戌恩科浙江鄉試硃卷一卷**　（清）屠繼
美撰　清刻本　一冊

330000－1703－0007000　G21222　史部/傳
記類/科舉錄之屬/歷科鄉試錄
**同治四年乙丑補行咸豐十一年辛酉科並同治
元年壬戌恩科浙江鄉試硃卷一卷**　（清）屠繼
美撰　清刻本　一冊

330000－1703－0007001　G21223　史部／傳記類／科舉録之屬／歷科鄉試録

同治四年乙丑補行咸豐十一年辛酉科並同治元年壬戌恩科浙江鄉試硃卷一卷　（清）屠繼美撰　清刻本　一冊

330000－1703－0007002　G21224　史部／傳記類／科舉録之屬／歷科鄉試録

同治四年乙丑補行咸豐十一年辛酉科並同治元年壬戌恩科浙江鄉試硃卷一卷　（清）屠繼美撰　清刻本　一冊

330000－1703－0007003　G11170　經部／叢編

五經旁訓　（清）徐立綱撰　清寧郡簡香齋刻本　一冊　存一種

330000－1703－0007004　G50130　類叢部／叢書類／彙編之屬

國朝名人著述叢編十三種　（清）□□編　清光緒五年（1879）上海淞隱閣鉛印本　六冊

330000－1703－0007005　G10051　經部／書類／正文之屬

書經正文二卷　清陳勸抄本　一冊

330000－1703－0007006　G50116　類叢部／叢書類／彙編之屬

古逸叢書二十六種　（清）黎庶昌編　清光緒八年至十年（1882－1884）黎庶昌日本東京使署影刻本（漢書食貨志卷下、玉燭寶典卷九原缺）　四十九冊

330000－1703－0007007　G50102　類叢部／叢書類／彙編之屬

粵雅堂叢書一百八十四種　（清）伍崇曜編　清道光二十九年至光緒十一年（1849－1885）南海伍氏刻彙印本（春秋五禮例宗卷四至六、乾道臨安志卷四至十五、群書治要卷四、十三、二十原缺）　二冊　存二種

330000－1703－0007010　G41116　集部／總集類／氏族之屬

沈氏三先生文集六十二卷　（宋）□□輯　清光緒二十二年（1896）浙江書局刻本（長興集卷四至十二、三十一、三十三至四十一原缺）
八冊　缺六卷（雲巢編六至十、附録）

330000－1703－0007020　G21215　史部／傳記類／科舉録之屬／歷科鄉試録

同治四年乙丑補行咸豐十一年辛酉科並同治元年壬戌恩科浙江鄉試硃卷一卷　（清）屠繼美撰　清刻本　一冊

330000－1703－0007021　G50115　類叢部／叢書類／彙編之屬

月河精舍叢鈔五種　（清）丁寶書輯　清光緒六年（1880）苕溪丁氏刻本　八冊　存四種

330000－1703－0007022　G21216　史部／傳記類／科舉録之屬／歷科鄉試録

同治四年乙丑補行咸豐十一年辛酉科並同治元年壬戌恩科浙江鄉試硃卷一卷　（清）屠繼美撰　清刻本　一冊

330000－1703－0007023　G50147　類叢部／叢書類／彙編之屬

拜鴛樓校刻（拜鴛樓校刻小品）五種　沈宗畸編　清光緒至宣統番禺沈氏刻本　秦履平題簽並記　五冊　存四種

330000－1703－0007024　G21217　史部／傳記類／科舉録之屬／歷科鄉試録

同治四年乙丑補行咸豐十一年辛酉科並同治元年壬戌恩科浙江鄉試硃卷一卷　（清）屠繼美撰　清刻本　一冊

330000－1703－0007025　G21218　史部／傳記類／科舉録之屬／歷科鄉試録

同治四年乙丑補行咸豐十一年辛酉科並同治元年壬戌恩科浙江鄉試硃卷一卷　（清）屠繼美撰　清刻本　一冊

330000－1703－0007026　G21219　史部／傳記類／科舉録之屬／歷科鄉試録

同治四年乙丑補行咸豐十一年辛酉科並同治元年壬戌恩科浙江鄉試硃卷一卷　（清）屠繼美撰　清刻本　一冊

330000－1703－0007027　G11211　經部／叢編

四書五經九種　（清）鮑氏輯　清同治三年（1864）浙江撫署刻本　四冊　存一種

330000－1703－0007028　G50146　類叢部/叢書類/彙編之屬

聚學軒叢書（聚學軒劉氏叢書）六十種　劉世珩編　清光緒貴池劉氏刻本　二十冊　存第一集八種

330000－1703－0007029　G10129　經部/叢編

五經旁訓　（清）徐立綱撰　清聚奎堂刻本　四冊　存一種

330000－1703－0007034　G50241　類叢部/叢書類/彙編之屬

抱經堂叢書十六種　（清）盧文弨編　清末石印本　一冊　存一種

330000－1703－0007037　G20261　史部/編年類/通代之屬

尺木堂明鑑易知錄十五卷　（清）吳乘權等輯　清刻本　六冊

330000－1703－0007044　G41641　集部/總集類/課藝之屬

經藝選腴不分卷　清同治三年（1864）浣溪草舍刻本　二十四冊

330000－1703－0007050　G10466　經部/四書類/總義之屬/傳說

四書集註十九卷　（宋）朱熹撰　清光緒南京李光明莊刻本　二冊　存五卷（論語一至五）

330000－1703－0007052　G10517　經部/四書類/總義之屬

大學或問一卷讀大學法一卷大學或問補註一卷中庸或問一卷讀中庸法一卷中庸或問補註一卷論語集註序說一卷讀論語孟子法一卷孟子序說一卷　（宋）朱熹撰　清王霆抄本　六冊

330000－1703－0007053　G10862　經部/小學類/音韻之屬/韻書

平聲韻譜不分卷　清抄本　五冊

330000－1703－0007061　G22515　史部/金石類/郡邑之屬/文字

關中金石文字存逸考十二卷首一卷　（清）毛鳳枝撰　清光緒二十七年（1901）會稽顧氏江西萍鄉縣署刻本　七冊　存七卷（五至十一）

330000－1703－0007064　G20732　史部/傳記類/別傳之屬

求闕齋弟子記三十二卷　（清）王定安撰　清光緒二年（1876）都門刻本　十四冊　存二十八卷（五至三十二）

330000－1703－0007065　G20733　史部/傳記類/別傳之屬

求闕齋弟子記三十二卷　（清）王定安撰　清光緒二年（1876）都門刻本　八冊　存十六卷（七至十、十三至十八、二十三至二十四、二十九至三十二）

330000－1703－0007066　G41134　集部/總集類/彙編之屬

唐宋八大家文鈔一百六十六卷　（明）茅坤編　明崇禎刻本　三冊　存一種

330000－1703－0007067　G41131　集部/總集類/彙編之屬

唐宋八大家文鈔一百六十六卷　（明）茅坤編　清刻本　三冊　存一種

330000－1703－0007068　G22326　史部/政書類/邦計之屬

鄭工事例附銓補章程一卷　清光緒榮錄堂刻本　一冊

330000－1703－0007070　G11129　經部/叢編

十三經古注二百九十卷　（明）葛鼐　（明）金蟠校　明崇禎十二年（1639）金蟠刻清同治八年（1869）浙江書局重修本　八冊　存一種

330000－1703－0007091　G22089　史部/地理類/方志之屬/郡縣志

[康熙]山陰縣志三十八卷　（清）高登先修　（清）沈麟趾等纂　清康熙十年（1671）刻二十二年（1683）范其鑄等增刻本　三冊　存十五

卷(一至五、十一至二十)

330000－1703－0007092　G50351　類叢部/叢書類/彙編之屬

榆園叢刻十五種附一種　(清)許增輯　清同治至光緒刻本　二冊　存一種

330000－1703－0007093　G30082　子部/儒家類/儒學之屬

二程全書　(宋)程顥　(宋)程頤撰　清刻本　一冊　存一種

330000－1703－0007094　G50350　類叢部/叢書類/彙編之屬

榆園叢刻十五種附一種　(清)許增輯　清同治至光緒刻本　二冊　存一種

330000－1703－0007095　G50725　類叢部/叢書類/彙編之屬

微波榭叢書十一種　(清)戴震撰　清乾隆曲阜孔氏刻本　張美翊題記　十六冊　存一種

330000－1703－0007096　G22305　史部/地理類/輿圖之屬/全國

大清中外壹統輿圖(皇朝中外壹統輿圖)三十一卷首一卷　(清)鄒世詒　(清)晏啟鎮編　(清)李廷簫　(清)汪士鐸增訂　清刻本　一冊　存十卷(北十一至二十)

330000－1703－0007097　G50672　類叢部/叢書類/自著之屬

陸桴亭先生遺書二十二種　(清)陸世儀撰　(清)唐受祺編　清光緒二十五年(1899)太倉唐受祺京師刻本　十五冊　存二十種

330000－1703－0007098　G20703　史部/傳記類/總傳之屬/家乘

[江蘇無錫]楊氏家譜不分卷　(清)楊應坦　(清)楊念祖纂修　清光緒十五年(1889)賜書堂木活字印本　一冊

330000－1703－0007103　G21281　史部/傳記類/職官錄之屬/總錄

大清搢紳全書不分卷　清光緒刻本　一冊　存葉一至九十七

330000－1703－0007104　G21282　史部/傳記類/職官錄之屬/總錄

大清搢紳全書四卷(清光緒十八年)　清光緒十八年(1892)榮祿堂刻本　三冊　存三卷(二至四)

330000－1703－0007105　G21155　史部/傳記類/科舉錄之屬

廩增附存查不分卷　清亦處堂周氏抄本　一冊

330000－1703－0007106　G21283　史部/傳記類/職官錄之屬/總錄

大清搢紳全書四卷(清光緒二十三年)　清光緒二十三年(1897)榮祿堂刻本　三冊　存三卷(二至四)

330000－1703－0007107　G21284　史部/傳記類/職官錄之屬/總錄

大清搢紳全書五卷(清光緒五年)　清光緒五年(1879)榮祿堂刻本　四冊　缺一卷(一)

330000－1703－0007108　G21285　史部/傳記類/職官錄之屬/總錄

大清搢紳全書四卷(清光緒十五年)　清光緒十五年(1889)文寶堂刻本　四冊

330000－1703－0007109　G31485　子部/雜著類/雜說之屬

鴻苞節錄十卷　(明)屠隆撰　(清)屠繼烈輯　清咸豐七年(1857)章丘保硯齋刻本　十冊

330000－1703－0007110　G21280　史部/傳記類/職官錄之屬/總錄

大清中樞備覽不分卷(清光緒十六年)　清光緒十六年(1890)榮錄堂刻本　五冊

330000－1703－0007111　G31486　子部/雜著類/雜說之屬

鴻苞節錄十卷　(明)屠隆撰　(清)屠繼烈輯　清咸豐七年(1857)章丘保硯齋刻本　十冊

330000－1703－0007112　G31487　子部/雜著類/雜說之屬

鴻苞節錄十卷　(明)屠隆撰　(清)屠繼烈輯　清咸豐七年(1857)章丘保硯齋刻本　十冊

330000－1703－0007113　G21286　史部/傳記類/職官錄之屬/總錄

大清搢紳全書不分卷(清光緒十六年)　清光緒十六年(1890)榮錄堂刻本　四冊

330000－1703－0007114　G21263　史部/傳記類/科舉錄之屬/歷科鄉試錄

光緒二十八年壬寅補行二十六年庚子二十七年辛丑恩正併科浙江鄉試闈卷一卷　(清)孫祖燧等撰　清光緒刻本　一冊

330000－1703－0007115　G21264　史部/傳記類/科舉錄之屬/歷科鄉試錄

光緒二十八年壬寅補行二十六年庚子二十七年辛丑恩正併科浙江鄉試闈卷一卷　(清)孫祖燧等撰　清光緒刻本　一冊

330000－1703－0007116　G21265　史部/傳記類/科舉錄之屬/歷科鄉試錄

光緒二十八年壬寅補行二十六年庚子二十七午辛丑恩正併刊浙江鄉試闈卷一卷　(清)孫祖燧等撰　清光緒刻本　一冊

330000－1703－0007117　G31488　子部/雜著類/雜說之屬

鴻苞節錄十卷　(明)屠隆撰　(清)屠繼烈輯　清咸豐七年(1857)章丘保硯齋刻本　十冊

330000－1703－0007118　G31489　子部/雜著類/雜說之屬

鴻苞節錄十卷　(明)屠隆撰　(清)屠繼烈輯　清咸豐七年(1857)章丘保硯齋刻本　十冊

330000－1703－0007131　G50249　類叢部/叢書類/彙編之屬

岱南閣叢書　(清)孫星衍編　清乾隆至嘉慶蘭陵孫氏刻本　四冊　存一種

330000－1703－0007132　G50727　類叢部/叢書類/自著之屬

板橋集五種　(清)鄭燮撰　清乾隆刻本　四冊

330000－1703－0007138　G50134　類叢部/叢書類/彙編之屬

藕香零拾三十九種　繆荃孫編　清光緒至宣統刻本　三十二冊

330000－1703－0007139　G20931　史部/傳記類/別傳之屬/事狀

皇清誥授榮祿大夫鹽運使銜加四級廣東候補道署廣東按察使司按察使顯考歊箕府君[屠繼烈]行述一卷　(清)屠宗增　(清)屠宗基述　清同治十三年(1874)刻本　一冊

330000－1703－0007140　G20932　史部/傳記類/別傳之屬/事狀

皇清誥授榮祿大夫鹽運使銜加四級廣東候補道署廣東按察使司按察使顯考歊箕府君[屠繼烈]行述一卷　(清)屠宗增　(清)屠宗基述　清同治十三年(1874)刻本　一冊

330000－1703－0007141　G20933　史部/傳記類/別傳之屬/事狀

皇清誥授榮祿大夫鹽運使銜加四級廣東候補道署廣東按察使司按察使顯考歊箕府君[屠繼烈]行述一卷　(清)屠宗增　(清)屠宗基述　清同治十三年(1874)刻本　一冊

330000－1703－0007142　G20934　史部/傳記類/別傳之屬/事狀

皇清誥授榮祿大夫鹽運使銜加四級廣東候補道署廣東按察使司按察使顯考歊箕府君[屠繼烈]行述一卷　(清)屠宗增　(清)屠宗基述　清同治十三年(1874)刻本　一冊

330000－1703－0007143　G20935　史部/傳記類/別傳之屬/事狀

皇清誥授榮祿大夫鹽運使銜加四級廣東候補道署廣東按察使司按察使顯考歊箕府君[屠繼烈]行述一卷　(清)屠宗增　(清)屠宗基述　清同治十三年(1874)刻本　一冊

330000－1703－0007144　G20936　史部/傳記類/別傳之屬/事狀

皇清誥授榮祿大夫鹽運使銜加四級廣東候補道署廣東按察使司按察使顯考歊箕府君[屠繼烈]行述一卷　(清)屠宗增　(清)屠宗基述　清同治十三年(1874)刻本　一冊

330000－1703－0007145　G20937　史部/傳

記類/別傳之屬/事狀

皇清誥授榮祿大夫鹽運使銜加四級廣東候補
道署廣東按察使司按察使顯考獻箕府君[屠
繼烈]行述一卷　（清）屠宗增　（清）屠宗基
述　清同治十三年（1874）刻本　一冊

330000－1703－0007146　G20938　史部/傳
記類/別傳之屬/事狀

皇清誥授榮祿大夫鹽運使銜加四級廣東候補
道署廣東按察使司按察使顯考獻箕府君[屠
繼烈]行述一卷　（清）屠宗增　（清）屠宗基
述　清同治十三年（1874）刻本　一冊

330000－1703－0007147　G20939　史部/傳
記類/別傳之屬/事狀

皇清誥授榮祿大夫鹽運使銜加四級廣東候補
道署廣東按察使司按察使顯考獻箕府君[屠
繼烈]行述一卷　（清）屠宗增　（清）屠宗基
述　清同治十三年（1874）刻本　一冊

330000－1703－0007148　G50246　類叢部/
叢書類/彙編之屬

別下齋叢書初集二十三種　（清）蔣光煦編
清道光海昌蔣氏別下齋刻本　四冊　存一種

330000－1703－0007149　G20940　史部/傳
記類/別傳之屬/事狀

皇清誥授榮祿大夫鹽運使銜加四級廣東候補
道署廣東按察使司按察使顯考獻箕府君[屠
繼烈]行述一卷　（清）屠宗增　（清）屠宗基
述　清同治十三年（1874）刻本　一冊

330000－1703－0007150　G20941　史部/傳
記類/別傳之屬/事狀

皇清誥授榮祿大夫鹽運使銜加四級廣東候補
道署廣東按察使司按察使顯考獻箕府君[屠
繼烈]行述一卷　（清）屠宗增　（清）屠宗基
述　清同治十三年（1874）刻本　一冊

330000－1703－0007152　G20942　史部/傳
記類/別傳之屬/事狀

皇清誥授榮祿大夫鹽運使銜加四級廣東候補
道署廣東按察使司按察使顯考獻箕府君[屠
繼烈]行述一卷　（清）屠宗增　（清）屠宗基
述　清同治十三年（1874）刻本　一冊

330000－1703－0007153　G20943　史部/傳
記類/別傳之屬/事狀

皇清誥授榮祿大夫鹽運使銜加四級廣東候補
道署廣東按察使司按察使顯考獻箕府君[屠
繼烈]行述一卷　（清）屠宗增　（清）屠宗基
述　清同治十三年（1874）刻本　一冊

330000－1703－0007154　G20944　史部/傳
記類/別傳之屬/事狀

皇清誥授榮祿大夫鹽運使銜加四級廣東候補
道署廣東按察使司按察使顯考獻箕府君[屠
繼烈]行述一卷　（清）屠宗增　（清）屠宗基
述　清同治十三年（1874）刻本　一冊

330000－1703－0007155　G20945　史部/傳
記類/別傳之屬/事狀

皇清誥授榮祿大夫鹽運使銜加四級廣東候補
道署廣東按察使司按察使顯考獻箕府君[屠
繼烈]行述一卷　（清）屠宗增　（清）屠宗基
述　清同治十三年（1874）刻本　一冊

330000－1703－0007156　G40238　集部/別
集類/明別集

賢己集四卷　（明）李士元撰　明刻本　一冊

330000－1703－0007157　G20946　史部/傳
記類/別傳之屬/事狀

皇清誥授榮祿大夫鹽運使銜加四級廣東候補
道署廣東按察使司按察使顯考獻箕府君[屠
繼烈]行述一卷　（清）屠宗增　（清）屠宗基
述　清同治十三年（1874）刻本　一冊

330000－1703－0007158　G20951　史部/傳
記類/別傳之屬/事狀

皇清誥授榮祿大夫鹽運使銜加四級廣東候補
道署廣東按察使司按察使顯考獻箕府君[屠
繼烈]行述一卷　（清）屠宗增　（清）屠宗基
述　清同治十三年（1874）刻本　一冊

330000－1703－0007159　G20947　史部/傳
記類/別傳之屬/事狀

皇清誥授榮祿大夫鹽運使銜加四級廣東候補
道署廣東按察使司按察使顯考獻箕府君[屠
繼烈]行述一卷　（清）屠宗增　（清）屠宗基
述　清同治十三年（1874）刻本　一冊

330000－1703－0007160　G20956　史部/傳記類/別傳之屬/事狀

皇清誥授榮祿大夫鹽運使銜加四級廣東候補道署廣東按察使司按察使顯考歟箕府君[屠繼烈]行述一卷　（清）屠宗增　（清）屠宗基述　清同治十三年(1874)刻本　一冊

330000－1703－0007161　G20952　史部/傳記類/別傳之屬/事狀

皇清誥授榮祿大夫鹽運使銜加四級廣東候補道署廣東按察使司按察使顯考歟箕府君[屠繼烈]行述一卷　（清）屠宗增　（清）屠宗基述　清同治十三年(1874)刻本　一冊

330000－1703－0007162　G20948　史部/傳記類/別傳之屬/事狀

皇清誥授榮祿大夫鹽運使銜加四級廣東候補道署廣東按察使司按察使顯考歟箕府君[屠繼烈]行述一卷　（清）屠宗增　（清）屠宗基述　清同治十三年(1874)刻本　一冊

330000－1703－0007163　G20957　史部/傳記類/別傳之屬/事狀

皇清誥授榮祿大夫鹽運使銜加四級廣東候補道署廣東按察使司按察使顯考歟箕府君[屠繼烈]行述一卷　（清）屠宗增　（清）屠宗基述　清同治十三年(1874)刻本　一冊

330000－1703－0007164　G20953　史部/傳記類/別傳之屬/事狀

皇清誥授榮祿大夫鹽運使銜加四級廣東候補道署廣東按察使司按察使顯考歟箕府君[屠繼烈]行述一卷　（清）屠宗增　（清）屠宗基述　清同治十三年(1874)刻本　一冊

330000－1703－0007165　G20949　史部/傳記類/別傳之屬/事狀

皇清誥授榮祿大夫鹽運使銜加四級廣東候補道署廣東按察使司按察使顯考歟箕府君[屠繼烈]行述一卷　（清）屠宗增　（清）屠宗基述　清同治十三年(1874)刻本　一冊

330000－1703－0007166　G20958　史部/傳記類/別傳之屬/事狀

皇清誥授榮祿大夫鹽運使銜加四級廣東候補

道署廣東按察使司按察使顯考歟箕府君[屠繼烈]行述一卷　（清）屠宗增　（清）屠宗基述　清同治十三年(1874)刻本　一冊

330000－1703－0007167　G20950　史部/傳記類/別傳之屬/事狀

皇清誥授榮祿大夫鹽運使銜加四級廣東候補道署廣東按察使司按察使顯考歟箕府君[屠繼烈]行述一卷　（清）屠宗增　（清）屠宗基述　清同治十三年(1874)刻本　一冊

330000－1703－0007168　G20959　史部/傳記類/別傳之屬/事狀

皇清誥授榮祿大夫鹽運使銜加四級廣東候補道署廣東按察使司按察使顯考歟箕府君[屠繼烈]行述一卷　（清）屠宗增　（清）屠宗基述　清同治十三年(1874)刻本　一冊

330000－1703－0007169　G20954　史部/傳記類/別傳之屬/事狀

皇清誥授榮祿大夫鹽運使銜加四級廣東候補道署廣東按察使司按察使顯考歟箕府君[屠繼烈]行述一卷　（清）屠宗增　（清）屠宗基述　清同治十三年(1874)刻本　一冊

330000－1703－0007170　G20960　史部/傳記類/別傳之屬/事狀

皇清誥授榮祿大夫鹽運使銜加四級廣東候補道署廣東按察使司按察使顯考歟箕府君[屠繼烈]行述一卷　（清）屠宗增　（清）屠宗基述　清同治十三年(1874)刻本　一冊

330000－1703－0007171　G20955　史部/傳記類/別傳之屬/事狀

皇清誥授榮祿大夫鹽運使銜加四級廣東候補道署廣東按察使司按察使顯考歟箕府君[屠繼烈]行述一卷　（清）屠宗增　（清）屠宗基述　清同治十三年(1874)刻本　一冊

330000－1703－0007172　G31490　子部/雜著類/雜說之屬

鴻苞節錄十卷　（明）屠隆撰　（清）屠繼烈輯　清咸豐七年(1857)章丘保硯齋刻本　十冊

330000－1703－0007173　G41736　集部/詩

文評類/詩評之屬

詩學舉隅不分卷　清光緒十年（1884）刻本
一冊

330000－1703－0007174　G31491　子部/雜
著類/雜說之屬

鴻苞節錄十卷　（明）屠隆撰　（清）屠繼烈輯
　清咸豐七年（1857）章丘保硯齋刻本　十冊

330000－1703－0007175　G31492　子部/雜
著類/雜說之屬

鴻苞節錄十卷　（明）屠隆撰　（清）屠繼烈輯
　清咸豐七年（1857）章丘保硯齋刻本　十冊

330000－1703－0007176　G41737　集部/詩
文評類/詩評之屬

詩學舉隅不分卷　清光緒十年（1884）刻本
一冊

330000－1703－0007177　G41738　集部/詩
文評類/詩評之屬

詩學舉隅不分卷　清光緒十年（1884）刻本
一冊

330000－1703－0007178　G41739　集部/詩
文評類/詩評之屬

詩學舉隅不分卷　清光緒十年（1884）刻本
一冊

330000－1703－0007179　G41740　集部/詩
文評類/詩評之屬

詩學舉隅不分卷　清光緒十年（1884）刻本
一冊

330000－1703－0007180　G41746　集部/詩
文評類/詩評之屬

詩學舉隅不分卷　清光緒十年（1884）刻本
一冊

330000－1703－0007181　G31493　子部/雜
著類/雜說之屬

鴻苞節錄十卷　（明）屠隆撰　（清）屠繼烈輯
　清咸豐七年（1857）章丘保硯齋刻本　十冊

330000－1703－0007182　G41747　集部/詩
文評類/詩評之屬

詩學舉隅不分卷　清光緒十年（1884）刻本
一冊

330000－1703－0007183　G41748　集部/詩
文評類/詩評之屬

詩學舉隅不分卷　清光緒十年（1884）刻本
一冊

330000－1703－0007184　G41749　集部/詩
文評類/詩評之屬

詩學舉隅不分卷　清光緒十年（1884）刻本
一冊

330000－1703－0007185　G31494　子部/雜
著類/雜說之屬

鴻苞節錄十卷　（明）屠隆撰　（清）屠繼烈輯
　清咸豐七年（1857）章丘保硯齋刻本　十冊

330000－1703－0007186　G41750　集部/詩
文評類/詩評之屬

詩學舉隅不分卷　清光緒十年（1884）刻本
一冊

330000－1703－0007187　G31705　子部/天
文曆算類/天文之屬

中西天算蒙求八卷　（清）徐朝俊纂　清光緒
二十三年（1897）上海書局石印本　二冊　存
三卷（一至三）

330000－1703－0007188　G41745　集部/詩
文評類/詩評之屬

詩學舉隅不分卷　清光緒十年（1884）刻本
一冊

330000－1703－0007189　G50353　子部/天
文曆算類/曆法之屬

御製律曆淵源五種　（清）允祿　（清）允祉等
纂修　清刻本　二冊　存一種

330000－1703－0007191　G41741　集部/詩
文評類/詩評之屬

詩學舉隅不分卷　清光緒十年（1884）刻本
一冊

330000－1703－0007192　G41742　集部/詩
文評類/詩評之屬

詩學舉隅不分卷 清光緒十年(1884)刻本
一冊

330000－1703－0007194　G41743　集部/詩
文評類/詩評之屬

詩學舉隅不分卷 清光緒十年(1884)刻本
一冊

330000－1703－0007195　G41744　集部/詩
文評類/詩評之屬

詩學舉隅不分卷 清光緒十年(1884)刻本
一冊

330000－1703－0007196　G30963　子部/醫
家類/類編之屬

古今醫統正脈全書四十四種 (明)王肯堂編
　清刻本　一冊　存一種

330000－1703－0007197　G32896　新學/
天學

談天十八卷首一卷附表一卷 (英國)侯失勒
撰　(英國)偉烈亞力口譯　(清)李善蘭筆述
　清光緒二十三年(1897)石印本　四冊

330000－1703－0007198　G50019　類叢部/
叢書類/彙編之屬

**檀几叢書五十種二集五十種餘集四十七種附
政十種** (清)王晫　(清)張潮編　清康熙霞
舉堂刻本　二冊　存五十七種

330000－1703－0007199　G31480　子部/雜
著類/雜說之屬

嗇菴隨筆六卷末一卷 (清)陸文衡撰　清光
緒二十三年(1897)陸同壽石印本　張美翊題
簽並記　一冊　存二卷(一至二)

330000－1703－0007200　G50143　類叢部/
叢書類/自著之屬

振綺堂遺書五種 (清)汪遠孫撰　清道光刻
民國十一年(1922)錢唐汪氏彙印本　二冊
存一種

330000－1703－0007201　G50062　類叢部/
叢書類/彙編之屬

知不足齋叢書一百九十六種 (清)鮑廷博編
　(清)鮑士恭續編　清乾隆三十七年至道光
三年(1772－1823)長塘鮑氏刻彙印本　一冊
　存一種

330000－1703－0007202　G22023　史部/地
理類/方志之屬/郡縣志

宋元四明六志 (清)徐時棟輯　清咸豐四年
(1854)甬上徐氏煙嶼樓刻本([大德]昌國州
圖志首一卷末一卷、[延祐]四明志卷九至十
一原缺)　一冊　存一種

330000　1703　0007203　C10135　經部/詩
類/文字音義之屬

詩經音註辨正八卷 清刻本　五冊　存五卷
(三至五、七至八)

330000－1703－0007206　G10604　經部/群
經總義類/傳說之屬

七經精義 (清)黃淦撰　清刻本　一冊　存
一種

330000－1703－0007210　G41130　集部/總
集類/彙編之屬

唐宋八大家文鈔一百六十六卷 (明)茅坤編
　清刻本　二冊　存一種

書名筆畫字頭索引

六畫

七畫

八畫

338

十畫

十二畫

十四畫

書名筆畫索引

三畫

四畫

五畫

八畫

九畫

388

389

十二畫

十三畫

414

十五畫

417

421

二十二畫

428